1. Auflage

Oliver Fülling

TIBET

STEFAN LOOSE
TRAVEL HANDBÜCHER

Tibet

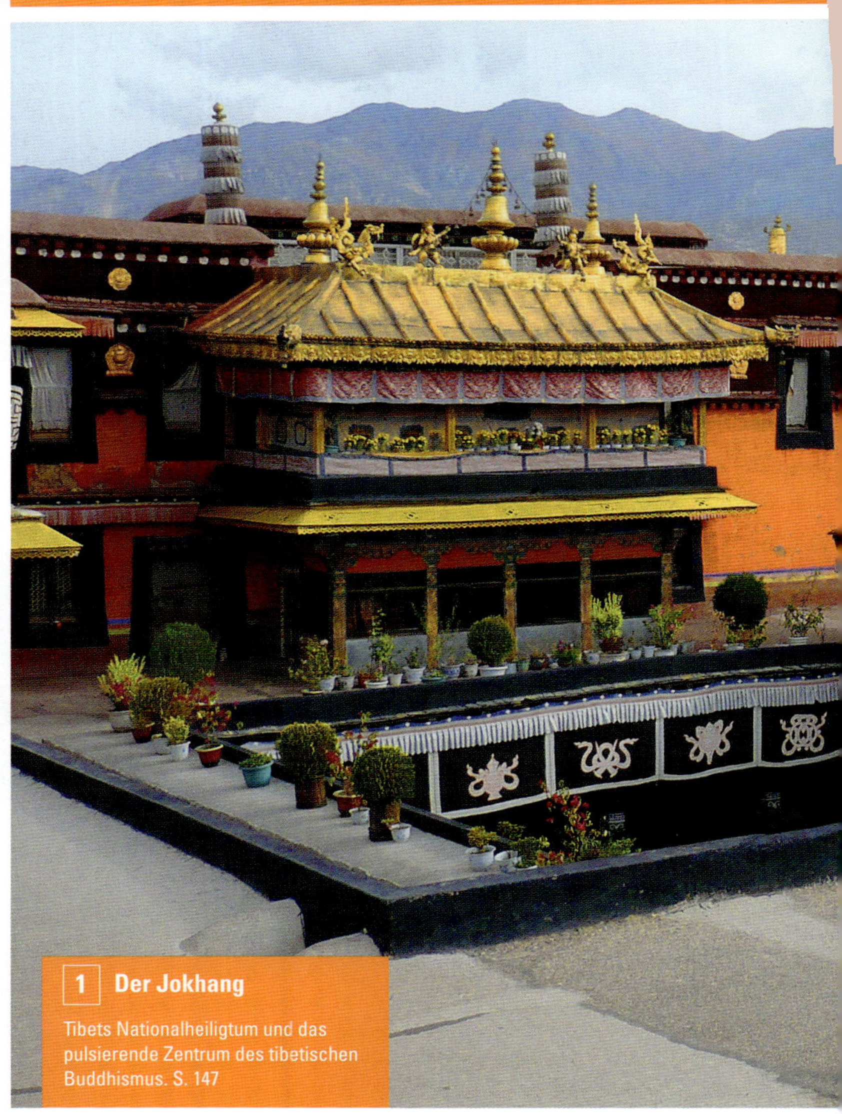

1 Der Jokhang

Tibets Nationalheiligtum und das pulsierende Zentrum des tibetischen Buddhismus. S. 147

Die Highlights

2 Potala-Palast

Im gewaltigen Winterpalast des Dalai Lama manifestiert sich der Höhepunkt tibetischer Baukunst. S. 151

3 Kloster Ganden

Das Gründungskloster der Gelugpa thront auf einem Berg in 4300 m Höhe. S. 185

4 Nam Tso

Wie ein Ozean breitet sich der paradiesisch gelegene See aus.
S. 195

5 Kloster Samye

Das älteste Kloster Tibets ist ein Symbol für den Aufbau des Universums. S. 208

6 Yumbulhakhang

Die Tempelburg der Yarlung-Könige ist ein beliebter Ort, um Glücksbringer zu verstreuen. S. 220

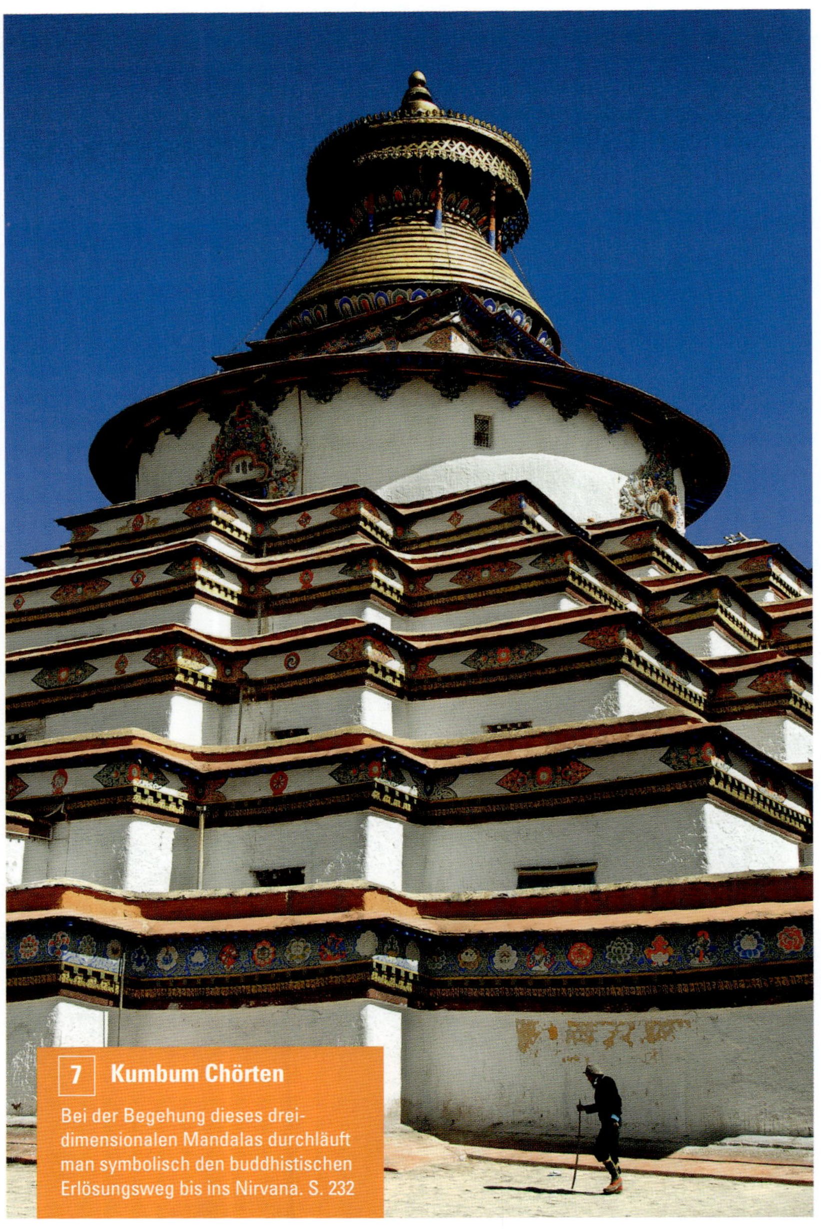

7 Kumbum Chörten

Bei der Begehung dieses dreidimensionalen Mandalas durchläuft man symbolisch den buddhistischen Erlösungsweg bis ins Nirvana. S. 232

8 Tashilhunpo

Der Sitz des Panchen Lama in Shigatse birgt eine riesige Skulptur des Zukunftsbuddhas Maitreya. S. 240

9 **Mount Everest**

Hinter der Erscheinung des majestätischen Bergriesen soll sich die Fee Qomolangma verbergen, die hier als „Herrin über dem Land“ residiert. S. 257

10 Kailash

Einmal um den Kailash zu pilgern, ist der Höhepunkt für gläubige Buddhisten, Bönpa, Hindus und Jainas. S. 273

11 Tsaparang

Die imposanten Ruinen der Hauptstadt des alten Königreichs Guge gehören zu den großen Kulturzeugnissen Tibets. S. 284

12 Basum Tso / Draksum Tso

Der türkisblaue See ruht in der alpinen Landschaft des malerischen Kongpo-Tals in Osttibet. S. 298

13 Riwoche Tsuglakhang

Das mächtige Kloster in Osttibet ist ein altes Zentrum buddhistischer Gelehrsamkeit, in dem heute wieder 400 Mönche leben. S. 310

Inhalt

Themen

Reiseziele und Routen

Ob Tempelfreaks, Buddhisten, Naturliebhaber, Extremsportler, Hobbyfotografen oder einfach nur aufgeschlossene, neugierige Menschen – alle werden in Tibet ihre eigene unvergessliche Zeit erleben, ja ihr Denken und Fühlen neu definieren. Denn eine Reise durch Tibet gehört zu den nachhaltigsten Erfahrungen, die man machen kann. Berührungsängste mit dünner Luft, extremen Klimabedingungen, schlechten, staubigen Straßen, einfachen Hotels und primitiven Reisebedingungen darf man allerdings nicht haben. Wer sich ganz unvoreingenommen auf das Erlebnis Tibet einlässt, kann über solche Unannehmlichkeiten sicher leicht hinwegsehen. Für Reisende, die sich jedoch körperlich und mental nicht ausreichend vorbereiten oder die das Land einfach nur konsumieren wollen, kann eine Tibetreise auch zum Fiasko werden.

Reiseziele

Der Weg ist das Ziel – auf kaum ein anderes Land trifft das so sehr zu wie auf Tibet. Kein Wunder also, dass für viele Tibetreisende die An- oder Ausreise nach und von Tibet den eigentlichen Höhepunkt ihrer Reise darstellt. Karg, einsam und von scheinbar endloser Weite ist die Strecke von Xining über Jyekundo in der Provinz Qinghai, dem ehemaligen **Amdo** (s. S. 60).

Spektakulär, gefährlich und von einer unglaublichen Dramatik sind die zwei Straßen über den Westen Sichuans, dem alten **Kham** (s. S. 44), nach Lhasa.

Hart, entbehrungsreich, zeitraubend und gerade dadurch unverwechselbar tibetisch ist die Fahrt über das ehemalige **Guge-Königreich** in Westtibet (s. S. 267) nach Kashgar, während die Reise über den **Friendship Highway** (s. S. 28) nach Nepal voller spektakulärer Landschaftsvarianten steckt.

Lebendige Orte des Glaubens

Liebhaber von **Tempeln** und buddhistischer Alltagskultur, der geheimnisvollen buddhistischen Ikonografie sowie von dunklen, mystisch wirkenden und nach Yakbutter riechenden Hallen, Kammern und Höhlen, die vom sonoren Vibrato der Mönche, die ihre Sutren herunterbeten und vom andächtigen Gemurmel der Pilger erfüllt sind, werden sich im Paradies wähnen. **Pilgerstätten** sind der ideale Ort, um Menschen aus ganz Tibet zu treffen und auch mit ihnen in Kontakt zu kommen. Es ist kein Problem, drei Wochen Tibet ausschließlich mit Tempelbesuchen zu gestalten. Wer dagegen nur ein paar Klöster und Pilgerstätten besuchen möchte, sollte eine gezielte Auswahl treffen, um nicht irgendwann tempelmüde zu werden.

Zu den Highlights, die man nicht versäumen sollte, gehören der **Jokhang** (S. 147), das buddhistische Herz Tibets, und die großen, einstmals staatstragenden Klöster **Drepung** (S. 181), **Sera** (S. 174) und **Ganden** (S. 185) in und um Lhasa. Das Kloster **Samye** (S. 208) nahe Tsethang ist das älteste Kloster Tibets und entspricht in seiner Anlage dem buddhistischen Universum. Der Sitz des Panchen Lama, das Kloster **Tashilhunpo** (S. 240) in Shigatse mit seinen prachtvollen Hallen und stillen Winkeln, ist eine kleine Stadt für sich und gehört zu den schönsten Anlagen Tibets. Bei der Besteigung des **Kumbum-Chörten** (S. 232) im Kloster Palkhor Chöde in Gyantse durchmisst man symbolisch den buddhistischen Erlösungsweg. Eine ganz eigene Stimmung strahlt das Kloster **Sakya** (S. 247) in Sakya aus, das eher einer gewaltigen Festung gleicht und einst das mächtigste Kloster Tibets war, während das kleine Kloster **Rongbuk** (S. 255) am Fuße des Mt. Everest auf einer Höhe von fast 5000 m die spektakulärste Lage Tibets für sich beanspruchen kann.

Zu den wichtigsten Pilgerzielen zählen neben den genannten Tempeln auch der **Barkor** (S. 146), der heilige Umwandlungsweg des Jokhang, der vom frühen Morgen bis zum späten Abend von Tausenden von Pilgern umrundet wird.

Auch alle anderen Klöster werden von sogenannten **Koras**, heiligen Umwandlungswegen, die auch um Seen und Berge führen können, umgeben. Ihre Begehung hinterlässt stets einen tiefen Eindruck vom religiösen Leben Tibets.

Kulturschock

Tibet existiert in der Vorstellung vieler Reisender in Form eines mystischen Shangri La, eines spirituellen Zufluchtsorts in einer korrupten und materialistischen Welt. Für sie repräsentiert Tibet alles, wonach sich die Menschheit heute sehnt, weil sie es entweder verloren oder noch nicht erreicht hat oder weil es in Gefahr ist, aus dem menschlichen Umfeld zu verschwinden. Auch für Menschen ohne religiöse Bindung symbolisiert Tibet oft die noble Tradition, sich in einem zunehmend standardisierten, ideologisch ausgerichteten und materialistischen Zeitalter auf sich selbst und das Leben nach dem Tod zu konzentrieren. Für andere wiederum ist die Autonome Region Tibet ein Ort der Unterdrückung, in dem der Buddhismus ausgetrocknet und die Kultur zwischen den Mahlzähnen chinesischer Repression zermalmt wird. Viele Reisende empfinden daher die Begegnung mit dem realen Tibet als Kulturschock, weil sie nicht auf das „wahre" Tibet treffen, das sie aus der einschlägigen Literatur kennen, oder weil Tibet doch ganz anders ist, als es die heimischen Medien vermitteln. Tatsächlich ist Tibet beides, geheimnisvoll und geschunden. Wer mit einer vorgefassten Meinung kommt, wird sie, wenn er nur will, bestätigt finden. Denn in Tibet gibt es eine Menge Unterdrückung, aber trotzdem ist religiöses und kulturelles Leben überall präsent, nicht nur für Touristen. Doch Vorsicht, Tibet ist kein Supermarkt der Spiritualität. Das Schneeland lässt sich nicht konsumieren, aber jeder, der mit offenen Augen und offenem Herzen durch das Land reist, wird sein ganz persönliches Tibet-Erlebnis mit nach Hause nehmen.

Trekkingtouren in den Bergen

Berge sind den Tibetern heilig. Auf jeder Passhöhe flattert ein Wald aus Gebetsfahnen im ewigen Wind, und Haufen von Manisteinen türmen sich in den blauen Himmel. Auf den Trekkingtouren erlebt man neben der einzigartigen Natur, spektakulären Fernsichten und einer unglaublichen Weite auch die eindrucksvolle Symbiose aus Landschaft und Kultur.

Der bewegendste Pilgertrek führt um den **Kailash** (S. 273), den heiligsten Berg der Tibeter. Für die Wanderung, ein Ereignis, das auch westliche Besucher Demut vor der Einzigartigkeit der Natur und des Lebens lehrt, benötigt man drei bis vier Tage.

Ein wenig wie Reinhold Messner darf man sich auf dem dreitägigen Trekking von **Dingri zum Mt. Everest Base Camp** (S. 257) fühlen, wenn man den Spuren des großen Bergsteigers folgt, der den Mt. Everest von Norden als Erster im Alleingang bezwungen hat.

Eine populäre und relativ einfach durchzuführende Trekkingtour, auf der man das Leben der Nomaden, alpine Landschaften und den Pilgeralltag erlebt, führt vom **Kloster Ganden zum Kloster Samye** (S. 187) und dauert vier bis fünf Tage.

Ebenfalls sehr gut zu realisieren ist die drei- bis viertägige Trekkingtour vom **Kloster Tsurphu nach Yangpachen** (S. 195), auf der man einem herrlichen Querschnitt von alpinen Tälern, wilder Natur und buddhistischer Kultur begegnet.

Auf einer Trekkingtour lernt man das ländliche Leben Tibets kennen.

Heilige Seen

Nicht nur die Berge sind den Tibetern heilig, sondern auch viele der Seen, die fast immer in grandiose Landschaften eingebettet sind. Um die heiligen Seen führen Pilgerwege (Koras), für deren Bewältigung man aber meist viele Tage benötigt. Wer nicht vorhat, die Seen zu umrunden, sollte sich dennoch einen mindestens zweitägigen Aufenthalt gönnen, um die herrliche Natur, die unglaubliche Stille und die Spiritualität der Landschaft zu genießen. Kein Reisender kann sich der Faszination des in der kargen Wildnis des Changtang liegenden heiligen **Nam Tso** nicht weit von Lhasa entziehen. Er ist der größte See in der Autonomen Region Tibet, gleicht aber eher einem weiten Ozean und hat für tibetische Buddhisten eine große spirituelle Bedeutung. Die alpine Schönheit des ätherischen **Basum Tso** (S. 298) nahe Bayi ist ebenfalls atemberaubend. Umgeben von Wäldern und schneebedeckten Bergen kann man am See eine herrliche Atempause vom kargen Hochland einlegen.

Auf dem Weg von Lhasa nach Gyantse passiert man den pittoresken, türkisfarbenen und heiligen **Yamdrok Tso** (S. 223), dessen aus Weideland bestehende Ufer geradezu zum Wandern und Fahrradfahren einladen. Nebenbei ist der See der größte Nistplatz für Zugvögel in Südtibet.

Zu guter Letzt gibt es noch den **Manasarovar** (Mapham Yutso, S. 279) am Fuß des Kailash, den heiligsten unter den drei heiligen Seen Tibets, der nach buddhistischer und hinduistischer Überlieferung die Quelle des Ganges, Brahmaputra, Indus und Sutlej ist.

Altstädte und Architektur

Es gibt in Tibet nicht nur Tempel und Natur, sondern trotz des Zustroms von Chinesen noch viele kleinere Orte und Dörfer mit tibetischem Flair und tibetischem Leben. Auch die alten, über das Land verteilten Festungen zeugen noch heute von der Baukunst der alten Tibeter. Die beste Atmosphäre und das ursprünglichste Leben findet man grundsätzlich abseits der chinesischen Stadtteile mit ihren langweiligen, weiß gekachelten Betonbauten. Bezaubernd ist die **Altstadt von Lhasa** (S. 143). Von der Altstadtsubstanz ist noch genügend erhalten geblieben, um ihr einen besonderen Reiz zu verleihen. Seitdem die Unesco die Aufnahme der Altstadt in das Weltkulturerbe wegen bereits begangener Bausünden abgelehnt hat, wird sogar der Denkmalschutz ernst genommen. Die tibetischen Viertel von **Tsethang** (S. 216) und **Gyantse** (S. 228) kämpfen zwar auch gegen die wuchernden chinesischen Vorstädte, haben sich aber dennoch viel von ihrem ursprünglichen Charakter bewahrt.

Die interessantesten Ruinen findet man im alten **Guge-Königreich** (S. 267) in Tsamda/Zanda, während die königliche Festung **Yumbulhakhang** (S. 220) bei Tsethang als ältestes erhaltenes Bauwerk Tibets gilt. Die spektakulärste unter den alten Festungen ist der **Dzong von Gyantse** (S. 230), ein mächtiges Bauwerk, das noch immer drohend über Gyantse thront, während die ehemalige Residenz des Dalai Lama, der **Potala-Palast** (S. 151) in Lhasa das mit Abstand prachtvollste und beeindruckendste Gebäude Tibets ist. Kein Pilger lässt es sich nehmen, ihn zu umrunden und sich an seiner Vorderseite niederzuwerfen.

Die größten Feste

Tibets Feste geben einen tollen Einblick in die tibetische Kultur. Tibeter lieben es, zu feiern und zu picknicken, und so ist jedes Fest eine farbenfrohe Orgie aus in wallende, rote Roben gehüllten Mönchen, festlich gekleideten Menschen und aufwändig geschmückten Frauen und Männern. Wer es irgendwie einrichten kann, sollte sich zum **Losar** (S. 60), dem tibetischen Neujahr, nach Lhasa aufmachen. Dann wimmelt die ganze Stadt von Pilgern und putzt sich festlich heraus.

Buddhistische Feste bieten einzigartige Eindrücke vom religiösen Leben, denn an diesen Tagen sind alle Mönche auf den Beinen und in den Klöstern werden große Zeremonien durchgeführt. Besonders feierlich geht es naturgemäß zum **Geburtstag Buddhas** und dem Tag der Erleuchtung Buddhas, dem **Saga Dawa Düchen** (S. 279), zu. In den Sommermonaten finden in einigen Orten Reiterfeste statt. Zu den beliebtes-

Gut zu wissen

Eigentlich ist es schwierig, in Tibet von irgendetwas enttäuscht zu sein, aber die chinesische **Politik** macht es möglich. Hat mal wieder eine Gruppe Mönche sich geweigert, den Dalai Lama zu schmähen oder hält die Regierung die Lage einmal mehr für „sensibel", kann es zur Abriegelung von Klöstern kommen. So steht nicht zuletzt das Kloster Drepung immer wieder im Visier der Staatsmacht und wird für Besucher dann tagelang geschlossen.

Probleme ganz anderer Art bereitet das **Wetter**. So kann es ganzjährig vorkommen, dass der Pass zum Nam Tso zugeschneit und nicht passierbar ist, dass die Straßen nach Westtibet weggespült werden und die Fahrt zum Kailash oder die Ausreise nach Nepal unmöglich werden oder die Anfahrten deutlich länger als geplant dauern. Viele Regionen Tibets sind Wildnis, und solche Ereignisse sind hier normal. Um die **Eisenbahnfahrt nach Lhasa** wird ein großer Rummel gemacht. Die Fahrt selber ist schlichtweg langweilig. Man sollte sie als das nehmen, was sie ist: eine bequeme und bezahlbare Möglichkeit, nach Tibet zu reisen oder Tibet zu verlassen.

ten gehören das **Changtang Chachen-Reiterfest** in Nagchu und das **Reiterfest von Damshung** (S. 195). Wer Cham- (Masken-) Tänze und das Ausrollen von Riesenthankas miterleben möchte, sollte das **Thankafest von Drepung** (S. 181) und das **Festival in Shigatse** (S. 235) nicht verpassen.

Reiserouten

Das größte Problem einer Reise nach Tibet ist die schiere Größe und Abgeschiedenheit, das zweitgrößte Problem sind die schlechten Verkehrsverbindungen und als Drittes kommen noch mögliche Restriktionen bei der Beantragung der notwendigen Permits (s. S. 89) hinzu. All das erfordert, sofern man nicht zu den glücklichen Langzeitreisenden, für die Zeit keine Rolle spielt, oder zu den Gruppenreisenden gehört, bereits im Vorfeld eine gründliche Reiseplanung. Mit ein wenig Glück kann man zwar bereits nach zwei Tagen Aufenthalt in China nach Tibet weiterreisen, aber manchmal hat man auch Pech und wartet dann bis zu einer Woche auf das Tibet-Permit.

Solange man Tibet von China aus erreicht und auch wieder verlässt, ist das weniger ein Problem. Viele Reisende fliegen aber nach China und haben den Rückflug von Kathmandu gebucht, und da kann jede unwillkommene Verzögerung in Stress ausarten. Wer die Route via Kathmandu plant, sollte also in jedem Falle ein ausreichendes Zeitpolster haben. Aber auch für alle anderen Reisenden gilt: Tibet ist der falsche Ort für ein vollgepacktes Reiseprogramm. Hier braucht man Zeit, Geduld und die Ruhe, auch einmal zwei oder drei Tage Verzögerung zu verkraften, weil es mal wieder nicht weitergeht.

Tibet kompakt

- eine Woche

Wer nur eine Woche in Tibet zur Verfügung hat, kann natürlich viel Programm hineinpacken und Sehenswürdigkeiten abhaken, aber deutlich tibetischer ist der Versuch, ein wenig Langsamkeit zu praktizieren und sich ganz auf den Alltag der besuchten Orte einzulassen.

...für Eilige

Was auch immer man vorhat, am ersten Tag in Lhasa muss man sich akklimatisieren, viel trinken, viel schlafen und dem Drang widerstehen, seinen Besichtigungsmarathon zu beginnen. Aber nach dem ersten Nickerchen darf man einen Spaziergang über den **Barkor** (S. 146), den heiligen Umwandlungsweg um den Jokhang, machen. Wer sich gut genug fühlt, besucht am zweiten Tag vormittags den **Jokhang** (S. 147) und nach einer ausgiebigen Siesta am Nachmittag den **Potala-Palast**. (S. 151) Den dritten Tag kann man für einen Ausflug zu den Klöstern **Sera** (S. 174) oder **Drepung** (S. 181) nutzen. Am Nachmittag schafft man vielleicht noch den Besuch des **Ramoche-Tempels** (S. 158) und einen langen Bummel durch Lhasas **Altstadt** (S. 143).

Tibet kompakt

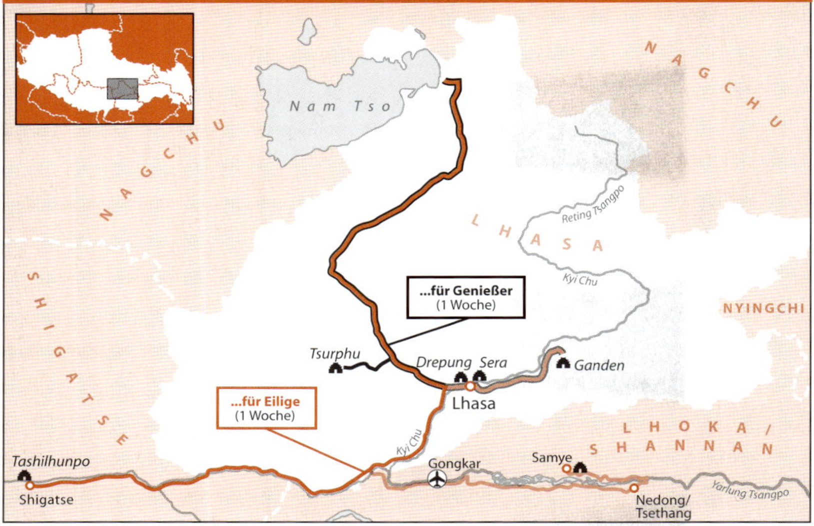

Wer genug vom Stadtleben hat und ein wenig von Tibet sehen möchte, kann am vierten Tag frühmorgens mit dem Bus nach **Shigatse** (S. 238) fahren. Am fünften Tag hat man genügend Zeit für den Besuch des Klosters **Tashilhunpo** (S. 240) und des Anfang 2008 fertiggestellten **Dzong** (S. 230), die ehemalige Festung der Stadt. Auch das tibetische Viertel von Shigatse lohnt einen Besuch.

Alternativ kann man eine zweitägige Landrover-Tour zum Kloster **Samye** (S. 208) und nach **Tsethang** (S. 216) buchen, wo man die alte Festung **Yumbulhakhang** (S. 220), die **Königsgräber** (S. 220) und die beiden **Klöster Trandruk** (S. 219) und **Mindroling** (S. 207) besuchen kann. Am sechsten Tag heißt es zurück nach Lhasa fahren.

Am siebten Tag könnte man noch einen Besuch des herrlich gelegenen Klosters **Ganden** (S. 185) anschließen, oder man nimmt an einer Minibus-Tour zum heiligen See **Nam Tso** (S. 195) teil.

...für Genießer

Die ersten drei Tage verlaufen wie oben beschrieben. Am vierten Tag lohnt der Ausflug zum **Nam Tso** (S. 195), um dort herrliche Natur und ein genuines Stück Tibet zu erleben.

Den fünften Tag sollte man für die weniger spektakulären Sehenswürdigkeiten in Lhasas Altstadt reservieren. Auf dem Weg dorthin liegen die kleinen, ursprünglichen Tempel **Gyüme** (S. 159), **Meru Sarpa** (S. 160), **Karmashar** (S. 160) und das Nonnenkloster **Ani Sangkhung**, das moslemische Viertel, Thanka-Galerien und vieles mehr. Am sechsten Tag kann man mit dem Pilgerbus zum **Kloster Tsurphu** (S. 193) fahren, das in einem herrlichen Tal versteckt liegt. Den letzten Tag könnte man mit einem Besuch des Sommerpalasts **Norbulingka** (S. 156) und einer Wanderung zum **Kloster Pabonka** (S. 181) oder aber mit einem Ausflug zum spektakulär gelegenen **Kloster Ganden** (S. 185) verbringen.

Die Wandmalereien in vielen tibetischen Tempeln gehören zu den Höhepunkten buddhistischer Kunst.

Tibet über Land

■ 10 Tage

Von Lhasa nach Kathmandu

Diese Tour dürfte die am meisten gefahrene in Tibet sein – zu Recht, denn entlang des Friendship Highways nach Nepal erlebt man einige der wichtigsten und schönsten Sehenswürdigkeiten Tibets.

Ganz Eilige können diese Strecke natürlich in zwei (mit dem Sleeperbus) oder drei Tagen (mit dem Landrover) durchrauschen und in letzterem Falle noch einen schnellen Blick auf das Kloster Tashilhunpo und vielleicht auf den Mt. Everest werfen, aber diese Option sollte man wirklich nur dann wahrnehmen, wenn man in Kathmandu ein Flugzeug zu verpassen hat. Besser ist es, sich für die Fahrt wenigstens sechs Tage plus einen Puffertag zu gönnen. Auf diese Weise kann man sich in Lhasa drei Tage akklimatisieren und die wichtigsten Sehenswürdigkeiten anschauen. Am besten beginnt man die Reise nach Westen am vierten Tag mit einer Fahrt entlang des heiligen Sees **Yamdrok Tso** (S. 223) und von dort weiter nach **Gyantse** (S. 228), wo man sich am fünften Tag genügend Zeit für den Besuch des **Kumbum-Chörten** (S. 232) und des **Dzong** (S. 230) lassen sollte, bevor man in Richtung Shigatse weiterfährt. Tempelfreaks und Liebhaber tibetischer Kunst können vor Shigatse noch einen kleinen Umweg zum **Shalu-Kloster** (S. 236) machen. Am sechsten Tag kann man in Ruhe das Kloster **Tashilhunpo** (S. 240) und das tibetische Viertel von Shigatse besuchen, bevor man sich auf die Fahrt nach **Sakya** (S. 247) mit seinem mächtigen Kloster macht. Nach dem Besuch Sakyas geht es am siebten Tag weiter in Richtung Dingri und von dort zum **Mt. Everest Base Camp** (S. 257) und dem Kloster **Rongbuk** (S. 255). Den ganzen achten Tag kann man mit Wanderungen und Spaziergängen, z. B. vom Kloster zum Base Camp verbringen. Am Abend geht die Fahrt wieder nach **Dingri** (S. 259), wo man mit ein wenig Glück einen herrlichen Blick auf den 8188 m hohen Cho Oyu genießt. Am neunten Tag geht es via Nyalam nach **Zhangmu** (S. 261), wo man am letzten Tag die Grenze überquert und nach Kathmandu fahren kann.

Gegrillte Kebabs sind beliebte Snacks für Zwischendurch.

Natur und Kultur im Yarlung-Tal

Diese Reisevariante ermöglicht es Trekking-Liebhabern, auch bei einem kürzeren Aufenthalt in Tibet, die Natur sehr unmittelbar zu erfahren, ohne auf das Kulturerlebnis verzichten zu müssen. Die ersten drei Tage dienen der Akklimatisierung und der Besichtigung der wichtigsten Sehenswürdigkeiten Lhasas. Gleichzeitig sollte man sich um die Vorbereitungen für das **Trekking von Ganden nach Samye** (S. 187) kümmern. Mit sehr viel Erfahrung kann man diese Tour alleine durchführen, besser ist es allerdings, sie über ein tibetisches Reisebüro zu arrangieren, was vor allem Zeit spart. Den dadurch gewonnenen Tag kann man für einen Ausflug zum **Nam Tso** (S. 195) und eine weitere Akklimatisierung nutzen. Je nach persönlicher Fitness dauert die Wanderung vier oder fünf Tage. In jedem Fall hat man genügend Zeit für die Besichtigung von **Samye** (S. 208) und **Tsethang** (S. 216), bevor man am zehnten Tag nach Lhasa oder direkt zum Flughafen zurückkehrt.

Tibet klassisch

- zwei Wochen

Wer zwei Wochen Zeit für Tibet hat, kann die Überlandfahrt nach Nepal relativ problemlos auch mit öffentlichen Verkehrsmitteln zurücklegen. Oder man nutzt die Zeit, die ohne Permit zu besuchende Region des Verwaltungsgebiets von Lhasa genauer zu erkunden.

Kleine Reise durch Zentraltibet

Wer mit knappem Budget reist oder einfach nicht gerne lange Fahrten über Land unternehmen möchte, findet in der Umgebung viele spannende Möglichkeiten, das Land, seine Menschen und einige interessante Klöster zu entdecken. Die einzelnen Sehenswürdigkeiten sind von Lhasa aus mit öffentlichen Bussen erreichbar, aber wer die hier genannten Orte in einer Rundreise kombinieren möchte, sollte einen Landrover chartern, da man dann nicht jedes Mal nach Lhasa zurück muss. Natürlich kann

Tibet klassisch

man auch versuchen, diese Rundreise mit einer Kombination aus Bussen, Trampen und Wandern zu realisieren.

Nach den ersten drei Tagen in Lhasa bietet sich zunächst der Abstecher zum **Nam Tso** (S. 195) an, wo man wenigstens eine Übernachtung einplanen sollte. Von dort geht die Rundfahrt weiter zum **Kloster Reting** (S. 199), in dessen Umgebung man herrlich wandern kann. Von Reting führt ein Weg ins **Phenpo-Tal** (S. 198), das ebenfalls zu langen Wanderungen einlädt. Die nächste Station ist das Kloster **Drigung Thel** (S. 191) und das Nonnenkloster **Tidrum** (S. 192), das man auch über eine schöne Wanderung erreichen kann. Wer mit gechartertem Jeep unterwegs ist, kann auf der Rückfahrt nach Lhasa noch das Kloster **Ganden** (S. 185) besuchen. Bei einer Rundreise mit dem Landrover sollte man ein Minimum von fünf Tagen einplanen, damit genügend Zeit für Wanderungen bleibt. In diesem Falle kann man die Rundreise sogar mit der dreitägigen Trekking-Tour von **Tsurphu nach Yangpachen** (S. 195) nicht weit vom Nam Tso beginnen.

Tibet intensiv

- drei Wochen

Trekking um den Kailash

Für diese Reise braucht man Sitzfleisch, sollte sich gut an die Höhe angepasst haben und vor allem in einer guten körperlichen Verfassung sein. Wichtig ist, sich in Lhasa genügend Zeit, also mindestens vier Tage, für die Akklimatisierung zu nehmen. Der Kailash ist weit vom nächsten Flughafen entfernt, und wenn man akut erkrankt, geht viel Zeit für die Fahrt ins nächste Krankenhaus drauf. Die Fahrt mit dem Landrover bis zum Ausgangspunkt der Kora um den **Kailash** (S. 273) dauert vier Tage, aber da sind keine Besichtigungen unterwegs drin. Für die **Kora** (S. 276) benötigt man zwischen drei und vier Tagen und für die Pause am **Manasarovar-**

See (S. 279) sollte man ebenfalls noch einmal einen Tag rechnen. Das macht insgesamt 16 Tage, d. h. es bleiben fünf Tage für Besichtigungen, die man sinnvollerweise auf die Hin- und Rückfahrt verteilt, um die langen Fahrzeiten etwas aufzulockern. Hier bieten sich die an der Strecke liegenden Sehenswürdigkeiten in **Gyantse** (S. 228), **Shigatse** (S. 238) und **Sakya** (S. 247) an, die eine langsame Annäherung an Tibets wilden Westen ermöglichen.

Rundreise durch den Osten

Noch wird der Osten Tibets sehr stiefmütterlich behandelt. Das liegt zum einen daran, dass es nicht immer einfach ist, die Permits zu bekommen, zum anderen reisen die meisten Touristen nach Nepal aus, und das liegt nun mal in der anderen Richtung. Eine Rundreise durch den Osten Tibets bietet den vielleicht besten Einstieg in die unglaubliche Abgeschiedenheit des Schneelands, seine landschaftliche Vielfalt, aber auch in den buddhistischen Alltag.

Von Lhasa aus passiert man zunächst das Kloster **Ganden** (S. 185), das man als ersten Stopp einbauen sollte. Dank guter Straßen gelangt man noch am selben Tag bis zum herrlich gelegenen See **Basum Tso** (S. 298), der auch Draksum Tso geschrieben wird. Weiter östlich breitet sich die Region **Kongpo** (S. 298) aus mit den beiden Orten **Bayi** (S. 299), wo es das bedeutende Lamaling-Kloster zu sehen gibt, und Nyiangtri, wo der heilige Berg der Bön-Religion, der **Bön Ri** (S. 300) wartet. In **Pome** (S. 304) kann man einen kurzen Zwischenstopp einlegen, um die spektakuläre Landschaft in der Umgebung zu erkunden. Dann führt die Route weiter zum schön gelegenen **Ra'ok Tso** (S. 304). Ab hier geht es nach Norden, vorbei am Flughafen **Pangda** (S. 305), dem weltweit höchstgelegenen Flughafen. Nächste Station ist **Chamdo** (S. 306), die einzige größere Stadt in Osttibet, wo es das interessante Jampaling-Kloster zu besichtigen gibt. Auf dem Weg zurück über **Riwoche** (S. 312) mit dem 1276 gegründeten Kloster Riwoche Tsuglhakhang passiert man einige herrliche buddhistische und Bön-Klöster. Der Besuch des **Sog-Klosters** (S. 313) muss aber extra auf dem Permit gelistet werden. Der heilige See **Nam Tso** (S. 195) bildet den Abschluss dieser aufregenden Rundfahrt.

Klima und Reisezeiten

Tibet trägt den Beinamen „Schneeland", ein Name, der weite, schneebedeckte Winterlandschaften suggeriert – weit gefehlt. Tatsächlich ist das Klima vor allem eines: extrem. Allerdings gibt es natürlich viele regionale Besonderheiten. Das Klima eines Großteils des Landes ist kühl, windig und trocken. Aber egal, wo man sich aufhält, innerhalb eines Tages kann man das gesamte Spektrum tibetischer Klimaverhältnisse erleben, und das reicht von flirrender Hitze bis zu eisiger Kälte, oder wie es in Tibet heißt: „An einem Tag kann es vier Jahreszeiten geben." In einigen Hochlagen kann man Kälte und Hitze gleichzeitig erleben, nämlich dann, wenn man sich in den eisigen Schatten stellt und den Körper in die heiße Sonne reckt. Ein weiteres Problem ist die extreme Lufttrockenheit und die intensive UV-Strahlung.

Die **Schneegrenze** liegt in Zentraltibet bei 5800 m, in Osttibet und südlich des Himalaya bei ungefähr 4600 m. In den Sommermonaten sinken die Temperaturen auf den weiten Hochflächen des Changtang nachts knapp unter den Gefrierpunkt, während es tagsüber bis zu 25 °C warm werden kann, in der direkten Sonne auch noch heißer. Im Winter können hier die Temperaturen bis minus 40 °C reichen, tagsüber aber bis auf 10 oder sogar 15 °C ansteigen.

Im Großen und Ganzen kann die Autonome Region Tibet in vier große **Klimaregionen** eingeteilt werden, und zwar das trockene, eisige und windige Hochplateau im Norden und Westen, die klimatisch milderen Täler und ariden Regionen im Süden, die regen- und schneereichen Waldregionen des Ostens und die hohen Berge mit ihren tiefen Flusstälern und Bergseen im Südosten, die von ausgesprochen unterschiedlichen Wetterverhältnissen geprägt werden.

Die beste **Reisezeit** hängt in Tibet ganz davon ab, was man vorhat. Prinzipiell kann man das ganze Jahr über reisen. Die touristische Hauptsaison dauert von Mai bis Oktober. Besonders voll wird es zu den chinesischen Feiertagen um den 1.–3. Mai und 1.–5. Oktober sowie an den drei Tagen um das Qingming-, Drachenboot- und Mondfest (Daten s. S. 57). In dieser Zeit sind u. U. alle Hotels und Verkehrsmittel ausgebucht,

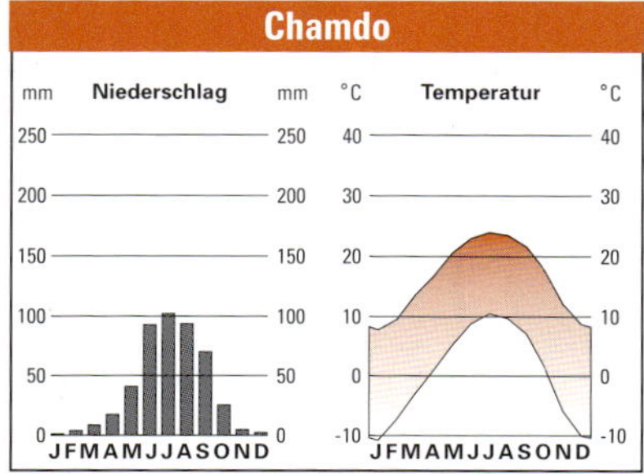

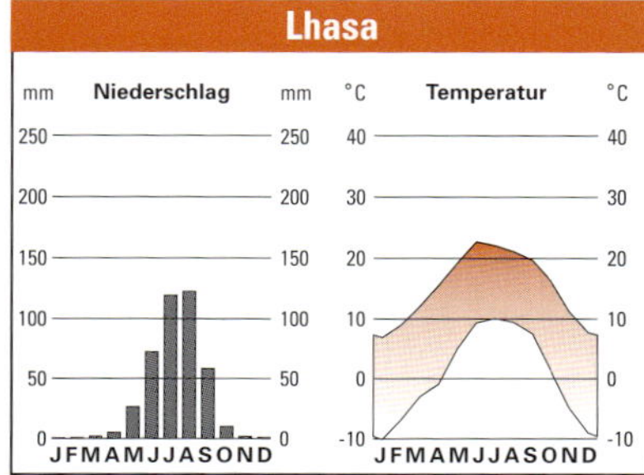

Scheinbar langsam schweben die Wolken heran, doch dann kann das Wetter blitzschnell umschlagen.

und die Besucherzahlen bei den Sehenswürdigkeiten werden begrenzt.

Frühling

Der Frühling reicht in den meisten Regionen von März bis Mai. In dieser Zeit kann der Wind überaus stark werden und Staub- oder Sandstürme verursachen. Zum Trekken ist dies eine der besten Jahreszeiten, da es dann tagsüber noch nicht so heiß wird. Für Bergsteiger ist die Vormonsunzeit im Mai die günstigste Zeit, da das Wetter dann noch sehr beständig ist. Wer den Mt. Everest nicht, wie meistens, wolkenverhangen sehen möchte, sollte ebenfalls im April oder Mai reisen, da der Bergriese dann oft viele Tage hintereinander in seiner ganzen Pracht zu sehen ist. Auch für Osttibet ist dies eine gute Reisezeit, da es kaum regnet. Die Nomaden bezeichnen diese Zeit als die „Goldenen Monate", weil sich die Vegetation dann in ihrer ganzen Pracht präsentiert. Probleme kann es für Individualreisende im März geben, da es in diesem Monat einige sensible politische Gedenktage gibt (s. S. 58). Ab April beginnt langsam die Tourismussaison und viele Hotels und Veranstalter geben ihren Kunden noch bis Ende des Monats gute Rabatte, um das Geschäft anzukurbeln.

Sommer

Juni, Juli und August sind die Sommermonate. In dieser Zeit wird es in Zentraltibet meist sehr warm und in der Sonne richtig heiß. In diesen Monaten finden viele der Reiterfeste statt. Im südlichen und östlichen Tibet formt

Monsun

Die Bezeichnung Monsun leitet sich von dem arabischen Begriff *mausim* ab und bedeutet „Saison". Tatsächlich bezeichnet der Monsun einen Wind, der im jahreszeitlichen Wechsel seine Richtung ändert. Der Monsun kommt hauptsächlich im Indischen Ozean vor und bläst im Allgemeinen von April bis Oktober aus Südwest und von Oktober bis April aus Nordost, also der entgegengesetzten Richtung. Der Südwest- oder Sommermonsun wird in Indien, Nepal und Bhutan meist von schweren Regenfällen begleitet und ist dadurch das bestimmende Klimaereignis der Region. Ab Oktober wird der Südwestmonsun durch ein kräftiges Kältehoch mit trockenen Luftmassen über Sibirien abgelöst, die sich erwärmen und als Wintermonsun Richtung Südwesten abwandern.

der Himalaya eine Barriere gegen den Regen bringenden Monsun, sodass der Monsun im Hochland nicht so heftig ist wie zum Beispiel in Nepal oder Bhutan. Allerdings fällt im Juli und August dennoch der meiste Regen, und zwar mehr als die Hälfte des gesamten Jahresniederschlags. In Südost-Tibet beginnt die Regenzeit bereits im April und die Niederschlagsmenge ist deutlich höher als im Hochland. Zusammen mit den Schmelzwassern der Gletscher und der Schneeschmelze steigen dann in ganz Tibet die Pegel vieler Flüsse dramatisch an, sodass es vor allem ab August zu Überschwemmungen und Erdrutschen kommen kann, die viele Straßen unpassierbar machen. Vor allem Reisen nach Westtibet und nach Nepal können im Juli und noch mehr im August unmöglich werden, wenn zuweilen ganze Straßenabschnitte in die Schluchten gespült werden. In dieser Zeit können die Temperaturen vor allem im Changtang sehr stark zwischen Tag und Nacht sowie Sonne und Schatten schwanken. Temperaturunterschiede von bis zu 40 °C (nachts minus 15 °C und tagsüber plus 25 °C) sind keine Seltenheit.

Herbst

Der Herbst dauert von September bis November und ist meist kühl und trocken. Nachts kann es auch in Lhasa bereits empfindlich kalt werden, während es tagsüber angenehm warm oder zum Teil sogar richtig heiß ist. Die im August einsetzenden Überschwemmungen durch Schnee- und Gletscherschmelze ziehen sich bis in den September, sodass es vor allem im Straßenverkehr noch immer zu Behinderungen kommt, da viele Wege und Brücken unterspült oder zusammengebrochen sein können. Ansonsten ist diese Zeit eine der schönsten zum Reisen. September und Oktober gelten als die besten Monate für eine Reise zum Kailash. Für Osttibet sind Oktober und November eine gute Zeit, da die Wetterverhältnisse dann wieder halbwegs stabil sind und man gut über die Pässe kommt. Ab Anfang November beginnt die Wintersaison und viele Hotels und Reiseveranstalter senken ihre Preise deutlich.

Winter

Der größte Vorteil im Winter, der von Dezember bis Anfang März dauert, sind die niedrigen Preise und die wenigen Touristen bei den Sehenswürdigkeiten. Den Hauptnachteil bekommt man in den Hotels zu spüren, denn die meisten sind auch im Winter unbeheizt. Tagsüber wird es in tieferen Lagen wie in Lhasa in der Sonne selbst im Winter zwischen 15–20 °C warm, sodass der seltene Schnee immer schnell schmilzt. In höheren Lagen, im Changtang-Hochland und in Westtibet können die Temperaturen aber auch wochenlang bei minus 40 °C verharren, weshalb dies keine gute Zeit für Fernradler ist. Schnee fällt vor allem in hohen Lagen, sodass viele Pässe nicht passierbar sind, aber dafür herrscht eine tolle Fernsicht. In diese Zeit fallen auch einige der wichtigsten tibetischen Feste, und vor allem Lhasa ist dann voller Pilger. Die Anreise über Land von Yunnan oder Chengdu nach Tibet ist im Winter und vor allem gegen Ende des Winters meist unmöglich, da viele Pässe wegen des Schneefalls blockiert sind.

Reisekosten

Ob Globetrotter oder Buddhist, Studienreisender oder Aktivurlauber, jeder wird andere Prioritäten setzen. Wie teuer eine Reise nach Tibet letztendlich wird, hängt unabhängig vom Reisetyp von vielen im Voraus planbaren Faktoren, aber leider auch von vielen Unwägbarkeiten ab. Zu den planbaren Faktoren gehören der gewohnte und gewollte Lebensstandard, die Reiseform vor Ort und die gewünschten Aktivitäten. Zu den Unwägbarkeiten gehören Höhenkrankheit, Erdrutsche, Überschwemmungen, Wetterkapriolen und politische Restriktionen. Diese Ereignisse können günstigstenfalls zu Verzögerungen führen, deren Kosten überschaubar bleiben, schlimmstenfalls können sie eine Reise beenden oder teure Umwege erforderlich machen. Auch wenn man die Reserve nicht benötigt, sollte man genügend Geld dabei haben, um notfalls auch einen ungeplanten Flug aus Tibet raus bezahlen zu können.

Tagesbudget

Wer bescheiden reist, die preiswertesten Unterkünfte aufsucht, in einfachen Lokalen speist, seine Reiseziele mit öffentlichen Verkehrsmitteln anfährt und Trekkingtouren selber organisiert, kann mit etwa 20 Euro (etwa ¥200) am Tag auskommen. Etwas komfortabler reist man sicherlich mit 30 Euro (etwa ¥300) pro Tag, denn dann ist auch schon mal eine Pizza oder ein Kneipenbesuch in Lhasa drin.

Wer vorhat, in Gebiete zu reisen, in denen ein Alien Travel Permit erforderlich ist, muss bereits tiefer in die Tasche greifen, vor allem dann, wenn die Reisezeit begrenzt ist. In diesem Falle wird man einen Landrover chartern müssen; die effektiven Kosten hängen dann stark von der Jahreszeit und der Anzahl der Mitfahrer ab.

Übernachtung und Essen

Die Übernachtungskosten sind am einfachsten zu kalkulieren. In einem durchschnittlichen Hostel zahlt man für ein Bett im Dormitory zwischen ¥15–60. Ein Doppelzimmer im Hostel kostet je nach Ausstattung (mit oder ohne Bad) zwischen ¥70–200. Für ein Doppelzimmer in einem Mittelklassehotel zahlt man zwischen ¥300–900 und für ein Doppelzimmer in einem Hotel der gehobenen Klasse muss man zwischen ¥700–1500 hinblättern.

Die Essenskosten sind ebenfalls sehr moderat. In den auf ausländische Touristen ausgerichteten Restaurants in Lhasa kann man zwar locker ¥200 für eine Mahlzeit ausgeben und wird das nach einer anstrengenden Trekking- oder Überlandtour sicher auch einmal machen, aber ansonsten kostet die durchschnittliche Mahlzeit in einem tibetischen oder chinesischen Restaurant ¥10–30 und in einem Restaurant mit westlicher Küche ¥20–60. Eine Flasche Bier kostet im Restaurant zwischen ¥5–10, in den besseren Restaurants aber auch bis zu ¥20 und im Laden je nach Marke ¥2–5.

Eintrittsgebühren

Eintrittsgelder können das Budget ziemlich sprengen. Für den Potala in Lhasa zahlt man ¥100, der Jokhang kostet immerhin noch ¥70 und der durchschnittliche Eintrittspreis für viele Klöster liegt bei ¥20–50. Wer in den Tempelhallen fotografieren möchte, muss eine Fotografiererlaubnis erstehen, die meist ¥50–70 pro Halle beträgt. Wer Videos dreht, zahlt das Zehnfache. Der Eintritt in Nationalparks und Naturschutzgebiete ist ebenfalls hoch. Wer zum Beispiel das Mt. Everest Base Camp besucht, zahlt einen Eintritt von ¥180 plus ¥400 für das Fahrzeug. Die Fahrzeugkosten werden allerdings durch die Anzahl der Mitfahrer geteilt.

Transport

Transporte und insbesondere die Anreise nach Tibet reißen das größte Loch in jedes Reisebudget. Die Anreise mit dem Zug (Hardseater/ Hardsleeper/Softsleeper) von Beijing kostet ¥389/813/1262, von Shanghai ¥406/845/1314, von Guangzhou ¥451/923/1471 und von Chengdu ¥331/712/1104. Die regulären Preise für den Flug nach Lhasa betragen etwas weniger als das Doppelte des Softsleeper-Preises. Billiger wird die Anreise von Chengdu (via Golmud), Xi'an, Xining, Lanzhou und einigen anderen Orten mit dem Sleeperbus. Die Preise rangieren hier zwischen ¥210 ab Golmud und bis zu ¥500 ab Chengdu. Dazu kommen noch die Permitkosten, die je nach Stadt zwischen ¥400–1400 betragen können.

Busfahrten innerhalb Tibets sind ebenfalls nicht ganz billig. Durchschnittlich muss man mit etwa ¥0,16 pro Kilometer im normalen Bus und etwa ¥0,35–0,70 pro Kilometer im Sleeperbus (abhängig von der Region) rechnen. So kostet ein Bus ins 350 km entfernte Shigatse ¥50 und der Sleeperbus ins 1715 km entfernte Ali etwa ¥600.

Das Chartern von Landrovern schlägt mit rund ¥3,50–4 pro Kilometer zu Buche. Pro Tag sollte man hier umgerechnet 20–30 Euro pro Person (bei vier Personen) einplanen, vorausgesetzt, man findet genügend Mitreisende. Für Trekkingtouren und andere arrangierte Ausflüge muss man zwischen ¥1800 und ¥3000 pro Tag rechnen, die man durch die Anzahl der Mitreisenden teilen kann. Die Fahrt von Lhasa nach Zhangmu mit Besuch von Shigatse, Gyantse, Mt. Everest Base Camp kostet je nach Anzahl der Abstecher bei sechs Personen im Jeep um die 75–85 Euro (etwa ¥750–850).

Was kostet wie viel?

Trinkwasser (1 l)	¥4
Bier	¥4–8
Snacks in der Garküche	¥4–10
Teller gebratene Nudeln	¥10
Fleischgericht	¥15–25
DZ einfach	¥70–200
DZ Mittelklasse	¥300–900
Dorm-Bett	¥15–60
Taxifahrt (Stadt)	¥10
Eintritt	¥20–50
Eintritt Nationalparks	¥50–180
Internet pro Std.	¥4–10
Landrover (4 Pers.) p. P./Tag	¥220–330

Traveltipps von A bis Z

Anreise

Die meisten Tibet-Besucher reisen via **China** auf dem Luft- oder Landweg ein. Eine der beliebtesten und auch am einfachsten zu realisierenden Varianten ist die Einreise nach Tibet über China und die Ausreise auf dem Landweg nach **Nepal**. Die Einreise von Nepal nach Tibet über den Friendship Highway nach Lhasa ist möglich, aber mit vielen bürokratischen Unwägbarkeiten und hohen Kosten verbunden. Weitere Einreisemöglichkeiten bestehen über die westnepalesische Stadt Simikot nach Purang und über Kyirong im Langtang-Gebiet. Von Gangtok in Sikkim (Indien) kann man nach Yadong einreisen. Diese letzten drei Varianten stehen aber ausschließlich regulären Tourgruppen offen. Abenteuerlustige können schließlich noch über Pakistan oder Kirgistan nach Kashgar reisen und von dort via Yecheng (Kargilik) nach West- und Zentraltibet weiterfahren.

Mit dem Flugzeug

Für die Einreise nach Tibet mit dem Flugzeug bieten sich zahlreiche Möglichkeiten. Grundsätzlich muss man aber von einem Flughafen in China nach **Lhasa** fliegen. Den einzigen internationalen Flug gibt es von Kathmandu nach Lhasa. Vom Zeitaufwand her ist zunächst einmal relativ egal, ob man einen Flug nach Beijing, Shanghai, Guangzhou, Chengdu oder in eine andere Stadt wählt. Von allen genannten Städten gibt es Flüge nach Lhasa. Für welchen Zielort man sich entscheidet, hängt also eher vom jeweils günstigsten Flugpreis, der Zeit, die man vorher in China verbringen möchte und den persönlichen Interessen ab. Wer Kosten und Zeit sparen möchte, ist mit **Chengdu** als Ausgangsort sicher am besten bedient, da man hier die besten Rabatte für den Weiterflug nach Lhasa bekommt und auch die größte Auswahl an Flügen hat.

Flugtickets

Flüge können über ein Reisebüro, über Internet-Anbieter oder direkt bei der Fluggesellschaft gebucht werden. Um den jeweils günstigsten Flugpreis herauszufinden, sollte man alle Optionen ausprobieren. Die vergünstigten Spezialtarife und befristeten Sonderangebote kann man nur bei wenigen Fluggesellschaften in ihren Büros oder direkt über ihre Websites buchen; sie sind jedoch immer auch in auf Flüge spezialisierten Reisebüros erhältlich. Bei KLM bekommt man den besten Flugpreis beispielsweise fast nur über deren Website. Hier hat man zusätzlich den Vorteil, dass man 36 Stunden vor Abflug übers Internet einchecken kann und so freie Sitzplatzwahl hat.

In verschiedenen Tests schnitten die folgenden Reiseportale gut ab:

- www.expedia.de
- www.weg.de
- www.opodo.de
- www.travelchannel.de
- www.flyloco.de

Flüge ab Europa

Je nach Fluggesellschaft, Jahreszeit und Aufenthaltsdauer in China bekommt man ein Economy-Ticket von Deutschland, Österreich und der Schweiz hin und zurück nach Beijing oder Shanghai ab etwa 550 € (inkl. aller Steuern und Gebühren). Hochsaison für Flüge nach China ist das Sommerhalbjahr, in dem Flüge im Juli und August am teuersten sind und bis zu 1000 € oder mehr kosten können. Teuer sind auch die Zeiträume um das chinesische Neujahr (s. S. 57), die Woche um den 1. Mai und die erste Oktoberwoche, wenn viele Chinesen zu ihren Familien zurückkehren. Zu diesen Terminen muss man frühzeitig buchen, da die Flüge dann schon Wochen im Voraus ausgebucht sind.

Eine besonders interessante Option bieten KLM und China Southern Airlines, die als bislang einzige europäische und chinesische Fluggesellschaften nonstop nach **Chengdu** fliegen. Größter Vorteil dieses Fluges ist, dass man sich den teuren Inlandsflug von Beijing, Shanghai oder Guangzhou nach Lhasa oder die zeitaufwändige Anreise über Land durch halb China erspart und sich in Chengdu gleich an einem der besten Orte für die Organisation der Weiterreise nach Tibet befindet.

Gabelflüge (z. B. Hinflug nach Beijing, Rückflug ab Shanghai) sind in der Regel etwas teurer, ermöglichen dafür aber eine flexiblere Reiseplanung. Air Berlin bietet dagegen grundsätzlich nur One-Way-Tarife an, und wer rechtzeitig bucht, bekommt hier Hin- und Rückflug bereits ab 550 €.

Eine günstige Alternative können Jugend- und Studententickets sein (je nach Airline für alle jungen Leute bis 29 Jahre und Studenten bis 34 Jahre). Sie sind immer dann eine gute Option, wenn alle Sonderangebote ausgebucht sind. Außerhalb der Hauptsaison gibt es den Hin- und Rückflug von Frankfurt nach Beijing oder Shanghai ab etwa 600 €.

Viele Fluggesellschaften bieten regelmäßig Sonderangebote an. Dann kann man z. B. mit Air France oder KLM für etwa 550 € von vielen Flughäfen in Deutschland, Österreich und der Schweiz über Paris oder Amsterdam nach Beijing, Shanghai, Guangzhou oder Chengdu und zurück fliegen.

Tickets für Flüge von und zu anderen deutschen Flughäfen als Frankfurt oder München sind oft teurer. In diesem Fall kann es attraktiver sein, mit einem Rail-and-Fly-Ticket per Bahn nach Frankfurt oder München zu reisen (entweder bereits im Flugpreis enthalten oder nur 30–60 € extra). Man kann je nach Fluglinie auch einen preiswerten Zubringerflug der gleichen Airline von einem kleineren Flughafen in Deutschland buchen. Außerdem gibt es Fly &

Reisen und Klimawandel

Der Klimawandel ist eine ernste Bedrohung der Ökosysteme, von denen der Mensch abhängt, und Flugreisen sind in zunehmendem Maß für eine Verschärfung des Problems verantwortlich. Obwohl wir das Reisen insgesamt positiv sehen und der Überzeugung sind, dass es einen bedeutenden Beitrag sowohl für sich entwickelnde Ökonomien als auch für die Völkerverständigung leistet, ist jeder einzelne dazu aufgerufen, sich seiner Verantwortung bewusst zu werden und die Einflüsse auf die globale Erwärmung so gering wie möglich zu halten. Dazu gehört, darüber nachzudenken, wie oft wir fliegen und was wir tun können, um die Umweltschäden auszugleichen, die wir mit unseren Reisen verursachen.

Fliegen und Klimawandel

Praktisch jede Form des motorisierten Reisens ist mit dem Ausstoß von Kohlendioxid (CO_2) verbunden, das der Hauptgrund für den vom Menschen verursachten Klimawandel ist. Die weitaus größte Belastung geht dabei von Flugzeugen aus, nicht weil sie ihre Schadstoffe über weite Strecken verteilen, sondern vor allem weil sie Treibhausgase weit oben in der Atmosphäre abgeben. Die Statistiken lesen sich erschreckend: Zwei Personen, die von Europa in die USA und wieder zurück fliegen, tragen zum Klimawandel so viel bei wie der gesamte Jahresverbrauch an Gas und Strom eines durchschnittlichen Haushalts.

Zwar wird es vielleicht irgendwann Flugzeuge mit Brennstoffzellen oder anderen weniger umweltschädigenden Antriebssystemen geben. Aber bis es so weit ist, haben verantwortungsbewusste Traveller nur zwei Möglichkeiten: Entweder die Zahl der Flüge zu reduzieren (also weniger zu fliegen und länger zu bleiben) oder die unternommenen Flüge durch ein Ausgleichsprogramm für das Klima zu „neutralisieren".

Ausgleichsprogramme

Kompensationsprogramme von Organisationen wie 💻 www.atmosfair.de, www.myclimate.ch oder www.climatecare.org bieten die Möglichkeit, eine sinnvolle Entschädigung zumindest für einen Teil der Treibhausgase zu leisten, die man durch das eigene Reisen verursacht. Dabei wird zunächst anhand eines CO_2-Rechners der Anteil eines bestimmten Fluges an der globalen Erwärmung ermittelt, anschließend werden Optionen aufgezeigt, wie mit einem zusätzlichen Beitrag ausgleichende umwelterhaltende Projekte unterstützt werden können. Dazu gehören die Aufforstung des Regenwalds und anderer ursprünglicher Wälder sowie Initiativen zur Senkung des Energiebedarfs in der Zukunft. Häufig sind diese Projekte an Maßnahmen für eine nachhaltige Entwicklung gekoppelt.

Drive-Angebote, wobei eine Fahrt vom und zum Flughafen mit einem Mietwagen im Ticketpreis inbegriffen ist.

Air Berlin, 🖳 www.airberlin.com, fliegt täglich außer Di und Fr von Düsseldorf nach Beijing und täglich außer Mi und Sa nach Shanghai.

Air China, 🖳 www.airchina.de, fliegt täglich nonstop von Frankfurt und Wien nach Beijing und Shanghai. Geplant sind auch Nonstop-Verbindungen ab Düsseldorf und Berlin. Der größte Vorteil bei dieser Airline ist, dass man den Weiterflug zu einer beliebigen Stadt in China – Lhasa ausgenommen – zu einem geringen Aufpreis mit buchen kann. Auf vielen Strecken ist der Anschlussflug ab Beijing oder Shanghai sogar inklusive. Man darf dann in Beijing bzw. Shanghai einen Zwischenstopp einlegen.

Austrian Airlines, 🖳 www.aua.com, fliegt täglich außer Mi und Sa von Wien nach Beijing.

China Eastern Airlines, 🖳 www.ce-air.com, fliegt täglich von Frankfurt nach Shanghai und bietet die Möglichkeit, zusammen mit dem internationalen Flug einen Anschlussflug im Inland für 50 % Ermäßigung zu buchen. Von Zürich und

Reisen nach Tibet – eine Gratwanderung

Gefahren...

Aus Sicht der chinesischen Machthaber ist der Tourismus nicht nur als Devisenquelle attraktiv. Er kann auch dazu beitragen, die Assimilierung der tibetischen Kultur voranzutreiben. In den größeren Städten sind die typischen Kennzeichen des Massentourismus bereits zu erkennen. Die heiligen Ritualwege werden zu orientalischen Jahrmärkten, auf denen Händler mit den Touristen Geschäfte machen wollen. Aus Bauern werden Andenkenverkäufer, aus Hirten Hotelboys, aus Landarbeiterinnen Zimmermädchen oder in der letzten Zeit verstärkt Prostituierte. In abgelegenen Gebieten sind Energieknappheit und Umweltzerstörungen Folgen des Tourismus. Bergsteiger und -wanderer benötigen das knappe und kostbare Feuerholz, das dann den Einheimischen nicht mehr zur Verfügung steht. In Nepal und Nordindien hat diese Entwicklung bereits dramatische Züge angenommen.

Zudem versuchen die chinesischen Behörden, den Touristen Chinas Anspruch auf Tibet nahe zu bringen. Selbst manche tibetischen Reiseführer – zumindest wenn sie für chinesische Agenturen arbeiten – geben die offizielle Sicht der Dinge wieder, wonach Tibet schon immer ein Teil Chinas war. Die chinesische Prinzessin Wencheng, die im 7. Jh. an den Königshof von Lhasa heiratete und als „Beleg" für Chinas Anspruch auf Tibet herangezogen wird, ist an den Touristenorten in Form von Bildern oder historischen Wencheng-Gedenkstätten allgegenwärtig.

Schließlich spricht noch gegen den Tibet-Tourismus, dass China das Visum dafür ausstellt, und das bedeutet faktisch eine Anerkennung der chinesischen Herrschaft.

...und Chancen

Reisen nach Tibet bergen aber auch viele Chancen, nicht nur für die Erweiterung des eigenen Horizonts. So können Besucher Augenzeugen der Unterdrückung werden und dazu beitragen, Verbrechen öffentlich zu machen oder sie womöglich zu verhindern. Unter den Augen der Öffentlichkeit wird China seine Macht nicht mit derselben Brutalität durchsetzen wie unter Ausschluss derselben. Dazu kommt, dass das Interesse an der tibetischen Kultur die Tibeter darin bestärkt, an ihr festzuhalten. Während die chinesische Propaganda diese Kultur zumeist als „veraltet", „rückständig" oder gar „barbarisch" diffamiert, erweisen die Fremden ihr durch einen Besuch Achtung und Respekt. Das ist ein wichtiger Beitrag für den inneren Widerstand gegen die chinesische Assimilierung. Vielleicht gewinnen sogar die chinesischen Gäste mehr Respekt vor der tibetischen Kultur, denn der stark zunehmende chinesische Individualtourismus vor allem junger Chinesen bringt mittlerweile auch viele kritische chinesische Reisende ins Land, und viele von ihnen sind ausländischen Reisenden gegenüber nicht nur sehr aufgeschlossen, sondern auch ungewöhnlich offen.

Dieser Text stammt mit freundlicher Genehmigung vom TID e.V., 🖳 www.tibet-initiative.de.

Wien gibt es Zubringerflüge nach Frankfurt, die im Flugpreis inbegriffen sind.

China Southern Airlines, 💻 www.csair.com, www.csair.nl, fliegt je 1x täglich von Amsterdam nach Beijing, Shanghai und Guangzhou sowie So und Mi nach Chengdu.

KLM, 💻 www.klm.com, fliegt 1x täglich von Amsterdam nach Beijing, 2x täglich nach Shanghai sowie So und Mi nonstop nach Chengdu. Die Zubringerflüge von fast allen deutschen, österreichischen und Schweizer Flughäfen nach Amsterdam sind im Flugpreis bereits enthalten.

Lufthansa, 💻 www.lufthansa.de, fliegt von Frankfurt 3x täglich nach Beijing, 2x täglich nach Shanghai und je 1x täglich nach Guangzhou (Kanton) und Nanjing. Von München geht es 2x täglich nach Beijing und je 1x täglich nach Shanghai und Shenyang in Nordostchina.

Die Dauer eines Nonstop-Flugs von Frankfurt nach Beijing liegt bei 9–10 Stunden, nach Shanghai bei 10–11 Stunden und nach Guangzhou bei 11–12 Stunden, mit Umsteigen in Europa oder Asien bei einigen Stunden mehr. Der Nonstop-Flug von Amsterdam nach Chengdu dauert etwa 9–10 Stunden.

Check-in

Ohne einen gültigen Reisepass und Visum wird man nicht an Bord eines Flugzeugs nach China gelassen.

Bei den meisten internationalen Flügen muss man zwei Stunden vor Abflug am Schalter der Airline eingecheckt haben. Mehr und mehr Gesellschaften bieten aber auch einen Check-in übers Internet an, allerdings nur, wenn man auch über die Website der entsprechenden Fluggesellschaft gebucht hat. Am Flughafen muss man dann nur noch sein Gepäck aufgeben und spart sich die langen Warteschlagen. Wegen des starken Passagieraufkommens zwischen Europa und China und des noch immer nicht ausreichenden Angebots an Flügen ist die Überbuchung der Chinaflüge beinahe zum Standard geworden. Einige Fluggesellschaften bieten Passagieren, die bereit sind, auf einen späteren Flug umzubuchen, Geldprämien von 300 € und mehr. Ein schönes Zubrot für die Reise, wenn man Zeit hat.

Rückbestätigung

Bei den meisten Airlines ist die Bestätigung des Rückflugs nicht mehr notwendig. Allerdings empfehlen alle Airlines, sich dennoch telefonisch zu erkundigen, ob sich an der Flugzeit nichts geändert hat, denn kurzfristige Änderungen der genauen Abflugszeit kommen beim zunehmenden Luftverkehr heute immer häufiger vor.

Wenn die Airline allerdings eine Rückbestätigung *(reconfirmation)* bis 72 oder 48 Stunden vor dem Rückflug verlangt, sollte man auf keinen Fall versäumen, kurz anzurufen, sonst kann es passieren, dass die Buchung im Computer der Airline gestrichen wird. Das Ticket verfällt dadurch aber nicht, es sei denn, die Gültigkeitsdauer wird überschritten, aber unter Umständen ist in der Hochsaison nicht sofort ein Platz in einem anderen Flieger frei.

Flüge ab China

Der rasant wachsende chinesische Tourismus nach Tibet hat zu deutlich verbesserten Flugverbindungen nach Lhasa und zu anderen neu eröffneten Flughäfen in Tibet geführt. Die Fertigstellung der Eisenbahnlinie nach Lhasa hat sich auch auf die Flugpreise ausgewirkt. Sie kosten nur noch etwa das Doppelte eines Liegewagentickets im Hardsleeper (s. S. 43). Zu den hier angegebenen Flugpreisen kommen noch die Kosten für das Permit (s. S. 89), die, auch wenn es offiziell eigentlich nur ¥50 kostet, in jeder Stadt unterschiedlich sind. Derzeit „konkurrieren" Air China, Sichuan Airlines, China Southern Airlines und China Eastern Airlines mit relativ fixen Preisen um Passagiere. Immerhin: Man hat die Wahl der Fluggesellschaft, und je nach Saison bekommt man sogar Rabatte von 20–30 %. Wer das Permit für Tibet hat, kann die Flüge z. B. auch im Internet bei 💻 www.elong.net buchen, wo man sogar Rabatte von bis zu 60 % bekommen kann.

Von **Chengdu** (s. S. 44) in Sichuan gibt es täglich mindestens acht Flüge mit Air China oder Sichuan Airlines nach Lhasa (¥1500, mit Rabatt bereits ab ¥600).

Von **Beijing** geht je nach Saison 1x oder 2x täglich ein Flug mit Air China, 💻 www.airchina.com.cn, nach Lhasa (¥2430, mit Rabatt ab ¥2040).

Flugarrangements

Achtung: Flüge nach Tibet können offiziell nur im Rahmen einer Gruppenreise gebucht werden. In den meisten Budgethotels der hier genannten Städte kann man solche (Pseudo-) Arrangements buchen. Sie enthalten den Hinflug nach Lhasa und das offizielle Permit. Die Aufenthaltsdauer in Tibet wird, einmal dort, nur durch die Gültigkeit des Visums im Pass beschränkt.

Von **Shanghai** fliegt China Eastern Airlines, www.ce-air.com, von März bis Oktober 1x täglich, im Winter Mi, Fr und So (¥2760, mit Rabatt ab ¥2310).

Von **Guangzhou** aus fliegt China Southern Airlines, www.csair.com, von März bis Oktober jeden Mo, Mi und Fr, im Winterhalbjahr Di und Sa (¥2760, mit Rabatt ab ¥2100). Air China fliegt zum selben Preis tgl. und macht einen Zwischenstopp in Dechen/Deqen.

Weitere Flüge gibt es 1x tgl. von **Chongqing** (¥1630), 1x tgl. von **Xi'an** (¥1650), Mi, Do und So von **Xining** (¥1610, mit Rabatt ab ¥1390), 1x tgl. von **Kunming** (¥1960), 1x tgl. von **Zhongdian/ Shangri-la** (¥1380), und wer den Weg nach **Chamdo** geschafft hat, kann sogar von dort fliegen. Jeden Freitag hebt ein Flugzeug von Chinas höchstgelegenem Flughafen Bamda/Pangda Richtung Lhasa (¥830) ab.

Im Mai 2008 wurde in **Kangding** der zweithöchste Flughafen der Welt auf einer Höhe von 4280 m eingeweiht. Zur Zeit der Drucklegung war aber noch nicht klar, ob es von hier Flüge nach Lhasa geben wird.

Flüge ab Nepal

China Southern Airlines fliegt jeden Di, Do, Sa und So von Kathmandu nach Lhasa. Tickets hierfür gibt es nur im Zusammenhang mit einer von einem nepalischen Reisebüro organisierten Tour, die inklusive zwei oder drei Übernachtungen ab US$360 kostet. Der reine Flugpreis beträgt US$273.

Auf dem Landweg

Viele Wege führen über Land nach Tibet, aber Individualreisenden ist es offiziell nur von Golmud in der Provinz Qinghai erlaubt, mit öffentlichen Verkehrsmitteln nach Lhasa zu fahren. Die Landrouten von Yunnan und Chengdu dürfen nicht mit öffentlichen Verkehrsmitteln zurückgelegt werden. Mit viel Glück ist es dennoch möglich, aber man muss stets damit rechnen, erwischt, bestraft und zurückgeschickt zu werden. Wer mit mehreren Leuten reist oder genügend Geld hat, kann einen Jeep für diese Strecken chartern und darf dann ganz offiziell reisen. Diese Variante kostet zwar einiges, aber man reist relativ stressfrei, sicher und sieht natürlich auch sehr viel mehr als in einem Versteck hinten auf einem LKW. Die Route von Kashgar über Yecheng und Ali nach Tibet ist offiziell zwar nicht offen, aber zumindest 2007 war es kein Problem, sie mit dem Sleeperbus zurückzulegen.

Von Nepal aus gibt es zwar drei Möglichkeiten, nach Tibet zu reisen, aber für Individualreisende ist nur die Strecke von Kathmandu nach Lhasa eine echte Option.

Von Golmud nach Lhasa

Die Strecke von Golmud, dem früheren Endpunkt der Eisenbahn in der Provinz Qinghai, nach Lhasa ist 1160 km lang; Busse benötigen mindestens 30 Stunden für die Fahrt. Seit Eröffnung der Bahnlinie sind die Preise für die **Busfahrt** dramatisch gefallen, und so zahlt man für Sleeperbusse regulär nur noch ¥190 und für normale Busse ¥160. Wer noch kein **Permit** hat, muss es allerdings bei CITS in Golmud (Zhongguo Guoji Lüxingshe im Golmud Hotel, 219 Kunlun Zhonglu, 0979-8412764, Mo–Fr 8.30–12 und 14.30–18 Uhr) noch beantragen. Das Büro befindet sich in der 2. Etage. Ein weiteres Büro gibt es in der Tibet Bus Station, Xizang Lu, wo auch die Busse nach Lhasa abfahren. Die Krux ist, dass man das Permit in beiden Büros nur bekommt, wenn man das Busticket mit kauft und so kostet die Fahrt bis ¥1100. Theoretisch kann man sich dieser Abzocke entziehen, indem man sich am Ortsausgang von Golmud an die Straße stellt, dort auf den Bus wartet und den Preis direkt mit dem Fahrer aushandelt. Der Nachteil ist aber, dass man unter Umständen keinen Sitzplatz mehr bekommt oder mangels Permit an einem Checkpoint aus dem Bus geholt wird.

Deutlich bequemer ist die **Bahnfahrt**, die je nach Zug zwischen 13 und 14 1/2 Stunden dauert. Die 1042 km lange Eisenbahnlinie führt nahezu parallel zur Straße und ist eher langweilig. Das Hauptproblem wird sein, überhaupt einen Sitzplatz zu bekommen. Die Züge kommen aus allen Winkeln Chinas und sind natürlich gestopft voll. Mit ein wenig Glück kann man aber an Bord vielleicht noch ein Ticket für den Hard- oder Softsleeper erstehen. Die Fahrt von Golmud nach Lhasa kostet im Hardseater ¥143, Softseater ¥226, im Hardsleeper ¥263 (untere Liege) und im Softsleeper ¥400 (untere Liege). Allerdings werden auch hier noch einmal bis zu ¥400 für das Permit aufgeschlagen.

Wer seine Fahrt entlang der Strecke unterbrechen möchte, muss Zug N917 aus Xining oder K917 aus Lanzhou nehmen. Diese beiden Züge halten in Amdo, Nagchu und Damshung. Alle anderen halten nur in Nagchu.

Die Strecke ist nicht zuletzt auch bei **Fahrradfahrern**, die entlang der Seidenstraße bis Dunhuang und von dort nach Golmud geradelt sind, beliebt. Von Golmud nach Lhasa benötigt man rund 15 Tage. Die strapaziöse Route ist vor allem auf dem Abschnitt von Golmud nach Amdo selbst für erfahrene Radler eine Herausforderung, da man hier steile Auffahrten, schlechte Straßen und längere ungeteerte Abschnitte bewältigen muss. Höchster Pass auf der Strecke ist der Tanggula-Pass mit einer Höhe von 5231 m.

Beste Reisezeit für die Golmud-Route ist Mai bis September, da dann das für dieses Plateau typische angenehme Klima herrscht. Von Juli bis August steht der Raps in voller Blüte und verwandelt ganze Landstriche in ein gelbes Meer. In der Zeit kann es allerdings auch stark regnen, sodass die Straßenverhältnisse dann sehr schlecht sein können.

Einige **Highlights** am Wegesrand sind Xidatan, von wo aus man herrliche Blicke auf das schneebedeckte Kunlun-Gebirge hat; Wudaoliang, das für sein ungewöhnliches Mikroklima bekannt ist – man muss hier selbst im Juli und August mit Schneegestöber rechnen; Tutotuo He (Marchu), eine der Quellen des Yangzi, dem längsten Fluss Chinas; der Tanggula-Pass, der die Grenze zwischen der Provinz Qinghai und der Autonomen Region Tibet markiert, und schließlich noch Nagchu (s. S. 313) mit dem überraschend großen Kloster Shabten sowie Damshung (s. S. 195), dem Ausgangspunkt für eine Fahrt zum spektakulären Nam Tso (s. S. 195).

Von Xining nach Lhasa

Von Xining hat man zwei Möglichkeiten, nach Lhasa zu reisen. Die eine führt am Koko Nor (Qinghai Hu) entlang nach Golmud (S. 42), die andere über Madoi (Mato) nach Jyekundo (Yushu) und dann über Riwoche und Nagchu nach Lhasa. Diese rund 2150 km lange Route ist so etwas wie eine Hintertür nach Lhasa, da man sich bis Sharda (Nangchen), das 1019 km von Xining entfernt liegt, noch auf dem Boden der Provinz Qinghai bewegt und daher bis hierher kein Permit benötigt. Auf der wenig bereisten Strecke gibt es kaum Checkpoints, sodass man relativ unbehelligt von bürokratischen Schikanen reisen kann. Wer Schwierigkeiten beim Kauf der Bahn- oder Bustickets hat, kann sich an Wind Horse Adventure Tours, 💻 www.windhorseadventuretours.com, in Xining wenden.

Wer von Xining mit der **Bahn** nach Lhasa reisen will, hat zahlreiche Züge zur Auswahl, sodass die Chance relativ groß ist, auch ein Liegewagenticket zu bekommen. In Xining selbst startet Zug Nr. N917. Für die 1972 km lange Strecke (Hardseat ¥226, Softseat ¥357, Hardsleeper ¥523, Softsleeper ¥810) benötigt er 25 1/2 Std. Weitere Züge sind Zug Nr. T23, T27, T165, T223 und T265. Bei diesen Zügen muss man versuchen, an Bord einen Liegewagenplatz zu bekommen.

Es gibt **Sleeperbusse**, die um 16.30 Uhr vom Busbahnhof Xining Qichezhan (jenseits des Flusses gegenüber vom Hauptbahnhof) via Golmud direkt nach Lhasa fahren (1942 km, ¥355). Ausländer dürfen diese Busse offiziell nicht benutzen, aber viele Fahrer nehmen einen dennoch mit. Vom selben Busbahnhof fahren normale (11, 13 und 15 Uhr, ¥115) und Sleeperbusse (12.30 und 14.30 Uhr, ¥153) nach Jyekundo (Yushu). Die 819 km lange Fahrt dauert rund 20 Stunden, aber man kann auch erst ins 490 km entfernte **Madoi** (Mato, Maduo, 8 Uhr, ¥83) fahren. Hier lässt sich für rund ¥200 pro Person ein Jeep zu den beiden herrlich gelegenen Seen Kyaring und Ngoring Tso chartern, die traditionell als Quelle des Gelben Flusses (Huang He) gelten.

Hinter Madoi führt die Straße auf den 4828 m hohen **Bayar-Pass** hinauf, der traditionell die Grenze zwischen Amdo und Kham markierte. Gleichzeitig bildet er die Wasserscheide zwischen Yangzi und Gelbem Fluss. Rund 170 km hinter dem Pass erreicht man **Jyekundo**, eine Stadt, die 3700 m hoch inmitten eines echten Niemandslandes liegt.

Knapp 200 km hinter Jyekundo erreicht man **Sharda** (Nangchen), das früher eines von fünf unabhängigen Königreichen Osttibets war. Auch nach Sharda verkehren übrigens direkte Sleeperbusse ab dem Busbahnhof in Xining (tgl. 16.30 Uhr, ¥190). Nach weiteren 80 km passiert man dann die Grenze zur Autonomen Region Tibet und gelangt nach **Riwoche** (s. S. 312). Von hier kann man einen Abstecher ins 105 km entfernte Chamdo machen, was aber wegen der Permit-Pflicht schwierig werden kann, oder man setzt seine Reise Richtung Westen nach Bachen, Nagchu und Lhasa fort.

Auch diese Strecke kann man natürlich mit dem **Fahrrad** bewältigen. Dafür muss man mindestens vier Wochen einkalkulieren. Die Nationalstraße 214 ist zwar überwiegend gut ausgebaut, aber es gibt auch immer wieder längere Abschnitte, die neu ausgebaut werden und dann nur mühsam zu befahren sind. Zahlreiche, bis zu 4800 m hohe Pässe müssen überquert werden und erfordern eine gute Kondition.

Von Chengdu nach Lhasa

Von Chengdu führen zwei Wege nach Tibet: die südliche Route mit einer Länge von 2159 km und die nördliche Route mit einer Länge von 2412 km. Beide Strecken gehören zum Spektakulärsten, was man in China an Landschaften erleben kann. Die südliche Route führt von Chengdu nach Ya'an, Kangding, Litang, Batang und Markam bis nach Pangda (Bamda), dem Flughafen von Chamdo, und dann über Pashod/Baxoi, Pome, Nyingchi und Bayi nach Lhasa. Die nördliche Route führt von Chengdu, Wolong, Dawei, Danba, Daofu und Garze nach Manigango, Dege/Derge und Chamdo, von wo die Straße dann über Bachen und Nagchu nach Lhasa verläuft.

Die südliche Route darf bis **Batang** an der Grenze zur Autonomen Region Tibet bereist werden, die nördliche Route bis **Dege/Derge**, das ebenfalls den Übergang nach Tibet bildet. In den beiden Orten jenseits der Grenze, Jomda im Süden und Markam im Norden, gibt es scharfe Kontrollen. Wer sich hier ohne offiziell gecharterten Jeep auf einer illegalen Überlandtour von den Behörden erwischen lässt, muss mit Geldstrafen von etwa ¥300–500 (nach Verhandlungen) rechnen und wird in die Richtung, aus der er gekommen ist, zurückgeschickt. Einige Reisende sind damit durchgekommen, dass sie der Polizei weismachten, aus der Richtung gekommen zu sein, in die sie eigentlich fahren wollten, und wurden dann an ihr Ziel „zurückgeschickt".

Wer inoffiziell und mit öffentlichen Verkehrsmitteln reist, sollte mindestens drei Wochen für die Reise nach Lhasa einplanen, um für alle Eventualitäten und Verzögerungen gewappnet zu sein. Dazu gehört auch, dass öffentliche Verkehrsmittel im Osten Tibets oft nur sporadisch verkehren und LKW-Fahrer meist keine Ausländer mitnehmen, da sie hohe Strafen zahlen müssen, wenn sie erwischt werden. Wer eine **Jeeptour** bucht, benötigt für die südliche Route etwa 7 oder 8 Tage und für die nördliche Route bis zu 10 Tage. Die Orte, die man unterwegs besuchen möchte, müssen im Vorfeld mit dem Veranstalter festgelegt werden. Nur so erspart man sich Schwierigkeiten mit den Permits und Nachverhandlungen mit den Fahrern. Die Kosten für die Tour belaufen sich auf ca. ¥20 000–25 000 für den Jeep inklusive Fahrer, Benzin und Übernachtungs- sowie Verpflegungskosten für den Fahrer. Bevor man sich für einen Veranstalter entscheidet, sollte man unbedingt mehrere Angebote einholen. Man kann mit bis zu vier Personen reisen und sich so die Kosten teilen. Zu den Ausgaben für den Jeep kommen dann noch die Hotels, Eintrittsgelder und das Essen.

Beste Reisezeit für beide Routen ist Mai bis Oktober. Im Winter kann Schneefall die hohen Gebirgspässe für lange Zeit unpassierbar machen. Selbst im Sommer wird man auf dem Weg so ziemlich jedes Klima von heiß bis eisig kalt erleben. Man muss regelmäßig mit Gewitterstürmen oder sogar Schneefall rechnen.

Wer mit öffentlichen Verkehrsmitteln reisen oder gar trampen will, muss bedenken, dass man ab Kangding an der südlichen und Dege an der nördlichen Route kein Geld mehr wechseln kann. Man sollte also genügend Bargeld dabei haben.

Südliche Route

Diese Strecke entlang der Nationalstraße 318 bietet eine ganze Reihe von Höhepunkten und dürfte eine der höchstgelegenen, aufregendsten, aber auch gefährlichsten Straßen der Welt sein. Zwischenstopps lohnen sich in **Luding**, von wo aus man einen Abstecher zum Hailuogou-Gletscherpark machen kann, dessen 14 km langer Gletscher Nr. 1 sich die Ostflanke des 7556 m hohen Gongga Shan (Minya Konka) hinunterzieht. Im Schatten des Gongga Shan ist **Kangding** der nächste lohnende Halt. Neben der reizvollen Umgebung gibt es mehrere Tempel zu sehen. Etwa 110 km nordwestlich von Kangding kann man einen Umweg über das Tagong-Grasland, den Wilden Westen Sichuans machen. Von Kangding gibt es morgens um 7 Uhr einen Bus nach **Litang** (¥80, 8 Std.), dem höchstgelegenen Landkreis entlang der Straße. Die kleine Stadt liegt 4014 m hoch und ist der Geburtsort des 7. und 10. Dalai Lamas. Neben der fantastischen Landschaft und dem großartigen Kloster Litang Chöde sind vor allem die Reiterfestspiele, die in der Regel am 1. August beginnen und 10 Tage dauern, einen Besuch wert. Sie gehören neben dem Reiterfest von Jyekundo zu den farbenfrohsten und bekanntesten Festen Amdos und Khams. Von Litang fährt täglich ein Bus nach **Batang** (7.30 Uhr, ¥59, 6 Std.). Die freundliche Stadt liegt nur 32 km von der Grenze nach Tibet und ist der letzte Ort, den man ohne Genehmigung besuchen darf. Auf einer Höhe von „nur" 2740 m gelegen, kann man sich hier von der Höhenluft Litangs erholen und das Batang Chöde mit seinen 500 Mönchen besuchen. Von Batang fahren Busse nach **Markam/Gartok** (s. S. 306, 4 Std., ¥44–50), aber es ist nahezu unmöglich, für diese Fahrt reguläre Tickets zu bekommen, da die Strecke für individuell reisende Ausländer tabu ist. Wer mit gechartertem Jeep unterwegs ist, hat keine Probleme; wer mit Bussen fahren möchte, braucht Geduld, aber manchmal nehmen einen die Fahrer der kleinen Mikrobusse mit, wenn sie ihre Fahrzeuge nicht voll bekommen. Von Markam geht es dann weiter nach Pangda/Bamda (s. S. 305), dem Flughafen von Chamdo, und dann über Pashod/Baxoi (s. S. 305), Pome (s. S. 304), Nyingchi (s. S. 292) und Bayi (s. S. 299) nach Lhasa.

Nördliche Route

Die nördliche Route führt eigentlich entlang der Nationalstraße 317, aber es lohnt sich, die Strecke über den **Wolong-Nationalpark**, Chinas größtes Naturschutzgebiet für den Riesenpanda, und den Siguniang Shan, ein herrliches Trekkinggebiet im Westteil des Wolong-Nationalparks, zu machen. Zum Wolong-Nationalpark fahren ab dem Chadianzi-Busbahnhof in Chengdu Busse (140 km, 4 Std., Abfahrt 11.40 Uhr, ¥20,50–22,50). Vom selben Busbahnhof verkehren auch Busse direkt zum Siguniang Shan (270 km, 5 Std., Abfahrt 8.20 Uhr, ¥66). Von Wolong oder vom Siguniang Shan kann man Busse nach Xiaojin nehmen und dort in einen Bus nach Danba umsteigen. Mit ein wenig Glück kann man auch in den Direktbus von der Chadianzi-Busstation in Chengdu nach **Danba** (351 km, 9–10 Std., Abfahrt 7.30 Uhr, ¥71) zusteigen. In der Umgebung von Danba gibt es eine Reihe reizvoller tibetischer Dörfer, die man besuchen kann. Von Danba fahren Busse nach **Ganze/Garze**, das bereits an der Nationalstraße 317 liegt. Der lebhafte Marktflecken liegt auf einer Höhe von 3394 m und bietet bereits pures tibetisches Leben und mit dem Garze Gompa auch einen wichtigen Tempel. Der nächste Ort, der eine Unterbrechung lohnt, ist **Manigango/Manigange**, eine eher unattraktive Siedlung, aber ein guter Ausgangspunkt für einen Besuch des Yihun Lhatso, eines heiligen alpinen Sees in einer atemberaubenden Umgebung 13 km südwestlich von Manigango, und des Nyingmapa-Klosters Dzogchen Gompa etwa 50 km nördlich der kleinen Stadt. Berühmt sind auch die Suopo, antike Wachtürme, die etwa 5 km östlich des Ortes stehen. Täglich stoppt ein Bus (meistens am Morgen gegen 11 Uhr), der nach **Dege** (3–4 Std, ¥35) weiterfährt. Der Weg nach Dege ist mühsam und gefährlich, und wer in die Tiefe schaut, wird nicht wenige abgestürzte Fahrzeuge sehen. Vor Dege passiert man den über 5000 m hohen Tro La, eine echte Herausforderung für die Lungen. Doch wer es bis hierher geschafft hat, wird bereits ein unvergessliches Stück Tibet erleben.

Die Weiterreise mit öffentlichen Verkehrsmitteln von Dege nach Chamdo ist nahezu unmöglich, da die Strecke streng überwacht wird. Man kann versuchen zu trampen, aber die Strafen sind hoch, und auch die LKW-Fahrer riskieren hohe Strafen und den Verlust ihrer Fahrerlaubnis. Wer steckenbleibt, wird eine Jeeptour arrangieren müssen, die ab Dege bis Lhasa etwa ¥15 000 kostet, die man aber durch bis zu vier Personen teilen kann.

Von Yunnan nach Lhasa

Ähnlich schwierig wie die südliche Route von Sichuan gestaltet sich die Anreise über Land von Yunnan nach Lhasa. Die Strecke führt entlang der Nationalstraße 214 von Dali über Lijiang nach Zhongdian, das vor einigen Jahren in das romantischer klingende Shangri-la umgetauft wurde. Zhongdian ist sowohl von Chengdu als auch von Kunming gut zu erreichen und verfügt über einen eigenen Flughafen. Die Überlandstrecke ist bis Dechen/Deqen frei, das Problem beginnt auf dem Stück von Dechen nach Markam, wo die Yunnan-Route auf die südliche Route von Chengdu nach Lhasa trifft. In **Markam** ist die Reise dann entsprechend für die meisten „Illegalen" zu Ende. Wie auch auf den anderen Strecken kann man aber in **Zhongdian** Jeeps chartern, die ab ¥15 000 pro Wagen kosten. Die Fahrzeit nach Lhasa beträgt eine Woche. Für die Organisation der Tour kann man sich an das Tibet Tourism Bureau, Zimmer 2206, Shangbala Hotel, 36 Changzheng Lu, ✆ 0887-8229028 wenden. Gut ist auch Khampa Caravan in der Tuanjie Lu, ✆ 0887-8288648, 💻 www.khampacaravan.com, das darüber hinaus auf Trekkingtouren in der Umgebung spezialisiert ist.

Von Kashgar nach Lhasa

Zur Zeit der Drucklegung war es möglich, in **Yecheng** in der Autonomen Region Xinjiang Busfahrkarten zu schwankenden Preisen (um ¥400, ca. 30 Std.) für den Bus ins rund 1100 km entfernte **Ali** (S. 287) in Tibet zu erstehen. In Ali bekommt man u. U. eine Geldstrafe (um ¥400) und (manchmal auch ganz problemlos) das Permit (¥50) für die Weiterreise. Diese Situation wird vielleicht nicht von Dauer sein, funktioniert jetzt aber schon seit vielen Monaten. Die gesamte Strecke von Yecheng bis Lhasa ist 2743 km lang und gehört zur weltweit durchschnittlich am höchsten gelegenen Straße überhaupt. Zwei Pässe liegen über 5400 m hoch, ansonsten befindet man sich meist auf einer Höhe über 4000 m. Von Dezember bis Februar ist die Straße in der Regel nicht befahrbar. Von Ali fährt alle drei Tage ein Sleeperbus nach Lhasa (¥600).

Wer trampen möchte, benötigt auf alle Fälle das ganze Jahr über warme Sachen und genügend Verpflegung für die Fahrt. Allerdings verlangen die LKW-Fahrer ¥1000 und mehr. Wenn sie bei der Mitnahme eines Ausländers erwischt werden, zahlen sie das Zehnfache an Strafe. Eine Garantie, dass man mitgenommen wird, gibt es nicht; die Reisebedingungen sind in jedem Fall hart, und eine Reihe von ausländischen Reisenden ist beim Trampen auf dieser langen Strecke an Unterkühlung gestorben.

Für **Radfahrer** ist diese Strecke sicher die größte Herausforderung. Vor allem der erste Teil bis Ali ist besonders schwierig zu bewältigen. Man muss oft lange, unbewohnte Abschnitte überwinden, und sich entsprechend gut mit Verpflegung und Wasser ausrüsten. Für die gesamte Strecke sollte man nicht unter fünf Wochen einplanen. Einen Erfahrungsbericht über diese Strecke findet man unter 💻 www.woife.org.

Von Kathmandu nach Lhasa

Eine beliebte Variante ist die Einreise nach Tibet von Kathmandu via **Kodari** auf der nepalischen und **Zhangmu** auf der tibetischen Seite. Allerdings unterliegt diese Strecke häufigen Änderungen der Einreisebestimmungen und kann im Sommer durch Erdrutsche und im Winter durch Schnee blockiert sein. In jedem Fall sollte man sich zusätzlich beim Auswärtigen Amt erkundigen, wie die aktuelle politische Lage in Nepal ist. Wer versuchen will, auf eigene Faust nach Tibet zu reisen, darf sein chinesisches Visum unter keinen Umständen in Kathmandu beantragen – die chinesische Botschaft dort stellt nur Visa für die Teilnehmer organisierter Touren aus, die über ein Reisebüro in Kathmandu gebucht wurden. Individualtouristen müssen sich also bereits vor der Ankunft in Kathmandu um ein chinesisches Visum kümmern. Eine siebentägige **geführte Tour** über Land nach Lhasa kostet rund US$400, ein dreitägiger Ausflug US$250. Nature Trail Trekking in Kathmandu, Chaksibari Marg, Block No. 591, Thamel, ✆ 00977-1-4701925 oder 4701805, 💻 http://allnepal.com, schließt Individualtouristen zu Gruppen zusammen (US$330 für eine fünftägige „Tour" über Land nach Lhasa) und verlangt dafür – meist – die Vorlage eines Tickets für die Ausreise aus Tibet. Am besten hält man sich eine Weile in Kathmandu auf, um ein Gefühl für die aktuelle Situation zu bekommen und die verschiedenen Möglichkeiten auszuloten.

Botschaften und Konsulate

Vertretungen Chinas im Ausland

Deutschland

Botschaft der VR China (Konsularabteilung), Brückenstr. 10, 10179 Berlin, ✆ 030-27588572, 📠 27588520, 💻 www.china-botschaft.de, 🕒 Mo–Fr 9–12 Uhr.

Generalkonsulat der VR China, Mainzer Landstr. 175, 60326 Frankfurt, ✆ 069-75085534, 📠 75085530, 🕒 Mo–Fr 9–12 Uhr, Auskunft am Telefon nur Mo und Mi 15–17 Uhr.

Generalkonsulat der VR China, Elbchaussee 268, 22605 Hamburg, ✆ 040-82276013, 📠 8226231, 🕒 Mo–Fr 9–12 Uhr.

Generalkonsulat der VR China, Romanstr. 107, 80639 München, ✆ 089-17301625, 📠 17094506, 🕒 Mo–Fr 9–12 Uhr.

Österreich

Botschaft der VR China, Strohgasse 22, 1030 Wien, ✆ 01-7103648, 📠 7103770, 💻 www.china-embassy.at, 🕒 Mo und Mi 8.30–11 und 14–16, Fr 8.30–11 Uhr.

Schweiz

Botschaft der VR China, Kalcheggweg 10, 3006 Bern, ✆ 031-3514593, 📠 3514573, 💻 www.china-embassy.ch, 🕒 Mo–Fr 9–12 Uhr.

Generalkonsulat der VR China, Bellariastr. 20, 8002 Zürich, ✆ 044-2058411, 🕒 Mo–Fr 9–12 Uhr.

Ausländische Vertretungen in China

Beijing

Deutsche Botschaft, 17 Dongzhimenwai Dajie, Bezirk Chaoyang, ✆ 010-85329000 oder in dringenden Notfällen außerhalb der Bürozeiten ✆ 010-85329200, 💻 www.beijing.diplo.de, 🕒 Mo–Do 8–12 und 13–17, Fr 8–12 und 12.30–15 Uhr.

Österreichische Botschaft, 5 Xiushui Nanjie, Jianguomenwai, ✆ 010-653220-61, 💻 www.aussenministerium.at/peking, 🕒 Mo–Fr 9.30–11.30 Uhr.

Schweizer Botschaft, 3 Dongwu Jie, Sanlitun, ✆ 010-85328888, 💻 www.eda.admin.ch/beijing, 🕒 Mo–Fr 9–12 Uhr.

Shanghai

Deutsches Generalkonsulat, Abt. Konsular- und Rechtsangelegenheiten, New Century Plaza, 14/F, 188 Wujiang Lu, ✆ 021-62171520 oder in dringenden Notfällen außerhalb der Bürozeiten ✆ 013901892081 💻 www.shanghai-diplo.de, 🕒 Mo–Fr 8.30–11.30 Uhr.

Österreichisches Generalkonsulat, 3/F, 3A Qihua Building, 1375 Huaihai Zhonglu, ✆ 021-64740268, 💻 www.aussenministerium.at/shanghaigk, 🕒 Mo–Fr 9.30–12 Uhr.

Schweizer Generalkonsulat, 22/F, Building A, Far East International Plaza, 319 Xianxia Lu, ✆ 021-62700519, 💻 www.eda.admin.ch/shanghai, 🕒 Mo–Fr 9–12 Uhr.

Guangzhou

Deutsches Generalkonsulat, Guangdong International Hotel, 19/F, 339 Huanshi Donglu, ✆ 020-83130000 oder in dringenden Notfällen außerhalb der Bürozeiten ✆ 013902236984, 💻 www.kantor.diplo.de, 🕒 Mo–Fr 8.30–11.30 Uhr.

Schweizer Generalkonsulat, Grand Tower, 27/F, 228 Tianhe Lu, Bezirk Tianhe, ✆ 020-38330450, 💻 www.eda.admin.ch/guangzhou, 🕒 Mo–Fr 8–12 Uhr.

Chengdu

Deutsches Generalkonsulat, Western Tower, 25/F, 19 Renmin Nanlu, Si Duan (Sektion 4), ✆ 028-85280800 oder in dringenden Notfällen außerhalb der Bürozeiten ✆ 013730600952, 💻 www.chengdu.diplo.de, 🕒 Mo–Do 8–12.30 und 13–16, Fr 8–13 Uhr.

Lhasa

Royal Nepal Consulate-General, Norbulingka Chang Lam 13 (Luobulingka Beilu), ✆ 0891-6836890 oder 6815744, ✉ rncgix@public.ls.xz.cn, Visaabteilung Mo–Fr 10–12 Uhr. Hier bekommt man innerhalb von 24 Stunden 30- oder 60-Tage-Visa für Nepal. Die Kosten belaufen sich auf US$30 bzw. ¥240. Passfoto nicht vergessen! Das Visum für Nepal bekommt man aber auch an der Grenze in Kodari.

Einkaufen

Lhasa ist seit Jahrhunderten der wichtigste Handelsplatz Tibets und Kreuzungspunkt von Handelsrouten aus China, Indien und Zentralasien. Das ist bis heute so geblieben, und die Altstadt ist ein einziges Marktzentrum. Ähnlich gut kann man auch in Shigatse einkaufen, während das Angebot in den entfernteren Orten naturgemäß ausdünnt.

Riesig ist die Auswahl an Schmuck und Souvenirs, wobei das Gros aus Nepal kommt, wo die Sachen teilweise auch deutlich billiger gekauft werden können. Wer keine nepalesische Ware möchte, sollte eine der zahlreichen Manufakturen in und um Lhasa aufsuchen. Hier kann man bei der Entstehung der Schnitzereien, Thankas, Räucherstäbchen, tibetischer Zelte usw. zusehen und dann die echte Ware meist auch kaufen.

Eine Initiative zur Förderung tibetischen Kunsthandwerks ist die **Tibet Artisan Initiative**, 💻 www.tibetcraft.com, in Lhasa (s. S. 168), die sich angesichts der übermächtigen Materialschlacht aus China und Nepal die Aufgabe gesetzt hat, das lokale Kunsthandwerk unter dem Schlagwort „made in Tibet by Tibetans" zu fördern und zu unterstützen. In Lhasa betreibt sie mit dem Dropenling Handicraft Development Center (s. S. 168) ein eigenes Geschäft für den Verkauf der Produkte. Wer in solchen Geschäften einkauft, bekommt nicht nur authentische Ware, sondern trägt auch dazu bei, dass die alten Kunsthandwerkstechniken erhalten bleiben.

Handeln

In den großen Kaufhäusern sind die Preise meist fix und man bekommt zumindest schon mal einen Eindruck, was die Sachen kosten können oder dürfen. In den Kunsthandwerksabteilungen der Kaufhäuser kann man dennoch versuchen, ein wenig zu handeln. Doch was ist der richtige Preis? Tatsächlich ist der „korrekte" Preis immer der, bei dem beide Seiten das Gefühl haben, ein gutes Geschäft gemacht zu haben. *Die* Verhandlungstechnik gibt es nicht, nur verschiedene Ansätze, erfolgreich seine eigenen Preisvorstellungen zu erreichen. Kommt einem die erste Preisvorstellung des Verkäufers absurd hoch vor, sollte man ebenfalls mit einem absurd niedrigen Preis beginnen. Je billiger die Ware ist, desto besser kann man verhandeln, und zwar auch ohne Tibetisch- oder Chinesischkenntnisse. Ein Taschenrechner reicht. Je hochwertiger die Ware, desto weniger Verhandlungsspielraum wird es geben.

Bücher

In den wenigen größeren Ortschaften gibt es meist ein Buchgeschäft der staatlichen Xinhua-Kette. Diese Buchgeschäfte zeichnen sich durch ihre Lieblosigkeit aus. Dennoch lohnt es sich, hier ein wenig zu stöbern, denn immer wieder landen in den Regalen ausgesprochen interessante Werke über Tibet, darunter sogar so kritische Bücher wie *Competition and Coexistence, Human Wildlife Conflict in the Chang Tang Region of Tibet*, eine aktuelle WWF-Studie aus dem Jahr 2007 auf Englisch und Chinesisch über den Eingriff des Menschen in die Natur Tibets und die Folgen. Manchmal gibt es auch englischsprachige Bücher über regionale Sehenswürdigkeiten, die man dann tatsächlich nur im örtlichen Xinhua-Shop erstehen kann. Das Angebot in Lhasa ist besser, vor allem weil es hier neben dem recht gut ausgestatteten Xinhua auch noch den privaten Buchladen Guxiuna (s. S. 167) gibt, der sich auf Bücher über Tibet spezialisiert hat.

Edelsteine und Schmuck

Reichhaltiger Schmuck aus verschiedenen Edelsteinen gehört zu den auffälligen Charakteristika Tibets und bildet einen farbenfrohen Kontrast zur kargen Landschaft. Schmuck bedeutet vor allem für die Frauen mehr als einfach nur Zierde. Er weist auf die regionale Herkunft und die soziale Stellung hin, ist gewissermaßen Geldanlage und darüber hinaus auch noch Schutz gegen Geister und Dämonen. Natürlich soll der Schmuck auch die Weiblichkeit der Tibeterinnen betonen, denn ihre Kleidung unterscheidet sich kaum von der des Mannes. Der Erwerb von Schmuck ist überwiegend Angelegenheit der Männer. Anschließend geht er aber in den Besitz der Frauen über und dient der materiellen Absicherung beim Tod des Ehemanns.

Entsprechend auffällig ist das unglaubliche Angebot an Edelsteinen, allerdings dürfte es sich fast ausnahmslos um falsche Edelsteine aus den Fabriken Chinas handeln. Dennoch sind diese farbenfrohen Steine von großer Bedeutung im tibetischen Alltag und werden als Opfergaben, Schmuck oder bestimmte, meist buddhistische Symbole benutzt. Im Tibetischen steht das Juwel (Rinpoche) darüber hinaus für reinkarnierte Lamas, die ebenfalls den Titel Rinpoche tragen. Edelsteine sind zudem Embleme, die für die verschiedenen Buddhas und ihre Lehren stehen können. In der tibetischen Tradition sind vor allem fünf Substanzen besonders wichtig, und zwar Gold, Silber, Koralle, Perle und Vaidurya. Bei dem Vaidurya handelt es sich um den blauen Beryll oder Aquamarin, und er kommt in den Farben Weiß, Gelb, Rot, Grün und Blau vor. Umgekehrt werden diese Farben wiederum mit kostbaren Steinen gleichgesetzt. Die begehrteste Farbe beim Beryll ist das transparente, intensive Blau, und das ist – anders als an den Schmuckständen der Märkte – in der Natur nur selten zu finden. Also muss nachgeholfen werden. Dies geschieht bei echten Steinen entweder durch Erhitzen, durch Einfärben des häufiger zu findenden und damit billigerer Achats oder ganz einfach durch Verwendung von synthetischem Quarz oder gar Glas. Dadurch lässt sich die Fälschung aber auch ganz gut erkennen. Man ritzt einfach mit einem scharfen Metallgegenstand über den Stein. Bei der Fälschung bleibt ein weißer Kratzer, und den wollen natürlich die wenigsten Händler auf ihrer angeblich „echten" Ware riskieren, sodass

Türkise, Korallen und Bernstein

Türkise, Korallen und Bernstein gehören zu den beliebtesten Schmucksteinen Tibets. Ihnen wird auch die größte Schutzfunktion gegen Geister und Dämonen zugeschrieben. **Türkise** (Gyu) werden zwar auch in Tibet gefunden, aber die wirklich guten Steine kommen aus dem Iran. Besonders wertvoll und begehrt sind die tiefblauen Türkise (zu den Farben s. S. 214). Der Türkis gilt im Volksglauben als Sitz der Schattenseele La. Diese Schattenseele kann ihren Träger zeitweise verlassen und ist damit dem Einfluss von Geistern ausgesetzt, die sie verletzen oder gar rauben können. Die Folge sind Krankheit oder geistige Schäden. Um diese Schattenseele an ihre Person zu binden, tragen die meisten Tibeter einen Türkis bei sich. Ganz nebenbei soll er auch verhindern, dass man als Esel wiedergeboren wird.

Eine große Nachfrage besteht auch nach der roten **Koralle** (Lyi Ru), die die Lebenskräfte im Allgemeinen fördern, aber auch für ein langes Leben sorgen soll. Zusätzlich soll sie blutstillend und -kräftigend wirken und Menstruationsprobleme verringern helfen. Zusammen mit dem Blau des Türkis werden die magischen Eigenschaften beider Schmucksteine verstärkt.

Der gelbe **Bernstein** (Spossel) schützt vor Gelbsucht. Um zu verhindern, dass die Schattenseele über das Gehirnchakra im Kopf den Körper verlässt, tragen Frauen im Gebiet von Derge gelbe Bernsteinscheiben mit einem blauen Türkis in der Mitte auf der Stirn. Schmuckbänder aus Bernsteinen, Türkisen und Korallen reichen als magischer Schutz der Chakren, Energiezentren des Körpers, oft entlang der Wirbelsäule vom Kopf bis zur Taille.

sie einem diesen Test untersagen werden. Wer echte Steine oder auch Korallen sucht, muss schon Fachgeschäfte aufsuchen und mit entsprechend hohen Preisen rechnen.

Ansonsten kann man ganz in einer variantenreichen und farbenprächtigen Vielfalt an Ketten, Haarspangen, Armbändern, Ringen usw. schwelgen, die, ob echt oder imitiert, zumindest immer fantasievoll gearbeitet sind.

Gzi-Steine

Eine ganz besondere Bedeutung hat der Gzi-Stein (auch Dzi-Stein), ein gebänderter oder geätzter Karneol, Chalzedon oder Achat. Der idealerweise zylindrische oder walzenförmige Stein ist in der Regel schwarz oder braun und weiß gebändert und weist ein bis mehrere Augen auf. Er kann sich an den Enden verjüngen und gilt dann als „weiblicher" Gzi, während der dickere, ein wenig tonnenförmige Gzi als männlicher Stein gilt. Je mehr Augen er hat, desto wertvoller ist er.

Besonders kostbar und vor allem selten sind antike Gzis mit neun Augen und einer Musterung, die an eine Swastika erinnert. Ihr Wert war im alten Tibet so hoch, dass man sogar ein kleines Bauernhaus dafür bekam, während man heute hunderttausende Yuan für antike Gzi-Steine zahlt.

Die Steine selber, die als abgelegter Schmuck und damit als Gabe von Göttern gelten, werden meist beim Umpflügen von Feldern gefunden. Tatsächlich handelt es sich wohl um Grabbeigaben aus prähistorischer oder neolithischer Zeit. In einem aufwendigen Prozess des Ätzens haben sie ihre Musterung bekommen. Echte Gzis aus Achaten, Chalzedonen und Karneolen kosten mehrere hundert bis 5000 Euro. Heute werden die Gzis im großen Stil vor allem in Taiwan zwar nach altem Feuerätz-Verfahren, aber aus anderen Materialien hergestellt. Sie kosten dann wenige Yuan, werden aber in vielen Geschäften auch schon mal als „echte" Steine für mehrere Tausend Yuan angeboten, daher sollte man als Laie tunlichst die Finger davon lassen und teure Steine nur über zuverlässige Schmuckhändler zuhause erwerben.

Eine andere Form des Gzi ist der rundliche Chalzedon, der gewundene rötlich-braune, weiße oder goldfarbene Bänder aufweist. Aber egal ob Achate oder Chalzedone, die Gzi-Steine dienen quasi als universelle Amulette und bis heute sogar als Zahlungsmittel. Die echten Gzi-Steine können in besonderen Leihhäusern, die man meist an Marktplätzen findet, verpfändet werden. Auf den Märkten und in den Souvenirgeschäften bekommt man allerdings meist nur Imitate aus Porzellan, Kunstharz oder anderen Materialien.

Kristalle

An einigen Ständen und in vielen Geschäften wird man Kristalle finden. Auch sie haben neben ihrem materiellen oder ästhetischen einen besonderen symbolischen Wert. So stehen sie für die Klarheit des Geistes oder – wenn aus Kristall kleine Kultgegenstände oder Stupas hergestellt werden – für ihre diamant- (vajra-)gleiche Natur. Die Kristalle werden meist in ungeschliffener Form verkauft und dienen dann außer als Schmuckgegenstände auch zum Aufstellen, z. B. auf Hausaltären, wo sie die Richtungsgottheiten, die zum Osten gehören, symbolisieren, da nach buddhistischer Auffassung die Ostwand des Weltenberges Sumeru aus Kristall besteht.

Kunsthandwerk und Antiquitäten

Die Läden in Lhasa und Shigatse quellen über vor Antiquitäten, deren Farbe gerade erst getrocknet ist oder deren Ruß, der die Sache älter aussehen lassen soll, die Hände schwarz färbt. Tatsächlich sollte man eher auf die Qualität der Arbeit achten als darauf, ob sie wirklich alt ist, denn echte Antiquitäten sind nicht nur schwer zu bekommen, sie dürfen auch nicht ohne Weiteres ausgeführt werden.

Ansonsten reicht das Angebot von geschnitzten Masken über reich verzierte Messer oder Yak- und Pferdegeschirr bis hin zu filigranen Buddhastatuen oder Gebetsmühlen. Schön sind auch die in Tibet hergestellten Möbel, bei denen der Schwerpunkt auf farbenprächtiger Dekoration liegt. Die meisten Stücke sind zum Mitnehmen oder Verschiffen sicherlich zu groß, aber man findet auch zahlreiche schön gestaltete Schmuckkästchen und Behälter.

Teppiche

Die Teppichknüpferei gehört zu den ältesten Traditionen Tibets und ist seit alters in den Städten Lhasa, Shigatse und Gyantse angesiedelt. Als Qualitätsmerkmal der Wolle gilt, je härter das Leben der Schafe, desto besser ihre Wolle – zumindest aus Sicht der Teppichmacher. Tibetische Schafe leben das ganze Jahr über in Höhen jenseits von 4000 m. Im Frühjahr fällt ihnen die Wolle, die sie in den warmen Sommermonaten nicht zu ihrem Schutz benötigen, in großen Büscheln aus und wird von den Nomaden eingesammelt. Da sich die Wolle ausgezeichnet für die Teppichweberei eignet, ist sie sehr teuer und geht fast ausschließlich in den Export, während die meisten tibetischen Teppiche aus importierter Wolle gewebt werden. Nach ihrem fast unaufhaltsamen Niedergang wurde die Teppichweberei in den 1970er-Jahren von Exiltibetern in Nepal wiederbelebt. Erst Mitte der 1980er-Jahre gründete der tibetische Geschäftsmann Kesang Tashi eine erste Teppichfabrik namens Khawachen (s. S. 169), 💻 www.innerasiarugs.com, die sich auf die traditionelle Herstellung mit handgesponnener tibetischer Wolle besann. 2006 wurde mit Tanva, 💻 www.toranahouse.com/Tanvasite.html, eine weitere Fabrik eröffnet, die Teppiche nach traditioneller Methode herstellt. In den Verkaufsräumen von Khawachen und Tanva bekommt man die Teppiche etwas billiger als in den Geschäften in China und deutlich billiger als in Geschäften bei uns.

Eine besondere Teppichform ist der „Wangden Drumse", der ausschließlich von Männern in den Dörfern außerhalb von Lhasa bzw. anderen Teilen Tibets gewebt wird. Sie sollen zu den ersten geknoteten Flor-Teppichen Tibets gehören und werden bis heute für die Klöster als Sitzunterlagen zum Meditieren hergestellt. Einige Beispiele für solche Teppiche gibt es bei Dropenling in Lhasa (s. S. 168) zu sehen und natürlich zu kaufen.

Thankas

Als Souvenirs beliebt sind auch die Thankas (s. S. 132). Sie sind meist knallig bunt und nicht immer besonders qualitätsvoll. Auch hier gilt: Wer etwas Besonderes sucht, muss spezielle Galerien oder die Ateliers der Künstler aufsuchen und relativ tief in die Tasche greifen. Der beste Ort, um Thankas zu erstehen, ist sicherlich Lhasa, da es hier eine große Zahl an Galerien und hervorragenden Künstlern gibt, die die Thankas auch als Auftragsarbeiten herstellen.

Essen und Trinken

Tibet ist ganz sicher nicht mit kulinarischen Höhepunkten gesegnet, aber zumindest in Lhasa und Shigatse gibt es eine große Auswahl an ordentlichen Restaurants aller Art, die ein breites Spektrum an tibetischer, nepalesischer, indischer, chinesischer und in wachsendem Maße auch westlicher Küche bieten. Die Qualität in vielen Restaurants ist dank wachsender Konkurrenz sogar meistens ganz anständig, und nach den kulinarisch entbehrungsreichen Überlandfahrten freut man sich zugegebenermaßen auch schon mal über eine saftige Pizza.

Gibt es einmal keine englische Speisekarte, was vor allem außerhalb der größeren Orte und

Vegetarier

Für Vegetarier ist Tibet ganz sicher kein gutes Pflaster. Die karge tibetische Nahrung basiert traditionell auf Yak- und Lammfleisch, und in Verbindung mit den extremen Witterungsbedingungen ist eine vegetarische Ernährung selbst für die buddhistischen Mönche ein nicht zu verwirklichender Luxus. Allerdings gibt es in Lhasa mittlerweile das eine oder andere vegetarische Restaurant, und wer im übrigen Tibet unterwegs ist, kann zumindest in den chinesischen Restaurants meist vegetarische Gerichte bekommen. Wer sichergehen will, dass kein Fleisch untergemogelt wird, sollte sich das Gemüse in der Küche selber zusammenstellen.

fast grundsätzlich in den chinesischen Restaurants der Fall ist, kann man in die Küche gehen und dort auf die Zutaten zeigen, die man zubereitet haben möchte. Allerdings wird das Essen dann fast immer auf die gleiche Art gekocht, sprich alles wird zusammen gebraten, und der Geschmack ist auf Dauer recht eintönig. Ist in einem chinesischen Lokal doch einmal eine englische Speisekarte vorhanden, sind die angegebenen Preise meist deutlich höher als auf der umfangreicheren chinesischen Karte.

Tibetische Küche

Die traditionelle Alltagskost ist schnell beschrieben. Das Leben und die Arbeit auf den hoch gelegenen Weiden und Feldern ist anstrengend und macht hungrig, und der große Appetit wird mit riesigen Mengen an meist gekochtem Yak- oder Lammfleisch, dicken Scheiben Yak-Butter und **Tsampa**, gekneteten Bällchen aus Hochlandgerstenmehl, gestillt. Das Ganze wird mit Unmengen an gesalzenem Buttertee runtergespült. Fisch steht nur selten auf dem Speiseplan: Zwar ist der Fleischgenuss ein fest verwurzelter Bestandteil des kulturellen Erbes, aber es galt als inhuman, ein Leben zu töten, wenn dabei gerade einmal eine Hand voll Fleisch herauskam.

Verbesserte Anbau- und Distributionsmethoden haben in den letzten Jahren allerdings dazu geführt, dass Nahrungsmittel wie weißes Mehl zum Backen von Brotfladen, Reis, Kartoffeln, Rettich, Spinat, Sellerie oder Paprika auch in den Zelten der Nomaden keine Ausnahme mehr sind. Ambitionierte tibetische Köche sorgen wenigstens in Städten wie Lhasa und Shigatse dafür, dass die tibetische Küche variantenreicher und qualitätsvoller wird.

Beliebt und fast überall zu haben sind **Momos**, kleine gekochte oder gebratene Teigtäschchen, die mit Hackfleisch und Zwiebeln gefüllt sind. Eine Variante sind die **Logo Momos**, die wie runde Pasteten mit einem Loch in der Mitte aussehen. Logo Momos werden gedämpft, von außen sind sie leicht gesalzen und schmecken besonders als Beilage zu Eintöpfen und Gerichten mit einer kräftigen Soße. Meistens werden sie mit **A tsa ra**, einer einfachen, aber würzigen

Tsampa

Tsampa ist in weiten Teilen Tibets noch immer das Hauptnahrungsmittel. Um es herzustellen, wird Hochlandgerste mit heißem Sand, der die Hitze gleichmäßig verteilt, in großen, flachen, eisernen Schalen oder Schüsseln über offenem Feuer geröstet und nach dem Aussieben des Sandes gemahlen. Beim Verzehr sollte man also immer auf Sandkörner oder sogar kleine Steinchen gefasst sein. Die Gerste enthält keine natürlichen Klebstoffe und kann daher nicht zu Brot verarbeitet werden. Zum Rollen eines Tsampa-Bällchens oder zum Formen des länglichen Pa, dem tibetischen Brotersatz, wird die Gerste mit Yak-Butter und Tee, Joghurt oder Suppe verknetet.

Tibeter freuen sich, wenn man eine Einladung zum Tsampa-Essen annimmt, und vor allem, wenn es einem dann auch noch schmeckt. Sinnvoll ist es, dass man man sein Tsampa selber knetet und sich die Portionen nicht von den Gastgebern in seine Schüssel füllen lässt. Die Mengen werden sonst so groß sein, dass man kaum eine Chance hat, sie aufzuessen. Außerdem hat man so einen Einfluss auf die Menge an Yak-Butter und Tee, mit der man sein Tsampa zubereitet.

Die Gastgeber werden einen manchmal fragen, ob man sein Tsampa kneten oder „lecken" *(kort-te)* möchte. Bei dieser Variante wird die Gerste mit Yak-Butter, Tee und Zucker krümelig geknetet. Die entstandenen Streusel werden dann mit den Fingern an der Oberfläche glatt gestrichen und das Ganze mit Tee aufgegossen. Den Tee trinkt man aus, dann wird die obere, aufgeweichte Schicht Tsampa aufgeleckt und neuer Tee eingegossen. Das geht so lange, bis alles aufgegessen ist. Tsampa ist auf diese Weise nicht nur besser verdaulich, sondern schmeckt auch bedeutend besser als in der trockenen Bällchenvariante.

Noch heute tragen die Tibeter auf dem Land stets ein Säckchen Tsampa bei sich. Es stillt nicht nur den Hunger, sondern ist auch hervorragend dazu geeignet, streunende und aggressive Hunde zu besänftigen, die aus unerfindlichen Gründen gerne Tsampa fressen.

Tomatensoße zusammen serviert. Besonders lecker sind die **Shog Go Sha Momos**. Dafür wird Kartoffelbrei zu kleinen Kegeln geformt, die mit einer Mischung aus leicht gesalzenem Rindfleisch gefüllt werden. Danach werden die Kegel frittiert und mit einer würzigen Soße serviert – köstlich.

Tsib Ma sind Rippchen auf Tibetisch. Naturgemäß handelt es sich um Lammrippchen, die erst gekocht und dann frittiert oder geschmort werden. Dazu gibt es eine Gewürzmischung aus Salz, Pfeffer und anderen Gewürzen.

Wer auf Nudeln steht, sollte **Pö Thuk** (Thukpa) probieren. Diese dicken und sättigenden Nudeln werden in einer schmackhaften Brühe mit etwas Yak-Fleisch und einigen Gewürzen serviert. Eine andere Nudelvariante ist **Pag Tsa Mar Gu**, die wie Conchiglie aussehen. Tatsächlich handelt es sich um kleine Teigklümpchen, die mit salziger Butter, braunem Zucker und Käse aufgetischt werden. Ein einfaches Nudelgericht ist **Thanthuk**, gebratene Nudelquadrate.

Wer zum tibetischen Neujahr in Tibet weilt, sollte das traditionelle tibetische Neujahrsgericht **Drolma Dresel** nicht verpassen. Dabei handelt es sich um eine in Tibet vorkommende Wurzel, die ein wenig wie eine kleine Süßkartoffel aussieht. Die Wurzeln werden gekocht und in glitzernder Yak-Butter und einer Schicht Zucker und manchmal auch Reis serviert.

Muslimische Küche

Muslimische Händler reisten bereits seit der zweiten Hälfte des ersten Jahrtausends regelmäßig nach Tibet, als das Land Teil eines großen eurasischen Kultur- und Handelsraums war und viele der Handelswege kontrollierte. Bis heute bilden die Muslime, meistens Angehörige der muslimischen Hui-Nationalität, in den Städten eigene Kommunen wie in Lhasa, und entsprechend verbreitet ist die muslimische Küche in allen größeren Ortschaften Tibets. Zu erkennen sind die Restaurants meist an einer grünen Flagge, die vor der Eingangstür angebracht ist und manchmal arabische Schriftzüge trägt. Die meisten Restaurantbesitzer kommen aus den Provinzen Gansu oder Xinjiang, wo große muslimische Bevölkerungsgruppen leben. Im Zentrum der Küche stehen Lamm-, Rindfleisch- und Nudelgerichte.

Zum Standard gehören wie überall in Zentralasien **Kebabs**, die auf Märkten und vor allem bei Einbruch der Dunkelheit auf belebten Straßen frisch gegrillt werden. Lecker sind **Pilaws** und natürlich das Nan-Brot, das frisch aus dem Ofen besonders köstlich ist. Typische Gerichte der muslimischen Küche Chinas sind **Roujiabing**, flache Brottaschen, die mit Lammfleisch gefüllt sind, **Niuroumian**, Nudeln in einer Rindfleischbrühe, und **Lamian**, sogenannte „gezogene Nudeln". Lamian sind selbstgemachte Spaghetti, und schon das Zuschauen bei der Herstellung ist ein Genuss. Ein Teigkloß wird geknetet, in die Länge gezogen, auf den Tisch geschlagen und dann zusammengedreht, erneut gezogen, auf den Tisch geknallt usw. bis daraus Spaghetti in der gewünschten Dicke entstanden sind. Serviert werden diese Spaghetti entweder als Niuroumian oder gebraten, oft zusammen mit Paprika, Tomaten, Zwiebeln, viel Knoblauch und Auberginen.

Sichuan-Küche

Die chinesische Küche in Tibet ist nahezu identisch mit der Sichuan-Küche. „Hundert Speisen schmecken hundertmal anders", heißt es in Sichuan. Gemeint sind die unzähligen scharfen Geschmacksnuancen. Aber der Gaumen gewöhnt sich erstaunlich schnell an die Schärfe der Sichuan-Küche, die sich nur einen kurzen Moment entfaltet und dann genügend Raum für das eigentliche Geschmackserlebnis aus süßscharfen, aromatisch-scharfen, bitter-scharfen, pikant-scharfen und sauer-scharfen Aromen lässt.

Die Sichuan-Küche liebt die starke, ja extreme Würze und die großzügige Beigabe von Schnittlauch, Frühlingszwiebeln und vor allem Knoblauch, ein Usus, den die Sichuaner auf das Wetter zurückführen: Im schwülheißen Sommer bringen die mit Chili oder Pfeffer gewürzten Speisen die Menschen zum Schwitzen und somit zur inneren Abkühlung, wogegen im Winter genau der gegenteilige Effekt erreicht wird.

Fast alle chinesischen Restaurants in Tibet sind Sichuan-Restaurants. Allerdings fehlt ihnen außerhalb von Lhasa und Shigatse die Raffinesse.

Zu den bekannten Gerichten der Sichuan-Küche gehören so delikate Speisen wie **Yuxiang Rousi**, süßscharfes Schweinefleisch in Streifen, **Guaiwei Jikuai**, gebratene Stücke vom Huhn mit bitter-scharfem Geschmack, **Huiguo Rou**, „Schweinefleisch, das in den Topf zurückkehrt", **Zhangcha Kaoya**, in Tee und Kampfer geräucherte Ente, und, nicht zu vergessen, das vielleicht bekannteste Gericht **Mapo Doufu**, in reichlich Chiliöl gebratene Tofu-Würfel, die mit Hackfleisch, schwarzen fermentierten Bohnen und geriebenen roten Pfefferkörnern (Capsicum) serviert werden.

Frühstück

Das tibetische Frühstück, Tsampa und Buttertee, ist ganz sicher nichts, wonach man sich sehnt. In tibetischen Restaurants wird man aber auch schon mal Rührei mit Tomate bekommen. In Lhasa, Shigatse und Gyantse findet man zwar durchaus schon einmal ein echtes Frühstücksbuffet mit Eiern, Joghurt, Brot, Müsli, gebratenen Nudeln usw. oder westliche Gerichte wie Pfannkuchen, Porridge und Sandwiches, aber außerhalb dieser Städte wird man sich mit pappigem Toast, süßer Marmelade und dem einen oder anderen gebratenen, oft vor Fett triefenden Ei begnügen müssen.

Auch das chinesische Frühstück ist gewöhnungsbedürftig, aber wer es mag, bekommt es wenigstens fast überall. Es besteht im Allgemeinen aus einem in siedendem Öl ausgebackenen Gebäck namens **Youtiao** und einer Schale **Xifan**, eine geschmacksneutrale, wässrige Reissuppe. Dazu wird würziges, eingelegtes Gemüse gereicht, und manchmal gibt es ein hartgekochtes, in einem Sojasoßensud gegartes Ei dazu. An den Straßen werden vielerorts **Baozi** verkauft, frisch gedämpfte, heiße, mit Fleisch oder Gemüse gefüllte Teigklöße, die ein wenig an Dampfnudeln erinnern. Sie sind überaus schmackhaft und vor allem sättigend. Ebenfalls beliebt sind **Jiaozi**, chinesische Ravioli, die ebenfalls mit Fleisch gefüllt sind und entweder in Wasser gekocht oder gebraten werden. Die Jiaozi tunkt man in eine Mischung aus Sojasoße und Essig.

Teehäuser

Anders als viele tibetische Restaurants sind die Teehäuser meist urgemütliche Einrichtungen mit tiefen, teppichbedeckten Tischen. Auf dem Land steht meist ein großer, eiserner Ofen in der Mitte, der nicht nur das Teehaus beheizt, sondern auch zum Kochen des Teewassers dient. Um den Ofen reihen sich großzügig bemessene Bänke, die ebenfalls mit Teppichen oder dicken Kissen ausgelegt sind. In Teehäusern ohne Ofen in der Mitte gibt es auch große quadratische Tische, die von teppichbedeckten Bänken umstellt sind. Die Teehäuser bieten eine Menge Atmosphäre, guten Tee, aber auch Bier oder andere Getränke und eine kleinere Auswahl an Snacks wie Kartoffeln, Momos oder Rührei. Dort, wo viele westliche Reisende die Teehäuser besuchen, ist die Speisekarte oft schon umfangreicher.

Selbstversorger

Das Angebot an **Obst** ist zumindest in den größeren Orten erstaunlich reichhaltig. In den niedriger gelegenen Gebieten Ost- und Südtibets gedeihen verschiedene Obstsorten und selbst in der Umgebung von Lhasa werden Aprikosen-, Apfel- und Pfirsichbäume kultiviert. Kaufen kann man das Obst auf den Märkten. Manchmal findet man in kleinen Orten auch ein Geschäft, meist Zwischenhändler, die das Obst und Gemüse auf- und weiterverkaufen. Man sollte unbedingt darauf achten, das Obst grundsätzlich zu schälen.

In Städten wie Lhasa, Shigatse oder auch Tsethang gibt es große und teilweise gut ausgestattete **Supermärkte**, in denen man sich für lange Überlandfahrten oder selbst organisierte Treks mit Instantnudeln, Fertiggerichten, getrockneten Früchten, Nüssen, Schokolade und allem, was man sonst noch so zu brauchen meint, eindecken kann. Eier und Gemüse, um die ewig gleich schmeckenden Instantnudelsuppen ein wenig aufzupeppen, gibt es meist auch in

Alles (in) Butter

Yaks sind für die Tibeter so etwas wie die Essenz des Lebens. Sie dienen als Zugtiere in der Landwirtschaft, Wolllieferanten für die Zelte der Nomaden, als Tragtiere, sie liefern überaus nahrhaftes Fleisch, das ideal für das Leben in großer Höhe geeignet ist, ihre Knochen werden zu Gebetsketten verarbeitet, und selbst der getrocknete Dung wird als Brennstoff in den baumlosen Hochebenen genutzt. Die Yak-Kühe, die man allerorten auf den Weiden sieht, sind jedoch keine Yaks, sondern Kreuzungen aus Yaks und Kühen. Sie heißen Dri und werden gemolken. Jeder Tibetreisende wird täglich auf mannigfaltige Weise auf ihre Milchprodukte stoßen.

Auf den Straßen wird frischer **Joghurt** (Sho) und getrockneter Käse verkauft. Der **Käse** wird aus der Buttermilch gewonnen, die bei der Butterherstellung übrigbleibt. Die Buttermilch wird erhitzt und abgeseiht, und dabei entsteht ein krümeliger Käse, der so steinhart wird, dass man daran zweifelt, ob er überhaupt essbar ist. Aber ähnlich wie getrocknetes Yak-Fleisch dient er vor allem den Nomaden und Pilgern als Wegzehrung, an der man den ganzen Tag kauen kann. Dem westlichen Gaumen schmeckt tibetischer Käse nur, wenn er nach Schweizer oder norwegischer Technik hergestellt wird. Solchen Käse findet man allerdings fast nur in Lhasa.

Buchstäblich in ganz Tibet bekommt man dagegen **Yak-Butter**, eine Art Universalsubstanz für den profanen und religiösen Alltag. Die Butter wird meist sorgfältig in Yak-Mägen verpackt und Scheibe für Scheibe verkauft. Ihr Geschmack ist herzhafter und die Konsistenz fester als bei unserer Butter. Kein echtes tibetisches Gericht oder Getränk kommt ohne diese Butter aus. Sie wird für die Herstellung von Tsampa und Buttertee benötigt, und fast alle tibetischen Gerichte schwimmen in einem Meer aus Buttersoße. Doch nicht nur in der Nahrungszubereitung spielt die Butter eine Rolle, sondern auch in vielen Bereichen des täglichen Lebens. In den Tempeln dient die Butter als Grundstoff für die unzähligen Butterlampen, deren Ruß die Wände mit einem schmierigen, schwarzen Film überzieht, auf Festen werden prachtvoll geschmückte Butterskulpturen für die Prozessionen hergestellt, den Nomaden dient die Butter als Sonnenschutzmittel und den Bauern als Schmiermittel.

kleineren Orten. Viele Dörfer, zumindest jene, die an eine Straße angebunden sind, haben mittlerweile wenigstens eine kleine Filiale der chinesischen Baiyi-Supermarktkette, 💻 http://bycs.tibetwindow.com, die an ihrem orangefarbenen Schild mit blauem Schriftzug zu erkennen ist. Hier bekommt man Grundnahrungsmittel und natürlich die obligaten Nudelsuppen.

Die Verbreitung weißen Mehls hat dazu geführt, dass in mehr und mehr Orten auch **Bäckereien** öffnen. In Lhasa bekommt man sogar schon richtige Leckereien wie Kuchen, Brot, Gebäck, Pizzaecken und belegte Sandwiches, die ein reichhaltiges Frühstück auf dem Zimmer oder manchmal sogar schon in einem angeschlossenen Café garantieren. Wer gerne Kaffee trinkt, bekommt in den oben genannten Baiyi-Supermärkten Nestlé-Kaffeepulver, das bereits portionsweise abgepackt und mit Milchpulver und Zucker versetzt ist. Wer sich darauf nicht verlassen möchte, sollte sich den Kaffee von zuhause mitbringen.

Getränke

Tibet und Buttertee sind eins, er gehört zum Alltag wie die Mönche zum Kloster und nicht umsonst heißt es hier, dass ohne Tee „kein Morgen und kein Abend vergehen".

In Verbindung mit dem chinesischen Wort Cha für Tee und dem alten Wort Böd für Tibet ergibt sich die Bezeichnung **Bödcha** „Tibetertee". Um ihn zuzubereiten, benutzt man zu harten Ziegeln oder Blöcken gepressten, meist minderwertigen Tee, der gekocht und dann mit Butter, Soda und Salz in einem hohen, zylinderförmigen Gefäß verquirlt wird. Die Konsistenz dieses Gebräus ist ein wenig cremig und der Geschmack gewöhnungsbedürftig, aber wer bei Tibetern eingeladen ist, sollte ihn ohne mit der Wimper zu zucken trinken, da es als grob unhöflich gilt, den Tee zurückzuweisen. Vor allem auf dem Land, wo die Butter wochen- und monatelang in Yaklederbeuteln aufbewahrt wird, ist ihr Geschmack oft ranzig. In diesem Falle hilft es ein wenig, die obere Fettschicht beim Trinken ein wenig weg zu pusten. Als Gast bekommt man permanent Tee nachgeschüttet, meist nach jedem Schluck und wenn man die Tasse abstellt. Tibeter trinken übrigens bei jeder sich bietenden Gelegenheit und bis zu 40 Tassen Buttertee am Tag!

In vielen Restaurants bekommt man glücklicherweise auch süßen **Milchtee** (Cha Ngamo), der meist aus nepalesischem schwarzen Beuteltee und frischer Milch aufgegossen wird. Manchmal kann man den Zucker selbst zufügen.

Das chinesische Nationalgetränk ist ebenfalls Tee, und guten **grünen Tee**, der drei- bis viermal wieder aufgegossen werden kann, bekommt man in allen größeren Ortschaften. Man trinkt ihn ohne Zucker und Milch und oftmals nur mit einem Hauch von Teeblättern, die im Glas verbleiben. Heißes Wasser für den Tee bekommt man sogar in den Zügen. Einen Becher und Teebeutel oder -blätter sollte man also auf jeder Fahrt griffbereit haben.

Die alte Tee- und Pferdestraße

Von der Tang-Dynastie (618–907) bis zum Beginn des 20. Jhs. wurde der Tee über die sogenannte „Alte Tee- und Pferdestraße" nach Tibet transportiert. Mit diesem Namen werden die zwei alten Handelswege – einer über Zhongdian (Shangri-la) in Yunnan und der andere über Ya'an in Sichuan – bezeichnet, die zwischen den hoch aufragenden Bergen, dort, wo Tibet, Yunnan und Sichuan aneinander grenzen, nach Tibet führen. Zur Blütezeit des Handels in der Nördlichen Song-Zeit (960–1127) kaufte der Kaiserhof jedes Jahr mehr als 20 000 Pferde aus Tibet und bezahlte sie mit Tee aus Sichuan. Der Tee-gegen-Pferde-Handel erreichte seinen Höhepunkt in der Ming-Zeit (1368–1644), als mehr als die Hälfte des in Sichuan produzierten Tees nach Tibet verkauft wurde. In dieser Zeit nutzte der Kaiser den Tee als wichtiges Gut, um gute Beziehungen zu hohen Würdenträgern und der Oberschicht von Geistlichen und Adligen in den tibetischen Gebieten zu pflegen. Bereits in der Tang-Zeit war ein eigenes Büro für Tee und Pferde gegründet worden, das sich in Xindian westlich von Chengdu befand und den gesamten Tee-gegen-Pferde-Handel über tausend Jahre lang kontrollierte.

Das tibetische **Bier** heißt Chang und ist ein aus Gerste gewonnenes, leicht alkoholisches, weißes und säuerliches Gebräu. Es kann ziemlich erfrischend und gut, aber auch ganz schön scheußlich schmecken. Meist wird es aus großen Blechkanistern eingeschenkt und vor allem auf Festen in Unmengen getrunken.

Beliebt und verbreitet ist chinesisches Bier, das meist unseren alkoholreduzierten Leichtbieren ähnelt. Allerdings bekommt man fast ausschließlich große Flaschen à 630 ml. Am preiswertesten ist das Lhasa Beer, dicht gefolgt von Snow und Huanghe, während das von einem amerikanischen Joint Venture gebraute Pabst Blue Ribbon (Landai Pijiu) etwas teurer ist. Nicht selten wird man übrigens gefragt, ob man kaltes oder warmes Bier möchte: Viele Chinesen trinken es gerade im Winter lieber ungekühlt.

Zu festlichen Anlässen wird aus Gerste gebrannter **Schnaps** (Arak) getrunken. Auch Chinesen stoßen zu einem guten Essen gern mit hochprozentigen Schnäpsen an. Sie sind meist sehr scharf oder schmecken intensiv nach Medizin (böse Zungen sagen Diesel) und sind auf jeden Fall sehr gewöhnungsbedürftig. Wenn man in China oder Tibet auf Englisch „wine" (Wein) angeboten bekommt, ist damit immer Schnaps gemeint. Schnaps bekommt man in Restaurants übrigens nicht im Glas, sondern man muss immer die ganze Flasche kaufen.

Ansonsten gibt es noch zuckersüße, klebrige chinesische **Limonade** (Qishui) und nicht minder süße **Traubenweine** (Putao Jiu), wobei halbwegs guter Wein selbst in Tibet auf dem Vormarsch ist. Coca Cola und Co. haben seit 1989 das gesamte Land im Sturm erobert und sind auch im letzten Winkel Tibets noch zu haben. Auch **Mineralwasser** in Flaschen ist in den meisten Orten erhältlich. Auf keinen Fall sollte man das Leitungswasser trinken.

Feste und Feiertage

Offizielle Feiertage

1. Januar: Neujahr
1. Tag des 1. Mondes (26.1.09, 14.2.10, 3.2.11): Frühlingsfest (der Tag davor ist ebenfalls Feiertag)
8. März: Internationaler Frauentag (halber Tag frei)
12. März: Aufforstungstag
4. oder 5. April (4.4.09, 5.4.10, 5.4.11): Qingming-Fest (Fest der Lichten Klarheit)
1. Mai: Tag der Arbeit (drei freie Tage)
4. Mai: Jugendtag zum Gedenken an die 4.-Mai-Bewegung 1919 (halber Tag frei)

Monlam und die Politik

Die Krux für die chinesischen Machthaber in Tibet ist, dass die einheimischen Mönche und Nonnen nicht einfach nur ihr Seelenheil im Sinn haben – das wäre der Regierung vermutlich am liebsten –, sondern auch die Speerspitze der Unabhängigkeitsbestrebungen Tibets bilden. Für die Mönche und Nonnen garantiert nämlich allein die Unabhängigkeit Tibets die Autorität der buddhistischen Lehre in Tibet. Damit sind Konflikte geradezu vorprogrammiert.

Insbesondere das Monlam-Fest wurde zum machtvollen Ausdruck des Unabhängigkeitsbestrebens tibetischer Mönche. Das ist kein Zufall, denn bereits 1409 war das Fest eigens eingeführt worden, um in Zeiten des Bürgerkriegs und zusätzlicher Kriege gegen die Mongolen und Chinesen den Niedergang des Buddhismus aufzuhalten und ein neues Zeitalter des Buddhismus vorzubereiten. Unter chinesischer Knute wurde und wird dieser Niedergang erneut massiv betrieben, und das Monlam-Fest kann somit an seine ursprüngliche Bedeutung anknüpfen. Bereits 1959 war am 10. März zum Ende des Monlam der Aufstand von Lhasa ausgebrochen. 1986 durfte das Monlam-Fest nach über 20 Jahren des Verbots erstmals wieder im vollen Umfang begangen werden, und in China war man entsprechend nervös, wie immer, wenn viele Tibeter sich versammeln. Tausende von Mönchen aus den verschiedenen Klöstern und über 10 000 Menschen kamen zum Feiern zusammen. Dieses und das Monlam-Fest 1987 verliefen friedlich, doch 1988 kam es am 5. März, dem letzten Tag des Monlam, zu Protesten. Einige Mönche sangen während der Prozessionen Unabhängigkeits-Slogans. Auf die Aufforderung der Chinesen, ihre Protestgesänge einzustellen, reagierten sie nicht, woraufhin die chinesische Polizei auf die Mönche losging. Ein Khampa aus Osttibet, der sich zwischen die Mönche und die Polizei stellte, wurde erschossen. Als die Mönche seine Leiche in einer Prozession um den Barkor trugen, griff die Polizei zunächst nicht ein, später ging sie aber mit Schlagstöcken, Gas und schließlich mit Waffen auf die demonstrierenden Mönche los. 18 Tibeter kamen an diesem Tag ums Leben und über 800 wurden eingesperrt.

Dieses Jahr war nur der Auftakt zu einer Reihe von Protesten, die seit Oktober 1987 immer wieder aufbrandeten. Das Monlam-Fest 1989 wurde von den Mönchen boykottiert und am 5. März kam es zu den bislang größten anti-chinesischen Demonstrationen. Die Situation eskalierte: Drei Tage währten die Straßenkämpfe, in deren Verlauf über 100 Tibeter starben und zahllose chinesische Geschäfte niedergebrannt wurden. Am 8. März wurde das Kriegsrecht über Tibet verhängt und erst Ende April 1990 wieder aufgehoben. Die Monlam-Feierlichkeiten im Jokhang, die von den drei Staatsklöstern ausgerichtet werden (allen voran Drepung), wurden daraufhin bis auf Weiteres eingestellt.

Heute ist das Monlam-Fest zwar staatlicherseits nicht mehr verboten (wie offenbar noch 2001), aber das Amt für Religiöse Angelegenheiten hat sich so stark eingemischt und es für seine Zwecke zu nutzen versucht, dass die Mönche beschlossen haben, unter diesen Umständen lieber gar nicht zu feiern. Das gilt auch für das Shoton-Fest (s. S. 59). Im März 2008 kam es dennoch wieder zu gewalttätigen Ausschreitungen, die diesmal eine ganz neue Dimension der Gewalt erreichten und auch von Teilen der nichtmönchischen Bevölkerung getragen wurden.

5. Tag des 5. Mondes (28.5.09, 16.6.10, 6.6.11): Drachenbootfest (Duanwu Jie)
1. Juni: Kindertag
1. Juli: Gründungstag der KPCh
1. August: Gründungstag der Volksbefreiungsarmee
15. Tag des 8. Mondes (3.10.09, 22.9.10, 12.09.11): Mittherbstfest (Zhongqiu Jie) oder Mondfest
1./2./3. Oktober: Nationalfeiertag zur Gründung der VR China (3 Tage frei)

Buddhistische Feste

Das Leben der meisten Tibeter war seit alters hart und eintönig. Unterbrochen wurde der Alltag einzig durch zahlreiche Feste, die stets auch einen religiösen Bezug hatten. Sie sollten die Menschen an die Religion erinnern und das Wohlergehen der Gemeinschaft sichern. Um ihren religiösen Zweck zu erfüllen, müssen Feste stets nach festen, überlieferten Regeln ablaufen. Viele Feste haben ihren Ursprung noch in der vorbuddhistischen Zeit und stehen mit dem Jahresablauf in Beziehung, wie z. B. Neujahrs- oder Erntefeste. Den religiösen Bezug haben die Feste immer noch, aber die Chinesen haben auch versucht, die großen Festtage in Touristenattraktionen umzuwandeln und auf bestimmte Orte zu begrenzen, um sie besser kontrollieren zu können, da insbesondere zum Monlam-Fest 1959, 1988, 1989 und zuletzt 2008 einige der gewalttätigsten antichinesischen Demonstrationen stattfanden.

Die Termine der traditionellen Feste orientieren sich am tibetischen **Mondkalender** (s. S. 93) und fallen daher im westlichen Kalender jedes Jahr auf einen anderen Tag. Eine Liste der entsprechenden Festdaten im westlichen Kalender findet man unter 💻 www.kalachakranet.org/ta_tibetan_calendar.html. Den für das jeweils laufende Jahr gültigen Kalender mit den buddhistischen Festtagen kann man unter 💻 www.snowlionpub.com bestellen.

Jeder Mondmonat hat eine Reihe von Tagen, an denen sich Tempelbesuche ganz besonders lohnen, da hier dann zahlreiche Rituale abgehalten werden und man ein intensives Gefühl für die gelebte Religion in Tibets Klöstern bekommt. Der 8. Tag jedes tibetischen Monats ist der spezielle Tag der Darbringungen für den Medizinbuddha und für Tara (eine weibliche, friedvolle Manifestation erleuchteter Weisheit). Der 10. und 25. jedes Mondmonats ist der Tag ritueller Darbringungen für die Gottheiten Cakrasamvara (tib. Demtschok, eine tantrische Verkörperung des Buddha und „göttliche" Manifestation der Weisheit und des Mitgefühls aller Erleuchteten und noch spezieller der Vereinigung von Glückseligkeit und der Erkenntnis der letztgültigen Realität, der Leerheit und Vajrayogini (tib. Dorje Khandro, eine der Hauptinitiationsgöttinnen des späteren, tantrischen Buddhismus und auch eine persönliche Schutz- und Meditationsgottheit) sowie für Padmasambhava, den Gründer der Nyingma-Tradition. Am 15. Tag zum Vollmond finden Sutrenrezitationen und Meditationen zu

Inoffizielle Gedenktage

Es gibt Zeiten, da ist es fast unmöglich, nach Lhasa zu gelangen. Dazu gehören neben den Besuchen hochrangiger chinesischer Politiker die Tage vor den großen Festen, wenn besondere Sicherheitsmaßnahmen ergriffen werden und vor allem auch alle Verkehrsmittel und Hotels ausgebucht sind. Aber es gibt auch den einen oder anderen kritischen Gedenktag, der natürlich nicht offiziell, aber sehr wohl in den Köpfen der Tibeter gefeiert wird. Zu diesen empfindlichen Tagen, an denen die Einreise oder auch das Herumreisen erschwert sein können, gehören:
5. März: An diesem Tag begannen die Proteste von 1989, die zur Ausrufung des Kriegsrechts in Tibet bis April 1990 führten.
10. März: Jahrestag des Aufstands von Lhasa gegen die Chinesen
23. Mai: An diesem Tag musste Tibet 1951 das von China aufgezwungene 17-Punkte-Abkommen unterzeichnen.
6. Juli: Geburtstag des Dalai Lama
27. September: Beginn des Aufstands von 1987
1. Oktober: An diesem Tag eröffneten 1987 chinesische Soldaten das Feuer auf demonstrierende Mönche.
10. Dezember: Internationaler Tag der Menschenrechte und Beginn der Proteste von 1988

Ehren des Buddha Amitabha statt, und zum Neumond am 30. Tag gibt es Rituale und Meditationen für Buddha Shakyamuni. Ein weiteres wichtiges Ritual ist schließlich noch Sojong, eine Art Reinigungsritual, bei dem die ordinierten Mönche und Nonnen Fehler beim Einhalten ihrer Gelübde bereinigen und diese wiederherstellen und von ihrem Lehrer spezielle Ratschläge und Ermutigung empfangen. Es findet am 14. oder 15. und 29. oder 30. Tag eines jeden Mondmonats statt.

Die im Kasten S. 58 aufgelisteten Feste bilden eine kleine Auswahl aus dem umfangreichen Festkalender Tibets. Zu ihnen strömen stets zahllose festlich gekleidete Pilger nach Lhasa und verleihen der Stadt dann einen ganz besonderen Reiz.

Februar/März

Vertreibung der bösen Geister: 29. Tag des 12. Mondmonats (letzter Tag des Jahres)

Losar: tibetisches Neujahrsfest, 1. Tag des 1. Mondmonats.

Chotrul Düchen: Während der ersten beiden Wochen des neues Jahres wird gefeiert, dass Buddha jeden Tag ein neues Wunder vollbracht hat, um die Verdienste und den Glauben zukünftiger Schüler zu steigern. In diese Zeit fällt auch das Monlam Chenmo (Großes Gebetsfest). Der 15. Tag des 1. Mondes ist der „Tag der Wunder". An diesem Tag wird des Wunders von Sravasti gedacht, der Niederlage der sechs Widersacher des historischen Buddha und seiner Lehre.

Gelugpa Monlam Chenmo, großes Gebetsfest in Lhasa und Shigatse: 4. bis 25. Tag des 1. Mondmonats. Der 15. Tag bildet den Höhepunkt, und der 25. Tag des 1. Mondes ist der feierliche Endpunkt dieses Festes. Zu diesem Anlass versammeln sich die Mönche der drei großen Klöster in Lhasa und prozessieren mit einer Statue von Jampa (Maitreya) um den Barkor.

Butterfest bzw. Lichterfest (Chönga Chöpa): 15. Tag des 1. Mondmonats. An diesem Tag werden am Barkor in Lhasa große Butterskulpturen aufgestellt. Das Fest soll auf den 5. Dalai Lama zurückgehen, der in einem Traum das Paradies gesehen haben soll. Um es dem Volk anschaulich zu erklären, ließ er einzelne Szenen aus Tsampa und Butter gestalten. Auf alle Fälle glauben die Tibeter, dass ihnen die Butterfiguren auf ihrem Weg zur Stärkung des Glaubens und zur Vervollkommnung helfen.

Mai/Juni

Geburtstag Buddhas: 7. Tag des 4. Mondmonats. An diesem Tag strömen besonders viele Pilger nach Lhasa und geben der Stadt ein festliches Antlitz.

Tsurphu Festival: 10. Tag des 4. Mondmonats. Früher waren der Höhepunkt des Festes die Cham-Tänze für den Karmapa. Seit dessen Flucht nach Indien gehört es zu den eher kritischen Ereignissen, die streng überwacht werden.

Saga Dawa Düchen, Erleuchtung Buddhas: 15. Tag des 4. Mondmonats.

Pferderennen in Gyantse (Tamang): 15. Tag des 4. Mondmonats. Zu diesem Fest, das auch an die Schlacht gegen die britischen Truppen unter Colonel Younghusband erinnert, wird u. a. auch ein riesiges Thanka aufgehängt.

Juni

Festival in Shigatse: 14.–16. Tag des 5. Mondmonats. Das Fest dauert drei Tage und beinhaltet Cham-Tänze und das Ausrollen von riesigen Thankas.

Festival in Samye: 15. Tag des 5. Mondmonats. An zwei Tagen finden Cham-Tänze statt und hunderte von Pilgern besuchen speziell an diesen Tagen durchgeführte Zeremonien.

Juli/August

Chökhor Düchen, Erste Predigt Buddhas: 4. Tag des 6. Mondmonats. An diesem Tag wird Buddhas erste Predigt, das „Andrehen das Dharmarads" zelebriert.

Ganden-Festival: 15. Tag des 6. Mondmonats. Mit einer großen Zeremonie werden im Kloster Ganden bei Lhasa die 25 heiligsten Reliquien, die sonst unter Verschluss stehen, ausgestellt.

Thankafest von Drepung: 30. Tag des 6. Mondmonats. Höhepunkt ist das Ausrollen eines riesigen Thanka. Mit diesem Fest beginnt auch das Joghurt-Fest (s. u.).

August/September

Shoton, Joghurt-Fest in Lhasa: 1.–7. Tag des 7. Mondmonats. Das Fest beendete die oft monatelange Meditationszeit der Mönche in Drepung und beginnt hier auch mit Zeremonien und dem Ausrollen der Riesenthankas. Von Drepung verlagert sich das Fest dann in Richtung Norbulingka, wo es Aufführungen tibetischer Opern und natürlich die obligaten Picknicks gibt. Dabei werden Unmengen an Joghurt gegessen, mit dem sich ursprünglich die Mönche nach Beendigung ihrer jährlichen dreimonatigen Klausur stärkten.

Badefest (Garma Rigyi) in Lhasa: 27. Tag des 7. Mondmonats. Das Badefest findet in der Regel in der ersten Dekade des 7. Monats nach dem tibetischen Kalender statt und dauert eine Woche. Wenn das Siebengestirn am nächtlichen Himmel erscheint, beginnen die Bewohner Tibets, in Bächen und Flüssen zu baden, und zwar bis es nach einer Woche wieder entschwindet. Nach volkstümlicher Überlieferung kommt das Baden im Fluss zu diesem Zeitpunkt der Gesundheit zugute.

Changtang Chachen Reiterfestival: 10.–16. August. Es gibt eine Reihe von Reiterfesten in Tibet, aber das Festival von Nagchu gehört zu den prachtvollsten. Aus Angst vor tibetischen Zusammenrottungen sind die Reiterfeste in der Autonomen Region Tibet allerdings in Stadien verbannt worden, wo man den Darbietungen gegen Eintritt folgen kann.

Reiterfestival von Damshung: 30. Tag des 7. Mondmonats. Dieses ebenfalls prachtvolle Fest findet in der gesamten ersten Woche des 8. Mondmonats statt.

September/Oktober

Onkor, Erntefest: 1. bis 7. Tag des 8. Mondmonats. An diesem Tag kommen vor allem die Bauern zusammen und feiern die Ernte.

Klosterfest von Tashilunpo (Zamyo Chenpo) in Shigatse: 9.–11. Tag des 8. Mondmonats. Im Zentrum stehen Cham-Tänze und andere Festivitäten.

November/Dezember

Lhabab Düchen, Buddhas Herabkunft vom Himmel: 22. Tag des 9. Mondmonats. Buddhas Rückkehr wird in den Tempeln gefeiert.

Paldan-Lhamo-Fest in Lhasa: 15. Tag des 10. Mondmonats. An diesem Tag wird die Schutzgottheit des Jokhang in Lhasa in einer feierlichen Prozession um den Barkor getragen.

Tsongkhapa-Fest: 25. Tag des 10. Mondmonats. In den Gelugpa-Klöstern finden Feiern und Prozessionen mit Bildnissen Tsongkhapas zu dessen Todestag statt.

Januar

Neujahrsfest in Shigatse: 1. Woche des 12. Mondmonats.

Losar

Bis mindestens zum Jahr 1027, vermutlich aber noch bis ins 13. Jh., wurde das tibetische Neujahr am Ende des 10. tibetischen Monats gefeiert und fiel damit auf die Wintersonnenwende. Spätestens ab dem 13. Jh. wurde dann von den Klöstern der in China übliche Jahresanfang zu Beginn des ersten Mondes durchgesetzt.

Gleichzeitig ist Losar das größte nichtreligiöse Fest Tibets mit Opern, Pferderennen und Bogenschießen. Wie in fast allen anderen Kulturen auch, ist der Übergang ins neue Jahr eine Zeit, in der unheilvolle Mächte, böse Einflüsse und negative Geschehen des auslaufenden Jahres verbannt und ausgetrieben werden, um ein glückliches neues Jahr zu garantieren. Vor dem Fest werden die Kloster- und Häuserwände neu geweißt, in dieser Zeit muss man äußerst wachsam sein, um nicht von oben mit flüssigem, weißem Kalkwasser überschüttet zu werden. In den Klöstern sind die Mönche in der Neujahrszeit permanent mit Gebeten, Zeremonien und Festlichkeiten wie den Masken- bzw. Cham-Tänzen beschäftigt, die alle bösen Dämonen vertreiben sollen. In einigen Gegenden wie in Amdo bei den Golok beteiligen sich männliche Laien an den Tänzen, die den Kampfgeist der Gemeinschaft gegen das Böse versinnbildlichen. Bei diesen Tänzen werden auch Schwerter benutzt, die symbolisch die Dämonen am Übertritt ins neue Jahr hindern, während Knallkörper sie vertreiben sollen.

Die Bevölkerung der meisten Regionen leistet ihren Beitrag, indem sie vor ihren Hausaltären Zeremonien abhält und den Platz vor ihren Häusern mit heiligen tibetischen Schriftzeichen und Symbolen wie der Swastika, den acht Glück bringenden Zeichen oder mit Muscheln schmückt.

Die Familienmitglieder werden neu eingekleidet, die Häuser einer Grundreinigung unterzogen, neue Gebetsfahnen aufgehängt, Butter wird für die Öllampen im Tempel gespendet und für den Silvesterabend wird ein Festmahl vorbereitet. Durch all dies werden die negativen Kräfte des alten Jahres beseitigt.

Das Festmahl am Vorabend des Neujahrsfestes muss nicht unbedingt reichhaltig sein, aber in jedem Falle gehören die Orakelsuppe (Guthuk) und Momos dazu. Guthuk heißt eigentlich „Neunersuppe"und besteht aus neun Zutaten wie Fleisch, Gemüse, Teigtaschen und Käse. In den Teigtaschen sind kleine Gegenstände aus neun verschiedenen Materialien versteckt, die den Charakter desjenigen zeigen sollen, in dessen Schale sie landen. So steht ein Stück Wolle für eine faule Person, Chili für Scharfzüngigkeit oder ein Wacholderzweig für einen guten Charakter. Das Ganze entspricht also ein wenig unserem Bleigießen.

In den Momos werden Geldstücke oder Lose mit guten Wünschen für das neue Jahr versteckt. Am Morgen des Neujahrstages werden Verwandte besucht, oder man trifft sich zur tibetischen Oper, allen voran „König Gesar", es werden Katas ausgetauscht und insgesamt Unmengen an Buttertee, Chang oder Schnaps konsumiert.

Monlam

Das Gelugpa Monlam Chenmo (Großes Gebet für den Frieden) wurde 1409 von Tsongkhapa in Lhasa eingeführt. Es dauert offiziell vom 4. bis zum 25. Tag des ersten Monats. Ihren Ursprung haben einige der Zeremonien in exorzistischen Bräuchen zum Jahreswechsel. Unter Tsongkhapa bekamen die überlieferten Rituale eine neue Symbolik. Zu jener Zeit lebten die Menschen in einer Ära des Niedergangs und der Schwächung der Lehre Buddhas. Das Gebetsfest sollte den Niedergang abwenden und ein neues Zeitalter einläuten, in dem Buddha Maitreya, der zukünftige Buddha, in die Welt kommen würde, um die Lehre neu zu verkünden.

Die Zeremonien sollten Kriege, Seuchen und Hungersnöte verhindern und gute Ernten, den Frieden und das Wohlergehen der Gemeinschaft sichern. Zusätzlich verteilte die Regierung im Auftrag des Dalai Lama an die anwesenden Mönche Heilkräuter gegen Krankheiten, Nahrungsmittel und Geld gegen Hungersnöte. Damit vor dem Jokhang genügend Platz für die vielen Mönche aus den Klöstern Ganden, Drepung, Sera und den beiden tantrischen Fakultäten war, ließ Tsongkhapa eigens einen großen Versammlungshof an den Jokhang anfügen. Dreimal täglich bevölkerten bis zu 25 000 Mönche den Jokhang und den Platz davor, um die Gebetszeremonien abzuhalten. Traditionell durften Pilger ihre Anliegen auf Papierstreifen an die Klostervorsteher übergeben. Die Anliegen wurden vorgelesen und in die Gebete eingeschlossen.

Ganz wichtig waren die Debatten der qualifiziertesten Mönche während des Monlam-Festes. Die Kandidaten, die ein bis zu 20 Jahre dauerndes Studium hinter sich hatten, mussten sich über einen Redewettstreit in ihren Klöstern für die Teilnahme an den Debatten qualifizieren. Während der Monlam-Disputationen mussten sie sich dann gegen die gelehrtesten Mönche der großen Gelugpa-Klöster behaupten. Die sechzehn besten Teilnehmer erhielten den Titel des Lharampa-Geshe und konnten in die höchsten Ränge der geistlichen Hierarchie aufsteigen. Die Geshe-Prüfungen in Tibet wurden 1959 eingestellt und erst mit dem Monlam-Fest 1986 wieder eingeführt. Nach 1988 wurden sie erneut eingestellt und erst 2005 wieder erlaubt. Das erklärt auch den großen Mangel an hohen Gelehrten der Gelugpa (Gelbmützenschule) innerhalb der Autonomen Region Tibets.

Ein weiterer Höhepunkt und gleichzeitig der Abschluss des Monlam-Festes ist die Prozession mit der Maitreya-Statue aus dem Jokhang um den Barkor. Danach kehren die Mönche in ihre Klöster zurück. In seiner traditionellen Form wird das Monlam-Fest nur noch in Kham und Amdo und hier vor allem in den Klöstern Labrang und Kumbum gefeiert. Allerdings werden die Feierlichkeiten aus wirtschaftlichen Gründen auf drei Tage konzentriert, und zwar finden am ersten Tag die Thankazeremonien, am 2. Tag die Cham-Tänze und am 3. Tag die Maitreya-Prozessionen statt.

Saga Dawa

Das Saga Dawa-Fest (Saga Dawa Düchen) ist neben Chotrul Düchen, Chökhor Düchen und Lhabab Düchen das vielleicht wichtigste und heiligste dieser vier großen buddhistischen Feste. Es findet am 15. Tag des 4. Monats statt. Gefeiert werden Geburt, Erleuchtung und Tod von Buddha Shakyamuni. Die Bezeichnung Saga Dawa kommt von „Sakya-Monat", und oft beginnen die Mönche schon zu Beginn des Monats verstärkt zu beten und heilige Stätten zu umrunden. Ein Hintergrund dieses religiösen Engagements ist, dass jede gute Tat an diesem Tag doppelt zählt und jedes Vergehen natürlich auch. Es gibt sogar die Auffassung, dass gute Taten oder Vergehen an diesem Tag 100-millonenfach zählen. Entsprechend sind die Pilger gegenüber den Mönchen und Bettlern zum Saga Dawa natürlich besonders großzügig, was stets eine große Zahl von Bettlern anzieht.

Früher wurden zum Saga Dawa viele Verurteilte amnestiert, gefangene Tiere freigelassen und sonstiges Gutes getan. Anschließend traf man sich festlich gekleidet zum Picknick. Heute umrunden zahllose Pilger den Lingkhor und den Barkor, und es gibt Opernvorführungen. Die meisten Klöster haben ihre eigenen Saga-Dawa-Festlichkeiten, aber am interessantesten sind die Zeremonien sicherlich in Tarboche am Kailash. Zu dem festlichen Anlass pilgern tausende Tibeter aus allen Teilen des Landes zu ihrem heiligsten Berg, um das Aufstellen eines riesigen Gebetsfahnenmastes zu beobachten.

Der Brauch, diesen Mast jedes Jahr aufzustellen, geht bereits auf vorbuddhistische Zeiten zurück, als der durch einen Pfahl dargestellte Weltenbaum im Weltbild der Schamanen Himmel, Erde und Unterwelt verband. Auch in den tibetischen Zelten wird die rückwärtige Stütze noch immer als heiliger Pfahl bezeichnet. Die buddhistische Vorstellung vom heiligen Berg Meru, der Achse der Welt, löste die Vorstellung vom Weltenbaum zwar ab, aber am Kailash sind beide Vorstellungen lebendig geblieben.

Fotografieren

Papierfilme werden in Tibet in Lhasa und Shigatse verkauft. Anderswo kann der Nachschub schwierig werden. Wer Dias macht, sollte sich schon zu Hause reichlich eindecken, denn Diafilme können in Tibet nicht erworben werden. Speicherchips und Ersatzbatterien bekommt man in Lhasa und teilweise auch in Shigatse und Tsethang. Allerdings sind sie meist sehr teuer und nicht immer vorrätig. In Lhasa kann man seine Digitalbilder auf CDs brennen lassen und so die Chips wieder für neue Bilder freibekommen.

Fast alle Museen und Tempel verbieten das Fotografieren oder Filmen in den Hallen. Wer dennoch Fotos machen will, muss an der Kasse eine meistens sehr teure Erlaubnis erwerben. Manchmal gilt diese für das ganze Kloster, manchmal muss man aber auch pro Halle bezahlen. Die Kosten für so eine Fotografiererlaubnis liegen in der Regel um ¥70 für eine Halle. Wer filmen möchte, zahlt um die ¥700 oder mehr.

Strengstens verboten ist es, sich den tibetischen Beerdigungsritualen zu nähern. Fotografierwütige Touristen, die ohne jeden Anstand mit Teleobjektiven auch noch den letzten Zentimeter der Toten ablichten wollten, haben dafür gesorgt, dass eine feindselige Stimmung gegen ausländische Beobachter entstanden ist. Einige Ausländer wurden dabei durch Steinwürfe schwer verletzt. Wer also zufällig oder geplant auf eine Himmelsbestattung (s. S. 191) stößt, sollte den Fotoapparat schon aus Pietätsgründen wegpacken.

Verboten ist schließlich auch noch das Fotografieren von militärischen Einrichtungen.

Frauen unterwegs

Tibet ist für Frauen ein ausgesprochen sicheres Reiseland und in den muslimischen Gebieten oder Stadtteilen kommt es sehr selten zu sexuellen Belästigungen. Dennoch ist es in der Vergangenheit vor allem in überfüllten Bussen oder auch beim Trampen mit LKWs zu Anmache oder Grabschereien durch tibetische Männer gekommen. Tibetische Frauen lieben es zwar, sich aufwändig zu schmücken, aber sie kleiden sich eher unauffällig und bedecken alle Körperteile. Wer sich daran orientiert, keine kurzen Shorts oder knappe Oberteile trägt, wird auch nicht die falschen Signale aussenden. Angemessene Kleidung wird vor allem auch beim Besuch der Klöster erwartet. In einigen Klöstern dürfen Frauen nicht den Gönkhang (die Kapelle der Schutzgottheiten) betreten, da befürchtet wird, dass sie die mächtigen Schutzgottheiten erzürnen könnten.

Im Umgang mit fremden Frauen sind tibetische und chinesische Männer meist ausgesprochen rücksichtsvoll und höflich. Werden Frauen von einem Mann begleitet, können Chinesen allerdings sehr ignorant sein. Die meisten gehen schlicht davon aus, dass die männliche Begleitung der Entscheidungsträger ist, und werden deshalb nur diese ansprechen.

Geld

Währung

Die chinesische Währung heißt Renminbi (Volkswährung) und wird RMB abgekürzt. Die Unterteilung ist wie folgt: 1 Yuan (¥), meist Kuai genannt, entspricht 10 Jiao; 1 Jiao, meist Mao gesprochen, entspricht 10 Fen, und 1 Fen ist die kleinste Einheit.

Es gibt 1-, 2-, 5-, 10-, 50-, und 100-Yuan-Scheine, 1,- 2- und 5-Jiao-Scheine, 1-, 2- und 5-Fen-Scheine sowie 1-Yuan-Münzen, 1-, 2- und 5-Jiao-Münzen und 1-, 2- und 5-Fen-Münzen. Die 1- und 2-Fen-Scheine werden immer seltener und sind schon fast eine Rarität.

Wechsel von Bargeld und Reiseschecks

Reiseschecks und Bargeld werden von der Bank of China zu festen Kursen getauscht. Der Kurs ist überall gleich, sodass man in China bei den Schaltern der großen Hotels (meist nur für Gäste) oder auch schon am Flughafen tauschen kann. Einige Hotels berechnen für den Umtausch eine Kommission. In Tibet muss man zum Wechseln die Filialen der **Bank of China** aufsuchen. Der Geldwechsel ist nur in Lhasa, Shigatse, Tsethang, Ali und am Flughafen von Lhasa möglich, weshalb man immer genügend Bargeld bei sich tragen muss. Auf dem Land können die ¥50- und ¥100-Scheine oft nicht gewechselt werden. Vor der Reise in entlegenere Gebiete sollte man daher die großen Scheine bei einer Bank in kleinere Stückelungen umtauschen.

Gegen Vorlage der letzten Wechselbelege kann man überschüssige Yuan an Chinas internationalen Flughäfen zu einem allerdings schlechten Kurs zurückwechseln. Wer über Zhangmu ausreist, kann seine Yuan dort bei den Moneychangern in nepalesische Rupien tauschen.

Wechselkurse

1 €	=	¥11,06	¥1	=	0,09 €
1 sFr	=	¥6,99	¥1	=	0,14 sFr

Tagesaktuelle Wechselkurse findet man im Internet z. B. unter 💻 www.oanda.com.

Geld- und Kreditkarten

Kreditkarten sind zum Bezahlen in Tibet wertlos, wenn man nicht gerade im Four Points by Sheraton absteigt. In allen chinesischen Großstädten und in den großen Orten Tibets gibt es aber **Geldautomaten** (ATMs), an denen man mit seiner Kredit- oder EC-Karte (mit Maestro- oder Cirrus-Symbol) und Geheimzahl Bargeld bekommt. Dabei kann man in der Regel die Automaten der Bank of China, China Construction Bank und der Agricultural Bank of China nutzen. Standorte der Geldautomaten findet man unter www.maestrocard.com/wheretouse oder www.mastercard.com. Umgerechnet wird zum Briefkurs. Die Gebühr beträgt pro Transaktion nur knapp 2 €. Der Maximalbetrag kann bei der Hausbank erfragt werden.

Wer seine Geheimnummer vergessen hat, kommt mit der Kreditkarte zwar auch an Bargeld, aber nur bei der Zentrale der Bank of China in Lhasa, denn die Filialen haben keine Möglich-

Im Verlustfall

Bei Verlust oder Diebstahl der Kredit- oder EC-Karte muss man diese sofort sperren lassen. Für **deutsche Karten** gilt einheitlich folgende Sperrnummer ✆ 0049-116116.
Für **Österreich** gelten folgende Nummern: Maestro-Karte, ✆ 0043-1-2048800, MasterCard ✆ 0043-1-71701 4500, VISA ✆ 0043-1-7111 1770.
Für die **Schweiz** gelten folgende Nummern: Maestro-Karte ✆ 0041-44-2712230, Maestro-Karte/MasterCard/VISA UBS ✆ 0041-800-888601, Maestro-Karte/MasterCard/VISA Credit Suisse ✆ 0041-800-800488, MasterCard/VISA für alle anderen Banken ✆ 0041-58-9588383.

keit, die Kreditkarten zu prüfen. Verbreitet sind Visa und MasterCard. Ohne Wert waren bisher Karten von American Express. Es dürfen je nach Kreditinstitut nicht mehr als 1000–3000 € pro Monat am Schalter abgehoben werden. Meistens werden für die Barabhebung 3–5 % der Summe als Kommission verlangt.

Gepäck

Das Gepäck für eine Tibetreise muss sorgfältig und auf die geplanten Vorhaben abgestimmt, zusammengestellt werden. Entscheidend bei der Liste mitzunehmender Kleidung ist das Zwiebelschalenprinzip: Je mehr einzelne Schichten man kombinieren kann, desto besser kann man sich an die ständig wechselnden Klimabedingungen anpassen.

Die Gepäckliste auf S. 65 dient lediglich als Hilfe beim Packen. Sie ist jedoch keineswegs vollständig und kann nach individuellen Bedürfnissen ergänzt oder gekürzt werden.

Ausrüstung für Trekkingtouren

Für Trekkingtouren in der Regenzeit oder durch die feuchten Wälder Osttibets haben sich **Dschungelboots** aus Armeebeständen bewährt, die man in einigen Geschäften in Chengdu bekommt. Wer Schuhgrößen ab 45 benötigt, sollte sich die Schuhe auf alle Fälle schon daheim besorgen. Solche Größen sind in China und Tibet kaum zu bekommen. Grundsätzlich ist für alle Trekkingtouren ein warmer **Schlafsack** notwendig. Er sollte einen Komfortbereich von minus 15 bis plus 10 Grad abdecken. Wer im Winter durch das Hochland reist, benötigt einen Schlafsack, der einen Bereich bis minus 40 Grad abdeckt. Auch für eine normale Überlandreise lohnt ein warmer Schlafsack, weil die Bettwäsche in den einfachen Hotels so gut wie nie gewechselt wird. Daunen sind für die tiefer gelegenen Waldgebiete Osttibets und für die Regenzeit im Juli und August ungeeignet, da sie bei hoher Luftfeuchtigkeit nicht trocknen. Im Hochland sind sie aber die geeignetste Füllung, um gegen die eisige Kälte der Nacht zu schützen. Das Gepäck zusätzlich mit einem Zelt zu belasten, lohnt sich nur, wenn selbst organisierte Outdoor-Touren geplant sind. Wer eine Trekkingtour über einen Veranstalter in Tibet bucht, braucht keine besondere Ausrüstung mitzuschleppen. Die Veranstalter stellen gegen eine geringe Gebühr Zelte, Schlafsäcke, Isomatten, Kochgeschirr und alles, was sonst noch benötigt wird, zur Verfügung.

In Lhasa gibt es zahlreiche **Outdoor-Geschäfte**, bei denen man fehlende Ausrüstung kaufen kann. Die Preise sind deutlich billiger als bei uns, und man erspart sich unter Umständen die Schlepperei durch China. Viele Traveller bieten ihre nicht mehr benötigte Ausrüstung auch an den Schwarzen Brettern der Hotels in Lhasa an. Die notwendige Ausstattung für Globetrotter und Outdoor-Fans bieten Reiseausrüster auch über das Internet an:

Denart & Lechhart
www.globetrotter.de
Lauche und Maas
www.lauche-maas.de

Das „gute Stück"

Während einer Reise wird man evtl. von Einheimischen eingeladen. Handelt es sich um eine Hochzeit oder ein anderes Familienfest, wird erwartet, dass Gäste sich dem Anlass entspre-

Gepäckliste

Kleidung

- ☐ **Feste Schuhe** (für Trekking-Touren richtige Wanderschuhe)
- ☐ **Gummischuhe*** (unter Duschen Pilzgefahr!)
- ☐ **Hosen** bzw. **Röcke** aus Baumwolle, die nicht zu eng sitzen sollten.
- ☐ **Hemden** oder **Blusen**
- ☐ **T-Shirts / Polo-Shirt**
- ☐ **Jacke** (wichtig ist eine warme Jacke, am besten mit Inlay, um sich den häufig wechselnden Klimaveränderungen anpassen zu können)
- ☐ **Pullover**
- ☐ **Regen-/Windschutz** (eine leichte Jacke und Hose, z. B. aus Goretex, reicht, um sich gegen Wind und Regen zu schützen.)
- ☐ **Sonnenschutz**: Hut*/Brille (in unzerbrechlicher Box)/Sonnencreme
- ☐ **Socken** (zum Trekken warme Trekkingsocken)
- ☐ **Unterwäsche** (am besten aus einem Baumwoll-Polypropylen-Mix); für Frauen BH
- ☐ **lange Unterhose** (vor allem von Okt bis April)
- ☐ **Handschuhe** (gut sind lange Fingerhandschuhe aus schnell trocknendem Fleece oder auch Skihandschuhe)
- ☐ **Badekleidung** (falls man in heißen Quellen baden möchte)

Hygiene und Körperpflege

- ☐ **Zahnbürste**
- ☐ **Zahnpasta** in stabiler Tube
- ☐ **Shampoo**/Haarpflegemittel (die auf europäische Haare abgestimmt sind)
- ☐ **Nagelschere** und Nagelfeile
- ☐ **Rasierer** (in abgelegenen Gebieten ist ein Nassrasierer zu bevorzugen)
- ☐ **Kosmetika** und Hautpflegemittel
- ☐ **Papiertaschentücher**
- ☐ **Feuchties** (zur Hygiene unterwegs und wo es kein Wasser gibt)
- ☐ **Tampons** (ausreichend mitnehmen)
- ☐ **Toilettenpapier*** (in einfachen Hotels und auf öffentlichen Toiletten nicht vorhanden)
- ☐ **Plastiktüten** (für schmutzige Wäsche und als Nässeschutz, Nachschub vorhanden)
- ☐ **Nähzeug**

Sonstiges

- ☐ **Adapter**
- ☐ **Taschenlampe***
- ☐ **Taschenmesser** (z. B. Schweizer Messer)
- ☐ **Reiseapotheke** (s. S. 69)
- ☐ **Notizbuch*** und Stifte*
- ☐ **Adressbuch** und E-Mail-Adressen
- ☐ **Reisepass** (evtl. Internationaler Studentenausweis und Personalausweis als Notfalldokument bei Passverlust)
- ☐ **Impfpass** (oder zumindest eine Kopie davon)
- ☐ **Geld** (Bargeld/Reiseschecks/Abrechnung über Schecks/Kreditkarte)
- ☐ **Flugtickets**
- ☐ **Kopien der Dokumente** (wegen Einreisestempel erst nach Ankunft anfertigen)
- ☐ **Iso- oder Thermomatte** (wenn man vorhat zu trekken)
- ☐ **Benzin- oder Kerosinkocher*** (für Radfahrer und Trekker, die alles selber organisieren wollen. Die Kocher sollten das schlechte Benzin in Tibet verarbeiten können)
- ☐ **Reiseführer, Landkarten, Reiselektüre**
- ☐ **Handy** und Ladegerät

Wer in einfachen Unterkünften wohnen wird, braucht zudem

- ☐ **Seife***
- ☐ dünne **Handtücher***, die schnell trocknen (meist in den Hotels vorhanden)
- ☐ **Waschmittel** in der Tube
- ☐ **Plastikbürste*** (zum Reinigen von Wäsche und Schuhen)
- ☐ **tiefer Plastikteller*** (für Essen von den Märkten)
- ☐ **Tauchsieder***
- ☐ **Tasse oder Becher*** (für heiße Getränke)
- ☐ **Kordel*** (als Wäscheleine)
- ☐ **Klebeband** (um zu packen)
- ☐ **Vorhängeschloss*** (und kleine Schlösser* fürs Gepäck)
- ☐ **Schlafsack** (Leinenschlafsack, Bettbezug oder zwei dünne Tücher)

*Mit einem * gekennzeichnete Artikel können in Lhasa deutlich billiger als bei uns gekauft werden.*

Reisedokumente online sichern

Alle wichtigen Reisedokumente zu Hause einscannen und an die eigene Web-Mail-Adresse schicken, evtl. auch Geheimzahlen, Telefonnummern, Reiseschecknummern etc. So können diese im Notfall unterwegs abgerufen werden.

chend kleiden. Deshalb sollte auch ein gutes Stück im Gepäck sein, das längere Reisen unbeschadet übersteht. Bei chinesischen Festen (außer bei Begräbnissen) trägt man keine weiße, blaue oder schwarze Kleidung. Bei der Auswahl der Kleidung empfiehlt sich eine Kombination aus lässig-bequemer und gut aussehender, „ordentlicher" Kleidung. In Tibet und China beurteilt man die Menschen weit mehr als in Europa nach ihrem Äußeren. Ein schmuddeliges Outfit stößt unmerklich auf Ablehnung. Auch allzu weit ausgeschnittene und eng anliegende Kleidung wird vor allem bei Frauen als obszön angesehen.

Wäsche waschen

Die Hostels und Hotels in größeren Städten wie Lhasa und Shigatse bieten preiswerte Wäschedienste an. Hier kann man seine Wäsche aber auch problemlos selber waschen. Unterwegs sind dagegen beide Möglichkeiten selten. Wer auf einer Trekkingtour ist, sollte seine Wäsche auf keinen Fall in den Flussläufen waschen, auch nicht mit Waschmitteln, die biologisch abbaubar sind – sie sind es in der empfindlichen Natur Tibets nicht. Das Gleiche gilt natürlich auch für die Benutzung von Seife und Spülmittel. Grundsätzlich sollte man eine Schüssel benutzen und das Wasser mindestens 50 m oder weiter vom Flussbett entfernt entsorgen.

Geschenke

Es lohnt sich, das eine oder andere kleine Präsent im Gepäck zu haben. So kann man sich auf nette Weise revanchieren, wenn man eingeladen wird oder sich für eine besondere Hilfeleistung bedanken will. Empfehlenswerte Geschenke sind kleine Souvenirs aus der Heimat, noch besser aus dem Ort, aus dem man stammt. Becher, Teller, Kugelschreiber oder einfach Produkte mit Bildern oder Aufdrucken von Zuhause kommen immer gut an und schaffen einen persönlichen Bezug. Tibeter lieben Kitsch, und so dürfen es ruhig auch kitschige Souvenirs sein.

Gesundheit

Eines gleich vorweg: Wer nach Tibet reist, sollte in guter körperlicher Verfassung und, noch wichtiger, gesund sein. Nur so wird man sich an die Extrembedingungen eines Landes, das durchschnittlich über 4000 m hoch liegt, anpassen können. Lhasa ist mittlerweile eine moderne Großstadt, aber außerhalb von Lhasa sind die Verhältnisse teilweise mittelalterlich.

Grundsätzlich gilt, dass man in Tibet abseits der großen Touristenpfade nicht allein reisen sollte. Allein schon wegen der ständig präsenten Möglichkeit, höhenkrank (s. S. 321) zu werden, sollte man mindestens zu zweit sein. Höhenkranke sind nicht mehr fähig, die richtigen Entscheidungen zu treffen, und daher auf die Hilfe anderer angewiesen.

In der Regel werden weder Chinesen noch Tibeter einem im Notfall oder bei einem Unfall helfen. Dahinter steckt die Grundeinstellung, dass man gegenüber Unbekannten keine Verantwortung trägt. Außerdem hängt stets das Problem der Bezahlung in der Luft. Ist das Opfer beispielsweise bewusstlos, lässt sich nicht in Erfahrung bringen, ob es die Krankenhauskosten bezahlen kann. Dann muss unter Umständen derjenige die Kosten tragen, der das Unfallopfer gebracht hat. Das wird natürlich niemand tun, und daher lässt man das Opfer lieber liegen.

Hygiene

Hygiene ist außerhalb von Lhasa ein Fremdwort. Das gilt sowohl für die chinesischen und noch mehr für die tibetischen Verhältnisse. Wer sich für empfindlich hält, was Hygiene angeht, wird die Zustände vermutlich schockierend finden. Die Erklärungen sind vielfältig. Ein wichtiger Grund für die mangelnde Hygiene sind schlichtweg fehlende Wasserleitungen, sodass es außerhalb von Lhasa und Shigatse kaum Möglichkeiten zum Duschen gibt. Viele Gästehäuser stellen aber **heißes Wasser** in Thermoskannen zur Verfügung, die zumindest einen Kurzwaschgang ermöglichen. Ansonsten findet man unterwegs immer wieder einmal heiße Quellen oder auf den Trekkingtouren den einen oder anderen Fluss. Auch die Mitnahme von feuchten Reinigungstüchern kann hilfreich sein.

Das Wechseln von **Bettwäsche** ist selbst in besseren Hotels keine Selbstverständlichkeit. In den einfachen Unterkünften außerhalb der größeren Städte wird die Wäsche mangels Wasser eher gar nicht ausgetauscht oder gewaschen. Hier hilft nur die Mitnahme eines eigenen Schlafsacks.

Ein spezielles Kapitel sind die öffentlichen **Toiletten**. Meist handelt es sich um die eigentlich sehr praktischen und prinzipiell auch hygienischeren Hockklos. In Tibet bestehen sie allerdings aus unendlich dreckigen rechteckigen Öffnungen mit einer Sickergrube darunter. Die einzelnen Rechtecke sind vielfach nicht mit einer Trennwand versehen. Man hockt sich also in eine Reihe mit all den anderen. Für viele Reisende beginnen spätestens da die Schwierigkeiten. Dafür gibt es in nahezu jeder Straße ein öffentliches Klo (da viele der Häuser keines besitzen), das man am Geruch und an den Männlein-Weiblein-Symbolen erkennt. Toilettenpapier gehört übrigens immer mit ins Handgepäck!

Die **persönliche Hygiene** kann jeder selbst kontrollieren, und es empfiehlt sich, in dieser Beziehung äußerst penibel zu sein. Zu den Pflichten gehört regelmäßiges Händewaschen. Keinesfalls sollte man aus geteilten Gläsern trinken oder an den Zigaretten anderer Leute ziehen. Beim Duschen Gummischuhe oder Bade-Sandaletten tragen, die in den meisten Hotels kostenlos ausliegen (oft unter dem Bett). Da selbst kleinste Schnittwunden zu üblen Infektionen führen können, müssen sie sorgfältig gereinigt, mit einer antiseptischen Salbe behandelt und anschließend verbunden und trocken gehalten werden.

Essen sollte man prinzipiell nur in gut besuchten und sauberen Lokalen, die frische Lebensmittel in der Auslage haben und diese unter hoher Hitze zubereiten. Selbst in sehr einfachen Einrichtungen sind dabei kaum Probleme zu erwarten. Vorsicht geboten ist hingegen bei vorgekochten Speisen, die mehrere Stunden lang warm gehalten werden. Schalentiere bilden überall in Asien ein potenzielles Risiko für Hepatitis A und sollten deshalb gemieden werden. Eigenhändig geschältes frisches Obst sollte keine Probleme bereiten, aufgetragene ungekochte Nahrungsmittel könnten dagegen mit unsauberem Wasser gewaschen worden sein. Da auch schmutzige **Ess-Stäbchen** eine Gefahrenquelle sind, liegen in den meisten Restaurants inzwischen Einweg-Stäbchen aus.

Tropenmedizinische Institute

Berlin, Spandauer Damm 130, Haus 10, 14050 Berlin, ✆ 030/301166, 💻 www.charite.de/tropenmedizin

Dresden, Friedrichstr. 39, 01067 Dresden, ✆ 0351/480 3800, 💻 www.khdf.de

Düsseldorf, Moorenstr. 5, 40225 Düsseldorf, ✆ 0211/811 7031, 💻 www.uniklinik-duesseldorf.de

Hamburg, Bernhard-Nocht-Str. 74, 20359 Hamburg, ✆ 040/428 180, 📠 4281 8400, 💻 www.bni-hamburg.de

Heidelberg, Im Neuenheimer Feld 324, 69120 Heidelberg, ✆ 06221/562905, 💻 www.tropenmedizin-heidelberg.de

Leipzig, Delitzscher Str. 141, 04129 Leipzig, ✆ 0341/909 2619, 📠 909 2629

München, Leopoldstr. 5, 80802 München, ✆ 089/2180 13500, 💻 www.tropinst.med.uni-muenchen.de

Rostock, Ernst-Heydemann-Str. 6, 18057 Rostock, ✆ 0381/4947511, 💻 www.tropen.med.uni-rostock.de

Tübingen, Keplerstr. 15, 72074 Tübingen, ✆ 07071/298 2365, 💻 www.medizin.uni-tuebingen.de/tropenmedizin

Wien, Lenaugasse 19, 1080 Wien, ✆ 01/4026 8610, 💻 www.tropeninstitut.at

Basel, Socinstr. 57, 4002 Basel, ✆ 061/284 8111, 📠 284 8101, 💻 www.sti.ch

Klinik in Chengdu

Wer in Tibet so stark erkrankt, dass er nach Chengdu ausfliegen muss, kann sich an folgende Klinik wenden:
Global Doctor Chengdu Clinic (Chengdu Zhensuo), ground floor, Kelan Bldg., Bangkok Garden Apts., Sektion 4, 21 Renmin Nanlu, ✆ 028-85226058. Hier gibt es auch eine englischsprachige 24-Stunden-Hotline und einen Flugrettungsdienst.

Wer ganz sicher gehen will, sollte ein eigenes Paar Ess-Stäbchen dabeihaben.

Gesundheitsvorsorge im Überblick

In Tibet und China sind die gesundheitlichen Risiken trotz der Horrormeldungen über Vogelgrippe und SARS relativ gering. Wer ungeschältes Obst und rohe bzw. nicht ausreichend gekochte oder gebratene Speisen meidet und sich in den tieferen Lagen Osttibets so weit wie möglich vor Mückenstichen schützt, braucht keine übertriebene Angst vor schweren Krankheiten zu haben.

Impfungen bei der Einreise aus Europa sind nicht vorgeschrieben. Sehr zu empfehlen sind die üblichen Schutzimpfungen gegen Tetanus (Wundstarrkrampf), Diphtherie, Polio, Typhus und Hepatitis A, bei Aufenthalt von mehr als drei Monaten auch gegen Hepatitis B. Bei der Einreise aus einem Gelbfieberinfektionsgebiet (Länder in West- und Zentralafrika oder bestimmte Gegenden Südamerikas) ist der Nachweis eines gültigen Gelbfieber-Impfschutzes notwendig. Manche Ärzte raten auch zum Impfschutz gegen Tollwut (s. S. 322). Bei der Einreise muss man auf einem Formular versichern, dass man an keiner ansteckenden Krankheit leidet.

Es ist ratsam, sich rechtzeitig im Voraus um einen ausreichenden Impfschutz zu kümmern, vor allem den Basisimpfschutz aufzufrischen, wenn seit der letzten Impfung mehr als zehn Jahre vergangen sind. Da die Impfungen bis zu acht Wochen vor Abflug erfolgen müssen, empfiehlt es sich, frühzeitig den Hausarzt oder ein tropenmedizinisches Institut (s. S. 67) zu konsultieren. Alle Impfungen werden in einen **Internationalen Impfausweis** eingetragen, der zu den Reiseunterlagen gehört.

Nach Berichten der Welt-Gesundheitsorganisation (WHO) gehören große Teile Chinas zu Malariagebieten (vor allem in Südchina und im Gebiet des Yangzijiang). Genauere Informationen sollten beim Tropeninstitut eingeholt werden. Eine **Malaria-Prophylaxe** kann also bei einer Anreise nach Tibet über die tropischen Gebiete Chinas angeraten sein. Wer nur in Tibet reist, benötigt keine Prophylaxe. Wichtigster Schutz, auch gegen andere Tropen- und Infektionserkrankungen, ist die Vorbeugung gegen Moskitostiche durch konsequenten **Mückenschutz** (Moskitospray, Moskitonetz, bedeckende Kleidung).

Wasser sollte man nie aus dem Hahn trinken, Mineralwasser ist überall abgefüllt in Flaschen zu kaufen.

Medikamente sind sehr preiswert und werden oft auch ohne Rezept abgegeben. Der Abschluss einer Reisekrankenversicherung mit Rückholversicherung ist dringend angeraten (s. S. 88).

Wer sich im Vorfeld über Risiken erkundigen möchte, kann sich im Internet unter 💻 www.crm.de/ und 💻 www.die-reise-medizin.de informieren oder sich an ein Tropeninstitut wenden. Eine Übersicht über Gesundheitsrisiken findet sich im Anhang unter „Reisemedizin zum Nachschlagen" (s. S. 319).

Medizinische Versorgung

Die ärztliche Versorgung in Krankenhäusern und Praxen in den Städten Tibets ist außer in Lhasa dürftig und in ländlichen Regionen schlecht. Wer ein **Krankenhaus** aufsucht, muss den Rechnungsbetrag grundsätzlich bar bezahlen, ohne Bezahlung wird man nicht behandelt. Wer die Notfallabteilung für Ausländer im People's Hospital in Lhasa aufsucht, sollte auf jeden Fall im Voraus nach den Kosten fragen, um genügend Geld organisieren zu können. Wer ernsthaft erkrankt, sollte ohne weitere Umschweife nach Chengdu oder Kathmandu ausfliegen, wo es jeweils Kliniken mit internationalem Standard gibt.

Vorschlag für eine Reiseapotheke

Basisausstattung

- ☐ Verbandzeug (Heftpflaster, Leukoplast, Blasenpflaster, Mullbinden, elastische Binde, sterile Kompressen, Verbandpäckchen, Dreiecktuch, Pinzette)
- ☐ Alkoholtupfer
- ☐ Desinfektionsmittel (Betaisadona Lösung, Kodan Tinktur)
- ☐ Mückenschutz (für Kinder: Zanzarin)
- ☐ Sonnenschutz mit UVA- und UVB-Filter

Schmerzen und Fieber

- ☐ Fieberthermometer
- ☐ Paracetamol, Dolormin (keine acetylsalicylsäurehaltigen Medikamente)
- ☐ Buscopan (gegen krampfartige Schmerzen)

Magen- und Darmerkrankungen

- ☐ Perentherol
- ☐ Imodium (bei Durchfall v. a. bei längeren Fahrten)
- ☐ Elotrans (zur Rückführung von Mineralien)
- ☐ Talcid, Riopan (gegen Sodbrennen)

Hauterkrankungen

- ☐ Antibiotische Salbe für infizierte oder infektionsgefährdete Wunden (Nebacetin RP)
- ☐ Mittel gegen Juckreiz nach Insektenstichen und Allergien (Soventol Gel, Azaron Stift, Fenistil Tropfen, Teldane Tabletten)
- ☐ Cortison-Creme für starken Juckreiz oder stärkere Entzündung (Soventol Hydrocortison Creme, Ebenol Creme, Systralsalbe)
- ☐ Wund- & Heilsalbe (Bepanthen)
- ☐ Fungizid ratio, Canesten (bei Pilzinfektionen)
- ☐ Augentropfen bei Bindehautentzündungen (Berberil, Yxin)

Reisekrankheit

- ☐ Superpep Kaugummis, Vomex

Bitte bei den Medikamenten Gegenanzeigen und Wechselwirkungen beachten und sich vom Arzt oder Apotheker beraten lassen. (rezeptpflichtig in Deutschland).*

Hat man sich für ein Krankenhaus entschieden, gilt es, im Eingangsbereich die Anmeldung zu finden. Sie sieht normalerweise aus wie ein Ticketschalter am Bahnhof. Hier muss man ein Formular ausfüllen (Name, Adresse, Kontakttelefon, Nationalität). Hat man diese Hürde überwunden, wird die Anmeldungsgebühr fällig. Im rein chinesischen Krankenhaus sind das meist nur wenige Yuan. Man bekommt dann ein Behandlungsheftchen ausgehändigt. Dieses zeigt man einer Krankenschwester, die einen dann hoffentlich zum richtigen Behandlungszimmer führt.

Sitzt man dann beim **Arzt**, heißt es, mit Händen und Füßen sowie einem Lexikon zu erklären, was man hat. Oft findet sich aber auch jemand, der einem beim Übersetzen helfen kann. Normalerweise wird man nicht sonderlich gründlich – wenn überhaupt – untersucht, sondern der Arzt fragt, und man sollte möglichst präzise Antworten geben können. Am einfachsten ist es, wenn man eine halbwegs passende Selbstdiagnose stellen kann und möglichst viele Symptome seiner Krankheit von sich aus erwähnt. Auf dieser Grundlage stellt der Arzt die Diagnose und verschreibt die Medizin. Um sie zu bekommen, muss man an der Hauptkasse das Rezept und die Medikamente bezahlen und kann sie am Apothekenfenster gleich abholen.

In den größeren Orten gibt es **Apotheken** mit westlichen, chinesischen und tibetischen Medikamenten. Wer keine speziellen Medikamente benötigt, braucht also nichts mitzunehmen. Allerdings sind die Beipackzettel oft nur auf Chinesisch, weshalb man sich die Dosierung bereits in der Apotheke erklären lassen sollte.

Informationen

Es gibt eine Menge Möglichkeiten, sich im Vorfeld über Tibet zu informieren, und man sollte sie nutzen, um sich optimal auf einen Aufenthalt vorzubereiten. Neben vielen europäischen oder amerikanischen Websites finden sich auch englischsprachige Websites chinesischer und tibetischer Reiseveranstalter. Ob privat oder staatlich oder eine Mischung aus beidem, allen ist gemeinsam, dass sie trotz aller Restriktionen natürlich Geld verdienen wollen und müssen. Die Websites dieser Veranstalter sind nicht selten sehr fundiert und ausführlich und man findet zuweilen sogar detaillierte Informationen zur aktuellen Reisesituation in Tibet, zur Umgehung von Permit-Restriktionen auf dem Weg nach Tibet und vieles andere. Ein Blick auf die Seiten lohnt also allemal. Aufgrund der Fülle an Websites können hier nur einige genannt werden.

Fremdenverkehrsämter

Das **China Tibet Information Center**, 3/F A2 Building BLK 8, 305 Guang'anmenwai Dajie, Xuanwu District, Beijing, ✆ 0086-10-58336057, 💻 http://eng.tibet.cn, bietet Nachrichten, Reiseinfos, Kultur und vieles mehr aus chinesischer Sicht. Nimmt man einmal die Propaganda aus, findet man viele brauchbare Informationen.

Das **Fremdenverkehrsamt der VR China** hat oberflächliche Infos zu Tibet und viele bunte Broschüren. Zuständig für Deutschland und Österreich: Ilkenhansstr. 6, 60433 Frankfurt/M., ✆ 069-520135, 📠 528490, 💻 www.china-tourism.de; zuständig für die Schweiz: Genferstr. 21, 8002 Zürich, ✆ 01-2018877, 📠 2018878.

Infos im Netz

Allgemeines

Dr. Matthew Ciolek, 💻 www.ciolek.com, ein Australier polnischer Abstammung, bietet auf seiner Homepage eine umfangreiche Linksammlung zu allem, was man über Tibet wissen möchte.

Tibetfocus, 💻 www.tibetfocus.com, die Gesellschaft Schweizerisch-Tibetische Freundschaft informiert über das Land, seine Kultur sowie den Dalai Lama und gibt Reisehinweise. Dazu werden viele Fotos präsentiert.

Tibetinfonet, 💻 www.tibetinfonet.net, liefert Beiträge zum besseren Verständnis der sozialen, politischen, kulturellen und ökologischen Probleme Tibets. Alle 14 Tage gibt es den Tibet News Digest mit den neuesten Infos zu Tibet.

Tibet Online, 💻 www.tibet.org, hat eine umfangreiche Linksammlung zu anderen Tibetseiten im Internet und viele eigene Artikel zu allen möglichen Aspekten Tibets.

Tibet Travel Expert, 💻 www.tibet-tour.com, dahinter steckt die Shanghai Odyssey Travel Co. in Shanghai. Auf der Website werden aber auch viele gut aufgearbeitete Artikel zu Kultur, Geografie usw. geboten.

Tibetergemeinschaft in der Schweiz und Liechtenstein, 💻 www.tibetswiss.com, informative Website der in der Schweiz und in Liechtenstein lebenden Tibeter.

Politik

Australia Tibet Council, 💻 www.atc.org.au, liefert nicht nur gute Berichte über Politik, sondern auch viele Tipps zum Reisen in Tibet.

Exilregierung der Tibeter in Dharamsala, 💻 www.tibet.com, die Website bietet neben aktuellen Infos zur Politik viele weitere Hintergrundinfos zu Tibet.

International Campaign for Tibet Deutschland e.V., 💻 www.savetibet.org, Savetibet ist eine international agierende Organisation, die Aktionen, Infos und Kampagnen zur Unterstützung Tibets organisiert.

Tibet Café, 💻 www.tibet-cafe.net, Internetportal für Tibeter und alle Tibet-Interessierten mit deutschen und englischen Infos zur politischen Lage.

Tibet Initiative Deutschland, 💻 www.tibet-initiative.de, gibt regelmäßig Infoblätter zur politischen Situation heraus und organisiert Aktionen, um das Schicksal Tibets ins Bewusstsein einer breiten Öffentlichkeit zu bringen.

Religion und Kultur

Deutsche Buddhistische Union, 💻 www.dharma.de, der Dachverband der deutschen Buddhisten bietet Infos zum Buddhismus allgemein, aber auch Links zu allen Vereinigungen tibetischer buddhistischer Schulen.

Tibetisches Zentrum e.V., 💻 www.tibet.de, das Tibetische Zentrum Hamburg vermittelt in Seminaren, Studienkursen und Meditationsklausuren den tibetischen Buddhismus. Außerdem gibt es die überaus informative Zeitschrift *Tibet und Buddhismus* heraus.

Karma Kagyü Gemeinschaft Deutschland, www.karma-kagyu-verein.de, betreibt mit dem Kloster Langenfeld in der Eifel ein eigenes buddhistisches Zentrum und informiert auf der Website über Aktivitäten und Hintergründe zu dieser Richtung des Buddhismus.

Klösterliches Tibet-Institut Rikon, www.tibet-institut.ch, ist zum einen ein buddhistisches Kloster mit einer Mönchsgemeinschaft, hat sich aber auch zum Ziel gesetzt, nachfolgenden Tibeter-Generationen und westlichen Interessierten Kultur und Religion zu vermitteln.

Tibetische Medizin, www.medecinetibet.org, hier bekommt man einen ersten Überblick über die tibetische Medizin.

Reiseplanung

Extremtouren, www.changtang.de, auf der Website des Extremsportlers Frank Kauper, der 1997 als Erster das Changtang zu Fuß durchquert hat, bekommt man zahllose Tipps zur Organisation und Vorbereitung einer Extremtour nach Tibet. Zusätzlich gibt es viele Links zu anderen Abenteurern, die ebenfalls außergewöhnliche Trips durch Tibet realisiert haben und diese auf ihren Websites beschreiben.

Tibetan Connections, http://kekexili.typepad.com, Blog eines Reiseveranstalters in Xining mit Infos zu den Permits und zur Überland-Anreise nach Tibet.

Tibet Overland, www.tibetoverland.com, auf dieser Seite bekommen Individualreisende viele Tipps zur Durchführung von Radreisen durch Tibet.

Tibet Travel Service and Tour Operator, www.tibettravel.info, Website des Reiseveranstalters China Highlight Travel Service mit vielen Hintergrundinfos zu Tibet.

Westtibet, www.passages.org.uk, auf dieser Seite finden sich detaillierte Informationen zur Reiseplanung einer Tour von Kashgar nach Lhasa.

Veloreisen, www.betzgi.ch, der Extremradler Beat Heim beschreibt auf seiner Website unter anderem seine Transhimalayatour und Fahrradreise um den Kailash.

Landkarten

Eine erste und gute Quelle für Landkarten ist die **Website** www.tibetmap.com. Hier gibt es historische Karten, Pläne von Klöstern, Regionalkarten und vieles mehr zum Herunterladen. Eine sehr gute **Tibetkarte** ist im Reise Know-How-Verlag erschienen. In ihr sind auch viele Klöster und Sehenswürdigkeiten eingetragen. Ein großer Vorteil ist, dass die verschiedenen Transkriptionen für tibetische Orte aufgeführt sind und, wenn auch nicht durchgehend, teilweise die tibetischen Zeichen. Noch besser ist die Karte Himalaya-Tibet von Gecko Maps, www.gecko-maps.com, in der sogar die verschiedenen Festivalorte gelistet sind.

In Lhasa selbst bekommt man gute zweisprachige (englisch-chinesische) **Stadtpläne** und weniger gute touristische Tibetpläne, auf denen man aber zumindest einen ersten Überblick bekommt. Bei Xinhua in Lhasa gibt es den sehr detaillierten **Straßenatlas** Xizang Zizhiqu Dituce (Atlas der Autonomen Region Tibet) aus dem Chengdu Ditu Chubanshe (Chengdu-Kartenverlag). Er listet selbst entlegene Klöster und kleinste Straßen, ist aber ausschließlich auf Chinesisch beschriftet.

Internet

Zwar werden viele für nicht genehm gehaltene Seiten in China blockiert und der E-Mail-Verkehr wird sicherlich auch überwacht, aber in aller Regel funktioniert das Internet in Tibet einwandfrei. Selbst die Online-Ausgabe des *Spiegel* war bislang unzensiert zu öffnen.

Internet-Cafés

Das Internet hat auch in Tibet Einzug gehalten und ist in den großen Orten das ideale Medium, sich aktuell über Reisebedingungen, Wetter, Mitfahrgelegenheiten usw. zu informieren. In Lhasa kommen die meisten Grüppchen, die sich zum Erreichen bestimmter Ziele wie des Mt. Everest Basecamp oder des Kailash bilden, via Internet und E-Mail zusammen. Ein Forum für Traveller ist über 💻 www.stefan-loose.de zu erreichen.

Internet-Cafés sind in Lhasa, Shigatse, Tsethang, Ali und Chamdo verbreitet. Meist fungieren sie offiziell als Videospielzentrum. Auch die Büros der China Telecom bieten Internet an. Für den Online-Zugang zahlt man meist ¥5 pro Stunde. Auch viele Jugendherbergen und Hostels stellen ihren Gästen einen kostengünstigen Internetzugang zur Verfügung. Allerdings erfolgt der Seitenaufbau meist quälend langsam. Die meisten Hostels staffeln die Preise von ¥2 für 15 Minuten bis zu ¥5 für eine Stunde. Gerade in Lhasa gibt es aber auch viele Hostels und Cafés, die ihren Gästen, sofern sie einen eigenen Laptop haben, kostenloses WiFi ermöglichen.

Die „Business Center" der besseren Hotels berechnen nicht selten ¥20–30 und mehr pro Stunde. Unter 💻 www.worldofinternetcafes.de findet man Auflistungen von Internet-Cafés in aller Welt.

E-Mail und Skype

Am einfachsten und billigsten ist die Kommunikation via E-Mail. Viele Provider machen es möglich, die **eigene E-Mail-Adresse** über das Web abzurufen. Man sollte das vor der Abreise ausprobieren und sich die erforderlichen Angaben notieren (Kennwort).

Wer diese Möglichkeit nicht hat, kann auf **Webmail** zurückgreifen: Auf vielen Internet-Seiten, darunter Yahoo, 💻 www.yahoo.com, Web.de, 💻 www.web.de, oder Hotmail, 💻 www.hotmail.com, kann man sich eine kostenlose Webmail-Adresse einrichten, auf die ebenfalls unterwegs von jedem Internet-Café zugegriffen werden kann. Es empfiehlt sich, vor der Reise einmal die Homepage des Anbieters anzuklicken. Viele Grafiken und Werbebanner wirken sich erheblich auf die Übertragungszeit aus. Auch muss man sein Account bei einigen Anbietern mit einem Code aktivieren, der erst ein bis zwei Wochen nach der Anmeldung versandt wird.

Wer mit **Laptop** reist, braucht theoretisch nur einen Telefonanschluss und ein Modem, um online zu gehen. Auf der Website 💻 www.kropla.com findet man nützliche Infos zu Providern (lokal, global und Roaming), außerdem eine Auflistung aller Landesvorwahlen und Angaben über die jeweiligen elektrischen Systeme. Wer **HotSpots** für Laptops mit WLAN sucht, wird sicher auf 💻 www.hotspot-locations.com oder 💻 www.wifinder.com fündig.

Einige Internet-Cafés in Lhasa bieten die Möglichkeit des Telefonierens via Internet mit Skype. Wer einen eigenen Laptop dabei hat, sollte sich dieses Programm unter 💻 www.skype.de herunterladen. Es ist kostenlos und ermöglicht das gebührenfreie Telefonieren mit anderen Skype-Teilnehmern. Auch der Anruf ins Festnetz ist nicht teuer, allerdings muss man dann im Voraus Geld auf sein Skype-Benutzerkonto einzahlen. Wichtig ist es, das Headset nicht zu vergessen, wenn der Computer nicht mit einem Mikrofon ausgestattet ist oder wenn man nicht möchte, dass andere die Gespräche via Lautsprecher mithören.

Kinder

Die **Anreise** per Flugzeug und die damit verbundene Zeitverschiebung ist immer beschwerlich, muss jedoch nicht zum Stress werden. Am lästigsten sind die Wartezeiten auf den Flughäfen. Man kann sie allerdings sehr gut nutzen, um sich und die Kinder in den überall vorhandenen Wasch- bzw. Mutter-und-Kind-Räumen in Ruhe zu waschen, die Zähne zu putzen und die Kleidung zu wechseln, was in den beengten Flugzeugtoiletten nur mit Mühe zu bewerkstelligen ist.

Eine Rückentrage für die Kleinsten hat sich bestens bewährt, man kann sie notfalls auch im Flugzeug aufstellen und dem Kind somit ein Minimum an Bewegungsfreiheit geben. Ein Krabbelkind 10–12 Stunden auf dem Schoß zu halten, geht über die Kräfte eines einzelnen Menschen. Gerade als allein reisendes Elternteil sollte man sich nicht scheuen, Mitreisende und Flugpersonal um Hilfe zu bitten. In jedem Fall empfiehlt sich eine Ausrüstung mit Windeln, Babynahrung und Wechselwäsche wie für eine Dreitagereise, denn für einen unvorhergesehenen Aufenthalt sollte man immer gewappnet sein.

Für die ersten Nächte **nach der Ankunft** braucht man ein gutes, möglichst ruhiges Hotel, in dem sich niemand übermäßig durch ein weinendes oder aufgedrehtes Kind gestört fühlt. Auch die Eltern brauchen gute Nerven und eine gute Konstitution, um den Jetlag zu überwinden. Ältere und reisegewohnte Kinder kommen mit der Umstellung eher zurecht, dennoch sollte man auf großartige Unternehmungen gleich nach der Ankunft tunlichst verzichten. Für die Nacht muss unbedingt etwas zu essen und zu trinken bereitgehalten werden.

Keine übertriebene Angst vor Schmutz, Krankheiten und fremder Sprache! Kinder haben normalerweise gute Abwehrkräfte, finden leicht Anschluss und regeln viele Sachen nonverbal. Sie verstehen sehr schnell die Notwendigkeit, sich öfter als gewohnt die Hände zu waschen, kein Wasser aus der Wasserleitung zu trinken etc. Man sollte das Kind vor der Reise gründlich untersuchen lassen und darauf achten, dass es alle erforderlichen Impfungen – einschließlich gegen Kinderkrankheiten – besitzt. Mit einem Säugling nach Tibet zu fahren, ist wenig ratsam, da hier die Luft- und Temperaturbedingungen einfach zu extrem sind.

Natürlich bringt das Reisen mit Kind auch **Nachteile**. Es ist auf jeden Fall teurer, denn das Übernachten unter freiem Himmel oder die Benutzung einer glitschigen Gemeinschaftsdusche sind mit Kindern kein Vergnügen. Folglich wird man mehr auf Mittelklasse-Unterkünfte zurückgreifen.

Mit Kindern lassen sich keine Mammut-Touren unternehmen, und dennoch muss mehr Geld für 1. Klasse-Busse oder Flüge ausgegeben werden. Kinder reisen in China und Tibet allerdings bis zu einer Größe von 1 m und mancherorts bis 1,20 m in **Zügen und Bussen** kostenfrei. Danach zahlen sie den vollen Preis. Bei jeder noch so kurzen Fahrt sollte man etwas Proviant und zumindest ein Kinder-T-Shirt zum Wechseln im Handgepäck haben. Erwachsene können warten, bis irgendwann angehalten wird, wo es etwas zu essen/trinken gibt – Kindern verdirbt eine unfreiwillige Hungerkur oder Durststrecke nachhaltig die Lust am Reisen. Auf längeren Strecken muss man auch erhebliche Temperaturunterschiede einkalkulieren und mit entsprechenden Kleidungsstücken vorsorgen.

Wer mit einem Säugling reist, sollte bedenken, dass **Babynahrung und Wegwerfwindeln** in Tibet nicht zu bekommen sind. Man kann zur Not aber auf die chinesischen Schlitzhosen, die überall erhältlich sind, zurückgreifen.

Das **Essen** macht Kindern meist großen Spaß, sie dürfen mit Stäbchen hantieren und lernen das auch schnell. Vor allem macht es ihnen Freude, aus der Mitte von den vielen Tellern zu nehmen.

Sehr wichtig ist die Einbeziehung der Kinder in die **Vorbereitung** der Reise. Kinder möchten am Planen oder Kofferpacken teilnehmen und ihre Wünsche sollten im Rahmen des Möglichen berücksichtigt werden. Es ist auch hilfreich, darüber zu sprechen, was es in Tibet zu sehen und zu erleben gibt.

Tibet bietet für Kids unglaublich viele spannende Dinge wie kleine Klettertouren, Spielen in den Sanddünen oder Wanderungen entlang der Koras um die Klöster, wo es immer viel zu sehen gibt. Was Kindern allerdings ganz sicher nicht gefällt, sind endlos erscheinende Besuche von Klöstern. Sie werden diesem Programmpunkt auf Dauer nicht mehr Interesse entgegenbringen als Kir-

☒ Nicht vergessen!

- ☐ Kinderreisepass und Visum
- ☐ Impfpass
- ☐ SOS-Anhänger mit allen wichtigen Daten
- ☐ Kleidung – möglichst strapazierfähige, leichte Sachen
- ☐ Wegwerfwindeln
- ☐ Babynahrung
- ☐ Fläschchen für Säuglinge
- ☐ MP3-Player
- ☐ Spiele und Bücher
- ☐ Fotos von wichtigen Daheimgebliebenen gegen Heimweh
- ☐ Kuscheltier (muss gehütet werden wie ein Augapfel, denn ein verloren gegangener Liebling kann allen den Rest der Reise verderben – reiseerprobte Kinder beugen vor, indem sie nur das zweitliebste Kuscheltier mitnehmen)
- ☐ Sonnencreme mit hohem Lichtschutzfaktor
- ☐ Kopfbedeckung

Sicher im Flugzeug

Für Kinder über zwei Jahre muss ein eigener Sitzplatz gebucht werden, der etwas günstiger ist als für Erwachsene. Doch die Sitze sind nicht für Kinder gemacht – auch nicht der Sicherheitsgurt. Vermehrt ist es jetzt endlich möglich, einen Autokindersitz mit in den Flieger zu nehmen und die Kleinen kindgerecht anzuschnallen. 2005 erhielten Luftikid, Maxi Cosi, Römer King quikfix und Römer Baby-Safe das begehrte Prüfsiegel des TÜV für den Gebrauch im Flugzeug. Damit reisen die Kinder sicher und bequem. Auch für Babys unter zwei Jahren lohnt die Überlegung, einen Platz zu buchen: Im eigenen Sitz angeschnallt erhöht sich ihre Sicherheit um ein Vielfaches. Vor Ort bietet der Kindersitz zudem Schutz auf Autofahrten. Man kann ihn aber auch im Flughafen für die Dauer des Urlaubs in Verwahrung geben.
Leider lassen bisher noch nicht alle Gesellschaften einen solchen Sitz zu und die, die es tun, verlangen eine Voranmeldung (eine Bestätigung sollte man sich schriftlich geben lassen). Alle anderen Systeme, etwa das Festschnallen des Kindes auf dem Schoß der Eltern, sind nachweislich untauglich.

chenbesichtigungen bei uns. Als Konzession an die Moderne sollte man sich die Mitnahme eines Laptops zum Abspielen von DVDs oder für Spiele überlegen. Die Planung von Besichtigungen und Wanderungen sollte grundsätzlich immer auch die Bedürfnisse der Kinder berücksichtigen.

In den Restaurants oder in Bussen und Zügen wird man nie so etwas wie Kinderfeindlichkeit erleben; alle Angestellten oder Mitfahrer werden sich begeistert und stundenlang mit den Kleinen beschäftigen, sodass selbst lange Reisen entspannt ablaufen. Ganz nebenbei wird man dank der Kinder auch eine Menge Bekanntschaften schließen. Hauptnachteil bei aller Kinderfreundlichkeit der Tibeter und Chinesen ist für ausländische Kinder natürlich, dass sie besonders auffallen und in der Öffentlichkeit stets von einer Menschentraube umlagert sein werden. Blonde Ausländerkinder sind in Tibet natürlich ebenso eine Attraktion wie die tibetischen Sehenswürdigkeiten für westliche Besucher. Erfahrungsgemäß kommen Kinder aber gut mit dieser erhöhten Aufmerksamkeit zurecht und schon bald stört es sie kaum noch.

Viele Kinder haben noch nicht verlernt, auf ihren Körper zu hören und tun bei der **Akklimatisierung** an die Höhe automatisch das Richtige, nämlich nichts. Sie haben nicht den Drang, gleich loszurennen und einen Besichtigungsmarathon zu starten, weil man ja nur einmal im Leben nach Tibet reist. Das ist gut so, und man sollte es ihnen als Erwachsener gleichtun. Wichtig ist es, viel zu trinken. Wasser bekommt man allerorten in Flaschen. Wie für Erwachsene auch ist eine Kopfbedeckung unabdingbar, und im Winter sind warme Unterwäsche und Kleidung ein Muss, da viele Räume nur sehr unzureichend oder gar nicht beheizt werden.

Maße und Elektrizität

In Tibet wird das metrische System benutzt. Es gibt also Kilometer und Kilogramm wie bei uns.

Die Netzspannung beträgt 220 Volt. Sinnvoll ist ein Weltreise-Adapter, da in China verschiedene, u. a. die amerikanischen, Steckernormen benutzt werden. Es kann vorkommen, dass man in ein und demselben Hotel drei verschiedene Steckertypen braucht. Die neuen Mittel- und Oberklassehotels haben sich weitgehend europäischen Normen angepasst.

Medien

Wer unterwegs nicht auf Musik verzichten möchte, wird einen MP3- oder CD-Player mitnehmen müssen. Das **Radioprogramm** ist für Musikliebhaber ausgesprochen unattraktiv. Das gilt auch für das **Fernsehen**. Die großen Hotels in Tibet verfügen über Satellitenempfang, aber anders als im übrigen China bekommt man hier keine englischsprachigen Sender zu sehen. Einige der guten Hotels zeigen auf eigenen Kanälen Videofilme oder bieten den Empfang von Spielfilmsendern.

In Tibet erhält man fast ausschließlich chinesische und einige wenige tibetische **Zeitungen**.

Mit einem guten Weltempfänger ist die **Deutsche Welle** über Kurzwelle auf verschiedenen Frequenzen zu empfangen. Die aktuellen Frequenzen sind unter ! www.dw-world.de oder bei der Abt. Technische Beratung, ☏ 0228-4293208, ℻ 4293220, ✉ tb@dw-world.de, erhältlich.

Nationalparks und Reservate

Offiziell werden bislang 18 Gebiete, die rund ein Drittel der Fläche der Autonomen Region Tibet ausmachen, als Naturschutzgebiete und Nationalparks ausgewiesen. Weitere sechs Naturschutzgebiete sollen in den kommenden Jahren hinzukommen. Seit 2006 läuft ein auf 14 Jahre angelegtes Programm zum Wiederaufbau sogenannter Ökologischer Sicherheits- bzw. Pufferzonen, die die Naturschutzgebiete an ihren Rändern zusätzlich schützen sollen. Hier versucht man, Grasländer und Wälder zurückzugewinnen und die zunehmende Verwüstung einiger Regionen zu stoppen. Das Hauptproblem für die Naturschutzgebiete ist naturgemäß der Mensch: Er dringt unaufhaltsam auch in die letzten, bisher sogar für nicht besiedelbar gehaltenen Gebiete vor. Immerhin arbeitet die chinesische Regierung seit einiger Zeit mit großen Organisationen wie dem WWF, 💻 www.wwfchina.org/english/, zusammen, um die Folgen mangelnden Schutzes und des Vordringens der Menschen in die Schutzgebiete zu erforschen und entsprechende sozial verträgliche Gegenmaßnahmen zu ergreifen. Diese Kooperation erstreckt sich allerdings zunächst nur auf vier Nationalparks. Die anderen 14 Naturreservate und Nationalparks unterstehen der Aufsicht der Autonomen Region Tibet – und der fehlt schlicht das Geld und Personal für einen erfolgreichen Schutz.

Jahrhundertelang waren viele Gebiete Tibets so unwirtlich und unzugänglich, das sich in ihnen einzigartige Ökosysteme bis in die Moderne erhalten haben. Hunderttausende tibetischer Antilopen, Gazellen und Kyangs (tibetischer Wildesel) sowie Zehntausende Wildyaks und Blauschafe zogen noch bis vor 50 Jahren über die Hochebenen des Changtang, bis ab 1950 Straßen auch in den hintersten Winkel Tibets gebaut wurden, sodass Jäger selbst in bis dahin unzugängliche Gebiete vordringen konnten. In nur 50 Jahren verringerte sich die Anzahl dieser Tiere um vermutlich 90 %, und die Situation droht sich ähnlich dramatisch zu entwickeln wie seinerzeit die der Büffel in Nordamerika, deren Bestand von mehreren Millionen Tieren in kürzester Zeit nahezu ausgerottet wurde.

1985 wurden die ersten sechs **Nationalparks** eingerichtet, um zumindest die seltensten Tiere und wertvollsten Ökosysteme unter Schutz zu stellen, und zwar Metok/Medog (1999 in Great Canyon of Yarlung Tsangpo Nature Reserve umbenannt), Zayul, Pome Gang, Nyingchi Drache/Pagchi, Nyalam Dram/Zham und Kyirong Jang. 1988 folgten der Qomolangma-Nationalpark und sechs weitere Naturschutzgebiete, nämlich Changtang-Nationalpark, Markam-Tsakhalho-Nationalpark, Shantsa/Xainza-Nationalpark, Nyingchi-Tongjug-Nationalpark, Riwoche-Tramoling-Nationalpark und Lhundrup-Phanpo-Nationalpark. Später wurden noch fünf weitere Naturschutzgebiete geschaffen, und zwar Zada Tulin, Shigatse Pillow Shaped Lava Nature Reserve, Ngangring Terrestrial Heat Nature Reserve, Lhamo Nam-Tso-Nationalpark und Lhasa Nature Reserve zum Schutz der dortigen Feuchtgebiete, die kurz vor dem Exodus standen.

Die Nationalparks dürfen nur mit einem **Alien Travel Permit** und zum Teil zusätzlich mit einem Military Permit besucht werden. Da man sie nicht mit öffentlichen Verkehrsmitteln erreichen kann, muss man in der Regel in Lhasa eine Tour buchen, in der dann alle Genehmigungen enthalten sind. Die **Eintrittsgebühren** für die Parks müssen grundsätzlich vor Ort entrichtet werden. Sie liegen zwischen ¥80 für den Metok-Nationalpark und ¥180, wenn man zum Beispiel den Qomolangma-Nationalpark besucht. Wer mit einem Landrover unterwegs ist, zahlt in einigen Parks auch noch für das Fahrzeug. Am Qomolangma-Nationalpark sind das immerhin ¥400 pro Fahrzeug. Anderswo wie in Metok muss man einen Führer für ¥100 mitnehmen und auch noch eine Kaution von ¥400 hinterlegen.

Metok

Der Metok-Nationalpark gehörte zu den ersten Nationalparks in Tibet. Der Name bedeutet auf Tibetisch Blume und deutet darauf hin, dass dieses Gebiet ein echtes Königreich der Pflanzen ist. Gleichzeitig stellen die Waldgebiete das am nördlichsten gelegene intakte tropische Ökosystem dar. Außerdem hütete die Metok-Region eines der letzten geografischen Geheimnisse der Erde, und zwar den 496,3 km langen Yarlung-Tsangpo-Canyon, der an dieser Stelle den Himalaya zerschneidet.

1999 wurde der Metok-Nationalpark schließlich in **Great Canyon of Yarlung Tsangpo Nature Reserve** umbenannt, der sich de facto aus drei Nationalparks zusammensetzt, und zwar dem Nyilha Tsangpo River Valley Nature Reserve mit dem Hauptteil des Canyons, in dem nicht nur die geologischen Strukturen, sondern auch eine einzigartige Flora und Fauna geschützt werden, das Burjun Lake Nature Reserve mit seinem tropischem Regenwald, das den letzten Bengalischen Tigern Tibets als Lebensraum dient, und das Deyang Gully Nature Reserve, ein wichtiger Lebensraum der seltenen Takins. Über 3000 Pflanzenspezies wachsen in der Region – die Hälfte aller in Tibet vorkommenden Pflanzen –, und nicht zuletzt gilt Metok als das Revier des geheimnisvollen Yeti.

Changtang-Nationalpark

Der 298 000 km² große Changtang-Nationalpark, der fast den gesamten Nordwesten der Autonomen Region Tibet einnimmt, ist zusammen mit dem südlich angegliederten 18 936 km² großen **Serling Lake Nature Reserve** der größte Nationalpark Tibets und nach Grönland der zweitgrößte Nationalpark der Welt. Er dient dem Schutz der einzigartigen Steppen der tibetischen Hochebenen und der dort lebenden Fauna. Die Changtang-Region liegt auf einer durchschnittlichen Höhe von 4500 m und war bis vor 50 Jahren noch so gut wie unbesiedelt. Dafür grasten hier Hunderttausende von Huftieren, deren Bestand in den letzten Jahrzehnten dramatisch zurückgegangen ist. Um das weltweit größte noch existierende, halbwegs unberührte Ökosystem von Hochland-Grasländern zu schützen, wurden 1993 der Changtang- und der Serling-Nationalpark gegründet. Dann passierte erst einmal nichts. Noch bis 1996 wurden jährlich allein bis zu 4000 tibetische Antilopen getötet. Ab 1997 begann man schließlich mit dem WWF und anderen Organisationen zusammenzuarbeiten und Programme für einen echten Schutz umzusetzen.

Der erste Schritt war ein streng kontrolliertes Waffenverbot, und seit einigen Jahren haben zumindest die Bestände an Huftieren angefangen sich zu erholen. Das größte Problem sind nunmehr die Hirten mit ihren großen Herden, die auch weiterhin Wildtieren wie den Bären, Yaks und Schneeleoparden den Lebensraum streitig machen.

Markam-Tsakhalho-Nationalpark

Der Markam-Tsakhalho-Nationalpark umfasst eine Fläche von rund 185 000 ha und erstreckt sich auf Höhen zwischen 3500 m und 4500 m. Hauptzweck dieses im Osten der Autonomen Region südlich von Markham gelegenen Nationalparks ist der Schutz des seltenen Gold-Stumpfnasenaffens, der als schönste Affenart gepriesen wird. Nur noch 1000 Exemplare soll es von dieser Art geben und davon leben allein 600 im Nationalpark. Daneben gibt es hier noch große Primärwälder.

Qomolangma-Nationalpark

Dieses 33 800 km² große Naturschutzgebiet wurde 1988 eingerichtet und 1993 zum Nationalpark aufgewertet. Zwar befinden sich innerhalb des Schutzgebietes zwei Städte und 16 Ortschaften mit zusammen 67 000 Einwohnern, aber immerhin versucht man die Menschen in den Naturschutz mit einzubeziehen. Geschützt werden sollen neben dem faszinierenden Landschaftsbild – im Nationalpark stehen allein fünf der insgesamt 14 Achttausender – auch viele nur in dieser Region vorkommende Pflanzen und Tiere.

Öffnungszeiten

Bürozeiten sind in der Regel Mo–Fr zwischen 8–12 und 13–17 Uhr. Die Ämter für öffentliche Sicherheit, bei denen man sein Visum verlängern lassen oder Permits beantragen kann, haben oft nur von 9–11 und von 15–17 Uhr geöffnet. Läden sind jeden Tag zwischen 9 oder 10 und 21 oder 22 Uhr geöffnet. Sehenswürdigkeiten sind meist von 9–17 Uhr zugänglich. Private Restaurants öffnen in der Regel gegen 10 oder 11 Uhr und schließen zum Teil erst gegen Mitternacht. Anders die staatlichen und renommierten Lokale: Sie haben häufig nur mittags zwischen 10.30 und 14 und abends zwischen 17 und 21 Uhr geöffnet.

Post

Die chinesische Post in den größeren Orten arbeitet schnell und effizient. Briefe nach Europa dauern selbst aus Tibet oft nur 5–7 Tage. Briefmarken erhält man entweder bei den Postämtern, oft aber auch an den Rezeptionen der großen Hotels, wo man Briefe manchmal auch abgeben kann. Die **Portogebühren** variieren je nach Zielland, sind aber relativ preiswert. Luftpostbriefe nach Europa kosten bis 20 g ¥6. In den meisten Postämtern gibt es einen Express Mail Service (EMS), an dem man **Expressbriefe** ins In- und Ausland abschicken kann. Die Kosten für eine Expresssendung nach Europa beginnen bei ¥180 z. B. für eine Dokumentensendung bis 500 g. Briefumschläge bekommt man bei der Post oder in Schreibwarenabteilungen der Kaufhäuser.

Pakete ins Ausland müssen unverschlossen zum Hauptpostamt von Lhasa gebracht werden, wo der Inhalt vom Zoll kontrolliert wird. Das Personal hilft anschließend für wenige Yuan beim korrekten Verpacken. Wer Quittungen für die zu versendenden Gegenstände hat, sollte sie ebenfalls dem Paket beilegen, damit es bei möglichen späteren Kontrollen keine Probleme gibt. Bereits verschlossene Pakete werden für die Zollkontrolle geöffnet. Für den Versand dürfen nur die von der Post verkauften Verpackungen benutzt werden. Die Kosten variieren stark je nach Gewicht und Versandart. Ein über Land nach Europa befördertes Paket kostet bis 5 kg um die ¥370. Für Luftpostpakete zahlt man ab etwa ¥550 bis 5 kg.

Die meisten Hauptpostämter bieten einen **Poste-Restante-Service**. Bei Abholung ist der Ausweis vorzulegen. Auf den Sendungen müssen der Empfängername und die Zusätze: c/o Poste Restante, GPO, Name der Stadt und Name der Provinz stehen.

Permits

Zu den Tibet-Permits siehe Visa und Permits, S. 89.

Reisende mit Behinderungen

Auf behinderte Menschen ist man in China nicht gut und in Tibet gar nicht eingestellt. Wichtig ist, dass man sich rechtzeitig vor der Reise bei den Veranstaltern, Hotels und Fluggesellschaften danach erkundigt, ob sie die notwendigen Einrichtungen besitzen.

In Lhasa ist zurzeit nur das Four Points by Sheraton auf Behinderte eingestellt, während es ansonsten generell düster aussieht. Einziger Lichtblick zumindest bei den Jeeptouren ist, dass die Fahrzeuge in der Regel eine Menge Platz bieten. Züge und Busse sind nicht auf Behinderte ausgerichtet und leider gar nicht auf Rollstuhlfahrer.

Die Straßen und Bürgersteige sind oft in schlechtem Zustand, zu den Tempeln führen schlecht gepflasterte Wege und die Zugänge zu den Tempelhallen sind oft nur über steile Holzleitern zu erreichen. So hilfsbereit die Menschen in Tibet auch sind, darf man sich doch nicht darauf verlassen, dass immer eine helfende Hand zur Stelle ist. Wer gerne in Begleitung eines Nichtbehinderten reisen möchte und im Freundes- oder Familienkreis keinen passenden Partner findet, kann möglicherweise über eine der nachstehend genannten Organisationen jemanden finden. Sie geben auch Informationen über Behindertenreisen. Ebenfalls hilfreich ist die US-

Datenbank im Internet, 💻 www.access-able.com. Für blinde Reisende ist die amerikanische Organisation Braille Without Borders überaus nützlich. Infos unter 💻 www.braillewithoutborders.org/ENGLISH/index.html.

Die Nationale Koordinationsstelle **Tourismus für Alle (NatKo)**, Kirchfeldstr. 149, 40215 Düsseldorf, 📞 0211-33 68 001, 💻 www.natko.de, der acht deutsche Behindertenverbände angehören, berät Anbieter bei der Verwirklichung behindertengerechter Unterkünfte, Programme usw. und nennt Behinderten hilfreiche Adressen für die Reiseplanung, die sich auch in einer von der NatKo herausgegebenen Broschüre finden. Dem Verband gehören u. a. die folgenden Vereine an.

Bundesarbeitsgemeinschaft der Clubs Behinderter und ihrer Freunde (BAG cbf), Langenmarckweg 21, 51465 Bergisch Gladbach 📞 02202-98998-11, ✉ info@bagcbf.de, 💻 www.bagcbf.de, verschickt u. a. gegen Rückporto (auf Spendenbasis) eine Adressenliste aller bekannten Behinderten-Reiseveranstalter.

Bundesverband Selbsthilfe Körperbehinderter e.V. (BSK), Altkrautheimer Str. 20, 74238 Krautheim an der Jagst, 📞 06294-42810, 📠 428179, 💻 bsk-ev.org, hilft mit Informationen und Ratschlägen für Reisen mit Behinderung weiter und vermittelt z. B. auch Reiseassistenten für Individualreisende.

Reiseveranstalter

Außerhalb Tibets kann man in den Städten Beijing, Shanghai, Chengdu und Kunming die Anreise in die Autonome Region Tibet relativ problemlos über die meisten Jugendherbergen und Hostels organisieren. In Lhasa können einem dann eine Reihe von Reisebüros weiterhelfen. Aber Achtung: Alle versprechen viel, doch nicht alle haben einen guten Draht zum T.T.B. in Lhasa!

Da viele Regionen nur mit **Jeeps** erreicht werden können, sind hier nur die verlässlichen Veranstalter gelistet, die vernünftige Jeeps zur Verfügung stellen. Bei starker Nachfrage wird allerdings auch bei diesen Büros auf Subunternehmer zurückgegriffen. Grundsätzlich sollten aber bei der Buchung einige Dinge berücksichtigt werden. Zunächst einmal muss man genau wissen, wie viele Tage die Fahrt dauern soll, wohin man fahren möchte und welche Sehenswürdigkeiten besichtigt werden sollen. Dann heißt es, die Reiseagenturen abklappern und Preise aushandeln. Da man einige Tage mit seinem Fahrer und ggf. auch Führer zusammen ist, sollte man diese auch gleich kennenlernen. Meist sitzen die **Fahrer und Guides** in den Agenturen herum, sodass man sich bereits einen ersten Eindruck verschaffen kann. Hat man sich für einen Veranstalter entschieden, gilt es, alles schriftlich festzuhalten: die Reiseroute, die geplanten Sehenswürdigkeiten, die Kosten für eventuelle Zusatzabstecher oder Extratage, den Zahlungsmodus (Anzahlung und Restzahlung), Verantwortlichkeiten, wenn das Fahrzeug zusammenbricht, und Kosten oder Umwege durch witterungsbedingte Verzögerungen. Die hier genannten Veranstalter listen in der Regel alles von sich aus auf und fertigen eine Kopie dieser **handschriftlichen Vereinbarung** an. Je genauer alles aufgelistet wird, desto weniger Streit gibt es unterwegs bei unvorhergesehenen Ereignissen.

Veranstalter

Tibet F.I.T Travel, Rm. 214, Snowland Hotel, 4 Mentsikhang Lam, Lhasa, 📞 0891-6349239, 💻 www.tibetfit.com. Abhängig von der Saison kann man hier auch gut handeln. F.I.T. Travel berechnet etwa ¥3,5–4 pro Kilometer plus die Kosten für den Fahrer und Guide. Das Büro hat mit Travel Link Services (s. u.) auch eine Filiale in Kathmandu, die sehr hilfreich ist, und ein Büro in Chengdu, 3 Tianxian Beilu 3, Soho, 3rd Floor of Commercial Building, 📞 028-86671719, 📠 86671714.

Travel Link Services, G.P.O. Box 9057, Chhetrapati, Kathmandu, Nepal, 📞 00977-1- 42 63 618, 42 64 969, 📠 42 63 502.

Tibet Namchen Tourism Service, Oh Dan Guesthouse, 15 Ramoche Lam, Lhasa 📞 0891-6330823, 💻 www.shangrilatours.com. Die Kosten für einen Toyota Landcruiser belaufen sich auf etwa ¥4 pro Kilometer inklusive Fahrer, Benzin und Kosten für schwierige Straßenbedingungen. Auch dieses Büro hat eine Filiale in Kathmandu, und zwar:

Royal Mt. Trekking (P) Ltd., Durbar Marg (King's Way), Kathmandu, Nepal.
✆ 00977-1-4241452 / 4256058, ✆ 4245318,
✉ royal@ntc.net.np, 💻 www.royaltibet.com und www.royal-mt-trekking.com.

Tibet Shigatse China International Travel Service, Yak Hotel, 100 Beijing Donglu, Lhasa,
✆ 0891-6330489, 💻 www.shigatsetravels.com. Der Veranstalter bietet das ganze Spektrum an Reisen und Aktivitäten in Tibet und ist ein Joint Venture von Niederländern, Tibetern und Chinesen. Das Büro ist im Winter von Dezember bis Anfang April geschlossen.

Tibet Wind Horse Adventures, Kontakt nur über Internet und Mail, 💻 www.windhorsetibet.com, ✉ chris@windhorsetibet.com, Wind Horse gehört vielleicht nicht gerade zu den günstigsten Anbietern, aber dafür zu den erfahrensten und auch vielseitigsten, da der Veranstalter auf Trekking, Rafting und Aktivreisen spezialisiert ist.

Schwule und Lesben

Die großen Mönchsgemeinschaften bedingten schon immer einen gewissen Anteil an Homosexualität in der tibetischen Gesellschaft. Sie wurde akzeptiert, aber es wurde nicht viel Aufhebens darum gemacht. In einem Interview hat der Dalai Lama im Jahr 1997 Homosexualität aus buddhistischer Sicht als Fehlverhalten bezeichnet, damit aber eher die Mitglieder der Mönchsgemeinschaften (Sangha) gemeint. Im selben Interview erklärte er nämlich auch, dass Homosexualität aus gesellschaftlicher Sicht akzeptabel und harmlos sei.

Die Chinesen stehen Schwulen und Lesben ambivalent gegenüber. In großen Städten wie Beijing und Shanghai gibt es mittlerweile eine rege und offene Schwulenszene, anderswo, wie in Lhasa, agiert sie eher im Untergrund. Insgesamt ist jedoch eine wachsende Tolerierung seitens des Staates zu beobachten.

Wer sich genauer informieren will, findet einige Websites zum Thema, und zwar 💻 www.freewebs.com/gaytibet/home.html, 💻 www.gaychina.com und 💻 www.gopinkchina.com.

Sicherheit

Im zweiten Halbjahr 2007 war in China und auch in Tibet eine steigende Zahl von Gewaltdelikten gegen Touristen zu verzeichnen, von denen auch Deutsche betroffen waren. In Tibet gab es Fälle, in denen ausländische Touristen auf Trekkingtouren in abgelegeneren Gebieten überfallen und ausgeraubt wurden.

Reisenden wird empfohlen, sich ständig mit gebotener Aufmerksamkeit zu bewegen. Unbekannten Personen sollte kein Zugang zum Hotelzimmer gewährt werden, unter welchem Vorwand auch immer; im Zweifel bei der Hotelrezeption rückfragen.

Personenansammlungen und jede Art von Gedränge sind wegen der Gefahr von Taschendiebstählen zu meiden. Ist das nicht möglich, sollte man besonders vorsichtig sein und auch seinen Tagesrucksack vor dem Bauch tragen, um ihn besser im Visier zu haben und sich gegen ein blitzschnelles Aufschlitzen des Rucksacks zu schützen. Vor allem im Gedränge rund um den Barkor in Lhasa sind Banden unterwegs, die gezielt auf Beute aus sind. Es wird empfohlen, Pass und Flugtickets im Hotel sicher zu deponieren und lediglich eine Kopie des Passes sowie des gültigen Visums mitzuführen, um sich bei Polizeikontrollen ausweisen zu können. Geld und weitere Wertsachen gehören grundsätzlich in den Bauchgurt und nicht in einen Brustbeutel und schon gar nicht in den Tagesrucksack.

Die einzigen wirklichen Gefahren in Tibet sind die rücksichtslose Fahrweise vieler Jeep- und Busfahrer, die vielen Hunde in einigen Landstrichen und die wachsende Zahl von Taschendieben in Lhasa, die es auf die Wertsachen unaufmerksamer Reisender abgesehen haben.

Sport und Aktivitäten

Die großen Entfernungen, Permitprobleme, mangelnde Transportmöglichkeiten und die daraus resultierenden relativ hohen Kosten für sportliche Unternehmungen haben den Kreis der Aktiven bislang begrenzt. Dennoch gibt es die eine oder andere Möglichkeit, sich sportlich zu betätigen.

Radfahren

Tibet bietet Radlern und Mountainbikern einige der spektakulärsten Möglichkeiten der Welt. Die Spanne reicht von sehr einfach zu realisierenden Fahrten wie nach Shigatse, Gyantse und Tsethang bis hin zu Extremtouren, wie sie die Strecken von Chengdu oder Kashgar nach Lhasa darstellen (s. auch Anreise S. 44 bzw. 46). Es ist kein Problem, das eigene Rad mit dem Flugzeug, Zug oder Bus nach Lhasa zu bringen. Wer eine einfache Tour vorhat, kann aber auch in Lhasa preiswerte, wenngleich nicht wirklich stabile, Mountainbikes kaufen oder leihen, die allemal für eine Tour entlang geteerter Straßen taugen. Das freie Herumfahren mit dem Rad bis in den letzten Winkel Tibets ist nicht wirklich erlaubt, aber man wird in der Regel auch nicht daran gehindert. Wer eine Überlandtour plant, sollte sich das Buch *Tibet Overland* von Kym McConnell, Trailblazer Publications, 2002, 💻 www.tibetoverland.com, zulegen. Es bietet gezielte Vorbereitung und auch Streckenverläufe für Radfahrer. Die populärste Route ist sicher die Strecke von Lhasa nach Kathmandu, die mittlerweile auch von den Reisebüros in Lhasa angeboten wird, aber bei guter Vorbereitung problemlos individuell durchgeführt werden kann.

Trekking

Tibet ist ein Trekking-Paradies und langsam, aber sicher haben auch die Veranstalter vor Ort auf die steigende Nachfrage nach Trekkingtouren reagiert. Konnten viele Treks früher nur im Rahmen einer teuren Gruppenreise eines heimischen Veranstalters verwirklicht werden, kann man heute bei den Reiseveranstaltern in Lhasa die Preise vergleichen und vor allem in der Umgebung der Stadt viele interessante und nicht allzu schwierige Touren unternehmen. Populär und relativ einfach durchzuführen sind die vier- bis fünftägige Tour vom Kloster Ganden nach Samye und die dreitägige Tour vom Kloster Tsurphu nach Yangpachen.

Der Vorteil der Organisation vor Ort ist, dass man keine Ausrüstung von zuhause mitnehmen muss, sondern alles in Lhasa gestellt bekommt. Wer auf eigene Faust losziehen möchte, sollte über entsprechende Erfahrung, gutes Kartenmaterial und eine hochgebirgstaugliche Ausrüstung verfügen. Die Wege sind nicht gekennzeichnet und man verläuft sich schnell. Wer nicht genügend Erfahrung mitbringt, sollte zumindest einen Führer engagieren, der die Region gut kennt.

Offiziell benötigt man für Trekkingtouren außerhalb des Verwaltungsgebiets Lhasa ein **Permit**. Wer ohne die Genehmigungen erwischt wird, sollte auf alle Fälle freundlich bleiben, zerknirscht wirken und versuchen, die aufgebrummte Strafe herunterzuhandeln. Während des Trekkings wird man nicht kontrolliert, aber in sensiblen Regionen wie am Kailash oder Mt. Everest Base Camp sind die Kontrollen an den Anfangs- und Endpunkten der Wege recht häufig und flächendeckend.

Rafting

In Tibet entspringen einige der größten Ströme Asiens, und so gibt es naturgemäß einige herausragende Möglichkeiten zum Kajakfahren und Rafting. Wer nicht gerade sein eigenes Kajak mitschleppt, kann ein- oder zweitägige Touren auch kostengünstig in Lhasa arrangieren. Preiswerte Tagestouren ab ¥600 pro Person werden auf dem Drigung Chu oder dem Tolung Chu, beide nordöstlich von Lhasa, durchgeführt.

Bislang ist **Wind Horse Tibet**, 💻 www.windhorsetibet.com, der einzige Veranstalter, der Kajak- und Raftingtouren in ganz Tibet organisiert und auch über die entsprechende Erfahrung verfügt. Angeboten werden Rafting- und Kajaktouren auf dem Rong Chu in der Mt-Everest-Region, dem Yigung Tsangpo nördlich von Lhasa, auf dem Parlung Tsangpo in Osttibet und sogar auf dem Sutlej in Westtibet, die aber alle ihren Preis haben.

Telefonieren

Von den großen Hotels und in Fernmeldeämtern (oft im Verbund mit einem Postamt) kann man **Ferngespräche** führen. Bei Anrufen nach China wählt man von Deutschland, Österreich und der Schweiz aus zunächst die 00 vor, gefolgt von der Landesziffer 86, der Städtevorwahl ohne die 0 und der eigentlichen Rufnummer. Bei Anrufen aus China wählt man die 00, gefolgt von der Ländervorwahl (Deutschland 49, Österreich 43, Schweiz 41), der Städtevorwahl ohne die 0 und der eigentlichen Rufnummer.

Internationale Telefongespräche kosten mindestens ¥3,50 pro Minute. Viele Geschäfte haben draußen ein Schild mit der Aufschrift IDD *(international direct call)*. Auch von hier kann man internationale Telefongespräche führen, die meist minutenweise abgerechnet werden. Ferngespräche innerhalb von China kosten ca. ¥0,30 pro Minute. **Ortsgespräche** sind meist kostenlos.

Verbreitet sind Kartentelefone. **Telefonkarten** (IC-Karten) bekommt man bei der China Telecom und in den meisten Kiosken in Stückelungen zu ¥20, ¥50, ¥100 und ¥200. Wer Auslandsgespräche führen möchte, benötigt jedoch eine Karte, die dafür auch gekennzeichnet ist.

Eine preiswerte Alternative sind **IP-Karten** (Internet Phone), die an allen Telefonen benutzt werden können und in Einheiten im Wert von ¥30, ¥50, ¥100, ¥200 und ¥500 erhältlich sind. Anders als bei der IC-Karte kann man hier den Preis oft herunterhandeln. Zum Telefonieren gibt man die Benutzernummer, dann den PIN-Code und schließlich die gewünschte Rufnummer ein. Die Gebühren nach Europa betragen ¥3,20 pro Minute. Auch hier muss man für Auslandsgespräche eine entsprechend gekennzeichnete Karte erwerben. Zu beachten ist, dass alle Bedienungshinweise nur auf Chinesisch sind.

Am billigsten telefoniert man natürlich mit **Skype** und dem eigenen Laptop. Wer schon im Vorfeld weiß, wen er alles anrufen will, der kann auf allen relevanten Computern Skype (s. S. 72) kostenlos herunterladen und mit dem Benutzernamen dann gratis telefonieren – stundenlang!

Aus den Zimmern der meisten besseren **Hotels** ist eine direkte Durchwahl ins Ausland möglich. Oft muss man den Anschluss aber vorher an der Rezeption freischalten lassen und eine Kaution hinterlegen. Gespräche aus den Hotels sind meist teuer. Achtung: Es werden auch dann drei Minuten abgerechnet, wenn auf der Gegenseite niemand abhebt. Zusätzlich wird eine Service Charge von 10–20 % aufgeschlagen. Drei- und Viersternehotels haben normalerweise ein Businesscenter, von dem aus man telefonieren, im Internet surfen, mailen und faxen kann. Allerdings sind die Gebühren hier oft sehr hoch. Eine Besonderheit ist, dass man auch für den Empfang eines Faxes in den Hotels zahlen muss.

Handys funktionieren in erstaunlich vielen Regionen Tibets. Da alle Gespräche aber über das Heimatland laufen, sind die Gebühren sehr hoch und auch Anrufer innerhalb von China müssen internationale Gespräche führen, um das Handy zu erreichen. Aufgrund des internationalen Roaming ist das sehr teuer. Nicht zu vergessen sind die passiven Kosten, wenn man von zu Hause angerufen wird (Mailbox abstellen!). Der Anrufer zahlt nur die Gebühr ins heimische Mobilnetz, die teure Rufweiterleitung ins Ausland zahlt der Empfänger.

Wesentlich preiswerter ist es, sich von vornherein auf SMS zu beschränken, der Empfang ist dabei in der Regel kostenfrei.

Wer ein vertragsfreies oder Prepaid-Handy benutzt, kann in China GSM-SIM-Karten für rund ¥80–200 bei den Dienststellen von China Mobile oder China Unicom erwerben. Dort erhält man dann eine neue Nummer für den Gebrauch innerhalb Chinas.

Transport

Inlandsflüge

Das Flugnetz von China nach Tibet ist zwar recht gut ausgebaut, aber innerhalb Tibets gibt es zurzeit nur die wöchentliche Flugverbindung vom Flughafen Bamda in Osttibet nahe der Stadt Chamdo nach Lhasa, und die darf man als Individualreisender wegen der Permit-Restriktionen derzeit nicht nutzen.

Mit der Fertigstellung weiterer Flughäfen wie dem von Nyingchi und Ali kann sich das aber in Zukunft ändern.

Eisenbahn

China hat große Pläne mit der Tibet-Bahn, und nachdem der lange für unmöglich gehaltene Bau der Eisenbahn nach Lhasa gelungen ist, sollen auch andere Teile Tibets nun für die Bahn erschlossen werden. Im Bau befindet sich eine Eisenbahnlinie von Lhasa über Bayi nach Nyingchi, die 2010 fertiggestellt werden soll. Eine weitere Linie führt nach Shigatse. Mit dem Bau wurde 2007 begonnen, aber wann die Strecke fertig wird, steht noch nicht fest. Geplant ist auch, diese Linie bis Kathmandu zu verlängern, während eine weitere Linie von Shigatse nach Yadong und weiter nach Sikkim führen soll. Aber diese beiden Strecken sind zurzeit noch Zukunftsmusik.

Es verkehren verschiedene Zugtypen, die auf den im Bahnhof aushängenden Fahrplänen durch einen Buchstaben vor der Zugnummer kenntlich gemacht sind. Am besten und schnellsten sind die Züge der Z-Klasse. Am vorangestellten T erkennt man die Expresszüge, am K die Schnellzüge, am N die Züge zu ausgewählten Ausflugszielen, während Normalzüge lediglich mit einer vierstelligen Zahl versehen sind. Z-, T-, K- und N-Züge sind im Allgemeinen modern ausgestattet. Nach Lhasa fahren ausschließlich Züge der T-, K- und N-Klasse. Essen ist in allen Fernzügen erhältlich. Die Speisen sind zwar nicht sehr teuer, aber die Qualität ist ziemlich schlecht. Mittags und abends werden in den Waggons Mahlzeiten mit Reis und Beilagen in Polyester- oder Papp-Verpackungen für ca. ¥20 verkauft, viele Züge haben aber auch einen Speisewagen unmittelbar neben den Weichbettenwaggons.

In der **Weichbettenklasse** *(ruanwo)* reist man am nobelsten und teuersten. In den meisten Bahnhöfen, auch in Lhasa, stehen für diese Klasse sogar eigene Wartesäle zur Verfügung, die Abteile haben vier Betten mit weicher Matratze, Ventilator oder Klimaanlage. Die Investition lohnt vor allem auf langen Fahrten, wenn man stressfrei und ausgeruht ankommen möchte.

Deutlich billiger ist die **Hartbettenklasse** *(yingwo)*. Sie ist die am meisten nachgefragte Option, weshalb die Tickets kurzfristig oft schwierig zu bekommen sind. Jeder Waggon verfügt über 20 Abteile mit je drei Pritschen übereinander auf beiden Seiten. Die untersten (teuersten) Pritschen werden tagsüber als kollektive Sitzgelegenheiten genutzt, weshalb man am besten versucht, eine Pritsche in der Mitte zu bekommen. Auf den oberen Liegen wird man direkt vom Ventilator oder der Klimaanlage angeblasen. Jedes Sechs-Betten-Abteil wird mit einer Thermoskanne mit heißem Wasser versorgt, die man sich im hinteren Bereich jedes Waggons auffüllen lassen kann, um selbst mitgebrachten Tee oder Proviant (Nudeln, Fertigsuppen usw.) zuzubereiten (eigenen Becher, Tee etc. nicht vergessen). In jedem Waggon gibt es außerdem eine Toilette sowie einen Waschraum, die jedoch oft verschmutzt sind.

In beiden Liegeklassen erhalten Passagiere vom Personal beim Zusteigen einen Metallchip im Austausch gegen den Fahrschein. Ungefähr eine halbe Stunde vor dem Aussteigen (man wird geweckt, zu welcher Zeit auch immer) wird beides zurückgetauscht. Am Zielort benötigt man den Fahrschein, um den Bahnhof verlassen zu dürfen.

Auf Nah- und einigen Mittelstrecken, z. B. nach Xining, gibt es die **Weichsitzklasse** *(ruanzuo)*. Die Preise entsprechen ungefähr denen der Expressbusse, die Sitze sind gepolstert und bequem. Schließlich gibt es noch die **Hartsitzklasse** *(yingzuo)*, die man eigentlich nur für kürzere Strecken empfehlen kann. Die üblichen Hartsitze haben die Form einer wenig gepolsterten Bank für drei eng nebeneinander sitzende Personen, doch die moderneren Waggons bieten inzwischen ein wenig mehr Bequemlichkeit. Wer ohne Platzreservierung einen Zug besteigt – und das ist bei durchkommenden Zügen unvermeidlich –, muss in jedem Falle in die Hartsitzwaggons einsteigen. Im Zug kann man aber sein Ticket, falls Plätze verfügbar sind, aufwerten. Der Schalter dafür befindet sich in der Regel in Wagen 7 oder 8.

Busse

Das innertibetische Busnetz ist nur wenig ausgebaut und die Fahrpreise sind vergleichsweise hoch. Wer größere Teile Tibets mit dem Bus bereisen will, muss viel Zeit und Geduld mitbringen.

Oft fährt nur ein Bus am Tag zu entlegeneren Orten, und wenn man nicht mitgenommen wird, heißt es, auf den nächsten Bus am Folgetag warten. Mit den zunehmend besseren Straßenverhältnissen sind in den letzten Jahren einige **Fernverbindungen** eingerichtet worden, sodass man mit dem Bus zurzeit folgende Ziele von und nach Lhasa erreicht (vorausgesetzt man hat die notwendigen Permits): Golmud, Markham, Chamdo, Jamda, Zhongdian (Yunnan), Zhangmu und Ali. Busse fahren außerdem von Lhasa via Golmud nach Xining, Lanzhou, Dunhuang, Xian, Chengdu und Chongqing. Die Langstrecken werden meist mit sogenannten **Schlafbussen** (Wopu Che) zurückgelegt, die mit Liegesitzen ausgestattet sind. Unterwegs wird nur für Essenspausen an einfachen Lokalen gehalten. Der Verkehr zwischen den meisten anderen Ortschaften ist ansonsten dürftig. Von Lhasa fahren Busse nach Nagchu, Rinpung, Shigatse, Tsethang, Bayi und Menling. Außerdem gibt es **Pilgerbusse**, die zu den Klöstern Ganden, Tsurphu, Reting, Samye und Sakya fahren. Wer außerhalb dieser Orte irgendwo hin möchte oder wer nicht mitgenommen wird, muss versuchen zu trampen.

Die Busfahrten sind nicht immer ungefährlich, und die Fahrer kennen gegenüber ihren Fahrgästen nicht das geringste Verantwortungsgefühl. Die Gebetsketten und Devotionalien, die über dem Fahrersitz baumeln, zeigen es bereits an: Buddha soll's richten! Unangenehm ist die Sitte, den Motor hinter den Pässen auszustellen und dann im Leerlauf die Serpentinen runter zu rollen. Wer sich für empfindlich hält, sollte zusehen, im hinteren Bereich des Busses zu sitzen. Pannen und die dadurch bedingten Zwangspausen gehören zum Alltag, und auch sonst benötigt man für Busfahrten eine Menge Geduld. Die meisten Busse (vor allem die Minibusse) fahren erst los, wenn sie voll, sprich: überladen sind. Das **Gepäck** wird meist auf dem Dach verstaut und man sollte dabei zusehen, um Diebstähle zu vermeiden. Die Busse von den regulären Busbahnhöfen haben meist fixe **Preise**. Wer mit Minibussen oder Bussen außerhalb der Busbahnhöfe fährt, schaut am besten, was die tibetischen und chinesischen Fahrgäste zahlen. So vermeidet man, übers Ohr gehauen zu werden.

An Busstationen werden an Ausländer nicht immer Fahrscheine verkauft. Selbst dann nicht, wenn man ein gültiges Alien Travel Permit hat. Das liegt wohl daran, dass die Public Security möchte, dass man an einer gebuchten Tour teilnimmt und sich nicht unkontrolliert durch Tibet bewegt. Die Busfahrer außerhalb der Stationen nehmen einen zwar oft mit, verlangen aber mindestens den doppelten Fahrpreis. In der Regel kann man aber handeln. Auf den Strecken nach Osttibet hat man so gut wie gar keine Chance, von einem Busfahrer mitgenommen zu werden. Und wenn man es doch schafft, wird man mit ziemlicher Sicherheit an einem der Checkpoints aus dem Bus geholt.

Trampen

Trampen ist in vielen Regionen Tibets die einzige Möglichkeit für Tibeter, von A nach B zu kommen. Für Ausländer ist das Trampen allerdings illegal und die Fahrer, die einen Ausländer mitnehmen, machen sich strafbar. Wer es dennoch versuchen möchte, muss einige Dinge beachten: Trampen ist auch in Tibet nicht ungefährlich, d. h. man sollte möglichst zu zweit trampen. Wie auch die Busfahrer fahren die LKW-Fahrer ziemlich rücksichtslos und wenig vorausschauend. Unfälle und Pannen sind somit an der Tagesordnung. Trampen ist nicht kostenlos. Normalerweise zahlt man in etwa die Summe, die auch die Busfahrt kosten würde. Viele Fahrer verlangen pauschal ¥100 für 100 km. Je abgelegener eine Region ist, desto teurer wird es. Wer vorhat zu trampen, benötigt viel Geduld, da es vorkommen kann, dass man tagelang nicht mitgenommen wird. Am ehesten bekommt man die Lifts in den Truckstops an den Ortsrändern, da man dort die Fahrer direkt ansprechen kann. Wer auf freier Strecke trampen muss, streckt den rechten Arm aus und zeigt durch ein Hoch- und Runterwedeln an, dass er mitgenommen werden möchte.

Landrover

Wer nicht unbegrenzt Zeit hat und dennoch möglichst viel sehen möchte, wird um das Chartern eines Landrovers (zu den Details s. Reiseveranstalter S. 78) nicht herumkommen, und so ist diese Reisevariante eine der beliebtesten in Tibet geworden. Die Reisen mit dem Landrover bieten eine Menge Vorteile. Sie sind legal, man kann viele Fotostopps und Abstecher einbauen, und man gelangt in Gegenden, die mit Bussen oder Trucks nicht erreichbar sind. Der größte Nachteil ist der Preis, zumindest wenn man nicht genügend Mitfahrer findet. In den Fahrzeugen können bis zu sechs Passagiere mitfahren; wenn ein Guide mitkommen muss, fünf. Mehr Leute mitzunehmen macht keinen Sinn, da die Fahrt dann ausgesprochen unbequem wird. Die **Kosten** belaufen sich auf etwa ¥3,5–4 pro Kilometer. Dazu kommen die Ausgaben für Permits, Unterkünfte und Essen. Wer den Friendship Highway nach Kathmandu befährt, zahlt noch einmal 50 % der Kilometersumme für die Leerfahrt zurück. Wer umgekehrt auf dem Friendship Highway nach Lhasa reist, kann dank der leeren Jeeps oft einen billigen Lift nach Lhasa oder Shigatse bekommen, da dieses zusätzlich verdiente Geld direkt in die Tasche der Fahrer wandert.

Auto

Das Straßennetz Tibets ist in den letzten Jahren gut ausgebaut worden und viele Strecken sind mittlerweile asphaltiert. Mit dem eigenen Wagen herumzufahren ist dennoch nicht erlaubt, es sei denn, man organisiert die geplante Strecke über eines der staatlichen chinesischen Reisebüros. Man muss sich die geplante Strecke genehmigen lassen, braucht einen Führer und jede Menge Nerven für den Papierkram, der bereits komplett zuhause erledigt werden muss und mehrere Monate in Anspruch nehmen kann.

Nahverkehr

In der Autonomen Region Tibet verfügen nur die beiden Städte Lhasa, Shigatse und Tsethang über ein **Busnetz**, das diesen Namen halbwegs verdient. In beiden Orten kann man aber genauso gut oder besser Fahrrad fahren oder laufen.

Taxis gibt es in den großen Ortschaften Lhasa, Shigatse, Tsethang und Ali. Sie verfügen zwar über einen Taxameter, aber der wird normalerweise nicht angestellt. Die Preise sind dennoch günstig. Innerhalb des Stadtgebiets von Lhasa zahlt man für fast alle Strecken ¥10, zu den Klöstern Sera und Drepung sowie zum Bahnhof ¥20. Der Fahrpreis muss aber im Voraus abgemacht werden, sonst wird man oft das Doppelte los. In den anderen Orten, die über Taxis verfügen, kosten Fahrten im Ort meist ebenfalls ¥10, aber auch hier gilt, dass der Fahrpreis vorher festgelegt werden muss.

In einigen Orten gibt es **Fahrrad- und Motorrad-Rikschas**, die einen im Ort herumfahren oder zu nahe gelegenen Klöstern bringen können. Meist verlangen die Fahrer von Ausländern aber absurd hohe Preise, sodass sich Fahrten kaum lohnen. Selbst wenn man einen fairen Preis ausgehandelt hat, kommt es am Ziel nicht selten zu Nachforderungen und Diskussionen.

Zum Radfahren in Tibet s. S. 80, Sport und Aktivitäten.

Übernachtung

In den größeren Städten findet man ein breites Angebot an Unterkünften aller Preisklassen. In abgelegenen Regionen gibt es aber oft nur ein oder zwei einfache Gästehäuser oder **Pilgerunterkünfte**, in denen man als Ausländer absteigen darf, sodass man hier kaum Alternativen hat. Die Kosten sind niedrig; man zahlt meist um ¥20 für ein Bett. Wer trampt oder mit dem Fahrrad unterwegs ist, wird sicherlich Bekanntschaft mit **Truckstops** machen. Hier bekommt man gerade mal eine schmutzige Liege oder Matratze für ¥15 oder ¥20 in einem Dormitory. Wer in den Truckstops allein sein will, muss alle Betten oder Matratzen im Zimmer, meist vier oder fünf, mit bezahlen. Eine weitere Möglichkeit für Fahrradfahrer sind die sogenannten **Daoban-Camps** der Straßenbaueinheiten. Tatsächlich handelt es sich um einfache Unterkünfte, die man an einem wie ein Mercedes-Stern aussehenden Steuerradsymbol erkennt und in denen einfachste Klappbetten für ¥15 vermietet werden.

Hotels und Hostels

Die meisten Tibeter und Chinesen sehen in einem Hotel kaum mehr als einen funktionalen Ort zum Schlafen. Wichtig sind ihnen eine weiträumige Eingangshalle mit viel Marmor und Chrom und zweckmäßig eingerichtete Zimmer. Den meisten Hotels fehlt es daher an Atmosphäre und Abwechslung. Allerdings gibt es in Lhasa eine Reihe kleinerer Hostels und Hotels in schönen alten Gebäuden, die eine Alternative zu den gesichtslosen Betonklötzen darstellen.

In Lhasa hat man eine gute Auswahl an 3- bis 4-Sterne-Hotels und einfachen Hostels. Die Qualität in Komfort und Service ist hier im Allgemeinen ganz ordentlich und die Preise rangieren von ¥20 für ein Bett in einer sehr einfachen Pension bis zu ¥1500 für ein Doppelzimmer in den besten Hotels. Anders sieht es im Hinterland und in kleineren Orten aus. Die Zimmer hier reichen von schlicht und sauber bis gerade noch erträglich. Zudem sind sie oft fürchterlich abgewohnt. Fließendes Wasser und halbwegs saubere Toiletten darf man hier nicht erwarten, und die Stromversorgung ist sporadisch. Warmes Wasser zum Duschen gibt es außerhalb von Lhasa, wenn überhaupt, meistens nur in den Abendstunden, wenn die kohlebetriebenen Heizanlagen angeworfen werden.

In vielen Hotels der größeren Städte kann man vor allem in der Nebensaison im Winter gute Rabatte aushandeln. Die einfachen Hotels und Unterkünfte berechnen ihre Preise oft pro Bett (¥20–60). Wer sein Zimmer nicht mit anderen Reisenden teilen möchte, muss alle Betten, meist zwei bis vier, bezahlen. Einige Hotelbesitzer versuchen auch so, einem das ganze Zimmer aufzuschwatzen. Man sollte sich nicht darauf einlassen.

Die Hotels und Hostels in Lhasa kann man größtenteils bereits über das Internet vorausbuchen. Das hat den Vorteil, dass sie dann oft sehr viel billiger sind, als wenn man vor Ort verhandelt. Auch der Gang zu einem der örtlichen Reisebüros lohnt. Sie haben meist Verträge mit diversen Hotels und können diese oft günstig für einen buchen.

In vielen Hotels sind Vorauszahlungen üblich, oder man muss eine Kaution in doppelter Höhe des Zimmerpreises hinterlegen. Beim Einchecken sollte man deshalb genauestens darauf achten, dass die Zimmer in Ordnung sind, und auch die Quittung sorgfältig aufbewahren.

Preiskategorien

Die Hotels und Gästehäuser sind in diesem Buch in die unten aufgeführten Kategorien eingeteilt. Die Preise beziehen sich jeweils auf ein DZ in der Hauptsaison.

❶	bis ¥80
❷	¥80–160
❸	¥160–250
❹	¥250–400
❺	¥400–600
❻	¥600–800
❼	über ¥800

Camping

Camping wird im Allgemeinen toleriert, ist aber eigentlich außer auf Trekkingtouren nur dort sinnvoll, wo es kaum Ortschaften mit Unterkünften gibt. Das Campen in der Nähe von Ansiedlungen sollte man vermeiden, da man dort unweigerlich zur Attraktion Tausender Dorfbewohner und vor allem neugieriger und sehr aufdringlicher Kinder wird. An den großen Überlandstrecken kann man sein Zelt oft unauffällig etwas abseits der Straße aufstellen. Wer ein Kloster passiert, kann dort fragen, ob das Zelt im Klosterhof aufgeschlagen werden darf. Wer in der Nähe eines Nomadenzeltes campen möchte, sollte auf alle Fälle die Genehmigung des jeweiligen Familienoberhauptes einholen. Bei den beiden letzten Optionen muss man sich vor aggressiven Hunden in Acht nehmen. Sind sie nicht angebunden, sollte man sich auf keinen Fall einem Nomadenzelt nähern.

Jugendherbergen

Immer populärer werden in China die Jugendherbergen, die dem Internationalen Jugendherbergsverband (International Youth Hostel Asso-

Vorausbuchung per Internet

Neben den bereits genannten Internetseiten chinesischer Reisebüros gibt es zahlreiche Anbieter, über die man von zu Hause oder unterwegs Hotels reservieren kann. Gute Seiten sind:

www.chinadiscounthotel.com
www.sinohotel.com
www.elong.net
www.hostelasia.com

ciation, IYHA) angeschlossen sind. Mitglieder bekommen hier geringfügige Preisnachlässe. Die chinesischen Jugendherbergen findet man unter www.yhachina.com/english. Buchen kann man sie auch unter www.hostels.com. In Tibet gibt es zurzeit nur in Lhasa eine Jugendherberge. Allerdings ist die Eröffnung weiterer Häuser in Nagchu, Shigatse, Ali, Chamdo, Nyingchi und Tsethang geplant.

Kontaktadressen:

DJH Service GmbH, Bismarckstr. 8, 32756 Detmold, 05231-74010, 740149, service@djh.de, www.jugendherberge.de

Österreichisches Jugendherbergswerk, Helfersdorferstr. 4, 1010 Wien, 01-5331833, 01-533183385, oejhw@oejhw.or.at, www.oejhw.or.at

Schweizer Jugendherbergen, Schaffhauser Str. 14, 8042 Zürich, 01-3601414, 3601460, marketing@youthhostel.ch, www.youthhostel.ch

Verhaltenstipps

Wer sich für eine Tibetreise entscheidet, sollte sich intensiver vorbereiten, als es bei Reisen in politisch weniger brisante Gebiete nötig ist. Folgender Kodex, den die TID, www.tibet-initiative.de, aufgestellt hat, kann eine Orientierung sein:

- Umfassende Informationen über die Kultur, Religion und politische Situation einholen.
- Im Kontakt mit Einheimischen, vor allem mit Mönchen und Nonnen in den Klöstern, vorsichtig sein. Dort halten sich sehr viele Spitzel auf, auch Chinesen, die für Besucher nicht zu unterscheiden sind. Deshalb auf keinen Fall von sich aus sensible Themen ansprechen, um die Gesprächspartner nicht zu gefährden.
- Vorsicht ist auch bei der Übergabe von Dalai Lama-Fotos geboten.
- Die religiösen Bräuche respektieren, heilige Orte nur im Uhrzeigersinn umrunden und in Klöstern und vor Statuen die Kopfbedeckung abnehmen.
- Überprüfen, ob der gewählte Reiseveranstalter mit tibetischen Partnern kooperiert und, wenn es sein muss, mit einiger Hartnäckigkeit auf tibetischen Fremdenführern und Fahrern bestehen.
- Die großen chinesischen Touristenhotels meiden, auch wenn sie mehr Komfort bieten. In den kleinen tibetischen Hotels ist die Atmosphäre viel authentischer.
- Tibetische Restaurants besuchen und bei Tibetern einkaufen; damit wird den wirtschaftlich stark benachteiligten Einheimischen zu einer Existenzgrundlage verholfen.
- Ungewöhnliche Vorkommnisse wie Militäraufmärsche, Klosterschließungen oder Festnahmen nach der Rückkehr den Tibet-Unterstützern wie der TID melden.

Zusätzlich zu den Empfehlungen der Tibet Initiative Deutschland sollte man sich darüber im Klaren sein, dass der ausländische Tourismus in Tibet nicht nur ein Segen ist, sondern wie anderswo auf der Welt auch negative Wirkungen zeigt. Hier sollte man sich also im Sinne eines sanften Tourismus verhalten; dazu gehören unter anderem folgende Regeln:

- Auch wenn es in Tibet sehr heiß werden kann, gehören Shorts nicht in religiöse Gebäude.
- Gebetsfahnen und Manisteine sind keine Souvenirs, die man mitnehmen darf.
- In Klöstern sollte man immer einen kleinen Stapel 1-Jiao-Scheine als Spende dabeihaben.
- Geschenke und erst recht Geld sollten niemals ohne Gegenleistung verteilt werden. Sonst erzieht man ein Volk zu Bettlern. Die Unsitte, Kindern, die an den Straßen der Dörfer stehen, Stifte, Süßigkeiten oder Geld

zu schenken, hat mancherorts dazu geführt, dass sie mit Steinen nach einem schmeißen, wenn man nichts schenkt.

Umgang mit Chinesen

Besondere Verhaltensregeln gegenüber Chinesen, mit denen man natürlich ebenfalls immer wieder zu tun haben wird, sind nicht zu beachten. Allerdings ist auch die chinesische Kultur ebenso wie die tibetische eine vom Westen gänzlich verschiedene, und vieles wird man zunächst nicht verstehen, in Frage stellen oder gar verfluchen. Oft geht der Kulturschock auf falsche Erwartungen oder Vorstellungen zurück, die nicht zuletzt durch das einseitige Bild der Medien vermittelt werden. Es nützt nichts, sich über andere Verhaltensweisen und allgegenwärtige Unwägbarkeiten wie tiefe und nicht gesicherte Löcher in den Gehwegen, leichtsinnige Busfahrer, superdreckige Teppiche oder disziplinlose Radfahrer aufzuregen, China funktioniert anders. Chinesen sind ausgesprochen stolz auf ihre Nationalität und können sich in den seltensten Fällen vorstellen, anders als in einem chinesischen Umfeld zu leben. Das wird auch auf Ausländer (und Tibeter) projiziert, da unterstellt wird, dass die chinesische Lebensweise die einzig erstrebenswerte ist.

Uns westlichen Ausländern kann das prinzipiell egal sein, denn nach der Reise kehren wir in die eigene Heimat zurück. Den Tibetern ergeht es dagegen schlechter, denn ihnen versucht man in alter chinesischer Manier, die chinesische Lebensweise und -welt ungefragt aufzudrücken.

Schwierig kann es bei **Beschwerden** und anderem Ärger werden. Wer laut wird, verliert sein Gesicht, und das führt von vornherein zur Erfolglosigkeit. Um ans Ziel zu kommen, helfen in der Regel Beharrlichkeit, Freundlichkeit und vor allem viel Geduld. In einer Gesellschaft, in der Gesicht geben, Gesicht nehmen und Gesicht wahren ständig präsent sind, haben sich natürlich sehr unterschiedliche Verhaltensweisen im Umgang miteinander entwickelt. Gerade in der **Konfliktlösung** treten vielleicht die größten Unterschiede auf. Nicht der Konflikt, die Streitkultur, steht im Vordergrund, sondern der friedliche, Harmonie und Konsens wiederherstellende Ausgleich, wobei Harmonie nichts mit Idylle zu tun hat, sondern damit, dass sich der Einzelne reibungslos in das Ganze einfügt. Im Vordergrund steht also nicht die Entfaltung des Einzelnen, sondern die Erhaltung der Gruppenharmonie und die Berechenbarkeit. Konflikte werden entsprechend durch Druck der Gruppe auf den Einzelnen gelöst. Das reinigende Gewitter durch ein Streitgespräch ist unbekannt. Selbst wenn der Einzelne im Recht sein mag, muss er sich quasi der „Gruppenwahrheit" unterordnen. Das kann man sich natürlich auch als Tourist im Konfliktfall zunutze machen und entsprechend versuchen, „im Schutz" der Reisegruppe auf dem Gewünschten zu bestehen.

Trotz des hohen Tourismusaufkommens haben die meisten Tibeter und Chinesen außerhalb der Metropolen noch nie einen **exotischen Ausländer** gesehen und so schallt einem allerorten ein lautes „Hello" oder „laowai" („Ausländer") hinterher. Oder man zieht das Interesse einer rasch anwachsenden Menge von erstaunten und entzückten Einheimischen auf sich. Das kann auf Dauer nerven, aber man muss mit dieser Aufmerksamkeit leben. Tibeter und Chinesen haben in der Regel keine Vorstellung von Privatsphäre und finden nichts dabei, andere Personen, die ihnen in irgendeiner Weise auffallen, ungeniert aus nächster Nähe anzustarren. In Bussen und Bahnen nimmt man gänzlich fremden Personen Briefe oder Bücher aus der Hand oder inspiziert Einkaufstüten, um anschließend darüber zu plaudern. Man sollte diese Art der Kontaktaufnahme annehmen und wird so eine Menge über die Mitreisenden erfahren, die meist erstaunlich offen und bereitwillig auch über sich selbst Auskunft geben. Der Wunsch westlicher Touristen nach Stille und Einsamkeit wird als schrullige Laune oder gar soziales Fehlverhalten interpretiert.

Wer eingeladen wird, sollte ein **Gastgeschenk** mitbringen. Am besten hat man für so einen Fall bereits einige typische kleine Souvenirs aus der Heimatstadt im Gepäck. Geschenke werden niemals in Anwesenheit der Überbringer geöffnet. Im Gegenteil: Sie werden in fast schon beiläufiger Weise zur Seite gelegt.

Versicherungen

Die großen Versicherungsunternehmen bieten eine verwirrende Vielzahl von Versicherungspaketen an, die Reiserücktritt-, Unfall-, Gepäck- und Auslandskrankenversicherung einschließen können. Letztlich liegt es im Ermessen jedes Einzelnen, was alles versichert werden soll. Die einzig wichtige Urlaubsversicherung ist die private Auslandskrankenversicherung, die den Krankenrücktransport einschließt.

Reiserücktrittskostenversicherung

Bei einer pauschal gebuchten Reise ist eine Rücktrittskostenversicherung meist im Preis inbegriffen (zur Sicherheit sollte man nachfragen). Wer individuell plant, muss sich um die Absicherung dieses Risikos selbst kümmern. Reisebüros bieten z. T. Versicherungen an oder vermitteln den Abschluss.

Viele Reiserücktrittskostenversicherungen müssen kurz nach der Buchung abgeschlossen werden (in der Regel bis 14 Tage danach). Bei Krankheit oder Tod eines Familienmitglieds oder Reisepartners ersetzt die Versicherung die Stornokosten der Reise. Eine Reiseunfähigkeit wegen Krankheit muss ärztlich nachgewiesen werden.

Die Kosten der Versicherung richten sich nach dem Preis der Reise und der Höhe der Stornogebühren. Sie liegen in der Regel zwischen 15 und 90 € pro Person. Zum Teil gibt es eine Selbstbeteiligung.

Reisegepäckversicherung

Viele Versicherungen bieten die Absicherung des Verlustes von Gepäck an, einige haben sich sogar darauf spezialisiert (z. B. Elvia). Allen Versicherungen ist gemein, dass die Bedingungen, unter denen das Gepäck abhanden kommen „darf", sehr eng gefasst sind. Deshalb ist es wichtig, die Versicherungsbedingungen genau zu studieren und sich entsprechend zu verhalten. Bei vielen Versicherungen ist z. B. das Gepäck in unbewacht abgestellten Kraftfahrzeugen zu keinem Zeitpunkt versichert. Kameras oder Fotoapparate dürfen wegen möglicher Mopedräuber nicht über die Schulter gehängt werden, sondern müssen am Körper befestigt sein, sonst zahlt die Versicherung nicht (so Gerichtsurteile). Ohnehin sind Foto- und videotechnische Geräte meist nur bis zu einer bestimmten Höhe oder bis zu einem bestimmten Prozentsatz des Neuwertes versichert, auch Schmuck unterliegt Einschränkungen, ebenso wie Bargeld.

Entscheidet man sich für eine Reisegepäckversicherung, ist darauf zu achten, dass sie Weltgeltung hat, die gesamte Dauer der Reise umfasst und in ausreichender Höhe abgeschlossen ist. Wer eine wertvolle Fotoausrüstung mitnimmt, kann darüber nachdenken, eine Zusatzversicherung abzuschließen.

Tritt ein Schadensfall ein, muss der Verlust sofort bei der Polizei gemeldet werden. Eine **Auflistung** aller Gegenstände mit Wertangabe ist dabei hilfreich. Ansonsten sollte alles, was nicht ausreichend versichert ist, im Handgepäck transportiert werden.

Auslandskrankenversicherung

Ohne eine Auslandskrankenversicherung mit Rücktransport abgeschlossen zu haben, sollte niemand sein Heimatland verlassen. Bei Krankheiten und Unfällen kann sehr schnell eine erhebliche Summe zusammenkommen, die aus eigener Tasche bezahlt werden müsste. Versicherte können die Kosten dagegen nach Einreichen der Rechnungen bei der Versicherung geltend machen.

Einschränkungen gibt es natürlich auch hier, besonders bezüglich Zahnbehandlungen (nur Notfallbehandlung) und chronischen Krankheiten (Bedingungen durchlesen!). Der feine Unterschied liegt im Detail: Die meisten Versicherer zahlen den Rücktransport nur, wenn er „medizinisch notwendig" ist. Beim ADAC, der Europäischen Reiseversicherung und Huk-Coburg genügt es, dass der behandelnde Arzt den Transport in die Heimat für sinnvoll erachtet. Bei einer Schwangerschaft ist eine schriftliche Bestätigung des Versicherers ratsam, dass er für

Kosten von Frühgeburten und die medizinische Versorgung des Neugeborenen aufkommt.

Die bei der Versicherung einzureichende **Rechnung** sollte folgende Angaben enthalten:

- Name, Vorname, Geburtsdatum, Behandlungsort und -datum
- Diagnose
- erbrachte Leistungen in detaillierter Aufstellung (Beratung, Untersuchungen, Behandlungen, Medikamente, Injektionen, Laborkosten, Krankenhausaufenthalt)
- Unterschrift des behandelnden Arztes
- Stempel

Auslandskrankenversicherungen werden von nahezu allen großen Versicherern und auch von einigen Kreditkartenorganisationen angeboten. Sie sind meistens für ein Jahr gültig, decken jedoch nur Reisen von jeweils bis zu 42 Tagen, manche bis acht Wochen ab. Es empfiehlt sich der Abschluss eines Jahresvertrages. Wer länger als sechs Wochen verreisen möchte, sollte nach Langzeittarifen fragen.

Visa und Permits

Die Autonome Region Tibet ist offiziell Teil der Volksrepublik China. Das bedeutet eigentlich, dass das Visum für China auch für eine Reise nach Tibet gilt. So steht es sogar auf der Website der Botschaft der VR China in Deutschland. Dennoch darf man Tibet bei der Beantragung eines Visums nicht auf dem Visaantrag erwähnen. In China selbst ist es dann aber kein Problem, bei einem Reisebüro das Permit für die Einreise nach Tibet zu beantragen. In den Botschaften bekommt man zu hören, dass Tibet nur im Rahmen einer Gruppenreise besucht werden dürfe. Der angegebene Grund: Tibet berge wegen der Höhe und des Klimas für Individualreisende zu hohe gesundheitliche Risiken. Merkwürdig nur, dass immer dann, wenn es mal wieder politische Verstimmungen gibt, z. B. weil ein Regierungschef den Dalai Lama empfangen hat, auch für Gruppen die Einreise oder die Bewegungsfreiheit vor Ort eingeschränkt wird.

Touristenvisa

Touristenvisa gelten bis zu drei Monate. Normalerweise bekommt man aber nur 30 Tage in den Pass gestempelt. Wer nicht genau weiß, wie lange er bleibt, sollte also lieber mehr Tage als voraussichtlich benötigt auf dem Antrag angeben. Bei Abholung des Passes muss man gleich kontrollieren, ob die Anzahl der Tage auf dem Visum korrekt ist Das Visum kann in China bei der für Einreiseangelegenheiten zuständigen Abteilung der Public Security einmal um einen Monat gegen Gebühr verlängert werden. In Tibet ist es allerdings nahezu unmöglich, die **Verlängerung** zu bekommen. Meist sind die dortigen Beamten höchstens bereit, eine Verlängerung von 7 oder 14 Tagen zu bewilligen, gerade genug, um Tibet verlassen zu können. Gerade Langzeitreisende oder auch Fahrradfahrer sollten also besser gleich ein F-Visum (S. 90) beantragen.

Das Visum darf man nur persönlich beantragen, Briefe werden nicht akzeptiert. Man sollte sich vor **Antragstellung** telefonisch beim zuständigen Konsulat erkundigen. Wer nicht persönlich erscheinen kann, wird notfalls einen Visabeschaffungsdienst (z. B. 💻 www.visumservice.de) in Anspruch nehmen müssen. Eilige können das Visum auch am selben Tag erhalten.

Für Einzelreisen sind erforderlich:

- ein Reisepass, der bei Einreise noch mindestens sechs Monate gültig ist. Kinder benötigen einen eigenen Reisepass oder den neuen Kinderreisepass, der deutlich billiger zu haben ist und von den Meldebehörden in Deutschland sofort ausgestellt wird.
- ein ausgefülltes Antragsformular, bei den Botschaften und konsularischen Vertretungen der VR China erhältlich (s. S. 47). Das Formular kann auch über die Websites der chinesischen Botschaften ausgedruckt werden.
- ein Passbild

Kosten für das Touristenvisum: einmalige Einreise 20 € (Österreicher 30 €, Schweizer 50 sFr), zweimalige Einreise 30 € (Österreicher 45 €, Schweizer 75 sFr). Expresszuschlag für Ausstellung am selben Tag 30 € (Österreicher 33 €, Schweizer 50 sFr), Zuschlag für Ausstellung innerhalb von zwei Tagen 20 € (Österreicher 23 €, Schweizer 35 sFr).

Das Visum beantragt man bei der Konsularabteilung der zuständigen diplomatischen Vertretung (s. S. 47).

Man sollte generell darauf achten, auf dem Antrag keine Orte anzugeben, die z. B. bei uns in der Presse gerade Negativschlagzeilen machen. Tibet darf auf dem Antrag prinzipiell nicht erwähnt werden. Grundsätzlich sollte man sich bei den Botschaften nach den aktuellen Einreisebestimmungen erkundigen.

Für **Pauschaltouristen** werden die Formalitäten meist durch den Reiseveranstalter erledigt. Sie erhalten ein Gruppenvisum, das in der Regel der Reiseleiter mit sich führt, und haben mit den Einreiseformalitäten so gut wie nichts zu tun. Wer mit Gruppenvisum reist, kann seinen Aufenthalt in China auf keinen Fall verlängern.

Langzeitvisa

Das sogenannte F-Visum berechtigt den Besitzer dazu, in China Geschäften nachzugehen, was immer das bedeuten mag. Da es sehr kompliziert ist, ein Arbeitsvisum zu bekommen, nutzen viele Ausländer und vor allem Einzelreisende, die unterwegs ihre Reisekasse aufbessern wollen, das F-Visum als Arbeitsvisum. Wer vorhat, mehrere Monate durch das Land zu reisen, sollte ebenfalls versuchen, das F-Visum zu beantragen. Je nachdem, wo man es beantragt, gibt es dieses Visum in bis zu drei Varianten. Man muss genau wissen, welche Variante man braucht, aber leider hat man nicht immer die Wahl, da letztlich die ausstellende Behörde entscheidet, welches Visum man bekommt.

Es gibt das sechs Monate gültige Visum mit Einfacheinreise, das bei Ausreise ungültig wird. Es kann in China mit den entsprechenden Papieren um drei Monate verlängert werden. Dann gibt es ein sechs Monate gültiges Visum mit Mehrfacheinreise, bei dem man beliebig oft ein- und ausreisen kann. Auch dieses Visum kann um drei Monate verlängert werden. Zu guter Letzt gibt es noch ein sechs Monate gültiges Visum mit Mehrfacheinreise, wobei jeder Aufenthalt auf 30 Tage beschränkt ist, d. h. nach jeweils 30 Tagen in China muss man wieder ausreisen. Mit den entsprechenden Papieren kann man den einzelnen Aufenthalt auf bis zu 90 Tage verlängern lassen.

Die Beantragung eines F-Visums in Deutschland, Österreich oder der Schweiz ist ziemlich kompliziert und erfordert die Zusammenarbeit mit einer chinesischen Firma oder einem in China registrierten ausländischen Unternehmen. In Hongkong bekommt man das F-Visum allerdings problemlos in den meisten Reisebüros.

Visa in Hongkong

Deutsche, Schweizer und Österreicher benötigen bei einem Aufenthalt in Hongkong von bis zu 90 Tagen kein Einreisevisum. Wer über Hongkong nach China einreisen will, kann das China-Visum dort schnell und unbürokratisch beantragen und sich gleich ein dreimonatiges Visum in den Pass stempeln lassen. Je schneller das Visum ausgestellt werden soll (innerhalb von ein, zwei oder drei Tagen), desto höher ist die Gebühr. Wer das Visum direkt im Visabüro des Außenministeriums der VR China beantragt, zahlt 150 HK$ für die Abholung nach drei Tagen, 300 HK$ für die Abholung am nächsten Tag und 400 HK$ für ein Expressvisum. Bei den meisten Reisebüros zahlt man ab 400 HK$, das Visum erhält man dann am Tag nach der Antragstellung. Der Antrag muss jeweils vor 12 Uhr abgegeben werden. Man kann das Visum gegen einen Aufpreis von HK$ 250 auch innerhalb von sechs Stunden (Urgent Visa) bekommen. Beim Abholen die Quittung für die bezahlte Visagebühr nicht vergessen! Visa werden von den meisten Reisebüros, u. a. CITS und CTS, ausgestellt. Bei einigen Büros kann man gleich drei- oder sechsmonatige Visa mit Mehrfacheinreise beantragen und erspart sich in China u. U. die lästige Verlängerung. Für Einzelreisen sind ein Reisepass, der bei Einreise noch mindestens sechs Monate gültig ist, und ein Passfoto erforderlich.

In Hongkong ist alles käuflich. Kein Problem ist hier der Erwerb des F-Visums. Es kostet bei den meisten Büros als „Multiple-entry-Visum" für sechs Monate um 800 HK$. Alle Arten von Visa bekommt man u. a. bei:

China International Travel Services (HK) Ltd. (CITS), Rm 604-606, 6/F, Tower 2, South Seas

Centre, 75 Mody Rd., Tsimshatsui, Kowloon, ✆ 00852-27325888, ℻ 27217154.
China Travel Service (CTS), 4th Floor, CTS House, 78-83 Connaught Road, Central, ✆ 00852-28533533; G/F China Travel Building, 77 Queen's Road, Central, ✆ 00852-25220450; Alpha House, 1st Floor, 27-33 Nathan Road, Tsimshatsui, ✆ 00852-27157188, und zahlreiche weitere, im ganzen Stadtgebiet verteilte Filialen.
Visabüro der VR China, 5th Floor, Lower Block, China Resources Building, 26 Harbour Road, Wanchai, ✆ 00852-28271811, ⏲ Mo–Fr 9–12.30 und 14–17, Sa 9–12.30 Uhr.

Visa in Nepal

Die Einreise nach Tibet über Nepal ist nicht nur kompliziert, sie erfordert auch einen großen bürokratischen Aufwand. Grundsätzlich bekommt man das Einreisevisum nur, wenn man sich einer Gruppe anschließt. Die Gruppen werden von den verschiedenen Büros in Kathmandu zusammengestellt, dann werden die Namen der Teilnehmer nach Lhasa gefaxt, und mit dem OK aus Tibet darf dann der nepalesische Veranstalter ein **Gruppenvisum** beantragen. Und genau das ist der Haken: Wer mit einem Gruppenvisum einreist, muss auch mit der Gruppe wieder ausreisen, denn man bekommt keinen Stempel in den Pass. Es ist möglich, das Gruppenvisum durch Trickserei in ein Einzelvisum umzuwandeln, aber dafür müssen viele Stellen, und zwar das nepalesische und tibetische Reisebüro und die Beamten am Flughafen oder an der Grenze, mitspielen. Hat das Reisebüro einen guten Draht zu allen beteiligten Stellen wird man das Visum vielleicht bekommen. Bleibt das Problem, dass man mit diesem erschlichenen Visum der Staatsmacht noch hilfloser ausgeliefert ist, denn die kennt die Schliche und wird bei jedem Sonderwunsch, wie einem Permit, die Hand aufhalten. Letztes Problem: Wer bereits ein gültiges Visum für China im Pass hat, bekommt es in Kathmandu mit Ausstellung des Gruppenvisums von der chinesischen Botschaft entwertet. Dagegen verläuft die Ausreise von Tibet nach Nepal völlig problemlos, weshalb man sich ernsthaft überlegen sollte, von China aus nach Tibet und von dort nach Nepal zu reisen. Das nepalesische Visum bekommt man an der Grenze von China nach Nepal für ¥240 oder im nepalesischen Konsulat in Lhasa (s. S. 170).

Visaüberziehung

Die Überziehung des Visums hat ein empfindliches Bußgeld zur Folge, dessen Höhe sich nach der Anzahl der überzogenen Tage berechnet bzw. mit der Anzahl der überzogenen Tage steigt. Ohne Begleichung des Bußgeldes und Einholung eines neuen Visums ist eine Ausreise aus der VR China nicht möglich. Bei Zahlungsverweigerung droht die Umwandlung der Geld- in eine Haftstrafe.

Tibet-Permit

Wer in die Autonome Region Tibet reisen will, benötigt ein Tibet-Permit des **Tibet Tourism Bureau** (T.T.B). Dieses Permit muss in China bei einem Reisebüro zusammen mit der Anreise (z. B. Flug oder Zug) beantragt werden. Das T.T.B. versichert zwar, dass es sich nicht um ein Visum für Tibet handelt, aber de facto wird darüber die Zahl der ausländischen Reisenden nach Tibet begrenzt. Außerdem wird Journalisten, Diplomaten und Mönchen die Einreise entweder verweigert oder nur über ein besonderes Permit, das ab ¥8000 kostet, erlaubt.

Im Normalfall bekommt man das Tibet-Permit ohne große Umschweife in Städten wie Beijing, Shanghai oder Chengdu. Die dortigen Reisebüros buchen einen auf eine Gruppe (die man nie zu sehen bekommt) und im Gegenzug wird man in das Permit eingetragen, von dem man meist nur eine Fax-Kopie erhält. Das Permit kostet ¥50, aber da die meisten Reisebüros es über das T.T.B. in Lhasa beantragen müssen, fallen Verwaltungs- und alle möglichen anderen Gebühren an, sodass man tatsächlich zwischen ¥150 und ¥400 zahlt. Den genauen Preis wird man aber nie erfahren, da er sich in den Gesamtkosten für die Anreise nach Lhasa versteckt. In Chengdu zahlt man z. B. je nach aktueller politscher Lage etwa ¥1700–¥1900 für den Flug nach Lhasa und das Permit. Wichtig ist es, sich die Kopie auch aushändigen zu lassen. Bei Erhalt unbedingt prüfen, ob Name und Passnummer korrekt sind. Nicht jeder wird kontrolliert, aber wenn z. B. die Flughafenbehörden das Dokument sehen wollen und man es nicht vorweisen kann oder die Daten nicht korrekt sind, wird man nicht ins Flugzeug gelassen. Geprüft wird nur, ob das Dokument korrekt ist. Ob man mit einer Gruppe reist, interessiert später niemanden mehr. Das Permit ist oft nur für eine begrenzte Zeit gültig, meist für drei oder sieben Tage oder für die Dauer der gebuchten Tour. Manchmal ist es nur drei oder vier Tage gültig. Danach hält man sich inoffiziell in Tibet auf und kann nicht mehr ohne Weiteres außerhalb des Verwaltungsgebiets von Lhasa herumreisen. Wer mit einem abgelaufenen Tibet-Permit bei der Public Security aufkreuzt, um ein Alien Travel Permit zu beantragen, wird mit einer Geldbuße belegt. Wer über ein Reisebüro bucht, hat in der Regel aber keine Probleme. Die Reisebüros setzen dann ein Schreiben auf, in dem der Polizei mitgeteilt wird, dass das Permit verlorengegangen ist und der „schusselige Ausländer“ neue Dokumente braucht. Für die Ausreise wird das Tibet-Permit nicht benötigt.

Public Security Bureau

Die Public Security (chin. Gong'anju) ist die chinesische Polizei. Sie ist in verschiedene Bereiche aufgeteilt, darunter die ganz gewöhnliche Verkehrspolizei, die man an grünen Uniformen erkennt, und die Staatspolizei, die blaue Uniformen trägt. Die „Schwarzmäntel“, die zivile Polizei, bekommt man eher selten zu Gesicht. In touristisch relevanten Orten gibt es schließlich noch eine Abteilung, die für Ausländer zuständig ist. In China fungieren diese Abteilungen meist auch als Meldeämter, in denen man sich an- und abmeldet und in denen man sein Visum verlängern kann. Als normaler Reisender bekommt man davon nichts mit, da die An- und Abmeldung von den Hotels übernommen wird. In Tibet ist die Ausländerabteilung auch noch zuständig für die Ausstellung von Alien Travel Permits. Die meisten Beamten, auch an den Checkpoints, sind sehr freundlich, zumindest solange alle Papiere in Ordnung sind. Bekommt man eine Strafe aufgebrummt, zum Beispiel weil das Permit fehlt, sollte man die Verhandlungen freundlich führen. Ansonsten hat man mit dieser Behörde meist nichts zu tun.

Alien Travel Permit

In Lhasa selbst interessiert sich zwar niemand mehr für das Dokument, aber wer das Verwaltungsgebiet Lhasa verlassen will, braucht das Tibet-Permit für die Beantragung eines Alien Travel Permits. Dieses wird benötigt, um für Touristen geschlossene Gebiete zu besuchen, und dazu gehören fast alle interessanten Regionen, wie in der Präfektur Lhoka das Kloster Samye, Tsethang, die Königsgräber und Yumbulakhang, in der Präfektur Shigatse das Mt. Everest Base Camp, Sakya und Gyantse, die Region Ngari, der Basum Tso in Nyingchi sowie die Präfektur Chamdo. Wer seine Fahrten über ein Reisebüro bucht, wird das Permit in der Regel problemlos bekommen, aber auch hier gilt: Wenn es mal wieder politisch hakt, kann es Schwierigkeiten geben. Für die genannten Gebiete kann man das Alien Travel Permit auch bei der Public Security in Lhasa selber beantragen. Es kostet ¥50 und wird meist innerhalb einiger Stunden ausgestellt. Allerdings gab es auch hier wechselnde Regelungen, so konnte man das Alien Permit Ende 2007 nur über ein Reisebüro bekommen. Das Public Security Bureau in Shigatse durfte bislang ebenfalls Permits für die Präfektur Shigatse ausstellen. Es kann aber auch vorkommen, dass das Büro es nicht tut, wie zuletzt im November 2007, als man zur Beantragung des Permits für das Mt. Everest Base Camp nach Lhasa zurückgeschickt wurde.

Wer ohne Alien Travel Permit reist, kann natürlich Glück haben, aber wer erwischt wird, muss auf alle Fälle mit einer Geldstrafe zwischen US$40–100 und schlimmstenfalls mit einer Ausweisung aus Tibet oder China rechnen. Meist wird man aber einfach nur zur nächstgelegenen Busstation eskortiert und dorthin zurückgeschickt, wo man herkommt. Je nachdem, wie sensibel die Region ist, in der man erwischt wird, kann das illegale Reisen in geschlossenen Gebieten auch zu einer Art Gruppenhaftung führen. Die restriktive Handhabung der Permit-Ausstellung für das Mt. Everst Base Camp 2007 geht zum Beispiel auf einige Amerikaner zurück, die im Frühjahr des Jahres nicht nur heimlich dorthin reisten, sondern vor Ort auch eine tibetische Flagge entrollten. Infolgedessen durfte man in den Wochen danach gar nicht mehr hin. Es kommt immer wieder vor, dass nach so einem Vorfall auch die offiziell mit einer Genehmigung reisenden Besucher die entsprechenden Regionen verlassen müssen.

Military Permit

Zu guter Letzt gibt es noch das Military Permit, das man zusätzlich zum Tibet-Permit und Alien Travel Permit für militärisch als sensibel geltende Regionen benötigt. Dazu gehören Teile von Ngari, Nyingchi und Nagchu, aber auch der Kailash, das alte Guge-Königreich und die Überlandroute nach Kashgar. Bisher war es so, dass man von Kashgar kommend auch ohne dieses Permit in Ali eintreffen konnte und es dann gegen Zahlung einer „Gebühr" dort bekam. Das Military Permit kann man ansonsten nicht selber beantragen. Es wird nur in Verbindung mit einer offiziell über ein Reisebüro gebuchten Tour ausgestellt und kostet ¥100.

Zeit und Kalender

Zeitverschiebung

In Tibet gilt, wie im ganzen übrigen Land auch, einheitlich die Beijing-Zeit. Der Zeitunterschied zwischen China und Mitteleuropa beträgt im Sommer sechs und im Winter sieben Stunden. Um 12 Uhr mitteleuropäischer Zeit ist es in China also 19 Uhr bzw. zur Sommerzeit 18 Uhr.

Kalender

Der 1027 eingeführte tibetische Kalender **Bot Gyalo** beruht auf dem tantrischen Kalachakra-System (Rad der Zeit) und Elementen des chinesischen Mondkalenders. Danach werden die Jahre nach den 12 Tierkreiszeichen Ratte, Ochse, Tiger, Hase, Drache, Schlange, Pferd, Schaf, Affe, Huhn, Hund und Schwein in Kombination mit den fünf Elementen Eisen, Holz, Wasser, Feuer und Erde sowie nach Yin (weiblich) und Yang (männlich) bezeichnet, wobei das Yin oder Yang vor dem Jahr meist weggelassen wird, da es nur von geringer Bedeutung ist.

Das System des Kalenders baut sich auf einem Zyklus von 60 Jahren auf, wobei die Kombination jedes Elements mit einem der 12 Tiere einen 12-Jahre-Zyklus (der dem Umlauf des Jupiter um die Sonne entspricht) schafft, was dann zusammen den 60-Jahre-Zyklus ergibt.

Jedes Element herrscht zwei aufeinanderfolgende Jahre, das erste ist ein männliches Jahr, das zweite ein weibliches. Sechzig Jahre sind also nötig, bis eine spezielle Kombination z. B. „Feuer-weiblicher-Hase" wiedererscheint.

Das Kalachakra-System verwendet den 60-Jahre-Zyklus „Rabdschung", um die Jahre zu zählen. Jedes Jahr in diesem Zyklus hat einen Namen. Das erste Jahr des ersten Zyklus des tibetischen Kalenders, das als offizielles Datum der Einführung des Kalachakra in Tibet gilt, war 1027. Als das Kalachakra und die chinesischen 60-Jahre-Zyklen aufeinander abgestimmt wurden, fiel das Jahr 1027 nicht auf den Beginn eines chinesischen Zyklus. Die chinesischen Zyklen fangen immer mit einem „Holz-männlich-Ratte-Jahr" an, aber dies war das vierte Jahr eines Zyklus. Aus diesem Grund beginnt der tibetische 60-Jahre- Zyklus mit dem „Feuer-weiblich-Hase-Jahr".

Im tibetischen Kalender wird das Jahr in zwölf Monate zu je 30 Tagen eingeteilt, wobei der Monat mit dem Neumond beginnt und die Monatsmitte vom Vollmond markiert wird. Dieses Mondjahr ergibt 360 Tage und hat gegenüber dem Sonnenjahr einen Rückstand von 5 1/4 Tagen. Um diese Differenz auszugleichen, wird alle drei Jahre ein zusätzlicher Monat von 16 Tagen an einer von den Astrologen für günstig gehaltenen Stelle eingeschoben. Da das echte Mondjahr aber nur 354 Tage zählt, müssen an anderer Stelle wiederum Tage ausgelassen werden. Grundsätzlich wird auch hier von den Astrologen bestimmt, welche Tage als ungünstig gelten. Festgelegt wurde der Kalender traditionell von den Astrologen in der Medizinschule von Lhasa. Wegen seiner komplizierten Bestimmung sind die Daten frühestens ein Jahr vor Beginn bekannt, oft aber noch kurzfristiger. Aus diesem Grund können in diesem Reiseführer auch keine Entsprechungen des gregorianischen Kalenders (wie für den chinesischen Mondkalender möglich) aufgeführt werden.

Zusätzlich wird der tibetische Kalender nach dem königlichen Jahr nummeriert. Dies ist die Anzahl der Jahre seit der Thronbesteigung des ersten tibetischen Königs Nyatri Tsenpo im Jahre 127 v. Chr. Das tibetische Königsjahr rechnet sich also 127 Jahre plus unsere Zeitrechnung (z. B. 2008) = 2135, das Jahr der Erd-Ratte im 22. Jahr des 17. Zyklus.

Zoll

Einfuhr

Verboten ist die Einfuhr von Sendeanlagen, Waffen, Munition, verseuchten Nahrungsmitteln, Rauschmitteln, Tieren sowie pornografischer und konterrevolutionärer Literatur (was immer das bedeuten mag – mit gewöhnlicher Reiseliteratur gibt es jedenfalls meist keine Probleme). Genussmittel dürfen im üblichen Umfang mitgenommen werden: 400 Zigaretten und zwei Flaschen Spirituosen à 750 ml sind zollfrei. Devisen dürfen bis US$5000 (oder Gegenwert in anderen Währungen) eingeführt werden. Ansonsten muss eine Einfuhrerklärung abgegeben werden. Ferner dürfen bis zu ¥6000 eingeführt werden.

Ausfuhr

Noten und Münzen der **Landeswährung** Renminbi (RMB) dürfen auch bei der Ausreise in Höhe von max. ¥6000 mitgenommen werden. Ein Rücktausch erfolgt am Flughafen jedoch nur bei Vorlage der letzten Umtauschquittung. Kein Problem ist ein Umtausch von RMB in Hongkong. Man braucht hier auch keine Quittung. Fremdwährungen dürfen ohne Deklaration bis zu einer Höhe von US$5000 oder dem entsprechenden Wert einer anderer Währung ausgeführt werden.

Die Ausfuhr von **Antiquitäten** ist ohne das rote Lacksiegel eines offiziellen Antiquitätengeschäfts streng verboten. Die Ausfuhr von Münzen aus der Zeit vor 1949 ist grundsätzlich verboten. Selbst mit diesem Siegel und offiziellen Papieren kann es vorkommen, dass der Zoll die ausgeführten Antiquitäten, oder was immer er dafür hält, beschlagnahmt. Man hat dann keine Möglichkeit, wieder an die Sachen heranzukommen. Wer größere Mengen von Antiquitäten ausführen will, die er im Laufe eines längeren Aufenthalts zusammengetragen hat, muss sie vom Zoll vor der Ausfuhr inspizieren lassen. Bei Umzugsgut organisiert normalerweise die Spedition den Termin der Prüfung, die i. d. R. zu Hause stattfindet.

Land und Leute

Land und Geografie

Fläche: 1,2 Mill. km²
Nord-Süd-Ausdehnung: ca. 1300 km
Ost-West-Ausdehnung: ca. 2600 km
Größte Städte: Lhasa (ca. 230 000 Ew. in Lhasa-Stadt), Shigatse (ca. 94 000 Ew.)
Längster Fluss: Yarlung Tsangpo (2896 km, davon 2057 km in Tibet)
Höchster Berg: Mt. Everest (8848 m)
Tiefste Schlucht: Yarlung Tsangpo Canyon (5382 m)
Höchster Flughafen: Pangda/Bamda (4334 m)
Höchster Bahnhof: Tanggula Shan Zhan (5070 m)

Einst lag Tibet unter Wasser. Die Souvenirhändler von Lhasa liefern mit ihren Auslagen den Beweis: Sie verkaufen an ihren Ständen alte Korallen und Muschelfossilien, die ausnahmsweise einmal keine Imitate sind. Bis vor rund 100 Mill. Jahren lagen große Teile der Landfläche Tibets unter den Fluten des Tethys-Meeres. Forscher fanden darüber hinaus Fossilien von Dreizehen-Pferden, Nashörnern, Elefanten und Hyänen sowie von zahlreichen tropischen Pflanzen. Sogar Karstlandschaften, wie man sie sonst im Tiefland Südchinas findet, existieren in den Hochebenen Tibets. Auch sie beweisen, dass Tibet einst ein tropisches Land am Ufer eines Meeres war. Muschelkalk lagerte sich über die Jahrmillionen ab. Dann aber wich das Meer zurück, die Erdkruste hob sich, wobei die Kalkablagerungen aufbrachen, sich umschichteten und durch Erosion ihr heutiges Aussehen erhielten. Das passierte vor etwa 100 Mill. Jahren, als der tektonische Druck der Indischen Platte die **Auffaltung des Gangdise und Nyanchen-Thanglha** bewirkte, während sich das tibetische Plateau auf etwa 1000 m anhob. Während dieses geologischen Prozesses wurden gigantische Steinmassen nach unten gedrückt, schmolzen und stiegen, begleitet von starker **Vulkantätigkeit**, als Magma an die Oberfläche. Bisher konnten in Tibet über 600 ehemalige Vulkane lokalisiert werden, und im gesamten Gürtel zwischen Gangdise/Nyanchen-Thanglha und dem Himalaya-Südrand ist diese vulkanische Tätigkeit noch in Form zahlloser heißer Quellen und Geysire sichtbar, während man in der Kollisionsfurche entlang der heutigen Flussläufe von Indus und Yarlung Tsangpo Kissenlava findet, die sich bei Vulkanausbrüchen am Meeresboden bildet.

Die Drift der Indischen Platte unter den eurasischen Kontinent kam nicht zum Erliegen, sondern verlangsamte sich vor 50 Mill. Jahren nur ein wenig. Das tibetische Plateau wurde in den folgenden 20 Mill. Jahren weiter in die Höhe gedrückt, und zwar auf 2000 m. Wegen der starken **Hebung des Plateaus** in seiner Gesamtheit hatten die Flüsse keine Zeit, sich ins Gestein hineinzuschneiden, und so konnte sich die Oberfläche im Norden des Landes seit rund 30 Mill. Jahren ihre ursprüngliche weite und flache Struktur erhalten. Die erhabene Erscheinung des heutigen Plateaus mit seiner Höhe von durchschnittlich 4500 m ist dagegen das Ergebnis von Hebungen, die erst in den letzten 2 Mill. Jahren stattgefunden haben und noch immer stattfinden, da die Indische Platte immer weiter unter die eurasische Platte driftet. Damit ist Tibet die jüngste Hochebene der Welt, die noch dazu jedes Jahr um fünf bis zehn Millimeter wächst.

Das ethnische oder geografische Tibet umfasst die gewaltige **Fläche** von rund 2,3 Mill. km². Die 1965 geschaffene Autonome Region Tibet hat zwar nur noch eine Fläche von 1,2 Mill. km², aber das ist immer noch so viel wie Deutschland, Großbritannien, Frankreich und Österreich zusammen.

Tibets **Grenze** zu Indien, Nepal, Bhutan und Myanmar ist über 3842 km lang, davon entfallen allein 2000 km auf den Grenzverlauf mit Indien. Trotz aller Freundschaftsbeteuerungen sind die indisch-chinesischen Beziehungen immer noch angespannt, da es nach wie vor ungelöste Grenzstreitigkeiten zwischen beiden Ländern gibt. So erhebt China im Nordosten Indiens Anspruch auf einen Großteil von Arunachal Pradesh, während Indien im Nordwesten die Region Aksai Chin für sich reklamiert. Offiziell hat China bislang nur anerkannt, dass das ehemalige buddhistische Königreich Sikkim, das 1975 ein indischer Bundesstaat wurde, zur Indischen Union gehört. Im Gegenzug akzeptiert Indien seit 2003, dass Tibet ein Teil Chinas ist – was für China strategisch weitaus bedeutender ist. Im Juli 2006 wurde der seit 1962 geschlossene Gebirgspass

Die McMahon-Linie

Die nach dem britischen Chefdiplomaten und Außenminister des Vizekönigreichs Britisch-Indien Sir Henry McMahon benannte Linie, die das von Indien kontrollierte Arunachal Pradesh von Tibet trennt, stiftet seit ihrer relativ willkürlichen Einrichtung im Jahr 1914 Unfrieden. Zustande kam sie, als Großbritannien, China und Tibet im indischen Simla über die Zukunft Tibets konferierten. Das Ergebnis war das Abkommen von Simla (s. S. 116), das von China jedoch nicht ratifiziert wurde. In einem Zusatzabkommen mit Tibet erwirkte Sir McMahon von den Tibetern die Abtretung des heute zu Indien gehörenden Arunachal Pradesh an das britische Kolonialreich. China betrachtet diese Grenzziehung bis heute als ungültig. 1962–1963 kam es erstmals zu einem bewaffneten Konflikt zwischen beiden Ländern, als China Teile Arunachal Pradeshs besetzte. 1986 folgten weitere Auseinandersetzungen, die 1987 entschärft wurden. Seitdem haben beide Länder ihre Soldaten von der McMahon-Linie abgezogen.

Nathu La wieder geöffnet, der den indischen Bundesstaat Sikkim mit der Autonomen Region Tibet verbindet.

Das Dach der Welt

Tibet kann zahlreiche Superlative auf sich vereinen. Hier stehen die höchsten Berge der Welt, und zwar der Qomolangma (Mt. Everest, 8848 m), Lhotse (8516), Makalu (8485 m), Cho Oyu (8188 m) und Shisha Pangma (8027 m). Die Siebentausender lassen sich schon gar nicht mehr auflisten (wer es dennoch wissen will, findet unter 💻 www.himalaya-info.org/Gipfel.htm eine vollständige Übersicht), es sind rund 50, während die Tibet nach Süden hin abschirmende Himalaya-Kette ansonsten eine durchschnittliche Höhe von 6200 m aufweist. Das „Meer der Gebirge", so ein Beiname Tibets, wird im Norden vom mächtigen Kunlun-Gebirge, das mehr als 200 über 6000 m hohe Gipfel zählt, im Westen vom Karakorum und im Osten von verschiedenen Gebirgsketten wie dem Hengduan Shan, Min Shan oder Minya Konka (Gongga Shan) begrenzt.

Auch im Inneren gibt es einige große Gebirge, die sich wie endlose Wälle durch das Hochland ziehen, darunter die 1000 km lange Gebirgskette des Gangdise mit dem 7223 m hohen Ningchin Kangsha als höchstem und dem Kailash als berühmtestem Gipfel und die sich anschließende, 1400 km lange Nyanchen-Thanglha-Kette (Sven Hedin bezeichnete Gangdise und Nyanchen-Thanglha als Transhimalaya), die sich nördlich von Lhasa bis weit nach Osttibet zieht und ebenfalls zahllose imposante Schneegipfel vorweisen kann. Höchster Berg dieses Teils ist der Nyanchen-Thanglha (7162 m) nördlich von Lhasa am Nam Tso. Daneben gibt es noch den Tanggula Shan, der die Autonome Region Tibet von der heutigen Provinz Qinghai, dem ehemaligen Amdo, trennt. Hier befindet sich das Quellgebiet von Chinas längstem Fluss, dem Chang Jiang (Yangzi).

Die Regionen Tibets

Tibet kann in vier große Hauptregionen gegliedert werden, nämlich Osttibet, Zentraltibet, Westtibet und den Changtang. Nimmt man auch die frühere tibetische Provinz Amdo, das heute aus der Provinz Qinghai und Teilen der Provinzen Gansu und Sichuan besteht, sind es sogar fünf. Teilweise werden Westtibet und der Changtang heute auch als eine geografische Region aufgeführt.

Osttibet (Kham)

Osttibet ist allgemein unter dem Namen Kham bekannt und umfasst geografisch auch Teile Yunnans und Sichuans. Dieses ausgedehnte Gebiet, schrieb der englische Konsularbeamte Sir Eric Teichmann „ist eine einzige undifferenzierte Aufeinanderfolge von Gebirgsmassiven, und die von den Flüssen hineingeschnittenen Schluchten, in denen man reist, sind zu tief und eng." Für tibetische Verhältnisse sind die Pässe Osttibets gar nicht so hoch, sie rangieren zwischen 4000 und 5000 m, aber es gibt unglaublich viele von ihnen und sie sind oft verschneit und dann nicht

passierbar. In weiten Teilen Khams regnet es häufig, und so verfügt diese Region über große Wälder und saftige Grasländer. Vier der größten asiatischen Flüsse folgen wie Adern dem Südgefälle der gebirgigen Wildnis Osttibets, und zwar der Dri Chu (Yangzi/Chang Jiang), Ngom Chu (Lancang Jiang, Mekong), Tarung/Drung Jang (Irrawaddy) und Nak Chu (Nu Jiang, Salween).

Zentraltibet

Das tibetische Kernland oder auch Zentraltibet, das sich im Becken des Yarlung Tsangpo erstreckt, ist gewissermaßen die Kornkammer, aber auch die kulturelle Wiege Tibets. Die weiten Täler hier liegen durchschnittlich 3700 m hoch und im Frühjahr und Sommer beleben sie mit ihrem tiefen Grün und Gelb das ansonsten wüstenähnliche Bild der unfruchtbaren Berghänge und anderen Täler.

Hier reihen sich die wenigen Städte Tsethang, Lhasa, Shigatse und Gyantse auf. Aus dem Süden des Yarlung-Tals kamen die ersten Könige Tibets, und unter dem Namen Ü-Tsang war diese Region die Quelle der tibetischen Macht und Orthodoxie.

Westtibet (Ngari)

Die dritte große Region ist Westtibet oder Ngari, das wie Kham durch sein Flusssystem charakterisiert wird. Anders als in Kham strömen die Flüsse Ngaris allerdings von einem zentralen Ursprungsgebiet aus in alle vier Himmelsrichtungen auseinander. Verehrt von Buddhisten und Hindus, haben hier am Fuße des heiligen Berges Kailash (Kangriboqe) in einer der grandiosesten Landschaften der Welt Indus, Sutlej, Karnali (ein Nebenfluss des Ganges) und der Tsangpo (Brahmaputra) ihre Quellen. Bis ins 17. Jh. hinein existierte hier das buddhistische Königreich Guge. Kaum zu glauben, dass diese ausgemergelte Wüstenregion einst ein blühendes Reich war. Vermutlich ging es durch eine Klimaveränderung unter. Heute unterscheiden sich das trockene Klima und die spärliche Vegetation nicht mehr sonderlich von der vierten Großregion, dem Changtang.

Changtang

Changtang, die „nördliche Ebene", ist mit einer Fläche von rund 440 000 km², einer Ost-West-Ausdehnung von etwa 1500 km und einer durchschnittlichen Höhe von 4500 m eine der für Menschen lebensfeindlichsten Regionen Asiens. Das Bild wird von Geröll, brackigen Seen, Salzflächen und zerklüfteten Gebirgen geprägt. Das Plateau ist chronisch sturmgepeitscht, sodass der Schnee nicht liegen bleibt. In den eisigen Wintern stürzen die Temperaturen auf Minusgrade um die 40 Grad. Da Erosion und Zertalung durch die großen Flüsse in den nördlichen Quellgebieten noch nicht eingesetzt haben, stellen die Steppen des Changtang das zusammenhängendste, zugleich aber unwirtschaftlichste Steppenareal Tibets dar. In diesen nahezu menschenleeren Einöden beschränkt sich die Vegetationsperiode auf gerade einmal zwei Monate, während sie an den Rändern bei immerhin drei bis vier Monaten liegt. Dennoch sind in dieser Region viele Tiere beheimatet, und an den Rändern durchstreifen Nomaden das Territorium. Als 1993 der 298 000 km² große Changtang-Nationalpark eingerichtet wurde, lebten in dieser Region, die zu den am dünnsten besiedelten der Erde gehört, 22 000 Menschen. Die meisten von ihnen waren halbnomadische Hirten, die hier über 1,4 Mill. Yaks und Schafe hüteten. Die große Zahl an Nutztieren nimmt weiter zu und bedroht die einheimische Tierwelt, indem sie ihr den Lebensraum streitig macht.

Flüsse und Seen

Keine andere Region Chinas hat mehr Flüsse und Seen als Tibet. Das Land ist nicht nur das Quellgebiet einiger der größten Ströme Asiens wie Yangzi (6380 km), Gelber Fluss (5464 km), Mekong (4350 km), Indus (3180 km), Brahmaputra (2896 km), Salween (2815 km) und Sutlej (1450 km), sondern mit über 365 Flüssen und über 1500 Seen, davon allein 1000 im Changtang, auch die wasserreichste Region Chinas. 787 Seen sind größer als 1 km² und sieben Seen sogar größer als 500 km². Damit verfügt Tibet über die größte Seenfläche der Welt. Die meisten Seen nördlich des Gangdise, der auch die Wasserscheide bildet, entstanden während der letzten Eiszeit. Da ein Großteil von ihnen abflusslos ist, versalzten sie im Laufe der Jahrtausende.

Der größte See Tibets ist der **Nam Tso**. Mit einer Fläche von 1920 km² ist er der größte Salzsee der Autonomen Region Tibet und auf einer Höhe von 4718 m auch der höchstgelegene Salzsee der Welt. Weitere über 1000 km² große Seen sind der Serling Tso, Dangra Yutso, Trari (Zhari) Nam Tso, die sich zusammen mit einigen anderen mittelgroßen (200 bis 900 km²) Seen wie dem Kering Tso, Nyangtse Tso, Taro Tso und Nganglha Ringtso am nördlichen Fuß des Gangdise entlang ziehen.

Ein wenig aus der Reihe tanzt der 412 km² große **Mapham Yutso** (Manasarovar-See), der auf einer Höhe von 4585 m liegt. Lange galt er als höchstgelegener Süßwassersee der Welt, bis der Sengli Tso nahe der Kreisstadt Drongpa vermessen wurde und sich mit 5386 m als noch höher liegend herausstellte. Der größte Süßwassersee Tibets ist der fächerförmige **Yamdrok Tso** mit einer Fläche von 621 km².

Eine weitere Besonderheit sind die Tsaka (Caka)-Salzseen, bei denen es sich um fast vollständig versalzene Seen handelt. Insgesamt gibt es über 250 **Tsakas** mit einer Gesamtfläche von 8000 km², die geschätzte 140 Mill. Tonnen Salz enthalten. An ihren Ufern liegen aber fast immer üppige Weiden, die den Lebensraum vieler seltener Tiere bilden.

Die Mehrheit der Seen und nahezu alle großen Seen sind tektonischen Ursprungs und entstanden durch Risse und Druck in der Erdkruste. Aus diesem Grunde findet man rund um die Seen auch die Spuren tektonischer Aktivitäten wie die sich auftürmenden Gebirgskämme, die steilen Ufer und vielen heißen Quellen. Die in diesem Kapitel genannten Seen liegen genau auf den tektonischen Linien dieser Gebiete und sind daher wie eine Perlenkette aufgereiht. Viele der Seen sind im Laufe der Jahrtausende geschrumpft, und so haben sich an ihren Ufern große Flachebenen, Salzebenen und Feuchtgebiete erhalten, die heute eine reichhaltige Flora und Fauna beherbergen.

Schließlich gibt es noch die **Gletscher**. Über 17 000 sollen es sein, davon allein 2756 westlich der Ortschaft Pome, wo die mächtigen, vom ewigen Schnee bedeckten Gipfel der Nyanchen-Thanglha-Kette in den stahlblauen Himmel ragen. Da die Niederschlagsmengen in Tibet gering sind, ist das Schmelzwasser der Gletscher wichtig, um die lokalen Flüsse und Seen mit Wasser zu versorgen. Die Eisreserven Tibets werden auf 4757 Kubikkilometer geschätzt, das ist die 75-fache Menge an Wasser, die aus dem Gelben Fluss jährlich ins Meer fließt (57,45 Milliarden Kubikmeter).

Flora und Fauna

Pflanzenwelt

Dank seiner unterschiedlichen Klimazonen und einer variantenreichen Topografie konnte sich in Tibet eine ungeheure Vielfalt an Vegetationsformen entwickeln. Tatsächlich kommen hier alle bedeutenden Ökosysteme, die es auf der Erde sonst nur auf ganzen Kontinenten gibt, vor, nämlich Wälder, Buschzonen, Steppen, Wüsten und Wassersysteme. Die bekannte Artenvielfalt des tibetischen Hochlands wird von Biologen nur noch mit dem Artenreichtum des Regenwalds im Amazonas verglichen. Viele Pflanzen sind bis heute noch gar nicht erfasst. 12 000 Arten soll es geben, darunter allein 400 verschiedene Rhododendron-Arten, das ist die Hälfte aller vorkommenden Rhododendren auf der Welt, und 5000 Pilzarten. Von den über 5000 Wildpflanzen sind mehr als 1000 von großem Wert für die Medizin. Allein 400 finden vor allem in der chinesischen Medizin häufige Verwendung, darunter Safran, Bergrhabarber, Süßer Tragant und Glänzender Lackporling.

Etwa 70 Arten an Aroma-Pflanzen wie Minze, Salbei und Gewürzstrauch werden für Essenzen und Parfüms genutzt. Und dann gibt es zu guter Letzt noch über 100 Arten an Faserpflanzen wie die Bajiao-Banane, weiße Rattanpalme oder Winter-Seidelbast, Stärkepflanzen wie Bergeiche, Himalaya-Haselnuss, Fingerkraut und verschiedene Arten an Yamswurzeln, Zuckerpflanzen wie Sanddorn, Brombeeren und Zuckerpalme und zahllose natürliche Gartenpflanzen wie Rose, Jasmin, Zierapfel und Azaleen.

Hochgebirgsvegetation

Die Pflanzenvielfalt ist in Tibet sehr ungleichmäßig verteilt. So kommen im unwirtlichen Nordtibet gerade einmal 100 verschiedene Arten vor. Vielfach übersieht man sie als flüchtiger Reisender, denn ab einer Höhe von 4200 m werden die rar gesäten Pflanzen mit Mühe gerade einmal 10 cm hoch. Viele dieser Hochgebirgspflanzen tragen einen dichten Flaum, mit dem sie ihren Luftaustausch zwischen Pflanzeninnerem und Außenwelt regulieren. Gleichzeitig dient der Flaum als Wärmespeicher, um die Nachtkälte zu überstehen und die starken UV-Strahlen abzuwehren. Der bekannteste Vertreter dieser Hochgebirgsflora ist der **Schneelotus**, der in Höhen des Dauerfrostes zwischen 4800 und 5800 m wächst. Seine Wurzeln werden bis zu 1 m lang,

„Winter-Wurm-Sommer-Gras"

Der **Chinesische Raupenpilz** ist eine eigenwillige Kombination aus Pilz und Insekt, der in Höhen zwischen 3500 und 5000 m wächst. Im Winter sieht der Pilz wie eine Seidenraupe aus, die sich in der oberen Erdschicht vergraben hat. Im Sommer beginnt dann ein schwarzer, streichholzartiger Trieb aus dem Kopf zu wachsen. Tatsächlich ist der auch „Winter-Wurm-Sommer-Gras" genannte Pilz eine Kombination aus dem Stroma eines Pilzes und dem toten Körper seines Wirts, einer Mottenlarve. Da der Pilz Fette, Eiweiße, viele Vitamine, Aminosäuren und pflanzliche Nährstoffe enthält, die das menschliche Immunsystem stärken, gehört er zu den wichtigen Heilpflanzen Tibets und wurde schon in der Ming-Dynastie (1369–1644) bis nach Japan exportiert. In Tibet bekommt man den Chinesischen Raupenpilz immer wieder von fliegenden tibetischen Händlern angeboten, für die der Verkauf ihre Haupteinnahmequelle bildet. Er ist überaus teuer und kostet bis zu ¥20 pro Stück. Die Kräutersammler müssen bis zu 20 cm tief graben, um den Pilz vorsichtig aus dem Grasland zu lösen; unvorsichtiges Graben kann zu Schäden und Zerstörung der Grasdecke führen. Das wiederum hat Auswirkungen auf das sowieso schon sensible Ökosystem des Hochlands von Tibet.

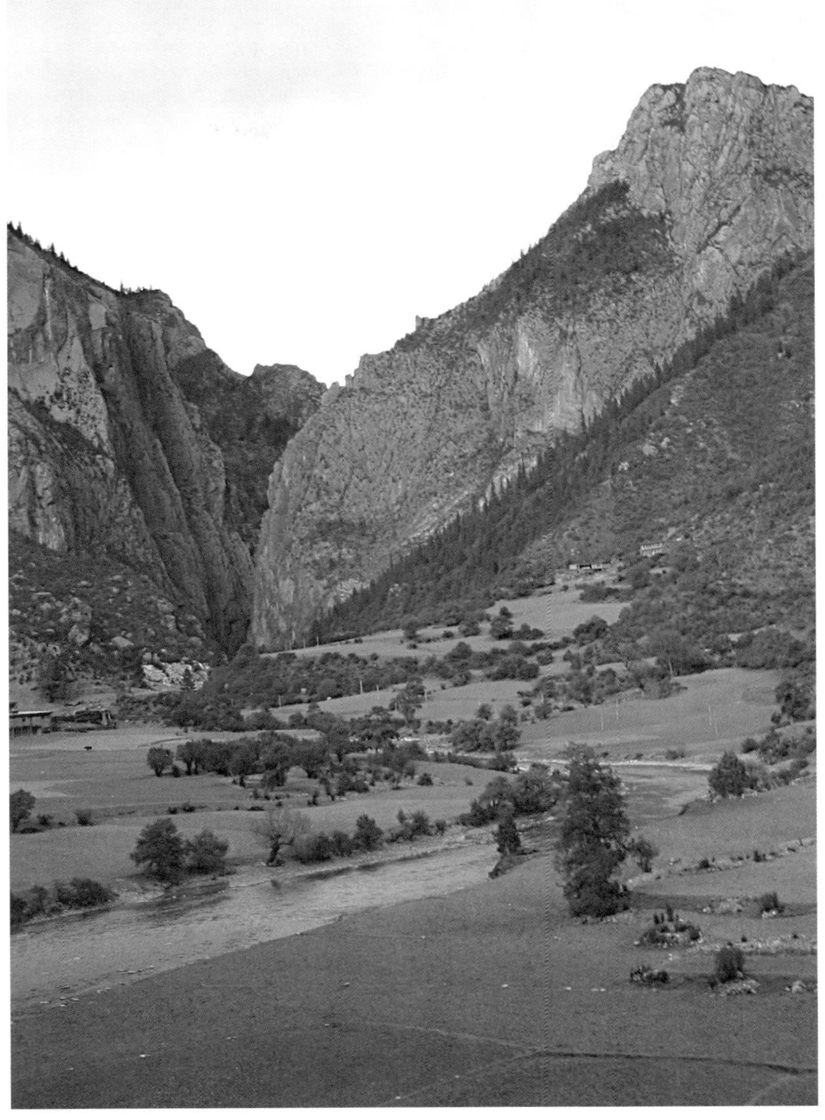
Flüsse und fruchtbare, grüne Täler prägen den Osten Tibets.

Gletscherdramen

Gletscher gelten als sensibles Barometer für das Weltklima, und das ist auch in Tibet deutlich erkennbar. Der geringer werdende Niederschlag, die schwindenden Schneemengen und die langsame Erwärmung des tibetischen Hochlands haben zu einer dramatischen Abnahme der Gletscherflächen Tibets geführt. Über 17 % sind in den letzten 30 Jahren bereits verlorengegangen. Mit den Gletschern geht auch das in ihnen gebundene Wasser dahin. Der bedrohliche Rückgang kann in den nächsten Dekaden dazu führen, dass z. B. die Hälfte des Wassers, das den Gelben Fluss speist, versiegt. In den vergangenen 50 Jahren sind die Pegelstände der beiden von Gletschern gespeisten Seen Kyaring Tso und Ngoring Tso um drei bis vier Meter gesunken. Das klingt eigentlich nicht so schlimm, aber beide Seen fließen in den Gelben Fluss ab. An dessen Ufern befinden sich 20 % der Ackerfläche Chinas – geht dem einst wegen seiner verheerenden Überschwemmungen und Laufänderungen gefürchteten Strom das Wasser aus, ist Chinas Nahrungsmittelproduktion akut bedroht.

Auch Flüssen wie dem Brahmaputra, Indus, Ganges oder Mekong könnte das Wasser ausgehen, wodurch die Lebensgrundlage weiterer 500 bis 600 Mill. Menschen bedroht wäre. Allein im Ost-Himalaya sind bereits mehr als 2000 Gletscher verschwunden. Geht die Entwicklung im gleichen Tempo weiter, wird es laut radikalen Schätzungen im Jahr 2100 in China keine Gletscher mehr geben. Selbst die streng zensierte chinesische Volkszeitung berichtete alarmiert, dass die Schneefallgrenzen stiegen und die Feuchtgebiete abnähmen. In den vergangenen 30 Jahren seien die Gletscher Tibets jährlich um über 130 km^2 zurückgegangen, schreibt das Blatt. Bis 2050 würden sich die Gletschermassen bei gleichbleibendem Rückgang um ein Drittel, bis 2090 um die Hälfte reduzieren. Schneefall ist die Nahrung von Gletschern: Durch immer neue Schneeschichten, die unter großem Druck langsam zu Eis werden, gewinnen Gletscher an Volumen. Das ist besonders in Jahren starker Schmelze wichtig. Jetzt experimentieren chinesische Meteorologen mit künstlichem Schnee: Über Tibet zwangen sie im Jahr 2007 Wolken zum Niederschlag – der Umwelt zuliebe. Noch befinden sich diese Aktionen im Experimentierstadion, aber eines Tages wird künstlich erzwungener Schneefall für Tibet und Asien vielleicht lebensrettend sein.

das Zehnfache der oberirdischen Größe, damit er genügend Wasser und Nährstoffe speichern kann. Kein Wunder also, dass diese genügsame Pflanze zum Symbol des hartnäckigen Lebenswillens in extremen Höhenlagen avancierte. In der chinesischen Medizin dient sie übrigens als Erkältungsmittel, wird aber auch zur Behandlung gynäkologischer Erkrankungen eingesetzt. Ansonsten wird Nord- und Westtibet von Grasland dominiert. Diese oft sehr karg wirkenden **Bergwiesen** sind überaus nährstoffreich und bilden den Lebensraum von Tibets Huftierherden und natürlich der Nomaden, die hier die Lebensgrundlage für ihr Vieh finden.

Ökosysteme des Mt. Everest

Einen besonderen Artenreichtum bietet das Ökosystem des Mt. Everest. Über 2348 verschiedene höhere Pflanzen wurden hier bisher bestimmt. Die große Höhendifferenz von 8848 m an der höchsten Stelle und 1440 m an der tiefsten, die klimatischen Unterschiede zwischen dem Nord- und dem Südhang führten zur Entstehung einzigartiger ökologischer Konstellationen mit vielen unterschiedlichen Naturlandschaften. Wer von Dram (Zhangmu) zum Kloster Rongbuk fährt, bekommt auf wenigen Kilometern das gesamte Spektrum von arktischen bis zu subtropischen Lebensräumen geboten. Angefangen beim feuchten Bergwald-Ökosystem mit seinen tropischen Regenwäldern in den tiefsten Bereichen, steigt man auf zu den immergrünen Nadelwäldern und Wäldern mit hartblättrigen Laubbäumen, die sich zwischen 2400 und 3300 m ausdehnen. Hier wachsen chinesische Schierlingstannen, Kiefern und Eichen. Zwischen 3100 und 3900 m gedeihen dunkle frostbeständige Nadelwälder und Mischwälder aus Tannen und Birken. Ab 3700 bis 4700 m beherrschen kältebeständige Sträucher und Bergwiesen das Ökosystem. Dort, wo die kälteresistenten Sträucher auf etwa 4200 m vorherrschen, findet man eine große Bandbreite an **Azaleen**, insgesamt zehn verschiedene Arten wie die Wight-Azalee, Schnee-Azalee und Setose-Azalee. Die frostigen Bergwiesen werden dagegen von krautförmigen Pflanzen dominiert, z. B. Knöterich, Rundährenknöterich, Scharfschwingel, Himalaya-Beifuß und grünes Schilfrohr, sowie einer Vielfalt an **Winterjasmin**. Ab 4700 bis 5900 m dünnt die Vegetation dann aus. Zu rau ist das Klima, der Boden besteht aus einer Permafrostschicht, und dennoch gibt es einige spärliche, meist kissenförmige Pflanzen. Was danach kommt, galt lange als vegetationslose Einöde, bis Bergsteiger auf 6100 m eine Enzianart und auf 8306 m Bakterien, die unter Kieselsteinen überleben, entdeckten.

Grünes Schatzhaus Osttibet

Die meisten Pflanzenarten kommen in den Wäldern Ost- und Südosttibets mit ihrem gemäßigteren Klima vor. Hierbei handelt es sich um sehr alte, dichte Wälder, die leider am stärksten vom Kahlschlag betroffen sind. Bis 1949 wies Tibet einige der ältesten Waldbestände in ganz Zentralasien auf. Diese Wälder im Osten, Südosten und Süden des Landes wuchsen im Großen und Ganzen unberührt an steilen, abgeschiedenen Berghängen. Ihre Regeneration erfolgte auf natürliche Weise, weil Holzfällen und das Schlagen der Bäume zur Brennholzgewinnung verboten waren.

Noch gibt es zwar intakte **Urwälder**, aber sie haben dramatisch abgenommen. Dort, wo die Ökologie noch im Gleichgewicht ist, liegt zwischen 1200 und 3200 m die subtropische Zone mit immergrünen Laub- und Mischwäldern. Danach dominieren bis auf eine Höhe von 4200 m Nadelbaumwälder mit Fichten und Tannen. Tatsächlich findet man aber in Tibet alle wichtigen Baumarten der nördlichen Hemisphäre, darunter Hemlocktannen, Zypressen, Kapokbäume, Pappeln, Hochgebirgseichen und Birken. Zu den häufigsten Baumarten Osttibets gehören die Yunnan-Kiefern, Himalaya-Tannen und -Fichten, Tibetische Lärchen und Weißkiefern. Ein Merkmal der Wälder im Osten ist ihr relativ hoher Holzbestand pro Flächeneinheit und ihr schnelles und lang anhaltendes Wachstum. Der **Fichtenwald** von Pome hat einen Holzbestand von 2000 Kubikmetern pro Hektar – Weltrekord.

Auch sonst geizt der Osten nicht mit seiner Pflanzenvielfalt. Allein in der Region um Chamdo wachsen 1200 Arten von **Heilkräutern** wie Moschus, Ginseng, Rhabarber, Großblättriger Enzian, Chinesischer Raupenpilz und Rhodiola sachalinensis, das eine besondere Wirkung bei Sauerstoffmangel hat und die Funktion von Herz- und Nervengefäßen verbessert. In China bekommt man dieses Heilkraut daher auch als Mittel zur Vorbeugung gegen Höhenkrankheit (s. S. 321). Weiter südlich im Kreis Pashod/Baxoi dehnen sich üppige Grasländer mit niedrigen und dicken Wiesenpflanzen aus.

Tierwelt

Ähnlich variantenreich wie die Flora ist Tibets Tierwelt. Über 800 Arten bevölkern die Hochebenen, Täler und Berge, darunter 488 Vogelarten, von denen 22 ausschließlich in Tibet beheimatet sind. Die Flüsse und Seen werden von 68 Fischarten bevölkert, dazu kommen noch etwa 56 Reptilien- und 45 Amphibienarten. 125 Tierarten mussten unter Naturschutz gestellt werden. 45 davon leben ausschließlich in Tibet.

Gleich den gewaltigen Büffelherden Nordamerikas streiften noch bis vor 50 Jahren riesige Herden Tibetischer Gazellen, Wildesel, Tibetantilopen und Wildyaks durch Tibets Hochsteppen. Der wegen seiner Nähe zu den Nationalsozialisten umstrittene deutsche Zoologe und Tibetforscher Ernst Schäfer war von den Tierherden und der Vielfalt so beeindruckt, dass er die Lebensräume Zentral- und Westtibets nach den dort jeweils am häufigsten vorkommenden Huftieren einteilte.

Wildyaksteppe

Die Höhenlagen zwischen 4500–5200 m nannte Schäfer Wildyaksteppe. Hier beträgt die Vegetationszeit gerade einmal zwei Monate. Noch bis etwa 1950 zogen bis zu einer Million **Wildyaks** über die endlosen Weiten, heute wird ihr Bestand auf gerade einmal 10 000 Tiere geschätzt, die mittlerweile unter strengem Schutz stehen.

Das Problem der Wilderei konnte dank eines streng überwachten Waffenverbots im Changtang-Nationalpark zwar eingedämmt werden, aber das Vordringen der Hirten mit ihren domestizierten Yaks hat zu neuen Problemen geführt. Wilde Yakbullen entführen ganze Herden weiblicher Hausyaks. Da die bis zu 3 m langen und 1200 kg schweren Bullen äußerst aggressiv und gefährlich werden können, sind die „entführten" Yakkühe meist unwiederbringlich für ihre Besitzer verloren. Hier versucht man mittlerweile die Betroffenen wenigstens finanziell zu entschädigen, um ein Abschießen der als Konkurrenz empfundenen Wildyaks zu verhindern. Weitere Bewohner der Wildyaksteppen sind der vom Aussterben bedrohte Tibetische Braunbär, Wölfe und **Tibetantilopen** (Chiru), die meist in Herden von 20 Tieren umherziehen aber auch Herden mit Hunderten von Tieren bilden können. Dazwischen hoppeln tausende von **Pfeifhasen** (Pikas), etwa meerschweinchengroße, schwanzlose Nagetiere, über die Steppen. Sie durchwühlen die harte Erde und erhalten dadurch die Fruchtbarkeit der Böden.

Ein typischer Vogel der Wildyaksteppen ist der **Schwarzhalskranich**, die einzige Kranichart der Welt, die im Hochland lebt. Zu seinem Schutz wurde der Serling-Nationalpark als Appendix zum Chantang-Nationalpark eingerichtet. Auch das **Tibet-Königshuhn**, ein riesiger wilder Vertreter der Feldhühner hat hier seinen Lebensraum.

Kiangsteppe

Die Ebenen in einer Höhe zwischen 4000–4500 m nannte Schäfer nach den hier grasenden Wildeseln Kiangsteppe. Die Vegetationszeit in diesen Steppengebieten beträgt zwischen drei und vier Monaten. Die tibetischen Wildesel, Kiangs, leben in Herden zwischen 8 und 20 Tieren, bilden gelegentlich aber auch Herden von bis zu 500 Tieren. Ihre Zahl wird auf etwa 50 000–60 000 Tiere geschätzt. Die Kiangs sind gelbbraun und die Bauchdecke ist weiß gezeichnet. Die Läufe sind weiß und sehen ein wenig wie Strümpfe aus. Die Tiere erreichen eine Schulterhöhe von etwa 1,20 m. Neben den Kiangs leben hier aber auch Braunbären, Luchse, Tibetantilopen, Füchse und die allgegenwärtigen Pfeifhasen. An den Seeufern brüten **Streifengänse**, die Flughöhen von bis zu 10 000 m erreichen können, Bachstelzen und tausende von Fischmöwen und Lachmöwen, die sich hier an den Salzseen fern der Weltmeere heimisch fühlen.

Die Tibetantilope (Chiru)

Die zu den Ziegenarten zählende, unglaublich zähe **Tibetantilope**, der Chiru, wurde bereits 1979 auf die Liste bedrohter Tierarten, deren Handel international verboten ist, gesetzt. Zurzeit wird die Gesamtpopulation dieses einstmals häufigsten tibetischen Säugetiers auf 40 000–60 000 Tiere geschätzt – ein Rückgang von etwa einer Million Tieren seit den 1950er-Jahren. Der Grund für die illegale Jagd ist die **Shahtoosh** genannte Wolle des Chirus, die als besonders warm gilt. Drei bis fünf Tibet-Antilopen müssen getötet werden, um Wolle für einen einzigen Schal zu erhalten. Die edlen Shahtoosh-Schals kosten auf dem Schwarzmarkt bis zu US$15 000. Aus diesem Grunde wird der Chiru trotz aller Schutzmaßnahmen noch immer im großen Stil gejagt. Aufgrund von Schätzungen der in Indien verarbeiteten Menge an Shahtoosh-Wolle werden vermutlich bis zu 20 000 Tiere pro Jahr gewildert. Damit ist ihr baldiges Aussterben fast schon vorprogrammiert. Verhängnisvoll ist darüber hinaus, dass den bis zu 70 cm langen Hörnern des Männchens in der traditionellen chinesischen Medizin eine große Bedeutung als **Heilmittel** zukommt.

Sogar politisch verursachte der Chiru bereits Ärger, da er zu einem der fünf **Maskottchen der Olympischen Spiele** in Beijing 2008 auserkoren worden war. Da sie flink, lebhaft und munter ist, steht die Tibetantilope für Gesundheit und für die Leichtathletik-Disziplinen. Exiltibetische Gruppen kritisierten, dass die Verwendung der Tibetantilope als olympisches Maskottchen durch China nur dazu benutzt würde, chinesische Machtansprüche über Tibet zu festigen.

Gazellensteppe

Die Gazellensteppen reichen bis in eine Höhe von 4000 m. Hier beträgt die Vegetationszeit üppige fünf Monate. Benannt ist die trockene, baumlose Hochgebirgssteppe nach der **Tibetgazelle**, dem Goa. Diese Gazelle klettert keine Steilhänge hoch, sondern hält sich auf Plateaus und in hügeligem Gelände auf. Die Tibetgazelle hat ein braungraues, in der Bauchgegend dann weißes Fell. Im Gegensatz zu den Weibchen tragen Männchen in die Spitze verlaufende, geringelte Hörner. Erwachsene Tiere erreichen eine Schulterhöhe von etwa 60 cm und wiegen um 25 kg. Die Goas ziehen in recht kleinen Herden von 8–10 Tieren umher. Ihr Bestand wird auf etwa 100 000 Tiere geschätzt.

Hochgebirge

Selbst an den Hängen und Steilwänden des scheinbar abweisenden, lebensfeindlichen Hochgebirges tummelt sich eine abwechslungsreiche Tierwelt. Der vielleicht berühmteste Bewohner der Hochgebirge ist der **Schneeleopard**, der in Höhen von bis zu 5500 m lebt. Die scheue Katze wird bis zu 130 cm lang und 55 kg schwer. Der Schwanz kann zusätzlich eine Länge von bis zu 1 m erreichen. Wie fast alle Katzen ist der Schneeleopard ein Einzelgänger, der jedem Kontakt mit Artgenossen aus dem Weg geht. Schneeleoparden besitzen ein festes Revier, das etwa 20–30 km² groß ist. Heute ist ihr Lebensraum durch die Ausdehnung der Weideflächen allerdings sehr stark geschrumpft. Man schätzt die Zahl der freilebenden Schneeleoparden auf ca. 6000, davon in Tibet etwa 2200 Tiere. Schuld ist wie immer der Mensch: Schneeleoparden werden wegen ihres schönen Fells und zum Schutz der Herden erbarmungslos gejagt.

In den sanfter ansteigenden Berghängen klettern **Argalis**, die selten gewordenen Riesenwildschafe, herum. Steinböcke, Wild- und **Blauschafe** (Bharale), benannt nach ihrem bläulich schimmernden Rücken, haben ihren Lebensraum bis hinauf an die Schneegrenze. Bharale klettern gelegentlich sogar bis auf Höhen von 6500 m. Normalerweise grasen sie auf alpinen Weiden, aber bei Gefahr fliehen sie in steile Hänge, in denen sie anders als die sie verfolgenden Raubtiere, sicheren Halt finden.

Am Himmel über den Bergen kreisen Adlerbussarde und Bartgeier. In etwas niedrigeren Höhen zwischen 3000–4000 m trifft man auf das Himalaya Tar-Schaf. Auch die zu den Hirschen gehörenden **Moschustiere** sind in den Bergen heimisch. Ihr bevorzugter Lebensraum liegt bei 2500 bis 3500 m. Hier verbergen sie sich in dichten Bergwäldern. Ohne Geweih, aber mit bis zu 6 cm langen, hauerartigen Eckzähnen im Oberkiefer sehen Moschustiere auf den ersten Blick gar nicht aus wie Hirsche. Sie fressen über 130 verschiedene Pflanzenarten, häufig sind sie sogar auf von Bäumen herabhängende Flechten spezialisiert. Sie sind die einzigen Hirsche, die mühelos schräge Bäume bis zu den Kronen ersteigen können und dort Blätter, Zweige und Baumflechten abfressen. Männliche Moschustiere besitzen eine Drüse, die einen besonderen Stoff produziert – den sagenumwobenen Moschus, begehrter Rohstoff für die asiatische Volksmedizin und legendäres Elixier für teure Parfüms.

Waldgebiete Osttibets

Der Tierreichtum Osttibets ist naturgemäß noch größer als in den windgepeitschten Hochebenen. Hier tummeln sich Assam-Makaken, die seltenen Stumpfnasenaffen und Gold-Stumpfnasenaffen, von denen es nur noch etwa 600 gibt, Langarm-Gibbons, Sonnenbären, Kleine Pandas und Nebelparder. Takins, auch Rindergämsen oder Gnuziegen genannt, weil sie wie eine Mischung aus Ziege und Rind aussehen, leben ebenfalls hier, aber ihre Zahl wird auf nur noch 2000–3000 geschätzt. Boas ringeln sich durchs Gebüsch, und sogar fünf bis zehn Bengalische Tiger streifen noch immer durch das Unterholz. An den Hängen leben Goldene Adler, das Schwarzbrust-Haselhuhn und der Chinesische Glanzfasan.

Umwelt

Der Dalai Lama bezeichnete die heutige ökologische Weltkrise als „den Dritten Weltkrieg gegen die Natur". „Treibhauseffekt, Wasserknappheit, Artensterben, Waldrodungen, chemisierte Landwirtschaft! Wenn wir so weitermachen, hinterlassen wir unseren Kindern und Enkeln eine einzige Wüste. Wir sind dabei, uns selbst auszurotten", resümierte er 2006 in einem Interview mit Franz Alt. Der weltweit prominenteste Buddhist sprach zwar von den Umweltsünden der Industrienationen, aber jede einzelne davon wird gegenwärtig auch in seiner Heimat begangen.

Tausende von Jahren lebten die Tibeter in Abhängigkeit von ihrer teils lebensfeindlichen Umwelt. Um zu überleben, passten sie sich an. Die fragilen Berge und Seen galten als Sitz von Göttern, also ließ man sie in Ruhe. Dort, wo man Ackerbau betreiben konnte, wurde zwar von sesshaften Bauern Gerste angebaut, aber das war nur auf 2 % der Landesfläche möglich. Städte mit ihren versiegelten Bodenflächen gab es nicht. Die Nomaden zogen zwischen Winter- und Sommerweiden hin und her, so hatten die abgeweideten Flächen Zeit, sich zu regenerieren. Die buddhistische Ethik verbot das grundlose Töten von Tieren und damit die Jagd, auch wenn sich Nomaden nicht immer an das Verbot hielten. Die Jagd hob ihr Ansehen, aber ihre alten Flinten richteten keinen großen Schaden an. Bis 1949 wies Tibet einige der ältesten Waldbestände in ganz Zentralasien auf. Diese Wälder im Osten, Südosten und Süden des Landes wuchsen im Großen und Ganzen unberührt an steilen, abgeschiedenen Berghängen. Sie regenerierten sich auf natürliche Weise, weil der Holzeinschlag verboten war.

Dann marschierten die Chinesen ein. Wie jede Kolonialmacht waren und sind sie land- und ressourcenhungrig und bestrebt, ihre Kolonie auszubeuten. Da passt es, dass Tibet auf Chinesisch „Xizang" heißt – „Westliches Schatzhaus". In der Ära Mao Zedong konzentrierte man sich auf die Nutzung und Abholzung der tibetischen Wälder, da China kaum mehr über eigene nennenswerte Holzreserven verfügte. Unter Deng Xiaoping wurde Chinas Wirtschaft global, und von da an benötigte das Land riesige Mengen an Rohstoffen. Die Ausbeutung Tibets wurde nun im großen Stil angegangen, die Infrastruktur massiv ausgebaut und der Bergbau zu einer „Schlüsselindustrie" erhoben.

Trotz aller pessimistischen Prognosen gibt es dennoch Hoffnung. Auch China sucht nach neuen Wegen für nachhaltige Methoden zum Erwerb des Lebensunterhalts und für eine nachhaltige Umweltpolitik unter Berücksichtigung der biologischen Vielfalt, und zumindest die Regierung verschließt sich dem Umweltschutz nicht mehr völlig – schon weil die Schäden gar nicht zu übersehen sind und sie große Teile Chinas treffen. China müsste dafür allerdings flächendeckend zahlreiche kleinere, regionale Entwicklungspläne erarbeiten, die den Tibetern spürbaren Nutzen bringen, ohne das empfindliche tibetische Ökosystem zu schädigen. Vor allem müsste die tibetische Bevölkerung stärker in die Planungen eingebunden werden. Genau das hat in den letzten 50 Jahren gefehlt, denn es herrschte die ganze Zeit über eine von oben verordnete Entwicklung, die sich weder um regionale Besonderheiten noch um überregionale Auswirkungen kümmerte.

Jagd nach Rohstoffen

Das Ziel, die wirtschaftliche Entwicklung des Plateaus zu beschleunigen, wird Tibet auch seiner einst schlafenden Mineralressourcen berauben. Mammut-Projekte, welche die Ausbeutung der natürlichen Ressourcen Tibets zum Zweck haben, sind u. a. geplante Gold-, Kupfer- und Chromminen, Energienetze und ein Staudamm nach dem anderen. Experten befürchten, dass diese eine verheerende Auswirkung auf Tibet, Zentralchina und alle angrenzenden Länder, die auf die lebenswichtigen Flüsse aus dem tibetischen Hochland angewiesen sind, haben könnten.

Aufgrund ungeeigneter Methoden des Abbaus, veralteter Technologien und geringer Effizienz bei der Gewinnung, Förderung und Nutzung der Bodenschätze findet schon jetzt eine enorme Rohstoffverschwendung und Umweltverschmutzung statt. Die Flüsse und Ströme Süd- und Ostasiens, Indus, Salween, Brahmaputra und Mekong, werden durch **toxische Bergwerkabfälle** verseucht, die auch in den Boden sickern und die stromabwärts gelegenen Wasserläufe verunreinigen. Diese Abfälle führen zu mysteriösen Krankheiten, angeborenen Missbildungen und sinkenden Ernteerträgen in den an die Bergwerke grenzenden Gebieten. Toxische Rückstände aus enormen Bergwerkprojekten stellen heutzutage bereits eine der Hauptursachen für die **Wasserverschmutzung** in Amdo dar. Die Flüsse um Lhasa herum sind schon jetzt zunehmend vom Problem der Verschmutzung durch ungeklärte Abwässer und Industrieabfälle betroffen sowie durch Salze und Nitrate, den Rückständen aus **Kunstdüngern**, die bei den intensiven landwirtschaftlichen Projekten eingesetzt werden, um den Nahrungsbedarf der expandierenden chinesischen Bevölkerung Zentraltibets zu decken.

Zusätzlich zur Plünderung der Natur entstehen soziale Probleme, denn der forcierte Mineralabbau schürt den Zustrom von chinesischen Wanderarbeitern, die von hohen Löhnen und Zuschüssen angezogen werden. Mit einer verbesserten Straßen- und Eisenbahninfrastruktur, die Tibet nach außen öffnet, werden auch illegale Bergarbeiter von den Gewinnchancen des unkontrollierten Mineralabbaus angezogen. In der Folge wird Tibet nicht nur seines Reichtums an Bodenschätzen beraubt, sondern die **chinesischen Massenansiedlungen** gefährden die Lebensqualität der Tibeter, verwässern ihre Kultur und Traditionen und führen unweigerlich zu sozialen Konflikten, wie sich bei den Ausschreitungen 2008, die sich erstmals auch gegen chinesische Händler richteten, zeigte.

Die Folgen für die Landschaft und die Lebensqualität der Tibeter sind gravierend. Der **unkontrollierte Abbau von Bodenschätzen** hat in einigen Regionen eine oft permanente Veränderung der Landschaft mit sich gebracht. Riesige Schutthaufen, Schlackenhalden, stillgelegte Bergwerke und die Destabilisierung der Hänge zerstören das Gelände.

Holzeinschlag

China, der drittgrößte Holzverbraucher der Welt, brachte es fertig, zwischen 1950 und 1985 den Waldbestand Tibets von 25,2 Mill. Hektar auf 13,57 Mill. Hektar zu reduzieren. Dies bedeutet einen Rückgang um 46 %. In vielen Gegenden wird immer noch in unverantwortlicher Weise Kahlschlag betrieben. Obwohl es ein Programm zur Wiederaufforstung gibt, kommen auf einen neu gepflanzten Baum immer noch zehn gefällte. Die Entwaldung und die chinesische Einwanderung werden heutzutage als die zwei größten Faktoren für die Verschlechterung der Umwelt in Tibet ausgemacht.

China wurde bereits mit verheerenden Folgen für seinen Holzeinschlag in den Quellregionen des Yangzi und des Gelben Flusses bestraft. Doch erst nachdem das Hochwasser des Yangzi im August 1998 zu einer landesweiten Katastrophe führte, erkannte Beijing schließlich die Ursache dafür, nämlich die massive Abholzung entlang des Oberlaufs im Westen Sichuans. Jetzt beginnen die chinesischen Wissenschaftler langsam auszusprechen und zu dokumentieren, welche Rolle die Abholzung bei den immer häufigeren und größeren Überschwemmungsschäden spielt. Chinas „Agenda 21" führt sogar die Bodenerosion auf dem tibetischen Hochland als eines der gravierendsten Umweltprobleme des Landes auf.

Offiziell wird die Politik der intensiven Entwaldung in Tibet nun revidiert. Im Gefolge des Hochwassers von 1998 wurden die regierungseigenen Holzmärkte geschlossen und ein generelles Fällverbot für 4,6 Mill. Hektar Waldgebiete in Kham im südöstlichen Tibet verhängt. Im Dezember 1998 gab es inoffizielle Berichte über eine vorübergehende Schließung der Holzverarbeitungswerke in der südöstlichen Autonomen Region Tibet und über den Beginn von Wiederaufforstungsprojekten, bei denen die bisherigen Holzfäller als Baumpflanzer eingesetzt werden sollten. Berichte aus Tibet deuten jedoch darauf hin, dass die Entwaldung in Kham und Amdo weiter fortschreitet.

Nicht zuletzt wegen der strengen Auflagen des Olympischen Komitees für die Vergabe der Olympischen Spiele an Beijing und der Auflagen für die Weltausstellung in Shanghai 2010 hat China angefangen, seine Umweltpolitik zu verbessern. Es fehlt jedoch an vorbeugenden Maßnahmen und einer Durchsetzung der politischen Richtlinien. Die schlechte Forstverwaltung ist eine der Hauptursachen für das Schwinden des tibetischen Waldbestands durch Holzdiebstahl, hochrentablen industriellen Einschlag, mangelnde Kontrolle von Waldbränden, Baumkrankheiten und die Umwandlung von Waldgebieten in landwirtschaftliche Nutzflächen sowie Grund und Boden für menschliche Ansiedlungen

Die inländischen und internationalen Auswirkungen des Raubbaus an den Wäldern Tibets sind weitreichend und ernst. Zusätzlich

Der Umwelt zuliebe

- Wer eine Trekkingtour unternimmt, sollte grundsätzlich kein Feuer anzünden. Holz ist in den meisten Regionen eine Rarität und wird von den Einheimischen benötigt. Besser ist es, Benzinkocher und genügend warme Kleidung mitzunehmen.
- Müll unbedingt wieder mitnehmen. Das Verbuddeln ist keine Lösung, sondern fördert die Erosion der empfindlichen Böden. Außerdem wird vergrabener Müll von Tieren ausgebuddelt. Die beste Lösung ist die Müllvermeidung, indem man verschließbare Behälter mitnimmt und das Verpackungsmaterial in Lhasa zurücklässt.
- In Fluss- oder Bachläufen sollten auf keinen Fall Waschmittel benutzt werden. Sie führen zur Zerstörung der aquatischen Ökosysteme beispielsweise durch Algenbildung. Auch der Abwasch sollte in einer ausreichenden Entfernung von mindestens 50 m vom Wasserlauf erledigt werden.
- Wenn im Gelände Pfade vorhanden sind, unbedingt auf den Wegen bleiben. Abkürzungen an Hängen schaffen neue Wege und damit Erosionsflächen.
- Souvenirs aus bedrohten Pflanzen- und Tierarten wie Bärentatzen, Schneeleopardenfelle und Huftiergeweihe werden nur dann angeboten, wenn sich auch Abnehmer dafür finden. Die Einfuhr nach Europa ist ohnehin verboten, und man sollte die Wilderei nicht auch noch durch den Kauf solcher „Souvenirs" unterstützen.

Wer weitergehende Infos zum verantwortungsbewussten Reisen sucht, findet sie unter www.tourism-watch.de und speziell für Tibet unter www.undp.org.cn.

zu der Verschlammung, Verschmutzung und Überflutung der zehn großen Flüsse, die China und Südasien mit Wasser versorgen und die Lebensgrundlage für 47 % der Weltbevölkerung bilden, regelt die Vegetation Tibets auch den Wärmehaushalt des Plateaus, was wiederum das rechtzeitige Einsetzen des Monsuns in Asien beeinflusst. Entwaldung zieht auch unausweichlich Desertifikation nach sich: Im Gegensatz zur Überflutung verringert diese die Wassermenge der Flüsse – ein Phänomen, das bereits in den 90er-Jahren in China sichtbar war, als der Gelbe Fluss in der Deltaregion mehrere Male austrocknete und sein Fließvolumen insgesamt einen Abfall um 23 % verzeichnete.

Nuklearer Müll

China betreibt seit Ende der 50er-Jahre Atomforschung. Der größte Teil seiner Atomindustrie befindet sich auf tibetischem Gebiet. Der letzte atomare Testversuch fand Im Juni 1996 statt. Die Anzahl der bisher erfolgten Testversuche auf tibetischem Boden wird auf 55 geschätzt.

Am Kokonor in der Provinz Qinghai im Norden Tibets steht die 1987 geschlossene „9. Akademie" oder Fabrik 211, deren Areal noch immer streng abgeriegelt und bewacht wird. Anfang der 60er-Jahre wurde mit dem Bau dieser zentralen, größtenteils unterirdisch angelegten Forschungsstätte begonnen. 1967 war die atomare Forschungs- und Produktionsstätte voll in Betrieb, und prompt häuften sich im Bereich dieser Anlage Krankheiten und Todesfälle unter den dort lebenden Nomaden. Eine unbekannte Menge radioaktiven Mülls in flüssiger, gasförmiger und fester Form wurde über viele Jahre hinweg unkontrolliert entsorgt. Die Beseitigung erfolgte planlos und fast ohne Aufzeichnungen. Anfangs wurde der radioaktive Abfall einfach für flache, unbefestigte Landverfüllungen benutzt, d. h. er wurde in Löcher oder Senken geschüttet, die z. B. beim Tagebau entstehen. Später wurden die Atomlager mit schlechtem technischen Know-how und ungenügender Sicherung an geheim gehaltenen Orten angelegt. Dass China auf dem Qinghai-Tibet-Plateau Nuklearmüll lagert, hat es nie geleugnet. Im Gegenteil, Ende der 80er-Jahre hat man sogar der Bundesrepublik die Abnahme von radioaktivem Abfall angeboten, woraufhin eine deutsche Delegation zu Sondierungsgesprächen ins Reich der Mitte reiste. Heftige Proteste verhinderten diese Pläne allerdings.

Bevölkerung

Einwohner: ca. 2,7 Mill., davon 93 % Tibeter, 6 % Han-Chinesen, 1 % Minderheiten. Der tatsächliche Anteil an Chinesen (Soldaten) ist unbekannt.
Stadtbevölkerung: ca. 20 %
Landbevölkerung: ca. 80 %
Lebenserwartung: 65 Jahre (1949: 36)
Analphabeten: ca. 90 % bei der Landbevölkerung

Der Ursprung der Tibeter liegt im Dunkeln. Anthropologen zählen sie zur tibeto-birmanischen Bevölkerungsgruppe, die wiederum eine Untergruppe innerhalb der großen mongolischen Familie darstellt. Die ältesten Spuren einer Besiedelung reichen über 4700 Jahre zurück, allerdings haben neueste Funde ergeben, dass das Hochplateau sogar schon seit der letzten Eiszeit besiedelt gewesen sein könnte. 85 km von Lhasa entfernt wurden etwa 10 000 Jahre alte Reste von Öfen sowie von Hand- und Fußabdrücken gefunden. 2002 fand der chinesische Archäologe Xu Xinguo weitere Artefakte, die auf ein Alter zwischen 10 000 und 30 000 Jahren datiert werden konnten.

Ethnisch sind die heutigen Tibeter Nachkommen von Nomadenstämmen, die einst vor allem aus Turkestan und der Mongolei nach Tibet eingewandert sind. Die Verschiedenartigkeit der aus diesen beiden Regionen kommenden Völker zeigt sich noch heute bei den Khampas, die deutlich weniger mongoloid aussehen als die Menschen aus der Region Lhasa. Eigentlich sollte man annehmen, dass die Ausbreitung einer aus so verschiedenen Völkern zusammengewachsenen Bevölkerung über ein so riesiges zerklüftetes Land die Verschiedenartigkeit betont und gefördert hätte, aber tatsächlich haben 1000 Jahre gemeinsamer Kultur und Sprache sowie die einflussreichen Klöster die Tibeter zu einem Volk zusammengeschweißt.

Doch trotz des gemeinsamen Bands, Bewohner Tibets und überwiegend Angehörige des tibetischen Buddhismus zu sein, gibt es verschiedene tibetische Gruppen, die sich vor allem durch ihre Kultur, Kleidung und auch Dialekte unterscheiden. Zu ihnen gehören neben den Tibetern Zentraltibets, die sich **Böpa** oder in einer anderen Schreibweise Bodpa nennen, die **Topa** im fernen Westen Tibets, die **Khampa** aus Osttibet und die **Golok** aus dem Nordosten. Zu den anerkannten Minderheiten der Autonomen Region Tibet gehören die **Qiang**, die hauptsächlich im Westen der Provinz Sichuan siedeln, die **Monba**, die man in Metok, Nyingchi und Tsona findet, die **Lhoba**, die im Süden Tibets nahe der Grenze zu Bhutan leben, und die in Osttibet ansässigen **Gyarongpa**, die jedoch nicht als eigenständige Minderheit anerkannt sind. Eine nichttibetische Minderheit stellen die muslimischen **Hui** dar, die meist aus den Autonomen Regionen Ningxia und Xinjiang, aber auch aus der Provinz Gansu eingewandert sind und die muslimischen Viertel der tibetischen Städte bevölkern. Und dann gibt es noch die vielen **Han-Chinesen**, die sich vor allem in den kleineren und größeren Städten niederlassen. Der Großteil von ihnen kommt aus der überbevölkerten Provinz Sichuan. Seit alters Händler, Handwerker und Köche, gelten die Sichuaner als clever, selbstironisch, extrem anpassungsfähig und humorig. Viele von ihnen betreiben in Tibet Restaurants und Geschäfte, und auch die Taxifahrer in Lhasa sind fast ausschließlich Sichuan-Chinesen.

Tibeter und Chinesen auseinanderzuhalten, ist relativ einfach. Die Gesichter der Chinesen sind glatter, breitflächiger und ihre Nasen weniger markant. Männliche Tibeter strahlen dagegen eine geradezu faszinierende plakative Männlichkeit aus. Ihr blauschwarzes Haar tragen sie gerne lang, was ihnen eine fast schon wilde Ausstrahlung verleiht. Gegen die Sonne schützen sich viele Tibeter mit einem breitkrempigen, olivgrünen Hut, eine verwegen aussehende Kopfbedeckung – Überbleibsel britischer Armeeausrüstung. Im Winter wird er allerdings gegen eine Fellmütze ausgetauscht. Traditionelle Tibeter kleiden sich in einen **Fellmantel (Chuba)** mit einem Stehkragen und langen, über die Hände fallenden Ärmeln. Innen sind diese Mäntel mit Fell gefüttert. Im Sommer kann das Fell nach außen geschlagen werden, und so sind diese Mäntel ein echtes Kleidungsstück für alle Jahreszeiten. Frauen ziehen meist knöchellange Chubas mit kurzen Ärmeln an, unter denen sie dann Blusen tragen. Um den Mantel wird oft noch eine Schürze in den Farben des Regenbo-

Die Qiang

Den Qiang gebührt die Ehre, vermutlich die Urtibeter zu sein. Tatsächlich war der Begriff Qiang im chinesischen Altertum die Sammelbezeichnung für die verschiedenen Nomadenvölker Zentralasiens. Von dort sickerten sie langsam ins tibetische Hochland ein und besiedelten nach und nach das heutige Zentraltibet. Während ein Teil der Qiang über die Jahrhunderte hinweg zum Volk der Tibeter wurde, entwickelte sich aus dem anderen Teil ab der Han-Dynastie (221 v. Chr.–220 n. Chr.) eine eigenständige Nationalität, die hauptsächlich im Westen des heutigen Sichuan siedelte. In Aba, der Autonomen Präfektur der Qiang im Norden der Provinz Sichuan, leben heute mit rund 200 000 die meisten Angehörigen dieser offiziell anerkannten Minderheit. Wie die Monba auch sprechen die Qiang zwei **Dialekte**, Nördliches Qiang und Südliches Qiang, die allerdings so unterschiedlich sind, dass sich die Angehörigen dieser beiden Sprachgruppen meist auf Chinesisch miteinander unterhalten. Kulturell haben sich die Qiang schon früh entweder an China oder Tibet angelehnt, je nachdem welche der beiden Einflusssphären näher lag.

Besondere Kennzeichen der Qiang sind ihre matrilineare Gesellschaft und ihre eigenständigen religiösen Überlieferungen. So hängen die meisten Qiang einer polytheistischen **Religion** an, die als Rujiao bezeichnet wird. In ihr sind fünf Hauptgötter, 12 Nebengötter und mehrere Naturgötter von besonderer Bedeutung. Sehr wichtig ist der Sonnengott, der in Form eines Weißen Steins verehrt wird. Man sieht ihn vor allem in Osttibet auf den Ecken der Dächer als Glücksbringer platziert. Die in Tibet lebenden Qiang sind überwiegend Buddhisten. Sie sind erkennbar an ihrer **Nationaltracht**. Männer und Frauen tragen lange Kleider aus Leinen mit einer Schaffellweste darüber; der Kopf wird mit einem Turban bedeckt, und an den Unterschenkeln tragen sie Wickelgamaschen. Die Kleider der Frauen sind mit Borten besetzt und der Kragen ist mit einer Reihe von Silberstücken in Form von Kirschblüten versehen. Dazu gehören noch bestickte Gürtel und Stoffschuhe und der obligate Schmuck.

gens gebunden. Die Chubas werden von einem Gürtel gehalten, über dem der Mantel vor dem Bauch eine große Tasche, den **Ambag**, wirft. Sie dient zum Verstauen von Tabak, Käse, Tsampa, einer Essensschale oder im modernen Tibet zur Unterbringung von Einkäufen oder allen möglichen anderen Dingen. Zu guter Letzt kommen noch die **Filzstiefel**, die mit verschiedenfarbigen Ornamenten geschmückt sind. Zum Schutz der Augen vor der Sonne setzen vor allem die Männer gerne riesige schwarze Sonnenbrillen auf, während sowohl Frauen als auch Männer zum Schutz vor bösen Einflüssen und Unglück den meist von den Ahnen ererbten **Schmuck** tragen.

Traditionell gekleidete Tibeter trifft man in Lhasa vor allem auf dem Barkor, wo sich Pilger und Besucher aus ganz Tibet versammeln. Je weiter man von Lhasa weg ist, desto häufiger wird auch im Alltag noch die traditionelle Kleidung getragen. Die tibetischen Jugendlichen in den Städten und insbesondere in Lhasa tragen am liebsten knallig bunte Kleidungsstücke und Jeans in allen Variationen. Adidas, Nike, Esprit, Giordano und wie sie alle heißen sind auch hier die angesagten Modeketten. Die traditionelle Ausstattung Chuba, Schmuck und Mala, eine Gebetskette mit 108 meist nussbraunen Sandelholzperlen, sind bei den Jugendlichen out. Westmode ist gefragt. Sie rümpfen die Nase über die altmodischen Nomaden, die nach Yak-Butter riechen, und gehen lieber in die schicken tibetischen Discos, Nangma, die es in Lhasa zu Hauf gibt, oder in eines der modernen Cafés. Sie sind der Politik überdrüssig, möchten Spaß haben, Geld verdienen und einen westlich orientierten Lebensstil pflegen. Sie wollen Freiheiten, wie sie sich auch die gleichaltrigen Chinesen wünschen. Für beide ist das kommunistische System überholt und erfüllt seinen Zweck allerhöchstens noch in der Abschirmung gegenüber ausländischen Mächten, insbesondere dem ungeliebten Indien, Pakistan und Nepal (deren Bewohner von Tibetern als „schwarze Menschen“ verachtet werden). Diese Einstellung ist es, die zurzeit weniger zwischen jungen Tibetern und Chinesen eine Trennlinie schafft, sondern eher zwischen Arm und Reich. Was sie trennt, ist die Politik, aber nicht der Konsum. Beide sind an Zwänge gewöhnt, die einen an eine religiöse Hierarchie, die sie ablehnen, die anderen an eine religionsartige sozialistische Hierarchie, die auf stark einengenden konfuzianischen Werten basiert, und in dieser Zweckgemeinschaft verstehen sich beide Seiten.

Nomadentum

Schätzungsweise ein Viertel der Tibeter in der Autonomen Region Tibet sind Nomaden, die im Hochland leben. Im Allgemeinen verbindet man mit dem Nomadendasein viel Romantik, doch in Tibet sind die Nomaden (Drokpas) den härtesten Lebensbedingungen ausgesetzt, die man sich vorstellen kann. Da sich in einem Land mit so begrenzter Weidefläche jede Herde ihren eigenen Futterplatz suchen muss, müssen die Hirten zumindest einen Teil des Jahres das Leben eines Nomaden führen. In der Praxis liegen die Entfernungen zwischen Sommer- und Winterweide zwischen 500 m und 500 km. Allerdings gibt es auch Nomaden, die weit größere Entfernungen zurücklegen. Der Parameter ist hier die Höhe, nicht der geografische Längengrad.

Je nach Region leben die Nomaden entweder in Zelten oder in festen Lehmhütten. Die Garze-Nomaden im Changtang kennen als Behausung einzig ihr schwarzes Zelt, das aus Yak-Haar gewebt und reichlich mit Fett getränkt ist, um es wasserdicht zu machen. Die Tewa in Südtibet leben dagegen in festen Lehmhütten, in denen sie zumindest einen Teil des Jahres verbringen. In Kham wechseln Nomaden sogar bis zu dreimal im Jahr den Weideplatz und leben entweder in festen Häusern, die sie bei ihren Weidplätzen errichtet haben, oder einer Mischung aus festem Wohnsitz bei den Winterweiden und Zelt auf den Sommerweiden.

Die **Herden** bestehen aus Schafen, Ziegen und Yaks, wobei stets auf das richtige Verhältnis von Anzahl der Tiere und Größe des Weidelandes geachtet werden muss. Die chinesischen Vorgaben zu immer größeren Herden wegen der stetig wachsenden Nachfrage nach Fleisch drängten die Nomaden in immer abgelegenere Gebiete, und in einst unbesiedelten Landstrichen entstanden die ersten Siedlungen. Die wachsenden Herden führen auch zu erhöhter Sesshaftigkeit: Immer mehr Familien bauen sich Häuser in den Winter- und Sommerweidegebieten.

Die Vorstellung, dass Nomaden ihr Leben lang planlos und frei herumziehen, traf schon im alten Tibet nicht zu. Nomadenhirten wechseln ihren Standort nur, wenn dies unbedingt nötig ist, und ihre Bewegungen folgen einem althergebrachten Schema. Jede Herde und jedes Rudel hat seine traditionellen **Weidegebiete** und jede Familie bricht jedes Jahr zu denselben Weidegründen auf. Ein weiteres Hemmnis für wahlloses Umherziehen sind die für die Nomaden überaus wichtigen **Märkte**, auf denen die eigenen Produkte gegen Gerste, Tee und sonstige benötigte Ware eingetauscht werden können. Entsprechend müssen sich Nomaden stets zur richtigen Zeit in der Nähe der großen Märkte aufhalten.

Ihr **Wohnzelt** gibt einer Nomadenfamilie die Möglichkeit, nur auf sich selbst gestellt unter

Die Khampa

Seit alters haben die Khampa aus Osttibet einen Ruf als Halsabschneider und Räuber, woran auch ihre Bedeutung als Händler nichts ändern konnte. Die stolzen und vor allem auch kriegerischen Khampa lebten jahrhundertelang in den Tälern Osttibets. Von Lhasas Herrschern ließen sie sich nichts sagen, die meisten lebten in unabhängigen Königreichen. Aber im Angesicht der anrückenden chinesischen Armee waren sie es, die die Autorität Lhasas am heftigsten verteidigten, und selbst heute noch tun sie sich im Widerstand gegen die chinesische Besetzung immer wieder hervor.
Zu ihren auffälligsten Merkmalen gehören der große Körperwuchs und die Haartracht der Männer: Bis heute bändigen sie ihre blauschwarzen Haare in einem um den Kopf geschlungenen Zopf, an dessen Ende eine rote Quaste prangt. Am Gürtel trägt der Khampa-Mann fast schon zwangsläufig einen Dolch. Viele der aristokratischen Familien Tibets entspringen Khampa-Stämmen.

Beschützer der Nomaden

Jede Nomadenfamilie besitzt mindestens einen Hund, und zwar den **Tibetischen Mastiff**. Wer sich einem Nomadenzelt nähert, wird unweigerlich vom wüsten Gebell dieser beeindruckenden und gegenüber Fremden hochaggressiven Hunde begrüßt. Nun muss man entweder warten, bis der Hund angekettet ist, oder sich mit einem Steinhagel schützen.

Die ersten genaueren Beschreibungen der Mastiffs stammen von Marco Polo, der 1271 nach Asien reiste und über die Hunde Tibets berichtete. Die nächsten Schilderungen tauchten erst 500 Jahre später im 19. Jh. auf und wurden von ersten Bildern ergänzt. Beim Do-Khyi, wie er in seiner Heimat heißt, handelt es sich um eine im Hochland des Himalaya entstandene Form des Haushundes. Die Bezeichnung Tibet-Dogge oder Mastiff ist etwas irreführend, denn inzwischen gilt die Theorie, der Do-Khyi sei der Urahn aller Doggen, als falsch. Richtiger wäre die Bezeichnung tibetischer **Schäfer- oder Hirtenhund**. Der ursprünglich als Beschützer der Herden und Häuser eingesetzte Hund war berühmt für seinen Mut und seine imposante Größe.

Ein ausgewachsener Do-Khyi kann 1,30 m lang werden und einige Dutzend Kilo wiegen. Das schwarze Fell ist lang und dicht. Sein Kopf ist breit mit einem mäßig langen Fang, die Läufe sind kurz. Sein Gebell ist kurzatmig, wirkt aber bedrohlich. Er ist wachsam, furchtlos, kommt blitzschnell aus seiner Ruheposition und kann bis zu 200 Schafe gleichzeitig bewachen.

Der Tibetische Mastiff ist extrem gut an das harte Leben auf dem kalten Plateau angepasst. Er kann sogar auf schneebedeckten Weiden bei minus 30 oder 40 Grad Celsius schlafen, ohne zu erfrieren.

harten klimatischen Bedingungen zu überleben. Zwischen Säcken mit Gerste und getrocknetem Dung muss in ihm Platz bleiben für Herd und Handwebstuhl, für die messingbeschlagenen Eimer, den röhrenförmigen Zylinder, der als Butterfass dient, und die Handmühle zur Herstellung von Tsampa. Außerdem müssen Decken, Kochtöpfe, Votivlampen, Götterstatuen und wenn möglich ein Bild des Dalai Lama untergebracht werden. Manchmal sind Dutzende Yaks nötig, um den gesamten Hausstand zu transportieren. Auch wenn in vielen Regionen Zäune die Weidegebiete abgrenzen und es Bestrebungen gibt, die Nomaden sesshaft zu machen, finden sich noch große Regionen, wo sie frei herumziehen können. Hierzu gehören die Gebiete des Changtang, aber auch die Randgebiete Khams und Amdos.

Kinder in Tibet

In manchen Bereichen, besonders was den Zugang zu erschwinglicher ärztlicher Behandlung und zu Grundschulen in entlegenen Regionen betrifft, unterscheidet sich das Los tibetischer Kinder vielleicht nicht so sehr von dem vieler chinesischer Kinder auf dem Lande. Auf anderen Gebieten ist ihre Benachteiligung jedoch viel größer. Die Zeugnisse über gravierende **Unterernährung**, von der die Hälfte aller tibetischen Kinder betroffen ist, sind beängstigend. Und was die Schule betrifft, so sehen sich viele Kinder vor eine besonders schwierige Entscheidung gestellt: Entweder auf ihr Recht auf **Bildung** zu verzichten oder ihre tibetische Identität zu verleugnen, denn der Unterricht an tibetischen Grundschulen dient weniger der Vorbereitung der Kinder auf die höhere Schule und den Beruf als vielmehr ihrer Indoktrinierung in politischer, sozialer und kultureller Hinsicht. Sowohl die vorherrschende Unterrichtssprache (Chinesisch) als auch der Inhalt des Lehrplans (chinesische Geschichte, Politik und Kultur) weisen in diese Richtung. In tibetischen Grundschulen wird häufig nur auf Chinesisch unterrichtet. Tibetisch wird dagegen an tibetischen Grundschulen zunehmend wie eine Fremdsprache behandelt. Ebenso steht der Lehrplan für die Überlegenheit der chinesischen Kultur, während er (manchmal stillschweigend, aber meistens offensichtlich) die tibetische Kultur verunglimpft.

Wegen des Schulmangels in entlegenen Regionen, der Schließung vieler tibetischer Privatschulen oder einfach, weil die Eltern nicht in der Lage sind, die oft illegal erhobenen Schulgebühren zu zahlen, bleibt vielen tibetischen Kindern der Schulbesuch ohnehin verwehrt, auch wenn China die neunjährige Schulpflicht eingeführt hat. In ländlichen und erst recht in nomadischen Gegenden, wo immerhin über 80 % der tibetischen Bevölkerung leben, gibt es deutlich weniger Grundschulen als in den Städten.

Kinder, die eine Schule besuchen können, weil ihre Eltern beispielsweise die nötigen finanziellen Mittel haben, müssen dennoch oft stundenlang zu ihrer Schule laufen. In entlegenen Gegenden gibt es sogenannte „Gemeinschaftsschulen", die durch lokale Steuern und „freiwillige Leistungen" getragen werden, aber ihr Standard ist meistens niedrig, die Ausstattung dürftig, und es mangelt an qualifizierten Lehrern. Bis vor kurzem konnten einige tibetische Kinder in entlegenen Gegenden auch Privatschulen besuchen, die von ausländischen Hilfsorganisationen, Klöstern oder Lamas betrieben wurden. Einige von ihnen wurden jedoch geschlossen, oder die Behörden haben die Verwaltung an sich gerissen, um auf die Lerninhalte Einfluss nehmen zu können. Der Zugang tibetischer Kinder zu höheren Schulen und Universitäten ist dagegen oft davon abhängig, ob ihre Eltern *guanxi* („Beziehungen") in der Bildungsbehörde und der kommunistischen Parteihierarchie haben.

An den gemischten Schulen sind tibetische Kinder oft ethnischer **Diskriminierung** ausgesetzt. Zuweilen werden ihnen höhere Gebühren für Schulmaterial, wie Pulte, Bücher, Stifte, und für Verpflegung abverlangt. Sie müssen in schlechter ausgestatteten Klassenzimmern sitzen. In manchen Fällen besuchen sie „tibetische Schulen", die aber ebenfalls ein niedrigeres Niveau als die separaten und guten „chinesischen Schulen" aufweisen.

Geschichte

Tibet wird ein Großreich

Einigung Tibets unter Namri Löntsen

Die dokumentierte Geschichte Tibets beginnt im 7. Jh. Vermutlich herrschte davor keine zentrale Staatsmacht über die enorme, zu jener Zeit schon seit mindestens 3000 Jahren besiedelte Fläche Tibets, sondern einzelne Fürstentümer teilten sich die Macht in den Hochtälern. So kontrollierten auch die ersten 31 Yarlung-Könige nur die weitere Umgebung ihres Heimatlandes, während sich im westtibetischen Raum ein Reich namens **Zhangzhung** ausdehnte.

Um das Jahr 600 einte der 32. König des **Yarlung-Reichs**, Namri Löntsen, mehrere südtibetische Stämme, um einen Feldzug gegen einen nördlich von Lhasa gelegenen Widersacher zu führen. Namri Löntsens Armee siegte, und zum Dank für die geleistete Hilfe belehnte er die beteiligten Stammesfürsten großzügig. Zusammen gründeten sie das **Reich Pö** bzw. Pöyül. Vermutlich regierten Namri Löntsen und seine Nachfolger das Land zunächst als Primus inter Pares. Die Tibeter aber waren mit einem Mal aus ihrem Dornröschenschlaf erwacht und drückten der wechselvollen Geschichte Zentralasiens von nun an ihren eigenen Stempel auf.

Die Herrschaft Songtsen Gampos

Schon Namri Löntsens Sohn Songtsen Gampo, der seinem ermordeten Vater vermutlich 618 auf den Thron gefolgt war, gab sich mit den bestehenden Grenzen nicht zufrieden. Gen Osten drangen seine Heere bis an die Ränder Sichuans vor, nach Westen bis zu den Grenzen des Westtürkischen Reichs, wo Songtsen Gampo durch eine List das Reich Zhangzhung annektierte. Im Nordosten wurden die Sumpa unterworfen und am Koko Nor (heute Qinghai-See) die Tuyuhun, die aus ihrem ehemaligen Siedlungsraum der Mandschurei in die Hochebene am Seeufer gezogen waren und ein wichtiges Bindeglied zu den reichen Städten am unteren Yangzi bildeten. Der Name Tibet, der seit dem 12. Jh. belegt ist, leitet sich vom arabischen Wort „Tubbat" ab, einer Bezeichnung für die turk-mongolischen Tuyuhun, mit denen die Araber in Zentralasien in Kontakt kamen.

Tibet, eine bis zu dieser Zeit animistisch geprägte Nomadengemeinschaft ohne gemeinsames Zentrum, hatte zur eigenen Identität gefunden und entwickelte sich rasch zu einer zentralstaatlich verwalteten Sesshaftengesellschaft. Damit waren die Voraussetzungen für einen enormen kulturellen, technologischen und ökonomischen Aufschwung geschaffen. Zudem konnte Songtsen Gampo, dessen Reich an Nepal grenzte, durch seine Vermählung mit der **Prinzessin Bhrikuti** um 632 ein stabileres Verhältnis zum erstarkten südlichen Nachbarn schaffen. Bhrikuti brachte Priester und Künstler in ihrem Gefolge sowie als Mitgift die Statue des Jowo Mikyö Dorje, die heute im Ramoche von Lhasa steht, nach Tibet. Sie regte den Bau zahlreicher Tempel an, auf deren Fundamenten der Potala und der Jokhang, das bedeutendste Heiligtum Tibets, ruhen.

Da auch Chinas Kaiser Taizong kein Interesse an einer permanenten Auseinandersetzung mit der an der Südwestflanke des Reichs neu auf die geschichtliche Bühne getretenen Macht hatte, gab er Songtsen Gampo 641 **Prinzessin Wencheng** zur Gemahlin, eine politische Heirat, die ihm bis 649 eine Verschnaufpause an der Grenze zu Tibet bescherte. Wencheng brachte fundiertes Wissen in der Geomantik und Astrologie ins Land sowie als Mitgift die Statue des Jowo Shakyamuni, eine Plastik, die schon zu Lebzeiten Buddhas gefertigt worden sein soll und heute im Jokhang von Lhasa steht. Begleiterscheinung dieser Heiratspolitik war die **Einführung des Buddhismus** in Tibet. Zur Übersetzung der buddhistischen Schriften und Niederlegung der Annalen ins Tibetische wurde eine eigene Schrift entwickelt, die zugleich eine wichtige Voraussetzung zur Verwaltung des riesigen Reichs war.

Religiöse Entwicklung unter Trisong Detsen

Mit Songtsen Gampos Tod wurde die Entwicklung und Expansion des tibetischen Reichs nicht beeinträchtigt. Trotz zahlreicher innerer Spannungen konnte es sein Territorium weiter ausdehnen, und als Trisong Detsen 755 den Thron bestieg, stand das Schneeland auf dem Höhepunkt seiner Macht. 763 konnten seine Truppen sogar die chinesische Hauptstadt Chang'an einnehmen und für drei Wochen kontrollieren. Unter seiner Herrschaft kam es zu einem großen, öffentlich ausgetragenen Disput zwischen den Priestern der Bön-Religion und den Buddhisten. Tatsächlich ging es aber bei dem Disput weniger um religiöse, sondern um machtpolitische Fragen. Die Bönpos unterlagen und wurden ins heutige Westtibet verbannt. Der Buddhismus avancierte 779 zur Staatsreligion. Allerdings kam es schon bald zu Spannungen zwischen den Vertretern des chinesischen und des indischen Buddhismus. Postulierten die chinesischen Buddhisten, dass die Erleuchtung auf intuitiver Erkenntnis beruhe und keinerlei Willensanstrengung unterliege, so lehrten die indischen Buddhisten die Anhäufung der „Sechs Vollkommenheiten": Freigiebigkeit, Sittlichkeit, Geduld, Willenskraft, Konzentration und Weisheit als Voraussetzung zur Erlangung der Buddhaschaft. Wie schon in der Auseinandersetzung mit den Bönpos kam es nun auch zwischen diesen beiden sehr unterschiedlichen buddhistischen Traditionen zu einem Disput, der zwischen 792 und 794 im **Konzil von Samye** ausgetragen wurde. Die chinesischen Buddhisten unterlagen zwar, durften aber in anderen Teilen Tibets weiter hohe religiöse Ämter ausüben.

Dank der Einführung des Buddhismus als Staatsreligion konnte der König seine Stellung als Primus inter Pares, die er über Jahrhunderte innehatte, abschütteln. Um ihren Einfluss auszubauen, hatten ihm die Buddhisten gleich eine staatsphilosophische, religiös sanktionierte Legitimation seiner Herrschaft mitgeliefert; so wurde der Herrscher unter anderem als Emanation des Buddha Vairocana und damit als buddhistischer Universalherrscher angesehen. Im Gegenzug verbündeten die Bön-Priester sich mit dem Adel, der um seinen Einfluss fürchtete. Dieser Streit um Macht und Pfründe eskalierte im 9. Jh. erneut und führte 842 zu großen Buddhistenverfolgungen, in deren Verlauf das Reich in kleine Fürstentümer zerfiel und die einst so bedrohliche Macht Tibets in den Weiten der Hochtäler zerrann.

Begründung der Theokratie

Die Herrschaft der Sakyapa

Von Westtibet aus begann im 10. Jh. zunächst die Wiederbelebung des Buddhismus und in seinem Gefolge die erneute Einigung Tibets. Zahlreiche neu gegründete Klöster verschiedener Schulrichtungen wie Sakya (1073), Zhalu (1087) und Tsurphu (1189) wetteiferten um die Wahrheit und schließlich auch um die Macht. Unter den vielen Klöstern sollte vor allem Sakya sowie das gleichnamige Fürstentum eine zentrale Rolle bei der Wiedervereinigung Tibets einnehmen. Anfang des 13. Jhs. hatte Sakya das Rennen um die führende Rolle in Tibet für sich entschieden, und nach der Eroberung des Schneelands durch die **Mongolen** wurde 1244 der Sakya-Pandita **Kunga Gyaltsen** (1182–1251) als Repräsentant Tibets eingesetzt. Sein Nachfolger Sakya-Lama **Phagpa** (1235–80) wurde 1260 von Kublai Khan zum Reichslehrer ernannt und 1270 zum „Kaiserlichen Lehrer" berufen. Zugleich wurde ihm auch die Verwaltung Tibets übertragen. Damit war faktisch eine theokratische Regierungsform begründet.

Die Phagmodrupa und der Zerfall Tibets

Mit dem Zerfall der in China herrschenden mongolischen Yuan-Dynastie begann auch der Stern des Hauses Sakya zu sinken. Abgelöst wurde es 1354 von **Jangchub Gyeltsen** (1302–64), der die Phagmodrupa-Dynastie gründete. Unter seiner Herrschaft begann eine Rückbesinnung auf die Zeit Songtsen Gampos, die Verwaltungsorganisation der Mongolen wurde abgeschafft, und das Herrschaftssystem an die „gute alte Zeit" angelehnt. Die Macht der Phagmodrupa beruhte im Wesentlichen auf der Person ihres Gründers und verfiel nach Gyeltsens Tod zusehends. Erneut bildeten sich regionale Machtzentren, sodass im 15. Jh. keine zentrale Macht mehr über Tibet herrschte.

Die Epoche der Dalai Lamas

Der Aufstieg der Gelugpa

Doch im Zerfall lag schon der Keim eines Neubeginns: Im Jahr 1357 wurde **Tsongkhapa** geboren, einer der überragenden Gelehrten seiner Zeit. Er schuf eine neue buddhistische Lehrauslegung und gründete die Gelugpa (Schule der Tugendhaften), die wegen der Kopfbedeckung ihrer Mönche schon bald den Namen Gelbmützen-Schule erhielt. Unter ihnen setzte eine regelrechte Welle von Klostergründungen ein, und die Lehrzentren Ganden (1409), Drepung (1416), Sera (1419) und Tashilhunpo (1447) entstanden. Die große Stunde der Gelbmützen aber kam 1578, als der gewiefte Abt **Sönam Gyatso** (1543–88) zum mongolischen Herrscher Altan Khan reiste, den er als mächtigen Schutzpatron zu gewinnen trachtete. Sönam Gyatso konnte Altan Khan überzeugen, dass jener die Reinkarnation des großen Kublai Khan und er selbst, Sönam Gyatso, die Reinkarnation Sakya-Lama Phagpas sei. Geschmeichelt von der geschickt eingefädelten Anlehnung an diese beiden historischen Größen, verlieh der Khan Sönam Gyatso den Titel Dalai Lama, ein mongolischer Titel, der so viel wie „Lama, (dessen Mitgefühl so groß ist wie) der Ozean" bedeutet. Man betrachtete ihn darüber hinaus als irdische Manifestation des Bodhisattva Avalokiteshvara. Doch der frisch gebackene Dalai Lama strebte nicht nur nach eigener Macht. Um an die große Zeit Tsongkhapas anzuknüpfen, wurden dessen Neffe und Gründer des Klosters Tashilhunpo und Abt des Klosters Drepung, Gendün Drub (1391–1474), sowie dessen Nachfolger Gendün Gyatsho (1475–1542) zum ersten und zweiten Dalai Lama ernannt, während Sönam Gyatso als dritter Dalai Lama zählte. Mit diesem Schachzug erreichte er, dass der Titel des Dalai Lama zum Linientitel eines sich stets neu inkarnierenden Lama wurde. So sicherte er den Gelbmützen auch für die Zukunft die Macht.

Politisch und religiös kamen sich Tibet und die Mongolei nicht nur durch die in der Mongolei einsetzende buddhistische Missionierung näher, sondern auch dadurch, dass man nach Sönam Gyatsos Tod in einem Urenkel Altan Khans den 4. Dalai Lama (1589–1617) ausmachte.

Der Große Fünfte

Anfang des 17. Jhs. befand sich Tibet in einem zerrissenen Zustand. Heftige innenpolitische Auseinandersetzungen schwächten das Land, und das in einer Zeit, in der China und die Mongolei einen neuen Gipfel ihrer Macht und Größe erklommen hatten. Nach dem Tod des 4. Dalai Lama wurde **Ngawang Losang Gyatso** (1617–82) als seine Reinkarnation identifiziert – ein Glücksfall, sollte der 5. Dalai Lama sich doch als einer der größten Staatsmänner Tibets erweisen. Ausgestattet mit überragender Intelligenz, war er nicht nur ein großer Gelehrter, sondern auch ein gewiefter Politiker und großartiger Architekt. Nach seinen Plänen wurde zwischen 1644 und 1692 der Potala erbaut. Doch ohne die Hilfe der Mongolen kam auch der 5. Dalai Lama nicht aus. Er holte Truppen von **Gushri Khan**, dem Herrscher der mongolischen Khoshoten, nach Tibet, die ihm bei der Ausschaltung seiner Widersacher in Tibet zur Seite standen, und 1638 übertrug er dem Khan zum Dank für die geleistete Unterstützung den Titel des Religionskönigs über Tibet. 1641 konnten auch die letzten Gegner der entstehenden lamaistischen Autokratie in Shigatse geschlagen werden, und 1642 stattete Gushri Khan den Dalai Lama mit der höchsten weltlichen Autorität über Tibet aus. Der Dalai Lama bildete nun eine Regierung, setzte einen Regenten (Desi) ein und wurde so als höchste religiöse und politische Autorität zum Begründer der lamaistischen Autokratie.

Die Nachfolger des Großen Fünften, wie der 5. Dalai Lama später ehrfurchtsvoll genannt wurde, konnten an dessen Leistung nicht mehr anknüpfen und wurden schließlich unter den Hufen der über Tibet herfallenden Dsungaren-Horden, einem westmongolischen Reitervolk, zermahlen. Prominentestes Opfer wurde der 6. Dalai Lama, den sie entführten und ermordeten.

Verlust der Unabhängigkeit

Die Zeit der mongolischen Übermacht war auch eine Zeit der Stärke der **Mandschuren**, die sich in den Weiten des Nordostens gesammelt hatten. Die selbstbewussten ersten Kaiser der kraftvollen mandschurischen Qing-Dynastie hatten in alter chinesischer Tradition begonnen, den Einfällen von Nomadenheeren eine aggressive Eroberungspolitik entgegenzusetzen. Die von den Mongolen bedrängten Tibeter riefen in ihrer Not chinesische Truppen zu Hilfe, um allerdings den Teufel mit dem Beelzebub auszutreiben, denn der chinesische Kaiser, dankbar über dieses „Geschenk“, errichtete 1723 ein De-Facto-Protektorat über Tibet, dessen Regierung durch zwei chinesische Kommissare (Ambane) kontrolliert wurde. 1750 wurde das weltliche Parlament endgültig aufgelöst und der 7. Dalai Lama (1708–57) zum nominellen Oberhaupt über Tibet ernannt. Die von China kontrollierte Regierung setzte sich von nun an aus Laien- und Mönchsbeamten zusammen. Doch schon der 8. Dalai Lama (1758–1804) wurde nie zum Herrscher nominiert, und alle seine Nachfolger bis einschließlich des 12. Dalai Lama wurden ermordet. Diesem gefährlichen Kreislauf konnte erst der **13. Dalai Lama Thubten Gyatso** (1876–1933) ein Ende bereiten. Nach dem Großen Fünften avancierte er zum bedeutendsten Oberhaupt des Landes. Er führte dringend notwendig gewordene Reformen durch und lavierte sein Land erfolgreich durch die schwierige Epoche des „Great Game“, in der Russland, England und China in Zentralasien ihre Einflusssphären zu sichern suchten. Russland gelangte mit diplomatischem Geschick nach Lhasa, während England seine Interessen 1904 schließlich mit Gewalt durchzusetzen suchte und Colonel Younghusband mit einem Feldzug die Tibeter zur Kapitulation zwang.

Auf dem Weg metzelten seine Soldaten 2700 Tibeter nieder, während der Dalai Lama in die Mongolei floh. Dann musste Tibet die **Lhasa Convention** unterschreiben, mit der Tibet die Unabhängigkeit Sikkims anerkannte, der Aufnahme von Handelsbeziehungen mit England zustimmte und darüber hinaus akzeptieren musste, dass Tibet nur noch mit ausdrücklicher Zustimmung Englands Beziehungen zu ausländischen Mächten aufnehmen durfte. Nach heftigen Protesten Russlands mussten die Briten 1906 ein Abkommen mit China unterschreiben, in dem sowohl England als auch Russland die Oberhoheit Chinas über Tibet anerkannten. China machte dem Dalai Lama sofort seine untergeordnete Position klar und versuchte die eigenen Ansprüche bis 1911 mit militärischer Gewalt durchzusetzen.

Der steinige Weg in die Moderne

Ein Moment der Unabhängigkeit

Mit dem Sturz der Qing-Dynastie 1911 verließen die chinesischen Truppen Tibet, und der 1910 kurzzeitig nach Indien geflohene Dalai Lama kehrte 1913 nach Lhasa zurück, wo er feierlich die Unabhängigkeit Tibets proklamierte. Um den politischen Status sowie die Grenzen zwischen Tibet und China festzulegen, fand im selben Jahr die **Konferenz von Simla** statt, an der England, Tibet und China teilnahmen. China war allerdings nicht bereit, seine Ansprüche auf Tibet aufzugeben und unterzeichnete den gefundenen Kom-

Die Konferenz von Simla

Selbst in den Wirren der chinesischen Revolution verlor China Tibet nicht aus den Augen, und schon 1912 eroberte es die osttibetischen Gebiete zurück. Auf Druck Großbritanniens hin, das die nördlichen Grenzen seines Kolonialreichs mit Tibet als einer Art Pufferzone zu China sichern wollte, fanden 1913 schließlich in Indien Gespräche zwischen Tibet, China und Großbritannien statt. China machte den Beteiligten sofort klar, dass Tibet bereits seit 700 Jahren zu China gehöre, und damit begann ein zähes Ringen um Grenzen und Einflusssphären. 1914 wurden die Ergebnisse schließlich im **Abkommen von Simla** festgehalten. Tibet wurde in ein Äußeres (Zentral- und Westtibet) und Inneres Tibet (Osttibet), das China zugeschlagen wurde, aufgeteilt. Zentral- und Westtibet wurde Autonomie unter chinesischer Oberhoheit zuerkannt, während die Regierung Tibets in Kham nur in religiösen Belangen Autonomie erhielt. Tibet durfte China nicht als ausländische Macht betrachten, aber China und Großbritannien durften auch nicht ohne Einbeziehung tibetischer Bevollmächtigter direkt verhandeln.

Am 3. Juli 1914 unterzeichneten Tibet und Großbritannien das Abkommen, während die Regierung Chinas der eigenen Verhandlungsdelegation in den Rücken fiel und das Abkommen nicht paraphierte. Es ging der nunmehr republikanischen Regierung Chinas zu weit. Großbritannien und Tibet unterzeichneten dagegen noch zwei weitere Abkommen, in denen die Briten weitreichende Handelsvollmachten bekamen und in denen die indo-tibetische Grenze östlich von Bhutan neu bestimmt wurde. Das heute zu Indien gehörende Arunachal Pradesh fiel an das britische Kolonialreich, eine Entscheidung, die bis heute von China angefochten wird. Doch auch sonst ist die fehlende Unterschrift Chinas unter das Abkommen bedeutsam, denn die Konvention von Simla bildet bis heute eine solide völkerrechtliche Grundlage dafür, dass Tibet de jure (leider nur theoretisch) als ein souveräner Staat anzusehen ist.

promiss nicht. Hingegen betrachteten die Briten Tibet von nun an als gleichberechtigten Partner und verhandelten direkt mit dem Schneeland. Allerdings fuhren sie eine für Tibet unheilvolle Doppelstrategie.

Eingliederung in die VR China

De facto behandelten die Briten zusammen mit Indien und später den USA Tibet wie einen unabhängigen Staat, gleichzeitig aber erkannten sie de jure Chinas Oberhoheit über Tibet an. 1950 manifestierte das nun kommunistische China seinen Anspruch auf Tibet, indem die chinesische Armee einmarschierte, angeblich, um die indisch-chinesische Grenze zu sichern. Den Vereinten Nationen war diese Aggression bzw. das davon betroffene Land nicht wichtig genug, um sich mit der Frage der Legalität dieses Vorgehens zu befassen. Eine Debatte darüber wurde schlichtweg vertagt und bis heute nicht wieder aufgenommen. Die verwirrende Doppelstrategie des Westens um den völkerrechtlichen Status spielte einzig den Chinesen in die Hände, die sich ungeniert und ungestraft Tibet einverleiben konnten. Einzig das winzige El Salvador verurteilte den Übergriff und stellte den Antrag, die Generalversammlung möge das große China als Aggressor verurteilen. China nutzte die Uneinigkeit und Tatenlosigkeit des Westens, um das Land 1951 in die VR China einzugliedern. Taktik und Ränkespiele zielten darauf ab, die Rolle des Panchen Lama gegenüber dem Dalai Lama zu stärken und somit Uneinigkeit in Tibet zu säen – was auch gelang. 1959 marschierte die chinesische Armee erneut im Land ein, nachdem der Dalai Lama nicht bereit gewesen war, den Widerstandskampf gegen die chinesische Besetzung zu beenden. Der 1940 inthronisierte 14. Dalai Lama **Tenzin Gyatso** floh vor den einrückenden Truppen nach Indien, während sich die Vereinten Nationen weiterhin in Untätigkeit übten und die völkerrechtliche Diskussion erneut vertagten.

China verlor keine Zeit, seinen neugewonnenen Einfluss zu festigen. Tibet wurde in einen Polizeistaat verwandelt, die alten Strukturen aufgebrochen und 1965 die **Autonome Region Tibet** ausgerufen, die mit einer Halbierung des Territoriums einherging. Osttibet, namentlich Kham, wurde endgültig der Provinz Sichuan zugeschlagen.

Wie das übrige China auch, musste Tibet die verheerenden Experimente eines maoistischen Kommunismus über sich ergehen lassen und zusehen, wie die **Kulturrevolution** die alten Traditionen Tibets endgültig auszumerzen trachtete. 6000 Klöster wurden zerstört und die Tibeter kurzerhand zu assimilierten Chinesen erklärt.

Ab 1978 wurde die Politik gegenüber Tibet geändert. Die Tibeter bekamen zwar Sonderrechte wie ein Mitspracherecht bei der Verwaltung der Finanzen, im Erziehungs-, Gesundheits- und Kultursektor und sogar bei der Aufstellung von Polizeitruppen zugesprochen, allerdings blieb das einzige wirkliche Sonderrecht die Ausnahme von der Ein-Kind-Politik. Als Kompensation für die verursachten Schäden wurden in den 80er-Jahren fast alle ursprünglichen Klöster und Tempel neu eröffnet, zu großen Teilen restauriert und mit Kultfiguren ausgestattet. Das geschah im Übrigen nicht, wie bei uns in den Medien oft behauptet wird, für Touristen. Die notwendigen Summen wurden fast ausschließlich von den tibetischen Gläubigen in der Autonomen Region Tibet, zu geringen Teilen von der chinesischen Regierung und so gut wie gar nicht von den Exil-Tibetern aufgebracht. Allerdings war der Aufbau der Klöster eine Sache, die Wiederaufnahme von Lehre, Ausbildung und Praxis eine andere, da hier der chinesische Staat weiterhin massiv behindernd eingreift.

Dem Versuch der gewaltsamen wie schleichenden **Sinisierung** über ein komplett auf China ausgerichtetes Bildungssystem, das nur denjenigen Tibetern auf dem Arbeitsmarkt Chancen einräumt, die sich ganz den chinesischen Vorgaben unterwerfen, aber auch durch den unaufhaltsamen Zuzug chinesischer Siedler widersetzen sich die Tibeter immer wieder. Sie wollen nicht weiter wie kleine Kinder behandelt werden, sondern über ihren Fortschritt selbst bestimmen.

Seit 1987 kommt es regelmäßig zu **antichinesischen Demonstrationen**, die sämtlich blutig unterdrückt werden. Zuletzt machten im März 2008 gewalttätige Ausschreitungen Schlagzeilen. Sie führten sogar zur Besetzung von Orten in Sichuan und Gansu, wurden aber allesamt von der chinesischen Polizei gewaltsam aufgelöst. Noch ist unklar, ob sich die Tibeter zunehmend gewaltsam gegen ihre Unterdrückung wehren wollen, und sich damit von den Apellen der Gewaltlosigkeit des Dalai Lama abwenden, oder ob es isolierte Aktionen waren. Tatsache ist aber, dass sich erstmals auch die tibetische Bevölkerung mit den demonstrierenden Mönchen solidarisierte und an den Protesten beteiligte.

Regierung und Politik

Die Wahrung territorialer Einheit ist Teil des Gründungsmythos der Volksrepublik China und hat bis heute für die chinesische Regierung oberste Priorität. Dafür riskiert sie notfalls auch ihr internationales Image, wie sich anlässlich der Unruhen im Frühjahr 2008 im Vorfeld der Olympischen Spiele in Beijing wieder gezeigt hat. Dabei spielt auch die territoriale Abgrenzung Tibets eine wichtige Rolle. Radikale exiltibetische Gruppen erheben genauso wie der Dalai Lama den Anspruch, nicht nur für die tibetische Bevölkerung in der Autonomen Region Tibet zu sprechen, sondern auch in den angrenzenden Provinzen Qinghai, Gansu, Sichuan und Yunnan. Die chinesische Regierung fürchtet diese großtibetische Vision, da es zu administrativen und politischen Verwerfungen in all diesen Provinzen kommen könnte, wenn sie auch nur in einem Punkt nachgibt. Damit wird klar, dass Tibet in gewisser Weise der Eckstein eines höchst fragilen Vielvölkerstaats mit immerhin 56 Völkern ist. Das Schreckensszenario der Regierung in Beijing ist ein von Tibet ausgehender Flächenbrand, der sich beispielsweise nach Westchina ausbreiten könnte, wo mit der islamisch geprägten Autonomen Region Xinjiang eine ähnliche Problemzone liegt.

Tibet wird damit bei aller Reformfreudigkeit der Regierung ein politisches Tabu und ein heißes Eisen für die Industriestaaten bleiben, die sofort der Einmischung in die inneren Angelegenheiten Chinas bezichtigt werden, wenn hohe Politiker dem Dalai Lama auch nur die Hand schütteln. Tatsächlich aber setzt die Lösung des Tibet-Problems die Bereitschaft der chinesischen Regierung zu einer föderalen Reform des Vielvölkerstaats voraus. Vom Dalai Lama kommt der Vorschlag, für Tibet ein System ähnlich dem von Hongkong einzuführen, was von China bislang strikt abgelehnt wird. Von Deng Xiaoping selbst stammt die

Einsicht, dass es Chinas größter Fehler gewesen sei, sich die Tibeter nach 1950 nicht zu Freunden gemacht zu haben. Er selbst hat diese Wahrheit leider ebenfalls nicht beherzigt, und so wird Tibet unnötigerweise weiterhin viel Leid aufgezwungen und das Problem in absehbarer Zeit nicht gelöst.

Die staatliche Religionspolitik

Obwohl China das religiöse Leben Tibets stark reglementiert und jede oppositionelle Regung, die meist von Mönchen und Nonnen ausgeht, unterdrückt, ist der Wandel des tibetischen Klosterwesens in den letzten 20 Jahren unübersehbar. Fast alle ehemaligen Klöster und Tempel wurden restauriert und sind wieder aktiv. Insgesamt gibt es etwa 150 000 **Mönche und Nonnen** und 3000 religiöse Organisationen. Allerdings wird es ihnen nicht leicht gemacht, ihre Religion in traditioneller Weise zu leben – denn dazu gehörte nun einmal die Verschmelzung von Religion und Politik.

Ob Kaiserreich, chinesische Republik oder kommunistische Volksrepublik, für die staatliche Religionspolitik zählte einzig und allein, ob eine Religion die bestehende Ordnung unterstützte, das Wohlergehen des Staates förderte und den inneren Frieden sichern half. Im modernen China sind es vor allem islamische Gruppen, aber eben auch die tibetischen Buddhisten, die separatistische Tendenzen verfolgen und damit der Regierung Kopfzerbrechen bereiten. Entsprechend lag und liegt das Bestreben der Staatsgewalt stets darin, die **Kontrolle über alle religiösen Aktivitäten** zu behalten und dafür zu sorgen, dass die staatliche Einheit nicht durch religiöse Ideen und Praktiken gefährdet wird. Droht diese Kontrolle zu entgleiten, wie bei der Falun Gong-Bewegung oder den Demonstrationen tibetischer Mönche, reagiert der Staat fast immer mit Gewalt und Repression.

Staatliche Eingriffe gegen Religionen werden immer als gerechtfertigte Maßnahme zur Aufrechterhaltung der öffentlichen Ordnung deklariert, die sich nur gegen Handlungen richtet, die sich „fälschlicherweise" auf die Religion oder Religionsfreiheit berufen. Das konfuzianische Staatsverständnis ist bestimmt von Rationalismus, Moralismus und Sinozentrismus. Für die Konfuzianer und heute die kommunistische Führung kann nicht religiöser Glaube, sondern einzig Vernunft und Ethik die Einheit des Reichs garantieren.

Die Richtlinien in der Religionspolitik können von verschiedenen beteiligten Staatsorganen erlassen werden. Für ihre Ausführung haben die **Büros für religiöse Angelegenheiten** zu sorgen, deren Beamte selbst keiner Religion angehören und die von den einzelnen Glaubensrichtungen oft nur rudimentäre oder gar keine Kenntnisse besitzen. Diese mangelnde Qualifikation ist für zahlreiche Probleme zwischen Religion und Staat verantwortlich. So mögen die Beamten auf lokaler Ebene zwar durchaus guten Willens sein, sie sind jedoch selten in der Lage, berechtigte Anliegen religiöser Gruppen gegenüber Lokalbehörden durchzusetzen oder sie vor Willkür zu schützen, was eigentlich ebenfalls zum Aufgabenfeld der Büros für religiöse Angelegenheiten gehört.

In den Bereichen von Lehre und Kult haben die **anerkannten Religionen** Buddhismus, Daoismus, Islam, Protestantismus und Katholizismus (der vom Vatikan unabhängig sein muss) eine gewisse Unabhängigkeit und können diese weitgehend selbst regeln. In allen anderen Bereichen unterstehen sie direkt der Leitung durch den Staat. Allerdings ist die Toleranz gegenüber den traditionellen chinesischen Religionen Daoismus und Buddhismus deutlich größer als gegenüber allen anderen. Besonders misstrauisch werden natürlich der Tibetische Buddhismus und der uigurische Islamismus als Träger von Unabhängigkeitsbestrebungen beäugt. Der Staat gewährt die relative Religionsfreiheit allerdings nicht auf der Grundlage einer Anerkennung von Theismus oder gar eines Verständnisses von religiösen Werten, sondern allein aus der pragmatischen Einsicht, dass Religionen den politischen Zielen der Partei und des Staates dienen können. Funktioniert das nicht, werden sie streng reglementiert und überwacht.

Die Minderheitenpolitik Chinas

Chinas größte ethnische Gruppe ist mit rund 92 % die der Han-Chinesen. Rund 8 %, etwa 100 Mill. Menschen, gehören zu den 55 anerkannten sogenannten nationalen Minderheiten. Als Volksgruppen unterscheiden sie sich nicht nur von den Han, sondern auch untereinander sowohl durch ihre unterschiedlichen Lebensräume und Wirtschaftsformen als auch in Sprache, Schrift, Sitten und Gebräuchen sowie in ihren Religionen.

Die Politik der frühen Kaiser gegenüber den Minderheiten vor allem im Süden und Südwesten beinhaltete, dass die Aristokratie der Minderheiten zur Zusammenarbeit überredet oder gezwungen wurde, während die Völker gleichzeitig ihr traditionelles Leben weiterführen durften (Tusi-System). Entscheidend war einzig, dass über die lokalen Führer die Steuern eingezogen werden konnten. Ein gravierendes Problem für den Kaiserhof war die Vererbung der Stammesführerschaft bei den meisten Völkern im Süden. Damit war dem Kaiser die Möglichkeit genommen, von vornherein loyale Führer auszuwählen. Ein ähnlich gelagertes Problem hat die KPCh heute auch in Tibet, wo die Chinesen in die Auswahl der Reinkarnationen von Tulkus bis hin zum Dalai Lama eingreifen, um ihnen gefügige Vertreter heranzuziehen.

Die frühe Ming-Zeit brachte eine Wende in der Politik gegenüber den Minderheiten des Südens. Nach zahlreichen Revolten verschiedener Völker wurden nun chinesische Beamte in die einzelnen Verwaltungsgebiete des Südwestens geschickt, wo sie die lokale Aristokratie überwachten. Mitte des 18. Jhs. wurde dieses Nebeneinander lokaler Führer und beigeordneter chinesischer Beamter radikal abgeschafft. In Tibet geschah dies 1793. Von da an wurde die Kontrolle der Minderheitengebiete direkt den Provinzverwaltungen unterstellt, d. h. die Stammesführer wurden durch reguläre Verwaltungsbeamte ersetzt, ein System, das faktisch bis 1956 praktiziert wurde. Mit dieser Änderung ging nicht nur eine dramatische Transformation der wirtschaftlichen Bedingungen einher – die Minderheiten wurden sukzessive von ihrem Land verdrängt und verarmten –, sondern auch der Verlust traditioneller Strukturen.

Der Erosionsprozess der kulturellen Identität hörte auch in der Republik und schließlich in der Volksrepublik nicht auf. Unter den Kommunisten bekamen die Minderheiten in der Verfassung zwar das Recht auf Autonomie zugesprochen, wenn sie in einer Region die Mehrheit bildeten, auch stand ihnen ihre eigene Sprache, Schrift sowie die Ausübung eigener Sitten und Gebräuche zu, doch wurde dies schon Ende der 1950er-Jahre zur Makulatur, als die Regierung erklärte, dass nun alle Minderheiten vollwertige Chinesen seien. Darauf folgten eine brutale Gleichschaltung und die Fortsetzung der wirtschaftlichen und sozialen Diskriminierung. Erst 1982 änderte sich die Politik wieder zu Gunsten der Minderheiten, die viele ihrer alten Freiheiten zurückerhielten.

Es war (und ist) den Minderheitenvölkern jedoch nicht möglich, einen grundsätzlich anderen Weg als den des kommunistisch-sozialistischen Chinas zu gehen oder sich gar aus der Staatengemeinschaft der VR auszugliedern. Auch die Ausbildung eigener Minderheiten-Kader soll einen bewusst sinisierenden Effekt haben. Gebiete, in denen vorherrschend eine Minorität siedelte, wurden zu Verwaltungseinheiten zusammengeschlossen, die durch die eigenen Selbstverwaltungsorgane kontrolliert werden sollten. So gibt es heute fünf Autonome Regionen (Innere Mongolei, Tibet, Xinjiang, Guangxi, Ningxia), 30 Autonome Distrikte und 72 Autonome Kreise. Autonomie heißt, dass den autonomen Organen ein Mitspracherecht bei der Verwaltung der Finanzen, beim lokalen Aufbau, bei der Erziehungs-, Kultur- und Gesundheitsverwaltung und bei der Aufstellung lokaler Sicherheitstruppen eingeräumt wird.

Die Sonderregelungen für autonome Gebiete kommen den Minderheiten fast nur im kulturellen Bereich zugute, nicht aber auf wirtschaftlicher oder politischer Ebene. Der Druck zur Assimilierung ist so groß wie nie, denn die Überbevölkerung treibt die Chinesen nach und nach auch in die entlegensten Winkel des Landes. Beim „Run" auf ein Stückchen Glück hat nur Chancen, wer sich sinisiert und sich den Zugang zu den Privilegien der Han-Chinesen sichert. So werden die tibetischen Traditionen meist nur noch auf dem Lande gepflegt, und es bleibt zu hoffen, dass sie weiterhin zur kulturellen Vielfalt des Landes beitragen.

Wirtschaft

Landwirtschaft

Die Mehrheit der tibetischen Bevölkerung arbeitet noch immer in der Land- und Viehwirtschaft.

Gerste ist das am meisten angebaute Getreide. Daneben werden aber auch Weizen, Saubohnen, Erbsen, Kartoffeln, Raps und Zuckerrüben sowie in manchen Gebieten Nassreis, Mais, Sojabohnen, Grüne Bohnen, Erdnüsse, Tabak, Chinakohl, Spinat, Buchweizen und Hirse geerntet, während in den etwas tiefer gelegenen Regionen Südtibets, aber auch rund um Lhasa große Obstplantagen mit Aprikosen-, Pfirsich- und Apfelbäumen kultiviert werden. Die Viehwirtschaft konnte in den letzten 50 Jahren zwar überproportional entwickelt werden, aber wegen der immer größer werdenden Viehherden ist das Weideland knapp geworden, und ähnlich wie in China wird einem Großteil der Nomaden und Bauern die Lebensgrundlage entzogen. Sie werden dank verbesserter Anbau- und Viehhaltungsmethoden nicht mehr gebraucht und müssen in die Städte abwandern. Bis 2010 sollen allein 100 000 Nomaden aus dem Nordosten Tibets in Städte umgesiedelt werden, wo sie in alternativen Berufszweigen beschäftigt werden sollen. Damit beginnt auch in Tibet eine zunehmende Verstädterung der Bevölkerung.

Bergbau

Der enorme Reichtum Tibets an Bodenschätzen war einer der Hauptgründe für die Invasion der Chinesen 1950. Da Chinas Industrialisierung in großem Maße von einem riesigen Verbrauch an Mineralien und Energie abhängig ist und viele seiner eigenen Lagerstätten beinahe erschöpft sind, gewinnen die reichen Vorräte Tibets an Bedeutung, und so ist es kaum verwunderlich, dass der Bergbau zum wichtigsten Wirtschaftszweig Tibets geworden ist. In den letzten fünf Jahren hat er am meisten zum jährlichen Wirtschaftswachstum von 30 % in Tibet beigetragen. China investiert heutzutage allein US$1,25 Mrd. in die Suche nach Bodenschätzen und die Erschließung der Rohstofflager in den zentralen und westlichen Regionen Tibets – eine Fläche, die nach Schätzungen der Experten Vorkommen an Bodenschätzen im Wert von US$81,3 Mrd. birgt. Über 126 Mineralien wurden identifiziert, darunter einige der bedeutendsten Vorkommen der Erde an Uran, Chromit, Lithium, Bor, Borax und Eisen. Die Vorkommen an Erdöl, Erdgas, Gold, Silber, Kupfer und Zink haben globale Bedeutung, und zusätzlich finden sich im tibetischen Hochland Korund, Vanadium, Titanium, Magnesit, Schwefel, Glimmererde, Caesium, Rubidium, Arsen, Graphit, Lepidolith und Pottasche.

Tourismus

Neben dem Bergbau wird der Tourismussektor massiv ausgebaut. Allein die Fertigstellung der Eisenbahnlinie nach Lhasa hat den Touristenstrom von einigen hunderttausend Besuchern jährlich auf über vier Millionen anschwellen lassen. Vor allem die alte Bausubstanz wichtiger Architekturdenkmäler wie Potala und Jokhang verkraftet diesen Ansturm nicht mehr, weshalb die Zahl der Besucher auf 2000 bis 3000 Besucher täglich limitiert wurde. Um den Ansturm dennoch zu bewältigen, wird nun an einer Kopie dieser Bauwerke gearbeitet. Die Einnahmen aus dem Tourismus belaufen sich auf rund 5 Mrd. Yuan im Jahr. Kritiker bezweifeln allerdings, dass sie der tibetischen Bevölkerung zugute kommen. Nur etwa 30 000 Tibeter sind in den verschiedenen Tourismusbereichen beschäftigt. Die größten Investoren in Tibet sind chinesische Unternehmen, die chinesische Hotels, Reiseagenturen und natürlich chinesische Mitarbeiter beschäftigen, und so fließt ein Großteil der Einnahmen wohl eher nach China zurück.

Religion

Früher hieß es in Tibet, „im Westen befinden sich die heiligen Stätten wie der Berg Kailash – man wird erleuchtet durch den Segen des Ortes. In Zentraltibet sind die großen Mönchsuniversitäten – man wird erleuchtet durch den Segen der Bücher. In Osttibet leben die großen Meister – man wird erleuchtet durch den Segen des Buddha." Buddhismus und Tibet sind in der Wahrnehmung vieler Westler eins. Doch der tibetische Buddhismus ist sehr viel komplexer. Er bildet eine Einheit aus Religion und Politik, bestimmte die gesellschaftlichen wie auch politischen Verhältnisse, und seine geistlichen Auto-

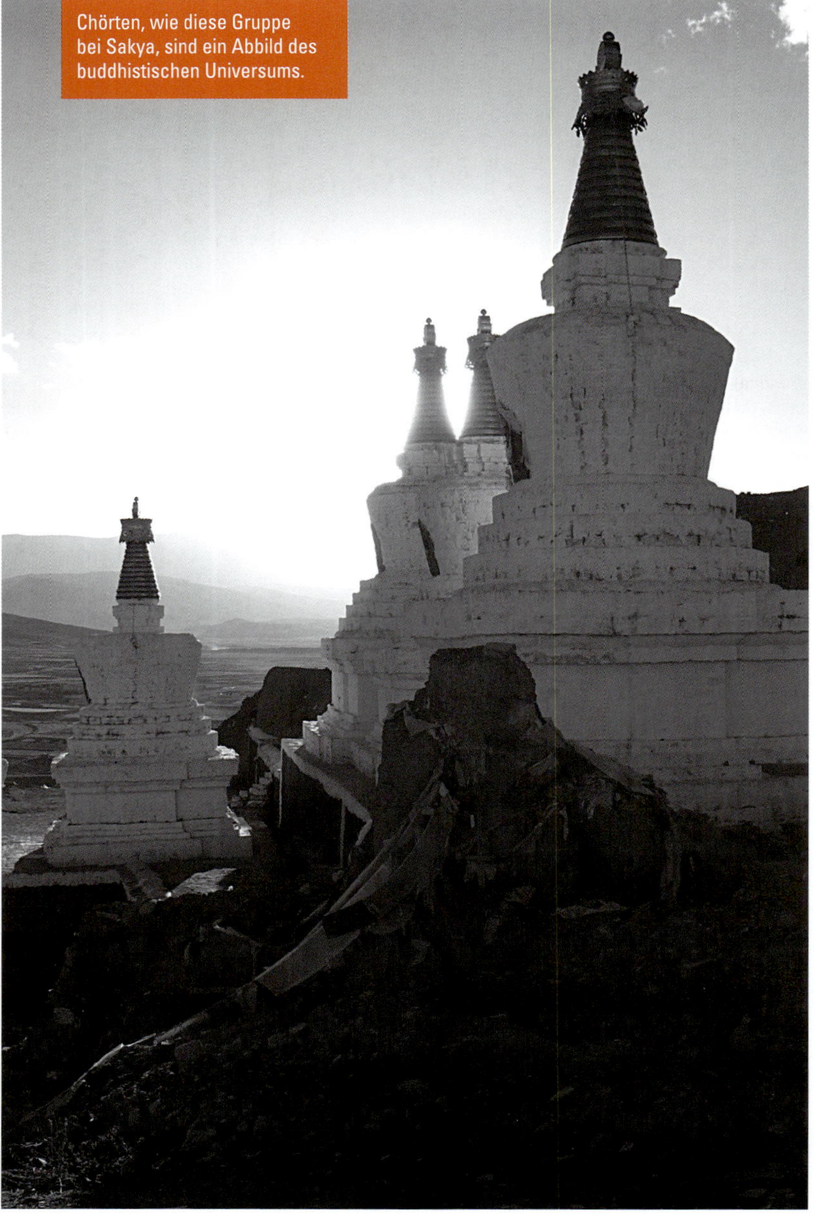

Chörten, wie diese Gruppe bei Sakya, sind ein Abbild des buddhistischen Universums.

ritäten sind moralische Instanzen und politische Führer zugleich. Tatsächlich ist der Buddhismus in Tibet wegen seiner gestaltenden Wirkung auf die Geschichte des Landes vor allem als eine Gesellschaftsordnung mit politischen und weltanschaulichen Aspekten anzusehen.

Grundlagen des Buddhismus

Entkleidet man die verschiedenen buddhistischen Schulen ihres kulturellen Beiwerks und ihrer kultischen wie rituellen Eigenheiten, stößt man natürlich auch in Tibet auf die allen Buddhisten gemeinsame Grundlage der Lehre (Dharma). Beeindruckend im Buddhismus sind die Ablehnung überflüssiger metaphysischer Spekulation und der Appell an Vernunft und Erkenntnisfähigkeit des Menschen. Er ist eine Religion, die es dem Menschen ganz pragmatisch ermöglichen will, sich aus den Verstrickungen des Leidens zu lösen und zu einer mitfühlenden Grundhaltung zu gelangen.

Der Weg Buddhas

Ursprünglich war Buddha ein Fürstensohn aus dem Hause Shakya in Nordindien mit Namen **Siddharta Gautama** (ca. 560 v. Chr.–ca. 480 v. Chr.). Als junger Mann verließ er, nachdem er die vier großen Leiden der Menschen – Geburt, Alter, Krankheit, Tod – gesehen hatte, Heim und Familie und begab sich auf die Suche nach Erkenntnis und der Erlösung vom Leiden. Aber weder mit Fasten, Askese noch mit Meditation erreichte er Freiheit und inneren Frieden, bis er schließlich im indischen **Bodhgaya** die Erleuchtung erlangte und zum Buddha wurde – ein Begriff, der aus dem Sanskrit stammt und „der Erwachte" bzw. „der Erleuchtete" bedeutet. Nun wurde er auch Buddha Shakyamuni („Weiser aus dem Hause Shakya") genannt. Er hatte die Erkenntnis der Vier Edlen Wahrheiten und vom Achtfachen Pfad, der zur Überwindung des Leidens und damit zum Verlassen des Kreislaufs der Wiedergeburten führt, gewonnen. Die Essenz seiner Lehre fasste er in der „Predigt von Benares", einer Ansprache an fünf Asketen im Gazellenhain Isipatana (heute Sarnath) bei Benares, zusammen. Nach den Überlieferungen begann mit dieser Predigt, mit der er das „Rad der Lehre" (Sansk.: Dharmacakra) anstieß, das Wirken Buddhas. In ihrem Verlauf erlangten die fünf Asketen Heiligkeit und der buddhistische Mönchsorden trat ins Leben.

Die Vier Edlen Wahrheiten

Am Beginn des buddhistischen Wegs steht die Erkenntnis von den Vier Edlen Wahrheiten:

- die Wahrheit von der Art des Leidens
- die Wahrheit von der Entstehung des Leidens
- die Wahrheit von der Überwindung des Leidens
- die Wahrheit vom Weg zur Überwindung des Leidens.

Der buddhistische **Begriff des Leidens** ist sehr weit gefasst und schließt neben Geburt, Krankheit und Tod auch Angst, Unwohlsein oder Unzufriedenheit mit ein. Niemand kann sich dem Leiden entziehen, denn das Leiden ist Teil der Realität, die das Leben ausmacht.

Als **Ursachen des Leidens** sieht der Buddhismus den Durst nach Leben. Dieser Durst entsteht aus der Vorstellung eines „Ich" und „Mein", also aus Unwissenheit, die wiederum zu Hass und Neid führt. Die drei Grundübel Gier (Lebensdurst), Hass und Unwissenheit fesseln die Lebewesen an den Kreislauf von Geburt und Wiedergeburt.

Bedeutet der Lebensdurst Leiden, ergibt sich als Konsequenz aus der Erkenntnis des Leidens, dass das Leben selbst nicht als erstrebenswert angesehen werden muss. Das Leid kann nur aufgehoben werden durch gänzliches Vernichten des Begehrens, durch Aufgabe des „Ich", denn jeder Wunsch hat eine Wirkung, die wiederum einen neuen Wunsch nach sich zieht. Das Glück liegt in der Wunschlosigkeit. Die **Überwindung des Leidens** bedeutet eine völlige Aufhebung des Lebensdurstes, der von Wiedergeburt zu Wiedergeburt führt.

Die Vierte Edle Wahrheit zeigt den **Weg zur Beendigung des Leidens**, den Achtfachen Pfad der Selbstentwicklung, der das richtige Sehen und das richtige Wissen über die menschliche Situation sowie das richtige Handeln darlegt. Er ist ein Mittelweg zwischen Extremen, der weder Genuss noch Askese beinhaltet. An seinem Ende steht das Nirvana (s. S. 125).

Der Achtfache Pfad

Den mittleren Weg, der zur Erreichung der Buddhaschaft und damit zur Beendigung des Leidens führt, bezeichnete Buddha auch als „echten achtfältigen Weg". Er besteht aus der intellektuellen Forderung nach rechter Ansicht, d. h., der Aufhebung der Unwissenheit, sowie sieben Regeln zur Selbstdisziplin.

- Rechtes Verstehen, also das Begreifen der Ursachen der Leidensentstehung und des Wegs zu ihrer Beendigung.
- Rechtes Denken, d. h. eine aufrichtige und ehrliche Gesinnung und die Bereitschaft, das als richtig Erkannte in die Tat umzusetzen und sein Leben danach auszurichten.
- Rechtes Reden, d. h. nur wohl überlegte Reden zu führen und Lügen, Klatsch und Geschwätz zu meiden.
- Rechtes Handeln, d. h. eine achtbare Lebensführung zu wahren, nicht zu töten, nicht zu stehlen usw.
- Rechtes Leben, d. h. einem „harmlosen" Broterwerb nachzugehen, der anderen kein Leid zufügt.
- Rechtes Streben, d. h. Gutes zu tun und das Böse zu meiden, schädliche Geistesinhalte abzuwehren und heilsame Geistesinhalte zu erzeugen.
- Rechtes Gedenken, d. h. ständiges aufrichtiges Überdenken des eigenen Tuns und Lassens.
- Rechtes Sichversenken, d. h. ständige Konzentration bei allem Tun.

Diese acht Glieder stellen keine Abschnitte eines Heilswegs dar, die der Erlösungsuchende nacheinander zurücklegt, sondern Tugenden, die alle gleichzeitig zu pflegen sind. Zwischen ihnen besteht eine Wechselwirkung, die es unmöglich macht, eine Regel zu vernachlässigen, ohne damit die Verwirklichung der anderen zu hemmen.

Das Menschenbild

Nach buddhistischem Verständnis ist der Mensch samt der von ihm erlebten Welt kein einheitliches Ganzes. Alle Faktoren, die den Menschen ausmachen, sind in den fünf Daseinsgruppen, den **Skandhas**, enthalten: Körper, Empfindungen, Wahrnehmungen, Triebkräfte und Bewusstsein.

Mit Körper ist der physische Leib des Menschen gemeint. Empfindungen sind die Kontakte der Sinnesorgane mit den Gegenständen der Umwelt, d. h. die sinnlichen Reize oder Eindrücke. Diese werden im Kopf zu Wahrnehmungen, aus denen, wenn man ihnen nicht sehr achtsam gegenübersteht, die Triebkräfte wie Sehnsüchte und Begierden erwachsen. Das Bewusstsein schließlich entsteht aus den Empfindungen, Wahrnehmungen und Triebkräften. Die Skandhas vermitteln in ihrer Gesamtheit das illusionäre Gefühl eines Ichbewusstseins. Dabei ist das Dasein nichts weiter als ein Prozess, ein Vorgang ständigen Entstehens und Vergehens von Daseinselementen in einem scheinbaren Kontinuum.

Die geistige Identifikation mit den fünf Daseinsgruppen, die man auch als Aggregatzustände bezeichnen kann, führt für den Betreffenden zum Leiden, denn mit ihnen verbinden sich Geburt, Krankheit und Verlangen. Da nun alle diese Teile der Persönlichkeit dem Entstehen und Vergehen unterworfen sind, ist es sinnlos, nach einer unvergänglichen Seele in ihr zu suchen. Diese Erkenntnis ist das wesentlichste besondere Merkmal des Buddhismus.

Die Wiedergeburt

Für den Kreislauf der Wiedergeburten ist die zweite der vier edlen Wahrheiten verantwortlich. Die Wahrheit von der Entstehung des Leidens besagt, dass das Begehren, der Durst nach Lust, nach Dasein und Vernichtung von Wiederverkörperung zu Wiederverkörperung führt. Dieser Kreislauf kann auch nicht einfach abgebrochen werden, z. B. durch Selbstmord. Alle Formen des Durstes führen mithin zum Verharren im **Samsara**, im Daseinskreislauf.

Man ist immer die Gesamtsumme seiner Taten, wobei man unter Taten die negativen oder positiven Gedanken, Äußerungen und körperlichen Handlungen versteht. Das entspricht Gut und Böse, wobei man bedenken muss, dass Gut und Böse hier keine absoluten Begriffe sind. Ob unsere Taten und Gedanken als gut oder böse betrachtet werden, hängt von ihrem Ergebnis ab.

Im Laufe der gegenwärtigen Existenz kann man dem **Karma** (wörtl. „die Taten") so positive oder negative Taten hinzufügen oder fortnehmen, man kann es durch Reinigung oder Verschlimmerung verändern.

Nach dem Tod folgt ein **Bardo** genannter Zwischenzustand, wo die folgende Existenz Form annimmt und sich deutlicher abzeichnet. Daraus geht schließlich eine glückliche oder unglückliche Existenz oder eine Mischung aus beidem und eine **Wiederverkörperung** in der Hölle, Tierwelt, im Gespensterreich, in der Menschen- oder der Götterwelt hervor.

Die Karma-Lehre ist keinesfalls deterministisch zu verstehen. Die Taten legen zwar die Qualität, also das Geburtsmilieu, die physische Gestalt und die geistigen Anlagen der zukünftigen wiedergeburtlichen Daseinsform fest, nicht aber deren Handlungen. Über seine Taten herrscht jeder selbst. Allerdings sind nicht nur die Taten für die karmische Zukunft verantwortlich, sondern ihr Motiv, ihre geistige Einstellung. Sogar eine Tatabsicht an sich, auch wenn sie nicht zur Ausführung gelangt, reicht aus, um die entsprechende karmische Wirkung hervorzubringen. Damit unterscheidet sich das Karma von den geläufigen Vorstellungen eines „Schicksals". Es ist weder aus einem göttlichen Willen hervorgegangen noch dem Zufall zu verdanken. Es ist die Frucht unserer Taten.

Das Nirvana

Oberstes Ziel des Buddhismus ist es, sich vom Kreislauf der Wiedergeburten zu befreien, das heißt, die Ursachen des Leids zu beseitigen. Dabei geht es nicht darum, in irgendeiner Form aus der Welt „herauszutreten", sondern ihr nicht länger unterworfen zu sein. Die Welt ist nicht schlecht an sich. Unsere Art, sie wahrzunehmen, ist falsch. Gelingt es einem nicht, die Wahrnehmung zu ändern, wird man ständig von einem Existenzzustand zum nächsten pendeln, mal glücklich, mal unglücklich. Wer es schafft, den Strom seines Bewusstseins zu reinigen und zu erwachen, ist vom Kreislauf der Wiedergeburten befreit; er hat die Ursachen des Leids beseitigt. Um zu solch einem Ergebnis zu kommen, ist es nötig, das Problem an der Wurzel zu packen: die „Ich"-Bezogenheit und das Nicht-Wissen. Man wird dann zwar nicht mehr unter dem Einfluss des negativen Karma wiedergeboren, doch fährt man fort, sich in der bedingten Welt – ohne in ihr gefangen zu sein – zum Wohle der Menschen zu manifestieren. Nirvana kann auch mit „jenseits des Leidens" übersetzt werden. Wenn etwas erlischt, dann das Leiden und die Verwirrung, die es auslöst.

Buddhismus und soziales Engagement

In seiner Autobiografie *Das Buch der Freiheit* schrieb der Dalai Lama pointiert: „Ich habe den Eindruck, dass buddhistische Mönche und Nonnen viel über Mitgefühl reden, ohne jedoch konkret etwas dafür zu tun." Auch der Tibetologe Guiseppe Tucci beobachtete, dass der echte Buddhismus zwar zur Liebe für alle Geschöpfe gemahne, in Tibet aber dennoch ein auffallender Mangel an sozialem Mitgefühl herrsche. Tatsächlich ist es so, dass in Tibet zwar alle Gebete mit dem Gelöbnis abschließen, sich bis zur äußersten Selbstaufopferung um das Wohl aller Lebewesen zu bemühen, aber den meisten Tibetern, Mönchen und selbst Lamas gibt das bloße Aufsagen der Formel die Gewissheit, ihre Pflicht als Buddhist getan zu haben. Es ist erstaunlich, dass die Tibeter, die in tiefster Frömmigkeit einer Religion folgen, deren Grundgedanke der Altruismus ist, kaum eine Tradition gemeinschaftlich verantworteter sozialer Projekte entwickelt haben. Selbst im Exil gab es nur wenige hohe Lamas wie den Kyabje Thugsey Rinpoche (1916–1983), die für soziale Fragen aufgeschlossen waren. Dieser Lama versuchte, das sehr traditionelle und streng hierarchisch orientierte Denken seiner Landsleute zu ändern. Gehör fand er u. a. beim Dalai Lama, dem er zahllose Vorschläge unterbreitete, wie man die tibetische Gesellschaft demokratisieren könnte. Um überhaupt etwas zu ändern, wurde er selbst im sozialen Sektor aktiv und wendete sich vor allem an die jungen Tibeter. Während ein Großteil der Spendengelder noch immer in den Ausbau neuer oder in die Erweiterung bestehender Klöster fließt, haben mittlerweile doch eine Reihe Äbte damit begonnen, ihren Klöstern angeschlossene Krankenhäuser, Altenheime oder auch Schulen aufzubauen und sich im sozialen Bereich zu engagieren.

Beim Erreichen des Nirvana geht es nicht darum, das „Ich", das nie wirklich existiert hat, zunichte zu machen, sondern bloß darum, den Betrug aufzudecken. Ein inexistentes Selbst kann man nicht „beseitigen", aber man kann seine Inexistenz anerkennen.

Das „Ich" besitzt weder Ursprung noch Ende und hat deswegen in der Gegenwart keine andere Existenz als die, die ihm das Geistige zuweist. Kurz, das Nirvana ist keine Auslöschung, sondern die letzte Erkenntnis des Wesens der Dinge. Nirvana ist weder Vernichtung noch so etwas wie das ewige Leben. Vielmehr ist es ein zu erfahrender Zustand, der nicht in unseren Denk- und Beschreibungskategorien zu erfassen ist.

Weiterentwicklungen des Buddhismus

Theravada-Hinayana

Auf der Basis von Buddhas Lehre bildeten sich im Laufe der Zeit zwei große Richtungen heraus: Theravada und Mahayana. Theravada („der Weg der Alten") oder auch Hinayana („Kleines Fahrzeug"), deren höchstes Ziel es ist, für sich selbst die Befreiung von der Wiedergeburt zu erlangen und Arhat (Heiliger) zu werden. Der Theravada-Buddhismus nimmt für sich in Anspruch, die Lehre Buddhas unverfälscht erhalten zu haben. Seine Schriften sind im Pali-Kanon gesammelt. Pali war ein indischer Dialekt zur Zeit Buddhas. Nach ihm spricht man deshalb auch vom Pali-Buddhismus, dessen Anhänger man in China in erster Linie unter den zahlreichen Minderheitenvölkern im Südwesten des Landes findet.

Mahayana

Der Mahayana-Buddhismus („Großes Fahrzeug") fußt auf den Sutras (Lehrreden), die zwischen 100 v. Chr. bis 500 n. Chr. entstanden sind, und postuliert das Bodhisattvatum als Ideal, das es zu erreichen gilt. Ein Bodhisattva hat die höchste Stufe, die Erleuchtung erreicht, verzichtet aber auf den sofortigen Eintritt ins Nirvana, um allen Wesen zu helfen. In seinem grenzenlosen Mitleid nimmt er sogar das Leid anderer auf sich. Nach seinem Tod löst er sich nicht einfach auf, sondern existiert als geistiges Wesen weiter und entscheidet selbst darüber, ob und in welcher Form er wiedergeboren werden will. Aber ob als geistiges oder als wiedergeborenes Wesen kann er angerufen und um Beistand gebeten werden.

Auch die Vorstellung vom Nirvana hat sich im Mahayana geändert. Es steht dem Samsara (Geburtenkreislauf) nicht mehr als etwas vollkommen anderes gegenüber, sondern ist mit ihm identisch. Im Zustand der Erleuchtung schwindet die falsche Wahrnehmung, und die Einheit von Nirvana und Samsara wird offenbar. Da die Daseinsfaktoren (Skandha) vergänglich sind und nur in Abhängigkeit voneinander existieren, haben sie keine Realität. Sie werden nun als leer erkannt. Dieser Begriff der Leerheit (Shunyata) wurde zum zentralen Bestandteil des Mahayana, denn wenn die Dinge nicht aus sich selbst existieren, sind sie bloßer Schein, ohne eigenes Wesen und damit leer.

Tantrayana

Der Tantrayana oder tantrische Buddhismus (s. auch Kasten S. 131) entstand um 200 n. Chr. in Bengalen und Assam. Bis zum 8. Jh. hatte er sich voll entwickelt und war in ganz Nordindien bis nach Tibet verbreitet. Nach allgemeiner Ansicht im tibetischen Buddhismus werden die verschiedenen buddhistischen *yanas* (wörtlich: „Fahrzeuge"), also die buddhistischen Richtungen, anhand ihrer Ziele oder Methoden unterschieden. Das heißt, zwischen dem allgemeinen Mahayana und dem Tantrayana liegt der Unterschied nicht im Ziel (der Buddhaschaft), sondern in der Art und Weise, wie dieses erreicht wird. Deshalb wird das Tantrayana auch *Pfad des Resultats* genannt, während das Sutra-System des Mahayana als *Pfad der Ansammlung* bezeichnet wird und Theravada als *Pfad der Entsagung.*

Innerhalb des Tantrayana entwickelten sich im Laufe der Zeit verschiedene Unterschulen, namentlich das Mantrayana, Vajrayana, Sahajayana und Kalacakrayana. Innerhalb dieser Richtungen gibt es allerdings zahlreiche Überschneidungen.

Im **Mantrayana**, das sich im 5. Jh. entwickelte, wird die Überzeugung vertreten, dass das gesprochene Wort in Silben oder Sätzen ohne

Sinngehalt (Mantras) sowie rituelle Gesten (Mudra) als Erlösungsinstrument dienen können.

Das **Vajrayana** („diamantenes Fahrzeug") geht von der Annahme aus, dass die Welt lediglich Vorstellung sei und sich durch die geeignete Manipulation der eigenen Vorstellung Dinge schaffen und aufheben lassen. Die Anhänger des Vajrayana sind überzeugt, dass jedes Wesen eine individuelle Natur besitzt, die sich in einer „Keimsilbe" (Mantra) ausdrücken lässt. Durch konzentriertes Aussprechen der Keimformel werden nicht nur mentale Energien freigesetzt, sondern der entsprechende Buddha oder Bodhisattva kann mit dem Mantra spirituell sichtbar und erfahrbar gemacht werden. Damit hat sich der Adept (ein in geheime Künste Eingeweihter) nunmehr einen geistigen Führer geschaffen, dessen Unterweisung ein absoluter Wahrheitsgehalt zukommt. In diesem Zustand erkennt der Adept, dass die Welt nur Illusion ist. Er wird dank dieser Erkenntnis über Zeit und Raum erhoben, wodurch er das Absolute subjektiv und erlebnishaft sehen kann, was wiederum Leere, Vajra (Einsicht des Menschen in seine Leerheit = Buddhanatur), und damit Erlösung bedeutet. Diese Richtung ist die Haupt-Schule des Tantrayana und Grundlage des Lamaismus.

Der **Sahajayana**, der sich im 6. Jh. entwickelte, bezeichnet Mantras, Tantras, Meditation und Konzentration als Selbstbetrug und ist der Auffassung, dass alle Denkschulen lediglich Verwirrung schaffen. Diese eher pragmatische Richtung geht davon aus, dass man seinen gewohnten Lebensstil beibehalten kann, sich aber unter Führung eines Gurus von der Versklavung des Denkens lösen kann, das von seiner Natur her als rein, aber durch das Karma (Gesetz der Wiedergeburt als Folge von Taten) getrübt angesehen wird. Wer der Versklavung der Welt durch das Denken entrinnt, erkennt, dass Samsara (Kreislauf von Vergehen und Entstehen) und Nirvana dasselbe sind und die Trennung vom Geist vom Denken ausgeht. Wer frei von Denken ist, dessen Sinnesfähigkeiten sind zur Ruhe gekommen. Damit ist die Erlösung von den Mühen des Daseins verbunden.

Eine weitere Richtung nennt sich **Kalachakrayana** („Rad der Zeit") und ist ein System der Astrologie, dessen Elemente ins Religiöse erhoben worden sind. In dieser Schule gilt der Mensch als Abbild des Kosmos, und seine physischen und geistigen Funktionen verlaufen parallel zum kosmischen Geschehen. Wer die geheimen inneren Bezüge zwischen Mensch und Kosmos erkennt, wird erlöst. Die geistige Mitte dieses Systems bildet der Urbuddha (Adibuddha, das personifizierte Absolute), der oft als Zentrum der Mandalas dient. Mandalas sind ihrer Bedeutung nach Grundrisse der spirituellen Welt und gleichzeitig Darstellungen des mahayanischen Heilswegs. Sie dienen als Meditationshilfen und werden in ihrer Darstellung der spirituellen Welt von innen nach außen und als Darstellung des Heilswegs von außen nach innen gelesen.

Buddhistische Schulen Tibets

Alle oben genannten Schulrichtungen haben in der einen oder anderen Form Eingang in den tibetischen Buddhismus gefunden. In seiner tibetischen Form wird das Tantrayana, das in Tibet meist mit dem Vajrayana gleichgesetzt wird, auch landläufig **Lamaismus** genannt, da in dieser Variante des Buddhismus der **Lama** (Lehrer) von zentraler Bedeutung ist. Da auf dem Pfad des Tantrayana ein richtig verstandenes und angemessenes Vertrauen in den spirituellen Lehrer wichtig ist, muss man bei der Wahl des Lehrers sehr sorgsam vorgehen und sollte diese wegweisende Verbindung nicht vorschnell eingehen. Ein guter spiritueller Lehrer handelt immer aufgrund einer altruistischen Motivation und niemals aufgrund egoistischer Motive. Die Selbstständigkeit des Schülers steht im Tantrayana im Vordergrund, daher sollte Abhängigkeitsverhältnissen vorgebeugt werden. Natürlich muss auch der Schüler qualifiziert sein. Ihn müssen Unparteilichkeit, Intelligenz (um falsche von richtigen Lehren unterscheiden zu können) und eine stabile Geisteshaltung des Bodhicitta (Erleuchtungsgeists, d. h. die selbstlose Entschlossenheit, das Ziel der Erleuchtung nicht aus Eigennutz, sondern zum Wohle aller Wesen zu erlangen) auszeichnen. Der Lama, dem er sich anvertraut, sollte ihn wirklich inspirieren und ihn auf der tiefsten Ebene des Herzens und nicht nur oberflächlich berühren.

Die tibetische Gesellschaft wurde nachhaltig vom monastischen und tantrischen Buddhismus geprägt. Einige Lehrtraditionen wie die Kadampa, Zhalupa und später die Gelugpa betonten stets die monastische Disziplin, während andere wie die Sakyapa und Kagyüpa ihre Lehrüberlieferung direkt auf die großen indischen tantrischen Meister des 11. Jhs. zurückführen. Im Unterschied zu christlichen Ordensgemeinschaften beruhen tibetisch-buddhistische Lehrtraditionen auf der Vorstellung der spirituellen Verbindung zwischen einem Lehrer und seinem Schüler. Wenn eine solche spirituelle Linie über mehrere Generationen an ein bestimmtes Kloster gebunden ist, wird sie zu einer eigenen Lehrtradition. Heute sind im Großen und Ganzen noch vier große Schulrichtungen des tibetischen Buddhismus von Bedeutung, und zwar die Nyingmapa, Kagyüpa, Sakyapa und Gelugpa.

Nyingmapa

Die Nyingmapa, „die Alten", führen ihre Lehrüberlieferung direkt auf den legendären Padmasambhava aus der Zeit der frühen Verbreitung des Buddhismus zurück. Er wird in Tibet auch als „der zweite Buddha" verehrt. Eine eigene religiöse Identität, die sogar zur Festlegung eines kanonisierten Schriftkorpus führte, bildeten die Nyingmapa erst ab dem 11. Jh. heraus. Basis ihrer Lehrauslegung sind die ursprünglichen Alten Tantras. Die aus Belehrungen und meditativen Praktiken bestehenden Karma-Lehren der Nyingmapa gelten als vom Urbuddha (Adibuddha) selbst übermittelt und wurden von einer ununterbrochenen Guru-Reihe weitergegeben.

Kagyüpa

Die Kagyüpa („die der Überlieferung der Vorschriften Folgenden") standen in der Tradition der Yogacara-Schule, einer im 2. Jh. in Indien entwickelten Richtung innerhalb des Mahayana-Buddhismus, und beschäftigten sich vorrangig mit Tantra-Erfahrungen – Yogatechniken und außergewöhnlichen Bewusstseinszuständen –, die unmittelbar vom Meister auf den Schüler übertragen wurden. Ihr Gründer Marpa (1012–1097) hatte in Nalanda beim tantrischen Yogi Naropa studiert. Sein Nachfolger Milarepa (1040–1123) avancierte zum berühmtesten Dichter und Mystiker Tibets. Aus den Kagyüpa entstanden eine ganze Reihe von Nebentraditionen, von denen die Karmapa, Phagmodrupa und Drigungpa die bedeutendsten waren. Vor allem die Drigungpa und Phagmodrupa wurden zu wichtigen Rivalen der Sakyapa im Kampf um die politische Vorherrschaft in Tibet ab dem 11. Jh.

Sakyapa

Aus erblichen Lama-Familien, die während der Zeit vor dem 11. Jh. die religiösen Bedürfnisse der Bevölkerung befriedigt hatten, ging im 11. Jh. die Lehrtradition der Sakyapa hervor. Eine dieser erblichen Mönchsdynastien war die Khön-Familie. Sie schuf unter Könchog Gyelpo (1034–1102), einem Schüler des tantrischen Meisters Drogmi (992–1074), das Kloster Sakya und den ersten Priesterstaat. Die Äbte durften heiraten und so eine natürliche Erbfolge beibehalten. 1249 setzte der mongolische Herrscher über China, Kublai Khan, die Sakyapa als weltliche Herrscher über Tibet ein. Die bis heute bestehende monastische Form, wonach das Oberhaupt der Sakyapa ein verheirateter tantrischer Lama ist, bildet bis heute eine Sonderform des Buddhismus in Asien. Eigentlicher Begründer der Sakya-Traditionen wurde aber der Sohn Könchog Gyelpos, Künga Nyingpo (1092–1158), der die von Drogmi erhaltenen Lehren erstmals systematisierte. Im Zentrum der Sakyapa stand neben der Systematisierung der Schriften die buddhistische Dogmatik, Logik und Rhetorik.

Kadampa

Die Kadampa konnten sich nur bis zum 15. Jh. als eigenständige Schule erhalten. Ihr geistiger Vater war der Bengale Atisha (980–1054), der das Kalachakra-System einbürgerte. Vermutlich aus der Astrologie entstanden und in Indien zu einem religiösen Lehrsystem erweitert, wurde das Kalachakra („Rad der Zeit") zur Grundlage des tibetischen Kalenders. Es lehrt die Einheit von Makro- und Mikrokosmos und weist dem Tantriker den Weg über die Vereinigung der Polaritäten zur Formlosigkeit und Leere und damit letztendlich zum Nirvana. Die Sutras des Mahayana wurden von den Kadampa höher bewertet als die Tantras. Ihre Lehre und Praxis stellten die verschiedenen Methoden des Bodhicitta, der

Erzeugung des Erleuchtungsgeistes, in den Vordergrund. Dadurch sollte der Schüler in die Lage versetzt werden, das grenzenlose Mitgefühl für alle leidenden Wesen in sich zu erfahren.

Gelugpa

Die Gelugpa („die Tugendhaften") gingen aus der Kadampa-Schule hervor. Der Reformator Tsongkhapa (1357–1419) verurteilte die Lockerung der Mönchsdisziplin und die Ausuferungen der tantrischen und magischen Rituale und versuchte eine Gegenbewegung zu den sich immer mehr aufsplitternden Orden zu schaffen. Gleichzeitig bemühten sich die Gelugpa auch um die weltliche Macht. Tsongkhapa achtete streng auf die Einhaltung der Ordensregeln und ließ die Mönche wieder das altbuddhistische Gelbe Gewand tragen. Deshalb sind die Gelugpa auch als „Gelbmützen" bekannt, im Unterschied zu den Rotmützen der anderen Schulen. Mit den Gelugpa begann schließlich auch die Zeit der Dalai Lamas (s. S.115).

Bön- und Volksreligion

Nicht alle Tibeter sind Buddhisten. Ein, wenn auch nicht sehr großer Teil gehört der Bön-Religion an, während die bäuerliche und nomadische Bevölkerung des tibetischen Hochlands meist animistisch-schamanistischen Vorstellungen anhängt. In der Volksreligion herrscht die Überzeugung, dass nicht nur Menschen und Tiere, sondern auch Pflanzen, Berge, Felsen, Seen und Naturphänomene beseelt sind. Um sie zu besänftigen oder sich dienstbar zu machen, bringen die Menschen ihnen Opfer dar oder wenden magische Praktiken an, die überwiegend von Schamanen ausgeführt wurden. Die Volksreligion umfasst ein jahrtausendealtes magisches und mythisches Erbe. In der Literatur wird es unter dem Namen Bön meist als die vorbuddhistische Religion Tibets bezeichnet. Ob die Bön-Religion aber tatsächlich die vorbuddhistische Religion Tibets war, kann weder durch Dokumente noch sonstige Aufzeichnungen belegt werden. Im vorbuddhistischen Tibet gab es zwar eine Gruppe religiöser Spezialisten, die für Divinationspraktiken, Heilungen und Begräbnisrituale zuständig waren, ihre animistischen Vorstellungen lassen sich jedoch nicht zu einer geschlossenen Sinnwelt zusammenfassen. Vermutlich waren diese Spezialisten bzw. Schamanen mit dem Adel verbunden und gegen die Einführung des Buddhismus, der ihre regionalen Machtpositionen bedrohte. Die alten Priester konnten durch magische Silben, Rituale und Tieropfer – in der Frühzeit auch Menschenopfer – die Götter herbeirufen und übelwollende Dämonen vertreiben oder besänftigen.

Die heute bekannte Form der Bön-Religion hat mit der Volksreligion (und vermeintlichen vorbuddhistischen Bön-Religion) nichts zu tun, sondern geht auf Entwicklungen im 10.–12. Jh. zurück. Ab dieser Zeit ist sie auch in tibetischen Dokumenten belegt, wird unter dem Namen Bön-Religion geführt und ihre Anhänger als Bönpo bezeichnet. Faktisch unterscheidet sich die Bön-Religion hinsichtlich ihrer metaphysischen Konzepte, philosophischen Doktrinen sowie ihrer monastischen Organisationsformen nur wenig vom Buddhismus. Aus diesem Grunde wurde sie im Westen lange Zeit als Plagiat des Buddhismus betrachtet. Tatsächlich hat aber der tibetische Buddhismus wohl zahlreiche Texte der Bön-Religion in seinen Schriftenkanon übernommen, sodass sich beide Religionen schon früh gegenseitig beeinflussten. Neben den Texten gelangten vom Bön vorwiegend schamanistische Elemente in den Buddhismus, umgekehrt verformte der Buddhismus die Philosophie des Bön so weitgehend, dass vielfach die Unterschiede nur mehr in der Terminologie und Ikonographie feststellbar sind. Ansonsten unterschieden sich Bön und Buddhismus vor allem in ihrem Konzept einer Heilsgeschichte. Während die tibetisch-buddhistische Geschichtsschreibung die Einführung des Buddhismus als Beginn der tibetischen Heilsgeschichte preist, glauben die Bönpo, dass ihre Religion schon Jahrhunderte vor Einführung des Buddhismus im Reich Zhangzhung in Westtibet existierte. Ihr Begründer soll der mystische Shenrab Mibo sein. Die Bönpos bezeichnen die Einführung des Buddhismus entsprechend als Beginn einer Katastrophe.

Ein weiterer zumindest optischer Unterschied zum Buddhismus besteht darin, dass die Bönpo heilige Orte wie Tempel und Berge gegen den

Uhrzeigersinn umwandeln. Ihr wichtigstes Symbol ist die linksdrehende Swastika. Diese Swastika symbolisiert den Urwirbel, der den Kosmos aufrechterhält. Eine weitere Unterscheidungsmöglichkeit sind schließlich noch verschiedene mythologische Urtiere wie Löwe, roter und gelber Wildyak, Drache und mythischer Kyung-Vogel, der den Sieg der Kräfte des Lichts über die Unterwelt symbolisiert.

Kunst und Architektur

Kunst als Werkzeug der Religion

Das westliche kunstinteressierte Publikum blickt insgesamt eher materialistisch auf seine alte Kunst. Ob bewusst oder unbewusst wird sie immer auch unter dem Aspekt antiquarischen und materiellen Werts betrachtet. Tibeter schauen mit ganz anderen Augen auf ihr künstlerisches Schaffen. Die Grundhaltung der Tibeter, die sich in ihrer Kunst spiegelt, kann man am besten als ein Gefühl des Eingebettetseins ins Universum beschreiben, im Gegensatz zur westlichen Grundhaltung der Überlegenheit und des Herrschaftsstrebens über den Kosmos. Es spricht zugleich auch die Grundeinsicht des Buddhisten daraus, dass es nichts Bleibendes gibt, sondern dass alles der Verwandlung unterliegt. Daher findet auch niemand etwas dabei, selbst alte Kunstwerke einfach mit schreienden, wenn auch ikonografisch korrekten Farben zu übermalen. Für Tibeter sind ihre Bildnisse und Heiligtümer keine Kunstwerke oder gar Museumsstücke, sondern „nur" religiöse Werkzeuge. Die fast immer **religiös inspirierte Kunst** will angefasst, „gelebt", von Gläubigen umwandelt werden und dient auch der Ansammlung von gutem Karma. Tibetische Kunst darf nicht als Darstellung heilsgeschichtlicher Ereignisse oder Geschichten von Heiligen verstanden werden. Ihr Anspruch ist es, selbst ein **Initiationsweg** zu sein, der dem Meditierenden letztlich „Befreiung" verheißt. Nicht ein ästhetisches, hinterfragendes Verhältnis zum Bild, wie man es im Westen kennt, ist hier gefordert, sondern (vor allem in der Mandala-Meditation) eine Identifikation mit der im Zentrum des Bildes oder als Kultfigur dargestellten Gottheit.

Diese ist im Grunde nur eine Chiffre, ein verschlüsseltes Bild für die im Menschen verborgene Buddha-Natur. Der meditative Umgang mit einem Bild, der für das Kunstverständnis der Tibeter charakteristisch ist, muss freilich erlernt werden. Es ist ein Weg zur Buddhaschaft, wie die verschiedenen Tantras ihn lehren. Der Einfluss der indischen **Tantra-Literatur** auf die buddhistische Kunst Tibets macht die Erschließung dieser

Mandalas

Das Mandala heißt auf Tibetisch Kyilkhor und bedeutet so viel wie „Mittelpunkt mit Umkreis". Tatsächlich handelt es sich bei dem diagrammartigen Meditationsbild um eine Verbindung von einem Kreis mit einem eingeschriebenen Quadrat und einem gemeinsamen Zentrum. Das Mandala kann als symbolisches Abbild des Universums im doppelten Sinne verstanden werden. Einerseits spiegelt sich in ihm die Struktur der physisch-kosmischen Welt (wobei die Erde durch das Quadrat und der Kosmos durch den Kreis symbolisiert wird), die als Weltenberg vorgestellt wird; andererseits spiegelt sich in ihm die psychisch-geistige Welt des Menschen. Vor allem in dieser Bedeutung als bildhaftes Psychogramm und innerer Stufenweg ist das Mandala zu einem wichtigen Hilfsmittel für die Meditation geworden.
Ein Mandala kann sowohl während einer Meditation geistig visualisiert als auch stofflich gestaltet werden. Die unterschiedlichen Materialien – Stein, Holz, Metall, Sand, Körnerhaufen, Farbe – und die entsprechenden Herstellungsweisen richten sich danach, welchem kultischen Zweck es dienen soll. Am faszinierendsten sind vielleicht die Mandalas, die zu bestimmten Festen von Mönchen aus farbigem Sand hergestellt werden. Nach Beendigung der Zeremonie wird das Mandala aufgelöst und der Sand verstreut. Damit ist diese Form der Mandala-Herstellung ein besonders anschauliches Beispiel für das Wesen tibetischer Kunst als „Werkzeug" der Religion.

auch in Tibet nur dem Eingeweihten voll verständlichen esoterischen Bilderwelt so schwierig. Sie ist nur mit Hilfe der ihr zugrunde liegenden liturgischen Texte möglich. Das **Meditationsbild** ist in inhaltlicher und formaler Hinsicht jeweils ein bestimmter liturgischer Text, der bildliche Gestalt angenommen hat bzw. seinen literarischen Kontext offenbart. Man könnte geradezu von „sprechenden" Bildnissen reden. Dasselbe gilt für die **Kultfiguren**, deren festgelegte Gesten, die Mudra (S. 333, Anhang), in ihrer Symbolik hingegen auch dem einfachen Gläubigen verständlich sind.

Die Stellung des Malers oder Kunsthandwerkers in Tibet lässt sich am besten mit der eines mittelalterlichen Künstlers, wie z. B. eines Freskenmalers, vergleichen. Die bildende Kunst Tibets steht ganz im Dienst der Religion, und zwar selbst dann, wenn die Auftraggeber Privatpersonen sind. Die Herstellung eines Thankas oder einer Heiligenfigur ist niemals Selbstzweck, sondern ein verdienstvolles Werk für Stifter und Künstler. Zuweilen wird die tibetische Kunst auch als **Stiftungskunst** bezeichnet, weil sie immer verehrungsvolle Gabe für die dargestellte Gottheit ist. Nicht die Relation Künstler und Werk steht im Vordergrund, sondern die Beziehung zwischen Stifter und Gottheit. Damit war auch der Name des Künstlers ohne Belang. Erwähnt wurde, wenn überhaupt, meist nur der Name des Stifters.

Ein **Thanka** (s. Kasten S. 132) oder Kultobjekt ist zwar meist das Werk eines einzelnen Meisters, aber im Grunde ist es das Ergebnis einer langen Kette geistiger und künstlerischer Erfahrungen. Ein einzelner Künstler kann die Fülle und den Formenreichtum dieser Bilderwelt gar nicht erfinden. Er kann sie nur nachschaffen, indem er sich der Tradition anschließt und ihr aus eigener spiritueller Erfahrung Lebendigkeit verleiht. Ein solches Kunstschaffen setzt einen Kommunikationsprozess voraus, in dem die eigene religiöse Erfahrung von den künstlerischen Vorbildern kontrolliert wird, die in einem bestimmten Kanon festgelegt sind. So bedeutet das Malen eines Bildes oder das Formen einer Kultfigur nicht nur eine formale Auseinandersetzung mit dem vorgegebenen Thema, sondern zugleich eine sorgfältig vollzogene kultische Handlung. Sie hat zum Ziel, dass sich die Gottheit bei der Weihe des fertigen Bildwerks und zu besonderen Anlässen in dem Kunstwerk niederlässt. Die Herstellung selbst ist an feste Riten und bestimmte Zeiten und Orte geknüpft. So sind die Werke tibetischer Kunst nicht das Ergebnis freier Erfindung eines Einzelnen, sondern immer nach Grundmustern geschaffen, die auf die großen tibetischen Meditationsmeister und Mystiker zurückgehen.

Tantras

Die Tantras (Skt.: „Ursprung", „Entstehung von Wissen") sind in einer Symbolsprache abgefasste Schriften und Lehrsysteme, die mit Absicht vielseitig auslegbar sind. Für Nicht-Eingeweihte bleiben die Tantras unverständlich. Daher werden sie auch als geheim bezeichnet. Die Mönche des tantrischen Buddhismus verpflichten sich in einem Gelöbnis, tantrische Meditationen zu pflegen, um auf diese Weise geistige Kraft anzusammeln, die sozusagen über eine „Abkürzung" zur Buddhaschaft führen soll. Dieser schnellere, aber wegen seiner hohen psychischen Anforderungen auch gefährliche Weg zur Erleuchtung wird die „geheime Praxis" genannt, weil sie meist insgeheim geübt wird. Hierzu bedarf es eines erfahrenen Lehrers, der als eingeweihter Lama absolute Autorität genießt und gewissermaßen die lebendige Tradition der Tantras verkörpert. Um den Zustand der absoluten Befreiung, die Vereinigung aller Gegensätze, auch außerhalb der strengen Askese zu erreichen, werden in den Tantras verschiedene Methoden gelehrt, die von einer alles Denken und Definieren übersteigenden Versenkung bis zum Vollzug subtilster magisch-mystischer Rituale reichen.

Ikonografie

Für einen Tibeter sind Götter ebenso selbstverständlich wie die Berge und Seen seines Landes. Sie haben für ihn eine dienende, den Dharma (die buddhistische Lehre) beschützende Funktion. Das heilsame Wirken der Buddhas, Bodhisattvas und anderen Gottheiten spielt sich

Thankas

Der tibetische Begriff Thanka bedeutet „was man aufrollt" und bezeichnet auf bunte Seidenstoffe geklebte Rollbilder. Sie sind meist länglich und haben kein festgelegtes Format. Die gedachte Mitte eines Bildes wird zunächst auf einen weißen Stoff gemalt, dieser wird dann in einen Rahmen gespannt. Auf den so bearbeiteten Stoff werden die Linien gezeichnet und die Farben aufgetragen. Wenn das Bild fertig ist, wird es auf einen Seidenstoff geklebt; auch auf die Vorderseite kommt farbiger Seidenstoff, der nur das Bild freilässt. Die Vorderseite erhält außerdem zwei gelbe dünne Seidenschleier sowie zwei Seidenbänder. Oben und unten wird je eine Rolle aus Ebenholz angebracht, sodass man die Thankas aufrollen kann.

Je nach Herstellungsverfahren unterscheidet man gezeichnete, aus Seide gewebte und gedruckte Thankas.

In Tibet heißt es: „Wer sich vor einem heiligen Rollbild zur Erde wirft, dem wird die richtige Einsicht geschenkt." Thankas sollen dem Gläubigen helfen, die komplizierte Götterwelt des tibetischen Buddhismus zu visualisieren, um dann bei ihr Schutz zu suchen. Aus diesem Grunde werden sie auch als Thondrol, „Befreiung durch Sehen", bezeichnet. Bedeutende Klöster besitzen oft riesige Thankas, die zu besonderen Festen auf speziellen Thanka-Mauern oder planierten Hängen ausgerollt werden. Die Menschen glauben, dass der Anblick eines solchen riesigen Thankas von allen Sünden reinigt.

nicht in einem jenseitigen Bereich, sondern im eigenen Land, im Hier und Jetzt ab. In einem Bild mit visionärem Charakter tritt den Tibetern zugleich ein Stück gedeuteter und geordneter Welt entgegen.

Die tibetische Welt der Buddhas, Bodhisattvas, Schutzgötter und Heiligen ist allerdings selbst für tibetische Gelehrte schwer zu durchschauen. Von allen Gottheiten gibt es jeweils weitere Inkarnationen und Emanationen, und in einigen Fällen treten bis zu 50 Verkörperungen auf. Allgemein wird Buddha Shakyamuni als höchstes Wesen angesehen. Alle weiteren Darstellungen von Gottheiten sind dagegen mehr oder weniger Symbole oder Verkörperungen für Buddha oder die Lehre. Im Großen und Ganzen kann man die Gottheiten und Heiligen in sieben Gruppen einteilen, und zwar in Buddhas, Bodhisattvas und Taras (weibliche Bodhisattvas), Dakinis (weibliche Initiationsgottheiten), Dharmapalas (schreckliche Gottheiten und Beschützer der Lehre), Yidams (Schutz- und Initiationsgottheiten), lokale Gottheiten (Schutzgottheiten) und die Heiligen (bedeutende Lehrer und Lamas, Schulgründer und Reformatoren).

Buddhas

Ein besonderes Kennzeichen des tantrischen Buddhismus ist der höchst komplexe Aufbau eines hierarchischen Systems hunderter verschiedener Buddhas. Auf Wandbildern und Thankas findet man sie deshalb oft in Gruppen zu Hundert oder Tausend dargestellt, wobei die Zahl 1000 als Symbol des Unendlichen dient. In aller Regel werden sie im **Vajra-Sitz**, der Meditationshaltung, auf dem Lotosthron sitzend, mit verschiedenen Handhaltungen, sogenannten Mudras, dargestellt. Gekleidet sind sie in eine Mönchsrobe, und auf dem Kopf besitzen sie einen Auswuchs, der von einem Juwel gekrönt ist. Dieser Auswuchs ist der Sitz der höchsten Lotosblume und Zeichen der Erleuchtung. Wesensmäßig sind alle Buddhas identisch. Sie unterscheiden sich allerdings in ihren Charakteristika, die von ihrem individuellen Weg zur Erleuchtung herrühren und sich in ihrer jeweiligen ikonografischen Darstellung, Körperfarbe, Handhaltung, ihrem Symbol und Throntier offenbaren. In Sitzhaltung (Asana), Größe und Gesichtsausdruck gleichen sie sich in der Regel. Die Vielzahl der Buddhas im tibetischen Pantheon sind symbolischer Ausdruck für das allumfassende Wirken Buddhas in dieser Welt und in allen anderen Welten. Die wichtigsten Buddhas, die man dargestellt findet, sind:

Adibuddha, der Urbuddha (Dorje Chang), aus dem alle anderen Buddhas entstanden sind. Er bildet die Ebene des höchsten Seins, des Absoluten (Dharmakaya). Dargestellt wird er meist in dunkelblauer Farbe, nackt und seine weiße Gefährtin (Prajnya) umarmend. Diese Stellung wird Yab-yum (Vater-Mutter-Haltung) genannt und ist symbolischer Ausdruck von höchstem Mitleid und höchster Weisheit. Je nach Schule wird der Adibuddha auch Vajradhara genannt.

Shakyamuni, der historische Buddha dieses Zeitalters. Er wird, erkennbar nur an den verschiedenen Gewändern und unterschiedlichem Schmuck, im Dharmakaya-Aspekt (Zustand des absoluten, wahren Seins) als Buddha Shakyamuni (Sakya Thubpa) und im Sambhogakaya-Aspekt (Zustand der Transzendenz und nur spirituell erfahrbar) als Jobo-Shakyamuni (Jobo), dann in der Regel mit der fünfblättrigen Krone, mit der die himmlischen Buddhas gekennzeichnet werden, dargestellt. **Dipamkara** (Marmedze), der Buddha des vergangenen Zeitalters. Er wird immer auf der linken Seite sitzend in einer Dreiergruppe mit Shakyamuni in der Mitte und Maitreya rechts von Shakyamuni dargestellt.

Maitreya (Champa), der Buddha des zukünftigen Weltzeitalters. Er wird meist in „europäischer Sitzhaltung" auf einem Thron sitzend dargestellt und unterscheidet sich dadurch ikonografisch von allen anderen Buddhas.

Fünf Dhyani-Buddhas (Gyalwa Ri Nga), auch als Meditationsbuddhas und Tathagatas bezeichnet. Ihnen werden je ein Bodhisattva und ein irdischer Buddha zugeordnet (Näheres s. S. 134). Sie gelten als die geistigen Söhne des Adibuddha und werden meist als gekrönte, königlich geschmückte Buddhagestalten dargestellt. Auf Mandalas ist ihnen jeweils ihre Weisheitspartnerin (Prajnya) zugesellt.

Bhaisajyaguru (Menla), der Medizinbuddha, der die Lehre von den Vier Edlen Wahrheiten in die klassische Form einer ärztlichen Diagnose und Therapie gekleidet hat. In seiner Linken hält er stets einen Almosentopf und in der wunschgewährenden Rechten eine längliche Myrobalane-Frucht als Zeichen seiner allheilenden Kraft.

Acht Medizinbuddhas (Menla Chedje), die man meist im Kreis um Bhaisajyaguru sitzend dargestellt sieht. Die Anordnung symbolisiert, dass ihre heilende Kraft gleichsam in alle Himmelsrichtungen ausstrahlt.

35 Buddhas der Beichte und Wünsche. Diese Gruppe findet man in fast allen Tempeln um Buddha Shakyamuni herum gruppiert. Sie werden am 15. Tag jedes Monats zum Vollmond angerufen, um moralische Verfehlungen zu beichten und ein Gelöbnis zur Besserung abzulegen.

Dhyani-Buddhas

Die fünf Dhyani-Buddhas sind:

Vairocana (Nampar Nangdza), der ringsum Leuchtende. Seine Körperfarbe ist weiß, sein Mudra das Rad der Lehre (Dharmachakra), sein Throntier der Löwe. Vairocana steht für die Mitte und die Daseinsgruppe (Skandha, s. S. 124) Bewusstsein. Zugeordnet ist seiner Linie der Bodhisattva Samantabhadra und der irdische Buddha Krakucchanda.

Aksobhya (Mikyöpa), der Unerschütterliche, hat die Körperfarbe Blau und steht für den Osten. Sein Mudra ist die Geste der Erdberührung (Bhumyakramana). Er symbolisiert die Daseinsgruppe Körper, sein Symbol ist das Diamantzepter (Vajra) und sein Throntier der Elefant. Zugeordnet sind seiner Linie der Bodhisattva Vajrapani und der irdische Buddha Kanakamuni.

Ratnasambhava (Rinchen Djungden), der als Juwel Geborene, hat die Farbe Gelb und steht für den Süden. Sein Mudra ist die Geste der Wunschgewährung (Varada), sein Symbol ist das Juwel (Ratna) und sein Throntier das Pferd. Er symbolisiert die Daseinsgruppe Empfindung und zugeordnet sind ihm der Bodhisattva Manjushri oder auch Ratnapani und der irdische Buddha Kasyapa.

Amithaba (Öpagme), das unermessliche Licht, wird in der Farbe Rot dargestellt. Er steht für den Westen, sein Mudra ist die Geste der Meditation (Dhyani) und sein Throntier der Pfau. Er symbolisiert die Daseinsgruppe Wahrnehmung; zugeordnet sind ihm der Bodhisattva Avalokiteshvara, aber auch Padmapani und der irdische Buddha Siddharta Gautama.

Amoghasiddhi (Donyöd Duppa), die unerschütterliche Kraft, hat die Farbe Grün und steht für den Norden. Sein Mudra ist die Geste der Furchtlosigkeit (Abhaya) und sein Throntier der Garuda. Er symbolisiert die Daseinsgruppe Triebkräfte; zugeordnet sind seiner Linie der Bodhisattva Sarvanivarna Viskhambhi oder auch Visvapani und der irdische Buddha Maitreya.

Bodhisattvas und Taras

Annähernd dieselbe Verehrung wie die Buddhas genießen die Bodhisattvas. Sie spielen im tibetischen Buddhismus vor allem in ihrer Form als transzendente Bodhisattvas eine wichtige Rolle. Diese Bodhisattvas haben die drei Grundübel Gier, Hass und Verblendung in sich vernichtet und die „Stufe des nicht mehr Lernen Müssens" erreicht. Sie können nicht mehr in den Kreislauf der Wiedergeburten zurückfallen und sind dennoch voller Mitleid der Welt zugewandt. Sie können dadurch alle Lebewesen an ihren karmischen Verdiensten teilhaben lassen und gutes Karma auf andere Menschen übertragen. Daher ist es auch möglich, sie zu verehren und Gebete an sie zu richten. Die drei wichtigsten und auch am häufigsten dargestellten Bodhisattvas, die man in tibetischen Tempeln sieht, sind **Vajrapani** (Chagna Dorje; blau), **Manjushri** (Jampalyang; gelb) und **Avalokiteshvara** (Chenresig; rot). Sie werden in dieser Kombination oder als Gruppe Vajrapani, Manjushri, Padmapani (Chagna Padmo) gerne als Trias dargestellt, da sich in ihnen die drei Haupttugenden des Mahayana-Buddhismus Liebe und Mitleid, Weisheit und Einsicht sowie Wille und Tatkraft manifestieren. Ikonografisch werden die Bodhisattvas, obwohl theoretisch ja noch Anwärter auf den Buddha-Thron, bereits im vollen Schmuck eines königlichen Herrschers dargestellt. Die fünfblättrige Krone, die die transzendenten Bodhisattvas tragen, zeigt an, dass sie Emanationen der fünf Tathagatas sind, die man auch als ihre geistigen Väter bezeichnen könnte. In ihnen manifestieren sich auch besondere Eigenschaften ihrer spirituellen Väter, sodass sie in denselben Farben dargestellt werden.

Maitreya (Champa) wird neben seiner Form als zukünftiger Buddha vielfach auch als transzendenter Bodhisattva dargestellt. Wegen seiner Bedeutung für die Erhaltung der Lehre in ferner Zukunft wird er oft als überdimensional große Skulptur aufgestellt, die in einigen Tempeln über mehrere Etagen reichen kann. Er wird oft sitzend oder stehend abgebildet und seine Hände hat er zur Geste des „Rads der Lehre" vor der Brust erhoben, um so zu zeigen, dass auch er in Zukunft den Dharma verkünden wird.

Neben den männlichen Bodhisattvas gibt es noch weibliche Bodhisattvas (Tara), unter denen die **Weiße Tara** (Sitatara, Dölkar) und **Grüne Tara** (Syamatara) die bedeutendsten sind. Sie sind Helferinnen auf dem Weg zur Befreiung und Beschützerinnen vor Gefahren und genießen in Tibet besondere Verehrung. Die Grüne Tara kann sich in 21 Formen manifestieren, die jeweils verschiedene Facetten ihrer Buddha-Aktivität ausdrücken. Unter anderem gilt die nepalesische Gattin des Königs Songtsen Gampo Bhrikuti als ihre Emanation. Dargestellt wird sie oft mit der Geste der Freigebigkeit (Handfläche nach vorn ausgestreckt).

Das besondere Kennzeichen der Weißen Tara sind ihre sieben Augen, die höchstes Bewusstsein und die Fähigkeit, jegliches Leid schauen zu können, symbolisieren. Außer zwei „normalen" Augen und einem Auge auf der Stirn findet sich je noch ein weiteres Auge an den Handflächen und Fußsohlen. Analog zur Prinzessin Bhrikuti soll die chinesische Prinzessin und zweite Gemahlin Songtsen Gampos eine Emanation der Weißen Tara gewesen sein. Sie symbolisiert die vollkommene Reinheit, gewährt ein langes Leben und schützt vor Krankheiten.

Dakinis

Bei den Dakinis handelt es sich um Dämoninnen, die der Lehre ursprünglich feindlich gesinnt waren, aber in Beschützerinnen der Lehre verwandelt werden konnten. Oft werden sie als nackte Jungfrauen dargestellt, die mit einer Kette aus Menschenschädeln geschmückt sind. Ihre wichtigste Aufgabe ist es, dem Menschen zur Vollkommenheit zu verhelfen und ihn ins Paradies, das „Reine Land der Vollkommenheiten" zu geleiten. Dieses Paradies gilt als Zwischenstation für diejenigen, die im irdischen Leben keine Buddhaschaft erlangt haben.

Der Zukunftsbuddha Maitreya

Der buddhistischen Überlieferung nach zerfällt die Zeit zwischen dem Auftreten Shakyamunis und dem Erscheinen des Bodhisattva Maitreya als Buddha in drei Perioden:

„Das Drehen des Rades der ersten Lehre", in der die reine, ursprüngliche Lehre Shakyamunis wirkt. Von Buddhas Tod an gerechnet, soll diese Periode 500 Jahre lang währen.

Die Zeit der „bildhaften Lehre", in der nur noch ein äußerliches Verständnis der Lehre vorhanden ist. Diese Phase soll tausend Jahre währen.

„Das Drehen des Rades des zweiten Dharma", die Zeit der Verunstaltung und des Niedergangs der Lehre. Diese Periode wird mit 1000, manchmal aber mit 3000 oder sogar 10 000 Jahren angesetzt. In ihr befinden wir uns derzeit.

Nach Abschluss der dritten Periode verlässt Maitreya den Tusita-Himmel, seine derzeitige Residenz als Bodhisattva, um auf die Erde zu kommen. Dort soll er als Buddha die verlorenen Wahrheiten in ihrer ursprünglichen Reinheit wiederherstellen. Mit dem Kommen Maitreyas tritt unser Weltzeitalter in die endgültige Krise ein – Erlösung und Untergang. Wer aber in der Zeit des Untergangs an ihn glaubt, dem hilft Maitreya nach dem Tod zur Wiedergeburt im Tusita-Himmel, dem sogenannten Himmel der Seligen (der vierten von sechs göttlichen Welten, in der alle Buddhas vor ihrer letzten Wiedergeburt leben), um dort erleuchtet zu werden und bei der letzten Niederkunft auf der Erde das Nirvana zu erlangen.

Dharmapalas

Die „Schützer der Lehre" bilden die größte Gruppe innerhalb des lamaistischen Pantheons. Sie sind meist Schrecken erregende Gottheiten von sehr unterschiedlicher Gestalt und Herkunft. Sie sind teilweise aus der indischen Tradition, teilweise aber auch aus dem tibetischen Volksglauben, dem Pantheon des tibetischen Buddhismus eingemeindet worden, um die Lehre, die Gläubigen und die sakralen Stätten zu schützen. Eine wichtige Aufgabe haben sie auch beim Schutz der Meditierenden. Da die tantrischen

Übungen mit großen Schwierigkeiten und Gefahren verbunden sind, kommt den Dharmapalas die Aufgabe zu, besondere Hindernisse, die den Meditierenden vom Erreichen seines Ziels abhalten, zu beseitigen und Rückfällen vorzubeugen. Dargestellt werden sie fast immer im Tanzschritt, mit dem Auge der Weisheit auf der Stirn, aufgerissenem Rachen mit starken Eckzähnen, einem Tigerfell und oft mit Ketten aus abgeschlagenen Menschenköpfen umhängt. Häufig zu sehende Dharmapalas sind der **Totengott Yama**, der in zahlreichen zornigen Varianten vorkommt. **Yamantaka** gilt dagegen als Besieger Yamas und ist der schrecklichste aller Dharmapalas. Er wird mit einem Stierkopf und acht weiteren Häuptern dargestellt. **Hayagriva** (Tamdin), der „pferdenackige Gott", verkörpert tatkräftiges Mitgefühl und ist damit ein zornvoller Ausdruck des Avalokiteshvara. Die **Göttin Lhamo** wird auf einem Maultier reitend, das eine Decke aus Menschenhaut trägt, dargestellt. Sie ist die Schutzgöttin von Lhasa, des Dalai Lama und der Gelbmützen-Schule. **Begtse** war ursprünglich ein zentralasiatischer Kriegsgott und wird daher als gepanzerter Krieger mit Schwert dargestellt. **Chana Dorje** (Vajrapani) tritt nicht nur als Bodhisattva, sondern auch als Dharmapala auf und wurde vor allem im Tempel der Medizinschule Chagpori in Lhasa verehrt. Außerdem ist er ein machtvolles Symbol tantrischen Glaubens. Zusammen mit Hayagriva sieht man ihn oft als Türwächter zum Inneren Sanktuarium (Tsangkhang) hinter der Haupthalle.

Yidams

Die Yidams sind persönliche Schutzgottheiten, die jeder Lama für sich erwählt. Zudem sind sie die symbolische Verbildlichung tantrischer Lehrsysteme. Nur der Meister und sein Schüler kennen den Yidam. Der Schüler trachtet danach, seine geistige Persönlichkeit mit Hilfe des Yidam zu intensivieren. Durch spezielle Übungen soll ihm sein persönlicher Yidam in gütiger Form erscheinen und ihm während der Versenkung geistige Zusammenhänge mitteilen. Jeder kann sich einen Yidam für das ganze Leben wählen. Sie können mild, zornig oder schrecklich sein. Als Schutzgottheiten sind sie in Yab-yum-Stellung (Vater-Mutter-Haltung) mit ihrer weiblichen Kraft dargestellt.

Lokale Götter

Die bekanntesten lokalen Götter sind die vier Deva-Könige oder **Weltenwächter**, die man meist in der Vorhalle des Dukhang (Hauptversammlungshalle) sieht. Nach den buddhistischen Schriften werden Berge, Flüsse, Wälder und der Raum der menschlichen Welt von vier Deva-Königen, denen je acht Generäle zur Seite stehen, bewacht. Ihre Residenz ist der Weltenberg Sumeru, auf dessen vier Seiten je einer der mythischen Deva-Könige lebt. Die Gestaltung der Skulpturen richtet sich meist nach der aus Indien stammenden Überlieferung, nach der die Weltenwächter die vier Deva-Könige des Sumeru-Bergs sind. Der Deva-König des Südens, des Wachstums und Gedeihens heißt **Virudhaka**. In seiner Hand hält er ein Schwert. **Dhritarashtra** ist der Deva-König des Ostens. Er hält eine viersaitige Laute und ist für den Schutz des Reiches und Volkes durch den Dharma (die Lehre) verantwortlich. Der Deva-König des Nordens heißt **Vaishravana**. In den Händen hält er eine zusammengerollte Siegesfahne der buddhistischen Wahrheit und eine Manguste (eine Mungo-Art). Er ist unter anderem für Regen und den Herbst zuständig. **Virupaksha** ist der Deva-König des Westens. Mit der einen Hand packt er eine Schlange und mit der anderen einen Stupa. Der Deva-König des Westens ist für den Winter zuständig und hat dafür zu sorgen, dass die Dinge reibungslos vonstatten gehen.

Heilige

Die Zahl der Heiligen scheint fast unendlich zu sein. Dennoch gibt es einige, die man besonders häufig sehen wird, und dazu gehören **Nagarjuna**, der als Begründer des Mahayana gilt, **Padmasambhava**, der dem Buddhismus in Tibet zum Durchbruch verhalf, **Marpa**, ein tibetischer Guru, **Milarepa**, der größte Dichter, Guru und Mystiker Tibets, **Tsongkhapa**, der Begründer der Gelugpa, der fünfte Dalai Lama, die Könige Songtsen Gampo und Trisong Detsen und viele andere.

Architektur

Zwar haben Nomaden mit ihren schwarzen Zelten aus Yakhaar über Jahrtausende das Bild Tibets geprägt, aber schon früh wurden auch feste Unterkünfte gebaut. Am auffälligsten sind die charakteristischen weiß getünchten oder auch lehmfarbenen tibetischen Häuser bzw. **Wohnhöfe**. Sie erinnern stets an kleine oder große viereckige Festungen, die von einer Mauer umgeben sind. In den Dörfern stehen sie dicht an dicht, nur getrennt durch schmale Gassen. Die meisten Wohnhäuser besitzen einen Hof und dahinter ein zwei- oder dreistöckiges Haus mit einer Dachterrasse. Ein weiteres Charakteristikum sind die mächtigen Festungen, **Dzong**, genannt, in denen früher der Gouverneur einer Region residierte. Sie stehen fast immer erhöht auf einem Felsen und sind oft schon aus weiter Ferne zu sehen. Die eindrücklichsten Gebäude Tibets sind allerdings die **Tempel- und Klosteranlagen**, auf die man selbst an den scheinbar unwirtlichsten Orten trifft.

Tempelbauten

Der tibetische Begriff **Gompa** oder **Gönpa** bedeutet „Einsiedelei", wurde später aber selbst für große Klöster verwendet. Einige Einsiedeleien wurden nach und nach zu weitläufigen Komplexen erweitert und schließlich zu regelrechten Klosterstädten ausgebaut. Andere Klöster, insbesondere das Kloster Samye, wurden nach einem feststehenden Plan erbaut. Ihre Lage wurde stets durch astrologische Berechnungen bestimmt. Die über die Jahrhunderte gewachsenen Klöster wirken nach außen oft etwas chaotisch, aber zumindest die wichtigsten sakralen Gebäude stehen nie zufällig an ihrem Platz. Vielen Klöstern, die ab dem 11. Jh. entstanden, liegt der symbolische Aufbau eines Mandala zugrunde. Allerdings wurden meist nur die kultischen Zwecken dienenden Gebäude nach symmetrischen Prinzipien konzipiert. Während kleinere Tempel aus nur einem einzigen Raum bestehen können, sind die großen Anlagen eine Ansammlung von Tempelhallen, Meditationsräumen, Nebengebäuden, Magazinen, Räumen für die Äbte und Wohnungen für die Mönche. Viele Klöster wurden mit stabilen Mauern umgeben, um sie in unsicheren Zeiten zu schützen.

Zur normalen Klosteranlage zählen diverse **Lhakhang** (Haus der Gottheiten). Im größten Lhakhang steht das Hauptgötterbildnis. Das Zentrum der Tempel wird vom **Dukhang** beherrscht, der Versammlungshalle, in der sich die Mönche anlässlich der täglichen gemeinschaftlichen Zusammenkünfte und zur Begehung religiöser Festlichkeiten treffen. An den Dukhang schließt sich meist der **Gönkhang** an, eine Kapelle mit den Schutzgottheiten. Der zentrale Lhakhang und der Dukhang sind fast immer in Rot getüncht und daher recht einfach auszumachen, während die weiteren Gebäude normalerweise weiß gekalkt werden, wobei die Fenster mit einem schwarzen Rahmen versehen sind. Weitere wichtige Gebäude sind der **Kanjur-Lhakhang**, der die Bibliothek birgt, und die **Labrang** bzw. Residenz des Abtes. Sie liegt oft über dem Dukhang oder Haupt-Lhakhang. Große Klöster verfügen schließlich noch über **Tratsang**, die Gebäude der Klosteruniversitäten, **Kangtsang** (Wohngebäude) und **Barkhang** (Druckerei).

Chörten

Chörten, wie die Stupas in Tibet genannt werden, waren zunächst vor allem Reliquienschreine. Später entwickelte sich der Gedächtnisstupa, der oft nur noch heilige Schriften enthielt. Die symbolische Gleichsetzung des Stupa mit Buddhas Eingehen ins Nirvana war schließlich der entscheidende Schritt, um den Stupa zu einem zentralen Symbol des Buddhismus werden zu lassen. In ihrer Grundform verbinden sich in einem Stupa zwei Urbilder, nämlich der Weltenberg und der Weltenbaum (der Himmel und Erde verbindet). In Ersterem verdichtet sich die räumliche Ausdehnung des Kosmos bildlich zur Kuppel, in Letzterem wird ein Wachstumsprozess sichtbar, der sich bildlich zur Spitze gestaltet. So ist der Chörten einerseits als Abbild des Makrokosmos wie des Mikrokosmos zu verstehen, andererseits auch als innerer Stufenweg der sittlichen Vervollkommnung und schließlich Erleuchtung.

Die drei Hauptelemente eines Stupa sind die Basis, die Kuppel und die Aufbauten. Ein idealtypischer Stupa besteht aus dem Fundament oder **Thri** (Thron). Es steht für die ethische Grundlage des buddhistischen Weges. Darüber folgt ein vierstufiger, **Bangrim** genannter Unterbau (Erde, Wurzelzentrum), der die Kräfte und Fähigkeiten auf dem Weg zur Buddhaschaft symbolisiert, und zwar von unten nach oben die vier Achtsamkeiten (auf den Körper, auf die Gefühle, auf den Geist und auf die wahre Natur der Dinge), die vier Unterlassungen unheilvoller Taten (Unheilsames, das noch nicht im Bewusstsein entstanden ist, nicht aufkommen lassen; unheilsame Gedanken, die bereits aufgekommen sind, überwinden; Tugenden, die noch nicht entwickelt wurden, entstehen lassen; Tugenden, die bereits entwickelt sind, nicht verkommen zu lassen, sondern zu fördern und zu vermehren), die vier Wunderkräfte Wünschen, Tatkraft, Vertrauen und Beweglichkeit) und die fünf Fähigkeiten (Glauben, Energie, Bewusstheit, Versenkung und Wissenskraft). Nun folgt die sogenannte Kuppel, **Bumpa** (Wasser, Nabelzentrum) genannt. Sie steht für die sieben Glieder der Erleuchtung (Vergegenwärtigung, unterscheidende Weisheit, Tatkraft, Freude, Beweglichkeit, Konzentration und Gleichmut). Darüber folgt das **Bre**, ein Element in Form eines Getreidemaßes, durch das die Weihefüllung (geweihte Reliquie) im Stupa eingelagert wird und das den Edlen Achtfachen Pfad symbolisiert. Die Spitze, **Dugs** (Feuer, Herzzentrum), besteht aus 13 Ringen, die für die 13 Erleuchtungsstufen des Buddha stehen. Der die Spitze abschließende Schirm, **Chakheb** (Luft, Kehlzentrum), symbolisiert Buddhas großes Mitgefühl. Sonne und Mond als Sinnbilder für die Polaritäten und der „Samen", **Bindhu** (Äther, Hirnzentrum), als Frucht der Vereinigung der Polaritäten und das daraus entspringende Erleuchtungswissen, schließen den Stupa ab.

Der südindische Gelehrte **Nagarjuna** klassifizierte den Stupa in acht Kategorien und verknüpfte jede der acht Stupas mit einem bedeutsamen Ereignis aus Buddhas Leben. In Tibet kommen vor allem drei der acht Formen vor. Der **Changchub Chörten** mit der charakteristischen Kuppel, dem quadratisch gestuften Sockel, den 7 oder 13 Schirmen und dem Sonne-Mond-Symbol kommt am häufigsten vor. Er steht für die Erleuchtung Buddhas. Der quadratische **Lhabab Chörten** besteht aus einer oder vier Treppen, die den gestuften Unterbau überwinden und die einen schmalen Umgang um das Gefäß erschließen. Er symbolisiert den Herabstieg vom Himmel. Die dritte Version ist der **Gomang Chörten** (Chörten mit vielfachen Türen), der aus mehreren Geschossen mit vielen Räumen und damit auch Türen besteht. Er steht für Buddhas erste Lehrrede. In einigen lamaistischen Klöstern findet man auch Reihen der acht von Nagarjuna klassifizierten Chörten.

Lhasa und Umgebung

Stefan Loose Traveltipps

Barkor Der heilige Umwandlungsweg des Jokhang ist Treffpunkt der Pilger aus ganz Tibet, Begegnungsstätte, Markt und quirliges Zentrum der Altstadt. S. 146

1 Jokhang Die heiligste Stätte Tibets ist schon im Morgengrauen vom ehrfurchtsvollen Gemurmel unzähliger Pilger erfüllt. S. 147

2 Potala-Palast Die ehemalige Winterresidenz des Dalai Lama beeindruckt nicht nur durch ihre Lage, sondern vor allem durch ihre gewaltige Architektur und prachtvolle Ausstattung. S. 151

Drepung Im größten Gelugpa-Kloster Tibets lebten einst 10 000 Mönche. S. 181

3 Ganden Das Gründungskloster der Gelugpa thront in Form eines atemberaubenden Amphitheaters in 4300 m Höhe über dem Kyi Chu. S. 185

4 Nam Tso Der höchstgelegene Salzsee der Welt breitet sich einem Meer gleich in einer der wildesten Landschaften Zentraltibets aus. S. 195

Lhasa

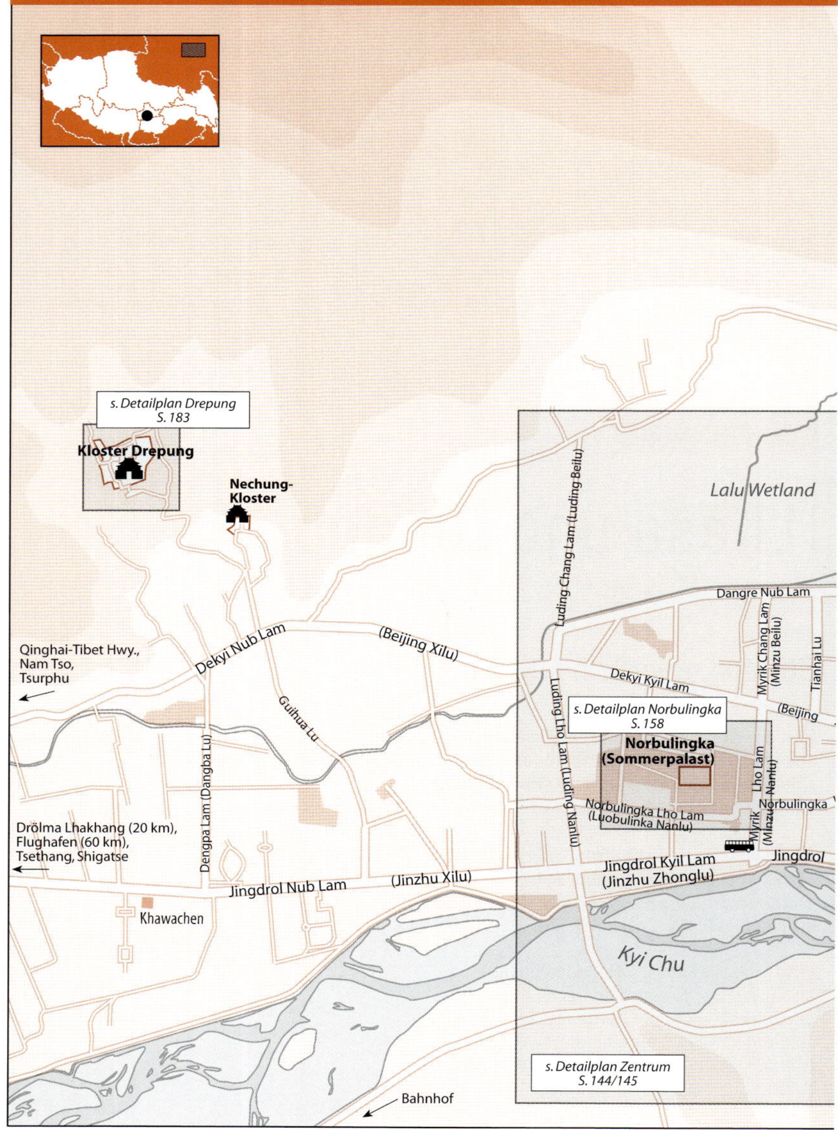

s. Detailplan Drepung
S. 183
Kloster Drepung
Nechung-
Kloster
Lalu Wetland
Luding Chang Lam (Luding Beilu)
Dangre Nub Lam
Myrik Chang Lam
(Minzu Beilu)
Tianhai Lu
Qinghai-Tibet Hwy.,
Nam Tso,
Tsurphu
Dekyi Nub Lam
(Beijing Xilu)
Dekyi Kyil Lam
(Beijing
Guihua Lu
Luding Lho Lam (Luding Nanlu)
s. Detailplan Norbulingka
S. 158
Norbulingka
(Sommerpalast)
Lho Lam
Dengpa Lam (Dangba Lu)
Drölma Lhakhang (20 km),
Flughafen (60 km),
Tsethang, Shigatse
Norbulingka Lho Lam
(Luobulinka Nanlu)
Norbulingka
Myrik
(Minzu Nanlu)
Jingdrol
Jingdrol Nub Lam
(Jinzhu Xilu)
Jingdrol Kyil Lam
(Jinzhu Zhonglu)
Khawachen
Kyi Chu
s. Detailplan Zentrum
S. 144/145
Bahnhof

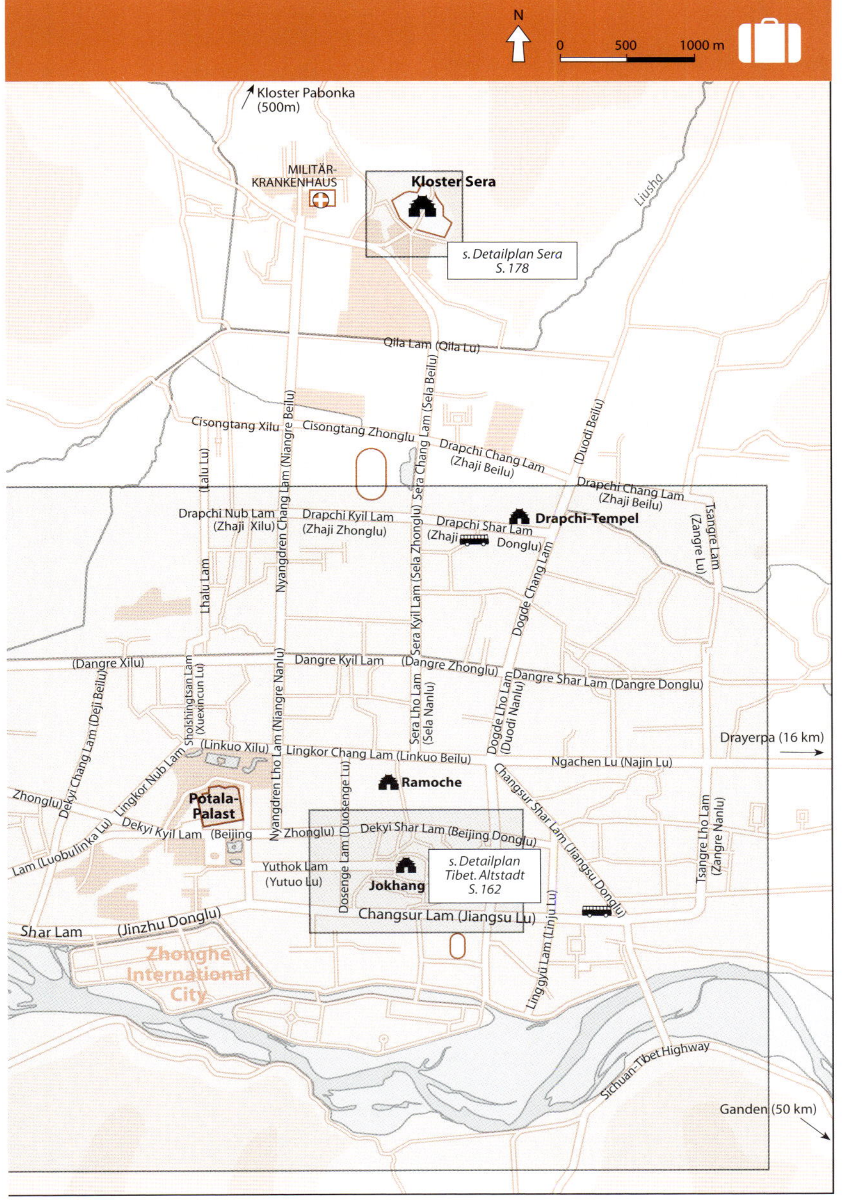
N
0 500 1000 m
Kloster Pabonka (500m)
MILITÄR-KRANKENHAUS
Kloster Sera
s. Detailplan Sera S. 178
Liusha
Qila Lam (Qila Lu)
Cisongtang Xilu
Cisongtang Zhonglu
Drapchi Chang Lam (Zhaji Beilu)
Drapchi Chang Lam (Zhaji Beilu)
(Lalu Lu)
Nyangdren Chang Lam (Niangre Beilu)
Sera Chang Lam (Sela Beilu)
(Duodi Beilu)
Drapchi Nub Lam (Zhaji Xilu)
Drapchi Kyil Lam (Zhaji Zhonglu)
Drapchi Shar Lam (Zhaji Donglu)
Drapchi-Tempel
Tsangre Lam (Zangre Lu)
Lhalu Lam
Sera Kyil Lam (Sela Zhonglu)
Dogde Chang Lam
(Dangre Xilu)
Dangre Kyil Lam
(Dangre Zhonglu)
Dangre Shar Lam (Dangre Donglu)
Sholshingtsan Lam (Xuexincun Lu)
Nyangdren Lho Lam (Niangre Nanlu)
Sera Lho Lam (Sela Nanlu)
Dogde Lho Lam (Duodi Nanlu)
Drayerpa (16 km)
Dekyi Chang Lam (Deji Beilu)
Lingkor Nub Lam
(Linkuo Xilu)
Lingkor Chang Lam (Linkuo Beilu)
Ngachen Lu (Najin Lu)
Ramoche
Changsur Shar Lam (Jiangsu Donglu)
Zhonglu)
Potala-Palast
Dekyi Kyil Lam (Beijing Zhonglu)
Dosenge Lam (Duosenge Lu)
Dekyi Shar Lam (Beijing Donglu)
Lam (Luobulinka Lu)
Yuthok Lam (Yutuo Lu)
Jokhang
s. Detailplan Tibet. Altstadt S. 162
Tsangre Lho Lam (Zangre Nanlu)
Changsur Lam (Jiangsu Lu)
Shar Lam (Jinzhu Donglu)
Zhonghe International City
Linggyü Lam (Linju Lu)
Sichuan-Tibet Highway
Ganden (50 km)

Lhasa

Lhasa, die „Stadt der Götter“, liegt 3658 m über dem Meeresspiegel am Kyi Chu (Glücksfluss) und ist seit alters religiöses, politisches, kulturelles und wirtschaftliches Zentrum Tibets. Die strategisch günstige Lage des Lhasa-Tals hatte den 33. tibetischen König Songtsen Gampo (reg. 619 bis 649) einst dazu veranlasst, das heimatliche Yarlung-Tal zu verlassen. Zwar hatte es der Legende nach bei der Ansiedlung in Lhasa zunächst Probleme gegeben (s. Kasten), aber seine chinesische Gattin Wencheng, die in der Kunst der Geomantie bewandert war, bescheinigte ihm, den perfekten Ort gewählt zu haben. Der Himmel über dieser Stätte, urteilte sie, gleiche einem achtspeichigen Rad der Lehre und der Boden einem Lotos, während die Berge den Acht Glückssymbolen entsprächen. Das war nicht nur ein gutes Omen, sondern auch der Beginn der Sesshaftwerdung des tibetischen Volkes.

Die von Songtsen Gampo gegründete Stadt erhielt zunächst den Namen Rasa („umfriedeter Ort“), da sie vermutlich von einer Stadtmauer umgeben war. Die spätere lamaistische Geschichtsschreibung lieferte allerdings eine andere Erklärung für die Namensgebung (s. Kasten). Vielleicht lag in Wenchengs geomantischer Deutung schon ein Vorzeichen für die zukünftige Bedeutung der Stadt als religiöser Mittelpunkt Tibets, wenngleich der Buddhismus noch einige Umwege gehen sollte, bis er in seiner tantrischen Ausprägung schließlich zur Staatsreligion wurde. Paradoxerweise brachte die Öffnung der China-Tibet-Straße in der Tang-Zeit zwischen Chang'an und Lhasa zunächst den geografisch viel weiter entfernten chinesischen Buddhismus nach Tibet, da nun Mönche wie Xuanzhai (651) und zahlreiche andere über Tibet nach Indien pilgerten, der umgekehrte Strom von Nepal nach Tibet aber ausblieb.

Eine heute vor dem Eingang des Jokhang-Tempels stehende Inschriftenstele, auf der der chinesisch-tibetische Friedens- und Freundschaftsvertrag von 822 aufgezeichnet worden ist, erwähnt erstmalig den Namen Lhasa. In diesem Vertrag erkannte der Kaiser die Unabhängigkeit Tibets und die Besetzung der chinesischen Provinz Gansu durch die Tibeter an. In der Regierungszeit von König Langdarma (reg. 836–842) begannen die großen Buddhistenverfolgungen und die religiösen Stätten wurden geschlossen oder zerstört. Lhasa versank in der Bedeutungslosigkeit. Erst ab dem 11. Jh. begann eine erste Rekonstruktion der Heiligtümer, und ab dem 15. Jh. wurde Lhasa dank der Gründung der großen Klöster Sera, Drepung und Ganden zum Zentrum der Gelugpa. Mit der steten Zunahme ihres Einflusses wuchs auch die Bedeutung Lhasas. Mitte des 17. Jhs. siedelte ihr Oberhaupt, der Dalai

Legende der Entstehung Lhasas

Ob im Potala, im Jokhang oder in anderen Heiligtümern, immer wieder wird man an den Wänden auf eine Darstellung der Entstehungslegende Lhasas stoßen. Songtsen Gampos nepalesische Gattin Bhrikuti hatte versucht, den See der Milchebene (Othangi Tso) trockenlegen zu lassen, um auf dem Gelände einen Tempel zu errichten. Seltsamerweise füllte sich der See aber allnächtlich erneut mit Wasser und vereitelte das Vorhaben. Erst die auf dem Gebiet der Geomantik versierte chinesische Prinzessin Wencheng, die noch dazu aus einem Land stammte, in dem der Buddhismus sich gerade anschickte, zu höchster Blüte zu gelangen, erkannte die Ursache für dieses Phänomen: Eine auf dem Rücken liegende Dämonin breitete sich über ganz Tibet aus und verhinderte dort die Ausbreitung der buddhistischen Lehre; der See der Milchebene war ausgerechnet das Herzblut der Dämonin. Da nahm Wencheng den goldenen Ring von ihrem Finger und warf ihn in den See, in der Hoffnung, damit den Energiefluss Qi in die richtige Richtung zu lenken. Wenig später hob sich ein weißer Stupa aus dem See empor und verschwand wieder. Wencheng erkannte in diesem Vorfall eine Disharmonie der Elemente. Um die für die Trockenlegung benötigten Elemente in Harmonie zueinander zu bringen, ordnete sie an, dass von nun an Ziegen (Ra), die als magische Ausstrahlung der buddhistischen Schutzgottheit Damcen galten, für den Transport der Erde (Sa) verwendet werden sollten. So entstand der Name Rasa, der sich später zu Lhasa wandelte.

Lama, vom Kloster Drepung in den neu erbauten Potala über. Damit avancierte Lhasa zwar zur Hauptstadt Tibets, doch die Unwegsamkeit des Landes ließ ihre administrative Macht oft nicht weit reichen. Erst mit dem Einmarsch der Chinesen 1950 und der Ausrufung der Autonomen Region Tibet wurde Lhasa tatsächlich Hauptstadt für ganz Tibet – oder zumindest das, was davon noch übriggeblieben war.

Die große Vergangenheit der Stadt manifestiert sich auch im heutigen Lhasa noch in zahlreichen beeindruckenden Bauten. Trotz der raschen Modernisierung der Stadt, die wie ein aus den Fugen geratenes Dorf mit zu großen Straßen wirkt, umfängt Neuankömmlinge in Lhasas Altstadt eine unvergleichliche Atmosphäre. Die Stadt untergliedert sich in einen wuchernden, gesichtslosen chinesischen und einen stimmungsvollen tibetischen Teil. Heute soll der Anteil an Tibetern unter den rund 230 000 Einwohnern des eigentlichen Stadtgebiets, zumindest nach offizieller Zählart, bei etwa 140 000 liegen, darunter vermutlich 60 000 Tibeter im eigentlichen tibetischen Viertel im Zentrum. Das chinesische Militär wird jedoch nicht mitgezählt, weshalb unabhängige Schätzungen davon ausgehen, dass mindestens doppelt so viele Chinesen wie Tibeter in der Stadt leben. Dabei wächst der Anteil der Chinesen durch Zuwanderung stetig und die tibetische Altstadt macht in der an den Rändern immer stärker wuchernden chinesischen Stadt nur noch 4 % des Stadtgebiets aus.

Orientierung

Das moderne Lhasa reicht im Norden bis zu den Berghängen, an die sich das Kloster Sera schmiegt, nach Westen bis etwa zum Kloster Drepung und nach Süden bis zum Kyi Chu; der Bereich östlich der Altstadt beginnt gerade erst, sich auszudehnen. Teilweise werden auch die Inseln im Kyi Chu und die Areale südlich des Flusses bebaut. Der neue Bahnhof befindet sich weit entfernt in einem Neubaugebiet im Südwesten jenseits des Flusses.

Das ursprüngliche Lhasa breitete sich südöstlich vom Potala aus und umfasst in etwa das Karree, das von der Lingkor Chang Lam im Norden, der Lingkor Shar Lam im Osten, der Changsur Lam im Süden und der Dosenge Lam im Westen gebildet wird.

Der traditionelle äußere Ritualweg um Lhasa, der Lingkor, führt von der Lingkor Nub Lam westlich des Potala über die Lingkor Chang Lam, Lingkor Shar Lam und Lingkor Lho Lam am Südrand der Altstadt zur Changsur Lam und von dort nach Westen wieder zu ihrem Ausgangspunkt an der Lingkor Shar Lam. Der interessanteste Teil der Altstadt mit ihren verwinkelten Gassen befindet sich südlich der Beijing East Road und östlich der Dosenge Lam. Im Zentrum steht der Jokhang, um den der innere Umwandlungsweg, der Barkor führt.

Ritualwege

Lingkor

Bevor die tibetischen Pilger die Stadt betreten, umrunden sie sie meist ein oder mehrere Male im Uhrzeigersinn auf dem 7 km langen, Lingkor genannten äußeren Ritualweg. Im Morgengrauen wandern sie Gebete murmelnd an zahlreichen Felsbildern, Tempeln und Grotten vorbei und drehen dabei unablässig ihre eigenen oder die am Wegrand angebrachten Gebetsmühlen. Wer sich diesen Anblick nicht entgehen lassen will, sollte entsprechend früh herkommen. Besonders viel ist hier natürlich an religiösen Festtagen los, wenn der ganze Lingkor vom Drehen der Gebetsmühlen summt.

Von dem ursprünglichen Lingkor ist nicht mehr viel erhalten geblieben, aber es gibt noch einen interessanten Abschnitt, den zu besuchen sich lohnt. Startpunkt ist die **Jingdrol Shar Lam** (Jinzhu Donglu) gleich südlich vom Chakpori (Eisenberg). Der Weg beginnt zwischen der Tankstelle und dem großen Ladefengse-Restaurant (Lafangshe Jiudian) und führt zunächst zwischen zwei Mauern auf den Fernsehturm zu. Die Gasse wird von Bettlern, Mönchen und Händlern gesäumt. Am Fuß des **Chakpori** führen links Treppen den Berg hinauf. Man passiert auf dem Weg nach oben zahlreiche Schreine, die unter der Last der Opfergaben zusammenzubrechen scheinen. Vorbei an einem Chörten, der vollständig aus Mani-Steinen errichtet wurde, geht es weiter nach Westen wieder bergab zu einem

Lhasa Zentrum

Übernachtung:
1. Lhasa Hotel (Lasa Fandian)
2. Pilgrimages Inn (Miaojixiang Lüguan)
3. Bhramaputra Grand Hotel (Yaluzangbu Dajiudian)
4. Four Points by Sheraton

Essen:
1. Holyland Vegetarian Restaurant
2. Eat Lover
3. Tibet Steak House
4. Greenlando Café'

Transport:
1. Nord-Busbahnhof (Beijiao Keyunzhan)
2. CAAC Booking Office/Flughafenbusse
3. China Southern Airlines
4. West-Busbahnhof (Lasa Qichezhan)
5. Air China
6. Tibet Lhasa Travel Agency
7. Ost-Busbahnhof (Dongjiao Keyunzhan)
8. Bahnhof

Luding Chang Lam (Luding Beilu)
Dangre Nub Lam
(Dangre Xilu)
Myrik Chang Lam (Minzu Beilu)
Tianhai Lu
(Deji Beilu)
Sholshingtsan Lam (Xuexincun Lu)
Dekyi Nub Lam
(Beijing Xilu)
Dekyi Kyil Lam
(Beijing Zhonglu)
Dekyi Chang Lam
Lingkor Nub Lam (Linkuo Xilu)
Bank of China (Zhongguo Yinhang)
Luding Lho Lam (Luding Nanlu)
Myrik Lho Lam (Minzu Nanlu)
Kunde Ling
Dekyi Kyil
Drubthub Lhakhang
Goldene Yak-Skulptur
Dralha Lubuk
Tibet Tourism

s. Detailplan Norbulingka S. 158

Norbulingka
Norbulingka Lho Lam
(Luobulinka Nanlu)
Norbulingka Lam (Luobulinka Lu)
Tibet-Museum
Chakpori
Felswand mit Buddha-Reliefs
Lingkor-Rundgang Startpunkt
Jingdrol Kyil Lam
(Jinzhu Zhonglu)
Jingdrol Shar Lam
(Jinzhu
Zhonghe International City
Kyi Chu
8 (3 km)

Sonstiges:
1. Sunny Seacoast
2. Jiahe Mingcha
3. Niwei Nangma
4. Lhasa City Public Security Bureau (Lasa Shi Gong'anju)
5. Jinpingguo Dangao
6. Music Kitchen (Yinyue Chufang)
7. Tangula Wind
8. Toread
9. Outdoor-Geschäfte
10. Royal Nepal Consulate-General

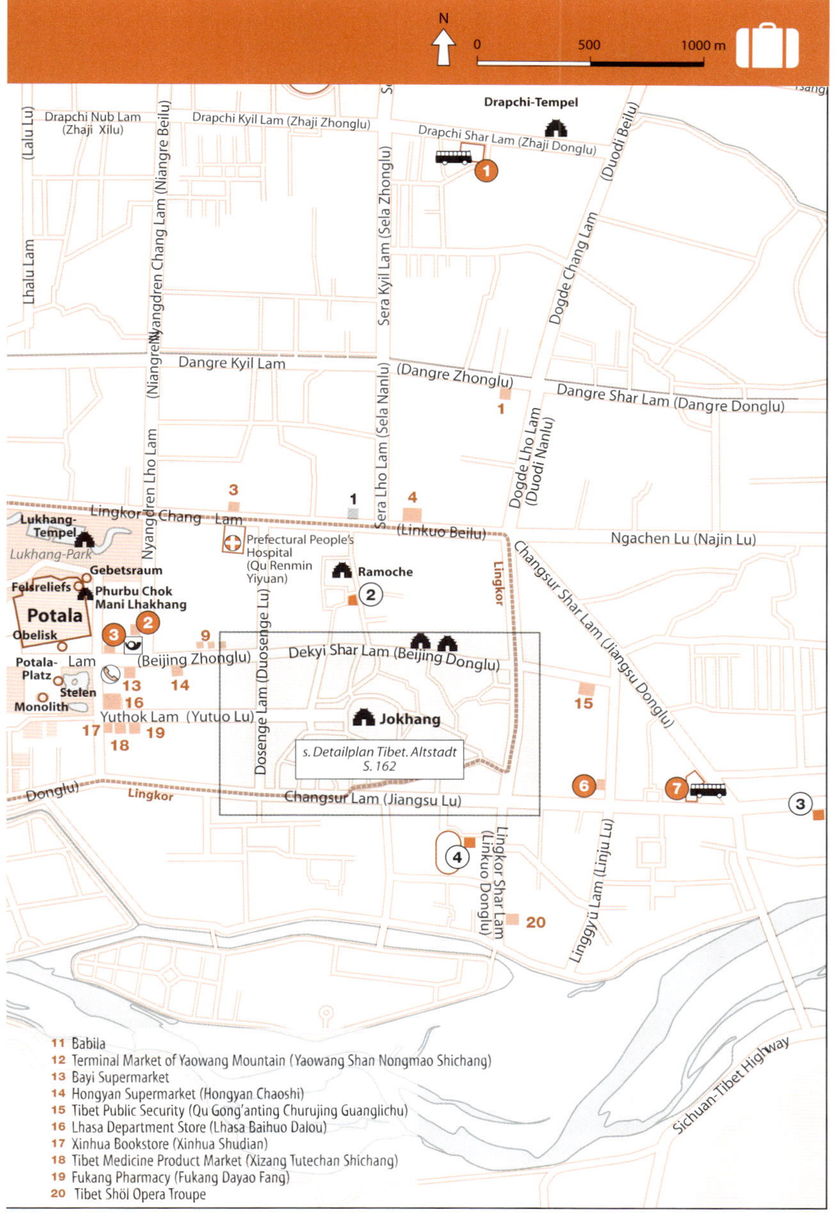

11 Babila
12 Terminal Market of Yaowang Mountain (Yaowang Shan Nongmao Shichang)
13 Bayi Supermarket
14 Hongyan Supermarket (Hongyan Chaoshi)
15 Tibet Public Security (Qu Gong'anting Churujing Guanglichu)
16 Lhasa Department Store (Lhasa Baihuo Dalou)
17 Xinhua Bookstore (Xinhua Shudian)
18 Tibet Medicine Product Market (Xizang Tutechan Shichang)
19 Fukang Pharmacy (Fukang Dayao Fang)
20 Tibet Shöl Opera Troupe

größeren Platz, der vom Gemurmel zahlloser sich niederwerfender Pilger und dem monotonen Klopfen der Steinmetze, die hier Mani-Steine mit Texten behauen, erfüllt ist. Im Norden wird die Freifläche von einer mächtigen **Felswand** (Eintritt ¥10) begrenzt, die vollständig mit bunten Reliefs von buddhistischen Heiligen bedeckt ist, die sich um das blaue Relief des Amitayus (Tsepame, Buddha der Langlebigkeit, eine Form des Buddha Amithaba) gruppieren. Über 5000 solcher Reliefs sollen die Felsen des Chakpori zieren. Man verlässt den Platz über den Weg an der Nordwestecke, wo ebenfalls zahlreiche Devotionalienhändler kleine tönerne Buddhafiguren und andere heilige Dinge feilbieten. Der Weg führt auf die Dekyi Lho Lam (Deji Nanlu), in die man nach rechts einbiegt. Kurz vor der Dekyi Kyil Lam (Beijing Zhonglu) kann man dem ehemals königlichen Tempel **Kunde Ling** (Gongdelin Si) einen Besuch abstatten (s. S. 157). An der Kreuzung etwas weiter nördlich sieht man rechter Hand einige blank polierte Felsen. Ihnen wird nachgesagt, dass sie heilende Kräfte hätten, und so reiben die meisten Pilger ihren Rücken oder die Knie daran.

Tsekor

Die Kora um den Potala wird Tsekor genannt und führt einmal um die Außenmauer des Palastes herum. Beginn dieser Kora ist der Stupa, der den alten westlichen Zugang nach Lhasa markiert. Entlang einer endlosen Folge von Gebetsmühlen an der Begrenzungsmauer wandert man nach Norden und gelangt hinter dem Potala zum **Lukhang-Park**. Im alten Tibet war dieses Areal ein Picknickplatz der Aristokratie. Die Noblesse hat er verloren, zwischenzeitlich hieß er proletarisch korrekt Jiefang Gongyuan („Park der Befreiung"), aber heute trägt der schöne Park den Namen des hier beheimateten **Lukhang-Tempels** („Tempel des Drachenkönigs"). Dieser nur wenig besuchte Bau soll an den Sieg über die Naga-Schlangen und den Einzug Songtsen Gampos in Lhasa erinnern. Der Bau geht auf den 6. Dalai Lama zurück. Im Erdgeschoss des dreistöckigen Tempels kann man eine Skulptur von Luyi Gyalpo, dem Naga-König, mit fünf Schlangen über seinem Kopf sehen. ⌚ tgl. 9–17 Uhr, Eintritt ¥10, Eintritt in den Park frei.

Richtung Nordosten passiert man zahlreiche Felsreliefs und einen kleinen Gebetsraum, der von Nonnen genutzt wird. Dahinter folgt an der Ostfront der **Phurbu Chok Mani Lhakhang**, der eine große Gebetsmühle birgt. Weiter nach Süden stößt man dann auf den weitläufigen **Potala-Platz**, der 1995 aus Anlass der 30-Jahr-Feier der Gründung der Autonomen Region Tibet angelegt wurde. Solche Plätze sind den Tibetern ursprünglich fremd gewesen. Entsprechend ist er eine rein chinesische Kreation und orientiert sich in der Anlage am Tian'anmen-Platz in Beijing. Gegenüber vom Haupteingang des Potala steht ein rund 8 m hoher Obelisk aus dem Jahr 764. Er berichtet von Tibets Sieg über China und die Einnahme der chinesischen Hauptstadt Chang'an im Jahr 763. Zwei weitere Stelen erinnern an die Niederlage gegen die Dsungaren 1721 und den Sieg über die Gurkhas im Jahr 1788 und 1791. Der hässliche Monolith im Zentrum des Potala-Platzes kam erst 2002 hinzu, um an den 50. Jahrestag der „Befreiung" Tibets zu erinnern. Wahrscheinlich ist er aber eher ein Symbol für die Verwandlung Lhasas in eine Fly-in-Metropole für Touristen aus aller Welt, die sich hier fotografieren lassen.

Barkor und Barkor-Platz

Zentrum der Altstadt ist der Barkor, der heilige Umwandlungsweg (Kora) um den Jokhang. Er ist Markt, Begegnungsstätte und heiliger Ort in einem und ein Treffpunkt der verschiedenen tibetischen Stämme. Hier gehen einige Pilger den 800 m langen Ritualweg nicht zu Fuß, sondern werfen sich, durch Leder an Brust, Bauch und Knie geschützt, der Länge nach ein ums andere Mal hin und umrunden den Barkor auf diese Weise. In den Seitenstraßen entlang dem Weg findet man Souvenir-, Lebensmittel- sowie Kleider- und Trödelmärkte.

Auf dem Vorplatz vor dem Eingang zum Jokhang stehen zwei Inschriftenstelen. Die linke der beiden enthält den chinesisch-tibetischen Friedensvertrag von 821/822, während sich rechts davon die Pockenstele aus dem Jahr 1793 befindet, die die Bevölkerung vor einer grassierenden Pockenepidemie warnte und Verhaltensmaßregeln vorgab. Ein ummauerter Stumpf ist alles, was von einer Weide blieb, die einst von

Prinzessin Wencheng gepflanzt worden sein soll. Während der Kulturrevolution wurde der Baum gefällt, weil er den Tibetern heilig war. Vor dem Haupteingang des Jokhang selbst finden sich den ganzen Tag über gläubige Pilger ein, um sich leder- oder stoffbewehrt vor dem Portal niederzuwerfen – eine schweigsame und beeindruckende Demonstration tief verwurzelten buddhistischen Glaubens.

Wie alle Koras sollte man auch diesen im Uhrzeigersinn gehen. Man läuft an endlosen Reihen von Marktständen vorbei, die Souvenirs, Hüte, religiöse Utensilien und Schmuck verkaufen, und übersieht dabei schnell die Sehenswürdigkeiten entlang der Strecke. So erreicht man nach etwa 100 m einen kleinen Vorplatz auf der rechten Seite, der ein wenig von den Marktständen verdeckt wird. Hier befindet sich der **Mani Lhakhang**, in dem sich den ganzen Tag über eine riesige Gebetsmühle dreht. Eine kleine Gasse führt von hier einige Meter nach Süden zum **Champa Lhakhang**, in dem eine über zwei Etagen reichende Skulptur des Zukunftsbuddhas mit einigen Schutzgottheiten steht. Von hier folgt man den Gebetsmühlen einige Meter nach Süden und erreicht das alte aktive Kloster **Meru Nyingba**, dessen Fundament auf das 7. Jh. zurückgeht. Verwaltet wird es vom Kloster Nechung (s. S. 184), und so sieht man hier auch einige Darstellungen des Staatsorakels, das bei seinen Besuchen in Lhasa stets in diesem Tempel residierte. Auf der Westseite des kleinen Hofes kann man die engen Stufen zum **Gongkar Chöde**, einer kleinen Kapelle der Sakyapa-Schule, hochsteigen. Unten befindet sich der **Champhala Lhakhang** mit einer Skulptur des Dipamkara (Marmedze), des Buddhas des vergangenen Zeitalters. Folgt man der Gasse, stößt man nach einigen Metern wieder auf den Barkor, der nun Richtung Süden an einem großen, meist in Qualm erstickenden Schrein und einem hohen Dharchen vorbeiführt. Diese Masten dienen zum Aufhängen von Gebetsfahnen. „Dhar" bedeutet „farbiger Schal" oder „farbige Fahne". Da es in Zentraltibet kaum Bäume gibt, dienen die Dharchen als Ersatz: Sie werden in Höfen oder auf Plätzen aufgestellt und mit Gebetsfahnen behängt. Vorbei an der Südseite des Jokhang gelangt man schließlich wieder zum Barkor-Platz.

Der Jokhang

Das wichtigste Pilgerziel des Schneelands ist der Jokhang, Tibets Nationalheiligtum und pulsierendes Zentrum des tibetischen Buddhismus. Die Gründung des sehr verschachtelt wirkenden Tempels geht auf Songtsen Gampos nepalesische Gattin Bhrikuti zurück. Eng mit seiner Entstehungslegende verknüpft ist auch der Name der Stadt Lhasa (s. Kasten S. 142).

Zwischen 642 und 653 wurde von nepalesischen Baumeistern zunächst der Tsuglagkhang gebaut. Im Tsuglagkhang fand anfangs der Jobo Mikyö Dorje, die Mitgift der nepalesischen Prinzessin Bhrikuti, seine Heimstatt. Er wurde später in den Ramoche verbracht und durch den Jobo Shakyamuni, die Mitgift Wenchengs, ersetzt. Als „Haus des Jobo" (Jokhang) wurde der Tempel dann auch bekannter als unter der Bezeichnung Tsuglagkhang.

Die früher allgegenwärtige Spiritualität des Jokhang, der sich kein Besucher entziehen konnte, ist angesichts der Touristenströme kaum noch zu spüren. Damit ist der Tempel für die meisten Besucher – die Pilger natürlich ausgenommen – zu einer Sehenswürdigkeit unter vielen degradiert worden, und viele Touristen latschen eher gelangweilt durch die ehrwürdigen Hallen.

Aber wer sich Zeit nimmt, möglichst früh kommt, wenn auch die Pilger im Morgengrauen in langen Schlangen anstehen, um hineingelassen zu werden, und sich in ihrem Strom vom Surren der Gebetsmühlen und dem Gemurmel der Sutren leiten lässt, der wird dennoch ein wenig von der Heiligkeit des Ortes erleben.

Man sollte den Jokhang möglichst früh oder kurz vor der Mittagspause besuchen, da er sonst nicht nur von Pilgern, sondern vor allem auch von Tourgruppen überquillt. Am Nachmittag ist es nicht so voll, aber dann sind die meisten Kapellen leider geschlossen. ◷ regulär tgl. 9–16 Uhr, meist aber wie folgt: Innerer Bereich tgl. 8–12 und gelegentlich 15–17.30 Uhr, Eintritt ¥75.

Eingang und Vorhof

Der Haupteingang zum Tempel ist meist geschlossen. Kommt man doch einmal durch dieses stets von Pilgern verstopfte Tor hinein, sieht man rechts und links die vier **Weltenwächter**: Wächtergottheiten, die als Beschützer der buddhistischen Wahrheit fungieren. Meist betritt man den Tempel aber durch einen Nebeneingang rechts vom Haupteingang und gelangt dann über einen kleinen Innenhof, in dem sich auch das Kassenhäuschen befindet, auf einen größeren **Vorhof**. An buddhistischen Festtagen stehen hier zahllose Butterlämpchen, die den allgegenwärtigen, für alle tibetischen Tempel so typischen, schweren Yakbutter-Geruch verbreiten. Sie dienen der Darbringung des „Tausendfachen Lichtopfers". Auf den Altären wird man neben den Lichtopfern auch sieben wassergefüllte Schalen finden. Da Opfergaben wie Gerste, Chang (ein aus vergorener Gerste gewonnenes bierähnliches Getränk) oder Räucherstäbchen vielfach nicht leicht zu bekommen sind, werden sie durch diese Schalen repräsentiert, die idealerweise aus Silber sein sollten. Auf der nördlichen Hofseite im ersten Stockwerk sieht man ein prächtig gestaltetes Gebäude, in dem der Dalai Lama die jährlichen Abschlussprüfungen des Geshe-Lharampa-Examens abnahm, an denen 16 Kandidaten teilnehmen durften. Nur fünf Kandidaten wurde am Ende der Titel des Geshe, des „Heilsfreundes", einer Art Doktor der Philosophie, verliehen.

Man kann nun direkt in den Tsuglagkhang hineingehen oder ihn zunächst einmal entlang dem von Hunderten von Gebetsmühlen (angeblich 365) gesäumten Wandelgang, dem **Nangkhor**, im Uhrzeigersinn umrunden.

Im Tsuglagkhang

Betritt man den Tsuglagkhang, muss man gleich im Eingangsbereich an den Schutzgottheiten des Gebäudes, den zornvollen Raksha-Dämonen und den friedlichen Schlangendämonen, vorbei und steht dann in einem Versammlungssaal mit mehreren großen Statuen. Im Vordergrund links steht die Statue von Padamsambhava und rechts neben ihm eine Statue des Zukunftsbuddhas Maitreya. Hinter den beiden stehen etwas versetzt in der Mitte des Heiligtums eine kleinere Skulptur des tausendarmigen Avalokiteshvara (Chenresig) und rechts von ihr noch einmal eine große Statue des Maitreya.

Die Kapellen 1 bis 8

Auf dem Weg zur Hauptkapelle muss man zunächst an sieben kleineren Seitenkapellen vorbei. In der ersten, dem **Tsongkhapa Lhakhang** (8), sieht man Tsongkhapa und seine acht Schüler, gefolgt von einer Kapelle Amithabas, **Öpagme Lhakhang** (9), die allerdings meist geschlossen ist. Vor dieser Kapelle steht der kleine **Chörten des Sakya Pandita** (10), der zur Deutung weissagender Zeichen errichtet wurde. Entlang der nördlichen Wand passiert man die **Lhakhangs der acht Medizinbuddhas** (11) und den **Thugje Chenpo Lhakhang** (12), der die neben dem Jobo zweitwichtigste Skulptur des Jokhang, ein Avalokiteshvara mit elf Gesichtern, eine Skulptur, die sich selbst vollendet haben soll, enthält. Die Türen zu dieser Kapelle stammen noch aus dem 7. Jh. und gehören zu den wenigen Relikten, die aus der Gründungszeit erhalten geblieben sind. Der folgende **Champa Tründse Lhakhang** (13) soll mit Erde, die vom Waschwasser Songtsen Gampos durchtränkt war, errichtet worden sein. Zentrale Skulptur hier ist Maitreya, der von den vier Bodhisattvas Manjushri, Avalokiteshvara, Vajrapani und Tara (Drölma) umgeben ist. Im Zentrum der 6. Kapelle (in der Ecke), ebenfalls ein **Tsongkhapa Lhakhang** (14), steht eine Statue Tsongkhapas umgeben von Figuren weiterer großer Lehrer. In der letzten Kapelle (15) vor dem Hauptheiligtum ist noch einmal eine Darstellung Amithabas zu sehen. Hier beten die Pilger ein letztes Mal für die Reinigung ihrer Seele, bevor sie den im Osten befindlichen eigentlichen **Jokhang** (17) betreten. Vorbei an vier Wächtergottheiten gelangt man zunächst in einen Vorraum und steht dann vor der aus vergoldeter Bronze bestehenden heiligsten Buddha-Statue Tibets, dem Jobo-Shakyamuni. Dargestellt ist er in seiner transzendenten Form, in der alle Lebewesen an seinen Qualitäten teilhaben können.

Die Kapellen 9 bis 16

Das dem Jokhang folgende Heiligtum (18) ist **Maitreya** geweiht. Es enthält die Replik einer der Skulpturen aus der Mitgift von Prinzessin Bhrikuti. Umgeben ist der Zukunftsbuddha von acht

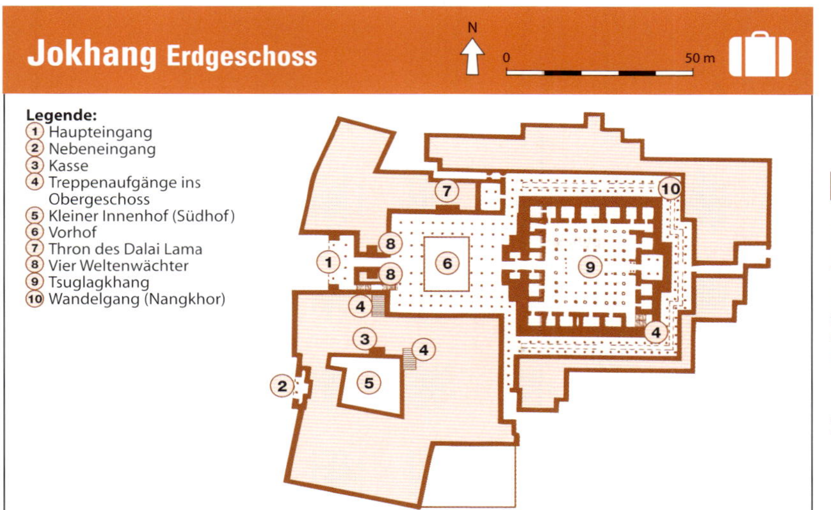

Darstellungen der Tara, deren Manifestationen die Funktionen des Schützens und Inspirierens in sich vereinen und die Ängste abwehren sollen. Im zehnten Lhakhang (19) ist eine Skulptur **Avalokiteshvaras**, der auf einem Schneelöwen reitet, zu sehen. Bei den anderen acht Statuen handelt es sich um verschiedene Erscheinungsformen des Bodhisattva. Hinter der Kapelle führt eine Treppe in die erste Etage. Wer die Runde erst einmal zu Ende gehen will, sieht in der 11. Kapelle, die der Treppe folgt, **Meditationsgottheiten** (21), Manifestationen des Amitayus in Yab-yum-Stellung. Das Hauptheiligtum an der Südseite ist der **Maitreya Lhakhang** (22). Es birgt eine von Manjushri (links) und Avalokiteshvara (rechts) flankierte Maitreya-Statue. Diese Skulptur des Zukunftsbuddhas wird am 25. Tag des ersten Mondes in einer Prozession um den Barkor getragen. Der 13. Lhakhang (23) birgt eine Skulptur Amithabas, und an den Wänden sieht man die acht Medizinbuddhas aufgereiht. In dieser Kapelle soll Prinzessin Wencheng nach dem Tod Songtsen Gampos die Skulptur des **Jobo** versteckt haben. Lhakhang 14 ist den sieben mächtigen **Buddhas der Vergangenheit** geweiht, gefolgt von der Kapelle der neun Formen des **Amitayus** (25) und der **Kapelle der Religionskönige** (26). In ihr sollen die einzigen neben dem Jobo noch erhaltenen originalen Skulpturen des Jokhang zu sehen sein. Links steht König Trisong Detsen, in der Mitte Songtsen Gampo, der von einem kleinen Amithaba-Kopf gekrönt wird, und rechts Rälpachen. Am Eingang links steht der Minister Gawa, der Wencheng aus China nach Tibet brachte, Prinzessin Wencheng selbst und der mythologische erste König von Tibet, Nyatri Tsenpo. Rechter Hand stehen neben Rälpachen noch der Minister Thönmi Sambhota, der Erschaffer der tibetischen Schrift, sowie die Prinzessin Bhrikuti.

Erste Etage

Die Treppe neben der Kapelle der Avalokiteshvara im südöstlichen Winkel des Tsuglagkhang führt ins erste Obergeschoss, wo sich an der östlichen Seite der **Meditationsraum Songtsen Gampos** befand. Man kann auch hier eine Reihe von Lhakhangs abwandern, allerdings sind die meisten von ihnen in der Regel geschlossen. Zu denen, in die man manchmal einen Blick werfen kann, gehören der **Zhelre Lhakhang** mit einem gut erhaltenen Gemälde, die **Kapelle des Padmasambhava**, die den Guru Rinpoche, wie er auch genannt wird, sowohl in seiner bekanntesten Form mit seinen beiden Gefährtinnen zeigt,

Jokhang Tsuglagkhang

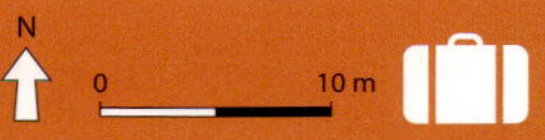

Erdgeschosss:

1 Naga Lhakhang
2 Raksha Lhakhang
3 Padmasambhava
4 Zukunftsbuddha Maitreya
5 Tausendarmiger Avalokiteshvara (Chenresig)
6 Statue des Maitreya
7 Padmasambhava
8 Tsongkhapa Lhakhang
9 Öpagme Lhakhang
10 Chörten des Sakya Pandita
11 Lhakhangs der acht Medizinbuddhas
12 Thugje Chenpo Lhakhang
13 Champa Tründse Lhakhang
14 Tsongkhapa Lhakhang
15 Öpagme Lhakhang
16 Vier Wächtergottheiten
17 Jokhang
18 Maitreya Lhakhang
19 Kapelle des Avalokiteshvara
20 Treppen ins Obergeschoss
21 Kapelle mit Meditationsgottheiten
22 Maitreya Lhakhang
23 Kapelle, in der Jobo versteckt wurde
24 Lhakhang der sieben Buddhas der Vergangenheit
25 Kapelle der neun Formen des Amitayus
26 Kapelle der Religionskönige

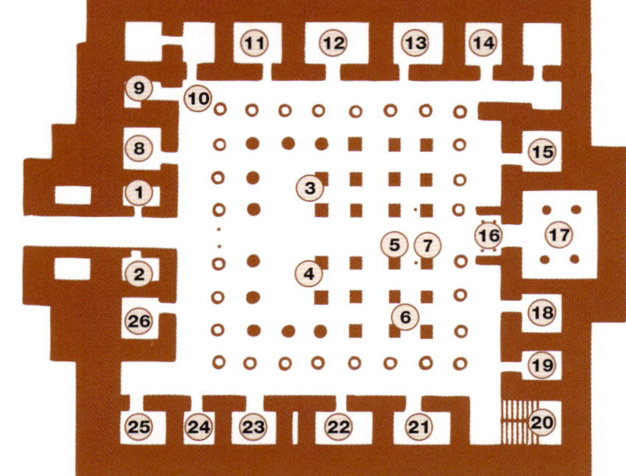

Obergeschoss:

27 Meditationsraum Songtsen Gampos
28 Zhelre Lhakhang
29 Kapelle des Padmasambhava
30 Cakrasamvara Lhakhang
31 Treppenaufgang
32 Shakyamuni-Kapelle
33 Kapelle der Acht Medizin-Buddhas
34 Shakyamuni-Kapelle
35 Kapelle mit den Fünf Beschützern
36 Chögyel Lhakhang (Kapelle des Songtsen Gampo)

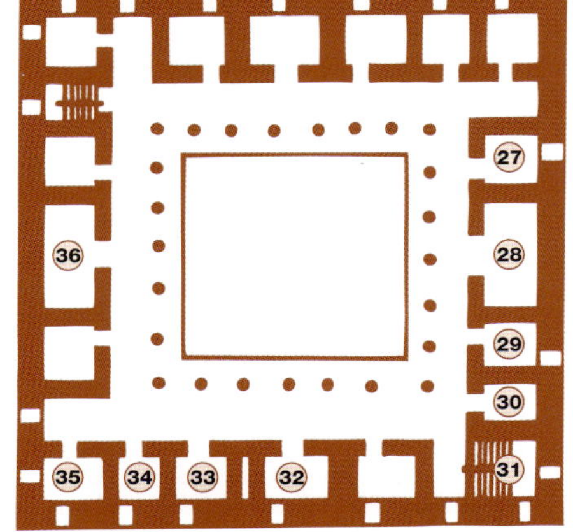

als auch in acht Erscheinungsformen, in denen er in acht Ländern in der dort jeweils angemessenen Weise die Lehre verkündet haben soll. Im **Cakrasamvara Lhakhang** daneben ist die Darstellung Cakrasamvaras (Demchok), eine der höchsten tantrischen Initiationsgottheiten, in Yab-yum-Stellung mit seiner Weisheitspartnerin Vajravahari (Dorje Phagmo) zu sehen. Er verkörpert einen tantrischen Meditationspfad, dem zu folgen nur wenigen Eingeweihten gestattet ist, da er höchste Anforderungen an die Charakterstärke und geistigen Fähigkeiten des Übenden stellt. Vorbei an Kapellen mit Shakyamuni, den acht Medizinbuddhas und Schutzgottheiten erreicht man die wichtigste **Songtsen Gampo geweihte Kapelle** des Jokhang. Dieser Schrein mit seinem goldenen Dach direkt über dem Eingang des Jokhang enthält eine Statue des Königs mit seinen beiden Gemahlinnen Bhrikuti auf der linken und Wencheng auf der rechten Seite. Als Emanation des Buddha Amithaba trägt er dessen Kopf in seinem Turban. Der reich verzierte Silberkrug vor dem König soll als Behälter für seinen Chang gedient haben.

Zweite Etage

Die steile Treppe führt schließlich weiter, vorbei an dem mit zahllosen Katas verhängten Schrein der Palden Lhamo, der Schutzgottheit der Gelugpa und der Stadt Lhasa, auf die weitläufige Dachanlage des Jokhang im zweiten Obergeschoss – ein unvergessliches Erlebnis, kann man doch von oben, umgeben von den goldenen Dächern des Tempels und dem leisen Geläut der überall angebrachten Glocken, einen herrlichen Blick auf die vor einem liegende Altstadt und den sich in der Ferne majestätisch erhebenden Potala werfen.

2 HIGHLIGHT

Der Potala-Palast

Der Winterpalast des Dalai Lama, in dem dieser mit einem Gefolge von 500 Lamas lebte, erhebt sich auf dem Roten Berg (Marpori) und erscheint als Manifestation einer uns unbegreiflichen Welt: der des mystischen tantrischen Buddhismus, der sich hier sein unvergessliches Denkmal schuf. Der „Große Fünfte" Dalai Lama, Ngawang Losang Gyatso, der Begründer der Theokratie der Gelugpa, begann 1643 mit dem Bau des Palasts, dessen Vorderfront etwa 360 m lang ist. Im Innern tragen 15 000 Säulen die Decken der über 750, angeblich sogar 999 Hallen. Die in der grellen Sonne funkelnden Golddächer überragen die Stadt um 120 m. Der Name Potala wurde vom Sanskritwort „Pattala" abgeleitet und bezeichnet den gleichnamigen heiligen Berg, auf dem Avalokiteshvara im alten Indien gelebt haben soll. Als Emanation dieses Bodhisattva konnte sich der Dalai Lama kaum einen besseren Ort

Potala-Formalitäten

Über vier Millionen Touristen reisten 2007 nach Tibet, und die meisten wollten natürlich auch den Potala besichtigen – zu viele für die empfindlichen Innenräume. Um die Massen zu kanalisieren, wurde daher ein Quotensystem eingeführt, das von April bis November gilt. Pro Tag dürfen dann nur 2300 Besucher in den Palast. 1600 Tickets sind für Tourgruppen reserviert, 700 für Einzelreisende. Wer den Potala in der Hauptreisezeit besichtigen möchte, muss am Vortag bis spätestens 12 Uhr unter Vorlage des Reisepasses an einer Art Kassenhäuschen am Südwestaufgang zum Potala einen Reservierungsbeleg beantragen. Ab Ende Oktober und im November reicht es aber auch, wenn man bis 15 Uhr kommt. Auf der Quittung stehen die Besuchszeit und die Passnummer. Eine Person darf bis zu vier Reservierungen beantragen. Am nächsten Tag muss man zur angegebenen Zeit über den Südeingang zur Kasse und dort gegen Vorlage der Reservierung das Ticket kaufen. Vor allem im Sommer sollte man sich frühzeitig um die Reservierung kümmern. Den Palast besichtigt man dann in einer endlosen Schlange. Gruppen dürfen sich maximal eine Stunde im Palast aufhalten. Mönche scheuchen einen weiter, wenn man sich zu lange an einer Stelle aufhält und so einen Rückstau verursacht. ◷ tgl. 9–19 Uhr, Eintritt: 1. Nov–30. April ¥100, 1. Mai–31. Okt ¥200.

aussuchen, galt der Marpori doch als Abbild des Berges Sumeru, des Weltenbergs der hinduistischen und buddhistischen Kosmologie.

Die Teile des Palasts, die weiß getüncht sind, dienten säkularen Zwecken und beherbergten in erster Linie Verwaltungsräume und Lager. Einen rein tibetischen Stil weist die Architektur der Gebäude auf, in der Ausstattung und Ausschmückung sind aber auch mongolische, chinesische und indische Einflüsse erkennbar. Der oben auf den Weißen Palast aufgesetzte dreizehnstöckige Rote Palast im Zentrum hatte eine religiöse Funktion und beherbergte die Wohnräume des Dalai Lama, Versammlungshallen und zahllose Lhakhang mit den prachtvollen Reliquienschreinen der Dalai Lamas, wertvollen Statuen und unzähligen Schriften. In ihrer Gesamtkonstruktion manifestiert sich in dem gewaltigen Palast der Höhepunkt tibetischer Baukunst, die sich hier nicht in strenger Geometrie oder Symmetrie, sondern in der Anpassung an die natürlichen Geländegegebenheiten Ausdruck verschafft und dem Potala dadurch seinen unverwechselbaren Charakter verleiht. Der Geist des Dalai Lama lebt in diesem furiosen Bauwerk allerdings nicht fort, und auch buddhistische Spiritualität wird man in diesem Museum nicht mehr finden, dennoch hinterlässt jeder Besuch immer wieder einen tiefen Eindruck.

Der Eingangsbereich Shöl

Am südlichen Fuß des Potala lag das Dorf Shöl, in dem sich gleich neben dem Rotlichtbezirk Lhasas auch der Kashag befand, jenes Gebäude, in dem das Kabinett Tibets zusammenkam. Außerdem waren hier die Büros der Ministerien, das Hauptquartier der kleinen tibetischen Armee, die Staatsdruckerei und ein Gefängnis angesiedelt. Der Eingang zum Dorf und zum Potala befindet sich an der Südostseite des heute von einer Mauer umgebenen ehemaligen Dorfes. Hier wird man wie am Flughafen durchleuchtet, das Handgepäck gescannt, und dann darf man sich an den buchstäblich atemberaubenden Aufstieg machen. Rund 125 Stufen führen über den zentralen Eingang weiter zum östlichen Eingang, der wiederum auf den Klosterhof Deyang Shar führt. Diese rund 1500 m² große Ostterrasse

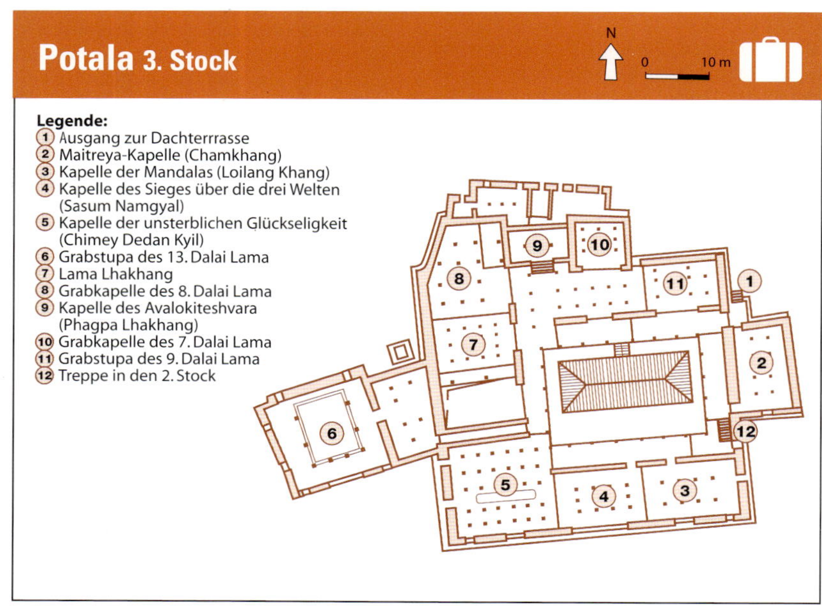

ist von ockerfarbenen Gebäuden umgeben, in denen sich früher Ämter, eine Mönchsschule und Schlafräume der Studenten befanden. Im Innenhof fanden Festveranstaltungen mit Cham-Tänzen statt, die von Mönchen des Namgyel Dratshang, dem Privatkloster des Dalai Lama, aufgeführt wurden. Auf der Westseite des Hofes gelangt man schließlich über steile, leiterartige Treppen in den Weißen Palast. Innen folgen weitere Treppen, die man hinaufsteigt.

Auf dem Weißen Palast

Immer weiter führen die Stufen nun nach oben, bis man auf dem Dach des Weißen Palasts anlangt. Hier oben befanden sich die Audienzhalle und die Privatgemächer des 13. und 14. Dalai Lama. Man betritt zunächst die Audienzhalle, in der die letzten beiden Dalai Lamas offizielle Gäste empfingen. Ursprünglich hingen neben dem Thron die Porträts der beiden Dalai Lamas, doch das des aktuellen Oberhaupts der Tibeter wurde entfernt. Im Anschluss wandert man durch den privaten Empfangsraum und weiter durch die Privatkapelle und die Gemächer.

Roter Palast

Über das Dach wird man schließlich in den zentralen Bereich des unglaublich verwinkelten Roten Palasts geführt. Man beginnt die Besichtigung im dritten Stock – wie immer im Uhrzeigersinn – und arbeitet sich dann bis ins Erdgeschoss dieses Bereichs runter, wo man den Potala schließlich über den Hinterausgang und eine steile Rampe, die zum Potala-Platz hinunterführt, wieder verlässt.

Dritte Etage

Die **Maitreya-Kapelle** (Chamkhang) ist das erste Heiligtum auf dem Rundgang. Sie birgt einen großen, sitzenden Maitreya, den der 8. Dalai Lama gestiftet hat. Im Kopf dieser Skulptur soll sich eine Reliquie, die Schädeldecke des Weisen Atisha, befinden. Gleich gegenüber von Maitreya steht der Thron des 8. Dalai Lama, der diesen Raum als Privatzimmer nutzte, während der Thron in der Folge von allen Gottkönigen genutzt wurde. In den Regalen stehen die 25 Bände der gesammelten Werke Tsongkhapas. Die folgende **Kapelle der Mandalas** (Loilang Khang) war ursprünglich ein

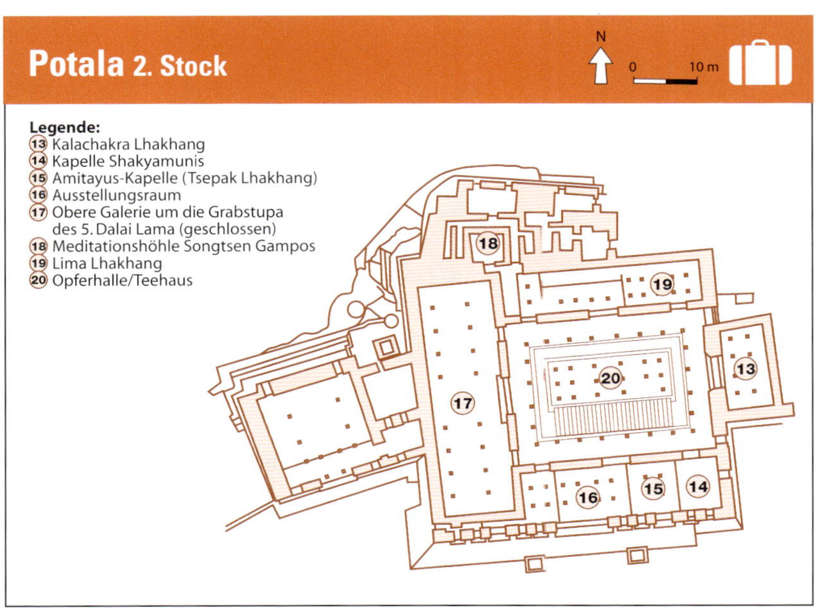

Privatgemach des 7. Dalai Lama, dessen Skulptur man neben dem Thron sieht. Im Mittelpunkt stehen aber die dreidimensionalen Mandalas der drei wichtigsten tantrischen Gottheiten der Gelugpa: Guhyasamaja (Dorje Chang), Cakrasamvara (Damchok) und Yamantaka (Shinjeshe). Nebenan passiert man die **Kapelle des Sieges über die drei Welten** (Sasum Namgyal) mit einer Skulptur des tausendarmigen Avalokiteshvara. An der Wand hängt ein Thanka, das den chinesischen Kaiser Qianlong zeigt. Seine Truppen hatten den Tibetern geholfen, die Gurkha aus Tibet zu vertreiben. Der Eckraum ist die **Kapelle der unsterblichen Glückseligkeit** (Chimey Dedan Kyil). Sie war einst ein Wohnraum des 6. Dalai Lama (1697–1706). In ihr steht eine Skulptur des Buddha Amitayus (Tsepame), die der 8. Dalai Lama gestiftet hat, außerdem Buddha Shakyamuni und die 16 Arhats, erleuchtete Heilige und Schüler des Buddhas. Hinter der Kapelle führt ein seit Jahren verschlossener Korridor zur **Grabstupa des 13. Dalai Lama**. Die nächste Kapelle ist der **Lama Lhakhang** mit einer Statue Tsongkhapas im Zentrum und den Skulpturen des 6. bis 12. Dalai Lama.

Die Nordfront wird von den Grabkapellen des 7., 8. und 9. Dalai Lama und ihren Grabstupas gebildet. In der Nordwestecke kommt zuerst die **Grabkapelle des 8. Dalai Lama** (1758–1804). Rechts davon führen Stufen zur **Kapelle des Avalokiteshvara** (Phagpa Lhakhang). Sie soll zusammen mit der Meditationshöhle Songtsen Gampos gleich darunter noch aus dem 7. Jh. stammen und Teil des ersten Palasts von Songtsen Gampo gewesen sein. Entsprechend gilt sie als heiligster Ort im Potala. Gleich daneben steht die **Grabkapelle des 7. Dalai Lama** (1708–1757). Der Stupa ist 9 m hoch und soll mit 100 000 Edelsteinen besetzt sein. In der letzten Kapelle an der Nordfront befindet sich der **Grabstupa des 9. Dalai Lama** (1806–1815).

Zweite Etage

Über die Treppe steigt man nun eine Etage tiefer, wo man entlang einer Galerie wieder zahlreiche Kapellen passiert. Der erste Lhakhang am Weg ist der **Kalachakra Lhakhang**. Zwar ist er häufig geschlossen, aber wenn man hinein darf, sieht man ein prachtvolles dreidimensionales Manda-

la des Kalachakra-Tantras (s. S. 128) mit einem Durchmesser von 6,20 m. An der Wand ist Kalachakra, die Personifizierung dieses Systems zu sehen. Links von ihm sind diejenigen 172 Lamas, die die Kalachakra-Initiation von 1027 bis heute empfangen haben, zu sehen. Die **Kapelle Shakyamunis** zeigt den Buddha mit den acht großen Bodhisattvas und birgt den Thron des 7. Dalai Lama sowie eine Bibliothek.

Die **Amitayus-Kapelle** (Tsepak Lhakhang) nebenan wurde unter dem 8. Dalai Lama erbaut. Sie birgt u. a. neun Statuen des Buddhas der Langlebigkeit. Der wichtigste Raum in dieser Etage ist die **Meditationshöhle Songtsen Gampos**. Zusammen mit der Kapelle des Avalokiteshvara soll sie noch ein Überrest des ersten Palasts Kukhar Phodrang aus dem 7. Jh. sein. Die zentrale Skulptur ist natürlich die von Songtsen Gampo. Zu seiner Linken steht sein Minister Thönmi Sambhota, der die tibetische Schrift entwickelt haben soll. Weitere Statuen zeigen Padmasambhava, dessen Frauen und viele weitere Persönlichkeiten.

Erdgeschoss

Die erste Etage ist seit vielen Jahren geschlossen und nicht für Besucher zugänglich, sodass man die Treppen bis zum Erdgeschoss hinuntersteigen muss. Hier landet man in der herrlichen, 5725 m² großen **Versammlungshalle**, die auch als Inthronisationshalle des 6. Dalai Lama fungierte. Dessen Thron bildet neben einigen Thankas den einzigen Ausstattungsgegenstand. Um den mystisch anmutenden, düster von spärlichem Tageslicht erleuchteten Saal, dessen Decke von 8 hohen und 36 kürzeren, fein geschnitzten Pfeilern getragen wird, gruppieren sich fünf große Kapellen. Die erste ist der **Lamrim Lhakhang**, ein Schrein für Tsongkhapa. Im Zentrum steht eine silberne Statue Tsongkhapas sowie weitere Figuren von Gurus und Lamas, die in der Überlieferungsreihe der Lehre vom „Stufenweg der Erleuchtung" (tib. Lamrim) stehen. Die südliche Kapelle ist der **Rigdsin Lhakhang**, in dem Padmasambhava, der zwischen seinen beiden Ehefrauen sitzt, und sieben weitere wichtige indische Lamas verehrt werden. Die Figuren rechts von ihm zeigen acht verschiedene Erscheinungsfor-

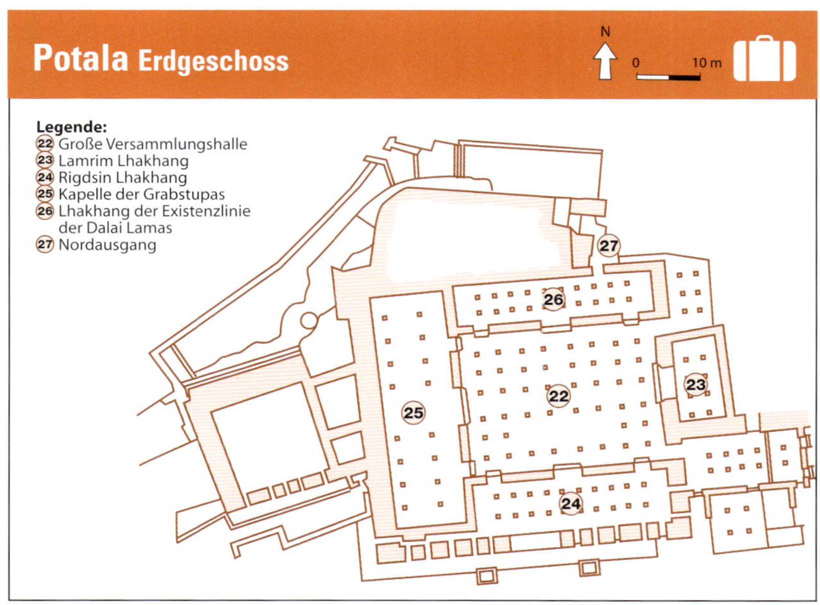

Potala Roter Palast, Querschnitt

Legende:
28 Kapelle der Grabstupas/ Grabstupa des 5. Dalai Lama

men des Padmasambhava, die Figuren links von ihm sind seine acht Lehrer.

Einer der Höhepunkte des Roten Palasts ist die **Kapelle der Grabstupas**. Hier stehen die mächtigen Grabstupas des 5., 10. und 12. Dalai Lama. Im Zentrum prunkt der 1692 errichtete, fast 15 m hohe Stupa des Großen Fünften. Für diesen einzigartigen Reliquienschrein wurden 133 kg Gold sowie tausende von echten Perlen, Türkisen, Korallen und Gzi-Steinen benötigt. Rechts und links stehen die kleineren Stupas des 10. (1816–1837) und 12. Dalai Lama (1856–1875), die beide nicht lange genug lebten, um eine eigene Grabkapelle zu erhalten.

Die letzte Kapelle ist der **Lhakhang der Existenzlinie der Dalai Lamas**. Gleich am Anfang steht der Grabstupa des 11. Dalai Lama (1838–1856). Ihm folgen zahlreiche Standbilder mit Darstellungen Songtsen Gampos, der vier ersten Dalai Lamas, der acht Medizinbuddhas, der Buddhas der drei Zeiten und verschiedener Formen Padmasambhavas. Im Zentrum stehen die Skulpturen des 5. Dalai Lama und Buddha Shakyamunis. Beide sind gleich groß, was die überragende Bedeutung des Großen Fünften für Tibet verdeutlicht.

Norbulingka

Der Norbulingka (Juwel-Garten) der Dalai Lamas liegt in der Myrik Lho Lam (Minzu Nanlu) etwa 7 km westlich der Stadtmitte. Mit dem Bau der rund 360 000 m² großen Sommerresidenz wurde 1754 unter dem 7. Dalai Lama Losang Kalsang Gyatso begonnen. Er ließ hier erstmals einige Gebäude errichten, nachdem er schon längere Zeit gelegentlich Heilbäder in einer hiesigen Quelle genommen hatte. Seine Nachfolger ließen jeweils weitere Gebäude hinzufügen. Die letzten und auch größten Veränderungen fanden zwischen 1954 und 1956 unter dem jetzigen Dalai Lama statt. Er ließ für sich einen ganz neuen Palast, den Tagten Minjur Phodrang, erbauen. Auffallend am Sommerpalast ist, dass er nicht so düster und abweisend wirkt, wie es für die tibetische Architektur sonst typisch ist. Hier hat der chinesische Einfluss einen sommerlich lichten, reich ornamentierten, aber nicht überladenen Stil hervorgebracht. In der riesigen Parkanlage treffen sich Tibeter an hohen Feiertagen gern zum Picknick. Außerdem finden hier die Opernveranstaltungen zu verschiedenen Festlichkeiten statt.

Man betritt die Parkanlage durch das noch unter dem 13. Dalai Lama erbaute Tor und läuft geradeaus auf den Palast des 7. Dalai Lama, den **Kelsang Phodrang**, zu. Der 8. Dalai Lama ließ ihn erweitern, und seitdem wurde er von allen seinen Nachfolgern bis hin zum 13. Dalai Lama als Sommerresidenz genutzt. Allerdings ist nur die Hauptaudienzhalle geöffnet, in der es zahlreiche schöne Thankas zu sehen gibt.

Im Zentrum des Parks steht der unter dem 14. Dalai Lama erbaute **Tagten Minjur Phodrang**. Besuchen kann man nur die Räume im ersten Stock, wo man nacheinander den Audienzraum des Dalai Lama, sein Meditationszimmer, sein Schlafzimmer (das so zu sehen ist, wie er es auf seiner plötzlichen Flucht verließ), die offizielle Empfangshalle, den Aufenthaltsraum seiner Mutter und das Beratungszimmer durchquert.

Vorbei an einem etwas traurigen Zoo gelangt man in die Nordwestecke des Norbulingka, wo der unter dem 13. Dalai Lama erbaute **Chenzig Phodrang** steht. In der Versammlungshalle unten ist noch der Thron erhalten. Ansonsten gibt es hier einige Thankas, 36 Silberstatuen von Amitayus, Vijaya und Tara, der Götterdreiheit für ein langes Leben, und die Statue des 13. Dalai Lama zu sehen.

🕓 tgl. 9–12 und 15–18 Uhr, Eintritt ¥60.

Weitere Sehenswürdigkeiten

Lhasa besticht nicht nur durch seine bedeutenden Tempel und die beeindruckende Größe des Potala, mindestens ebenso interessant ist ein Bummel durch die Gassen und Straßen der tibetischen Stadt. Überall stößt man auf kleinere und größere Tempel. Einige befinden sich in Wohnanlagen, erkennbar am penetranten, allgegenwärtigen, leicht ranzig-süßlichen Duft der Butterkerzen und den heraushängenden Gebetsfähnchen. Das Leben selbst spielt sich hier ab wie seit Jahrhunderten, und man kann viele Tage damit verbringen, immer wieder Neues zu entdecken. Doch auch am Rand der Altstadt gibt es das eine oder andere zu sehen.

Tibet-Museum

Das mächtig aufragende Tibet-Museum befindet sich in der Mvrik Lho Lam (Minzu Nanlu), gleich südöstlich des Norbulingka. Das im Jahr 2000 fertiggestellte, aufwändig bestückte Museum könnte richtig gut sein, wäre da nicht eine starke Propagandalastigkeit. In der ersten Etage sind zahlreiche Exponate zur Frühgeschichte, viele Manuskripte und wunderschöne Thankas ausgestellt. Die zweite Etage ist der Nomadenkultur gewidmet und die dritte Etage der Flora und Fauna Tibets. Der Schwerpunkt der Ausstellungen liegt auf eher unbedenklichen Exponaten zur Ethnografie; man sieht Leder- und Holzarbeiten, Trachten und andere interessante Dinge zur Alltagskultur Tibets. Dürftiger wird es dann in den Bereichen Religion und Geschichte. Sieht man aber einmal von diesen Schwachpunkten ab, gibt es eine Reihe interessanter Dinge zu sehen, die zusammengenommen einen Eindruck der großartigen tibetischen Kultur vermitteln, die selbst von der chinesischen Propaganda nicht wegretuschiert werden kann. 🕓 Di–So 10–18 Uhr, Eintritt ¥35 (inkl. Audiotour).

Kunde Ling

Das Kloster am Fuß des Parma Ri, einem kleinen Hügel westlich des Chakpo Ri in der Dekyi Kyil Lam (Deji Zhonglu), wurde 1794 von den Chinesen für ihren tibetischen Regenten erbaut, um den Sieg über die Gurkhas und die Stabilisierung ihres De-facto-Protektorats über Tibet zu feiern. Nach dem Tod eines Dalai Lama wurde bis zur Auffindung einer Reinkarnation und bis zum Erreichen des 18. Lebensjahrs eines neuen Dalai Lama unter den vier Äbten von Kunde Ling und denen der drei anderen in jener Zeit gegründeten königlichen *(ling)* Tempel Tengye Ling, Tsomön Ling und Drib Tsemchok Ling einer zum Regenten bestimmt. Die Machtfülle dieser Regenten und ihrer Klöster führte dazu, dass die 8. bis 12. Dalai Lamas nie zum Herrscher nominiert

wurden, sondern alle vor Erreichen der Volljährigkeit unter „mysteriösen" Umständen starben.

Vor allem in den 1990er-Jahren erregte das Kloster Kunde Ling einiges Aufsehen, als die hiesigen Mönche heimlich Geburtstagsfeiern für den Dalai Lama organisierten und es zu Repressionen kam. Heute sind einige der Kapellen der reizvollen Anlage für Besucher geöffnet. ⏲ 9–19 Uhr, Eintritt ¥10.

Dralha Lubuk

Einen Steinwurf vom Potala entfernt birgt der Chakpori an der Westseite des Potala-Platzes den Felsentempel Dralha Lubuk, der zu den ältesten Kulturdenkmälern Lhasas gehört. In der teils in den Fels gehauenen Kultstätte verehren die Tibeter seit der Zeit Songtsen Gampos, der hier meditiert haben soll, die unterirdischen Naga-Gottheiten und bitten sie um Schutz vor den alljährlichen Überschwemmungen des Kyi Chu. Die Hauptattraktion des Tempels sind einige über 1000 Jahre alte Felsreliefs, die zu den ältesten Tibets gehören. ⏲ tgl. 8–20 Uhr, Eintritt ¥20.

Drubthub Lhakhang

Läuft man vom Dralha Lubuk in Richtung Potala, passiert man einige Bildhauer (s. S. 48, Einkaufen) und kann dahinter einen Blick in das Nonnenkloster Drubthub werfen. Es ist Tangtong Gyelpo gewidmet, der von 1361–1485 gelebt und hier ein erstes Kloster gegründet haben soll. Tangtong Gyelpo war ein Universalist, der als Schmied, Prediger, Maler, Dichter, Philosoph, Arzt und nicht zuletzt als Architekt arbeitete. Berühmt wurde er als Konstrukteur von Hängebrücken, von denen einige bis heute überdauert haben. Ebenso bekannt ist er als Begründer der tibetischen Oper, darunter die Lhamo-Oper („Göttinnen-Oper"), bei der mythologische Erzählungen mit Tanz und Gesang dargeboten werden. ⏲ unregelmäßig, Eintritt frei (Spenden erwünscht).

Ramoche

Der neben dem Jokhang wichtigste Tempel im Stadtgebiet von Lhasa ist der Ramoche („Große Einfriedung") aus dem 7. Jh. Damit ist er neben

Norbulingka Sommerpalast 1. Stock

N

Legende:
1 Audienzraum
2 Meditationszimmer
3 Schlafzimmer
4 Bad
5 Offizielle Empfangshalle
6 Aufenthaltsraum der Mutter
7 Beratungszimmer

dem Jokhang einer der ältesten Tempel Tibets. Während der Kulturrevolution seiner Innenausstattung beraubt und zwischenzeitlich als Schul- und Wohnraum zweckentfremdet, ließ man ihn 1985 renovieren und mit neuen Wandmalereien und Statuen ausstatten. Heute dient er wieder als Tempel und zentrales Heiligtum, denn im Ramoche steht die Statue des Jobo Mikyö Dorje, die Mitgift der nepalesischen Prinzessin Bhrikuti. Errichtet wurde der Ramoche ursprünglich für den Jobo Shakyamuni. Als im 7. Jh. Gerüchte aufkamen, dass chinesische Truppen im Anmarsch seien, die es auch auf den Jobo abgesehen hätten, wurde er in den Jokhang verbracht und dort versteckt, während der weniger kostbare Jobo Mikyö Dorje in den Ramoche übersiedelte. Später wurden die Figuren dann nicht wieder ausgetauscht.

Man kann den Tempel zunächst über den inneren Umwandlungsweg umrunden und dabei zahllose Gebetsmühlen drehen, bevor man das Hauptgebäude betritt. Gleich links am Eingang sieht man den Gönkhang, die Halle der Schutzgottheiten, in der sich eine Skulptur des lokalen Schutzgottes Dorje Yundroma befindet. In der düsteren Haupthalle sieht man links die machtvoll aufragende Statue des Schrecken erregenden Vajra Bhairava, „der Erschreckende", der auch unter der Bezeichnung Yamantaka (Shinjeshe) bekannt ist. Er ist eine der komplexesten Gottheiten des lamaistischen Pantheons, dessen Tantra bei allen tibetischen Schulen eine wichtige Rolle spielt. Die prachtvoll dekorierte Statue des Jobo Mikyö Dorje steht im Ramoche an der Rückwand des Dukhang und wird von vier Weltenwächtern bewacht. Der Tempel ist über die lebhafte und stets von Händlern und Marktbesuchern verstopfte Ramoche Lam (Xiaozhaosi Lu) in der nördlichen Altstadt zu erreichen. ⏲ tgl. 8–16.30 Uhr, Eintritt ¥20.

Gyüme

Die ursprünglich im Jahr 1433 gegründete „Untere Tantrische Fakultät" (Gyüme) befindet sich etwa 50 m westlich vom Kirey Hotel auf der anderen Straßenseite an der Beijing East Road. Der Zugang führt durch ein von lauter Läden eingerahmtes Tor. Zusammen mit der „Oberen Tantrischen Fakultät" (Gyütö) bildete das Duo eine der großen tantrischen Lehreinrichtungen der Gelugpa, deren Aufgabe es war, die tantrischen Lehren Tsongkhapas weiterzugeben. Die beiden

Hauptklöster befanden sich im Lhasa-Tal, wurden aber während der Kulturrevolution zerstört. Das Gyüme-Zweigkloster in Lhasa ist hingegen erhalten. Es wird nur wenig besucht und strahlt daher eine eigentümlich friedliche Atmosphäre aus, besonders, wenn man gerade vom quirligen Tromsikhang-Markt gegenüber kommt. Die Gyütö-Fakultät besitzt kein eigenes Kloster mehr, sondern hat eine Dependance im Ramoche. 🕓 unregelmäßig, Eintritt frei.

Meru Sarpa

Wenige Meter östlich vom Gyüme versteckt sich in einem Innenhof gleich gegenüber vom Hotel Kirey das Kloster Meru Sarpa. Es war einst Teil der Tantrischen Fakultät Shide Dratsang, deren Ruinen man noch heute in einer kleinen Gasse, die an der Beijing East Road gegenüber vom Kyichu-Hotel ein Stück nach Norden führt, sehen kann. Auf dem Gelände des kleinen Klosters befindet sich die Meru-Dratsang-Druckerpresse. Hier werden lose Blätter mit Sutren und heiligen Schriften gedruckt, die dann zwischen zwei hölzernen Buchdeckeln zu „Büchern" gebunden werden. Leider kann man die Presse im Zentrum des Hofes nicht sehen, aber an warmen Tagen lässt sich manchmal, wenn die Türen geöffnet sind, ein Blick in den Hof erhaschen. Links des Gebäudes mit den Druckstöcken kann man den kleinen, angeschlossenen Tempel besuchen.

Karmashar-Tempel

Dieser kleine Tempel befindet sich gleich nordwestlich des Moslemviertels inmitten der Altstadt. Der Zugang ist nicht leicht zu finden. Auf dem kleinen Platz, von dem aus auch eine Gasse an lauter kleinen Spielhallen mit Billardtischen vorbei direkt auf das Moslemviertel zuführt, hält man sich rechts. Der Zugang zum Tempel erfolgt von der Südseite. Im Karmashar-Tempel residierte einst das Orakel von Lhasa (S. 184). Eine Skulptur von Karmashar befindet sich ganz hinten rechts im Tempel. 🕓 unregelmäßig, Eintritt frei.

Nonnenkloster Ani Sangkhung

Dass hier Nonnen residieren, sieht man bereits an den vielen Blumen, die den Vorhof des kleinen Klosters an der 29 Lingkor Lho Lam schmücken. Kein anderes Kloster sieht von außen so wohnlich aus. Gegründet wurde es vermutlich im 15. Jh. auf einem heiligen Areal, auf dem sich eine Meditationsgrube Songtsen Gampos befunden haben soll. Hier soll er versucht haben, allein mit seiner geistigen Kraft den Lauf des Kyi Chu zu verändern, als dieser drohte, den Jokhang zu überschwemmen. Man erreicht die „Grube", heute ein Schrein, über einen kleinen Durchgang rechts der Haupthalle. Der Dukhang im 2. Stock beherbergt eine tausendarmige Skulptur Avalokiteshvaras. Im Eingangshof gibt es ein nettes Teehaus (der Zugang ist kostenlos), in dem man gemütlich sitzen und die Atmosphäre genießen kann. 🕓 tgl. 8–17 Uhr, Eintritt ¥20.

Übernachtung

Lhasa bietet eine große Auswahl an Hotels aller Preisklassen. Bei der Hotelsuche sollte man sich aber auf Unterkünfte in der Altstadt konzentrieren, denn dort findet man nicht nur die geschmackvollsten, sondern auch die am günstigsten gelegenen Hotels. Leider sind sie in der Saison schnell voll. Die Hotels im chinesischen Teil der Stadt sind zwar meist ganz ordentlich, aber ohne jedes Flair, und man hat lange Anfahrtswege in die Innenstadt. Sofern nicht anders angegeben, haben alle hier aufgeführten Hotels eigene Internetcafés und/oder WiFi.

Untere Preisklasse

Pilgrimages Inn (Miaojixiang Lüguan), 15 Ramoche Lam (Xiaozhaosi Lu), ☎ 0891-6341999, 💻 www.mjixiang.com. Sauberes und relativ neues Hotel in der Nähe des Ramoche. Die Zimmer sind ohne große Atmosphäre, aber sauber und geräumig. Größter Vorteil ist, dass es hier 24 Stunden heißes Wasser gibt. ❷–❸

Snowland Hotel (Xueyu Binguan), 4 Mentsikhang Lam (Zangyiyuan Lu), ☎ 0891-6323687, 📠 6327145. Das Snowland Hotel gehört zu den echten Oldtimern Lhasas. Es bietet eine perfekte Lage, ein erstklassiges Restaurant, Reisebüro und Internetcafé. Dafür sind die Gemeinschaftsbäder ziemlich schäbig und die preiswerten Zimmer verwohnt und etwas düster. Wer sich die Zimmer mit Bad leisten kann, bekommt aber schöne

Räumlichkeiten mit buddhistisch dekorierten Decken. Dorm-Bett ¥25, ❶–❸

Banak Shol Hotel (Balangxue Lüguan), 8 Beijing East Road (Beijing Donglu), ☎ 0891-6323829. Seit vielen Jahren ein beliebtes Low-Budget-Hotel, das in einem alten tibetischen Gebäude untergebracht ist. Diese Beliebtheit ist eigentlich schwer nachvollziehbar: Das Banak Shol liegt etwas abseits im Nordosten der Altstadt, die Zimmer sind düster und teilweise laut, und es gibt kein Internet. Dorm-Bett ab ¥20, ❶–❸

Dong Cuo International Youth Hostel (Dongcuo Guoji Qingnian Lüshe), 10 Beijing East Road (Beijing Donglu), ☎ 0891-6273388, 📠 6330683. Hippe, im Jahr 2004 eröffnete Jugendherberge mit viel Atmosphäre und einer großen Auswahl an hellen, großen und preiswerten Zimmern. Im Innenhof gibt es eine Bar und ein Restaurant. Gleich nebenan befindet sich ein großes Internetcafé. Dorm-Bett ¥15–60, ❶–❸

Kirey (Jiri Lüguan), 105 Beijing East Road (Beijing Donglu), ☎ 0891-6323462. Günstige Lage nahe Barkor. Die Zimmer sind zweckmäßig eingerichtet, aber die Betten haben schon bessere Zeiten gesehen. Der Innenhof erinnert ein wenig an einen Gefängnishof, dafür stimmt das Preis-Leistungs-Verhältnis und es gibt mit dem Shangri-La ein gemütliches Restaurant. Dorm-Bett ¥25, ❶–❸

Chom Si Kang Hotel (Chong Si Kang Binguan), 10 Chom Si Kang (Chong Se Kang), ☎ 0891-6361996, 📠 6338699. Nagelneues Hotel inmitten des Basarviertels Tromsikhang nördlich vom Barkor. Die Zimmer sind hell und freundlich, die Gemeinschaftsbäder für die Zimmer ohne Bad sind sauber, und es gibt auf allen Zimmern WiFi. ❶–❷

Barkhor Namchen House (Bakuo Longqian Jiating Lüguan), 27 Barkor Shar Lam (Bakuo Donglu), ☎ 0891-6979798. Neue und supergünstige Low-Budget-Unterkunft in Bestlage. Die Zimmer sind spartanisch, aber o.k. Dorm-Bett ¥25, ❶

Yak Hotel (Yake Binguan), 100 Beijing East Road (Beijing Donglu), ☎ 0891-6323496. 2005 renoviert ist das Yak eine der besten Budget-Unterkünfte, allerdings nur was die Schlafsäle angeht. Die DZ sind über die Jahre immer teurer geworden und haben echtes Mittelklasse-Niveau erreicht. Dorm-Bett ¥30, ❸–❺

Oh Dan Hotel (Oudan Lüguan), 15 Ramoche #Lam (Xiaozhaosi Lu), ☎ 0891-6344999, 💻 www.shangrilatours.com. Das Oh Dan steht an der quirligen Straße, die zum Ramoche führt und ist eine erstklassige Wahl, wenn man ein hübsches und bezahlbares DZ mit Bad sucht. Von der Dachterrasse hat man herrliche Ausblicke. In der Wintersaison werden die Preise hier nahezu halbiert. ❸–❹

Mittlere Preisklasse

Hotel Kyichu (Jiqu Fandian), 19 Beijing East Road (Beijing Donglu), ☎ 0891-6331541, 💻 www.kyichuhotel.com. Eines der besten und auch ältesten Mittelklassehotels in Lhasa. Es liegt in Laufweite zur Altstadt, das Personal ist überaus freundlich, und es gibt ein schönes Gartenrestaurant. Die Zimmer sind vielleicht etwas überteuert, aber ansonsten o.k. ❺

Mandala (Manzhai Jiudian), 31 Barkor Lho Lam (Nan Bakuo Jie), ☎ 0891-6324783, 📠 6324787. Die Lage dieses Mittelklassehotels am Barkhor ist unschlagbar. Die Zimmer sind nichts Besonderes, Internet ist nicht vorhanden, aber dafür gibt es auf der Dachterrasse ein gemütliches Teehaus und Restaurant. ❹

Ling Tsang Guest House (Ling Cang Lüguan), 38 Lubu Sang (Lugu Yixiang), ☎ 0891-6338818. Hübsches renoviertes Hofhaus, das sich einst im Besitz von Ling Rinpoche, dem Senior-Tutor

Hotel mit viel Atmosphäre

Tibet Gorkha Hotel, 45 Lingkor Lho Lam (Linkuo Nanlu), ☎ 0891-6272222, 📠 6271993, 💻 www.shangrilatours.com/Ohdan.htm#Gorkha. In früheren Zeiten befand sich in den schönen Gebäuden das nepalesische Konsulat, heute gruppieren sich um den herrlichen Innenhof gemütliche, in tibetischem Stil eingerichtete Zimmer. Das Hotel liegt am Südrand der Altstadt, fern vom touristischen Trubel, aber in einer Umgebung mit viel tibetischem Flair. Dorm-Bett ¥100, ❹–❺

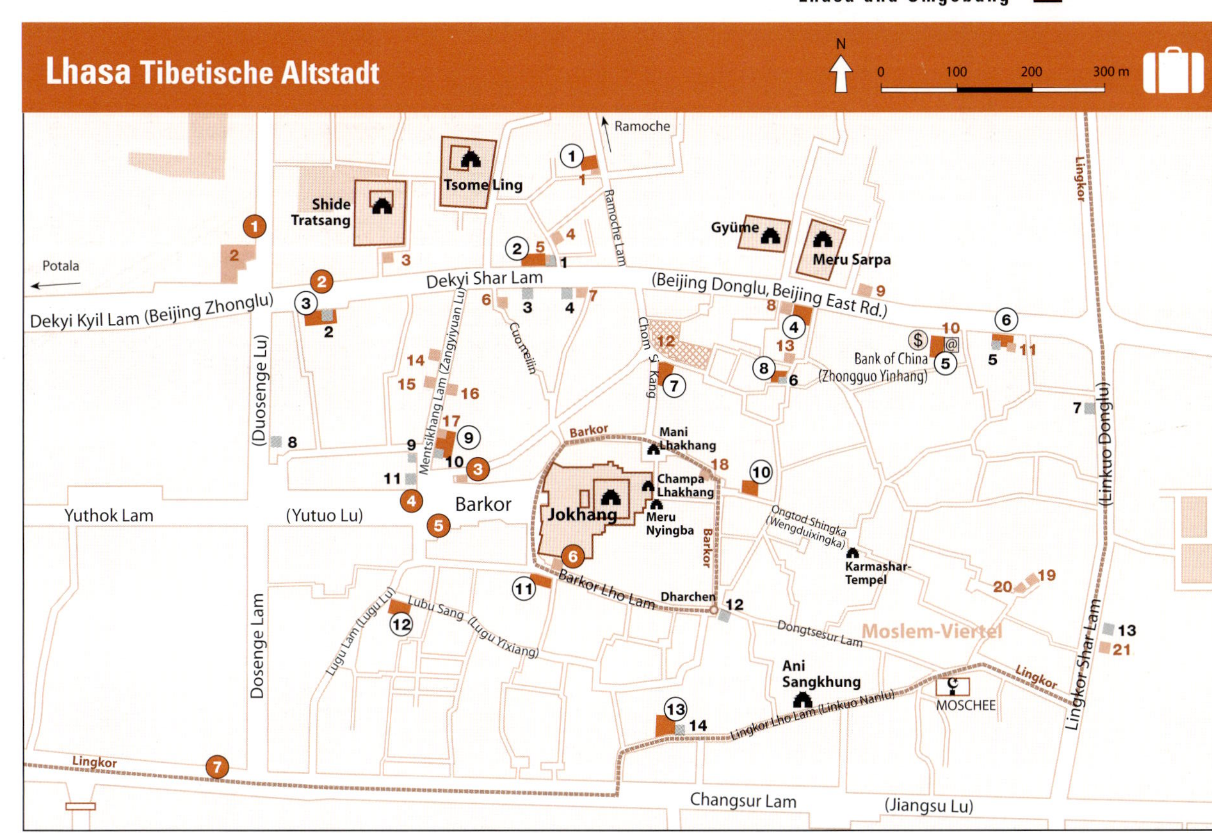
Lhasa Tibetische Altstadt
N
0
100
200
300 m
Ramoche
Tsome Ling
Shide Tratsang
Potala
Ramoche Lam
Gyüme
Meru Sarpa
Dekyi Shar Lam
(Beijing Donglu, Beijing East Rd.)
Dekyi Kyil Lam (Beijing Zhonglu)
(Duosenge Lu)
Mentsikhang Lam (Zangyiyuan Lu)
Cuomeilin
Chom Si Kang
Bank of China
(Zhongguo Yinhang)
Lingkor
(Linkuo Donglu)
Barkor
Mani Lhakhang
Champa Lhakhang
Meru Nyingba
Jokhang
Yuthok Lam
(Yutuo Lu)
Ongtod Shingka
(Wengduixingka)
Karmashar-Tempel
Barkor Lho Lam
Dharchen
Dongtsesur Lam
Moslem-Viertel
Dosenge Lam
Lugu Lam (Lugu Lu)
Lubu Sang (Lugu Yixiang)
Ani Sangkhung
Lingkor Lho Lam (Linkuo Nanlu)
MOSCHEE
Lingkor Shar Lam
Changsur Lam
(Jiangsu Lu)

des 14. Dalai Lama, befand. Neben der traditionellen Hofhausarchitektur besticht es mit herrlichen Malereien, vielen Pflanzen und einer heimeligen Atmosphäre. Die Zimmer sind gemütlich und tibetisch eingerichtet, und vor allem ist 24 Stunden heißes Wasser verfügbar. ❸–❹

Obere Preisklasse

Bhramaputra Grand Hotel (Yaluzangbu Dajiudian), Section B, Yangcheng Plaza, Gongbutang Lu (Yangcheng Guangchang), ✆ 0891-6309999, 💻 www.tibethotel.cn. Das Bhramaputra ist eines der besten und vor allem das pompöseste Hotel der Stadt. Die endlosen Flure sind gleichzeitig ein interessantes ethnologisches Museum. Alle Zimmer sind modern eingerichtet und bieten Internet. Einziges Manko ist die Lage und das gänzlich untibetische Flair. ❼

Four Points by Sheraton, No. 5, 1 Xiang, Lingkor Shar Lam (Linkuo Donglu), ✆ 0891-6348888, 💻 www.starwoodhotels.com/fourpoints. 2007 eingeweiht, war dies Lhasas erstes echtes Boutique-Hotel. Es bietet erlesenen Lhasa-Chic, ist behindertengerecht ausgestattet und hat weitläufige Patios zum Relaxen. Leider ist die etwas marode Umgebung des Hotels ausgesprochen unattraktiv. ❼

Lhasa Hotel (Lasa Fandian), 1 Myrik Lho Lam (Minzu Nanlu), ✆ 0891-6832221, 💻 www.lhasahotel.com.cn. Die Zeiten als Lhasa Holiday Inn sind längst Geschichte, aber noch immer ist das Lhasa Hotel laut Selbstdarstellung das beste Hotel der Stadt. Das stimmt leider nicht, und vor allem entbehrt es jeglicher Atmosphäre. Für Reisende, die einen gewissen Komfort suchen, ist es dennoch o.k. ❼

House of Shambala, 7 Jiri Sang 2 (Jiri Erxiang), ✆ 0891-6326533, 💻 www.houseofshambhala.com. Das Boutique-Hotel im Herzen der Altstadt ist die mit Abstand schönste und stimmungsvollste Unterkunft der Stadt. 10 überaus geschmackvoll eingerichtete Zimmer sind in einer dreistöckigen ehemaligen Privatresidenz untergebracht. Auf der Dachterrasse gibt es ein fantastisches Restaurant. ❻–❼

Essen

Viele der auf Ausländer ausgerichteten Restaurants servieren nepalesische, indische und tibetische Küche. Die meisten findet man in den Straßen und Gassen rund um die Altstadt. Sie sind fast alle sehr gemütlich, aber die Qualität des Essens lässt oft zu wünschen übrig. Wer gut chinesisch essen möchte, sollte eines der Restaurants in der Dekyi Chang Lam (Deji Beilu), westlich der großen Yak-Skulptur, aufsuchen. Hier gibt es wirklich ausgezeichnete Sichuan-Küche zu niedrigen Preisen. Wer preiswerte Snacks sucht, findet eine große Auswahl an Garküchen vor dem Bayi-Supermarkt in der Beijing East Road. Kebabs, Nudelsuppen oder Momos kosten hier ab ¥2. In Lhasa werden die Bürgersteige früh hochgeklappt. Nach 21.30 Uhr wird es schwer, noch ein offenes Restaurant zu finden.

Tibetisch

Aloo Tsang, 21 Dosenge Lam (Duosenge Lu), ✆ 0891-6338826. Dieses rein tibetische Restaurant ist auch unter dem Namen Pink Curtain bekannt. Der rosafarbene Vorhang existiert schon lange nicht mehr, aber Einrichtung und Essen sind noch immer original tibetisch. Gerichte ab ¥20. ◷ tgl. 9–21.30 Uhr.

Gangkyi, Mentsikhang Lam (Zangyiyuan Lu), Ecke Barkor-Platz, gegenüber vom Snowland-Hotel, ✆ 0891-6328263. Besonders bei Tibetern beliebtes Dachrestaurant mit großartigem Blick auf den Jokhang. Selbst wenn alle Tische besetzt sind, was meist der Fall ist, sollte man nicht wieder gehen – an irgendeinem Tisch ist immer ein Plätzchen frei. Gerichte ab ¥10. ◷ tgl. 9–21.30 Uhr.

Lhasa Kitchen, Mentsikhang Lam (Zangyiyuan Lu) gegenüber vom Snowland Hotel neben dem Gangkyi. Einfaches, aber gemütliches und gutes Restaurant mit exzellenter tibetischer Küche. Gerichte ab ¥20. ◷ tgl. 9–21.30 Uhr.

Indisch und nepalesisch

Makye Ame, am Barkor östlich des Jokhang, ✆ 0891-6328608, 💻 www.makyeame.com. Der Schwerpunkt der Küche liegt auf nepalesischen und indischen Gerichten, aber am besten ist der tolle Blick auf die Jokhang-Pilger bei einem Becher Chang (¥28/Kanne). Gerichte ab ¥10. ◷ tgl. 10–23 Uhr.

Snowland Restaurant, 4 Mentsikhang Lam (Zangyiyuan Lu), ✆ 0891-6320821. Alteingesessenes, etwas nobleres und sehr gemütliches Restaurant mit guter tibetischer, nepalesischer und indischer Küche. Gerichte ab ¥25. ◷ tgl. 9–22 Uhr.

Third Eye Restaurant, 63 Lingkor Shar Lam (Lingkuo Donglu), im Innenhof des Pata Hotels, ✆ 0891-6989959. Hier werden leckere und vor allem preiswerte indische Gerichte ab ¥10 serviert. ◷ tgl. 9–23 Uhr.

Westlich und international

Dekyi Restaurant, 45 Lingkor Lho Lam (Linkuo Nanlu), ✆ 0891-6272222. Das Restaurant des Gorkha Hotels serviert ausgezeichnete italienische und indische Küche. Die Pizza ist eine der besten in Lhasa. Im Sommer kann man auf der gemütlichen Dachterrasse sitzen, und wenn das Hotel ausgebucht ist, gibt es von 7 bis 10 Uhr ein üppiges Frühstücksbuffet. Gerichte ab ¥20. ◷ 10–22 Uhr.

Dunya, 100 Beijing East Road (Beijing Donglu), ✆ 0891-6333374, 💻 www.dunyarestaurant.com. Gemütliches Restaurant unter holländischer Leitung. Die Küche ist ausgesprochen vielseitig und gut, wenn auch nicht ganz preiswert. In der oberen Etage gibt es eine nette Bar mit einer tollen Veranda, wo man ebenfalls Essen bestellen kann. Frühstücksbuffet ¥30, Gerichte ab ¥25. ◷ April–Okt 8–22 Uhr.

Eat Lover, 6 Dekyi Chang Lam (Deji Beilu), ✆ 0891-6818933. Gemütliches Restaurant mit einer schnörkellosen Einrichtung. Das Beste hier ist die originale New-York- oder Napoli-Pizza. Daneben gibt es ausgefallene Kaffeekreationen und leckeres Eis. Gerichte ab ¥20, Pizza ab ¥42. ◷ tgl. 10–23 Uhr.

Ganglamedo, 172 Beijing East Road (Beijing Donglu), ✆ 0891-6333657, 💻 www.ganglamedo.com. Das urgemütliche Ganglamedo ist Restaurant, Café und Bar in einem. Die Küche ist international und reicht von italienischer Pizza bis zu indischen Currys. Gerichte ab ¥15. ◷ 10.30–24 Uhr.

Greenlando Café, Dekyi Kyil Lam (Deji Zhonglu), ✆ 0891-6838131. Das Greenlando ist eine

Speisen wie im „Reinen Land"

House of Shambala, 7 Jiri Sang 2 (Jiri Erxiang), ✆ 0891-6326533, 🖳 www.houseofshambhala.com. Auf gemütlichen Kissen sitzend kann man hier hoch über den Dächern von Lhasas Altstadt zu bezahlbaren Preisen „Alexandra David-Neel's Tantric Rites of Meat, Wine and Sex", „Sir Edmund Hillary's Himalaya Steak" oder auch „Heinrich's Schnitzel" genießen. Allein schon das Blättern in der Speisekarte ist ein Erlebnis. Gerichte ab ¥25. ⌚ tgl. 9–23 Uhr.

Mischung aus Bäckerei, Imbiss und Café und einer der wenigen Orte, wo man auch nachts noch was zu essen bekommt. Von 14–17 Uhr ist Happy Afternoon Tea: Dann gibt es Kaffee- und Kuchengedecke für ¥28. Einfaches Frühstück ab ¥10. ⌚ tgl. 9–2 Uhr.

Kyichu Garden Restaurant, 149 Beijing East Road (Beijing Donglu), ✆ 0891-6338824. Tolle Lage und ein gemütliches Ambiente inmitten eines herrlichen Gartens machen dieses Restaurant innerhalb des Kyichu-Hotels zu einer echten Oase, in der man auch einfach bei einem Tee verweilen kann. Im Sommer gibt es von 19–21 Uhr leckeres Buffet mit einer großen Auswahl an Gerichten. ⌚ tgl. im Sommer 8.30–22 Uhr, im Winter 9–20 Uhr.

Nam-Tso Restaurant, 8 Beijing East Road (Beijing Donglu), im Banak-Shol-Hotel, ✆ 0891-6321895. Eines der beliebtesten Restaurants der Stadt. Vom leckeren Frühstück bis hin zum Dachgarten, wo man gemütlich ein Bier genießen kann, stimmt hier alles. Gerichte ab ¥20. ⌚ tgl. 8–22 Uhr.

Potala Atmosphere Restaurant, 127 Beijing East Road (Beijing Donglu), ✆ 0891-6336664. Laut Eigenwerbung fasziniert das Restaurant durch seine „heilige Atmosphäre". Ob das so ist, sei dahingestellt, es ist auf alle Fälle sehr gemütlich. Es gibt drei Etagen. Vor allem wenn man ganz oben an einem der großen Fenster sitzt, hat man eine herrliche Aussicht. Das Essen ist nicht überragend, aber die Nudelgerichte sind preiswert. Gerichte ab ¥15. ⌚ tgl. 10.30–23.30 Uhr.

Tibet Steak House, 49 Beijing Middle Road (Beijing Zhonglu), ✆ 0891-6838367. Spezialität des Hauses ist argentinisches Steak vom Yak, aber es gibt auch andere Steakhouse-Gerichte für den großen Hunger sowie eine gute Auswahl an Salaten. Das Restaurant ist ein nobler Ableger des Snowlands. Gerichte ab ¥30. ⌚ tgl. 11–22 Uhr.

Vegetarisch

Holyland Vegetarian Restaurant, 10 Lingkor Chang Lam (Linkuo Beilu), ✆ 0891-6363851. Sich in Lhasa vegetarisch zu ernähren ist gar nicht so leicht. Ein Rinpoche des Drigung-Klosters, der Mönche für die vegetarische Küche begeistern wollte, hat dieses Lokal eröffnet. Die leckeren vegetarischen Gerichte, von denen die meisten nach Fleischgerichten benannt sind, vermögen auch den größten Fleischliebhaber zu überzeugen. Gerichte ab ¥10. ⌚ tgl. 9.30–21.30 Uhr.

Oath Vegetarian, 20 Lingkor Shar Lam (Linkuo Donglu), ✆ 0891-6966545. Einfach eingerichtetes, schnörkelloses Restaurant mit einer großen Auswahl an vegetarischen Speisen. Gerichte ab ¥10. ⌚ tgl. 9–21.30 Uhr.

Unterhaltung und Kultur

Kulturelle Veranstaltungen machen sich in Lhasa rar. Es gibt einige Hotels wie das Shangri-la-Restaurant im Innenhof des Hotels Kirey, die ihren Gästen Folkloreveranstaltungen bieten. Die modernen Tibeter gehen aber gerne aus und besuchen dann am liebsten eine der vielen Nangma in der Stadt. Diese sind eine hippe Mischung aus tibetischem Kabarett, Varieté und Pop, wobei Sänger und Tänzer traditionelle Tänze mit tibetischen, chinesischen und westlichen Songs kombinieren. Tatsächlich sind die Nangma ein interaktives Spektakel, in dem das Publikum zum Mitmachen aufgefordert wird und der Ort, an dem junge Tibeter am liebsten abhängen. Ansonsten gibt es vor allem entlang der Beijing East Road (Beijing Donglu) und ihren südlichen, Richtung Altstadt führenden Nebenstraßen jede Menge Bars für Backpacker, in denen man aber kaum Tibeter finden wird. Viele davon bieten kostenloses WiFi, sodass man hier den Nachmittag mit seinem Laptop verbringen kann.

Another Place, in der Gasse, die östlich vom Yak-Hotel von der Beijing East Road nach Norden führt. In dieser Gasse gibt es eine Reihe von Backpacker-Bars. Das Another Place ragt ein wenig daraus hervor und bietet neben einem gemütlichen Ambiente eine gute Auswahl an Musik und Büchern zum Blättern. Bier ab ¥10, Whiskey ab ¥25 und die Kanne Chang für ¥30. ⌚ tgl. 12–2 Uhr.

Babila, Dekyi Kyil Lam (Deji Zhonglu), ✆ 0891-6825550. Das Babila ist so etwas wie der Party-Hotspot von Lhasa. Auf vier Etagen bietet dieser riesige Club eine Disko, Karaoke-Räume, ein Nangma und ein Café. Die Bierpreise beginnen bei ¥10. ⌚ tgl. 21 Uhr bis zum frühen Morgen.

Dunya, 100 Beijing East Road (Beijing Donglu). Die Dunya-Bar ist die mit Abstand gemütlichste Kneipe, und es gibt nichts Schöneres, als hier nach einer anstrengenden Überlandtour bei einem kühlen Bier zu relaxen. ⌚ April–Okt 8–22 Uhr.

Music Bar, Beijing East Road (Beijing Donglu), gegenüber vom Yak-Hotel. Die Music Bar bezieht ihre Berühmtheit daraus, dass hier einst die Eltern des 14. Dalai Lama gewohnt haben sollen. Das begründet wohl auch die hohen Bierpreise ab ¥20. ⌚ tgl. 14–2 Uhr.

Music Kitchen (Yinyue Chufang), 77 Beijing West Road (Beijing Xilu). Die Kneipe gehört zu den Pionieren unter den Bars. An Wochenenden ist gute Livemusik zu hören, und trotz des relativ eleganten Ambientes sind die Bierpreise mit ¥12–15 bezahlbar. ⌚ tgl. 14–2 Uhr.

Niwei Nangma, Lingkor Chang Lam (Linkuo Beilu). Wenn die Restaurants in Lhasa dichtmachen, beginnt die große Stunde des Niwei. Es ist das vielleicht authentischste Nangma der Stadt mit gemütlichen Sesseln, tollen Shows und Bier ab ¥10. An Wochenenden wird es allerdings oft so voll, dass man keinen Platz mit Blick zur Bühne mehr ergattern kann. ⌚ tgl. 21.30–2 Uhr.

Tangula Wind, 67 Beijing Middle Road (Beijing Zhonglu), ✆ 0891-6927666. Lhasas größtes Nangma bietet gemütliche Sofas, eine perfekte Show, aber leider auch recht teure Preise. Der Eintritt beträgt ¥50 und ein Bier kostet mindestens ¥20. ⌚ tgl. 13 Uhr bis zum frühen Morgen.

Tibet Shöl Opera Troupe, Ground Floor, Himalaya Hotel, 6 Lingkor Shar Lam (Linkuo Donglu), ✆ 0891-6321111. Hier wird jeden Abend ab 19.30 Uhr ein Querschnitt tibetischer Opern geboten, der für Touristen aufgearbeitet ist. Die Show dauert 90 Minuten und kostet ¥100. Wer rechtzeitig kommt, kann noch ein kleines Museum über die tibetische Oper besuchen.

Feste

Zu den meisten religiösen Festen strömen tausende von Pilgern in die Stadt und verwandeln sie in eine vibrierende, religiöse Metropole. Wichtige Feste in Lhasa sind:

Losar: tibetisches Neujahrsfest am 1. Tag des 1. Mondes.

Monlam: Großes Gebetsfest Mitte des 1. Mondes.

Saga Dawa: Zu diesem Fest am 15. Tag des 4. Monats, an dem Geburt, Erleuchtung und Tod von Buddha Shakyamuni gefeiert werden, strömen tausende Pilger und Bettler in Erwartung reicher Almosen nach Lhasa.

Chökhor Düchen, am Tag der ersten Predigt Buddhas am 4.Tag des 6. Mondes pilgern die Einwohner von Lhasa auf den Gambo Ütse Ri, den hinter dem Drepung-Kloster gelegenen Berggipfel.

Shoton: Joghurt-Fest vom 1.–7. Tag des 7. Mondes. Neben vielen Veranstaltungen wird das Fest von den Tibetern für ausgedehnte Picknicks genutzt.

Palden Lhamo: Am 15. Tag des 10. Mondes wird die Schutzgottheit Lhasas, Palden Lhamo, in einer feierlichen Prozession um den Barkor getragen.

Einkaufen

Das schönste Viertel für einen Einkaufsbummel ist die Umgebung des Barkor, auf dessen Märkten man eine große Vielfalt an Schmuck, Kleidung und Souvenirs bekommt. In der Mentsikhang Lam (Zangyiyuan Lu) reihen sich zahlreiche Souvenirläden auf, die Schmuck und tibetisches Kunsthandwerk verkaufen. Manisteine oder mit tibetischen Schriftzeichen behauene Schieferplatten darf man nicht von ihren Plätzen entfernen. Wer dennoch gerne so ein kleines Meisterwerk mitnehmen möchte, kann es bei den Bildhauern neben dem Drubthub-Nonnenkloster westlich des großen Platzes vor dem Potala erstehen. Es gibt die Platten und Steine in vielen Größen sowohl mit Schriftzeichen als auch mit kunstvoll gearbeiteten Götterbildnissen. Ein weiterer Ort für kleine Devotionalien aus Ton und für behauene Steine ist der Abschnitt des Lingkor, der in die Dekyi Kyil Lam (Deji Zhonglu) mündet (s. S. 143).

Ausrüstung

Entlang der Beijing East Road und hier vor allem im Abschnitt zwischen der Karnga Shar Lam (Kang'ang Donglu) und Dosenge Lam (Duosenge Lu) gibt es eine ganze Reihe von Outdoor-Geschäften wie **Ozark Gear**, die allerdings nicht immer gut sortiert sind oder minderwertige Ware aus Nepal oder China im Angebot haben. Weitere Läden, die man abklappern kann, findet man in der Mentsikhang Lam (Zangyiyuan Lu) aufgereiht.

Outlook, 11 Beijing East Road (Beijing Donglu), ✆ 0891-6338990. Der Laden ist zwar nicht groß, bietet aber eine solide Auswahl an warmer Kleidung, Zelten, Schlafsäcken usw. Man kann die Schlafsäcke hier auch für ¥10–25/Tag mieten. In diesem Fall muss eine Kaution in Höhe von ¥500 hinterlegt werden. 🕓 im Sommer tgl. 8–23 Uhr, im Winter tgl. 9.30–19 Uhr.

Toread, 182 Beijing Middle Road (Beijing Zhonglu), ✆ 0891-6829365. Größter Outdoor-Laden in Lhasa mit echten Markenartikeln zu zivilen Preisen. Hier sollte man hin, wenn man noch eine Daunenjacke oder ein gutes Zelt benötigt. 🕓 im Sommer tgl. 9–20.30 Uhr, im Winter tgl. 9.30–19.30 Uhr.

Backwaren und Tee

Die mit Abstand besten Bäckereien und Teegeschäfte findet man entlang der Dekyi Chang Lam (Deji Beilu/Dickey Road) aufgereiht.

Jinpingguo Dangao, 10 Dekyi Chang Lam (Deji Beilu). Große Bäckerei, die von Pizzavierteln über Sandwiches und Backwaren bis hin zur kunstvoll verzierten Torte alles an köstlichen Leckereien im Angebot hat, was man backen kann. 🕓 tgl. 9–22 Uhr.

Jiahe Mingcha, 32 Dekyi Chang Lam (Deji Beilu). Großes Teegeschäft, in dem man nicht nur Tee kaufen, sondern ihn vorher auch probieren kann. Daneben gibt es alle Utensilien, die für echten Teegenuss unerlässlich sind. 🕓 tgl. 9–22 Uhr.

Bücher

Xinhua Bookstore (Xinhua Shudian), Yuthok Lam (Yutuo Lu). Die staatliche Buchhandlung am westlichen Ende der Yuthok Lam bietet zwar nur eine sehr begrenzte Auswahl an englischen Büchern, aber es sind immer wieder hochinteressante Titel zu Tibet dabei. Außerdem bekommt man hier Post- und brauchbare Landkarten. 🕓 tgl. 10–20 Uhr.

Kaufhäuser und Supermärkte

Es gibt eine ganze Reihe großer Supermärkte in der Stadt, die mittlerweile alle ein recht gut sortiertes und umfangreiches Angebot an Lebensmitteln anbieten. Die wichtigsten sind neben dem Bayi Supermarket noch der **Hongyan Supermarket** (Hongyan Chaoshi) in der Beijing East Road, 🕓 im Sommer 9–22.30 Uhr, im Winter 9.30–22 Uhr, und der **Sifang Supermarket** (Sifang Chaoshi), ebenfalls in der Beijing East Road an der Kreuzung mit der Dosenge Lam, 🕓 tgl. 9–22 Uhr.

Bayi Supermarket, 46 Beijing Middle Road (Beijing Zhonglu). Riesiger Supermarkt gleich vor dem Lhasa Department Store. Der ideale

Lesen und mehr

Guxiuna Bookstore, Mentsikhang Lam (Zangyiyuan Lu), ✆ 0891-6559670. Die Mongolin Gerle und ihr Mann Dondrup aus Amdo haben diesen gemütlichen Laden, in dem fast ausschließlich Bücher über Tibet verkauft werden, eröffnet. Der Erfolg gibt ihnen Recht. 🕓 tgl. 10–21.30 Uhr. In der kleinen Gasse Cuomeilin, die von der Beijing East Road nach Süden abgeht, haben die beiden die **Guxiuna Books Bar** eröffnet, wo man bei Tee oder Kaffee in den Büchern stöbern kann. 🕓 tgl. 10–24 Uhr. Schließlich gibt es noch eine Filiale in der 8 Barkor Lam (Bajiao Jie) an der Nordostecke des Jokhang.

Ort, um sich für eine Überlandtour mit Lebensmitteln oder auch Drogerieartikeln einzudecken. ⌚ tgl. 9.30–22 Uhr.

Lhasa Department Store (Lhasa Baihuo Dalou), Karnga Shar Lam (Kang'ang Donglu), Ecke Yuthok Lam. Das größte Kaufhaus der Stadt bietet von Kosmetik bis zu Kochtöpfen und Elektronik alles, was man von einem echten Kaufhaus erwartet. ⌚ tgl. 9–22 Uhr.

Norling Supermarket, Lingkor Shar Lam (Linkuo Donglu). Der Lebensmittelladen wird von Nepalesen geführt und hat eine begrenzte Auswahl an westlichen Lebensmitteln und Getränken. Hier gibt es Schokolade, Jack Daniels-Whisky oder Müsli. ⌚ tgl. 9–19 Uhr.

Kunsthandwerk

Ancient Fine Art General Restoration Company, 11 Caigang Lu. Das Atelier der Thanka-Maler ist nicht ganz einfach zu finden, aber die Suche lohnt: Es ist gegenüber dem Laden Dropenling im Hinterhof im 3. Stock untergebracht. Hier werden von Künstlern aufwendige Thankas als Auftragsarbeiten hergestellt, aber man kann auch fertige Thankas in hervorragender Qualität kaufen. Die Preise beginnen bei ¥3000. ⌚ tgl. 10–17 Uhr.

Chakye Baima, Mentsikhang Lam (Zangyiyuan Lu). Chakye Baima kommt eigentlich aus der Provinz Guangdong, aber als sie vor einigen Jahren nach Tibet reiste, entdeckte sie den Buddhismus und ihre Liebe zu Tibet. Hier fand sie Zugang zur tibetischen Künstlerszene und betreibt nun einen wunderschönen kleinen Laden für tibetische Kunst, Kunsthandwerk und ihren selbst entworfenen Schmuck. ⌚ tgl. 10–20 Uhr.

Dropenling (s. S. 48), 11 Chaktsalgang Lam, ☏ 0891-6330898, 6360558, 🖳 www.tibetcraft.com und www.dropenling.com. Der Laden für tibetische Kunst und tibetisches Kunsthandwerk wird von der Tibet Artisan Initiative betrieben, die sich die Förderung der tibetischen Kunst auf die Fahnen geschrieben hat. Die Preise sind hier zwar höher als anderswo, aber die Einnahmen gehen dafür an die Künstler, denen

Bettelmönche in der Altstadt von Lhasa

damit die Eröffnung eigener Ateliers und Kunstgeschäfte ermöglicht werden soll. ⌚ April–Nov 10–18 Uhr.

Gedun Choepel Art Gallery, 3 Barkor Lam (Bakuo Jie), ✆ 0891-6323825, 💻 www.asianart.com/gendun. Diese große Galerie befindet sich an der Nordostecke des Barkor und wird von tibetischen Künstlern betrieben. Hier gibt es tolle Thankas, aber auch andere tibetische Kunstwerke. ⌚ tgl. 10–20 Uhr.

Khawachen (s. S. 51), 103 Jingdrol Nub Lam (Jinzhu Xilu), ✆ 0891-6833257, 💻 www.innerasiarugs.com. Hier werden nur Teppiche, die nach traditioneller Methode hergestellt wurden, verkauft. Die Preise sind gemessen an Qualität und Wert der Teppiche ausgesprochen günstig. Wer seinen Teppich nicht in den Rucksack bekommt, kann ihn sich nach Hause schicken lassen. ⌚ Mo–Sa 9–19 Uhr.

Mindrumenpa, Mentsikhang Lam (Zangyiyuan Lu). Der kleine Laden befindet sich zwischen Snowland Hotel und Tagyelink Café. Er hat eine unwahrscheinlich große Auswahl an Räucherstäbchen, die in Tibet hergestellt werden. Sogar medizinische Räucherstäbchen gibt es und dazu die entsprechenden, wie kleine Särge aussehenden Räucherstäbchenhalter. ⌚ tgl. 10–20 Uhr.

Shambhala Community Initiatives Store, 7 Jiri Sang 2 (Jiri Erxiang). Der kleine Laden, der an das House of Shambala grenzt, verkauft Kunsthandwerksprodukte tibetischer Kleinstunternehmen, die von der Shambala Foundation gefördert werden. ⌚ tgl. 9.30–21.30 Uhr.

Märkte

Eigentlich ist ja die gesamte Gegend auf und um den Barkor ein einziger Markt. Auf dem Barkor selbst reiht sich ein Souvenirstand an den anderen, desgleichen entlang der Yuthok Lam, und zwar ab dem Abschnitt, der von der Dosenge Lam auf den Jokhang zuführt.

Tromsikhang Market, ab der Chom Si Kang (Chong Se Kang/Tromsikhang), Ecke Beijing Middle Rd., breitet sich dieser bunte und quirlige Markt in die Gassen der Altstadt nördlich vom Jokhang aus. Von Seife über Chili bis hin zu billigen chinesischen Taschen kann man hier wirklich alles kaufen. Man sollte sich einfach treiben lassen und wird dabei immer Neues entdecken.

Terminal Market of Yaowang Mountain (Yaowang Shan Nongmao Shichang), Norbulingka Lam (Luobulinka Lu). Großer, überdachter Lebensmittelmarkt, auf dem man von frisch geschlachteten Schweinen, Hühnern oder Yaks bis hin zu Gemüse wirklich alles, was Tibets Felder hergeben, bekommt. Guter Ort, wenn man sich für ein Trekking mit frischen Lebensmitteln eindecken möchte.

Aktivitäten

Blind Man Massage Clinic, 3/F, 42 Beijing East Road (Beijing Donglu), ✆ 0891-6320870, 💻 www.braillewithoutborders.org/GERMAN/. Die bei uns durch ihren Bericht „Mein Weg führt nach Tibet" berühmt gewordene und selbst blinde Sabriye Tenberken hat diese Klinik zusammen mit der NGO Braille Without Borders initiiert und aufgebaut. Die Massagen der Blinden lindern den Jetlag, Verkrampfungen durch die Höhenkrankheit und vieles mehr. ⌚ tgl. 11–21 Uhr.

Sunny Seacoast, 4 Dangre Kyil Lam (Dangre Zhonglu), ✆ 0891-6390888. Der Health Club ist in einem der wenigen Gebäude Lhasas mit Zentralheizung untergebracht. Es gibt ein Schwimmbad (¥78) und Yoga-Kurse, die vom nepalesischen Yoga-Guru Yogananda angeboten werden. ⌚ tgl. 24 Std.

Touren

Thaizand Bicycle Tours, 12 Beijing East Road (Beijing Donglu), neben dem Hotel Kirey, ✆ 0891-6910898, 💻 www.thaizandbicycletours.com. Eine gute Adresse für alle, die die Umgebung von Lhasa im Rahmen einer organisierten Radtour erkunden wollen. Angeboten werden ein- bis zweitägige Ausflüge zum Kloster Ganden und zum Nam Tso, aber auch mehrtägige Touren, z. B. nach Nepal.

Sonstiges

Apotheken

Am westlichen Ende der Yuthok Lam (Yutuo Lu), und zwar dort, wo sie auf den Potala Palace Square trifft, gibt es zahlreiche Apotheken.

Fukang Pharmacy (Fukang Dayao Fang), Yuthok Lam (Yutuo Lu). Begrenzte Auswahl an westlichen Medikamenten. ⌚ tgl. 9–21 Uhr.
Tibet Medicine Product Market (Xizang Tutechan Shichang), Yuthok Lam (Yutuo Lu). Dieser Markt ist eher ein Kaufhaus für tibetische Medizin. Wer an Atemnot leidet, bekommt hier Spraydosen mit Sauerstoff und der dazugehörigen Maske. Daneben erhält man auch diverse Medikamente, die die Höhenanpassung erleichtern sollen.
⌚ tgl. 9–21 Uhr.

Botschaften und Konsulate

Royal Nepal Consulate-General, Norbulingka Chang Lam 13 (Luobulingka Beilu), ✆ 0891-6836890 oder 6815744, ✉ rncgix@public.ls.xz.cn, Visaabteilung ⌚ Mo–Fr 10–12 Uhr. Hier bekommt man innerhalb von 24 Stunden 30- oder 60-Tage-Visa für Nepal. Die Kosten belaufen sich auf US$30 bzw. ¥240. Passfoto nicht vergessen! Das Visum für Nepal bekommt man aber auch an der Grenze in Kodari.

Fahrräder

Entlang der Beijing East Road (Beijing Donglu) und hier vor allem rund um die Jugendherberge und das Banak Shol gibt es mehrere Geschäfte, in denen man Räder ausleihen kann. Auch einige Hotels, wie das Yak-, Kirey- oder Snowland-Hotel vermieten Räder. Eine große Auswahl hat man in dem Fahrradladen gleich östlich neben der Jugendherberge. Die Kaution beträgt ¥200, die Miete für einen Tag kostet je nach Rad ab ¥20. Recht gute Räder verleiht Thaizand Bicycle Tours (siehe Touren), aber sie kosten mit ¥60 pro Tag auch deutlich mehr.

Geld

Entlang der Beijing East Road befinden sich zahlreiche Geldautomaten, die internationale Kredit- und EC-Karten mit Cirrus- oder Maestro-Symbol akzeptieren. Travellerschecks kann man in den Filialen und der Zentrale der Bank of China tauschen.
Bank of China (Zhongguo Yinhang), Lingkor Nub Lam (Linkuo Beilu Xiduan). Die Zentrale der Bank of China, in der man auch Bargeld über die Kreditkarte bekommt, wenn man die Geheimzahl nicht mehr weiß, liegt gleich nördlich der goldenen Yak-Statue. ⌚ Mo–Fr 9–13 und 15.30–18, Sa 10.30–15.30 Uhr.
Bank of China (Zhongguo Yinhang), Beijing East Road (Beijing Donglu). Diese Filiale liegt wenige Meter westlich vom Banak Shol und hat Geldautomaten, die 24 Std. zugänglich sind.
⌚ Mo–Fr 9–18, Sa 11–15 Uhr.

Informationen

Wer Mitreisende sucht, um Kosten für die Überlandfahrten mit dem Jeep zu sparen, sollte die Schwarzen Bretter im Snowland-, Banak Shol- und Yak-Hotel abklappern. Auch einige Reisebüros haben Schwarze Bretter.

Internet

Internetcafés sind in Lhasa reichlich vorhanden. Wer mit eigenem Laptop reist, findet entlang der Beijing East Road und in deren Seitengassen eine Reihe von Cafés, die freies WiFi anbieten. Auch viele Hotels stellen ihren Gästen kostenloses WiFi zur Verfügung. Banak Shol, Snowland-, Yak- und Kirey-Hotel haben Internetcafés, die von 9–24 Uhr geöffnet sind und um ¥5 pro Stunde berechnen. Eine große Internethalle mit rund 50 Plätzen befindet sich direkt links vom Dongcuo Youth Hostel. Hier zahlt man ebenfalls ¥5 pro Stunde.

Medizinische Hilfe

Prefectural People's Hospital (Qu Renmin Yiyuan), 7 Lingkor Chang Lam (Linkuo Beilu), ✆ 0891-6322200. Es gibt zwar auch noch andere Krankenhäuser in Lhasa, aber dieses hier ist das für Ausländer beste. Allerdings können hier nur „normale" Notfälle behandelt werden.
⌚ tgl. 9–17 Uhr englischsprachiger Notdienst.

Polizei

Lhasa City Public Security Bureau (Lasa Shi Gong'anju), 17 Lingkor Chang Lam (Linkuo Beilu), ✆ 0891-6248154. Hier kann man frühestens drei Tage vor Ablauf sein Visum verlängern lassen, aber man bekommt maximal eine Woche bewilligt. ⌚ Mo–Fr 9–12.30 und 15.30–18 Uhr.
Tibet Public Security (Qu Gong'anting Churujing Guanglichu), Beijing East Road (Beijing Donglu)

an der Kreuzung mit der Changsur Shar Lam (Jiangsu Donglu), ✆ 0891-6311442. Hier werden die Alien Travel Permits ausgestellt. Zur Zeit der Recherche durften die Permits nur über ein Reisebüro beantragt werden. Auch hier kann man sein Visum um eine Woche verlängern lassen. ⌚ Mo–Fr 9–12.30 und 15.30–18 Uhr.

Post

China Post (Shi Youzhengju), 33 Beijing Middle Road (Beijing Zhonglu). Die gleich östlich vom Potala gelegene Hauptpost ist zuständig für alle internationalen Sendungen. Pakete ins Ausland müssen für die Zollinspektion unverschlossen vorgelegt werden. Ansonsten gibt es noch einen Express Mail Service (EMS) und Poste-Restante-Schalter. ⌚ im Sommer tgl. 9–20 Uhr, im Winter tgl. 9.30–18.30 Uhr.

Reisebüros

Jede organisierte Reise läuft über die Schreibtische des **Tibet Tourism Bureau (TTB)**. Es macht daher Sinn, gleich über eines der dem TTB angeschlossenen Büros, die sich FIT (Foreign Independent Traveller) am Beginn des Namens nennen, zu buchen. Dennoch sollte man die Preise der verschiedenen FIT-Büros vergleichen, da sie durchaus unterschiedlich sein können. Private Reisebüros müssen nicht schlechter sein, haben aber nicht immer die nötigen Beziehungen, um einen reibungslosen Ablauf der Tour zu gewährleisten. Das gilt ganz besonders für das Reisebüro des Dongcuo Youth Hostel, bei dem es immer wieder Schwierigkeiten mit Permits oder Jeepfahrern gab.

FIT Banak Shol Hotel, 8 Beijing East Road (Beijing Donglu), ✆ 0891-6559938, ✆ 6344397. Das Büro bietet faire Preise, man kann handeln, und auch der Service und die Leistungen stimmen.

FIT Snowland Hotel, Rm 214, 4 Mentsikhang Lam (Zangyiyuan Lu), ✆ 0891-6349239, 💻 www.tibetfit.com. Das FIT im Snowland ist ebenfalls äußerst hilfsbereit und kompetent, die Preise sind ähnlich wie bei FIT im Banak Shol, und die Organisation von Trekking- und Jeeptouren funktioniert meist reibungslos.

Tibet Lhasa Travel Agency, 27 Linggyü Lam (Linju Lu), ✆ 0891-6324156, 💻 www.tibetlhasatour.com, Toyota Landcruiser kosten hier ab ¥3,50 pro Kilometer inklusive Benzin, Fahrer und Zulagen.

Tibet Namchen Tourism Service, 15 Ramoche Lam (Xiaozhaosi Lu) im Oh Dan Guesthouse, ✆ 0891-6330823, 💻 www.shangrilatours.com. Toyota Landcruiser kosten hier ab ¥4 pro Kilometer inklusive Benzin, Fahrer und Zulagen.

Telefon

An der Beijing East Road (Beijing Donglu) rund um die Jugendherberge und um das Kirey- und Kyichu-Hotel gibt es einige kleinere Lebensmittelläden, die gleichzeitig auch Telefonkabinen haben. Hier kann man deutlich billiger als von den Hotels aus ins Ausland telefonieren. Gespräche nach Europa kosten um ¥3,60 pro Minute.

China Unicom (Zhongguo Liantong), Beijing Middle Road (Beijing Zhonglu) gegenüber der Hauptpost. Telefonieren nach Europa kostet hier ebenfalls etwa ¥3,60 pro Minute. ⌚ tgl. 9–18.30 Uhr.

Wäschereien

Einige wenige Hotels bieten ihren Gästen einen kostenlosen Wäschedienst. Ansonsten zahlt man einen sehr moderaten Betrag zwischen ¥1–5 pro Wäschestück. Wer die Sachen morgens abgibt, bekommt sie am Abend meist schon wieder.

Nahverkehr

In Lhasa verkehren Stadtbusse, Minibusse und Taxis, aber wer in einem der Hotels in oder am Rande der Altstadt wohnt, kann alle Strecken bequem zu Fuß zurücklegen. Ausflüge in die Umgebung nach Sera und Drepung kann man gut mit dem Fahrrad unternehmen. Busfahrten kosten ¥1 und Fahrten mit dem Minibus ¥2. Die ersten Busse fahren ab 7 Uhr, die letzten gegen 22 Uhr.

Stadtbusse

Nützliche Buslinien sind:

Bus 86 vom Bahnhof via West-Busbahnhof, Tibet International Hotel an der Myrik Lho Lam (Minzu Nanlu), Norbulingka Lu,

Dekyi Lu (Deji Lu) bis Beijiao-Busbahnhof (Busbahnhof Nord) in der Drapchi Kyil Lam (Zhaji Zhonglu).
Bus 89 vom Bahnhof via West-Busbahnhof, TTB-Büro, Potala-Palast, Lhasa Department Store und Changsur Lam (Jiangsu Lu).
Bus 104 entlang der Changsur Shar Lam (Jiangsu Donglu) über die Beijing East Road bis Nyangdren Lho Lam (Niangren Nanlu) und dann nach Norden bis zum Military Hospital und Ausgangspunkt der Wanderung zum Kloster Pabonka.
Bus 106 entlang der Changsur Shar Lam (Jiangsu Donglu) über die Beijing East Road zum Potala-Palast und weiter zum TTB-Büro und Norbulingka.
Bus 109 entlang der Beijing East Road (Beijing Donglu) am CAAC-Büro vorbei zum West-Busbahnhof und Norbulingka.
Minibus 205 entlang der Beijing East Road zum Ost-Busbahnhof.
Minibus 301 verkehrt vom Ost-Busbahnhof über die Beijing East Road via CAAC, Bank of China, Lhasa Hotel bis zur Zufahrt zum Kloster Drepung.

Taxis

Lhasa gehört zu den wenigen Städten in China, in denen die Taxifahrer sich weigern, den Taxameter einzuschalten. Innerhalb von Lhasa-Stadt zahlt man für jede Fahrt ¥10. Eine Fahrt zu den Klöstern Sera und Drepung kostet jeweils ¥20. Die Fahrt vom und zum Bahnhof kostet ebenfalls ¥20, aber wenn man kein Chinesisch spricht, beharren die Fahrer auch schon mal auf ¥30. Bei Fahrten zum Bahnhof ist es nicht unüblich, dass die Fahrer weitere Fahrgäste auflesen, die alle dasselbe zahlen!

Pedicabs

Die Dreiradrikschas fahren die Beijing East Road hin und her und sind auch sonst überall unterwegs. Eigentlich sollte eine Fahrt nicht mehr als ¥4–7 kosten, aber die Fahrer sind recht aggressiv und versuchen nicht nur deutlich mehr zu verlangen, sondern beginnen nach der Fahrt stets von Neuem zu verhandeln. Wirklich empfehlen kann man sie daher nicht.

Transport

Autos

Für viele Ziele in Tibet muss man, zumindest wenn man wenig Zeit hat, einen Landrover chartern (s. S. 83). Wichtig ist es, die Route so exakt wie möglich festzulegen. Der Routenverlauf dient als Kalkulationsbasis für die Reisebüros. Jede Abweichung macht die Reise teurer oder billiger. Es ist also wichtig, den genauen Reiseverlauf inklusive aller Sehenswürdigkeiten, die angefahren werden sollen, in einem schriftlich niedergelegten Vertrag festzuhalten, damit es später keine Diskussionen gibt.
Die Kilometerkosten liegen bei ¥3,50–4 inklusive Fahrer, Benzin und Zulagen für besonders schwierige Strecken. Je nach Region muss man noch einen örtlichen Reiseleiter mitnehmen und bezahlen. Er kostet um die ¥100–150 pro Tag. Für die sechs bis sieben Tage dauernde Strecke nach Zhangmu über Shigatse, Gyantse und Mt. Everest Base Camp zahlt man ca. ¥5500–6500 pro Jeep inklusive Benzin und aller Kosten für Fahrer und Guide. Kürzere Touren sind aber auch schon ab ¥3500 zu haben. Benötigt man einen Guide, können bis zu fünf Passagiere, die sich die Kosten teilen, mitfahren. Drei passen auf den Rücksitz, und im Kofferraum gibt es ebenfalls noch zwei – allerdings sehr ungemütliche – Sitze. Braucht man keinen Guide, passen 6 Leute in das Fahrzeug.
Einige Büros bieten die Mitfahrt in privaten Minibussen, in die bis zu acht Personen passen, an. Die Fahrt nach Zhangmu, auf der es für die Mitreisenden sehr eng werden kann, kostet dann nur ¥300–500 p. P., je nachdem, welche Sehenswürdigkeiten unterwegs angefahren werden.
Der zwei- bis dreitägige Trip nach Samye, Tsethang, Yumbulakhang ins Tal der Könige und zum Kloster Mindroling kostet zwischen ¥2300–2500 pro Jeep inklusive Benzin, Fahrer und Guide.

Busse

Der **West-Busbahnhof** (Lasa Qichezhan), 1 Myrik Lho Lam (Minzu Nanlu), an der Kreuzung mit der Jindrol Kyil Lam (Jinzhu Zhonglu),

✆ 0891-6824469, ist gleichzeitig auch Lhasas Hauptbusbahnhof. An Ausländer wurden zur Zeit der Recherche allerdings keine Tickets für Ziele innerhalb Tibets verkauft. Die Ticketpolitik gegenüber ausländischen Fahrgästen ändert sich jedoch laufend, sodass man sein Glück durchaus versuchen sollte. Vor dem Busbahnhof warten private Minibusse, die weniger Skrupel haben, Ausländer mitzunehmen. Sie verlangen aber meist den doppelten Fahrpreis!

Schlafbusse fahren nach CHENGDU, 1x tgl. 16.30 Uhr, ¥500, CHONGQING, 1x tgl., 17.30 Uhr, ¥560, DUNHUANG, 1x tgl., 15.30 Uhr, ¥300, GOLMUD, 3x tgl., 8.30, 9.30, 10.30 Uhr, ¥210, nach Golmud fährt zusätzlich ein Luxus- und ein normaler Bus um 10.35 Uhr, KATHMANDU, Mi und Fr je ein Bus, ¥580, LANZHOU, 1x tgl., 13 Uhr, ¥380, XI'AN, 1x tgl., 18.30 Uhr, ¥480, XINING, 1x tgl., 11 Uhr, ¥340.

Innerhalb Tibets fahren Busse nach CHAMDO, jeden 2. Tag ein Bus, der 3 Tage braucht, 10.30 Uhr, ¥280, NAGCHU, mehrmals tgl. zwischen 8.30–11.30, 6 Std., ab ¥53, SHIGATSE, mehrmals tgl. zwischen 8.30–11.30, 4 Std., ab ¥50. Vor dem Busbahnhof gibt es außerdem Busse nach Tsethang.

Vom **Ost-Busbahnhof** (Dongjiao Keyunzhan) in der 3 Changsur Lam (Jiangsu Lu), ✆ 0891-6340523, fahren Busse nach BAYI, zwischen 8–17 Uhr, stdl., ¥80–100, DRIGUNG TIL, 1x tgl., 7 Uhr, ¥30, RETING, 1x tgl. 8 Uhr, ¥40. Vor dem Busbahnhof fahren laufend Minibusse nach LHUNDRUB (¥15) und MELDRO GUNGKAR (¥15).

Auch vom **Nord-Busbahnhof** (Beijiao Keyunzhan), 11 Drapchi Kyil Lam (Zhaji Zhonglu), ✆ 0891-6922103, gibt es einige interessante Verbindungen. An Ausländer wurden zur Zeit der Recherche jedoch keine Tickets verkauft. Auch hier gilt aber, dass sich das jederzeit ändern kann. Verbindungen bestehen nach ALI, alle 3 Tage, 17 Uhr, 60 Std., ¥520/560/600 je nach Liege, GOLMUD, tgl. mehrere Schlafbusse zwischen 12–15.30 Uhr, ca. 30 Std., ¥190, und normale Busse zwischen 12–15.30 Uhr, ¥160, JOMDA/GYAMDA, letzter tibetischer Ort vor Dege in Sichuan, alle 2 Tage, 10.30 Uhr, ¥350, MARKHAM, alle 2 Tage, 10.30 Uhr, ¥340, MENLING, 1x tgl., 11 Uhr, ¥100, SHIGATSE, 1x tgl., 9 Uhr, 4 Std., ¥50, TSETHANG, 1x tgl., 9 Uhr, 3 1/2 Std., ¥30, ZHONGDIAN, 1x tgl., 10 Uhr, ¥500.

Wer an den Busbahnhöfen abblitzt und mit dem Bus nach SHIGATSE möchte, kann sein Glück morgens zwischen 8 und 9 Uhr an der Beijing East Road (Beijing Donglu) zwischen dem Kirey- und Yak-Hotel versuchen. Dann reihen sich hier zahlreiche Busse auf, von denen viele auch Ausländer mitnehmen. Gegen 7.30 Uhr fahren von diesem Straßenabschnitt außerdem private Busse nach DAMSHUNG (¥44) und nach NAGCHU (¥53) ab, die ebenfalls meist Ausländer befördern.

Pilgerbusse fahren frühmorgens zwischen 6.30 und 7.30 Uhr von der Westseite des Barkor zu Zielen wie DRAYERPA (7.30 Uhr, 1 1/2 Std., Hin- und Rückfahrt ¥20), DRANANG (7.30 Uhr, Hin- und Rückfahrt ¥25), GANDEN (zwischen 6.30–7.30 Uhr, 1 1/2 Std., Hin- und Rückfahrt ¥20), TSURPHU (7 Uhr, 2 1/2 Std., Hin- und Rückfahrt ¥25), SAMYE (6 Uhr, 4 Std., Hin- und Rückfahrt ¥40) und TSETHANG (7.30 Uhr, 3 Std., ¥30). Auch hier kann es vorkommen, dass Ausländer nicht befördert werden. Tickets für die Fahrt nach Ganden kann man am Vortag in der kleinen Blechhütte auf dem Vorplatz südlich des Jokhang kaufen; für die Fahrt nach Samye gibt es die Fahrkarten ebenfalls am Vortag in der kleinen Blechhütte an der Mentiskhang Lu (Zangyiyuan Lu) an der Nordseite des Vorplatzes vom Jokhang.

Alle anderen Busse fahren ab, sobald sie voll sind.

Eisenbahn

Zugticketverkauf am Bahnhof, 3 km südwestlich außerhalb der Stadt, 7.30–22 Uhr. Der Kauf der Fahrscheine am Bahnhof ist unkompliziert, und wer rechtzeitig, d. h. bis zu 10 Tage vor Abfahrt, bucht, wird in der Regel das gewünschte Ticket bekommen. In der Stadt selber gibt es ebenfalls ein Verkaufsbüro in der Norbulingka Lam (Luobulinka Lu), 🕓 tgl. 8–18 Uhr.

Zum Bahnhof gelangt man entweder mit dem Taxi (je nach Verhandlungsgeschick ¥20–30) oder mit Bus 89 von der Changsur Lam (Jiangsu Lu) südlich des Barkor.

Züge fahren via GOLMUD (Hardseat ¥143, Softseat ¥226, Hardsleeper ab ¥263, Softsleeper ab ¥400), XINING (Hardseat ¥226, Softseat ¥357, Hardsleeper ¥523, Softsleeper ¥810) und LANZHOU (Hardseat ¥242, Hardsleeper ab ¥552, Softsleeper ab ¥854) in alle Regionen Chinas. Die Zielbahnhöfe sind Beijing, Shanghai, Chengdu, Chongqing Und Guangzhou.

Flüge

Der **Flughafen Gongkar** liegt 65 km von Lhasa entfernt.
Flüge gibt es tgl. nach BEIJING (¥2430), CHENGDU (¥1500), CHONGQING (¥1630), KUNMING (¥1960), SHANGHAI (¥2760), XI'AN (¥1650) und ZHONGDIAN (¥1380). Mo, Mi und Fr starten Flüge nach GUANGZHOU (¥2500) und Di, Do, Sa und So nach KATHMANDU (¥2300).
Flugtickets müssen grundsätzlich bar bezahlt werden. Wo man den Flug bucht, ist egal, da die Preise ab Tibet fix sind.

Transport vom/zum Flughafen

Ein über die Hotels vorbestelltes Taxi kostet etwa ¥150–200.
Abfahrtsort der Flughafenbusse ist der Hof neben dem CAAC Booking Office in der 1 Nyangdren Lam (Niangre Lu) nördlich der Post. Die Abfahrten richten sich nach den auf den Flugtickets angegebenen Abflugzeiten. Wer also einen Flug um 10.10 Uhr hat, sollte einen der Busse, die zwischen 7.30 und 7.45 Uhr abfahren, nehmen, um rechtzeitig zum Check-in am Flughafen zu sein. Die Fahrt dauert 1 1/4 Std. und kostet ¥25.
Abflugszeit/Abfahrtszeiten der Busse zum Flughafen: 10.10–10.20/7.30–7.45 Uhr; 10.30–10.50/8–8.30 Uhr, 11/8.30–9 Uhr; 12/10 Uhr, 13.10–13.50/11 Uhr; 14.10–14.50/12 Uhr; 15.30–16.20/13–13.30 Uhr; letzter Bus 17 Uhr.
Am Flughafen warten nach Ankunft der Flüge vor dem Terminalgebäude ebenfalls Flughafenbusse nach Lhasa (1 1/4 Std., ¥25). Sie fahren in der Regel etwa 45 Min. nach Ankunft eines Flugzeugs ab. Tickets kauft man im Bus.

Fluggesellschaften

CAAC Booking Office: 1 Nyangdren Lam (Niangre Lu), ✆ 0891-6833446 und 6832923. Hier kann man Tickets für alle Airlines buchen. ⏲ im Sommer tgl. 9–20 Uhr, im Winter tgl. 9.30–19.30 Uhr.
China Southern Airlines, Beijing Middle Road (Beijing Zhonglu), ✆ 0891-6831868, ⏲ im Sommer tgl. 9.30–20.30 Uhr, im Winter tgl. 9.30–19 Uhr.
Air China, 2 Dekyi Lho Lam (Deji Nanlu), ✆ 4008 100 999. Das Büro befindet sich gleich am Century Grand Hotel. ⏲ im Sommer tgl. 9–20 Uhr, im Winter tgl. 9.30–19.30 Uhr.

Die Umgebung von Lhasa

In der unmittelbaren Umgebung von Lhasa kann man unkompliziert drei der sechs bedeutendsten Gelugpa-Klöster Tibets besuchen oder auch, nach angemessener Akklimatisierung, einige schöne Wanderungen unternehmen. Die großen Klosterstädte rund um Lhasa vermitteln einen tiefen Einblick in Tibets religiöse Kultur. Die weitläufigen Anlagen sind stets in herrlicher, manchmal geradezu spektakulärer Umgebung an oder auf die kahlen, felsigen Berghänge gebaut. Der Preis für die dramatischste Lage geht eindeutig an das Kloster Ganden, das majestätisch in Form eines Amphitheaters hoch über dem Kyi-Chu-Tal thront. Wer eine der schönsten Landschaften Zentraltibets genießen möchte, sollte zum Nam Tso fahren. Kaum ein anderer Ort Tibets vermittelt das Zusammenspiel aus Natur und Religion anschaulicher als dieses wilde einsame Hochtal.

Sera

Nur 5 km nördlich von Lhasa erreicht man über eine schnurgerade Straße die Klosterstadt Sera. Der „Wildrosenhof" ist die neben Drepung und Tashilhunpo am besten erhaltene Klosteranlage Tibets und die jüngste unter den „drei Säulen der Gelben Kirche", wie Sera, Drepung und Ganden auch genannt werden. Sera wurde 1419 von Sakya Yeshe (1354–1435), der den Ehrentitel Jamchen Chöje trug und ein Schüler von Tsong-

Klöster interaktiv

Unter 💻 www.thdl.org/collections/cultgeo/mons/ findet man übrigens einzigartige interaktive Karten von Sera, Drepung und anderen Klöstern. Hier kann man auf die einzelnen Gebäude klicken und bekommt neben informativen Hintergrundtexten auch viele Fotos geboten.

khapa war, gegründet. Das Kloster ist etwas kleiner als Drepung, aber in der Anlage ähnlich. Von einst über 6600 Mönchen leben heute noch 800 in Sera. Jamchen Chöje weilte dreimal am Hof des Ming-Kaisers und baute ein relativ enges Verhältnis zu China auf, das bis ins 17. Jh. fortbestand. Die Kontakte zwischen den Äbten von Sera und dem Kaiser führten jedoch zu Spannungen innerhalb des Ordens und schürten die Konkurrenz zwischen den Klosteruniversitäten (Tratsang) von Sera und Drepung, denn die Verbindung zum Kaiserhof brachte nicht nur wohlklingende Ehrentitel, sondern handfeste materielle Vorteile in Form großzügiger und wertvoller Geschenke und in turbulenten Zeiten auch politischen Nutzen. Die traditionelle Verbindung wirkt bis heute nach, denn während Drepung nach Unruhen und Demonstrationen beinahe immer abgeriegelt und für Besucher geschlossen wird, kann Sera meist ohne Einschränkungen besucht werden.

Bekannt war Sera für seine drei Klosteruniversitäten: die Sera Ngagpa (Tantrische Fakultät), Sera-Je (Fakultät der Reisenden) und Sera-Me (Untere Fakultät). Die Fakultät der Reisenden war auch unter dem Namen „Flüchtlingsfakultät" bekannt und ist ein Indiz dafür, dass es innerhalb des Klerus oft Querelen gab. Sie bildete sich um eine Gruppe von Mönchen der Nyingmapa-Schule, die aus dem Kloster Drepung fliehen mussten und in Sera eine neue Heimat fanden. Mit dem Auftreten neuer bedeutender Lamas, die ihre eigene Lehrauslegung schufen, wurden immer wieder neue, autonome Fakultäten in den Klöstern gegründet; in Sera waren es zu seiner Blütezeit allein fünf, die alle ihre eigenen Versammlungshallen und Quartiere hatten. Dadurch konnten diese Klöster zu regelrechten Städten anwachsen, die nur nach außen hin einen homogenen Eindruck erweckten, während die einzelnen Fakultäten wirtschaftlich voneinander autonom waren und nicht immer miteinander harmonierten. 🕓 tgl. 9–16 Uhr, Eintritt ¥55.

Sera Me

Hinter der Kasse läuft man zunächst einen schattigen, gepflasterten Weg hoch und biegt dann kurz vor einem Chörten auf der rechten Seite in den Weg nach links ein. Vorbei an einigen Mönchsunterkünften (Khangtsen) gelangt man zum ersten wichtigen Gebäude des Klosters: Sera Me, die Schule für Elementarunterricht, die wegen ihrer Lage auch einfach nur „Untere Fakultät" genannt wurde. Ihre Gründung geht auf das Jahr 1421 zurück. Noch 1959 studierten an der Me und den angeschlossenen Instituten in anderen Teilen Tibets 3000–5000 Mönche. Heute sind es in Sera Me rund 125. Ursprünglich hatte Sera Me einen eigenen Abt, aber in den 1990er-Jahren wurden Me und Je zusammengelegt und von da an nur noch von einem Abt verwaltet.

Die Hauptskulptur im Dukhang ist Shakyamuni, flankiert von Maitreya (Champa) und Manjushri (Jampalyang). In der linken Kapelle an der rückwärtigen Wand sieht man Tha'og Chögyel, eine lokale Schutzgottheit. In der zentralen Kapelle stehen die Buddhas der drei Zeiten zusammen mit den 16 Arhats, aber am heiligsten ist die Kapelle gleich daneben. Sie birgt eine von den Acht Großen Bodhisattvas flankierte Skulptur des Miwang Jobo. Diese Skulptur Shakyamunis wurde von einem reichen Förderer Tsongkhapas namens Miwang gestiftet. Im Hintergrund steht Amitayus (Tsepame), während vorne als Wächterfiguren Hyagriva (rot) und Achala, der Unbezwingbare (blau), stehen. Die letzte Kapelle ganz rechts ist Tsongkhapa geweiht. Er wird von wichtigen Persönlichkeiten der Gelugpa und Kadampa umgeben, darunter die ersten fünf Dalai Lamas sowie Sakya Yeshe, der Gründer Seras, und Kunkhyen Jangchub, der Gründer Sera Mes.

Man kann über eine steile Treppe in die zweite Etage klettern, wo man zwei weitere Kapellen besuchen kann. Die erste ist Shakyamuni geweiht, die zweite Tara, die hier mit 1000 Skulpturen geehrt wird.

UMGEBUNG LHASA

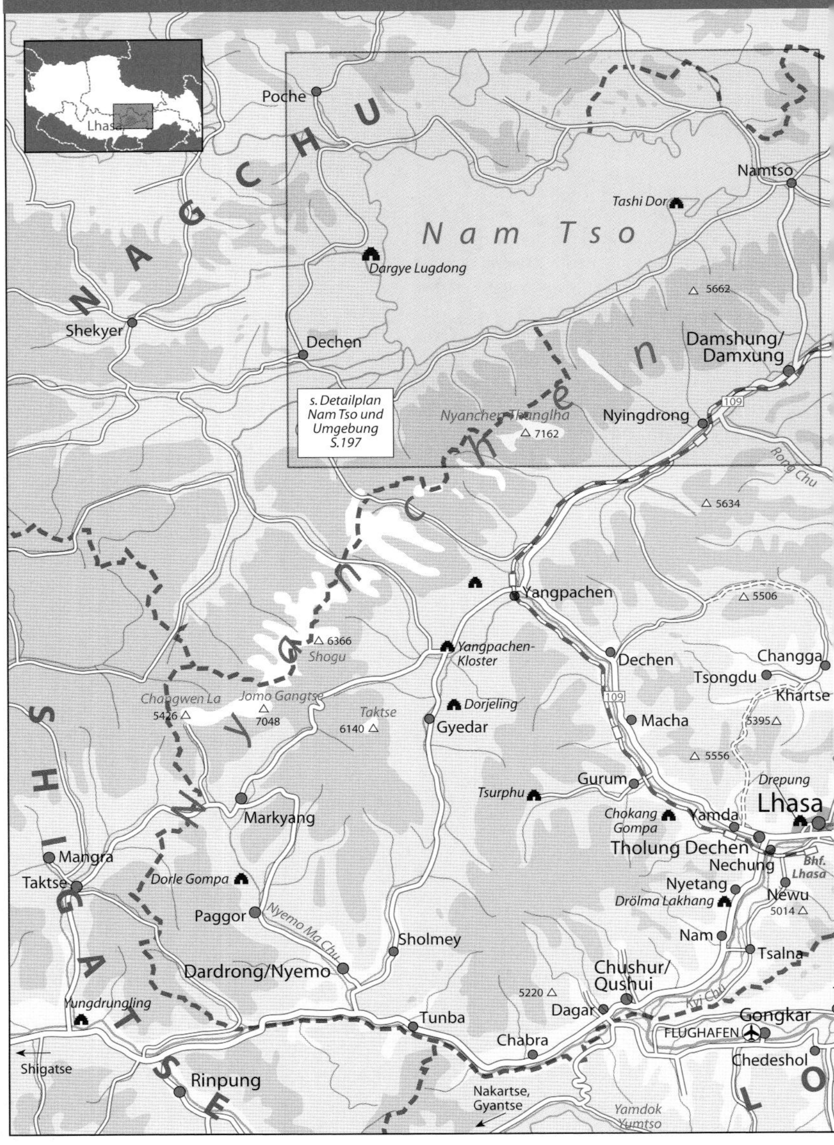
Lhasa
Poche
NAGCHU
Shekyer
Dechen
Nam Tso
Tashi Dor
Dargye Lugdong
Namtso
5662
Damshung/
Damxung
Nyingdrong
109
s. Detailplan
Nam Tso und
Umgebung
S.197
Nyanchen Thanglha
7162
Nyanchen
Rong Chu
5634
Yangpachen
5506
6366
Shogu
Yangpachen-
Kloster
Dechen
Changga
Tsongdu
Khartse
Changwen La
5426
Jomo Gangtse
7048
Taktse
6140
Dorjeling
Gyedar
109
Macha
5395
5556
SHIGATSE
Drepung
Gurum
Tsurphu
Lhasa
Chokang
Gompa
Yamda
Markyang
Tholung Dechen
Nechung
Bhf.
Lhasa
Mangra
Taktse
Dorle Gompa
Nyetang
Newu
Drölma Lakhang
5014
Paggor
Nyemo Ma Chu
Nam
Sholmey
Tsalna
Dardrong/Nyemo
Chushur/
Qushui
5220
Kyi Chu
Yungdrungling
Dagar
Gongkar
Tunba
FLUGHAFEN
Chabra
Shigatse
Chedeshol
Rinpung
Nakartse,
Gyantse
Yamdok
Yumtso

N
0
10
20
30
40
50 km
Nagchu
Shomong
4727
Nagchu
Lingti
Koluk/Goluk
Bangrung
Sharma
Atsa/Lhari
5528
5234
Omatang
Rongtod
Reting Tsangpo
5472
Reting/Rateng
Tango
5994
Atsa/Lhari
5541
Phomdo/Phongdo
Tidrum-Nonnenkloster
Taklung
Ngarnang
Drigung Thel
Tsahol/Zaxoi
Mampa
Nalanda
Kyi Chu
Nyimajangra
Shar Nonnenkloster
Nyangtri
Sumtrang
5356
Langtang
NYINGCHI
Choding Gompa
Tangkya
Jangrashar
Tangkar
5318
Lhundrub/Ganden Chokhor
Paljorling
5018
Meldro Gungkar
Tsangtok
Kloster Ganden
Gyama
5078
Rutok Gompa
Dogde
Drayerpa
Takyi
Tashigang
5535
Rutok
Ngachen
Bomtoi/Dromtod
Taktse/Dechen
Zingche
Tselgungthang
s. Detailplan
Von Ganden nach Samye
S. 189
Tsagyu
Olka/Woka
Kloster Chökorgye
Sodruk
Trengo
Ngadra
Kloster Samye
Samye
Kyerpa
Potoh
Dopotrang
Sangri
Drachi
Nedong/Tsethang
Yarlung Tsangpo
Dranang
Rong
Ngarab/Gyatsa
Nyangtri
Chongye
Trandruk
Kyiru
THANGLHA
NAGCHU
SHANNAN
KHA

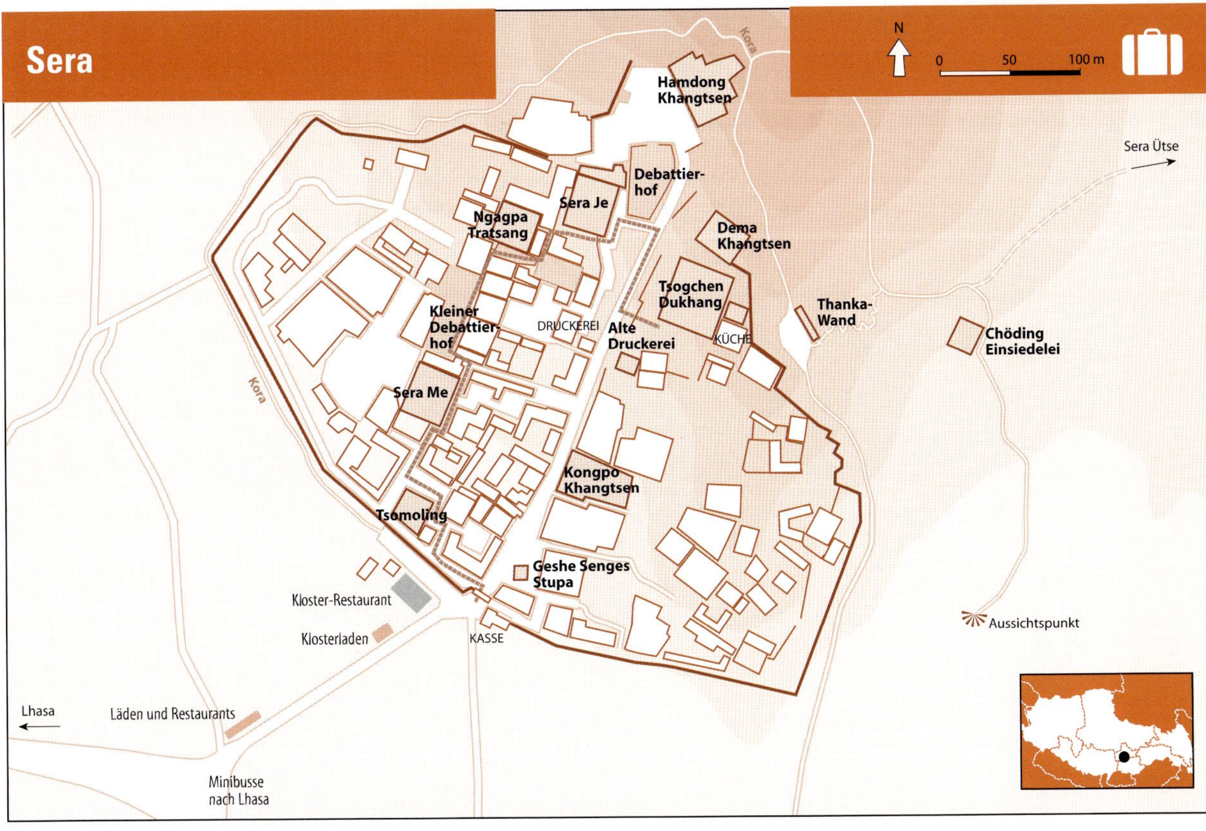

Sera
N
0
50
100 m
Hamdong Khangtsen
Kora
Sera Ütse
Debattierhof
Sera Je
Ngagpa Tratsang
Dema Khangtsen
Tsogchen Dukhang
Thanka-Wand
Kleiner Debattierhof
DRUCKEREI
Alte Druckerei
KÜCHE
Chöding Einsiedelei
Kora
Sera Me
Kongpo Khangtsen
Tsomoling
Geshe Senges Stupa
Kloster-Restaurant
Klosterladen
KASSE
Aussichtspunkt
Lhasa
Läden und Restaurants
Minibusse nach Lhasa

Sera Ngagpa Tratsang

Von Sera Me läuft man ein Stück weiter nach Norden, passiert linker Hand einen kleinen Debattierhof und gelangt dann auf dem Weg, der einige Meter hinter dem Hof rechts abgeht, zur Tantrischen Fakultät. Das 1419 erbaute Hauptgebäude der Sera Ngagpa Tratsang ist das älteste Bauwerk Seras. Ursprünglich diente es als Versammlungshalle für alle Mönche. Nachdem die Halle dafür zu klein geworden war, überließ man sie der von dem mongolischen Fürsten Lhazang Khan 1712 neu gegründeten Tantrischen Fakultät, an der bis 1959 über 1000 Mönche studierten. Heute sind es nur noch um die 100 Mönche, aber anders als Me und Je hat die Tantrische Fakultät wieder einen eigenen Abt. Die Haupthalle wird von einer Skulptur Sakya Yeshes, den man an seiner schwarzen Kopfbedeckung erkennt, im Zentrum dominiert. Im Nordteil der Halle gibt es noch zwei Kapellen mit Skulpturen von Buddha und den 16 Arhats und rechts daneben den Gönkhang mit zahlreichen tantrischen Schutzgottheiten wie Vaishravana, Palden Lhamo, Mahakala und Yamantaka zu sehen.

Mönchspolizisten

Sera war jahrhundertelang für seine gelehrten Mönche berühmt. Gleichzeitig aber bildete sich im niederen, ungebildeten Klerus des Klosters eine Gruppe von Mönchen heraus, die sich **Dob Dob** nannten. Ihre Interessen lagen weniger im Praktizieren des Buddhismus als im Sport, Kampf und in anderen weltlichen Dingen. Im Allgemeinen verrichteten sie die besonders schweren Arbeiten im Kloster, und dank ihrer Rauflust führten sie sich schon früh als selbst ernannte Mönchspolizisten auf. Auf Festen sorgten sie für Ruhe und Ordnung unter den Mönchen ihres Klosters, doch außerhalb ihrer Bruderschaften und Klöster waren sie als Unruhestifter gefürchtet. Gegenüber ihren Klöstern waren die Dob Dob sehr loyal. Darüber hinaus gehörten sie zu den Wenigen, die sich auch um alte und kranke Mönche kümmerten. Dob Dob gab es später auch in anderen Gelugpa-Klöstern, und noch heute findet man sie in dem einen oder anderen Kloster.

Sera Je

Vorbei an einem kleinen Garten gleich östlich der Tantrischen Fakultät gelangt man zur Sera-Je-Fakultät, dem größten Institut des Klosters. Gegründet wurde die Philosophische Fakultät im 15. Jh. von Kunkhyenpa Lodrö Rinchen Sengge, einem Mönch aus dem Kloster Drepung, der mit rund 100 Anhängern nach Sera geflohen war. Er nannte seine neue Fakultät Je, ein Begriff, der „Reisender" bedeutet. Schon bald war sie die größte unter den Fakultäten Seras. 1959 sollen hier und in den über Tibet verteilten Zweigstellen zwischen 5000–7000 Studenten studiert haben. Heute sind es in Sera Je rund 300.

In der beeindruckenden **Haupthalle** hängen große Thankas, und zahlreiche Chörten enthalten die sterblichen Überreste wichtiger Lamas des Klosters. Der erste Lhakhang, den man auf der linken Seite passiert, ist den Buddhas der Vergangenheit, Gegenwart und Zukunft und den Acht Großen Bodhisattvas geweiht. Gleich daneben folgt die heiligste Kapelle des Klosters, der **Tamdin-Lhakhang**. Tamdin (Hyagriva), der „pferdenackige Gott", ist die Schutzgottheit Seras und entsprechend stehen hier die Pilger Schlange, um ihn einmal mit der Stirn zu berühren. Von den Wänden des düsteren Raumes hängen Waffen und Masken, die von Soldaten nach Feldzügen geopfert wurden.

An der Nordseite des Dukhang schließen sich drei weitere Kapellen an. Die erste (links) ist Maitreya, die mittlere Tsongkhapa und die rechte Manjushri, dem Bodhisattva der Weisheit, geweiht. Seine Skulptur ist leicht zum Fenster in der rechten Außenwand geneigt und erweckt den Eindruck, als würde Manjushri nach draußen horchen, und so ist es kein Zufall, dass sich gleich nebenan der **Debattierhof** befindet. Hier üben die Mönche – meistens zwischen 15 und 17 Uhr – die Kunst des philosophischen Argumentierens und Debattierens. Sie bekommen dazu von ihrem Lama im Unterricht zunächst einen Text erläutert, den sie im Anschluss auswendig lernen. Damit es nicht beim sturen Auswendiglernen bleibt, sondern die Mönche das Gelernte auch verstehen und aktiv anwenden können, müssen sie im Anschluss daran beim Debattieren beweisen, dass sie den tieferen

Sinn der Texte auch wirklich erfasst haben. Die auf dem Boden sitzenden Mönche sind die „Verteidiger“, die stehenden Mönche stellen die Fragen und sind damit die Herausforderer. Die Aufgabe für beide Seiten ist es, die Argumente des jeweiligen Gegners zu entkräften und ihn in Widersprüche zu verwickeln. Wem das zuerst gelingt, der hat gewonnen. Um ihre Argumente zu bekräftigen, klatschen die Mönche laut in die Hände, stampfen mit den Füßen und schreien dem Kontrahenten ins Gesicht, in der Absicht ihn zu irritieren und von seiner Argumentationslinie abzubringen.

Bevor man Sera Je verlässt, kann man auch hier wieder aufs Dach steigen und weitere Kapellen ansehen.

Tsogchen Dukhang

Ein kleiner Abstecher führt vom Debattierhof nach Norden zum **Hamdong Khangtsen**, einem der größten Wohnquartiere der Mönche von Sera Je. Hierher verirren sich nur wenige Besucher, und so strahlt die kleine Versammlungshalle echte spirituelle Ruhe aus.

Auf dem Weg zurück zum Eingang passiert man zu guter Letzt noch den **Tsogchen Dukhang**, die große Hauptversammlungshalle von Sera. Sie wurde auf Anweisung des mongolischen Fürsten Lhazang Khan errichtet, der die ursprüngliche Versammlungshalle ab 1712 für seine eigene neue Fakultät nutzte. Hier trafen sich in der Folge die Mönche aller drei Fakultäten zu besonderen Anlässen. In der Haupthalle stehen als zentrale Kultfiguren von links nach rechts Avalokiteshvara, Maitreya, Vajrapani und andere, wie das Standbild des Klostergründers Sakya Yeshe mit einer schwarzen Mütze als Kopfbedeckung. Ganz rechts steht ein riesiger, 5 m hoher Buddha Maitreya. An der Rückwand reihen sich noch drei Kapellen auf, unter denen vor allem die mittlere interessant ist. In ihr thront ein 6 m hoher Maitreya, der über zwei Stockwerke reicht und auch von der Kapelle in der zweiten Etage von oben aus besichtigt werden kann.

Sera Kora

Wer sich genügend akklimatisiert hat, kann nach dem Besuch Seras noch den heiligen Umwandlungsweg um das Kloster laufen. Man benötigt dafür etwa eine Stunde und sollte genügend Wasser und ausreichend Sonnenschutz dabei haben, da man auf dem Weg weitestgehend schutzlos der Sonne ausgesetzt ist. Entlang des Weges kommt man an wunderschönen **Felsmalereien** vorbei, und etwa auf Höhe der Thanka-Wand, wo an Festtagen die großen Thankas ausgerollt werden, auf der Ostseite des Klosters führt ein Abzweig den Berg hoch zu einer Einsiedelei namens **Chöding**. Hier soll Tsongkhapa noch vor der Gründung von Sera meditiert haben. Insgesamt befinden sich im Einzugsbereich von Sera 19 solcher Einsiedeleien. Folgt man dem Weg von der Einsiedelei nach Süden, kommt man an einigen dieser alten Meditationshöhlen vorbei schließlich zu einem **Aussichtspunkt**, von dem aus man einen herrlichen Blick auf Sera und Lhasa hat.

Am Abzweig an der Chöding-Einsiedelei führt auch ein Weg hinauf nach **Sera Ütse**, einem bereits von Tsongkhapa als Retreat genutzten Ort. Der Weg ist steil und man benötigt mindestens eine Stunde bis zu dem kleinen, gelb getünchten Tempel, von dem aus man eine spektakuläre Aussicht auf das Tal hat. Wer etwas Kraft übrig hat, kann dem Weg nach Osten noch etwa 10 Minuten folgen und erreicht dann einen der schönsten Aussichtspunkte dieser Region.

Essen

Links vom Kassenhäuschen gibt es ein sehr einfaches Restaurant mit einer großen Hofanlage und schmuddeligen Tischen. Eine Nudelsuppe kostet nicht mehr als ¥2, aber es gibt auch Momos und andere einfache Gerichte, für die man sich erst an der Kasse im Restaurant Bons holt. Die Bons gibt man in der Küche einem der Köche und bekommt dann sein Essen.

Transport

Fahrräder

Mit dem Fahrrad fährt man ca. 30 Min. immer geradeaus die Nyangdren Lho Lam (Niangre Lu) nach Norden bis zum Militärhospital.
Vor dem Hospital endet die Straße, und es geht noch gut 200 m nach rechts auf einer breiten Straße Richtung Kloster. An der Kasse kann man fragen, ob man sein Rad dort abstellen

darf. Stehen dort schon zu viele Räder, kann man auch beim Restaurant gegenüber fragen.

Busse und Taxis

Minibus Nr. 502 fährt von der Dosenge Lam (Duosenge Lu) ein Stück nördlich von der Kreuzung mit der East Beijing Road und Minibus 503 vom südlichen Ende der Nyangdren Lho Lam (Niangre Nanlu). Die Fahrt kostet ¥2. Die Busse fahren etwa alle 10 Minuten oder wenn sie voll sind. Ein Taxi sollte je nach Verhandlungsgeschick nicht mehr als ¥15–20 kosten.

Pabonka

Rund 1 km Luftlinie westlich von Sera steht auf einem Felsen über dem Nyangdren-Tal das bereits unter Songtsen Gampo gegründete Kloster Pabonka (frei übersetzt etwa „oben auf dem Felsen"), das zu den ältesten Bauwerken der Lhasa-Region zählt. Der Granitfelsen soll die Form einer weiblichen Schildkröte haben, dem Symbol des Kosmos. Der andere, etwas niedrigere Felsen ein Stück weiter nördlich soll eine männliche Schildkröte darstellen. In dem Paar sah man den Beweis der Anwesenheit dämonischer Kräfte. Um sie zu trennen und so Unglück von Tibet fernzuhalten, ließ Songtsen Gampo 108 Chörten, von denen die meisten ziemlich verfallen sind, zwischen den beiden Felsen errichten.

Pabonka war das erste einer Reihe von 12 Heiligtümern, die auf Anraten von Prinzessin Wencheng errichtet wurden, um die Dämonin, die über Tibet lag, zu bannen. Der Jokhang in Lhasa wurde zuletzt errichtet, um das Herz der Dämonin zu „fixieren". Im Laufe der großen Buddhistenverfolgungen wurde Pabonka im 9. Jh. in Brand gesteckt und im 11. Jh. in kleinerer Form wieder aufgebaut. Architektonischer Höhepunkt des Klosters ist der dreistöckige **Pabonka Phodrang** auf dem Felsen. Besichtigen kann man u. a. die Versammlungshalle, in der eine Skulptur Avalokiteshvaras steht, die sich selbst erschaffen haben soll. Das gelbe Gebäude weiter oberhalb ist der **Jasa Phodrang**, der Tempel der Prinzessin Wencheng, die der Legende nach an diesem Ort drei Jahre meditiert hat. Dabei soll sie von Palden Lhamo, der Schutzgottheit Lhasas, inspiriert worden sein, durch den Bau von 12 Tempeln, die über Tibet liegende Dämonin unschädlich zu machen. Auf der Westseite des Felsens befindet sich die **Palden-Lhamo-Höhle**, in der Songtsen Gampo meditiert haben soll. Angeblich haben in dieser Höhle auch sein Nachfolger Trisong Detsen, Padmasambhava und einige der ersten Mönche Tibets meditiert. Auf der linken Seite der Höhle sieht man ein Relief Palden Lhamos, das von selbst entstanden sein soll, daneben sind u. a. Darstellungen von Songtsen Gampo mit seinen beiden Gemahlinnen, Trisong Detsen und Padmasambhava zu erkennen.

Wer fit ist, kann von Pabonka zu weiteren Einsiedeleien und kleineren Klöstern wandern. So kann man den Weg bergauf zum **Tashi Chöling** laufen (20 Min.), einer verfallenen Einsiedelei, und von dort in einer halben Stunde zum **Nonnenkloster Chubsang**, in dem rund 80 Nonnen leben.

🕓 vom frühen Morgen bis späten Nachmittag, Eintritt frei (Spenden erwünscht).

Transport

Man kann vom Kloster Sera in etwa einer Stunde nach Pabonka laufen. Wer die beiden Klöster getrennt besuchen möchte, kann **Minibus 503** vom südlichen Ende der Nyangdren Lho Lam (Niangre Nanlu) bis zur Endhaltestelle am Militärhospital nehmen oder mit dem Rad fahren. Statt nach rechts Richtung Sera abzubiegen, folgt man dann der kleineren Straße, die nach links abzweigt, bis zu einem Kanal. Dort biegt man nach rechts ab und läuft rund 15 Minuten (bzw. radelt) Richtung Norden bis zu einer Weggabelung. Hier nimmt man den Weg nach links, der geradewegs nach Pabonka führt.

Drepung

8 km westlich vom Zentrum Lhasas breitet sich am Fuß eines 5600 m hohen Bergrückens der weitläufige Klosterkomplex Drepung („Reishaufen-Kloster") aus. Drepung und die beiden Klöster Sera und Ganden wurden „die drei Säulen

des Staates" genannt, da in ihnen früher nicht nur die Mönchselite für ganz Tibet ausgebildet wurde, sondern sie innerhalb des Staatsapparates wichtige Befugnisse, Rechte und Pflichten hatten. 1416 gründete Jamyang Chöje (1379–1449), ein Schüler Tsongkhapas, das Kloster, das von seinen Nachfolgern zu einer mächtigen, stadtähnlichen Anlage ausgebaut wurde. Es war seinerzeit das größte Gelugpa-Kloster Tibets und Heimstatt für 10 000 Mönche. Während Sera durch seine kämpfenden Mönche, die Dob Dob, von sich reden machte, war Drepung für seine gelehrten Mönche berühmt. So war es kein Wunder, dass das Kloster als ehemaliger Sitz des 5. Dalai Lama zum politischen Zentrum Tibets avancierte – die Äbte dieses Klosters waren an allen politischen Entscheidungen beteiligt. Allein 400 Mönche Drepungs waren hohe Gelehrte, und 50 Lamas galten als reinkarniert (Tulkus). Der Name Drepung geht auf ein Opferritual zurück, bei dem die Mönche kleine Reishäufchen – symbolisch für die Welt mit ihren materiellen und sinnlichen Verlockungen – opfern. ⌚ Klostergebäude tgl. 9–12 Uhr, äußere Anlagen 9–17 Uhr, Eintritt ¥55.

Ganden

Vom Kassenhäuschen und dem weißen Chörten folgt man dem Weg nach Westen und biegt nach etwa 300 m rechts zur ersten Halle, dem **Sangngak Phodrang**, dem Palast der geheimen Mantras, ab. Dieser Palast diente dem 5. Dalai Lama bis zur Fertigstellung des Potala als Privatresidenz. Nach seinem Umzug wurde er in einen Lhakhang umgewandelt, in dem heute Schutzgottheiten wie ein 16-beiniger und 36-armiger Yamantaka, Palden Lhamo auf einem Pferd und Mahakala mit sechs Armen zu sehen sind.

Über eine steile Holztreppe klettert man weiter in den Vorhof des **Ganden Phodrang**, der ersten wichtigen Halle am Weg. Im Hof finden während des Shoton-Festes (s. S. 166) die rituellen Cham-Tänze statt. Der Ganden Phodrang („Freudvoller Palast") wurde in der Zeit des posthum zum 2. Dalai Lama gekürten Gendün Gyatsho 1518 erbaut und diente dann ab 1530 bis zum Bau des Potala als Sitz der Regierung von Tibet. Entsprechend sieht man hier auch die Chörten-Gräber des zweiten, dritten und vierten Dalai Lama. Gleich rechts des Palasts schließt sich der große **Debattierhof** an.

Tsogchen Dukhang

Ein Stück nördlich vom Ganden Phodrang und dem Debattierhof führt der Weg zur mächtigen, um 1735 erbauten Hauptversammlungshalle, die als Versammlungsort für die Mönche aller hiesigen Fakultäten dient, heute aber nur noch zu besonderen Anlässen genutzt wird. Das Dach der riesigen Halle wird von 184 Säulen, die teilweise mit Thankas und alten Waffen behangen sind, getragen, und wenn man sich erst einmal an die Dunkelheit gewöhnt hat, umfängt einen eine geradezu mystische, feierliche Atmosphäre. Auf dem langen **Altar** sieht man die 16 Arhats, die hier in zwei Gruppen zu je acht auf der linken und rechten Seite aufgestellt sind. Dazwischen befindet sich eine große schöne Skulptur eines sitzenden Manjushri und rechts von ihm Statuen der weiblichen Gottheit Dugkarma mit einem weißen Schirm, Tsongkhapas und des 3. bis 9. sowie des 13. Dalai Lama.

Im linken Seitenheiligtum stehen die Statuen der Buddhas der drei Zeiten und acht Stupas, die acht Stationen in Buddhas Leben symbolisieren. Hinter dem Altar befindet sich die **Hauptkapelle**, die gleichzeitig als eine der ältesten erhaltenen Räume von Drepung gilt. Im Eingangsbereich wird sie von den beiden Gottheiten Vajrapani und Hyagriva beschützt. Im Zentrum steht Tsongkhapa und hinter ihm Shakyamuni, flankiert von den Buddhas der Vergangenheit und Zukunft, und an den Wänden sieht man die Acht Großen Bodhisattvas. Die Kapelle rechts ist der geschlossene Miwang Lhakhang mit einem über zwei Stockwerke reichenden Buddha Maitreya, der nur über den 1. Stock zugänglich ist.

Am Eingang führen Treppen in den ersten und zweiten Stock. Die Kapellen in der ersten Etage sind geschlossen und man muss bis zum zweiten Stock hoch steigen. Hier ist besonders der **Maitreya-Lhakhang** sehenswert, in dem man das Gesicht einer über zwei Etagen reichenden Statue des Zukunftsbuddhas im Alter von acht Jahren betrachten kann. Diese Skulptur beginnt in einer der Kapellen im ersten Stock. Vorbei an einer Kapelle für Shakyamuni führt eine Treppe ein Stück hinunter zum be-

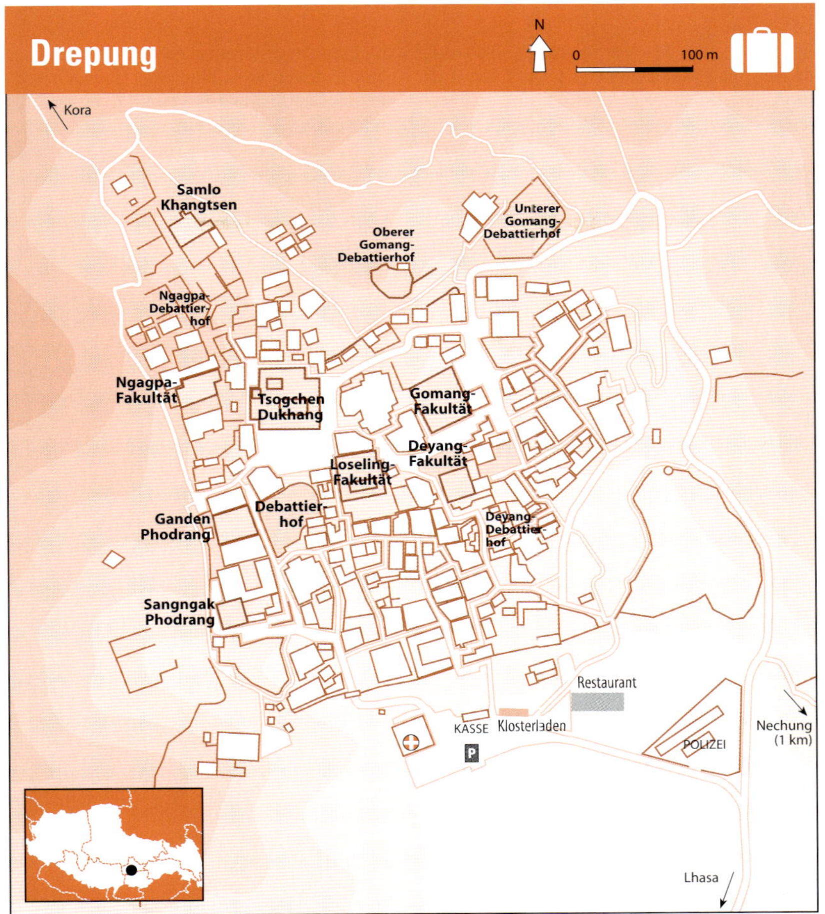

reits erwähnten **Miwang-Lhakhang**. In ihm sitzt ein etwa 15 m hoher Buddha Maitreya im Alter von 12 Jahren, der im Lhakhang rechts der Hauptkapelle unten in der Versammlungshalle beginnt und über drei Etagen reicht. Die Skulptur soll je eine Reliquie Buddhas, Tsongkhapas und Atishas enthalten und ist daher besonders heilig. Der linke der beiden Chörten birgt die Asche des 2. Dalai Lama, der rechte die Asche von Jamyang Zhepa, dem Gründer des Klosters Labrang, der in der Goman-Fakultät von Drepung studiert hatte und einen großen Einfluss auf die Politik ausübte.

Gleich rechts folgt der **Tara-Lhakhang** oder auch Kanjur Lhakhang. Er enthält drei Bildnisse Taras, darunter eine „sprechende" Tara und eine, die Regen bewirken soll. Zusammen sollen sie das Trinkwasser Drepungs schützen. Ein Highlight dieses Lhakhang ist aber eine Ausgabe des Kanjur, kanonischer Schriften des tibetischen Buddhismus, in 114 Bänden, die sich einst im Besitz des 5. Dalai Lama befunden haben soll.

Fakultäten

Drepung verfügt über vier Fakultäten (Tratsang), denen früher jeweils ein eigener Abt vorstand. Ihr Aufbau ist ziemlich identisch. Sie verfügen jeweils über eine eigene Versammlungshalle mit einem Vorhof und eigene Unterkünfte, sogenannte Khangtsen, Regionalhäuser, in denen die Mönche getrennt nach ihrer regionalen Herkunft untergebracht waren. Die vergleichsweise kleine **Ngagpa-Fakultät** gleich nordwestlich des Tsogchen war die einzige tantrische Institution des Klosters und wurde bereits bei der Gründung Drepungs eingerichtet. Wegen der Flucht vieler Mönche nach Indien fehlen der Ngagpa Tratsang allerdings ausgebildete Lehrer, die die komplizierten Inhalte des Tantra, die hier unterrichtet wurden, vermitteln können. Dennoch werden hier ein paar junge Mönche in den komplizierten Ritualen geschult, und es gibt Bemühungen, an die alte Bedeutung der Fakultät anzuknüpfen.

Auf dem Rundweg passiert man links vom Weg die **Gomang-Tratsang**, eine der drei philosophischen Fakultäten, an der früher nahezu 3000 Mönche studiert haben. Heute werden die Studierenden zwar immer noch formell einer der vier Fakultäten zugeordnet, tatsächlich aber spielt die Unterteilung keine Rolle mehr. Zum einen gibt es einfach zu wenig Mönche, um zum Beispiel die Regionalhäuser aufrechtzuerhalten, zum anderen werden sie zentral vom sogenannten „Demokratischen Verwaltungskomitee" verwaltet, das an einer Aufgliederung kein Interesse hat, da es so die Lehrinhalte besser überwachen kann.

Gleich südwestlich gegenüber sieht man die **Loseling-Fakultät**, die erst nach Gomang gegründet worden war, dann aber zur größten Fakultät avancierte und in der 5000 Mönche studierten.

Südlich zwischen diesen beiden Instituten befindet sich die **Deyang-Fakultät**, an der selbst in ihrer Blütezeit gerade einmal 600 Mönche studierten. Deyang war eng mit dem Dalai Lama verbunden, und auch der Abt wurde vom Dalai Lama ernannt. Wegen ihrer geringen Größe besaß die Deyang Tratsang als einziges Institut keine Khangtsen, sondern brachte die Studenten in gemischten Unterkünften unter.

Nechung

Von Drepung läuft man in etwa 10 Minuten über einen Fußweg nach Nechung, dem ehemaligen Sitz des Staatsorakels. Im 17. Jh. war das Staatsorakel vom Kloster Samye aus machtpolitischen Gründen in das nur etwas südöstlich von Drepung liegende Nechung verlegt worden. Wichtige Staatsangelegenheiten wurden vom Dalai Lama, seinen Regenten oder dem Ministerrat erst nach der Befragung des Orakels entschieden.

Im Orakel, das in einem Ekstase- beziehungsweise Trancezustand gemacht wird, spricht der Gott Pehar durch den Körper des Orakelpriesters, der ein Mensch mit besonderen geistigen Fähigkeiten sein muss. Er wird von Priestern ausfindig und mit den höheren Stufen der Meditation vertraut gemacht. Schließlich muss der zukünftige Seher vor seiner Institutionalisierung noch eine Prüfung ablegen.

Bereits mit 15 Jahren wurde der 14. Dalai Lama auf Weisung des Orakels in die Regierungsgeschäfte eingesetzt, als die Volksbefreiungsarmee am 7.10.1950 in Tibet einmarschierte. 1959 flüchtete der Orakelpriester gemeinsam mit dem Dalai Lama nach Dharamsala in Indien, wo er 1984 starb.

Das Kloster Nechung wurde 1981 wieder renoviert und davor der Baum, in dem der Orakelgott Pehar wohnen soll, neu gepflanzt. ⌚ tgl. 9–16 Uhr, Eintritt ¥25.

Transport

Am unkompliziertesten ist die Anfahrt nach Drepung mit dem **Fahrrad**. Allerdings ist die Strecke nicht sehr attraktiv.

Die **Minibusse** Nr. 301, 302 oder 303 fahren von der Beijing East Road, Ecke Dosenge Lam, bis zur Auffahrt zum Kloster. Von hier sind es noch 20 Min. Fußweg den Berg hoch, oder man nimmt einen weiteren Bus bis zum Klosterparkplatz. Vom Barkor-Platz fahren am frühen Morgen Minibusse (¥3) direkt zum Kloster. Später fahren sie nur noch sporadisch. Ein **Taxi** sollte nicht mehr als ¥20 kosten.

3 HIGHLIGHT

Ganden

Ganden liegt etwa 50 km östlich von Lhasa. Das Gründungskloster der Gelugpa-Schule und damit auch deren religiöses Zentrum passt sich in 4300 m Höhe wie ein Amphitheater in die grandiose gebirgige Umgebung des Kyi-Chu-Tals ein und bietet einen fantastischen Blick ins tief unten gelegene Tal. Ganden bedeutet das „Freudenvolle", ein anderer Name für den Tusita-Himmel, in dem Maitreya residiert, bis er als Buddha auf der Erde erscheint. Hier hatte Tsongkhapa, der das Kloster 1409 gründete, seine Reformvorstellungen verwirklicht. Nach seinem Tod 1419 wurde zunächst sein Schüler Gyeltshab Je und nach dessen Tod sein zweiter Lieblingsschüler Khedrup Je Vorsteher der Klosterfakultäten. Ihr Titel lautete Ganden Tripa, „Halter des Ganden-Throns", und die jeweiligen Nachfolger, bis heute 101, wurden nicht durch die Suche nach einer Reinkarnation ermittelt, sondern für jeweils sieben Jahre aus einem Pool wichtiger gelehrter Mönche der drei großen Gelugpa-Klöster gewählt. Das spirituelle Oberhaupt der Gelugpa ist der Ganden Tripa, nicht der Dalai Lama, wie oft fälschlich angenommen wird.

Bis zu 3000 Mönche lebten vor 1959 in der Klosterstadt, die während der Kulturrevolution systematisch zerstört wurde. Von den ursprünglich 200 Sakral- und Wohnbauten blieb eine Ruinenlandschaft übrig, die sich einem Mahnmal

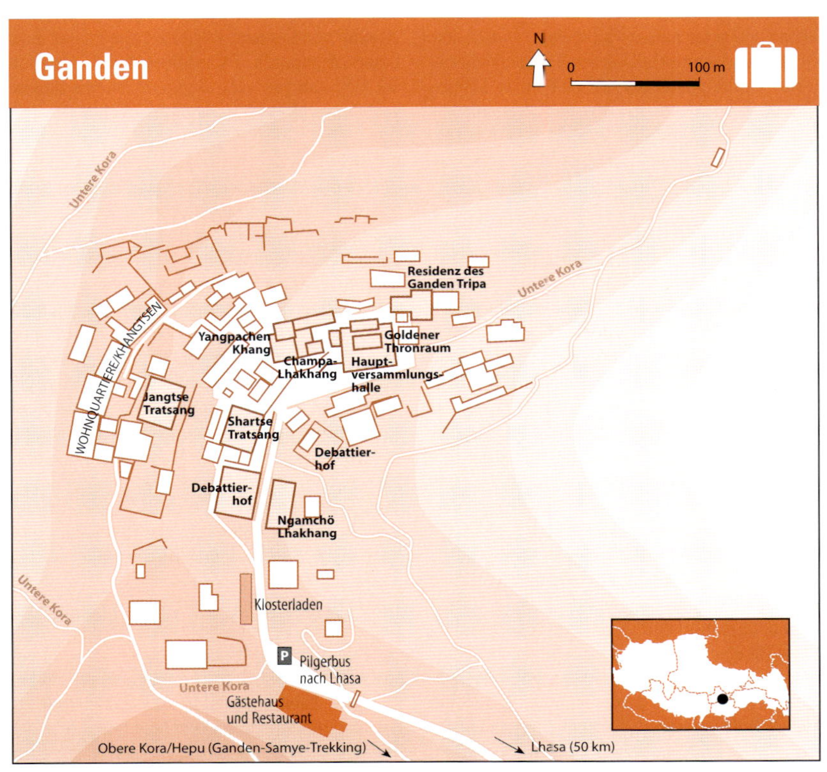

gleich aus der Landschaft erhebt. Seit 1980 wurden 50 Gebäude sowie das rote Mausoleum des Gründers der Gelbmützenschule, Tsongkhapa, wiederhergestellt.

Wer nur wenig Zeit für Lhasa hat und sich wenigstens eines der drei Hauptklöster der Gelugpa ansehen möchte, sollte sich für Ganden entscheiden, denn es ist das mit Abstand beeindruckendste Kloster im Verwaltungsgebiet von Lhasa. ⏲ tgl. 9–16 Uhr, Eintritt ¥45.

Ngamchö Lhakhang

Läuft man vom Parkplatz am Klosterladen vorbei den rechten Weg entlang, passiert man als erstes Gebäude die alte Versammlungshalle. Sie wurde auf dem Areal der ursprünglichen Halle errichtet, die bereits von Tsongkhapa für rituelle Zwecke genutzt worden sein soll. Die Hauptfiguren, die man hier sieht, sind natürlich Tsongkhapa und seine beiden Nachfolger, aber in dem Gönkhang linker Hand, der von Frauen nicht betreten werden darf, gibt es noch einige Schutzgottheiten zu sehen, darunter Palden Lhamo, die auf ihrem Maultier reitet, Mahakala, Yamantaka (die größte der Skulpturen in der kleinen Kapelle) und der Totengott Yama.

Tsongkhapas Grab

Vorbei an einem Wohnquartier und einem Debattierhof auf der rechten und dem Gebäude der Shartse Tratsang und der dahinter liegenden Jangtse Tratsang, den beiden Fakultäten des Klosters, auf der linken Seite des Weges, gelangt man zu einem Platz, der von einem eindrucksvollen roten Bauwerk, das wie eine mächtige Festung inmitten all der weißen Gebäude wirkt, beherrscht wird. Das Gebäude, das unter dem Namen **Yangpachen Khang** oder Serdung Khang bekannt ist, besteht unten aus der rekonstruierten Versammlungshalle, in der man eine Skulptur Shakyamunis und 1000 tönerne Tsongkhapa-Figürchen in den Wandregalen sieht, und dem sich rechts anschließenden Gönkhang, den Frauen nicht betreten dürfen, mit der Schutzgottheit Yama (Chögyal). Der wichtigste Raum liegt allerdings eine Etage höher und beherbergt den riesigen, mit Silber und Gold bedeckten Grabstupa Tsongkhapas. Ursprünglich sollte sein Leichnam bei einer Feuerbestattung verbrannt werden. Nachdem der Körper die Flammen unbeschadet überstanden hatte, wurde er in einem Grabstupa beigesetzt. Als die Rotgardisten den Schrein aufbrachen, sollen sie einen immer noch vollständig erhaltenen Körper gefunden haben. Einige Körperteile konnten von Gläubigen in Sicherheit gebracht werden und wurden in dem neu errichteten Stupa beigesetzt. Vor dem Stupa sieht man die Statuen Tsongkhapas und seiner beiden Nachfolger zur Rechten und Linken. In Vitrinen sind weitere Reliquien des Klostergründers zu sehen, darunter eine Bettelschale und eine Teeschale des großen Reformators sowie ein Zahn, der sich auf einem kleinen Silberstupa befindet. Hinter dem Stupa sieht man übrigens einen Felsblock, der dieser Halle seinen Namen verleiht. Er soll vom indischen Yangpachen, der tibetischen Bezeichnung für Sravasti, herbeigeflogen sein. In Sravasti soll Buddha das berühmt gewordene Wunder von Sravasti vollbracht haben, das eine Demonstration der Fähigkeiten des Buddha für die Ungläubigen war. Begleitet wurde dieses Wunder von Blitz, Donner und Erdbeben.

Hauptversammlungshalle

Rechts des Yangpachen Khang schließt sich der schon 1991 rekonstruierte Champa-Lhakhang an, in dem ein rund 4 m hoher Buddha Maitreya sitzt. Doch neben Tsongkhapas Grab dominiert nun die neu erbaute Versammlungshalle den Platz mit dem Chörten in der Mitte. Innen stehen eine große Statue Tsongkhapas und Skulpturen der 16 Arhats. Im rückwärtigen Teil steigt man zum Goldenen Thronraum hinauf, der von Tsongkhapa und seinen Nachfolgern genutzt wurde. Man kann übrigens von der Nordseite des Gebäudes über eine Treppe in die 2. Etage aufsteigen und hat von hier einen schönen Blick auf die große Tsongkhapa-Statue. Die zweite, östliche Treppe führt in eine Bibliothek, in der die Bände des Kanjur und Tanjur aufbewahrt werden.

Residenz des Ganden Tripa

Östlich vom Thronraum kommt man zur Residenz des Ganden Tripa Trithog Khang. Das ursprünglich 1409 errichtete Gebäude gehörte bis zu seiner Zerstörung in der Kulturrevolution zu den ältesten Strukturen Gandens und diente als Privatgemach für die Ganden Tripas. Neben dem

Schlafgemach und dem Zimmer mit dem Thron, auf dem Tsongkhapa gestorben sein soll, gibt es noch einen Gönkhang und einen Versammlungsraum zu sehen.

Ganden Kora

Der heilige Umrundungsweg um Ganden ist der eigentliche Höhepunkt eines Besuchs, da er schier unglaubliche Ausblicke über das Kyi-Chu-Tal und das Kloster bietet. Wer nicht so fit ist, kann die sogenannte **Untere Kora** laufen, für die man je nach Kondition zwischen 45 und 60 Minuten benötigt. Der Weg beginnt am Parkplatz und führt zunächst bergauf direkt nach Westen, um dann über den Grat hinter Ganden einmal ums Kloster zu führen. Zu sehen gibt es neben der Aussicht auch schöne Felsmalereien und „selbst entstandene Bildnisse". Ziemlich am Ende der Kora, dort, wo der Weg wieder Richtung Kloster führt, passiert man die Meditationshöhle Tsongkhapas. Sie ist berühmt für ihre „selbst entstandenen" und „sprechenden" Steinreliefs, die Palden Lhamo, Atisha, Shakyamuni, Amitayus und andere zeigen.

Wer fit und gut an die Höhe angepasst ist oder mehr Zeit hat, kann auch die **Äußere Kora** wandern. Für diesen Weg benötigt man rund zwei Stunden. 40 Minuten dauert allein der steile Anstieg zum Gipfel des Hügels. Vom Parkplatz aus läuft man nach Südosten bergauf in Richtung des Dorfes Hepu. Dort, wo sich der Weg nach etwa 10 Minuten teilt, folgt man dem rechten Weg (der linke führt nach Hepu an der Trekkingroute nach Samye), der sich zickzackförmig bis zu einem Grat voller Gebetsfahnen und Steinhaufen schlängelt. Oben führt der Pfad entlang des Kamms eine halbe Stunde Richtung Westen und dann in rund 15 Minuten zu einer Straße, wo man den Weg entlang der unteren Kora fortsetzt.

Übernachtung und Essen

Am Kloster gibt es ein einfaches Gästehaus mit bescheidenen Betten. Diese werden oft von Trekkern, die die Wanderung nach Samye machen, belegt. Falls es voll ist, kann man auch ein Bett in der Unterkunft über dem Klosterladen am Parkplatz bekommen. Dorm-Betten in beiden Unterkünften ¥15–40.

Einfaches Essen gibt es im Restaurant des Klosters.

Transport

Zum Kloster Ganden startet morgens gegen 6.30 Uhr ein **Pilgerbus** (¥20 Hin- und Rückfahrt). Bei größerem Andrang fährt etwas später, meist um 7 oder 7.30 Uhr, noch ein zweiter Bus. Rückfahrt gegen 13 oder 14 Uhr. Die Fahrscheine kann man bereits am Vortag in der kleinen Blechhütte an der Südseite des Jokhang, die hinter den Verkaufsständen versteckt ist, kaufen. Die Hütte hat keine festen Öffnungszeiten, ist aber meistens am Nachmittag geöffnet.

Trekking von Ganden nach Samye

Die rund 80 km lange Trekkingtour zwischen den beiden Klöstern Ganden und Samye hat sich zur beliebtesten Wanderung im Großraum Lhasa entwickelt. Doch trotz der Nähe handelt es sich um einen Trek, für den man körperlich fit und sehr gut an die Höhe angepasst sein muss. Zwei Pässe, einer 5240 m, der andere 5090 m hoch, müssen überwunden werden, und man hält sich auf einer durchschnittlichen Höhe von 4500 m auf. Man kann im Laufe eines Tages glühende Hitze erleben und wenig später durch einen Schnee- oder Hagelsturm irren. Je nach Fitness braucht man zwischen vier und fünf Tagen.

Erster Tag

Die erste Etappe führt vom Kloster Ganden bis zum Weidegebiet Yama Do in etwa 17 km Entfernung. Man bewegt sich in Höhen von durchschnittlich 4500 m und benötigt zwischen 5–6 Stunden Gehzeit (also ohne Pausen). Die Trekkingtour beginnt am Parkplatz vor dem Kloster Ganden. Am ersten Tag steigt man den Pilgerpfad zur äußeren Kora südöstlich vom Parkplatz in Ganden bis zum Abzweig auf. Anders als bei der Kora nimmt man hier aber den linken Weg, der geradeaus den Hang auf den 4510 m hohen Sattel des **Angker Ri** hinaufführt. Vom Parkplatz bis zum Sattel benötigt man etwa 1 Stunde. Oben passiert man einen Lhatse, eine große Steinan-

Vorbereitung auf den Trek

Wichtig sind ein guter, warmer Schlafsack (bis -10 °C mindestens, da man in großer Höhe übernachtet), eine Iso-Matte, ein Zelt und genügend Verpflegung für wenigstens eine Woche. In Ganden oder auch in Hebu kann man meist Yaks mit Treibern zum Transport des Gepäcks anheuern. Die Yak-Treiber fungieren meist auch als Bergführer. Pro Yak zahlt man je nach Verhandlungsgeschick ab ¥40 am Tag. Für den oder die Yak-Treiber müssen ebenfalls ¥40 pro Tag und Treiber gerechnet werden. Wer alleine unterwegs ist, hat allerdings meist Probleme, überhaupt einen Yak-Besitzer ausfindig zu machen, da diese oft bereits von den Reisegruppen in Beschlag genommen werden. Man muss bei dieser Option also genügend Zeitreserven einplanen, denn es kann durchaus mehrere Stunden dauern, bis man einen Treiber und Yaks ausfindig gemacht hat. Entsprechend sollte man – allein auch schon, um sich zu akklimatisieren – eine Übernachtung in Ganden einplanen. Eine Tour auf eigene Faust sollte man nur dann durchführen, wenn man erfahren genug ist. Ansonsten kann man die Wanderung über eines der FIT-Büros in Lhasa (s. S. 78) organisieren. Man bekommt dann einen Bergführer, der sich um die Organisation der Yaks kümmert und meist auch kocht, sowie die gesamte Ausrüstung gestellt.

häufung, von der man glaubt, dass in ihr lokale Götter wohnen. Ansonsten besteht das Terrain hier aus einer Geröllwüste, die von Eidechsen bewohnt wird. Einmal oben, schlängelt sich der Weg über mehrere weitere Sättel den Hang hinunter ins Tal bis zum Dörfchen **Hebu**, das man nach etwa 2 Stunden erreicht. Hebu ist die letzte menschliche Ansiedlung vor den beiden Pässen. Wer allein unterwegs ist und in Ganden kein Glück hatte, kann hier versuchen, Yaks zu mieten, um sein Gepäck über die Pässe schleppen zu lassen. Je nachdem, wie lange die Organisation dauert, muss man eventuell in Hebu übernachten. Manche Einwohner vermieten einfache Schlafstätten, oder man baut sein Zelt südlich oder westlich der Ortschaft auf.

Von Hebu aus verläuft der Weg zunächst nach Westen zu einer Brücke am Zusammenfluss zweier Bäche. Man überquert die Brücke und wandert dann entlang der linken, östlichen Seite des Bachs, der vom Shuga La hinabfließt, weiter. Nach etwa einer Stunde passiert man die Stätte des ehemaligen Klosters Ani Pagong und noch einmal eine Stunde weiter erreicht man schließlich das Etappenziel **Yama Do**, wo es selbst für größere Gruppen auf den grünen Weiden ausreichend Platz zum Zelten gibt.

Zweiter Tag

Die zweite Etappe ist zwar nur etwa 10 km lang, aber wegen des Passes, den man überqueren muss, beträgt die reine Gehzeit 5–6 Stunden. Der anstrengende Aufstieg zum 5240 m hohen **Shuga-La** ist steil und lang. Vom Camp aus ist es nicht ganz leicht, den Weg zu finden, da oberhalb von Yama Do die Entwässerungstäler dreier Bachläufe zusammentreffen. Man muss den mittleren, direkt nach Süden führenden Bachlauf nehmen. Bis zum Pass, den man erst kurz vor Erreichen sehen kann, läuft man mindestens 3–4 Stunden. Hinter dem Pass mit seinen typischen, mit bunten Gebetsfahnen behängten Steinhaufen windet sich der Weg nach links in südöstliche Richtung hinunter. Er ist anfangs nicht immer leicht zu finden, aber sein Verlauf wird schließlich durch Steinhaufen markiert. Man sollte ihm unbedingt folgen und nicht den direkten Weg ins Tal hinuntersteigen. Nach etwa 1 1/2 Stunden Abstieg über einen Bergrücken erreicht man schließlich das herrliche grüne Tal mit einem See im Südosten. Im Tal muss man den **Tsotup Chu** kreuzen, bei Regen ein abenteuerliches Unterfangen, da der Fluss dann ziemlich reißend sein kann. Dahinter findet man schöne Möglichkeiten zum Zelten, da das Tal hier flach und grün ist.

Dritter Tag

Für die dritte Etappe muss man rund 5 Stunden Gehzeit einplanen. Insgesamt läuft man etwa 14 km. In der Nähe des Sees teilt sich das Tal: Man wandert ins rechte Tal hinein, wo der lange Anstieg entlang der westlichen Seite des Baches, der den Chitu La entwässert, beginnt. Von der Stelle, wo der Pfad vom Shuga La im

VON GANDEN NACH SAMYE

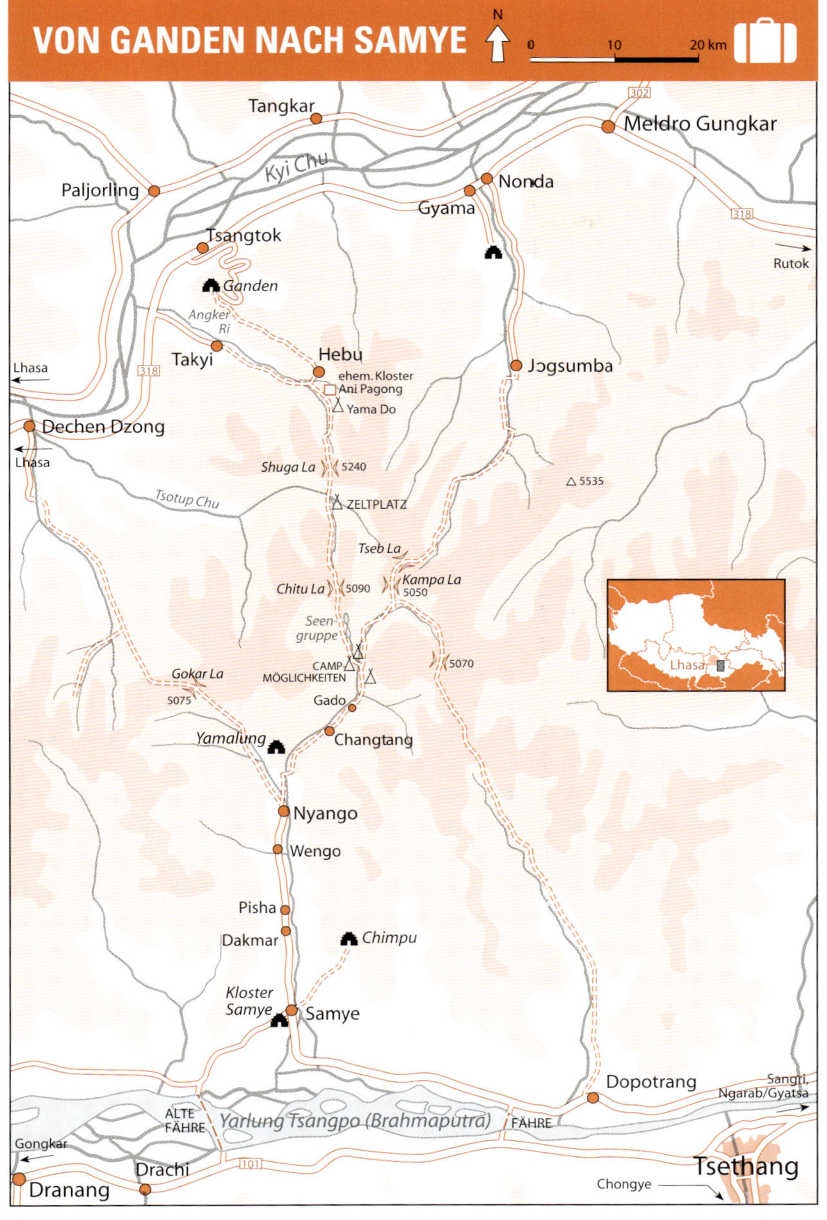

N
0
10
20 km
Tangkar
302
Meldro Gungkar
Kyi Chu
Paljorling
Nonda
Gyama
318
Rutok
Tsangtok
Ganden
Angker Ri
Takyi
Hebu
ehem. Kloster Ani Pagong
Yama Do
Jogsumba
Lhasa
318
Dechen Dzong
Lhasa
Shuga La
5240
5535
Tsotup Chu
ZELTPLATZ
Tseb La
Chitu La
5090
Kampa La
5050
Seen-gruppe
Lhasa
CAMP MÖGLICHKEITEN
5070
Gokar La
5075
Gado
Yamalung
Changtang
Nyango
Wengo
Pisha
Dakmar
Chimpu
Kloster Samye
Samye
Dopotrang
Sangri, Ngarab/Gyatsa
ALTE FÄHRE
Yarlung Tsangpo (Brahmaputra)
FÄHRE
Gongkar
101
Drachi
Dranang
Tsethang
Chongye

Tal mündet, bis hierher sind es etwa 45 Minuten. Der Bach verschwindet nach kurzer Zeit im Untergrund. Den felsigen, 5090 m hohen Pass **Chitu La** kann man schon von weitem sehen, und falls man den eigentlichen Weg verliert, muss man sich einen eigenen Weg hinauf suchen. Vom Ende des Tals, dort, wo der Anstieg entlang des Entwässerungsgrabens beginnt, bis zum Pass benötigt man 1 1/2–2 Std. Oben hat man eine herrliche Aussicht, es gibt einen kleinen Gletschersee und nach Süden hin sieht man zwei weitere **Seen** (tatsächlich sind es drei), an denen man vorbei muss und deren Entwässerungsgraben man schließlich bis Samye folgt. Der Weg hinab beginnt auf der Westseite des Passes. Hinter dem Pass läuft man am Westufer des ersten und dann am Ostufer der beiden anderen Seen vorbei. Für den Weg vom Pass durch das Tal mit den Seen benötigt man rund 45 Minuten. Man folgt dem Pfad durch eine z. T. enge felsige Schlucht, die sich nach etwa einer Stunde in ein weiteres Tal öffnet. Von nun an führt der Weg meist durch fruchtbare Wiesen und es gibt genug Möglichkeiten, sein Zelt aufzubauen.

Vierter/Fünfter Tag

Die Etappe von den Weidegebieten hinter dem Chitu La bis Samye beträgt abhängig davon, wie weit man am dritten Tag gelaufen ist, noch bis zu 40 km. Je nach Zeltplatz läuft man am vierten Tag bis zu 4 Stunden durch eine herrliche, dicht von Gebüsch und Bäumen bewachsene Landschaft, bis man mit **Changtang** die erste Siedlung nach Hebu erreicht. Rund 45 Minuten hinter Changtang passiert man den Abzweig zum **Kloster Yamalung**, das sich auf einem schmalen, aber steilen Bergrücken (ca. 150 m zu klettern, 45 Min.) rechts des Flusses befindet. Je nach Kondition kann man hier irgendwo zelten oder noch bis ins Dörfchen **Nyango**, wo man ebenfalls übernachten kann, weiterlaufen.

Bis Nyango treiben die Hirten die Yaks und kehren dann um. Von nun an muss man sein Gepäck selber tragen (es sei denn, man hat die Tour über ein Reisebüro gebucht). Von Nyango benötigt man noch rund 3 Stunden bis **Samye**. Man läuft einfach nur entlang der Straße das Tal weiter hinunter, kommt an einer Reihe von Dörfern vorbei, und nur die letzten Kilometer sind etwas mühsam, da man auf Sand laufen muss. Im Örtchen **Dakmar** kann man einen Schrein besuchen, der den Geburtsort von König Trisong Detsen markiert. Drumherum befinden sich Ruinen alter Häuser.

Drayerpa

Rund 16 km nordöstlich von Lhasa liegt hoch über dem Kyi Chu eine der wichtigsten heiligen Stätten des Lhasa-Tals, die über 80 Einsiedler-Höhlen von Drayepa (Drak Yerpa). Hier soll nicht nur Songtsen Gampo meditiert haben, auch Padmasambhava (sieben Monate) und Atisha (3 Jahre) sollen sich zum Meditieren in die Höhlen zurückgezogen haben. Viele wichtige buddhistische Schulen wie die Nyingmapa, Kadampa und Gelugpa hatten hier am Fuß des steilen Hangs ihre zu einem Klosterkomplex zusammengefassten Lhakhangs und praktizierten gemeinsam. Auch die tantrische Fakultät Gyütö betrieb in Drayerpa eine Dependance. Das Kloster und alle weiteren Gebäude bzw. die Vorbauten der Höhlen im Berg sind in der Kulturrevolution zerstört worden. Erst 1991 wurden erste Restaurierungsarbeiten zugelassen. Einige wenige Mönche durften zurückkehren, aber insgesamt beobachten die Behörden alle Aktivitäten hier sehr misstrauisch, und 1998 wurden zahlreiche Lhakhangs und Höhlen wieder abgerissen, weil sie angeblich illegal restauriert worden waren.

Vom Parkplatz, auf dem auch der Pilgerbus hält, ist es ein steiler Anstieg zu den einzelnen Höhlen, aber allein schon die atemberaubende Landschaft entschädigt für die Mühen. Auf dem Weg nach oben – der steile Pfad schlängelt sich auf eine Höhe von 4400 m – beginnt man mit dem linken Weg und erreicht nach den ersten Einsiedeleien den gelb getünchten **Jamkhang**. In dem Gebäude sitzt ein zweistöckiger Maitreya. Ein Stück weiter gelangt man zur **Lhalung Phug**, der Meditationshöhle von Lhalung Pelgyi Dorje, jenes Mönchs, der 842 den anti-buddhistisch eingestellten König Langdarma ermordete. Ein Stück weiter kommt man zur größten Kapelle Drayerpas, dem **Dawa Phug Lhakhang** (Lha-

Padmasambhava

Der tantrische buddhistische Meister Padmasambhava, „Der aus dem Lotos Geborene", wurde der Legende nach von Shantarakshita (ca. 723–787), jenem buddhistischen Lehrer, der König Trsiong Detsen zum Buddhismus bekehrt hatte, aus Kaschmir nach Tibet geholt. Hier sollte er die wilden Dämonen zähmen und dem Buddhismus unterwerfen. Ob er tatsächlich eine historische Gestalt war, ist zwar in der Forschung umstritten, im kulturellen Gedächtnis der Tibeter, die ihn Guru Rinpoche nennen, ist er jedoch zum Kulturheros geworden, dem es zu verdanken ist, dass Tibet mit seinen menschlichen und dämonischen Bewohnern ein buddhistisches Land werden konnte. Er zähmte die lokalen Gottheiten und die Dämonen und verleibte sie einem immer größer werdenden Götter-Pantheon ein. Die Lehre erkennt zwar keine Götter an, aber im religiösen Alltag wurden sie dennoch als real wahrgenommen und entsprechend gefürchtet und verehrt. Schließlich soll Padmasambhava noch den Gott Pehar (s. Nechung S. 184) als Schutzgottheit für ganz Tibet eingesetzt haben. Unter den buddhistischen Schulen Tibets führen die Nyingmapa ihre Lehrtradition direkt auf Padmasambhava zurück.

khang der Mondhöhle). Dies war die Meditationshöhle von Padmasambhava, der hier sieben Monate meditiert haben soll. In der Höhle sieht man neben einer Skulptur des großen tantrischen Meisters einen Fußabdruck, den Padmasambhava hinterlassen haben soll.

Eintritt ¥20, aber manchmal ist auch niemand zum Kassieren da.

Weiter nach oben gelangt man zur **Chögyal Phug**, der Meditationshöhle Songtsen Gampos, und wer schwindelfrei ist und genügend Zeit hat, kann von hier noch weiter in die Felsen steigen und weitere Höhlen besichtigen.

Transport

Morgens gegen 7.30 Uhr fährt vom Barkor ein Pilgerbus (¥20) nach Drayerpa. Rückfahrt gegen 13 Uhr.

Drigung Thel

Drigung Thel thront rund 140 km nordöstlich von Lhasa hoch über einem Seitental des Kyi Chu auf einer Höhe von 4150 m und ist der Sitz der Drigung-Kagyü- oder Drigungpa-Schule. Drigung Thel wurde 1167 zunächst als eine Einsiedelei gegründet. 1179 ließ sie Jigten Gönpo (auch Jigten Sumgön, 1143–1217) zu einem Kloster und Sitz der Drigungpa ausbauen. Die Drigungpa waren im frühen 13. Jh. vor allem in Ladakh aktiv, bevor sie sich auch in Tibet ansiedelten und dort zusammen mit den Phagmodrupa zu den wichtigsten Rivalen der Sakyapa um die Vorherrschaft in Zentraltibet wurden. Wie bei den Sakyapa auch lag die weltliche und geistliche Macht in den Händen eines mächtigen Adelsgeschlechts, den Druggyel Kyura. Während die Äbte von Drigung die religiöse Autorität innehatten, besaß der Gompa, das säkulare Oberhaupt der Drigungpa, die politische und militärische Macht. 1267 fühlten sich die Drigungpa stark genug, einen Aufstand gegen die von den Mongolen protegierte Vorherrschaft der Sakyapa zu proben. Eine mongolische Armee schlug die Rebellion zwar nieder, unter der Hand schwelte der Konflikt allerdings weiter. 1290 brach erneut ein Drigungpa-Aufstand los, der diesmal von einem großen mongolischen Truppenkontingent niedergeschlagen wurde. Das Kloster wurde geschleift und der Gompa sowie die meisten Mönche umgebracht. Den Nachfolgern gelang es später allerdings, vom mongolischen Herrscher das Geld für einen Wiederaufbau zu erhalten. Danach kümmerte man sich nur noch um religiöse Belange. Die erbliche Nachfolgeregelung der Äbte und Gompas wurde erst im 17. Jh. durch Inkarnationslinien ersetzt.

In der eindrucksvollen Hauptversammlungshalle gibt es eine Statue des Klostergründers Jigten Gönpo zu sehen, außerdem einen steinernen Fußabdruck von ihm. Das Schönste am Kloster ist aber seine fantastische Lage: Wer zu den goldenen Dächern hinauf steigt, wird mit einem herrlichen Blick über das Tal belohnt.

Drigung Thel ist der berühmteste Ort in Tibet für die Himmelsbestattungen (siehe Kasten). Wer immer es sich leisten kann, lässt seinen Körper an diesem Ort den Elementen zukommen. Von

Himmelsbestattungen

Die traditionellen Bestattungsformen der Tibeter sind: Erd-, Himmels-, Wasser-, Feuer- sowie Stupabestattung. Sie haben den Sinn, den Toten jeweils einem der fünf Elemente Luft, Wasser, Feuer, Erde oder Holz zuzuführen. Die Form der Bestattung wurde ursprünglich durch astrologische Berechnungen ermittelt. Da jedoch oftmals kein Wasser, kein Feuerholz oder keine Bäume zur Verfügung standen oder im Winter der Boden hart gefroren war, wurde meist die Himmelsbestattung durchgeführt und die Zuführung zum astrologisch ermittelten Element nur symbolisch, z. B. durch Beträufeln mit Wasser, ausgeführt. Bei der Himmelsbestattung werden die Glieder des Toten abgetrennt und Eingeweide, Herz und Lunge ausgebreitet, sodass sie den wilden Tieren, vor allem Geiern, zum Fraß dienen können.

Drigung Thel heißt es, dass, wer hier bestattet werde, garantiert nicht in der Hölle schmoren müsse. Der Platz für die Himmelsbestattungen liegt 600 m westlich oberhalb des Klosters. Der Weg dorthin beginnt gleich unterhalb des Klosterkomplexes und führt in 15 Minuten ziemlich steil bergauf. Touristen sind seit 2005 nicht mehr willkommen. Fotografierwütige Zuschauer haben hier und an anderen Stätten wie in Sera für Empörung bei den Mönchen gesorgt. Nachdem es schließlich zu Gewalttätigkeiten gegenüber den ungebetenen Gästen kam, wurden die Begräbnisstätten für Nichtbeteiligte gesperrt. Wer dennoch die Möglichkeit hat, bei diesem gruseligen Spektakel dabeizusein, sollte die Kamera im Hotel lassen.

Übernachtung und Essen

Das Kloster verfügt über ein einfaches Gästehaus. Ein Bett im 12-Bett-Dorm kostet ¥20. Es gibt einen kleinen Laden, wo man Instantnudelsuppen bekommt. Heißes Wasser dafür gibt es bei den Mönchen.

Transport

Morgens um 7 Uhr fährt vom Ost-Busbahnhof in Lhasa ein Bus (¥30, ca. 4 Std.) nach Drigung Thel. Am einfachsten ist die Anfahrt natürlich mit dem gecharterten Jeep. In diesem Falle kann man Drigung im Rahmen einer Rundreise von Talung, Reting und Tidrum besuchen. Einige Reisebüros bieten auch kombinierte Rundfahrten an, die den Nam Tso, Reting, Taglung und Drigung Thel einschließen. Die Kosten hängen von der Anzahl der Mitfahrer ab. Ein Jeep kostet ab ¥500 pro Tag abhängig von der Gesamtkilometerzahl.

Tidrum

Etwa 13 km von Drigung Thel Richtung Norden steht in einem malerischen Seitental das Nonnenkloster Tidrum (Terdrom, „Schatzkiste"). Dieses Heiligtum soll bereits von Padmasambhava gegründet worden sein, nachdem er an diesem Ort mit seiner Begleiterin Yeshe Tsogyel meditiert hatte. Die spirituelle Leiterin des Klosters Kandro-La gilt als Inkarnation Yeshe Tsogyels. Erstaunlicherweise sieht man endlich einmal kaum chinesische Bauwerke in der Nähe, und das Dorf selbst ist autofrei, da alle Fahrzeuge auf dem Parkplatz am Dorfrand parken müssen. Im Kloster leben etwa 100 Nonnen; man kann einen Blick in die Versammlungshalle werfen. Das Highlight eines Besuchs sind allerdings die heißen Quellen von Tidrum. Der Legende nach entstanden sie, nachdem Padmasambhava mit seinem Ritualdolch, der Phurpa, die Schlucht gespalten hatte.

Den heißen Schwefelquellen werden magische Heilkräfte nachgesagt, dennoch ist ein Bad hier nicht ganz ohne. Man befindet sich immerhin in 4320 m Höhe, und das heiße Wasser kann einen Schock für den Kreislauf bedeuten. Also langsam an das Wasser gewöhnen! Es gibt drei Pools, einen für Männer, einen für Frauen und einen gemischten, der besonders heißes Wasser enthält. Eintritt ins Kloster ¥20, heiße Quellen ¥5.

Übernachtung und Essen

Übernachten und essen kann man im Gästehaus des Klosters. Ein Bett im renovierten Schlafsaal kostet ¥30.

Transport

Der Bus von LHASA nach Drigung Thel fährt weiter nach Tidrum (¥35).
Morgens um 9 Uhr fährt er via Drigung Thel bzw. Menpa, das Dorf zu Füßen des Klosters, nach Lhasa zurück.
Von Drigung Thel nach Tidrum sind es 30 Minuten mit dem Bus oder Jeep bzw. 3–4 Std. zu Fuß.

Tsurphu

Etwa 70 km westlich von Lhasa steht das Kloster Tsurphu versteckt am Ende eines einsamen Seitentals. Bekannt wurde diese Stätte durch den Film *Living Buddha*, in dem ein Ausschnitt aus dem Alltag des jungen Karmapa gezeigt wird, des Oberhaupts der Karma-Kagyüpa-Schule, dessen Residenz Tsurphu ist. Er wird als lebender Buddha verehrt. Seine Linie geht zurück auf

Der Gyalwa Karmapa

Der Karma-Kagyüpa-Orden war der erste buddhistische Orden Tibets, der im 13. Jh. das System der Tulkus, der bewussten Wiedergeburten, einführte. Eine bewusste Wiedergeburt ist nur spirituell besonders weit entwickelten Meistern möglich. Sie können Ort und Zeit ihrer Wiedergeburt selbst bestimmen. Das zweite Oberhaupt des Ordens, Karma Pakshi (1206–1283), hatte verkündet, dass er wiedergeboren und so seinen Nachfolger festlegen werde. Bewusste Inkarnationen von Lamas gab es zwar schon vor der Zeit Karma Pakshis, neu aber war, dass die Oberhäupter des Karma-Kagyüpa-Ordens, die Gyalwa Karmapas (Schwarzhut-Lamas), ihre Wiedergeburten jeweils in Briefen, Gedichten o. Ä. ankündigten. Mit Hilfe dieser Ankündigungen machten sich dann speziell zu diesem Zweck eingesetzte Komitees – wie bei der Suche nach den Inkarnationen des Dalai Lama auch – auf die Suche nach einem Kind, das alle angekündigten Kriterien erfüllte.

Gyalwa Karmapas werden im tibetischen Buddhismus als Menschen angesehen, die sich aus Mitgefühl entschlossen haben, durch Reinkarnation wieder ins Leben einzutreten, also zu Fleisch zu werden, um anderen Wesen dienen zu können, obwohl sie als erleuchtete Wesen den Kreislauf der Wiedergeburt hätten verlassen können. Der Gyalwa Karmapa gilt als Emanation Avalokiteshvaras und ist nach dem Dalai Lama und Panchen Lama der wichtigste Lama Tibets.

Entscheidend für die Fortführung der Linie ist die Anerkennung durch mehrere hohe Lamas. Mit der offiziellen Inthronisation wird der Nachfolger dann zum Ausüben der Karmapa-Praxis ermächtigt. Mit dem Tod des 16. Karmapa (1924–1981), der 1959 nach Sikkim geflohen war, wo er im Kloster Rumtek ein neues Zentrum der Karma-Kagyüpa gründete, kam es jedoch zu einem Nachfolgestreit, der den Orden bis heute tief spaltet. Mit Urgyen Trinley Dorje (geb. 1985) und Thaye Dorje (geb. 1983) wurden nämlich zwei 17. Karmapas inthronisiert: Urgyen Trinley Dorje 1992 im Kloster Tsurphu und Thaye Dorje nach seiner Flucht aus Tibet 1994 in Neu-Dehli. Damit eskalierte der Zwist und beschäftigte in Indien schließlich sogar die Gerichte. In erster Linie ging es dabei um ziemlich weltliche Dinge, nämlich darum, wem nun das Kloster Rumtek mit all seinen Schätzen gehörte. Die indischen Richter sprachen das Kloster in letzter Instanz den Anhängern Thaye Dorjes zu, aber Urgyen Trinley Dorje, der sowohl vom Dalai Lama als auch von der chinesischen Regierung anerkannt wird, behält weiterhin die wichtige religiöse und politische Führungsrolle des Ordens in seiner Hand. Trotz dieser Anerkennung ist Urgyen Trinley Dorje 1999 aus Tibet geflohen und erhielt im Jahr 2001 ebenfalls Asyl in Indien. Die Spaltung und Auseinandersetzung geht im Exil weiter, obwohl es Stimmen gibt, die eine parallele Anerkennung beider Karmapas als rechtmäßige Nachfolger fordern. Ungewöhnlich wäre das nicht, da die mehrfache Wiedergeburt eines Bodhisattva in seinen verschiedenen Aspekten durchaus möglich ist. Ob es allerdings zu einer solchen Einigung kommen wird, steht in den Sternen, denn bisher haben sich die beiden Karmapas noch nicht einmal getroffen.

Kloster Tsurphu – das Hauptkloster der Karma-Kagyu-Schule

den indischen Tantriker Naropa (956–1040) und den großen tibetischen Yogi Milarepa (1040–1123). Das Kloster ist über eine Schotterpiste durch Felder und kleine Dörfer zu erreichen und dadurch relativ abgeschieden und wenig besucht. Gegründet wurde es 1187 durch den ersten Karmapa Dusum Kyempa (1110–1193). Er hatte 40 Jahre zuvor die Karma-Kagyü-Schule des tibetischen Buddhismus als eigene Linie begründet. Tsurphu avancierte schließlich zum Hauptkloster dieser Schule, deren Einfluss bis ins ferne Kham, dem Geburtsort von Dusum Kyempa, reichte. 1642 wurde das Kloster von den mongolischen Truppen Gushri Khans zerstört. Der 5. Dalai Lama hatte sie ins Land geholt, um sich seiner Gegner in Tsang zu entledigen. Damit konnte die Macht Tsurphus gebrochen werden, aber als spirituelles Zentrum blieb es weiterhin bestehen. Das Kloster wurde in der Kulturrevolution abermals stark zerstört, konnte jedoch wieder an seine Bedeutung als wichtigstes Kloster und spirituelles Zentrum der Karma-Kagyüpa anknüpfen. Die Flucht des Karmapa hat die chinesische Regierung zwar ziemlich irritiert, aber er wurde nicht auf die schwarze Liste gesetzt, und sein Bildnis darf weiter aufgestellt werden.

Neben der üblichen Versammlungshalle mit ihren verschiedenen Lhakhang kann man auch die **Wohnräume des Karmapa** besuchen, die diesen bis zu seiner Flucht als Jugendlichen mit ganz weltlichen Wünschen und Interessen zeigen, und das macht den eigentlichen Reiz Tsurphus aus. So stehen hier in den Regalen nicht nur Sammlungen von Sutren, sondern auch ganz profane Bücher wie der Bildband für Kinder „The World of Dinosaurs". Auf der anderen Seite des Flusses vor dem Kloster zieht sich eine große **Thanka-Wand** den Berg hoch. Hier wird zum großen Klosterfest vom 9. bis zum 11. Tag des vierten Mondes nach dem tibetischen Kalender ein Riesen-Thanka ausgerollt, dazu gibt es Cham-Tänze und natürlich viel Buttertee und Chang.

Hat man genügend Zeit, z. B. wenn man mit einem Landrover gekommen ist, kann man auch die **Tsurphu Kora** laufen. Der Weg ist sehr an-

Trekking von Tsurphu nach Yangpachen

Eine schöne und von Lhasa aus gut zu organisierende Wanderung führt von Tsurphu in drei Tagen nach Yangpachen an der Südostflanke des Nyanchen-Thanglha. Der Weg entführt einen tief in das nomadische Leben: Man durchquert einige Weidegebiete und Lagerplätze der hiesigen Nomaden. Die Gesamtstrecke beträgt rund 60 km. Da man sich durchweg in Höhen von über 4400 m aufhält und bis 5400 m aufsteigt, ist eine gute Akklimatisierung wichtig. Am einfachsten ist es, sich die Tour von einem Reisebüro organisieren zu lassen; sie gehört zum Standardangebot der meisten Büros in Lhasa. Die Kosten belaufen sich auf rund ¥5000 und können durch die Anzahl der Mitreisenden geteilt werden. Im Preis enthalten sind die Yaks fürs Gepäck, Verpflegung, Führer, Zelte und alle Transporte.

strengend, aber wegen der einsamen Lage des Klosters auch sehr schön. Man läuft zunächst vom Kloster aus den Pfad Richtung Westen das Tal hoch und passiert dabei Mauern aus Mani-Steinen. Nach etwa zehn Minuten erreicht man den ummauerten Garten des Karmapa. Hier läuft man rechts hoch auf eine Stätte für Himmelsbestattungen zu. Der Weg ist mit Steinhaufen markiert und führt oberhalb des Klosters nach Osten und wieder ins Tal zurück. Insgesamt benötigt man etwa zwei Stunden. 🕓 tgl. 9–14 Uhr, Eintritt ¥45.

Transport

Zwischen 7 und 8 Uhr morgens fährt vom Barkor-Platz in LHASA ein Pilgerbus (¥25), der sich gegen 14 Uhr wieder auf den Rückweg macht.

Nam Tso

Einen der schönsten Abstecher von Lhasa kann man zum 150 km entfernten, landschaftlich paradiesisch gelegenen Nam Tso machen. Man erreicht ihn über die Ortschaft Damshung, von wo aus eine Teerstraße über den 5190 m hohen **Lhachen-La** zum See führt. Bei Schneefall ist der Pass meistens geschlossen, sodass man in diesem Falle unverrichteter Dinge umkehren muss. Der 1920 km² große **See** liegt 4718 m hoch und ist damit der höchstgelegene Salzsee der Welt. Der Ausflug hierher gehört mit zu den nachhaltigsten Erlebnissen einer Tibetreise. In diesem noch völlig wilden Hochtal mit seiner unbeschreiblichen Stille schrumpfen die umliegenden Fünf- und Sechstausender zu Hügeln. Das Südufer des Sees wird von der 1400 km langen Nyanchen-Thanglha-Kette begrenzt, die hier auch mit dem Nyanchen-Thanglha (7162 m) ihren höchsten Gipfel hat. Man sieht ihn auf der Fahrt nach Damshung einige Kilometer hinter Yangpachen.

Die Jeeps und Minibusse halten alle auf einer großen Freifläche vor einem Felsenberg, in dessen Schatten sich das **Tashi-Dor-Kloster** duckt. Dieses Kloster dient Mönchen und Nonnen der Kagyü- und Nyingma-Schulen als Retreat, das von einigen Tagen bis zu vielen Jahren dauern kann. Man kann diesen mächtigen Felsenberg, der sich auf einer Landzunge in den See schiebt, in etwa einer Stunde auf einem ebenen Weg umrunden. Vom Parkplatz aus führt aber auch eine Treppe hinauf, und wem die Puste nicht ausgeht, den belohnen atemberaubende Ausblicke über das weite Tal.

Der Nam Tso ist einer der heiligsten Seen Tibets, und entsprechend führt natürlich eine **Kora** drum herum. Die vollständige Umrundung nimmt mindestens 18 Tage in Anspruch. Eintritt zum See: April–Okt ¥80, Nov–März ¥60. Der Eintritt muss am Beginn der Passstraße gleich hinter Damshung bezahlt werden.

Übernachtung und Essen

Es gibt eine Handvoll einfacher Unterkünfte und Zeltrestaurants, die aber nur in der Hauptreisesaison von Mitte April bis Mitte Oktober geöffnet haben. Betten in Zelten oder Blechcontainern kosten je nach Dicke der Matratze, (relativer) Sauberkeit und Ausstattung ¥25–70. So schön es ist, hier zu übernachten, man sollte dafür unbedingt ausreichend akklimatisiert sein, da man sich noch mal

Auf dem Weg zum Nam Tso

NAM TSO UND UMGEBUNG

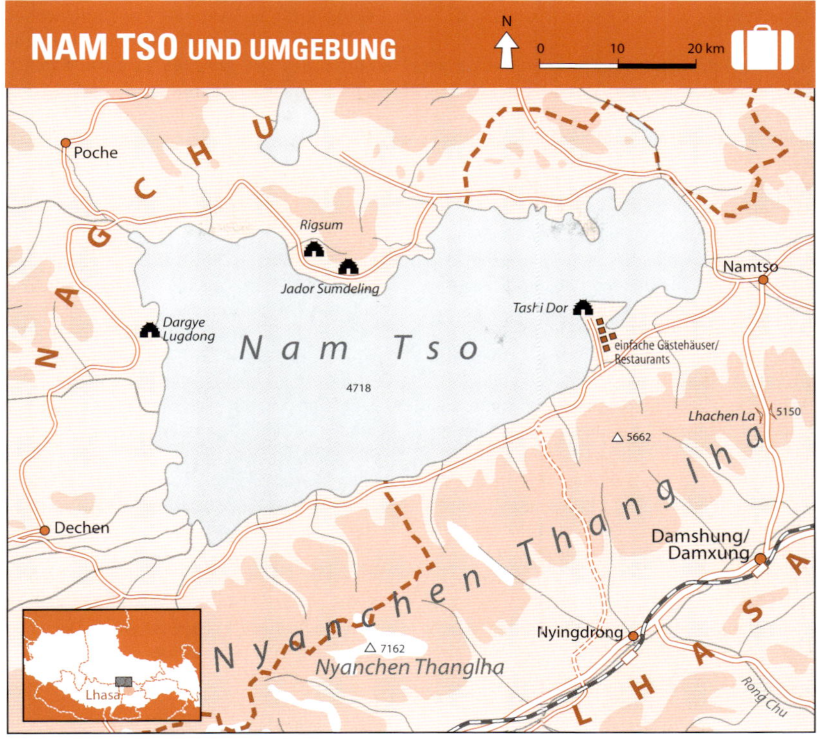

1100 m höher als in Lhasa befindet. Wichtig ist ein eigener, warmer Schlafsack, da die vorhandenen Decken meist nicht ausreichend gegen die nächtliche Kälte schützen.

In Damshung wird normalerweise eine Mittagspause eingelegt.

Transport

Öffentliche Verkehrsmittel zum See gibt es nicht. Am einfachsten und auch am preiswertesten ist es, eine der in vielen Hotels wie den Büros im Kirey-Hotel angebotenen **Minibustouren** zu buchen. Sie kosten ¥100–150. Die einfache Fahrt dauert 4 Std., und da die Minibusse früh (gegen 7 Uhr) abfahren, hat man in der Regel ausreichend Zeit sowohl für die Kora um den Felsen als auch für dessen Besteigung. Auf dem Rückweg werden oft noch die heißen Quellen von Yangpachen besucht, ein Abstecher, der sich jedoch nicht lohnt.

Wer vor Ort übernachten möchte, kann ebenfalls eine Minibustour buchen. Man muss dann mit dem Veranstalter vereinbaren, an welchem Tag man abgeholt werden möchte, damit an diesem Tag genügend Plätze für die Rückfahrt eingeplant werden. Die meisten Büros werden einen Aufschlag von mindestens ¥100 für so ein Arrangement verlangen, aber damit kommt man immer noch deutlich billiger weg, als wenn man einen Jeep chartert.

Lhundrub- und Phenpo-Tal

Nur eine Autostunde von Lhasa entfernt, etwa 70 km nordöstlich, breiten sich die beiden wenig besuchten Täler Lhundrub und Phenpo aus. Hier leben fast zu 100 % Tibeter, man benötigt kein Permit für den Besuch. Es gibt herrliche Täler, alte Klöster, kleine Dörfer und vieles mehr zu entdecken.

Ein guter Ausgangspunkt für Unternehmungen ist die kleine Stadt Lhundrub. Besichtigen kann man hier das **Ganden-Chokhor-Kloster** inmitten der Stadt, das dank seiner freundlichen Mönche und den vielen eindrucksvollen Skulpturen ein intensives Gefühl von Authentizität ausstrahlt.

Von Lhundrub aus kann man drei interessante Klöster besuchen, und zwar Langtang, Nalanda und Shar. Von der Minibusstation in Lhundrub läuft man Richtung Süden über die Brücke, wo die Piste dann am Bewässerungskanal nach Westen abknickt und parallel zu den Bergen verläuft. Das erste Kloster auf dem Weg nach Westen ist **Langtang**. Von Lhundrub aus läuft man etwas 1 1/2 Stunden. Es wurde 1093 als Kloster der Kadampa gegründet, aber später in ein Kloster der Sakyapa umgewandelt. Man erkennt Langtang bereits von Weitem an seinen drei großen Chörten. Drumherum breitet sich ein schönes Dorf aus. Vom Dach des Klosters genießt man einen guten Blick auf den Dukhang.

Wer genügend Zeit hat, kann von Langtang aus in den Nordwesten des Tals zum **Shar-Nonnenkloster** wandern. Die Strecke ist einfach zu laufen und führt über ebene Wege, durch kleine Dörfer und über die Felder, aber für den Hin- und Rückweg sollte man 9 Stunden einplanen. Das Kloster ist unglaublich schön und in einer Nische des Tals versteckt. Besonders eindrucksvoll sind die über 100 gleißend weißen Chörten mit roten Aufsätzen.

Das Kloster wird von vielen Menschen aus der näheren Umgebung, aber auch von Pilgern aus Lhasa, die hier die Kora abwandern, besucht, sodass man genügend Menschen trifft, um nach dem Weg fragen zu können. Auch Shar verfügt über einfache Gästebetten; man kann also entweder hier übernachten oder aber nach Nalanda weiterwandern.

90 Minuten Fußweg von Langtang weiter nach Westen erreicht man das dritte interessante Kloster des Tals, **Nalanda**. Es gehörte früher zu den wichtigsten Lehranstalten in Tibet und wurde 1435 vom Lama Rongtompa (1367–1449), einem Zeitgenossen Tsongkhapas, gegründet. Rongtompas Skulptur ist in einer Glasvitrine in der Haupthalle zu sehen. In dem mit einer Mauer umgebenen Komplex leben 200 Mönche.

Übernachtung und Essen

In Lhundrub gibt es einfache Gästehäuser wie das **Xinxin Zhaodaisuo**, das DZ ohne Bad hat ❶. Etwas besser ist das **Zhengfu Zhaodaisuo**, das DZ mit Bad bietet ❷. Die beschriebenen Klöster verfügen ebenfalls über einige einfache Gästebetten (¥15–25), sodass man auch dort übernachten kann. Das Essen in den Klöstern ist spartanisch, und unterwegs gibt es nichts zu kaufen. Man sollte sich also entweder bereits in Lhasa oder spätestens in Lhundrub mit Verpflegung eindecken.

Transport

Vom Ost-Busbahnhof in LHASA starten laufend Minibusse (¥15, 1 Std.) nach Lhundrub. Der letzte Bus zurück fährt spätestens um 19 Uhr. Wer nur einen Tag Zeit hat und die Klöster im Tal nicht zu Fuß erwandern möchte, kann versuchen, ein Motorrad oder einen Traktor mit Fahrer zu chartern. Für den halbtägigen Trip zu diesen beiden Klöstern zahlt man je nach Verhandlungsgeschick ¥50–100. Ein gecharterter Jeep ab/bis Lhasa kostet etwa ¥400–500.

Taklung

Nördlich von Lhasa kann man noch weitere hochinteressante Klöster besuchen. 120 km von Lhasa entfernt liegt das einstmals bedeutende Kloster Taklung. Es wurde 1180 gegründet und war Sitz der Taglungpa oder Taklung-Kagyüpa, deren Klöster vor allem in Osttibet zu finden sind. Diese Schule war bekannt für ihre strikte Einhaltung der monastischen Regeln. In der Blütezeit des Klosters im 15. Jh. lebten hier über 7000 Mönche. Im 17. Jh. wurde das Kloster nach zahlreichen internen Nachfolgestreitigkeiten von Sera übernommen, erhielt jedoch im 18. Jh. seine Selbstständigkeit zurück. Die Renaissance dauerte allerdings nur bis 1959, und in der Kulturrevolution wurde es bis auf die Grundmauern zerstört.

Heute wird das Kloster langsam wiederaufgebaut und beherbergt wieder einige hundert Mönche. ⌚ morgens bis abends, Eintritt frei

Übernachtung und Essen

Im Kloster gibt es ein spartanisches Gästehaus mit Betten für ¥15. Instantnudeln und Bier gibt es im kleinen Klosterladen.

Transport

Jeden Morgen um 8 Uhr fährt ein Bus vom Ost-Busbahnhof in LHASA nach Reting. Der Bus fährt am Abzweig nach Taklung vorbei. Von hier sind es noch 2,5 km bis zum Kloster. Wer eine Rundfahrt mit dem Jeep nach Reting unternimmt, kann das Kloster in die Tour mit einbauen.

Reting (Rateng)

Das Kloster Rateng steht 195 km nördlich von Lhasa hoch über einem malerischen, grünen Tal und blickt von einem Bergrücken über den Zusammenfluss zweier größerer Flüsse. Das Kloster steht im Herzen eines der größten verbliebenen Wacholderbaum-Wälder Tibets. Über 20 000 Wacholderbäume sollen hier noch wachsen. Die Umgebung gilt als einer der schönsten Flecken Zentraltibets und hat sogar den Dalai Lama zu der Aussage bewogen, dass er, sollte er je nach Tibet zurückkehren, am liebsten in Reting residieren würde.

Das 1056 von Dromtöpa, einem Schüler Atishas, gegründete Kloster Reting wurde das Stammkloster der Kadampa, der Vorgängerschule der Gelugpa, und spielte eine besondere Rolle im tibetischen Buddhismus, da es die Residenz einer Inkarnationslinie von Rinpoches ist, die nach dem Tod des Dalai Lama immer wieder die Regentschaft bis zum Auffinden einer Wiedergeburt ausübten. Der letzte Regent, der auch eine Schlüsselrolle beim Auffinden des 14. Dalai Lama spielte, war in verschiedene politische Intrigen verwickelt und wurde 1947 im Gefängnis ermordet.

Die offizielle chinesische Anerkennung des 7. Reting Rinpoche (geb. 1998) – der 6. starb 1997 – erfolgte übrigens bereits zwei Tage, nachdem der Karmapa das Kloster Tsurphu verlassen hatte, in Lhasa. Der Hintergrund war wohl, dass man möglichst schnell jemanden präsentieren wollte, um zum einen den Gesichtsverlust, den die Flucht des Karmapa der Regierung in Lhasa zugefügt hatte, zu kaschieren und zum anderen möglichst schnell wieder einen hohen Lama unter chinesische Kontrolle zu bekommen.

Übernachtung und Essen

Übernachten kann man im Kloster für ¥35. Im Gästehaus gibt es auch einfaches Essen.

Transport

Von Lhundrub fahren leider keine Busse Richtung Norden nach Phomdo. Man kann aber versuchen zu trampen. Alternativ fährt jeden Morgen um 8 Uhr ein Bus vom Ost-Busbahnhof in LHASA nach Reting. Oder man chartert einen Jeep für eine Rundfahrt durch das Lhundrub- und Phenpo-Tal bis zum Nam Tso. Eine andere Alternative ist die Einbindung von Taklung und Rateng in eine Rundfahrt nach Nam Tso und zu den beiden Klöstern Drigung Thel und Tidrum (s. S. 191-197).

Drölma Lakhang

Trotz seiner eher bescheidenen Ausmaße ist der Drölma Lhakang eines der wichtigsten und vor allem eines der am besten im Originalzustand erhaltenen Klöster Tibets, und allein deshalb lohnt es einen Besuch. Es befindet sich nur etwa 25 km außerhalb von Lhasa im Südwesten, nahe der Straße nach Shigatse. Der Drölma Lhakhang ist eng mit der Geschichte des berühmten bengalischen Gelehrten Atisha verbunden. Ihm ist es auch indirekt zu verdanken, dass das Kloster während der Kulturrevolution nicht zerstört wurde. Die Regierung von Bangladesh hatte Ministerpräsident Zhou Enlai darum gebeten, das Heiligtum zu schützen. Atisha war nach einer gescheiterten Rückkehr von Tibet nach Indien mit seinem Reisegefährten Dromtön (1003–1064) nach Zentraltibet gereist und starb 1054 in Nyetang im von ihm errichteten Drölma Lhakhang. Auf Dromtön geht die Gründung der ersten tibetisch-buddhistischen Lehrtradition, der Kadampa, zurück. Der Drölma Lhakhang wurde 1057 zum ersten Hauptkloster der frisch gebackenen Lehrtradition. Das Kloster ist der Göttin Tara (tib. Drölma) geweiht, der Atisha eine besondere Verehrung entgegenbrachte.

Die weiße Tara, die Atisha im Drölma Lhakhang aufgestellt und verehrt hatte, ist lange verschwunden und durch eine andere Skulptur ersetzt worden. Sie steht in der mittleren Kapelle zusammen mit 21 weiteren Tara-Darstellungen in Form meterhoher Kupferstatuen. Ansonsten ist der Tempel voller Erinnerungsstücke an den berühmten Gelehrten. ◷ morgens bis abends, Eintritt frei

Transport

Der Drölma Lhakhang steht am Kilometerstein 4663 wenige Kilometer hinter dem großen, in den Fels gemeißelten Medizinbuddha am Kilometerstein 4656. Man kann jeden Bus in Richtung Shigatse, Gongkar oder Tsethang nehmen und hier aussteigen. Wer mit dem Jeep unterwegs ist, kann hier ebenfalls problemlos einen Halt einlegen.

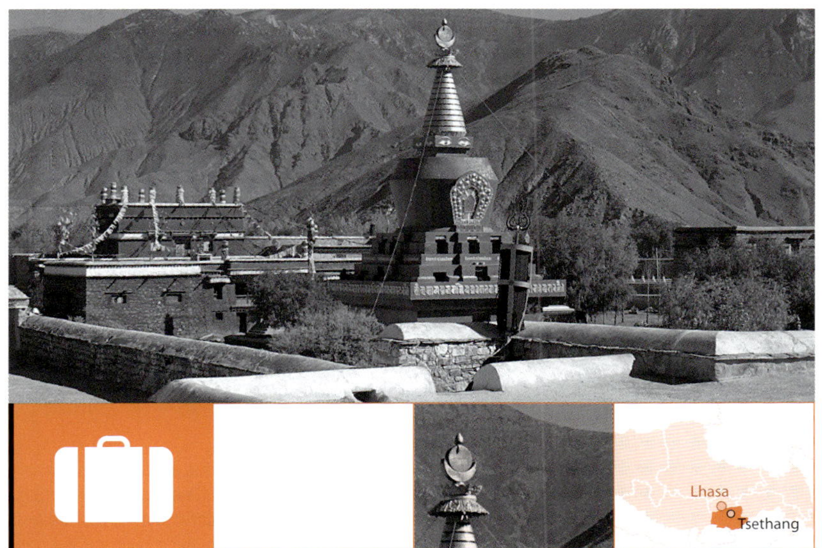

Lhoka

Stefan Loose Traveltipps

Mindroling Seit dem 17. Jh. werden in dem malerisch gelegenen Nyingma-Kloster die Rituale der tibetischen Regierung ausgeführt. S. 207

5 **Samye** Das erste und älteste Kloster Tibets ist ein dreidimensionales Mandala und bildet die buddhistische Vorstellung des Universums ab. S. 208

6 **Yumbulhakhang** Die Tembelburg der frühen Könige gilt als das älteste Bauwerk Tibets und steht imposant über dem Yarlung-Tal. S. 220

Yamdrok Yumtso Der in eine idyllische Landschaft eingebettete heilige See ist der größte Nistplatz für Zugvögel in Südtibet und besticht durch seine türkisblaue Farbe. S. 223

Die Präfektur Lhoka oder Shannan, wie sie auf Chinesisch heißt, hat eine Größe von etwa 79 700 km² und umfasst damit gerade einmal ein Fünfzehntel der Gesamtfläche der Autonomen Region Tibet. Im Süden grenzt Lhoka an Bhutan und Indien, wo China immer noch Anspruch auf das Gebiet von Arunachal Pradesh erhebt (s. S. 117). Für Reisende bedeutet das leider, dass es recht kompliziert sein kann, in der Region umherzureisen. Selbst wer genügend Geld für eine organisierte Fahrt mit allem Drum und Dran hat, muss gelegentlich damit rechnen, dass die Behörden einem das Reisen erschweren oder untersagen.

Lhoka selbst ist früher nie als eigenständiges politisches Gebilde in Erscheinung getreten, sondern war im Osten Teil der Provinz Ü, während der Westen zu Tsang gehörte. Historisch ist die Region dennoch von großer Bedeutung, gilt sie doch als die Wiege der tibetischen Zivilisation. Über die Zeit bis zum Auftritt Songtsen Gampos gibt es kaum Aufzeichnungen, aber dafür umso mehr Mythen. Die geschichtlich fassbare Epoche beginnt mit einem Fürsten namens Tagbu Nyasig, der seine Burg Tagtse, die „Tiger-Spitze", in Chongye in einem Seitental des Yarlung Tsangpo im fruchtbaren Süden Zentraltibets gehabt haben soll. Reste dieser Burg existieren nicht mehr, aber man kann hier noch heute die Königsgräber der Herrscher aus der Zeit vor dem 7. Jh. besuchen. Mit seinem Sohn und Nachfolger Namri Songtsen beginnt die Geschichte dann konkreter zu werden. Bis zum Tod dieses 32. Yarlung-Königs (vermutlich im Jahr 618) war Tsethang die Hauptstadt des tibetischen Kernlands, von dem aus Tibet schließlich zu einem Großreich geeint wurde. Mit der Verlegung der Hauptstadt nach Lhasa verlor Lhoka schnell an politischer Bedeutung. Erst im 14. Jh. machte die südtibetische Region wieder von sich Reden, als die Phagmodrupa in Nedong, heute ein Stadtteil von Tsethang, die Herrschaft über Zentraltibet an sich reißen konnten. Bis Mitte des 16. Jhs. wurde die Wiege der tibetischen Zivilisation noch einmal zum Zentrum der weltlichen Macht über Tibet.

Landschaftlich hat Lhoka einiges zu bieten. Schon die Fahrt durch das weite Tal des Yarlung Tsangpo, das wegen seiner enormen Breite und Länge auch als Einflugschneise für den Flughafen in Gongkar dient, ist ein Erlebnis. Wer auf der südlichen Seite des Stroms über die gut ausgebaute Straße nach Tsethang fährt, durchquert eine überaus fruchtbare Landschaft. Das nördliche Ufer ist dagegen von Sand- und Felswüsten geprägt. Der Süden und Südwesten Lhokas bestehen wiederum aus Waldgebieten und zahlreichen Seen, von denen einige, wie der Lhamo Lhatso und Yamdrok Yumtso, den tibetischen Buddhisten heilig sind.

Durch das Yarlung-Tsangpo-Tal

Die Straße von Lhasa am Südufer des Yarlung Tsangpo entlang nach Osten ist gut ausgebaut und problemlos mit öffentlichen Verkehrsmitteln zu bewältigen, vorausgesetzt man hat die nötigen Permits in der Tasche. Entlang der Strecke gibt es einige wichtige und schön gelegene Klöster zu besichtigen, aber wer der Klöster überdrüssig geworden ist, findet auch schöne Koras und andere Wege zum Wandern. Auf der Piste entlang des wilden, wüstenähnlichen Nordufers fahren keine öffentlichen Verkehrsmittel, und auch die Möglichkeiten zum Trampen sind hier sehr begrenzt. Oft kommt stundenlang kein Fahrzeug vorbei.

Wer einen Jeep gechartert hat, sollte die Fahrt nach Samye über diese Route antreten und kann dann über die asphaltierte Straße zurückfahren.

Gongkar Chöde

Der Name Gongkar wird fast immer nur mit dem größten kommerziellen Flughafen Tibets in Verbindung gebracht, aber bevor hier seit den 1970er-Jahren die ersten Flugzeuge landeten, war der Ort unter den Tibetern für seinen Dzong, den Verwaltungssitz des Distriktgouverneurs, und das Kloster Gongkar Chöde bekannt. Der Dzong wurde während der Kulturrevolution weitgehend zerstört, nur die immer noch mächtigen

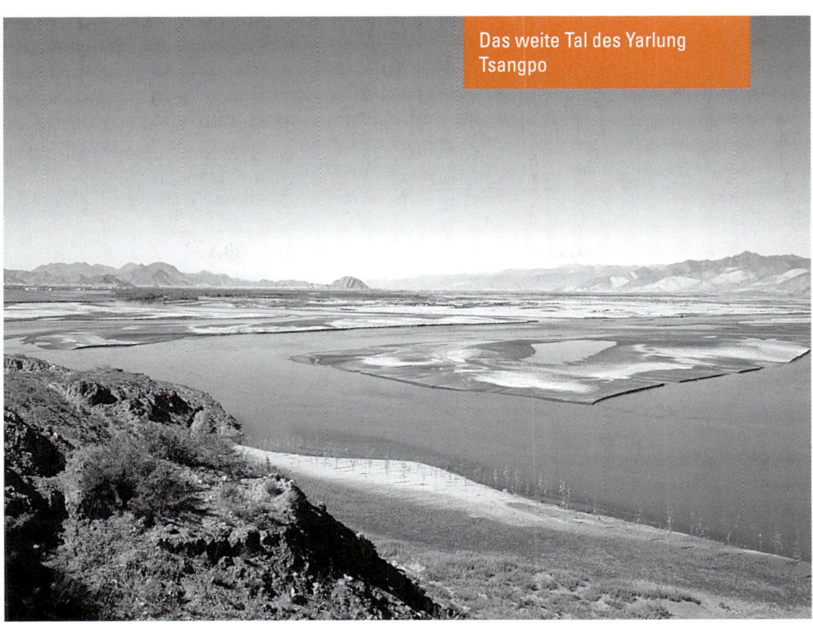

Das weite Tal des Yarlung Tsangpo

Ruinen sind zu sehen. Das 1464 gegründete Kloster wurde hingegen teilweise wiederaufgebaut. Die Haupthalle blieb wohl nur deshalb erhalten, weil sie in dieser zerstörerischen Zeit als Getreidesilo genutzt wurde. Gongkar Chöde bedeutet so viel wie „Dharma-Gemeinschaft von Gongkar". Es ist das bedeutendste Sakya-Kloster im Großraum Lhasa und in Südtibet.

Neben den Skulpturen des Klostergründers Dorje Denpa (1432–1496), Shakyamunis und der Gründer und Hierarchen der Sakyapa sind besonders die Wandmalereien von Khyentse Chenmo (geb. 1524) interessant. Man kann sie in den Kapellen rund um die Haupthalle bewundern. Der aus Gongkar stammende Kyentse Chenmo war der Begründer der sogenannten Khyenri-Stilrichtung, eine von sechs großen Kunsttraditionen Tibets im 16. Jh. Diese ist durch eine schwärmerische Freiheit der Linienführung und gedämpfte, dunkle Farben charakterisiert. Sie verschmolz schon bald mit der von Menlha Thondup, einem berühmten Künstler aus Südtibet, begründeten Menri-Tradition, die chinesische Kunstelemente, wie sie zur Zeit der mongolischen Yuan-Dynastie in China populär waren, in die tibetische Kunst integrierte. Für den Laien ist es allerdings fast aussichtslos, den chinesischen Einfluss in den prachtvollen Wandmalereien zu identifizieren. Auch in der zweiten Etage sind die Wände von Malereien bedeckt. Einige der Bilder zeigen den ursprünglichen Grundriss des Klosters. 🕓 tgl. ab ca. 9–17 Uhr. Eintritt ¥20.

Übernachtung und Essen

Einen Besuch des Klosters kann man gut mit dem Abflug vom oder der Ankunft am Flughafen verbinden. So kann man am Tag vor dem Abflug nach Gongkar fahren (Achtung: nicht nach Gongkar Xian, der Kreisstadt Gongkar, fahren, die liegt noch mal 9 km östlich vom Flughafen), von dort aus das Kloster besuchen und dann am Flughafen in einem der zahlreichen Hotels übernachten. Die meisten Unterkünfte verlangen ¥30–50 für ein einfaches DZ. Essen kann man in einem der Lokale, die die Straße zum Flughafen säumen.

LOKHA/SHANNAN

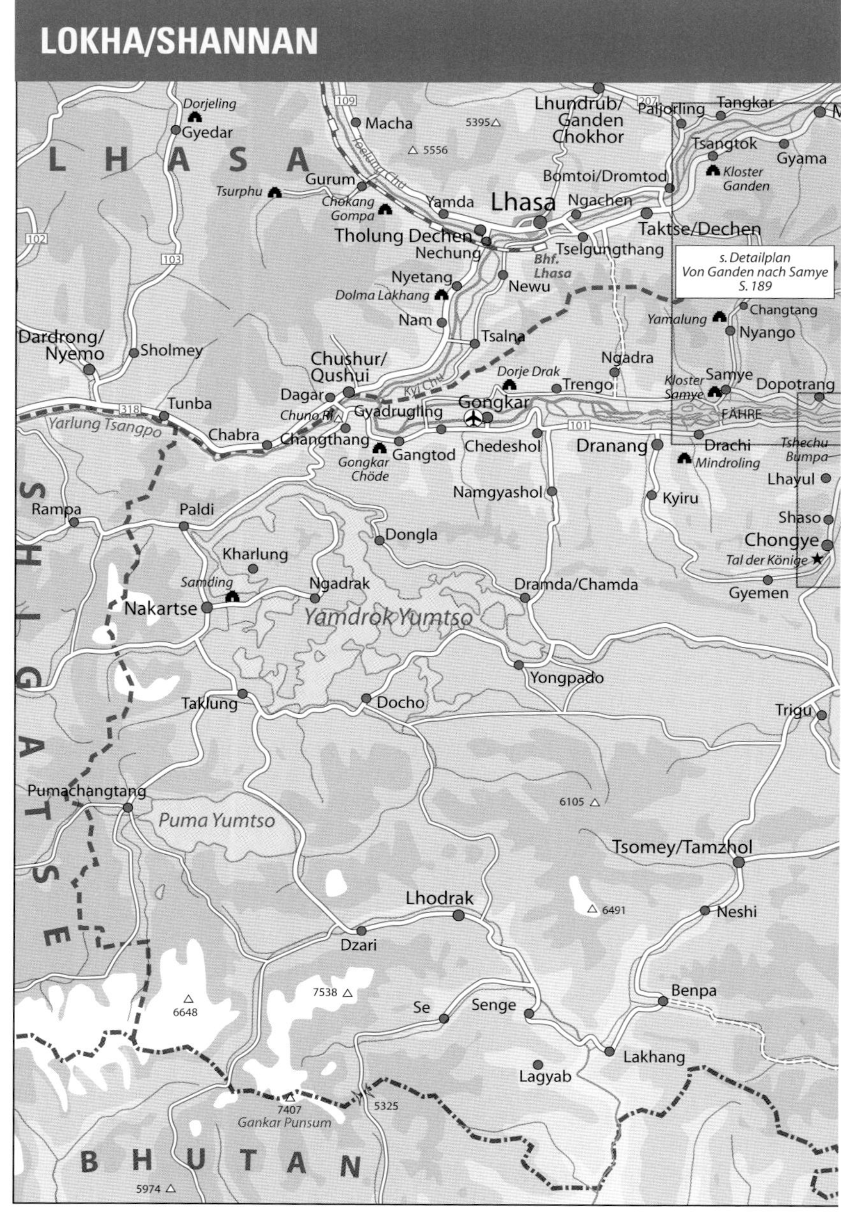

LHASA
SHIGATSE
BHUTAN
Dorjeling
Gyedar
Macha
5395
5556
Lhundrub/ Ganden Chokhor
Paljorling
Tangkar
Tsangtok
Gyama
Kloster Ganden
Gurum
Tsurphu
Chokang Gompa
Yamda
Lhasa
Ngachen
Bomtoi/Dromtod
Taktse/Dechen
Tholung Dechen
Nechung
Tselgungthang
Bhf. Lhasa
s. Detailplan Von Ganden nach Samye S. 189
Nyetang
Dolma Lakhang
Newu
Nam
Tsalna
Yamalung
Changtang
Nyango
Dardrong/ Nyemo
Sholmey
Chushur/ Qushui
Ngadra
Dorje Drak
Trengo
Kloster Samye
Samye
Dopotrang
Dagar
Tunba
Kyi Chu
Gongkar
Yarlung Tsangpo
Chuno Ri
Gyadrugling
FÄHRE
Chabra
Changthang
Chedeshol
Dranang
Drachi
Tshechu Bumpa
Gangtod
Gongkar Chöde
Mindroling
Lhayul
Namgyashol
Kyiru
Rampa
Paldi
Shaso
Dongla
Chongye
Kharlung
Tal der Könige
Samding
Ngadrak
Dramda/Chamda
Gyemen
Nakartse
Yamdrok Yumtso
Yongpado
Taklung
Docho
Trigu
Pumachangtang
6105
Puma Yumtso
Tsomey/Tamzhol
Lhodrak
6491
Neshi
Dzari
Benpa
6648
7538
Se
Senge
Lakhang
Lagyab
7407
Gankar Punsum
5325
5974
102
103
109
207
318
101

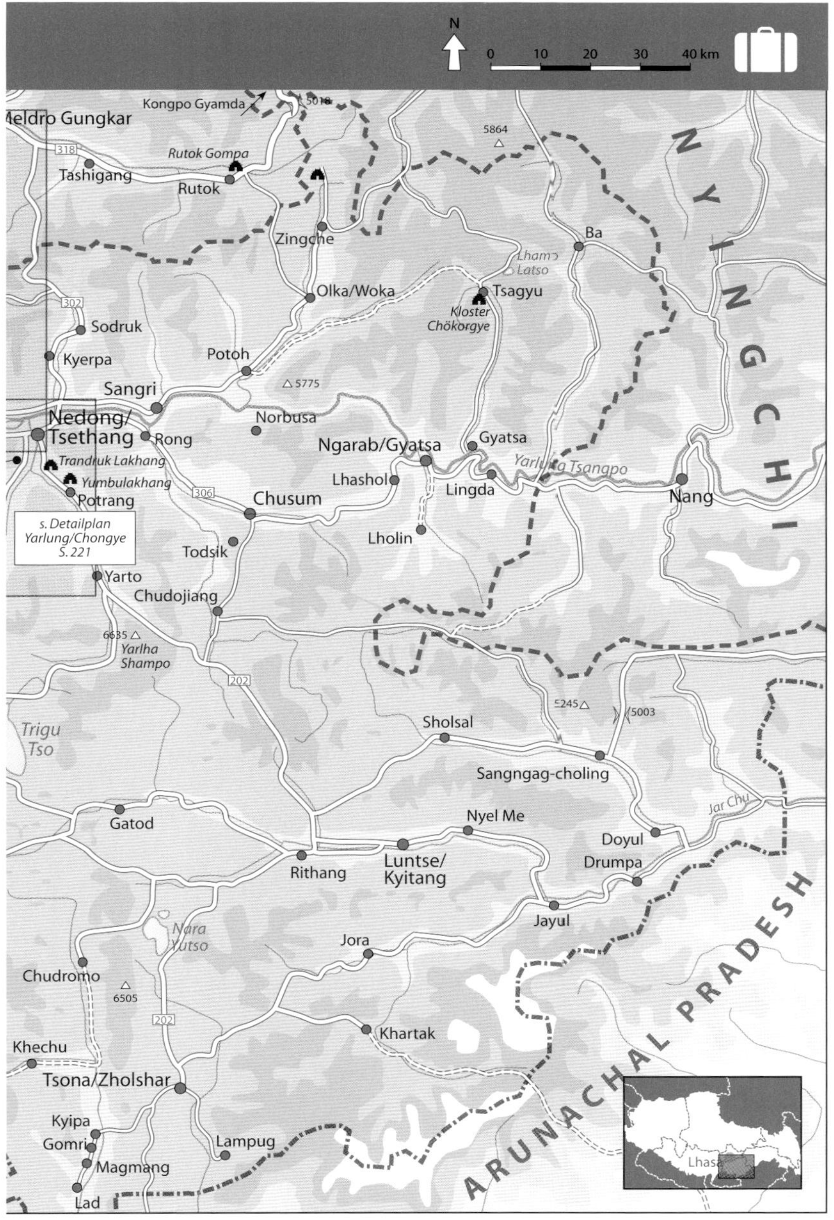
N
0 10 20 30 40 km
Meldro Gungkar
Kongpo Gyamda
5018
318
Rutok Gompa
Tashigang
Rutok
5864
NYINGCHI
Zingche
Ba
Lhamo Latso
302
Olka/Woka
Tsagyu
Kloster Chökorgye
Sodruk
Kyerpa
Potoh
5775
Sangri
Nedong/ Tsethang
Rong
Norbusa
Ngarab/Gyatsa
Gyatsa
Trandruk Lakhang
Yumbulakhang
Potrang
Lhashol
Lingda
Yarlung Tsangpo
Nang
306
Chusum
s. Detailplan Yarlung/Chongye S. 221
Lholin
Todsik
Yarto
Chudojiang
6635
Yarlha Shampo
202
5245
5003
Trigu Tso
Sholsal
Sangngag-choling
Jar Chu
Gatod
Nyel Me
Doyul
Rithang
Luntse/ Kyitang
Drumpa
Jayul
Nara Yutso
Jora
Chudromo
6505
202
Khartak
ARUNACHAL PRADESH
Khechu
Tsona/Zholshar
Kyipa
Gomri
Lampug
Magmang
Lad
Lhasa
Lhoka

Hangkong Binguan, Flughafenzufahrt, Ecke Hauptstraße, ✆ 0891/6182109. Einfaches Flughafenhotel mit schäbigen Zimmern. ❶

Airport Hotel (Jichang Binguan), Flughafen Gongkar, ✆ 0981/6246608. Das Hotel am Terminal-Gebäude ist deutlich besser als das Hangkong und bietet saubere Zimmer, eben solche Bäder und vor allem heißes Wasser zum Duschen. ❸

Sonstiges

Wer mit dem Flugzeug aus Nepal gekommen ist und noch chinesisches Geld benötigt, kann die Zufahrtsstraße etwa 200 m nach Süden Richtung Hauptstraße laufen. Hier gibt es auf der östlichen Straßenseite eine **Bank of China**, ◷ Mo–Fr 9.30–17.30, Sa, So 11–16 Uhr, und einen Geldautomaten. Gleich gegenüber befindet sich auch eine kleine **Post**.

Transport

Das Kloster Gongkar Chöde liegt etwa 10 km westlich vom Flughafen. Ein Taxi oder gecharterter Minibus von dort zum Kloster kostet etwa ¥40. Von Lhasa oder Tsethang fahren laufend Busse am Flughafen vorbei.

Dorje Drak

Das Kloster Dorje Drak gehört zu den sogenannten „Sechs großen Sitzen" der Nyingmapa (die anderen sind Mindroling, Kathok, Palyul, Dzogchen und Shechen, wobei die letztgenannten vier Klöster im autonomen Bezirk Garze in Sichuan stehen). Neben Mindroling ist es eines der beiden wichtigsten Nyingma-Klöster in Südtibet und Hauptsitz der Übertragungslinie der „Nördlichen Schätze". Diese „Schätze" (Termas), die aus Belehrungen und meditativen Praktiken bestehen, wurden nach ihrem Auffinden in jeweils eigenen ununterbrochenen Guru-Überlieferungsreihen weitergegeben. Entsprechend ist natürlich auch die Übertragungslinie der Nördlichen Schätze eine eigene, aus einem Zyklus tantrischer Belehrungen bestehende buddhistische Lehrtradition innerhalb der Nyingma-Schule. Sie entstand im 14. Jh. und erhielt ihren Namen sehr wahrscheinlich vom Fundort der ihr zugrundeliegenden Termas (s. S. 207, Mindroling) nördlich vom Kloster Samye nahe dem Gipfel des Berges Riwo Trabzang. Der Entdecker der Nördlichen Schätze ist Rigdzin Gödem (1337–1409). Er gilt als eine Reinkarnation von Nanam Dorje Dudjom, einem der 25 Hauptschüler Padmasambhavas. Rigdzin Gödem wurde auch als Mahavidyadhara (Rigdzin Chenpo) bekannt, und dieser Titel wird seither von jeder seiner Inkarnationen getragen.

Ngagi Wangpo, der 3. Rigdzin Chenpo (1580–1639), gründete 1610 das Kloster Thubten Evam Chogar Dorje Drak an seinem heutigen Platz. Es hatte vom Start weg bereits 2000 Mönche, und Ngagi Wangpo wurde der erste Abt. Den Standort hatte er mit Bedacht ausgewählt: Der Felsberg hinter dem Kloster wies einen Fußabdruck von Padmasambhava sowie ein natürlich geformtes, gekreuztes Vajra auf und galt den Bewohnern der Region daher schon lange als heilig. Den beiden Glück verheißenden Zeichen zu Ehren wurde das Kloster Dorje Drak (Vajra-Fels) genannt. Der ausführlichere Name des Klosters Thubten Evam Chogar Dorje Drak ist eine Mischung aus diesem Namen und dem Originalnamen des Ursprungsklosters, das an einem anderen Ort gestanden hatte.

Das Interessanteste an diesem Kloster ist sicher seine malerische, abgeschiedene Lage inmitten einer kleinen Oase in der Sandwüste am Nordufer des Tsangpo. Da es kaum besucht wird, herrscht hier eine völlige Stille, und man kann in etwa 1 1/2 Stunden die Kora um das Kloster, die um den Vajra-Fels herum führt, laufen.

Übernachtung und Essen

Eine Übernachtung im Gästehaus des Klosters (¥15) macht nur Sinn, wenn man nicht mit dem gecharterten Jeep, sondern mit der Fähre gekommen ist und genügend Zeit für die Kora haben möchte. Im Klosterladen gibt es Instantnudeln zu kaufen. Ansonsten muss man sich etwas zu essen mitbringen.

Transport

Öffentliche Verkehrsmittel fahren nicht an Dorje Drak vorbei. Wer mit einem gecharterten **Jeep** im Yarlung-Tsangpo-Tal unterwegs ist, sollte den Fahrer bitten, auf dem Weg nach Samye am Nordufer des Yarlung Tsangpo entlang zu

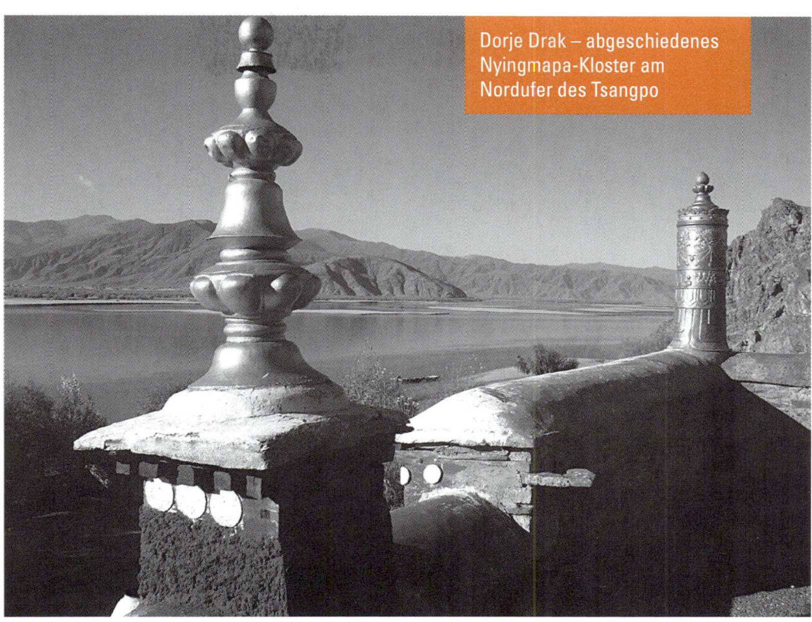
Dorje Drak – abgeschiedenes Nyingmapa-Kloster am Nordufer des Tsangpo

fahren. Die Piste führt direkt am Kloster vorbei. Auf dieser Strecke herrscht so gut wie kein Verkehr, sodass Trampen kaum Sinn macht. Man kann auch von LHASA oder TSETHANG mit einem regulären **Bus** entlang der südlich am Yarlung Tsangpo verlaufenden Straße fahren und am Kilometerstein 112 aussteigen. Am Morgen und Nachmittag gibt es von hier eine **Fähre** (¥3, 30 Min.) über den Fluss zum Kloster. Die Abfahrtszeiten sind allerdings nicht festgelegt. Wer nicht den halben Tag wartend am Anleger verbringen möchte, kann für ¥60 ein Boot chartern.

Mindroling

Auf dem Weg nach Tsethang passiert man etwa 50 km vor der Stadt bei der Ortschaft Dranang einen Abzweig, von dem aus eine 8 km lange Piste in Richtung Süden zum Nyingma-Kloster Mindroling führt. Die im 10. Jh. entstandene Nyingma-Schule („Schule der Alten") ist eine der wenigen Schulrichtungen, die an die alte, im 9. Jh. verbotene und untergegangene Form des Buddhismus anknüpfte. Sie sieht den aus Indien stammenden tantrischen Yogi Padmasambhava als ihren wichtigsten Lehrer an. Das Auffallendste an seiner Lehrauslegung war, dass er negative Mächte und Eigenschaften nicht ausgrenzte, sondern durch Wandlung und Sublimierung zu hilfreichen Triebkräften des buddhistischen Heilswegs machte. So wird ihm zugeschrieben, dass er Dämonen und Götter unterwarf und sie dann in Schutzgottheiten der buddhistischen Lehre (Dharmapalas) verwandelte. Er soll eine Vielzahl seiner Schriften an verschiedenen Orten Tibets versteckt haben, damit sie erst, wenn die Zeit reif für ihr Verständnis wäre, aufgefunden und gedeutet würden. Vor allem die Nyingma-Schule betrachtet dieses apokryphe Schrifttum (Termas = „Schätze"), das nach und nach „wiedergefunden" wurde – und wird –, als maßgeblich. Bekanntestes Werk der Termas ist das berühmte Tibetische Totenbuch. Die Entdecker der Termas nennt man Tertön, die Terma-Traditionen werden meist nach der geografischen Lage der Fundorte der Termas als Traditionen der Mittleren (oder Zentralen), Südlichen oder Nördlichen Schätze bezeichnet.

Mindroling ist das wichtigste Nyingma-Kloster der Südlichen Schätze-Tradition. Terdag Lingpa Gyurme Dorje, der auch als Terchen Chökyi Gyalpo (1646–1719) bekannt ist, gründete es im Jahre 1676. Terdag Lingpa war einer der großen Tertöns der Nyingma-Tradition und ein Lehrer des Fünften Dalai Lama Ngawang Losang Gyatso. Dieser hatte ihn mit der Befugnis und allen notwendigen Ressourcen ausgestattet, um das Kloster zu gründen. Ab seiner Gründung hatte Mindroling auch die Verantwortung dafür, wichtige Rituale für die tibetische Regierung auszuführen. Der Zweig des Klosters, der im indischen Exil in Dheradun neu gegründet wurde, führt diese Funktion weiterhin für die tibetische Exilregierung aus.

Das Amt des Thronhalters (Minling Trichen) von Mindroling wurde von Vater zu Sohn weitergereicht. Der 11. Minling Trichen starb 2008 im indischen Exil. Auch das Amt des Abtes wurde vom Vater auf den Sohn übertragen. Der erste Abt von Mindroling war Gyelse Tenpay Nyima, der Bruder von Terdag Lingpa. Damit waren alle Thronhalter und Äbte des Klosters Mindroling Verwandte von Terdag Lingpa.

Der Schwerpunkt des Studiums in Mindroling liegt natürlich auf den Texten der Südlichen Schatztext-Tradition, darunter zahlreiche Sutra- und Tantra-Texte, die eine bis auf Terdag Lingpa zurückgehende Kommentarlinie haben. Daneben ist Mindroling aber auch ein Zentrum für das Studium und die Praxis der traditionellen buddhistischen Wissensfelder der Medizin, der Astrologie und der Grammatik.

Der Klosterkomplex befindet sich oberhalb des Dorfes und ist aus dem charakteristischen bräunlichen Bruchstein der Region erbaut. In der **Haupthalle**, dem Tsuglakhang, sieht man eine große Skulptur Shakyamunis, die Acht Großen Bodhisattvas und links einen Chörten, der feindliche magische Kräfte unterdrücken soll, sowie rechts einen Chörten als Symbol der Erleuchtung. In der linken Seitenkapelle des Tsuglakhang stehen u. a. die Skulpturen von Padmasambhava und Terdag Lingpa, dem Klostergründer, der an seinem weißen Bart zu erkennen ist. Auf der rechten Seite befindet sich der Gönkhang mit einer Skulptur der Durtrö Lhamo. Sie wird hier in ihrem Aspekt als Herrin der Leichenäcker (Durtrö heißt so viel wie „Begräbnisacker") dargestellt und ist die Beschützerin der Termas. Im Obergeschoss passiert man weitere Lhakhangs und kann schließlich auf das Dach klettern, von wo aus man einen schönen Blick über das Dorf und das Tal hat. 🕓 ab ca. 9 Uhr bis Sonnenuntergang, Eintritt ¥25.

Übernachtung und Essen

Wer hier übernachten will, kann das im überaus einfachen Gästehaus des Klosters tun. Ein Bett im Schlafsaal kostet ¥15. Man sollte allerdings einen eigenen Schlafsack mitbringen, da die Bettwäsche hier nicht gewechselt wird. Im Dorf zu Füßen des Klosters kann man Kleinigkeiten zu essen kaufen.

Transport

Mindroling lässt sich unkompliziert als Abstecher auf einer **Jeeptour** nach Samye und Tsethang einschieben. Man kann aber auch am Morgen gegen 8 Uhr mit einem **Pilgerbus** ab dem Busbahnhof in TSETHANG nach Mindroling fahren (¥10). Der Bus fährt am Nachmittag zurück. Oder man fährt mit einem **Überlandbus** entlang der Straße Tsethang–Lhasa und steigt auf Höhe des Kilometersteins 147 in der Nähe von Dranang aus. Ein englischer Wegweiser weist den Weg von der Landstraße nach Mindroling. Mit ein wenig Glück kann man die restlichen 8 km zum Kloster auch trampen.

5 HIGHLIGHT

Samye

Etwa 30 km westlich von Tsethang befindet sich nahe der Straße die Fähranlegestelle für die Überfahrt über den Tsangpo nach Samye. Nach dem Übersetzen führt der Weg nach etwa zehn Minuten Fahrt an **fünf weißen Stupas** vorbei, die an die erste Begegnung zwischen Trisong Detsen und Padmasambhava erinnern. Trisong Detsen hatte sich geweigert, dem großen, von ihm ins Land geholten Lehrer zu huldigen, woraufhin dieser fünf Flammen an seinen Fingerspitzen aufflammen ließ und Trisong Detsen, nun doch ergriffen von Ehrfurcht vor Padmasambhava, sich niederwarf und zum Gedenken an dieses Ereignis die fünf Stupas errichten ließ.

Nach weiteren 3 km erreicht man **Samye** (die „über alle gedankliche Vorstellung Hinausgehende"), das älteste Kloster Tibets, das man schon von Weitem an seinem prachtvollen goldenen Dach erkennt. Erbaut wurde es zwischen 762 und 779 in der Regierungszeit von König Trisong Detsen. Die in ihrer Gesamtkomposition an ein dreidimensionales Mandala erinnernde Architektur orientiert sich vermutlich an einem indischen Tempel in Odantapuri in Bihar. Der äußere Grundriss Samyes basiert auf der Abhidharma-Tradition, gemäß der der Weltenberg Sumeru von vier Kontinenten und acht Nebenkontinenten umgeben wird. In Anlehnung an diese indische Lehre vom Aufbau des Universums symbolisieren die vier farbigen Stupas die Zwischenhimmelsrichtungen, gleichzeitig deuten sie den Weltenberg Sumeru an. Der **Haupttempel Ütse** im Zentrum symbolisiert den Palast, der den Weltenberg krönt, und die ihn umgebenden zwölf Tempel stehen für die vier Kontinente (Ling) mit ihren jeweiligen zwei Nebenkontinenten (Ling-tren). Während auf dem Berg Sumeru die Götter residieren, müssen die Menschen auf den vier Kontinenten leben, die wie riesige Inseln im Ozean treiben. Der Sumeru selbst ist für die Menschen auf den Kontinenten nicht zu sehen, daher wird er von den vier Chörten auch nur angedeutet. Zwei kleinere Tempel südlich und nördlich des Ütse symbolisieren Sonne und Mond. Jedes der Weltsysteme, von denen es im Universum unendlich viele gibt, wird von einem Eisenwall umringt, der in Samye durch eine den ganzen Klosterkomplex umschließende runde Mauer versinnbildlicht wird. Gekrönt wird die Mauer von 1008 kleinen Chörten, die Chakravala, einen das Universum umspannenden Gebirgsring, symbolisieren.

Samye avancierte zu einem wichtigen religiösen und politischen Zentrum, nachdem 779 der Buddhismus offiziell zur Staatsreligion wurde. Zwischen 792 und 794 fand hier das folgenreiche Konzil von Samye statt (s. S. 114). Aus dem heftig ausgetragenen Disput um die einzuführende Form des Buddhismus – die chinesische Schule des Chan (Beschauungsschule) kontra Tantraschule – ging die indische Tantraschule schließlich als Sieger hervor. 🕓 Klosterareal tgl. 7–18 Uhr. Der Zugang zum Gelände ist frei.

Ütse

Samyes zentrales Bauwerk ist der weithin sichtbare dreistöckige Ütse. Der genaue Name lautet eigentlich Ütse Rigsum, was so viel wie „Dächer in Stilrichtungen" bedeutet. Der Name ist ein Verweis darauf, dass das Hauptheiligtum in drei unterschiedlichen Architekturstilen errichtet worden ist. Der untere Teil orientierte sich an chinesischer Architektur, der mittlere repräsentierte einen indischen Stil und der obere Teil wurde in der Architektur Khotans erbaut, eines mächtigen zentralasiatischen Königreichs am Nordwestrand Tibets, das noch bis ins 10. Jh. buddhistisch war. Bedingt durch zahlreiche Zerstörungen infolge von Kriegen, Feuern und Erdbeben wurde der Ütse allerdings immer wieder neu aufgebaut. Mittlerweile können selbst Experten nicht mehr genau rekonstruieren, welche Etage in welchem Stil errichtet wurde, insbesondere weil der Stil Khotans später durch tibetische Architektur, die wiederum mit indischen und chinesischen Elementen vermischt war, abgelöst wurde. Jedes Geschoss besteht aus zwei Zwischengeschossen, sodass man faktisch durch sechs Etagen nach oben steigt.

Der Haupteingang zum Ütse liegt im Osten. Links vor dem Haupteingang steht eine 5 m hohe **Stele** aus dem Jahr 779. Auf ihr hatte Trisong Detsen sein berühmtes Edikt eingravieren lassen, in dem er den Buddhismus zur Staatsreligion erhob. Hinter dem Eingangstor kann man den Ütse zunächst über den Umwandlungsgang mit seinen zahlreichen Gebetsmühlen umrunden oder gleich hineingehen. Der Osteingang führt in die **Große Versammlungshalle**. Auf der linken Seite sieht man eine Skulptur des berühmten Universalgenies Tangtong Gyelpo (s. S. 253), der sich selbst als „verrückten Heiligen" bezeichnet hatte und als dickbäuchiger Siddha (ein Heiliger, der höhere tantrische Verwirklichungsstufen erreicht hat) mit langem Haar dargestellt wird. Weitere Skulpturen zeigen Butön, den Gründer des Klosters Shalu, Shantarakshita, Kamalashila, den Verfechter der indischen Richtung beim Streitgespräch von Samye, zwei Schüler Padmasambhavas, Trisong Detsen und Songtsen Gampo. In weiteren Schreinen stehen bedeutende Lamas der wichtigsten tibetischen buddhistischen Schulrichtungen, darunter der Übersetzer Vairocana, einer der ersten sieben Mönche Tibets, drei wichtige Kadampa-Lamas des 11. Jhs. und andere. Auf der Rückseite der Versammlungshalle führen Treppen zur heiligsten Kapelle Samyes, den erhöht liegenden **Jobo Khang**. Die große, 4 m hohe Statue des Shakyamuni im Zentrum soll während der Bauzeit des Klosters auf dem nahe gelegenen Hepo Ri von selbst entstanden sein. An den Wänden reihen sich die Statuen der Bodhisattvas der Zehn Richtungen und der zwei Schutzgottheiten Hyagriva und Acala auf. Man kann das Sanktuarium über einen dunklen Gang umrunden. Auf der rechten Seite der Versammlungshalle kann man noch einen Blick in den **Gönkhang** werfen, der ausschließlich von vorbuddhistischen Schutzgottheiten bevölkert wird. Diese Dämonen und Ungeheuer wurden dank Padmasambhavas Wirken dem buddhistischen Pantheon einverleibt. Links vom Haupteingang kann man dem **Chenresig-Lhakhang** einen Besuch abstatten, in dem eine faszinierende tausendarmige Skulptur von Avalokiteshvara steht.

Links vom Haupteingang führen auch die Treppen in das erste Obergeschoss hinauf. Hier befindet sich direkt über dem Jobo Khang der Schrein für Padmasambhava. Flankiert wird er u. a. von Amitayus auf der linken und Shakyamuni auf der rechten Seite. Schön sind auch die Wandmalereien auf dieser Etage. Die Wände des umlaufenden Korridors zeigen die 25 Schüler des Padmasambhava, die verschiedenen Erscheinungsformen des Guru Rinpoche, aber auch Darstellungen des 5. und 7. Dalai Lama und des mongolischen Herrschers über Tibet, Gushri Khan. Wenn man Glück hat, ist das Zimmer des Dalai Lama geöffnet. Das 2. Obergeschoss besteht aus dem **Vairocana Lhakhang**, der in der Mitte ein plastisches Mandala von 36 Gottheiten, die um einen zentralen Vairocana gruppiert sind, enthält. Über eine steile Stiege kann man noch ins **Dachgeschoss** aufsteigen. Diese Kapelle enthält gewissermaßen das Herz Samyes, eine Statue Kalachakras (s. S. 128), ist allerdings meist geschlossen. Dafür hat man von oben einen schönen Blick über das Kloster. ◷ tgl. 8–17.30 Uhr, Eintritt: ¥40.

Die Ling und Chörten

Einige der 12 in der Kulturrevolution zerstörten Ling-(Kontinent)-Tempel sind mittlerweile restauriert worden. Man kann sie auf einem ausführlichen Spaziergang, der am Osttor beginnend im Uhrzeigersinn durch den Klosterkomplex führt, anschauen. Leider sind einige Bauwerke eher lieblos wiederaufgebaut worden, so die vier farbigen Chörten, die einfach nur aus Beton gegossen und angepinselt wurden.

Gleich am Osttor steht der **Jampal Ling**, der Kontinent Manjushris. In dieser Kapelle wurde ursprünglich der Dharma gelehrt. Südlich davon schließt sich der **Tsangmang Ling** an. Anfangs diente er den Mönchen als Speisesaal, später beherbergte er die Druckerpresse des Klosters. Hinter dem Monastery Guesthouse ragt als Nächstes der **Weiße Chörten** in die Höhe. Er repräsentiert die Tradition des ursprünglichen Buddhismus, den Hinayana- bzw. Theravada-Buddhismus. Südlich des Chörten schließt sich der **Shetekhang** mit einem Debattierhof an. Dieses Gebäude dient als Lehrinstitut und Unterkunft für die Mönche.

Am Südtor steht der restaurierte **Aryapalo Ling** (Hyagriva-Kontinent), der der Schutzgottheit Hyagriva geweiht ist. Hierher kommen die Gläubigen, um ihre Sünden zu beichten und für ein besseres Karma zu opfern. Das Gebäude wurde noch vor der eigentlichen Gründung Samyes errichtet und diente während des Konzils von Samye als Unterkunft für die indischen Gelehrten. Nördlich vom Aryapalo Ling stand ursprünglich der **Sonnen-Tempel**. Links der Ruinen dieses Tempels passiert man den **Roten Chörten**. Der eigentliche Name lautet „Rad des Dharma"; er steht für die Maha-Bodhisattva-Tradition (die Tradition transzendenter Bodhisattvas, die erlösende Weisheit erlangt haben und nicht mehr in den Kreislauf der Wiedergeburten zurückfallen können) im Mahayana. Links vom Aryapalo Ling

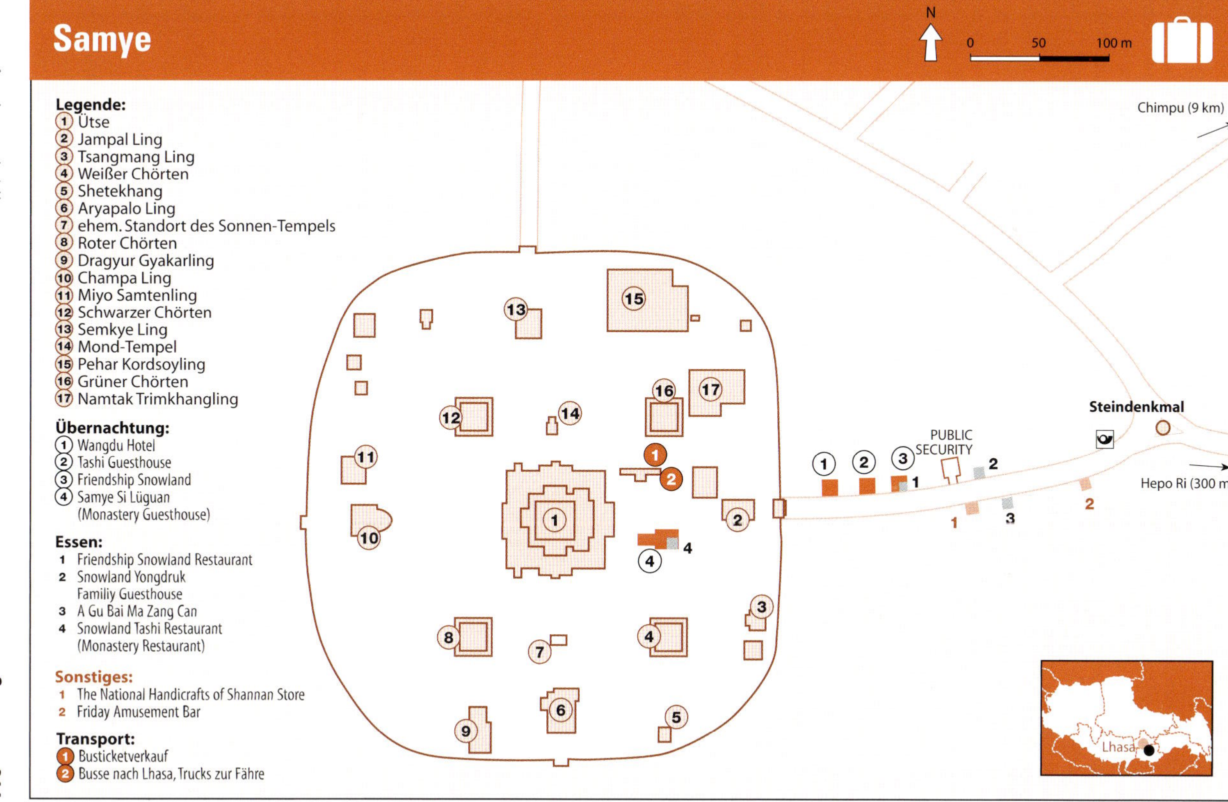
Samye
N
0
50
100 m
Legende:
1 Ütse
2 Jampal Ling
3 Tsangmang Ling
4 Weißer Chörten
5 Shetekhang
6 Aryapalo Ling
7 ehem. Standort des Sonnen-Tempels
8 Roter Chörten
9 Dragyur Gyakarling
10 Champa Ling
11 Miyo Samtenling
12 Schwarzer Chörten
13 Semkye Ling
14 Mond-Tempel
15 Pehar Kordsoyling
16 Grüner Chörten
17 Namtak Trimkhangling
Übernachtung:
1 Wangdu Hotel
2 Tashi Guesthouse
3 Friendship Snowland
4 Samye Si Lüguan (Monastery Guesthouse)
Essen:
1 Friendship Snowland Restaurant
2 Snowland Yongdruk Familiy Guesthouse
3 A Gu Bai Ma Zang Can
4 Snowland Tashi Restaurant (Monastery Restaurant)
Sonstiges:
1 The National Handicrafts of Shannan Store
2 Friday Amusement Bar
Transport:
1 Busticketverkauf
2 Busse nach Lhasa, Trucks zur Fähre
Chimpu (9 km)
Steindenkmal
PUBLIC SECURITY
Hepo Ri (300 m)
Lhasa

steht der **Dragyur Gyakarling**. Er diente als Übersetzungszentrum für die in Sanskrit abgefassten buddhistischen Texte ins Tibetische. So wurden hier u. a. das Tripitaka und die vier Tantras übersetzt. Am Westeingang gelangt man zum **Champa Ling**, der dem Zukunftsbuddha Maitreya geweiht ist. An diesem Ort fand das große Streitgespräch zwischen chinesischen und indischen Mönchen statt. Später wurden hier besonders begabte Mönche unterwiesen. Auf der rechten Seite sieht man übrigens ein Wandbild, dass die ursprüngliche Anlage Samyes zeigt. Nördlich schließt sich der **Miyo Samtenling** an. Diese Kapelle dient seit alters für Meditationen und Retreats und wurde zum Gedenken an Trisong Detsen und die 25 Schüler des Padmasambhava erbaut. An die wiederaufgebaute Hauptkapelle sind 25 Räume für Retreats angeschlossen. Da die hier meditierenden Mönche nicht gestört werden dürfen, ist das Betreten der Anlage verboten.

Vorbei am **Schwarzen Chörten**, der das Nirvana und den Mahayana-Buddhismus symbolisiert, kommt man als Nächstes zum **Semkye Ling**. Hier praktizierten die Mönche Bodhicitta (das Streben nach Erleuchtung). Innen gibt es ein 3-D-Modell Samyes zu sehen. Südlich davon steht der **Mond-Tempel**. Nordöstlich davon befindet sich der **Pehar Kordsoyling**, eine Kapelle, die ursprünglich der Schutzgottheit und dem Orakelgott Pehar geweiht war. Seine Aufgabe war es, über die Schätze des Klosters zu wachen, da in diesem Gebäude viele wichtige Schriften aus Indien, China, der Mongolei und Tibet aufbewahrt wurden. Pehar wurde später quasi „abgeworben" und als Schutzgottheit des Staatsorakels in Nechung bei Lhasa eingesetzt. Seine Aufgabe übernahm Tsemar, der rote Beschützer, der einmal im Jahr über die Seelen der Menschen zu Gericht sitzt und die Bösen bestraft.

Der Mauer nach Süden folgend, passiert man nun den **Grünen Chörten**, der für die Tradition der Dhyani-Buddhas (Tataghatas) im tibetischen Buddhismus steht. Östlich davon an der Mauer steht mit dem **Namtak Trimkhangling** der letzte der neun erhalten gebliebenen Kontinente. Hier wurden die ersten sieben Mönche Tibets von Shantarakshita ordiniert. Auch in den folgenden Jahrhunderten diente dieser Ling noch der Ordination von Mönchen.

Hepo Ri

Der Hepo Ri ist einer der vier heiligen Berge von Ü (die anderen sind der Gongpo Ri in Tsethang, der Chakpo Ri in Lhasa und der Chuwo Ri am Zusammenfluss von Kyi Chu und Yarlung Tsangpo bei der Ortschaft Chushur) und erhebt sich südöstlich vor den Toren von Samye. Er ist wie eine Muschelschale geformt und ähnelt, glaubt man den tibetischen Legenden, entweder einem Schneeleoparden, der in die Luft springt, oder dem liegenden Elefantenkönig Airavata aus der indischen Mythologie. Auf dem Gipfel soll König Trisong Detsen seinen Palast gebaut haben, und es ist der Ort, an dem Padmasambhava die ortsansässigen Dämonen beschworen haben soll.

Um hinzukommen, wandert man vom Osttor Richtung Osten auf den Berg zu bis zum Ende des Dorfes. Dort hält man sich nach rechts und erreicht dann einige Pfade, die alle den Hügel hinaufführen. Der Aufstieg dauert etwa eine halbe Stunde. Oben erreicht man einen kleinen Tempel voller Gebetsfahnen und hat einen herrlichen Blick auf das Kloster.

Chimpu

In Chimpu, etwa 9 km nordwestlich von Samye, gibt es 108 Meditationshöhlen an einem steilen Berghang, darunter die **Drakmar Kentsang**, in der Padmasambhava meditiert haben soll. Wer länger in Samye weilt, kann eine lange Tageswanderung (3–4 Std. hin) unternehmen. Man kann aber auch versuchen, in Samye einen Traktor für etwa ¥50 zu chartern. Er benötigt für die Strecke etwa 40 Minuten. Dazu kommen noch mal 3 Stunden für die Rundwanderung auf den 4300 m hohen Berg, die man an der Drakmar Kentsang beginnen kann. Insgesamt benötigt man für die Kombination Traktor plus Wanderung etwa 5 bis 6 Stunden inklusive Pausen und Besichtigungen.

Übernachtung

Am Osttor des Klosters beginnt eine kleine zur Fußgängerzone umgebaute Straße, die sich bis zu einem Steindenkmal hinzieht. Hier reihen sich entlang der nördlichen Straßenseite einige neue Hostels auf. Die Unterkünfte haben alle eine vergleichbare Ausstattung und ähnliche

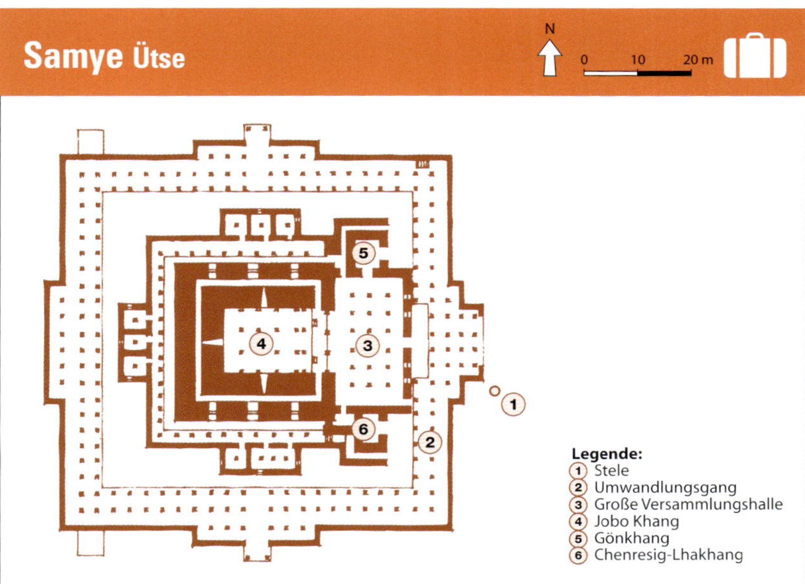

Preise, sodass man sie nach persönlichem Eindruck auswählen sollte. Hier eine kleine Auswahl:

Friendship Snowland, gleich neben dem Tashi Hotel am Zugang zur Polizei, ✆ 0893/7906249. Gehört zu den Oldtimern in Samye. Es gibt einfache Dorms mit Betten für ¥30.

Samye Si Lüguan (Monastery Guesthouse), im Klosterhof in Blickweite zum Ütse, ✆ 0893/ 7362761. Die Zimmer gruppieren sich um einen hübschen Hof. Duschen kann man für ¥5 in den „Public Showers". Dorm-Bett ab ¥20. ❷

Tashi Guesthouse, rechts vom Wangdu Hotel am Osttor, ✆ 0893/7906048. Die 5-Bett-Dorms sind einfach, aber sehr sauber. Dorm-Bett ¥30.

Wangdu Hotel, gleich das erste Hotel am Osttor, ✆ 0893/6885985. Die Zimmer hier sind ohne große Atmosphäre, aber o.k. ❶

Essen und Unterhaltung

Auf der südlichen Seite der kleinen Fußgängerzone reihen sich mehrere Restaurants und Geschäfte auf.

A Gu Bai Ma Zang Can, an der südlichen Straßenseite gegenüber vom Snowland Yongdruk. Hier gibt es fleischlastige tibetische Gerichte ab ¥10.

Friendship Snowland Restaurant, das Restaurant des gleichnamigen Hostels ist ganz auf Rucksackreisende eingestellt, gemütlich und preiswert. Die meisten Gerichte kosten ¥10–20.

Snowland Tashi Restaurant (Monastery Restaurant), neben dem Monastery Guesthouse auf dem Klostergelände. Es gibt eine überraschend umfangreiche englische Speisekarte und leckeres Essen zu kleinen Preisen ab ¥10.

Snowland Yongdruk Familiy Guesthouse, rechts der Zufahrt zur Polizei. Das Restaurant hat einen schönen Innenhof. Gerichte ab ¥10.

Samye hat sogar ein wenig Nachtleben. Wer einfach nur gemütlich ein abendliches Bier trinken möchte, kann in die **Friday Amusement Bar** schräg gegenüber der Post gehen.

Die Farben Tibets

In Tibet haben Farben seit jeher eine enge Verbindung zum Alltag der Tibeter. Jede Farbe hat ihre eigene Bedeutung. Zu den wichtigsten Farben gehören Gelb, Rot, Blau, Schwarz, Weiß und Grün. Ihre Verwendung und ihre Zuordnung zu den Heiligen können je nach Schul- und Kunstrichtung und Region von der hier aufgeführten Symbolik abweichen.

Gelb

Gelb ist die vielleicht bedeutendste Symbolfarbe im tibetischen Buddhismus. Die Skulpturen der Buddhas sind gelb (oder golden), kleinere Tempel oder die Unterkünfte der Mönche sind oft gelb getüncht, und die Roben wichtiger Mönche und Tulkus sind ebenfalls gelb. Bei den Gebetsfahnen symbolisiert das Gelb die florierende buddhistische Kultur und die Erde. Auf buddhistischen Bildern steht das Gelb für die Mitte und in den Mandalas für den Süden. Der Dhyani-Buddha Rathnasambhava steht ebenfalls für den Süden und ist goldgelb gekleidet. In der tibetischen Oper symbolisiert die Farbe Gelb immer einen gelehrten oder hochrangigen Mönch.

Rot

Rot oder Rot-Orange gilt als Königin der Farben. In ihm manifestiert sich der Unterschied zwischen spiritueller und säkularer Welt, und so steht die Farbe Rot für die meisten Tibeter für die Kasaya, die rote Robe der Mönche. Rot symbolisiert auf den Gebetsfahnen das Element Feuer. Dass Rot zur Farbe der Mönchsroben werden konnte, lag vermutlich daran, dass es, zusammen mit der Farbe Gelb, zur Zeit Buddhas die billigste und gewöhnlichste Farbe war. Später wurde sie in Tibet zur exklusiven Farbe der Klöster und Mönche. In der buddhistischen Malerei Tibets symbolisiert Rot den Westen, und auch der Dhyani-Buddha Amithaba, der Buddha des Westens, wird auf Bildern meist in Rot dargestellt. Das Rot steht zudem für die Macht in der buddhistischen Kultur. In tibetischen Opern symbolisiert eine rote Maske daher meist den König, und eine hellrote Maske steht für den Premierminister.

Blau

Die blaue Farbe wird manchmal auch „Tibet-Blau" genannt, da es sich um einen sehr charakteristischen kräftigen Indigo-Blauton handelt, den man bevorzugt zum Anstreichen der Deckenbalken benutzt. Dieses typische Blau war im alten Tibet ein bedeutender Exportartikel in die Nachbarländer. Das Blau der Gebetsfahnen steht für Buddha Akshobya, den Osten und das Wasser (es kann aber auch für den Himmel und den Raum, den Vairocana-Buddha und das Zentrum stehen). In der tibetischen Oper deuten blaue Masken die Rolle von Jägern an.

Sonstiges

Einkaufen

Es gibt ein paar kleinere Geschäfte, in denen man das Nötigste bekommt. In dem Geschäft neben dem Tashi Restaurant mit dem hochtrabenden Namen **The National Handicrafts of Shannan Store** bekommt man auch das eine oder andere Souvenir.

Polizei

Die **Public Security** befindet sich auf einem Areal, das über ein Tor zwischen dem Snowland Yongdruk und Friendship Snowland zu erreichen ist. Wer ohne Permit hier ist, sollte diese beiden Hostels also eher meiden und möglichst außerhalb der Dienstzeiten der Behörde ein- (nicht vor 19 Uhr) und auschecken (zwischen 6 und 7 Uhr). Sonntags haben die Beamten frei, sodass es da kaum Kontrollen gibt.

Post

Ein kleines **Postamt** ist auf der nördlichen Straßenseite der Fußgängerzone kurz vor dem Steindenkmal angesiedelt.

Transport

Pilgerbusse

Vom Barkor in LHASA fährt jeden Morgen gegen 6 Uhr ein Pilgerbus (¥40, 4 Std.) nach Samye. Die Tickets muss man am Vortag in dem

In der Thanka-Malerei wird die blaue Farbe zumeist verwendet, um zornvolle Gottheiten und Schutzgottheiten darzustellen. In diesem Falle symbolisiert die blaue Farbe ihre Furcht erregende Machtfülle.

Schwarz

Das Schwarz ist in Tibet eine ziemlich komplexe Farbe. Zum einen taucht es häufig im Alltag auf, sei es bei den Zelten der Nomaden, der Kleidung von Bauern oder den Türen oder Fensterrahmen von Gebäuden; zum anderen steht Schwarz für die dunklen Kräfte. Wie in der Homöopathie bekämpft man in Tibet Gleiches mit Gleichem, und so wird Schwarz auch zur Abwehr des Bösen benutzt. Kinder, die nicht einschlafen können, bekommen zum Beispiel einen schwarzen Punkt auf die Nase, der böse Geister abschrecken soll. In der Kunst und bei den Cham-Tänzen dient Schwarz zur Darstellung von Macht, den Furcht einflößenden Erscheinungsformen einer Schutzgottheit, aber auch der dunklen Seite einer jeden Persönlichkeit. In der tibetischen Oper werden schwarz-weiße Masken zur Darstellung von Charakteren, die eine Doppelrolle spielen, eingesetzt.

Weiß

Weiß spielt im Alltag und bei Ritualen eine besondere Rolle und ist die am häufigsten verwendete Farbe in Tibet. So soll Buddhas Mutter, kurz bevor sie schwanger wurde, ein weißer Elefant im Traum erschienen sein. Er wurde in Tibet durch einen weißen Yak oder ein weißes Pferd ersetzt, und wenn hohe Würdenträger zu Besuch kamen, schickte man ihnen weiße Yaks oder Pferde als Eskorte. Die Übergabe der weißen Kata dient dem Ausdruck von Wohlwollen und guten Absichten. Weiß ist im Gegensatz zu Schwarz die Farbe der Selbstlosigkeit, Freundlichkeit, Reinheit und Friedfertigkeit. In Mandalas wird es für den Osten verwendet. Auch der weiße Dhyani Buddha Vajrasattva steht für den Osten (in anderen Traditionen kann Weiß auch für Vairocana und das Zentrum stehen). Bei den Gebetsfahnen symbolisiert Weiß die Wolken und in der Kunst auch den Äther und manchmal das Wasser. In der tibetischen Oper ist Weiß den verschiedenen männlichen Rollen vorbehalten.

Grün

Grün ist die bodenständigste Farbe und spielt vor allem im Alltag z. B. in der Farbe der Kleidung, eine Rolle. In Mandalas steht Grün für den Norden, und auch der meist grün dargestellte Buddha Amoghasiddi symbolisiert den Norden. Grüne Gebetsfahnen versinnbildlichen das Wasser, in der Malerei kann Grün aber auch für die Luft stehen. Grüne Masken in der Oper zeigen weibliche Rollen an.

kleinen Blechverschlag auf der Nordseite des Barkor gegenüber vom Snowland Restaurant kaufen. Wer von Samye nach Lhasa zurückfahren will, bekommt die Fahrscheine (¥40) in der Blechhütte im Osthof des Klosters ein Stück nördlich vom Monastery Guesthouse. Hier warten auch die Busse, Abfahrt gegen 14 Uhr. Die Busse nach Lhasa fahren über die Brücke via TSETHANG (¥15).

Bus/Fähre

Alternativ fährt von LHASA gegen 8 Uhr ein Pilgerbus (¥25, 2 1/2 Std.) bis zum Fähranleger beim Kilometerstein 155 am Südufer des Tsangpo. Wer diesen Bus verpasst, kann auch einen regulären Bus Richtung Tsethang nehmen. Die Fähre fährt erst, wenn sie voll ist, und kostet ¥15. Die Überfahrt dauert etwa 1 Std. Auf der anderen Seite angekommen, muss man die restlichen 9 km zum Kloster mit einem der dort wartenden LKW oder Traktoren (¥5, 20 Min.) zurücklegen. Von Samye fahren Traktoren oder LKW, wenn sie genügend Passagiere haben, zur Fähre. Am aussichtsreichsten ist diese Variante morgens gegen 8 Uhr und mittags gegen 14 Uhr. An der Straße am Südufer warten meist schon Minibusse nach Lhasa oder Tsethang. Wer nicht stundenlang auf die Überfahrt warten möchte, kann die ganze Fähre für ca. ¥360 chartern. Den

Am Nordufer des Yarlung Tsangpo

Wer mit einem gecharterten Jeep unterwegs ist, sollte mit dem Fahrer abmachen, dass er am Nordufer des Tsangpo entlang nach Samye fährt. Die Piste ist nicht geteert und führt mitten durch eine spektakuläre Dünenlandschaft und Sandwüste, an kleinen Dörfern vorbei, und man passiert das Kloster Dorje Drak. Die Fahrt lohnt selbst dann, wenn man wenig Zeit hat. Bis Samye benötigt man etwa 3–4 Stunden. Bricht man früh genug in Lhasa auf, hat man genügend Zeit für die Besichtigung von Samye und kann noch am selben Tag nach Tsethang weiterfahren. Eine zweitägige Rundfahrt mit dem Jeep entlang der Strecke Lhasa, Dorje Drak, Samye, Tsethang, Yarlung- und Chongye-Tal sowie Mindroling sollte inklusive Guide und aller Permits nicht mehr als ¥2300 pro Fahrzeug kosten.

Preis aber unbedingt ganz klar im Vorfeld festlegen, damit es nicht zu Nachverhandlungen am Ende der Überfahrt kommt.

Taxis

Wer nur wenig Zeit zur Verfügung hat, kann von TSETHANG auch mit einem Taxi (ca. ¥80, 40 Min.) zur Fähre fahren. Ein Taxi von LHASA (2 1/2 Std.) sollte nicht mehr als ¥180 kosten.

Tsethang und Umgebung

Tsethang

Tsethang (Zedang, Nedung, Naidong oder auf Bussen oft auch Shannan genannt) ist eine kleine, etwa 3500 m hoch gelegene Stadt mit rund 20 000 Einwohnern (bzw. 52 000, wenn man das Verwaltungsgebiet dazu nimmt) und der Verwaltungssitz der Präfektur Lokha. Bis zum Tod des 32. Yarlung-Königs Namri Songtsen war Tsethang die Hauptstadt des tibetischen Kernlandes, von dem aus Tibet schließlich geeint wurde. Mit der Verlegung der Hauptstadt nach Lhasa durch Songtsen Gampo verlor Tsethang zunächst an politischer Bedeutung, bis es ab 1302 für 200 Jahre unter der Phagmodrupa-Dynastie erneut zum Machtzentrum Tibets und später Mitteltibets aufsteigen konnte. Die moderne Stadt teilt sich in einen ausufernden chinesischen Teil mit breiten Straßen und schicken Geschäften und einen kleinen tibetischen Teil, der sich an den Fuß des Gongpo Ri, einen der vier heiligen Berge der alten Provinz Ü, schmiegt. Tsethang selbst bietet keine Sehenswürdigkeiten im engeren Sinne, aber es ist eine gute Basis für Touren ins Yarlung- und Chongye-Tal.

Gongpo Ri

Die Altstadt von Tsethang wird von dem 4060 m hohen heiligen Berg Gongpo Ri überragt, dem Schauplatz des tibetischen Schöpfungsmythos. Der Bodhisattva Avalokiteshvara hatte vor Urzeiten einen Affen in die buddhistische Lehre eingeführt und ihn zur meditativen Verwirklichung des Glaubens nach Tibet geschickt. Dort heiratete er am Berg Gongpo Ri eine im Yarlung-Tal lebende Dämonin, mit der er sechs Kinder hatte. Schnell wurden daraus 300 Affen, und die Ernährungssituation wurde kritisch. In seiner Verzweiflung wandte sich der Affe an Avalokiteshvara um Rat. Der Bodhisattva der Barmherzigkeit schickte ihn zum Berg Sumeru, wo er die fünf Getreidearten fand. Er säte sie im Yarlung-Tal aus, und durch die neue, reichlich vorhandene Nahrung wurden die Affenschwänze kürzer und kürzer, die Affen begannen zu sprechen und sich schließlich in das Volk der Tibeter zu verwandeln. Ihr erster König wurde Nyatri Tsenpo, der einer weiteren Legende zufolge vom Himmel geschickt worden war.

Man kann zur Höhle der tibetischen Urahnen, der sogenannten Affenhöhle, in der der Affe mit seiner Dämonenfrau gelebt haben soll, hinaufsteigen. Die Höhle ist nicht sonderlich aufregend, aber die Wanderung bietet eine Abwechslung von den vielen Tempelbesichtigungen. Der Weg beginnt nahe dem kleinen Kloster Ganden Chökhor in der tibetischen Altstadt und führt zunächst bergauf zum Nonnenkloster Sang-ngag. Von hier folgt man dem Pfad, der 550 m weiter oben bei der Höhle endet, in der alles begann.

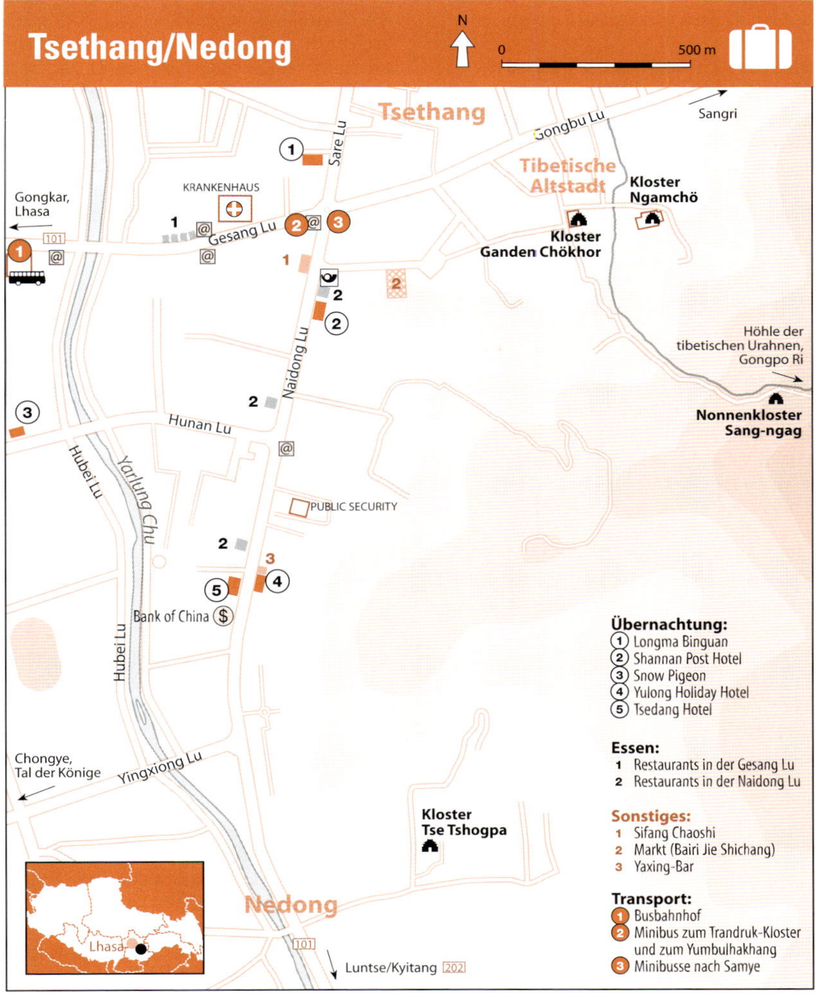

Übernachtung

Preiswerte Hotels sucht man in Tsethang leider vergeblich, aber für ¥250–350 (je nach Jahreszeit, Belegung und Tagesform) bekommt man immerhin ein DZ mit Bad und warmem Wasser.

Longma Binguan, 28 Sare Lu, ✆ 0893/7835388, ℻ 7823335. Zweisternehotel südlich des großen Kreisverkehrs. Das Longma ist eine Alternative, wenn das Post Hotel voll sein sollte oder das Personal sich bei den Preisverhandlungen querstellt. Die Preise hier sind ähnlich, aber die Zimmer sind schäbiger, und wenn man eines zum Markt nach vorn raus bekommt, auch lauter. ❸

Shannan Post Hotel (Youzheng Dajiudian), 10 Naidong Lu, ✆ 0893/7821888, 📠 7820688. Hat man die zugige Eingangshalle hinter sich gelassen, kann man zwischen tibetisch und chinesisch eingerichteten Zimmern wählen. Die Bäder sind sauber, und wenn man das Wasser nur lange genug laufen lässt, wird es auch warm. Das Hotel gehört zu den günstigsten Optionen, vor allem weil das Personal bereit ist, großzügige Rabatte zu gewähren. ❸–❹

Snow Pigeon (Zedang Xuege), 1 Hubei Zhonglu, ✆ 0893/7828888, 📠 7827777. Das von der China Telecom betriebene Hotel liegt etwas abseits vom Trubel und bietet einen ähnlichen Standard wie das Post Hotel. Es lohnt allerdings nur, wenn man den Zimmerpreis auf ¥340 herunterhandeln kann. ❹

Tsedang Hotel (Zedang Fandian), 21 Naidong Lu, ✆ 0893/7825555, 📠 7821855, 💻 www.tsedanghotel.com. Luxushotel mit allem Komfort, schönen Gärten, viel Marmor in der Eingangshalle und schicken Zimmern. ❻

Yulong Holiday Hotel (Yulong Jiari Dajiudian), 16 Naidong Lu, ✆ 0893/78328888, 📠 7835666. Das Yulong, gleich gegenüber vom Tsedang Hotel, ist ein Mittelklassehotel mit anständigen Zimmern, guten Bädern und nettem Service. ❺

Essen und Unterhaltung

Alle Hotels haben eigene, gar nicht mal schlechte Restaurants. Allerdings sind sie nicht sehr preiswert und manchmal muss selbst während der Hauptessenszeiten eigens für neu ankommende Gäste das Licht eingeschaltet werden, weil noch niemand da ist. Entlang der **Naidong Lu** gibt es eine Reihe von Restaurants, und in der **Gesang Lu** links vom Krankenhaus westlich des Kreisverkehrs, der das Zentrum markiert, liegen ebenfalls mehrere preiswerte Lokale, die alle gleich einfach sind und vergleichbares mäßiges Essen bieten.

Yaxing-Bar (Yaxing Ba), 16 Naidong Lu, gleich links vom Yulong Holiday Hotel. Man glaubt es kaum, aber es gibt ein wenig Nachtleben in Tsethang. Die gemütliche Bar füllt sich allerdings erst ab 21 Uhr.

Einkaufen

Östlich vom großen Kreisverkehr erstreckt sich ein quirliger **Markt** (Bairi Jie Shichang), auf dem man Waren für den Alltag, Souvenirs, Thankas, aber auch Obst und Gemüse erstehen kann.

Im unteren Bereich der Naidong Lu und rund um den Kreisverkehr gibt es einige Kaufhäuser, viele Apotheken und kleinere Geschäfte.

Sifang Chaoshi, Naidong Lu. Großer Supermarkt mit einer recht guten Auswahl an Lebensmitteln und Drogerieartikeln. Der Supermarkt befindet sich schräg gegenüber der Straße zum Markt.

Sonstiges

Geld

Bank of China, 21 Naidong Lu, links am Tor zum Tsedang Hotel. Es gibt einen Geldautomaten und die Möglichkeit, Bargeld und Reiseschecks zu tauschen. 🕓 Sommer: Mo–Fr 9–18, Sa 10.30–16.30 Uhr, Winter: Mo–Fr 9.30–18, Sa 10.30–16.30 Uhr.

Internet

Die Standorte der **Internetcafés** variieren. Zur Zeit der Recherche gab es mehrere in der Gesang Lu (Gaisang Lu), die vom Kreisverkehr nach Westen führt, und zwar auf beiden Seiten der Straße gleich westlich vom Krankenhaus, und eines am Kreisverkehr im Telekom-Büro.

Polizei

Das Büro der **Public Security** befindet sich auf einem großen Areal an der Naidong Lu. Solange man nur mit einem Guide nach Tsethang fahren darf, wird man hier von seinen Begleitern angemeldet. Ansonsten sollte man einen Bogen um das Büro machen. Mit Permit-Kontrollen muss man hauptsächlich am Fähranleger nach Samye rechnen. Entlang der Straßen gab es zur Zeit der Recherche keine Kontrollen.

Post

Die Post befindet sich gleich linker Hand vom Post Hotel in der Naidong Lu.

Nahverkehr

Tsethang ist klein; man kann innerhalb der Stadt alle Strecken gut zu Fuß laufen. Wer viel Gepäck hat, kann mit motorisierten

Dreiradtaxen oder **Rikschas** fahren. Eine Fahrt im Stadtgebiet sollte nicht mehr als ¥3–5 kosten. **Taxis** nehmen für alle Ziele im Stadtgebiet ¥10. Von der Gesang Lu vor dem Kreisverkehr fährt etwa alle 15 Min. ein **Minibus** der Linie 2 am Trandruk-Kloster (¥1) vorbei bis zur Endhaltestelle am Yumbulhakhang (¥2).
In einigen Hotels kann man **Fahrräder** mieten. Die meisten verlangen ¥5/Std. oder ¥50/Tag.

Transport

Der Busbahnhof befindet sich an der Gesang Lu westlich vom Fluss. Ob man die Busse überhaupt und bis wohin man sie benutzen darf, hängt stark von der politischen Tageslage ab. Wer nach Lhasa fahren möchte, hat keine Probleme – die Public Security ist froh über jeden, der wieder verschwindet. Es gibt zwischen 7–18 Uhr laufend Busse nach LHASA (160 km, 2 1/2–3 Std., ¥30–40 abhängig vom Bustyp). Die Busse passieren Dranang (¥10), den Abzweig zum Kloster Mindroling, und Gongkar (¥20) – wenn man das Kloster Gongkar Chöde besuchen will oder zum Flughafen muss. Wenn alle Stricke reißen, kann man auch ein Taxi nach Lhasa chartern. Mit etwas Verhandlungsgeschick zahlt man dafür ¥250. Manchmal suchen die Fahrer aber auch noch nach Fahrgästen und bieten die Fahrt dann für ca. ¥60–¥65 p. P. an.
Morgens gegen 8 Uhr fahren Minibusse (¥15, 45 Min.) nach SAMYE. Der Abfahrtspunkt befindet sich an der Südostseite des großen Kreisverkehrs.

Der Trick mit den Sitzplätzen

Es kommt immer wieder vor, dass Fahrgäste, die Tickets am Fahrkartenschalter des Busbahnhofs gekauft haben, im Bus keinen Sitzplatz mehr bekommen, obwohl auf dem Ticket ein Platz ausgewiesen sein kann. Diskutieren ist in diesem Fall zwecklos, da die schon sitzenden Fahrgäste einen Fahrschein mit der gleichen Sitznummer haben werden. Um das zu umgehen, kann man direkt in einen wartenden Bus nach Lhasa steigen, einen Platz belegen und dann, wenn der Schaffner kommt, den Fahrschein lösen.

Vom Busbahnhof fahren Busse in die größeren Orte der Präfektur, aber für Ausländer war es 2008 unmöglich, für die meisten Verbindungen Fahrscheine zu bekommen. Busse gibt es u. a. in Richtung Westen nach CHUSHUR (diese Verbindung ist praktisch, da der Bus am Abzweig zum Kloster Gongkar Chöde vorbeifährt, ¥20, 1 1/2 Std.), NAKARTSE (¥50, diese Strecke wird erst mit der Fertigstellung der Passstraße über den Khampa La wieder bedient) und SHIGATSE (¥80), Richtung Süden nach Tsomey und Tsona.

Trandruk Lhakhang

Fährt man vom Kreisverkehr in Tsethang am Yarlung Chu entlang nach Süden auf der Straße Richtung Tsona, passiert man nach 7 km den Trandruk-Tempel, einen der ältesten Tempel Tibets. Er soll einer der zwölf von Wencheng in Auftrag gegebenen geomantischen Tempel (s. S. 114) sein und diente zur Fixierung der imaginären linken Schulter der ganz Tibet in ihren Krallen haltenden Dämonin. Trandruk bedeutet „Garuda und Drache" und bezieht sich auf die Entstehungslegende des Tempels. Demnach steht dieser auf einem Areal, das früher von einem See bedeckt war. Im See lebte ein grausamer Drache mit fünf Köpfen, der die hier lebende Bevölkerung drangsalierte. Um den Drachen zu besiegen, verwandelte sich Songtsen Gampo in einen Garuda und tötete das Ungeheuer im Kampf. Um an dieses Ereignis zu erinnern, wurde der Tempel errichtet. Später wurde er in einen Tempel der Gelugpa umgewandelt, und im frühen 18. Jh. erhielt er schließlich seine heutige Gestalt mit 21 Gebäuden und Gebäudeteilen.

Am interessantesten ist die Hauptversammlungshalle (Tshomchen), die hier wie im Jokhang in Lhasa auch Tsuglakhang genannt wird. Der Tshomchen besteht aus einem Hof, der Großen Halle und dem Umwandlungsgang. Die Versammlungshalle wird von 12 Kapellen umgeben. Die wichtigste Kapelle, der Drölma Lhakhang, befindet sich an der Rückseite und ist der ursprüngliche, aus geomantischen Gründen errichtete Tempel. Er birgt eine Skulptur der Tara, die unter dem Namen Drölma Sheshema („Tara, die ihre Opfergaben verspeist") bekannt ist, sowie die Fünf Dhyani-Buddhas oder Tathagatas als Verkörperungen der fünf grundlegenden Prinzipien des Universums. Im Zentrum sieht man Vairocana, rechts Amithaba und Aksobhya, links Ratnasambhava und Amoghasiddhi und daneben noch die acht Mahabodhisattvas. Steigt man die Treppe auf der rechten Seite der Halle hinauf, gelangt man an der Rückseite über dem Sanktuarium mit den fünf Tathagatas in den zentral gelegenen Drubtob Lhakhang. Hier kann man den wichtigsten Schatz des Tempels besichtigen, einen kostbaren Perlen-Thanka, der aus fast 30 000 (die Angaben schwanken zwischen 29 026 und 29 295) kleinen weißen Perlen zusammengesetzt wurde und Padmapani, eine Erscheinungsform des Avalokiteshvara, zeigt. ⌚ 9–16 Uhr, Eintritt ¥70.

6 HIGHLIGHT

Yumbulhakhang

Die Tempelburg der Yarlung-Könige, Yumbulhakhang, das älteste Bauwerk Tibets, das noch von Nyatri Tsenpo um 300 v. Chr. gegründet worden sein soll, liegt 12 km südlich von Tsethang auf einem Felsenrücken hoch über dem Tal des Yarlung Qu, einem Zufluss zum Yarlung Tsangpo. Die Architektur der eindrucksvollen Anlage weist auf das 8. Jh. hin, und Forschungen konnten die ältesten Strukturen, die beiden untersten Kapellen, auf das 7. Jh. datieren. Die Anlage diente anfangs als Burg, wurde aber bis ins 17. Jh. immer wieder neu gestaltet und zum Teil als Tempel genutzt. In der Kulturrevolution wurde Yumbulhakhang bis auf die Grundmauern zerstört. Bilder aus den 1970er-Jahren zeigen einen blanken Fels. In den 1980er-Jahren wurde die Tempelburg dann originalgetreu wieder aufgebaut.

Im Erdgeschoss betritt man zunächst einen Lhakhang mit einem Jobo-Buddha im Zentrum. Er wird von Nyatri Tsenpo auf der linken und Songtsen Gampo auf der rechten Seite flankiert. An den Wänden stehen auf der linken Seite noch die Skulpturen von Thönmi Sambhota, dem Erfinder der tibetischen Schrift, Trisong Detsen und dem 28. König Lha Totori, der im 4. Jh. regiert haben soll. Während seiner Regierungszeit sollen eines Tages ein Buch und mehrere religiöse Kultobjekte auf das Dach des Yumbulhakhang gefallen sein. Niemand konnte die Zeichen deuten, aber man hob die Gegenstände auf. Erst viele Jahre später stellte sich heraus, dass es sich um ein Buch mit buddhistischen Sutren und um buddhistische Kultgegenstände, die ersten Tibets, handelte. Rechts stehen die Skulpturen von Rälpacen, dem 3. Religionskönig, Prinz Ngada Ösung, einem Sohn Langdarmas, dessen Nachkommen das Königreich Guge in Westtibet gründeten, und Songtsen Gampos Minister Lönpo Gar, der Prinzessin Wencheng nach Tibet brachte. In der zweiten Etage sieht man ein interessantes Wandbild mit Szenen aus der tibetischen Geschichte, darunter Nyatri Tsenpo, der vom Himmel herabsteigt.

Wer hinter der Tempelburg ein Stück den Berg hinaufsteigt, sieht übrigens im Süden den 6635 m hohen Schneeberg Yarlha Shampo, einen der vier heiligen Berge Zentraltibets, von dem sechs der auf König Nyatri Tsenpo folgenden Himmelskönige hinabgestiegen sein sollen. ⌚ tgl. 9–18 Uhr, Eintritt ¥60.

Transport

Minibus Nr. 2 fährt von der Gesang Lu nahe dem Kreisverkehr in TSETHANG am Trandruk-Kloster (¥1) vorbei bis zur Endhaltestelle Yumbulhakhang (¥2). Schneller geht es mit dem Dreirad-Taxi, das pro Weg je nach Verhandlungsgeschick etwa ¥10–15 bis Trandruk bzw. ¥20 bis Yumbulhakhang kostet.

Königsgräber

Wer mit einem gecharterten Jeep unterwegs ist, kann vom Yumbulhakhang über eine Abkürzung rüber ins Chongye-Tal fahren. Die meisten Fahrer kennen die Strecke. Auf dem Weg passiert man unter anderem die Klöster **Tashi Chöden**, ein kleines Kloster mit rund 20 Mönchen, und das Kloster **Rechung Phug** (Höhle des Rechung). Hierher soll sich Rechung Dorje Drak (1083–1161), ein Schüler Milarepas, zurückgezogen haben. Oberhalb der Gebäude kann man noch

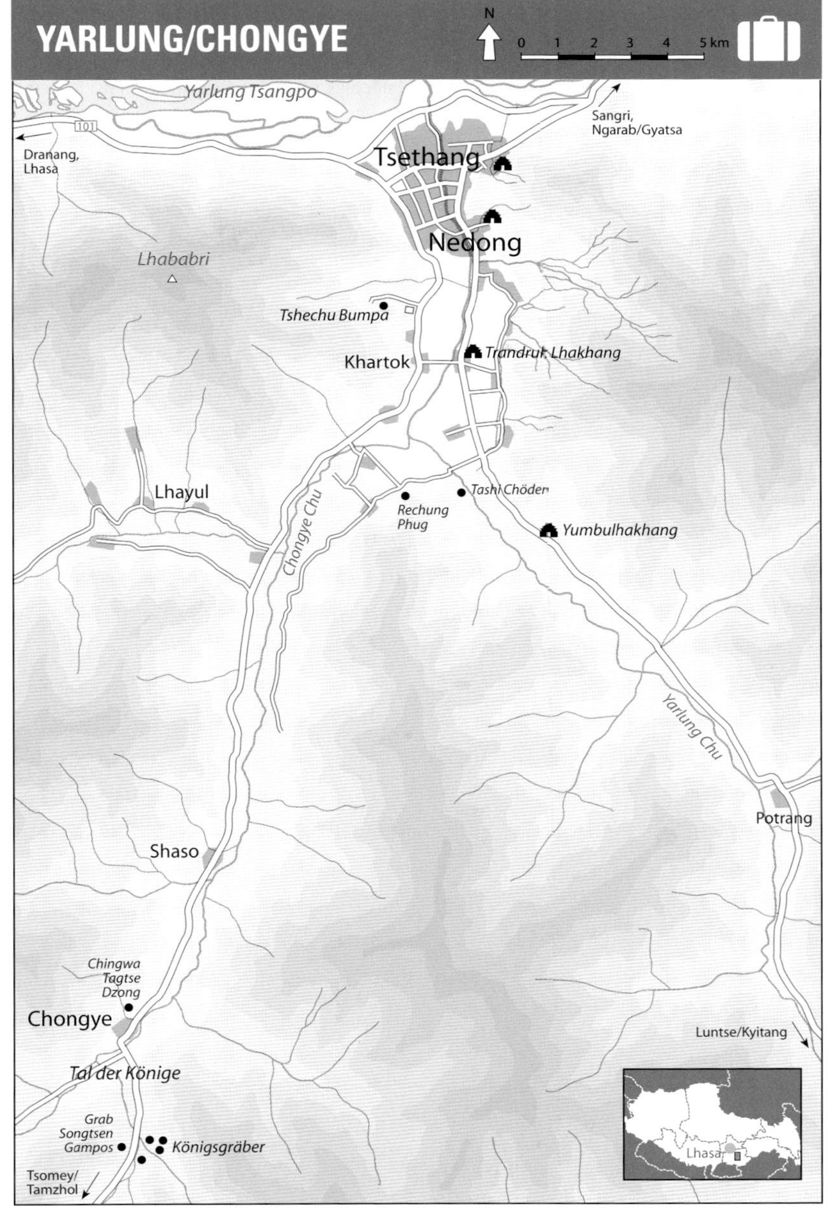
YARLUNG/CHONGYE
N
0 1 2 3 4 5 km
Yarlung Tsangpo
101
Dranang,
Lhasa
Sangri,
Ngarab/Gyatsa
Tsethang
Nedong
Lhababri
Tshechu Bumpa
Khartok
Trandruk Lhakhang
Lhayul
Chongye Chu
Rechung
Phug
Tashi Chöden
Yumbulhakhang
Yarlung Chu
Potrang
Shaso
Chingwa
Tagtse
Dzong
Chongye
Tal der Könige
Grab
Songtsen
Gampos
Königsgräber
Tsomey/
Tamzhol
Luntse/Kyitang
Lhasa
Lhoka

einige Meditationshöhlen besuchen. Das Kloster liegt hoch über dem Seitental. Man benötigt bis zu einer halben Stunde, um hinaufzuklettern.

Von Tsethang kommend, passiert man auf dem Weg ins Chonggye-Tal nach 5 km den **Tshechu Bumpa**, einen berühmten Stupa, in dem ursprünglich die Gewänder Songtsen Gampos aufbewahrt wurden. Rechts dahinter erhebt sich der **Lhababri**, von dem Tibets erster König Nyatri Tsenpo hinabgestiegen sein soll. Kurz hinter Chonggye liegen die **Königsgräber** von 13 Yarlung-Herrschern. Bislang wurden neun Gräber lokalisiert, von denen allerdings erst drei zugeordnet werden konnten: das Grab Songtsen Gampos, seines Sohnes Gungri Gungtsens und Rälpacens. Als einziges unter den Gräbern wird das von Songtsen Gampo von einem Tempel gekrönt. In der Umgebung wurden noch weitere 1000 Gräber aus der Jungsteinzeit gefunden, die belegen, dass vor Einführung des Buddhismus die Erdbestattung üblich war. Sie wurde dann durch die Himmels- und Feuerbestattung ersetzt.

Vom Grabhügel kann man die Reste des in der Kulturrevolution zerstörten **Chingwa Tagtse Dzong** sehen. Er befindet sich oberhalb der kleinen Stadt Chongye. Dies soll die zentrale Residenz der Yarlung-Könige gewesen sein. Der spätere 5. Dalai Lama wurde dort 1617 geboren. 🕓 feste Öffnungszeiten gibt es nicht, aber zwischen 9–17 Uhr ist meist das Kassenhäuschen am Fuß von Songtsen Gampos Grabhügel besetzt, und dann muss man ¥30 Eintritt zahlen.

Transport

Zwischen Tsethang und der Kleinstadt Chongye fahren etwa stündlich Busse (¥5). Von der Endhaltestelle kann man zu den Gräbern am südlichen Ortsrand laufen.

Heilige Seen

Lhamo Latso

Der Orakelsee Lhamo Lhatso ist eine der heiligsten Stätten und eines der wichtigsten Pilgerziele des Landes. Unter den heiligen Seen Tibets nimmt er eine Sonderstellung ein, weil er als Pilgerziel der tibetischen Gottkönige verehrt wird. Die Dalai Lamas, Panchen Lamas und viele andere hohe Würdenträger meditierten an diesem See, um Visionen zu erhalten.

Der Ausgangsort für einen Besuch des Sees ist das **Chökorgye-Kloster**, das im Jahr 1509 unter dem 2. Dalai Lama als Sommerresidenz aufgebaut wurde. Unter dem 5. Dalai Lama wurde es zu einem über 5000 m² großen Komplex erweitert. Er und seine Nachfolger nutzten es als Basis für den Besuch des Orakelsees.

Eine neue Straße führt in Serpentinen ca. 45 Minuten von Chökorgye weiter hinauf zu einem Parkplatz auf 5220 m Höhe. Von dort geht es über einen steilen Treppenweg hinauf zum **Shökde**, dem „Thron des Dalai Lama", auf einem Passübergang in 5340 m Höhe. Ein Meer von Gebetsfahnen und Katas bedeckt den Steinthron, und unten sieht man den Lhama Lhatso, der wie ein natürliches Amphitheater von den umlie-

Wanderung zum Lhamo Lhatso

In Lhasa kann man sich die Tour zum Lhamo Lhatso auch als Trekkingtour organisieren lassen. Ausgangspunkt für den fünftägigen Trek ist die kleine Ortschaft **Woka** etwa 45 km hinter Sangri. Die erste Etappe führt auf einer durchschnittlichen Höhe von 3900 m über 22 km (7 Std. Gehzeit) zum **Kloster Chusang**. Dieses Kloster gilt als das Ursprungskloster der Gelugpa, in dem Tsongkhapa mit der Verbreitung seiner Reformen begann. Die zweite Etappe ist etwa 24 km lang (8 Std. Gehzeit) und führt zum **Nayu-Tal** in 4100 m Höhe. Am dritten Tag sind 23 km (8 Std. Gehzeit) bis zur **Dagu-Schlucht** zu bewältigen, und am vierten Tag erreicht man endlich nach 20 km und 6 Std. Gehzeit den **Lhamo Lhatso**, wobei ein 5300 m hoher Pass überquert werden muss. Der letzte Trekking-Tag führt dann zum **Kloster Chökorgye** (22 km, 7 Std.). Die Kosten für diese Tour hängen naturgemäß stark von der Anzahl der Teilnehmer ab und beginnen bei ¥2500 p. P. und vier Teilnehmern. Alternativ kann man auch in sechs Tagen von Rutok weiter im Norden zum See trekken. Dieser Weg diente den Dalai Lamas und anderen Würdenträgern als Pilgerweg.

genden Bergen umschlossen wird. Hier soll der Lebensgeist der Schutzgöttin Palden Lhamo, die mit dem Lebensgeist von Tibet und dem der Dalai Lamas identifiziert wird, residieren. Die Form des Sees gleicht dem Hufabdruck ihres Maultiers. Der See wirkt als Spiegel, in dem Gläubige Vergangenes, Gegenwärtiges und Zukünftiges in einer Vision erkennen können. 1933 hatte hier beispielsweise der Regent Reting Rimpoche eine Vision zum Geburtsort des 14. Dalai Lama Tenzin Gyatso. Nach wie vor ist der See das Ziel zahlreicher Pilger. Man kann einen sehr steilen Pfad zum heiligen See hinabsteigen und ihn auf der kleinen **Kora** umrunden.

Übernachtung und Essen

Am See gibt es keine Unterkünfte. Man muss also ein Zelt und eigene Verpflegung mitbringen. Das Kloster Chökorgye bietet Betten in einem einfachen Schlafsaal für ¥50. Wer ein Zelt dabei hat, kann außerhalb des Klosters auch campen.

Transport

Die Anfahrt mit öffentlichen Verkehrsmitteln ist bestenfalls schwierig und ohne die benötigten **Permits** nahezu unmöglich. Wer es dennoch versuchen will, muss in TSETHANG den einmal am Tag ins 128 km entfernte GYATSA (8.30 Uhr, 6–7 Std., ¥70) fahrenden Bus nehmen.
Manchmal warten vor der Busstation auch private Minibusse, die von Tibetern gechartert werden. Sie fahren ab, wenn sie voll sind und kosten zwischen ¥80–90. In Gyatsa angekommen, muss man über die Brücke laufen und dort versuchen, zum 55 km entfernten Kloster Chökorgye bei der Ortschaft Tsagyu (4300 m) im Norden zu trampen. Alternativ kann man für etwa ¥300 (Hin- und Rückfahrt) ein Fahrzeug chartern. Vom Kloster Chökorgye läuft man etwa 5 Std. zu Fuß zum Pass hoch und noch einmal 1 1/2 Std. runter zum See, oder man muss versuchen, mit einem Traktor bis zur Passhöhe mitzukommen.
Am einfachsten ist es natürlich, den Ausflug in eine Rundtour nach Samye, Tsethang, Yumulakhang usw. mit dem gecharterten Jeep zu integrieren. Man benötigt insgesamt 4 Tage und muss mit Kosten um ¥4000 für den Jeep und inkl. aller benötigten Permits rechnen. **Achtung**: Allein für die Beantragung der Permits müssen 3 Tage Wartezeit in Lhasa einkalkuliert werden.

Yamdrok Yumtso

Der türkisblaue Yamdrok Yumtso, kurz Yamdrok Tso, liegt rund 110 km südlich von Lhasa jenseits des 4799 m hohen Passes Khampa La. Zur Zeit der Recherche war die Straße über den Pass im Bau (sie wird asphaltiert) und der Weg zum See war nur mit einem **Permit** von Gyantse kommend möglich. Die größte Ortschaft am See ist Nakartse.

Der 4441 m hoch gelegene Yamdrok-See breitet sich in Form eines Skorpions aus und misst von Ost nach West 130 km und von Süd nach Nord 70 km. Er hat eine Fläche von 638 km² und einen Umfang von mehr als 250 km. Die durchschnittliche Wassertiefe beträgt 20–40 m, die tiefste Stelle liegt sogar bei 60 m. Der Yamdrok Yumtso ist der größte Binnensee am Nordhang des Himalayas und zählt zu den „drei heiligen Seen Tibets". Eingebettet ist er zwischen den beiden Pässen Khampa La und dem Karo La, einem 5010 m hohen Pass am Fuß des eisigen Nöjin Kangsa (7191 m), den man auf der Weiterfahrt nach Gyantse überquert.

An den Ufern befindet sich der größte Nistplatz für Zugvögel in Südtibet. Jährlich kommen unzählige Vögel zum Brüten hierher. Im See lebt eine Karpfenart, die sich durch dünne Haut und zartes, wohlschmeckendes Fleisch auszeichnet. Man schätzt, dass im See etwa 800 Mill. Kilogramm Fische vorhanden sind. Deshalb wird hier inzwischen Fischzucht im großen Maßstab betrieben und der See als „Fischspeicher Tibets" bezeichnet. Problematisch ist nicht nur der beginnende kommerzielle Fischfang: 1985 wurde hier auch das höchstgelegene Pumpspeicherwerk der Welt in Betrieb genommen. 6 km lange, weithin sichtbare Röhren pumpen das Wasser 846 m tief ins Tal, wo die Turbinen zur Stromgewinnung angetrieben werden. Das Kraftwerk hat eine Kapazität von 90 000 kW und ist seit der Inbetriebnahme ein einziges Desaster, auch wenn die Regierung das immer wieder leugnet. Einige Regionen trockneten wegen des fallenden Wasserspiegels aus, und auch die Maßnahme, das schlammige Wasser des Yarlung Tsangpo in den See zu pumpen, ist äußerst umstritten, da der See ausschließlich aus dem Schmelzwasser der umliegenden Berge gespeist wird. Die Tibeter reagieren auf das Sinken des Wasserspiegels übrigens besonders empfindlich, denn schon im alten Tibet hieß es, dass, wenn der Yamdrok-See austrockne, Tibet nicht mehr länger bewohnbar sei.

Als einer von drei heiligen Seen sagt man dem Yamdrok Yumtso nach, dass er eine Wächterin des Buddhismus in Tibet sei, und so ist der See ein beliebtes Ziel von Pilgern, die hier Schutz und Segen erbitten.

Nakartse und Samding

Nakartse ist die größte Siedlung am Seeufer und der Ausgangspunkt für einen Besuch des Klosters Samding, das etwa 8 km östlich von Nakartse auf einem Isthmus zwischen dem Yamdrok und dem Dumo Tso, einem kleineren See, steht. Von Nakartse aus benötigt man etwa zwei Stunden zu Fuß. Das Kloster wurde vermutlich im 12 Jh. gegründet und war seit dem 14. Jh. eine Bastion der Bodong-Schule, einer Unterschule der Sakya-Tradition. Diese Lehrrichtung wurde nie sonderlich populär, und nur einige kleine Tempel in der Nähe schlossen sich ihr an.

Berühmt ist Samding für seine einzige weibliche tibetische Inkarnation. Die Linie der Äbtissin geht auf das 18. Jh. zurück. Eine Legende erzählt, dass die damalige Klostervorsteherin, um ihr Kloster vor den 1716 einfallenden muslimischen Dsungaren zu schützen, die hier lebenden Nonnen in Schweine und das Kloster in einen Schweinestall verwandelte. Die Soldaten wichen angewidert zurück und ließen das Kloster in Ruhe. Die Äbtissin gilt als Wiedergeburt von Dorje Phagmo, eine schweineköpfige, weibliche Yidam-Gottheit, deren Sanskrit-Name Vajravahari („Diamantsau") lautet.

Übernachtung und Essen

Am Seeufer kann man vielerorts zelten. In Nakartse gibt es einige sehr preiswerte Unterkünfte und mehrere sehr einfache Restaurants.

Transport

Öffentliche Verkehrsmittel fahren nicht nach Nakartse. Sobald die zurzeit im Bau befindliche Straße fertig ist (irgendwann im Laufe des Jahres 2009), kann es aber sein, dass die direkte Busverbindung von TSETHANG nach Nakartse wieder aufgenommen wird. Bis zur Schließung des Khampa La für die Bauarbeiten, konnte die Fahrt nach Gyantse mit der Fahrt am Seeufer entlang kombiniert werden. Mit Fertigstellung der Strecke wird das auch wieder möglich sein. In diesem Falle sollte man den Abstecher nach Samding in die Route mit einschließen.

Da Nakartse noch zur Präfektur Lhoka gehört, benötigt man für den Besuch eigentlich ein **Permit**, aber es ist zweifelhaft, dass nach Fertigstellung der neuen Straße eigens ein Checkpoint eingerichtet wird. Am besten erkundigt man sich bei einem der Reisebüros in Lhasa zum aktuellen Stand der Dinge.

Shigatse

Stefan Loose Traveltipps

7 Kumbum-Chörten Der berühmte Chörten von Gyantse ist ein begehbares, dreidimensionales Mandala. S. 232

8 Tashilhunpo Der Sitz des Panchen Lama ist das größte aktive Kloster Tibets. S. 240

Sakya Noch heute zeugt der zentrale Tempel der Sakyapa von der einstigen Macht des Sakya-Ordens. S. 247

9 Mt. Everest Vom Kloster Rongbuk am Fuße des Mt. Everest bieten sich spektakuläre Ausblicke auf den höchsten Berg der Welt. S. 257

Die in 17 Kreise gegliederte Präfektur Shigatse erstreckt sich über rund 176 000 km^2 und zählt etwa 650 000 Einwohner. Die beiden größten Städte sind Shigatse und Gyantse. In ihrer Ausdehnung entspricht die Präfektur in weiten Teilen der alten Provinz Tsang. Der Name Shigatse bedeutet „fruchtbares Land", und wer im Sommer entlang des Yarlung-Tsangpo Richtung Westen reist, wird überrascht sein, in welch sattem Grün Tibet sich präsentieren kann. Das tibetische

SHIGATSE

Tsang wurde im Chinesischen schließlich auch für die Tibeter (Zangzu = „Volk aus Zang") und Tibet (Xizang = „Zang im Westen") übernommen.

Neben Lhasa ist die Präfektur Shigatse das wichtigste Touristenziel Tibets und als Hauptkorridor für die Durchreise nach Nepal zugleich die meistbesuchte Region. Aus diesem Grund wird zurzeit auch die Eisenbahnlinie von Lhasa nach Shigatse verlängert. Selbst der Bau eines Flughafens ist im Gespräch.

Auf der Flucht und dann?

Tibeter, die beim Versuch, das Land zu verlassen oder aus dem Exil wiedereinzureisen, in Shigatse festgenommen werden, kommen oft kurzzeitig in Gefängnisse auf Gemeindeebene wie Dram (chin. Zhangmu) oder Dingri oder in Haftanstalten auf Kreisebene wie Nyalam (chin. Nielamu), ehe sie in die als Nyari bekannte Präfektur-Haftanstalt, ein von den Chinesen gebauter, 12 Zelltrakte umfassender Komplex, verlegt werden. Die beim Überqueren der Grenze gefassten und nach Nyari transportierten Tibeter können mehrere Wochen, in manchen Fällen sogar mehrere Monate lang, eingesperrt sein, ehe sie entweder entlassen oder in ihre Heimatprovinz verlegt werden. Politische Gefangene, die nach Ableistung ihrer Haftstrafe die Grenze zu überschreiten versuchen, sind besonders der Gefahr weiterer Inhaftierung ausgesetzt, wenn sie geschnappt werden. Ehemalige Gefangene in Nyari berichteten, dass Misshandlungen und das Schlagen der Gefangenen, Nahrungs- und Wasserentzug sowie schlechte Zustände in diesem Gefängnis üblich seien.

Zu den Höhepunkten einer Reise in das alte Tsang gehören der Besuch der Städte Gyantse mit dem eindrucksvollen Kumbum-Chörten und Shigatse mit der Klosterstadt Tashilhunpo, dem Sitz des Panchen Lama, die Besichtigung des Klosters Sakya und natürlich die Fahrt oder das Trekking zum Mt. Everest Base Camp.

Am Südrand Shigatses reihen sich allein fünf Achttausender auf, nämlich Qomolangma (Mt. Everest, 8848 m), Lhotse (8516), Makalu (8485 m), Cho Oyu (8188 m) und Shisha Pangma (8027 m). Auf der Überlandfahrt nach Nepal sieht man sie alle, falls die Gipfel nicht, wie so oft, in Wolken gehüllt sind.

Um an die Grenze nach Nepal oder Indien zu gelangen, müssen auch die Tibeter im Allgemeinen die Präfektur Shigatse durchqueren. Aus diesem Grund sind die Kontrollen in der Grenzregion besonders streng. Vor allem die Flucht des 17. Karmapa im Jahr 1999 hat zu vermehrtem Druck auf die lokalen Beamten in Shigatse geführt. Schon im folgenden Winter 2000/2001 fiel die Zahl der Tibeter, die die Landesgrenze ins Exil überschritten, um etwa 15 % im Vergleich zum selben Zeitraum im Vorjahr. Während dies auf einen gewissen Erfolg der Chinesen bei ihrer Bemühung, die Menge der Grenzüberschreitungen zu reduzieren, schließen lässt, zeigen die Zahlen, dass trotz der großen Risiken immer noch sehr viele Tibeter entschlossen sind, zwischen Tibet und Nepal oder Indien hin- und herzureisen.

Gyantse

Das etwa 260 km südwestlich von Lhasa gelegene Gyantse („Königlicher Gipfel") am Friendship Highway war lange Zeit die drittgrößte Stadt Tibets, bis sie von Ali, Bayi, Chamdo und anderen Städten überholt wurde. Noch bis in die 1990er-Jahre lag die Stadt an der Hauptroute nach Nepal, dann wurde die neue direktere Straße von Shigatse durch die Schluchten des Yarlung Tsangpo nach Lhasa fertig und Gyantse lag auf einmal weit ab vom Schuss. Heute ist Gyantse dank seiner Abseitsstellung ein gemütliches, eher verschlafenes Städtchen mit einem alten, zusammenhängenden, gut erhaltenen tibetischen Wohnviertel und einer noch überwiegend tibetischen Bevölkerung. Die kleine Stadt am Nyang Chu liegt auf einer Höhe von 4040 m und hat sich trotz der hässlichen chinesischen Betonbauten, die glücklicherweise außerhalb des Zentrums wie ein Ring um die Stadt liegen, eine besondere Atmosphäre bewahren können.

In früheren Zeiten war der 20 000-Seelen-Ort, dessen nachweisbare Geschichte 1365 begann, ein wichtiger Umschlagplatz für Yak- und Schafwolle. Über die frühe Besiedlung ist kaum etwas bekannt, doch im 14. Jh. erschien Gyantse plötzlich als Hauptstadt eines kleinen Königreichs auf der historischen Landkarte. Regiert wurde es von einem ursprünglich aus dem Nordosten Tibets stammenden Fürstengeschlecht, das die Abstammung vom mythischen tibetischen Volkshelden König Gesar von Ling für sich in Anspruch nahm und sich alsbald mit dem mächtigen Sakya-Orden verbündete. Bis Mitte des 15. Jhs. waren der Dzong, das Kloster Pälkhor Chöde und der Kumbum-Chörten fertiggestellt, doch

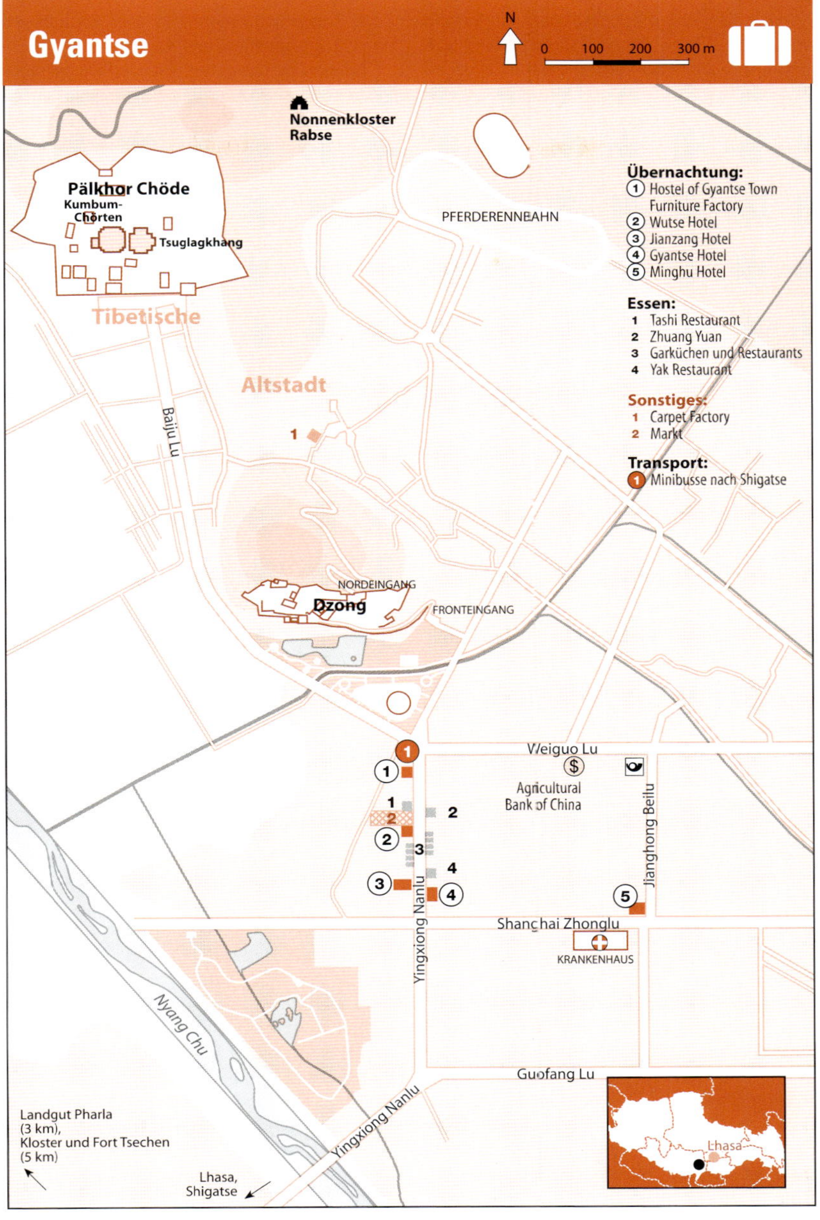
Gyantse
N
0
100
200
300 m
Nonnenkloster
Rabse
Pälkhor Chöde
Kumbum-
Chörten
Tsuglagkhang
PFERDERENNBAHN
Tibetische
Altstadt
Baiju Lu
NORDEINGANG
Dzong
FRONTEINGANG
Weiguo Lu
Agricultural
Bank of China
Jianghong Beilu
Yingxiong Nanlu
Shanghai Zhonglu
KRANKENHAUS
Nyang Chu
Guofang Lu
Yingxiong Nanlu
Lhasa
Landgut Pharla
(3 km),
Kloster und Fort Tsechen
(5 km)
Lhasa,
Shigatse
Übernachtung:
1 Hostel of Gyantse Town Furniture Factory
2 Wutse Hotel
3 Jianzang Hotel
4 Gyantse Hotel
5 Minghu Hotel
Essen:
1 Tashi Restaurant
2 Zhuang Yuan
3 Garküchen und Restaurants
4 Yak Restaurant
Sonstiges:
1 Carpet Factory
2 Markt
Transport:
1 Minibusse nach Shigatse

danach ging es mit der Stadt politisch bergab, weil andere lokale Familien ihren Einfluss auszudehnen vermochten und das Gerangel um die Macht die weitere Entwicklung lähmte. Zu jener Zeit diente Gyantse wegen seiner Lage zwischen Lhasa und Shigatse bereits als Umschlagplatz für die zwischen Tibet und Indien verkehrenden Wollhändler, sodass sie zumindest wirtschaftlich stets gut gestellt war.

Seine guten Handelsverbindungen machten Gyantse auch für die Engländer begehrenswert. Sie kamen 1904 und holten sich unter der Führung von Colonel Younghusband mit militärischer Gewalt, was ihrer Diplomatie versagt blieb. Seine Expeditionsarmee erstürmte den für uneinnehmbar gehaltenen Dzong und erzwang damit die Eröffnung von Handelsniederlassungen in Gyantse und Gartok. Im Vertrag von 1906 erkannten die Briten den chinesischen Oberhoheitsanspruch über Tibet an, und China zahlte Kriegsentschädigungen an England, um diesen Anspruch zu untermauern. Die britischen Truppen zogen erst 1908 wieder ab, hinterließen aber viele Spuren, darunter eine Post mit einer Telegrafenleitung nach Indien, eine Handelsvertretung und eine britisch geführte Schule für die Kinder der tibetischen Oberschicht. In den 1940er-Jahren wurde fast die gesamte Wollproduktion nach Britisch-Indien exportiert. Eine Flut im Jahr 1954, der Einmarsch der Chinesen 1959 und schließlich die Kulturrevolution ab 1966 brachten fast einen vollständigen Niedergang dieser einst so wichtigen Handelsstadt. Es gab Versuche, Gyantse als „heroischen Widersacher" gegen die Briten zu pushen, aber vermutlich wird die Bedeutung erst mit der Asphaltierung der alten Straße und der Aufnahme von Busverbindungen nach Lhasa wieder wachsen.

Dzong

Hoch über Gyantse thront auf dem Dzong Ri, der die Stadt in zwei Bezirke teilt, auf einem Felsrücken der mächtige Dzong. Im Westen breiten sich der weitläufige Klosterkomplex Pälkhor Chöde und Teile der Altstadt und im Osten ebenfalls ein Altstadtbereich mit vielen Bauernhäusern aus. Früher war die mächtige Burg der Verwaltungs- und Regierungssitz des Distriktgouverneurs (Dzongpön), der zwar der Zentralregierung unterstand, aber weitgehend unabhängig schaltete und waltete.

1365 wurde Nangchen Phagpa Päl vom mongolischen Kaiser der Yuan-Dynastie zum Gouverneur des Distrikts Nangchen ernannt und der Bau des Dzong in Angriff genommen. Die Festung erhielt den Namen „Höchste Königsfestung" (Gyankhartse), eine Bezeichnung, die schließlich auch auf die Stadt und das Umland überging. Hat man den Berg zum Dzong erklommen, darf man die **Versammlungshalle**, die **Ausstellungshalle** mit Exponaten in englischer Sprache zum „Krieg gegen die Engländer" von 1904 sowie die obere und untere Kapelle des Klosters **Sampal Norbuling** besichtigen. Die Chinesen nennen das Fort übrigens „Ruine der Verteidigung gegen die britischen Aggressoren am Zongshan-Berg". Einige der Wandmalereien in der oberen Kapelle stammen wahrscheinlich aus dem frühen 15. Jh., die meisten anderen Artefakte sind jünger. Die besten Ausblicke eröffnen sich von der Spitze des höchsten Turms im nördlichen Abschnitt des Komplexes.

Von der Burg, die 1904 von den Briten teilweise zerstört wurde, hat man einen fantastischen Ausblick über die Stadt mit dem Tal und auf die umliegenden Berge. 🕓 tgl. 9.30–18 Uhr, im Winter ist der Dzong allerdings oft geschlossen, vor allem wenn keine Besucher erwartet werden; Eintritt ¥40.

Pälkhor Chöde

Nicht minder beeindruckend ist die Lage des 1390 gegründeten Klosters Pälkhor Chöde. Benannt ist es nach dem Sohn von König Langdarma Pälkhor-tsen, der hier im 9. Jh. seine Residenz gehabt haben soll. Das Kloster ist vom natürlichen Halbrund eines freistehenden Felsens eingefasst, dessen Grat von einer Mauer gekrönt wird. Auch dieses große Kloster wurde während der Kulturrevolution stark beschädigt. Man kann sich nur noch schwer vorstellen, dass an dieser Stelle eine komplette Klosterstadt gestanden hat, deren Besonderheit darin lag, dass sie keine Klosterstadt wie Drepung in Lhasa oder Tashilhunpo in Shigatse war, sondern ein ökumenisches Zentrum. Innerhalb seiner schützenden Mauern befanden sich Ende des 17. Jhs. 16 autonome Klöster dreier Schulrichtungen: vier

Sakyapa-, drei Shalupa- und neun Gelugpa-Klöster. Später kamen noch zwei Institute der Karma Kagyü und Drukpa Kagyü hinzu, sodass es hier ab dem 19. Jh. sogar 18 Institute gab. Der Vorsteher über die gesamte Klosteranlage war der Pelcho Khenpo, ein Gelugpa, der auch administrative Befugnisse in der Verwaltung Gyantses besaß. Im runden Klosterbezirk stehen heute nur noch der einzigartige, 32 m hohe Kumbum-Chörten und der Tsuglagkhang, die Hauptversammlungshalle. Gleich hinter dem Eingang links befindet sich das kleine Sakyapa-Kloster Gurpa, und bereits am Berghang steht das Shalupa-Kloster Rinding. Dahinter erhebt sich die mächtige „Mauer zum Sonnenbaden Buddhas", an der zu den wichtigen Festen die großen Thankas ausgerollt werden. ⌚ Gesamtanlage tgl. 9.30–19 Uhr, Hallen tgl. 10–13 und 15–18 Uhr, die Zeiten können aber variieren, vor allem der Kumbum-Chörten ist oft nur von 10–13 Uhr geöffnet. Eintritt ¥40, Mitnahme eines Fotoapparats in den Kumbum-Chörten ¥15.

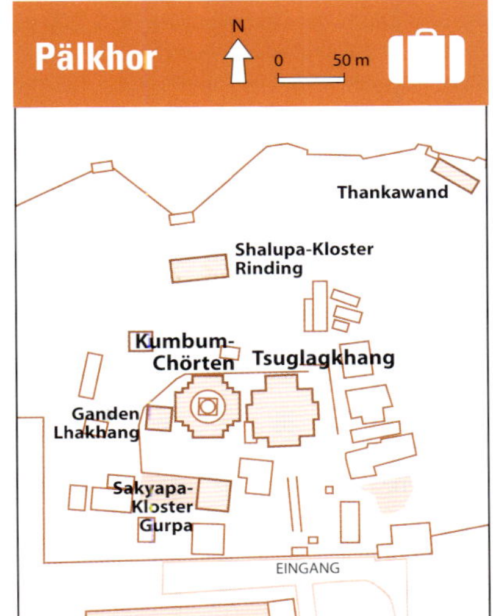

Tsuglagkhang

Der Tsuglagkhang, die Hauptversammlungshalle für alle hier vereinten Klöster, wurde zwischen 1418–1425 unter dem Prinzen Rapten Kunzang Phak (1389–1442) erbaut. Sie ist nicht so überladen ausgestattet wie vergleichbare Hallen und bezieht gerade aus dieser Leere ihren besonderen Reiz. Neben den üblichen mit buddhistischen Heiligen und Schriften ausgestatteten Seitenkapellen findet man gleich links vom Eingang den **Gönkhang**, den durch eine niedrige Tür zu betretenden Raum der Schutzgottheiten. In der Mitte sieht man den Beschützer der Sakyapa Gönpo Gur (eine Erscheinungsform von Mahakala), links Ekajati, die Mutter Mahakalas, und Palden Lhamos, Schützerin der geheimen Mantras und eine der mächtigsten und furchtbarsten Göttinnen in der tibetischen Mythologie, und rechts Palden Lhamo. Nur selten wird man durch die lamaistische Ikonographie so plastisch auf die Leiden des Menschen im Kreislauf der Wiedergeburten hingewiesen. Qualvolle Folterszenen und schmerzvoll verzerrte Gesichter erinnern den Gläubigen an sein höchstes Ziel: die Überwindung des Leidens.

Von der Haupthalle sind im Uhrzeigersinn vier weitere Seitenkapellen zugänglich. Die erste ist der **Vairocana Lhakhang** (Dorjeling Lhakhang) mit einem viergesichtigen Vairocana im Zentrum. Die Figuren um ihn herum sind in Mandala-Form angeordnet. Entsprechend ihrer kosmischen Ordnung steht Ratnasambhava (gelb) für den Süden, Amithaba (rot) für den Westen, Amoghasiddhi (grün) für den Norden und Aksobhya (blau) für den Osten (zu den Farben s. S. 134). Im **Tsangkhang**, dem nördlichen Hauptheiligtum, das man in einem eigenen dunklen Umwandlungsgang umrunden kann, stehen die Buddhas der drei Zeiten. Auf der östlichen Seite betritt man schließlich den **Maitreya Lhakhang** (Chogyel Lhakhang) in dem man neben dem Zukunftsbuddha auch Skulpturen wichtiger religiöser Lehrer wie Atisha, Padmasambhava und wichtiger Könige sieht. Der kleine Nebenraum, **Kudung Lhakhang**, ist der Gemahlin Rapten Kunzangs gewidmet, die hier mit einem Chörten geehrt wird.

Vom Vorraum gelangt man über Treppen in die erste Etage, wo man weitere fünf Kapellen besichtigen kann. Die wichtigste, aber leider meist geschlossene Kapelle ist der **Lamdre Lhakang** gleich am Anfang auf der linken Seite. Er enthält u. a. Skulpturen der 13 Äbte von Sakya und im Zentrum ein dreidimensionales Mandala mit dem Palast der Cakrasamvara (s. S. 274) im Zentrum. Die Wandbilder stellen die 84 Mahasiddhas dar. Jeder von ihnen sieht anders aus und wird in einer anderen Yoga-Positur dargestellt. Die nächste Kapelle ist ein Maitreya Lhakhang; es folgen der Tsongkhapa Lhakhang und zwei Lhakhangs (beide heißen Neten Lhakhang) für die 16 Arhats.

Noch eine Etage höher geht es schließlich zum **Shalyekhang** mit 15 fantastischen Mandalas als Darstellung der Daseinsbereiche höchster tantrischer Gottheiten der Sakyapa-Tradition. Jedes der an die Wand gemalten Mandalas hat einen Umfang von 8 m und ist einer tantrischen Gottheit wie Kalachakra, Guhyasamaja, Cakrasamvara, Hevajra, Yamantaka usw. gewidmet.

7 HIGHLIGHT

Kumbum-Chörten

Eines der großen Monumente tibetischer Architektur ist der einzige noch erhaltene Kumbum-Chörten (Chörten der 100 000 Abbildungen) Tibets, der ein begehbares dreidimensionales Mandala darstellt. Der Chörten wurde im Auftrag des bereits erwähnten Prinzen Rapten Kunzang Phak erbaut und zwischen 1427–1439 fertiggestellt. Unterstützt wurde der Prinz dabei von Khedup Gelek Pelsang (1385–1438), einem Schüler Tsongkhapas, der posthum zum ersten Panchen Lama ernannt wurde. Erbaut wurde der Chörten im sogenannten Tashi-Gomang- oder Kumbum-Stil, bei dem ein terrassenförmig gestalteter Außenbereich mit zahllosen aufeinander folgenden Kapellen im Inneren kombiniert wird. Der Chörten ist 35 m hoch, besteht aus neun Etagen und 108 Toren. Die den Buddhisten heilige Zahl 108 ergibt sich aus der Multiplikation der neun Etagen, die den Raum symbolisieren, mit den 12 Tierkreiszeichen, die für die Zeit stehen.

Bei der Begehung des achteckigen Chörten durchläuft man symbolisch den gesamten buddhistischen Erlösungsweg bis ins Nirvana. Man beginnt auf der untersten Ebene mit den „einfachen" Gottheiten und kann sich an insgesamt 75 Kapellen vorbei nach und nach bis zum Urgrund und Ursprung allen Seins, dem Adibuddha in der Spitze des Chörten, emporarbeiten. Die aus Nepal bekannten, im oberen Bereich des Chörten aufgemalten Augen stellen die „Alles sehenden Augen Buddhas" dar. Dieser Kunstgriff soll helfen, aus der abstrakten Architektur des den Geist Buddhas symbolisierenden Stupa dem Gläubigen die ihm innewohnende Symbolik zugänglicher zu machen.

Der Kumbum-Chörten im Detail

Wer ganz genau wissen will, welche Skulpturen und Abbildungen sich in den einzelnen Kammern und Nischen befinden, sollte sich das Werk *The Great Stupa of Gyantse* von Franco Ricca und Eberto Lo Bue zulegen, das auf 319 Seiten jede einzelne Kapelle und alles, was man sieht, beschreibt. Das Buch ist 1994 bei Serindia Publications (1994) erschienen und noch antiquarisch erhältlich.

Der lange Weg beginnt am Südeingang des Erdgeschosses, der **untersten Ebene**, die aus 20 Kapellen besteht, darunter vier Hauptkapellen mit je einer über zwei Etagen reichenden Skulptur. Im Folgenden sind immer nur die Hauptkapellen aufgeführt. In der ersten, südlichen Hauptkapelle steht Shakyamuni mit zwei seiner Schüler. Die Hauptkapelle im Westen ist Amitayus, jene im Norden Dipamkara, dem Buddha der Vergangenheit, und jene im Osten dem Zukunftsbuddha Maitreya geweiht.

Die **erste Etage** besteht aus vier mal vier Kapellen, die jeweils von der zweistöckigen Hauptkapelle aus dem Erdgeschoss unterbrochen werden. In den meisten Kapellen sieht man schaurig anzusehende Schutzgottheiten, darunter in Kapelle 27 (die 7. Kapelle von der Treppe an gezählt) der schwarze Hayagriva mit einigen roten Nebenformen oder in Kapelle 36 (die 16. Kapelle, die den Treppenaufgang weiter nach oben bildet) Darstellungen fünf schrecklicher Schutzgottheiten.

In der **zweiten Etage** gibt es vier Hauptkapellen, die wiederum über zwei Etagen reichen, und 16 Neben-Lhakhang mit Skulpturen. Diesmal handelt es sich bei den Skulpturen in den Hauptkapellen um vier der fünf Dhyani-Buddhas, und zwar den Buddha Amithaba im Süden (rot), Rat-

Der Kumbum von Gyantse

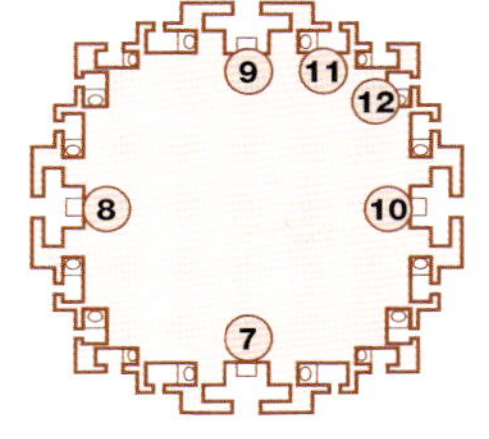

2. Stock

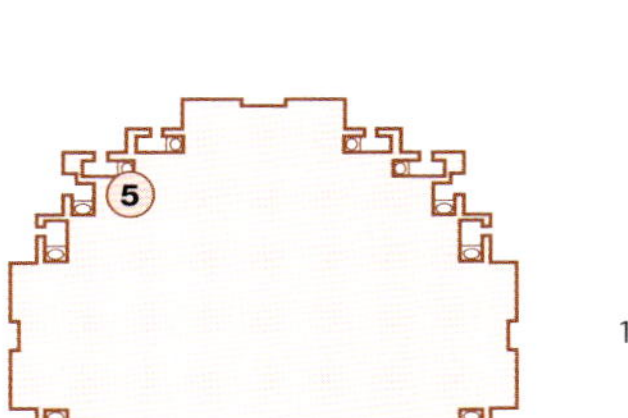

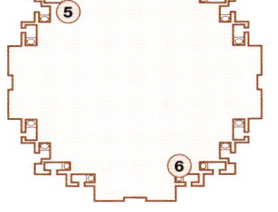

1. Stock

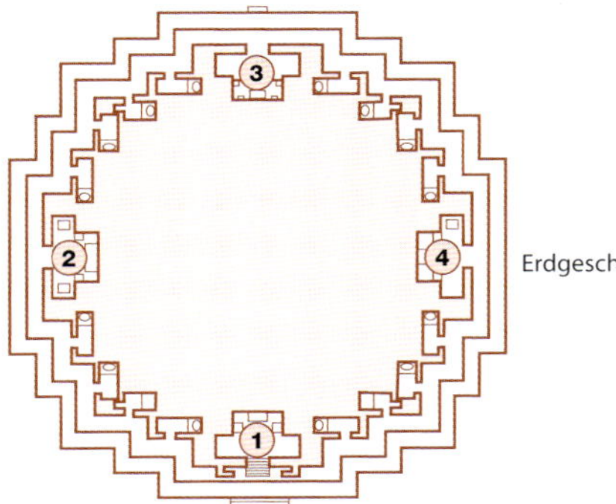

Erdgeschoss

8. Stock

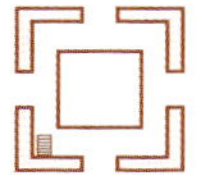

7. Stock

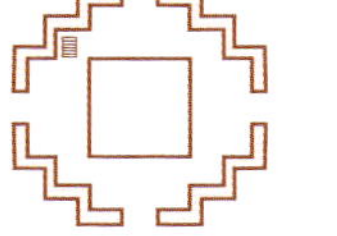

6. Stock

5. Stock

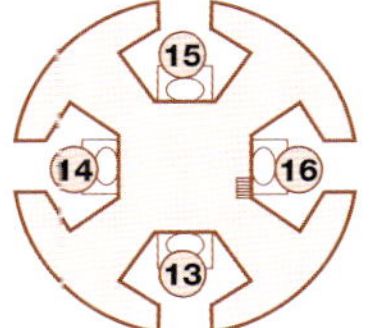

4. Stock
Bumpa

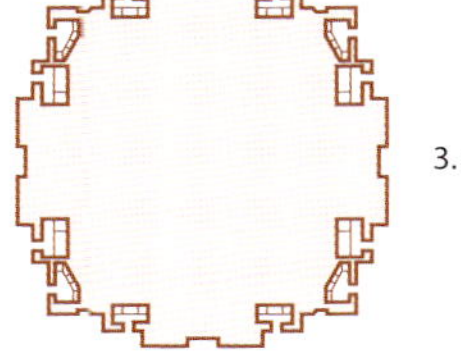

3. Stock

Legende:

1. Südliche Hauptkapelle mit Shakyamuni
2. Westliche Hauptkapelle mit Amitayus
3. Nördliche Hauptkapelle mit Dipamkara
4. Östliche Hauptkapelle mit Maitreya
5. Kapelle 27 (schwarzer Hayagriva)
6. Kapelle 36 (fünf schreckliche Schutzgottheiten)
7. Amithaba-Kapelle
8. Ratnasambhava-Kapelle
9. Amoghasiddhi-Kapelle
10. Aksobhya-Kapelle
11. Kapelle 48 (Vairocana-Kapelle)
12. Kapelle 50 (Vairocana als „König der Lehrhalter")
13. Shakyamuni-Kapelle
14. Shayashima-Kapelle
15. Prajnyaparamita-Kapelle
16. Vairocana-Kapelle
17. Raum des Adibuddha Vajradhara

nasambhava im Westen (gelb), Amoghasiddhi im Norden (grün) und Aksobhya im Osten (blau). Auch der fünfte Dhyani-Buddha Vairocana fehlt nicht. Man sieht ihn in Kapelle 48, gleich rechts von der Kapelle Amoghasiddhis, in der Erscheinungsform der alle niederen Wiedergeburtsbereiche reinigenden Künri, und in Kapelle 50 als „König der Lehrhalter", der in diesem Falle als Urbuddha und Schöpfer aller Erscheinungen noch über den vier anderen Dhyani-Buddhas steht. In den restlichen Kapellen und Nischen tummeln sich wiederum zahlreiche Schreckensgottheiten und Bodhisattvas in ihren verschiedenen Erscheinungsformen.

Die 12 Lhakhang des **dritten Stocks** sind fast ausnahmslos wichtigen Lehrern, Übersetzern und Gründern diverser Orden des tibetischen Buddhismus geweiht. Von hier geht es weiter in die **Bumpa**, die Kuppel, die für die sieben Glieder der Erleuchtung (Vergegenwärtigung, unterscheidende Weisheit, Tatkraft, Freude, Beweglichkeit, Konzentration und Gleichmut) steht. Hier gibt es vier Schreine. Im südlichen befindet sich Shakyamuni, der von Avalokiteshvara und Maitreya flankiert wird und von 16 Arhats im Felsgebirge umgeben ist. Im westlichen Schrein sieht man den Buddha Shayashima, den Löwen der Shakya bzw. den historischen Buddha, flankiert von Manjushri und der weißen friedvollen Form des Vajrapani. Im Norden steht Prajnyaparamita, die „Mutter aller Buddhas aller Zeiten" und die Inkarnation der Worte des Buddhas sowie Sinnbild der Vollendung höchster Weisheit und Erkenntnis, mit den Buddhas der Zehn Richtungen. In der östlichen Kapelle befindet sich eine vergoldete Statue Vairocanas.

Stufen in der Vairocana-Kapelle führen schließlich hinauf auf eine Veranda im **5. Stock**, wo man sich in Augenhöhe mit den aufgemalten Augen befindet. Der oberste Raum des Adibuddha Vajradhara ist meist geschlossen. In ihm manifestiert sich der Ursprung allen Seins.

Übernachtung

In Gyantse gibt es zahlreiche bezahlbare Unterkünfte, und in letzter Zeit sind einige neue in Hofhäusern untergebrachte Hotels hinzugekommen. Fast alle Hotels reihen sich entlang der Yingxiong Nanlu (Hero South Road) auf.

Hostel of Gyantse Town Furniture Factory, am großen zentralen Kreisverkehr, kein Tel. Pfennigfuchser finden hier die preiswertesten Schlafsaalbetten von Gyantse. Die Zimmer sind gar nicht mal so schlecht, haben aber keine Duschen. Wenn genügend Gäste da sind, wird zu bestimmten Zeiten am Abend das Wasser in der öffentlichen Dusche aufgeheizt. Dorm-Bett ¥35. ❶

Jianzang Hotel (Jianzang Fandian), Yingxiong Nanlu, etwa auf Höhe der Shanghai Lu, ✆ 0892/8173720. Freundliches, gut geführtes Hotel, das von dem tibetischen Arzt Jian Zang betrieben wird. Die Zimmer sind ordentlich und hell, allerdings sind die Bäder in den Zimmern des alten Blocks ein wenig heruntergekommen. Die Schlafsaalbetten sind vor allem bei Rucksackreisenden sehr begehrt. Betten im Drei-Bett-Zimmer ab ¥40. ❷–❸

Minghu Hotel (Minghu Fandian), 1 Shanghai Lu, ✆ 0892/8172468. Verlässliches chinesisches 2-Sterne-Hotel mit funktionierendem Heißwasser. Die Zimmer sind sauber und gepflegt, wenn auch ohne erkennbaren Stil. ❹

Wutse Hotel (Wuzi Fandian), Yingxiong Nanlu, ✆ 0892/8172999, 📠 8172880. Beliebtes, gut geführtes Hotel mit schönem Ambiente gleich südlich vom großen Kreisverkehr. Das Hotel gibt einem wegen der Balkone und des Drive-In-Innenhofs das Gefühl, in einem Motel abzusteigen, aber die Zimmer sind renoviert und gemütlich. Einziger Nachteil ist das etwas unregelmäßig fließende heiße Wasser in der Dusche. Es gibt ein Restaurant und jeden Abend Buffet. Dorm-Bett ab ¥40. ❹

Gyantse Hotel (Jiangzi Fandian), 8 Yingxiong Nanlu, ✆ 0892/8172222, 📠 8172366. Bestes Hotel der Stadt mit 24 Std. Warmwasser. Es gibt sowohl tibetisch als auch chinesisch eingerichtete Zimmer – wenn möglich, sollte man sich für die tibetische Variante mit den farbenfroh angemalten Möbeln und Thankas an den Wänden entscheiden. Einziger Nachteil sind die nicht ganz so bequemen Betten. Das Hotel hat zwei Restaurants, ein Business Centre und eine Fahrradvermietung für Gäste (¥5 Std./¥50 Tag). ❺

Essen

Gyantse verfügt über eine erstaunlich große Zahl an Restaurants. Viele haben nur zwei oder drei Tische. Eine gute Auswahl hat man entlang der Yingxiong Nanlu. Unter den Hotelrestaurants sind die vom Gyantse- und Wutse-Hotel empfehlenswert. Für Selbstversorger gibt es eine Reihe von Lebensmittelgeschäften und kleinen Supermärkten an der Yingxiong Nanlu, Ecke Weiguo Lu. Gegenüber vom Zhuang Yuan findet sich außerdem ein **Markt**. Morgens gibt es in den Straßen kleine, mobile **Bäckereien**, die heiße, frisch gebackene Kleinigkeiten verkaufen.

Tashi Restaurant, Yingxiong Nanlu, gleich nördlich vom Wutse-Hotel, ✆ 0892/8827512. Das Tashi ist ein Ableger und letzter Außenposten der gleichnamigen Restaurantkette aus Lhasa. Es bietet preiswerte nepalesische Küche, tibetische Snacks, gutes Frühstück und dazu das echte Flair eines tibetischen Teehauses. Wenn wenig Gäste da sind, kann man den Inhaber bitten, seine Spezialität Chicken Whitehouse (panierte Hähnchenbrust gefüllt mit Lammhack, Pilzen, Ingwer und Knoblauch) zuzubereiten. Gerichte ab ¥10 Yuan. ⌚ tgl. 7–23 Uhr, vom 20. Nov.–1. März geschlossen.

Yak Restaurant, Yingxiong Nanlu, gegenüber vom Jianzang Hotel in der 2. Etage, ✆ 0892/8174971. Das Yak ist ganz auf Rucksackreisende eingestellt und bietet eine Mischung aus westlichem und chinesischem Fastfood sowie westliches Frühstück. Gerichte ab ¥15. ⌚ tgl. 8–22 Uhr.

Zhuang Yuan, Yingxiong Nanlu. Mr. Zhuang gehört zu den wenigen Restaurantbesitzern, die die Wichtigkeit von Service und Kundenzufriedenheit im Dienstleistungsbereich erkannt haben. Das Essen ist sicher nichts, woran man sich wirklich erinnern wird, es ist auch nicht gerade billig, aber die aufmerksamen und netten Besitzer vergisst man nicht so schnell. Gerichte ¥15–50. ⌚ 7–23 Uhr.

Sonstiges

Geld

Agricultural Bank of China, Weiguo Lu. Hier gibt es einen Geldautomaten. Reiseschecks oder Bargeld können jedoch nicht gewechselt werden.

Einkaufen

Carpet Factory, nördlich vom Dzong, ✆ 0892/8172004. Gyantse ist für die Herstellung von Teppichen berühmt. Man kann die Teppichfabrik im Norden hinter dem Dzong besuchen und im angeschlossenen Verkaufsraum auch gleich einen kaufen. Die meisten der hier hergestellten Teppiche sind allerdings ziemlich kitschig und grell. ⌚ Mo–Sa, 9–13 und 15–19.30 Uhr. In der Umgebung der Fabrik gibt es zahlreiche Familien, die Teppiche weben und diese interessierten Käufern zeigen.

Feste

Reiterfestival von Gyantse: Am 15. Tag des 4. Mondmonats bzw. meist Ende Mai/Anfang Juni erwacht Gyantse aus seinem Dornröschenschlaf und wird zum Zentrum eines der großen tibetischen Reiterfeste. Gefeiert wird es bereits seit 1408 mit Pferderennen, Bogenschießen, Picknicks und vielem mehr. Heute kommen noch kulturelle Veranstaltungen und Trödelmärkte dazu. Außerdem erinnert das Fest an die Schlacht gegen die britischen Truppen unter Colonel Younghusband.

Post

Die **Post** befindet sich ein Stück hinter der Bank in der Weiguo Lu. Hier gibt es auch einige Telefone für Ferngespräche. ⌚ tgl. 9–12.30 und 15.30–19 Uhr.

Transport

Gyantses Bushaltestelle befindet sich am großen Kreisverkehr. Tgl. ab etwa 9 Uhr bis etwa 19 Uhr verkehren **Minibusse** nach SHIGATSE (90 km, 1 1/2 Std., ¥20–25). Die Busse fahren immer erst ab, wenn sie voll sind. Manchmal fahren auch **Taxis** auf der Suche nach Passagieren umher. Sie nehmen ¥25 p. P. Direktverbindungen nach LHASA gab es zur Zeit der Recherche nicht. Man muss also auf alle Fälle erst nach Shigatse. Das kann sich mit der neuen Straße über Nakartse aber ändern.

Die Straße von Gyantse nach Dromo (Yadong), der Grenzstadt zu Sikkim, darf nur mit einem entsprechenden Permit befahren werden. Zurzeit ist die Fahrt nur für Tourgruppen mit den entsprechenden Genehmigungen durchführbar.

Von Gyantse nach Shigatse

Die Fahrt von Gyantse bis Shigatse führt durch eine weite grüne Ebene, in der zwischen Dörfern und Feldern gelegentlich die Ruinen zerstörter Klöster oder Festungen auf freistehenden Hügeln aufragen. Wer auf der rund 90 km langen Strecke fährt, kann daher auch den einen oder anderen interessanten Abstecher einschieben. Lohnend sind das Landgut Pharla und das Kloster Shalu, aber auch die Ortschaft Tsechen und das kleine Kloster Drongtse, 19 km hinter Gyantse, bieten sich als Zwischenstopps auf dem Weg oder als Ausflüge von Gyantse aus an.

Landgut Pharla

Noch bis 1959 gab es in Tibet zahlreiche große Landsitze adliger Familien, die ein oder mehrere Dörfer sowie das umliegende Land verwalteten. In der Kulturrevolution wurden nahezu sämtliche dieser Herrenhäuser als Relikte der „feudalen Sklavenhaltergesellschaft" zerstört. Die Pharla-Sippe konnte nach Indien fliehen; der Sitz der Familie ist als einer von dreien dieser Art erhalten geblieben. Die Pharla-Familie gehörte zu den acht einflussreichsten Clans Tibets. Fünf Familienmitglieder waren hohe Beamte in der Regierung. Allein in Osttibet hatten sie 25 Landgüter für Ackerbau und acht Landgüter, auf denen Viehzucht betrieben wurde. Zusammengenommen besaßen sie bis 1959 3000 Sklaven und Leibeigene.

Das Landgut besteht aus einem dreistöckigen Hauptgebäude mit 57 Räumen und zahlreichen Nebengebäuden. In den Räumen des Hauptgebäudes gibt es Ausstellungen zum Leben der damaligen Zeit. Zuweilen sind die Fotos unfreiwillig komisch, etwa jenes, das das Oberhaupt der Familie mit dem Abt von Pälkhor Chöde beim Mahjongg-Spiel, Tee- und Whiskytrinken zeigt. Es soll die Dekadenz der alten Zeit dokumentieren, was angesichts der Tatsache, dass halb China dem Mahjongg und Maotai (chinesischer Schnaps) verfallen ist, eher absurd wirkt. Das renovierte Haus soll den Besuchern demonstrieren, wie gut es den Tibetern heute geht, und um das zu unterstreichen, gehört natürlich auch die Besichtigung der ärmlichen Behausungen der ehemaligen Leibeigenen dazu.

Die Stätte ist vordergründig sicher der „patriotischen Erziehung" gewidmet, aber davon abgesehen, ist das Haus eine interessante Abwechslung, wenn man der Buddhas überdrüssig geworden ist. 🕓 unregelmäßig, meist 10–18 Uhr, Eintritt ¥30.

Das Landgut befindet sich 3 km südwestlich von Gyantse jenseits des Nyang Chu. Man kann hinlaufen, mit dem Fahrrad fahren oder ein Dreiradtaxi nehmen. Wer mit dem Fahrrad fährt oder läuft, nimmt die Yingxiong Nanlu nach Süden bis über die Brücke. Hinter der Brücke biegt man rechts und dann die nächste Möglichkeit nach links ab.

Kloster und Fort Tsechen

Tsechen ist ein Dorf etwa 5 km nordwestlich von Gyantse und lohnt einen Besuch, wenn man etwas mehr Zeit zur Verfügung hat. Über dem Dorf thront ein kleines Kloster, aber noch beeindruckender sind die Ruinen des alten Forts aus dem 14. Jh., das schon Colonel Younghusband 1904 als Festung nutzte. Bis zum Umzug in den Dzong von Gyantse residierten im Fort die Herrscher von Gyantse. Das Kloster war Sitz der Reinkarnation von Butön Rinchen Drub, dem Abt von Shalu. Später lebte hier auch einer der wichtigsten Lehrer Tsongkhapas, der Sakyapa Rendawa Zhonu Lodro.

Nach Tsechen kann man laufen oder mit dem Fahrrad fahren. Wer nicht so viel Zeit hat, kann von Gyantse auch ein Taxi nehmen.

Kloster Shalu

Rund 20 km vor Shigatse führt ein kleiner Abstecher zum Kloster Shalu (auch Zhalu). Es besitzt ein einzigartiges, originales Dach aus glasierten türkisfarbenen Ziegeln im chinesisch-mongolischen Pagodenstil sowie Wandmalereien des 14. Jhs., die teilweise sehr gut erhalten sind und zu den schönsten Tibets gehören.

Gegründet wurde Shalu im Jahr 1040 von einem Abt namens Chetsün Sherab Jungne aus dem Adelsclan der Che in der Zeit der buddhistischen Renaissance, und zwar angeblich an der Stelle, an der sich ein von Chetsün Sherab Jungnes Meister abgeschossener Pfeil in den Boden bohrte. Im Gegensatz zu den Sakyapa und Phagmodrupa legte der Abt großen Wert auf

Das aufregende Leben der Alexandra David-Néel

Alexandra David-Néel, geborene Louise Eugénie Alexandrine Marie David, wurde am 24.10.1868 in Saint-Mande bei Paris geboren. Ihre Mutter war eine gläubige, aber gefühlskalte Katholikin, der Vater ein Journalist, Revolutionär und Freimaurer. Erzogen wurde sie in den düsteren Mauern eines strengen Karmeliterklosters, mit dem Effekt, dass es sie umso mehr in die weite Welt zog. Dreimal mit 5, 15 und 17 Jahren riss sie von zu Hause aus. Nach Beendigung ihrer Schulausbildung 1888 reiste sie nach London, wo sie sich mit Sanskrit, Pali und Zen beschäftigte. Eine Erbschaft versetzte sie endlich in die Lage, ihre erste große **Reise nach Asien** zu unternehmen. 1891 fuhr sie mit dem Schiff nach Ceylon, später nach Indien, aber achtzehn Monate später war die kleine Erbschaft aufgebraucht. Zurück in Frankreich studierte sie Musik und wurde erfolgreiche Sopranistin. Ihre **Opernkarriere** führte sie um die Welt bis nach Hanoi. Fünf Jahre sollte sie auf verschiedenen Bühnen auftreten, bis sie in einem Museum ihre erste Begegnung mit Buddha hatte. Dieses Ereignis sollte ihr ganzes Leben umkrempeln.

Bei einem Engagement in Tunesien traf sie **Philippe Néel**, einen Ingenieur und Lebemann. Die beiden so grundverschiedenen Charaktere heirateten am 4.8.1904. Obwohl oder vielleicht weil beide sich fast nie sahen, hielt die Ehe bis zu Philippes Tod. Mit einem Forschungsauftrag des französischen Erziehungsministeriums in der Tasche verabschiedete Alexandra sich am 9.8.1911 von Philippe, um zu einer Studienreise nach Indien und Ceylon aufzubrechen. Aus den vermeintlichen paar Wochen wurden 14 Jahre. Über Ceylon und Indien erreichte sie Sikkim, wo sie 1914 ihren zukünftigen Begleiter, den dreißig Jahre jüngeren Tibeter **Aphur Yongden** kennenlernte, den sie später auch adoptierte. In der Abgeschiedenheit eines Himalaya-Klosters in 4000 m Höhe verbrachte Alexandra die nächsten zwei Jahre bis 1916. Hier wurde sie die **Schülerin des Meisters Gömptchen** und bekam den Namen „Leuchte der Weisheit". Durch den Tod ihrer Mutter 1918 erbte Alexandra ein beträchtliches Vermögen und wurde so von ihrem Mann Philippe finanziell unabhängiger. Dennoch unterstützte er sie zeit seines Lebens finanziell. Weitere Reisen nach Japan, China und Zentralasien folgten.

Alexandra David-Néels größter Triumph aber war eine geglückte **Reise nach Lhasa**. Am 5. Februar 1921 begann sie mit Yongden eine abenteuerliche Wanderung, die ursprünglich auf wenige Monate angelegt war, schließlich aber drei Jahre dauerte. Am 28. Februar 1924 erreichten sie endlich Lhasa, wo sie zwei Monate blieben. Nach ihrer **Rückkehr nach Frankreich** wurde sie als Nationalheldin verehrt, schrieb Bücher und hielt Vorträge. Auf Deutsch ist ihre Reisebeschreibung in ihrem Buch *Mein Weg durch Himmel und Hölle, Das Abenteuer meines Lebens* (Knaur) erschienen.

1937 zog es Alexandra David-Néel wieder fort. Mit Yongden reiste sie via Warschau und Moskau nach Beijing, wo sie in die Wirren des **chinesischen Bürgerkriegs** geriet. „Gefangen" in einem ehemaligen tibetischen Marktflecken in der Provinz Xikang, verbrachte sie die Jahre von 1938–1944. Hier erfuhr sie 1941 vom Tod ihres Mannes Philippe Néel, dem sie in 58 Jahren mehr als 3000 Briefe geschrieben hatte. Auch ihr Adoptivsohn Yongden starb im Alter von 50 Jahren lange vor ihr. Sie selbst wurde fast 101 Jahre alt. Mit 100 hatte sie sicherheitshalber schon mal ihren Reisepass verlängern lassen, doch am 8. September 1969 verstarb sie schließlich in Südfrankreich.

die monastische Disziplin. Die lokalen Herrscher (Tripön) wurden vom Che-Clan gestellt, der seine politische Machtbasis später durch eine Heiratsallianz mit den Herrschern von Gyantse erweiterte. Zusätzlich waren die Che durch Heirat auch mit den Sakyapa verbunden. Ähnlich wie bei den Sakyapa und den Drigungpa konnten damit säkulare und klerikale Macht in den Händen einer Adelsfamilie konzentriert werden. Später geriet das Kloster allerdings in die Abhängigkeit von Sakya. Fünf Jahre nach der Klostergründung verbrachte Atisha, der große Meister aus Bengalen, drei Monate in Shalu und unterstrich damit das hohe Ansehen des Klosters.

Den Zenit seiner Bedeutung erlangte das Kloster schließlich ab dem Jahr 1320, als **Butön Rinchen Drub** (1290–1364), einer der größten tibetischen Schriftgelehrten, Abt von Shalu wurde. Er sichtete und klassifizierte das gesamte in Tibet existierende buddhistische Schrifttum und schuf daraus die nahezu 300 Bände umfassenden buddhistischen Kanons Kanjur und Tanjur. Durch die Interpretation dieser Werke schuf Butön auch eine neue Schulrichtung, die der Shalupa, die später die Lehre der Gelugpa beeinflussen sollte, ansonsten aber auf dieses Gebiet beschränkt blieb. Unter Butöns Ägide entstanden 499 tantrische Mandalas, von denen einige noch heute in zwei Kapellen in der ersten Etage zu sehen sind. Die geschwungenen Pagodendächer mit den charakteristischen blaugrünen Glasurziegeln gehen ebenfalls auf den umtriebigen Butön zurück. Er konnte Prinz Drakpa Gyaltsen für eine Erweiterung des Klosters gewinnen, der sich wiederum für die Finanzierung an den Kaiser von China wandte. 1333 wurde Shalu auf Geheiß des mongolischen Kaisers der Yuan-Dynastie mit unverkennbar mongolisch-chinesischen Elementen ausgebaut.

Wertvolle Zeugnisse alttibetischer Kunst sind auch die Bronzeskulpturen und die Wandmalereien im Umwandlungsgang um den Dukhang aus dem 14. und 15. Jh.

Bekannt wurde Shalu auch als Ausbildungszentrum von sogenannten **Tranceläufern** (Lungom-pa), die über mehrere Tage riesige Strecken in gleichmäßigem Tempo und ohne Pausen zurücklegen konnten. Die Novizen machten außerordentlich schwierige Atemübungen und mussten monatelang mit gekreuzten Beinen meditieren. Im Zentrum der stets vor der Außenwelt geheim gehaltenen Ausbildung stand nicht die Entwicklung der Muskeln, sondern der psychischen Kräfte, die bei den Tranceläufern eine Unempfindlichkeit gegen die Schmerzen bewirkte und es ihnen ermöglichte, weite Entfernungen zurückzulegen. ◷ keine festen Öffnungszeiten, aber meist 9–17 Uhr, Eintritt ¥40.

Wer mit dem gecharterten Jeep unterwegs ist, sollte Shalu in die Fahrt mit einbeziehen. Die Kosten erhöhen sich dadurch nicht, weil der Umweg nicht groß ist. Von Shigatses Busbahnhof in der Shanghai Zhonglu fahren unregelmäßig Minibusse (¥15). Ein Taxi sollte von Shigatse und wieder dorthin zurück nicht mehr als ¥100 kosten. Ansonsten bleibt nur die Möglichkeit, einen Minibus nach Shigatse oder aus Shigatse kommend nach Gyantse zu nehmen und am Kilometerstein 19 oder 21 auszusteigen. Von hier sind es jeweils noch 4 km oder 1 Std. Fußmarsch bis Shalu.

Tibets Tranceläufer

Von Alexandra David-Neel stammt der einzige Augenzeugenbericht über die tibetischen Tranceläufer: „Ich konnte ganz klar sein absolut ruhiges, teilnahmsloses Gesicht erkennen und seine weiten offenen Augen, deren starrer Blick auf irgendein nicht erkennbares, weit entferntes Objekt hoch oben im Weltraum gerichtet war. Der Mann lief nicht. Er schien vom Boden abzuheben und in großen Sätzen dahinzueilen. Es sah aus, als besitze er die Elastizität eines Balles und als schnelle er jedesmal wieder in die Höhe, sobald seine Füße den Boden berührten. Seine Sprünge besaßen die Gleichmäßigkeit einer Pendelbewegung." Alexandra David-Neels Buch „Heilige und Hexer, Glaube und Aberglaube im Lande des Lamaismus", aus dem dieses Zitat stammt, ist übrigens auch eine spannende Lektüre zur Einstimmung auf eine Tibetreise. Die erste deutsche Übersetzung erschien 1931 im Brockhaus-Verlag. 1995 gab es in der Edition Erdmann eine Neuauflage. Zurzeit ist das Buch nur antiquarisch zu bekommen.

Shigatse

Shigatse (Xigaze), die zweitgrößte Stadt Tibets, liegt rund 270 km von Lhasa entfernt auf einer Höhe von nahezu 3836 m. Leider ist der tibetische Charakter der Stadt durch den Bau der chinesischen Vorstadt weitgehend zerstört worden. Breite Straßen mit den üblichen gläsernen oder weiß gekachelten Bürobauten, Kaufhäusern und Wohnblocks bilden am Südrand des Droma Ri („Berg der Tara") ein recht einfallsloses Gitternetz, aber der weithin sichtbare Dzong und die funkelnden Dächer der Klosterstadt Tashilhunpo lassen ahnen, dass die Stadt mehr als nur chinesischen Beton zu bieten hat.

Laut einer Legende wurde Shigatse von einem Jäger gegründet, dessen Familie hier über 18 Generationen lang lebte. Eine erste Siedlung an dieser Stelle unterstand im 13. Jh. den Gouverneuren (Tripön) von Shalu, deren Herrschaftsanspruch über Tibet von den Mongolen unterstützt wurde. Mit dem Untergang der mongolischen Yuan-Dynastie konnte Shigatse mehr Eigenständigkeit gewinnen und sich schließlich als Sitz der Gouverneure von Tsang, der westtibetischen Provinz, als zweites bedeutendes politisches Zentrum Tibets neben Lhasa etablieren. Der eigentliche Aufstieg Shigatses begann unter der Herrschaft der Phagmodrupa und der Verwaltungsreform unter **Changchub Gyeltsen** (1302–1364), dem Tripön von Nedong im Yarlung-Tal. Im Bürgerkrieg zwischen den Sakyapa, Drigungpa, Phagmodrupa und anderen Machthabern des 14. Jhs. konnte er sich 1353 schließlich durchsetzen (s. a. Drigung Thel S. 191). Er schaffte das nach seinem Geschmack zu mächtige Amt der Tripöns ab, teilte das Land in kleinere Verwaltungseinheiten (Dzong) und ließ diese durch sogenannte Verwaltungsbeamte (Dzongpön), die ihm loyal ergeben waren, verwalten. Shigatse wurde als letzter der neuen Bezirke gegründet und bekam den Namen Shiga Samdrub Tse. Shiga war die allgemeine Bezeichnung für ein Landgut in Tibet und Samdrub Tse hieß „Wunscherfüllung". Damit wollte Changchub Gyeltsen zeigen, dass er sein Ziel, die Macht der Sakyapa zu brechen, erreicht hatte.

Shiga Samdrub Tse wurde später zu Shigatse abgekürzt und ab 1565 bis 1642 Sitz der Könige von Tsang. 1642 nahm der 5. Dalai Lama im Dzong von Shigatse die ihm von Gushri Khan offerierte politische Macht über Tibet an. Mit der Errichtung der Theokratie durch die Gelugpa geriet Shigatse in den Einflussbereich Lhasas und wurde der Sitz der Gouverneure von Tsang. Trotz der Ernennung Chökyi Gyeltsens zum Panchen Lama (s. S. 240) durch den 5. Dalai Lama übte die Zentralregierung meist nur wenig oder gar keinen Einfluss auf Tsang aus. Nachdem der Mandschu-Kaiser den Panchen Lama 1728 sogar offiziell zum politischen Oberhaupt über Tsang und Westtibet ernannt hatte, blieb dessen Macht bis zum endgültigen Einmarsch der Chinesen 1959 ungebrochen.

Heute ist Shigatse eine moderne Stadt. Nur wenig weist auf seine bewegte Geschichte hin. Die Stadt hat rund 80 000 Einwohner und lebt außer vom Tourismus von Elektrotechnik, Maschinen- und Landmaschinenbau, Pharmazie- und Druckunternehmen, Gerbereien, Baustoffindustrie, Reparaturwerkstätten, Getreide- und Ölverarbeitungsanlagen sowie Betrieben für die Produktion von Gebrauchsartikeln.

Shigatse Dzong

Der einstige Sitz der Könige und später der Gouverneure von Tsang, der Dzong, war an Pracht nur mit dem Potala vergleichbar. Er wurde leider von den Roten Garden in einen Schutthaufen verwandelt, aus dem nur noch traurige Ruinenstümpfe im Stadtzentrum herausragten. Architekten der Shanghaier Tongji-Universität haben 2005 den Wiederaufbau der Festung Samdrub Tse in Angriff genommen; ein Großteil des dazu benötigten Geldes wurde schließlich von der Shanghaier Stadtverwaltung zur Verfügung gestellt. Im Rahmen dieses Projektes soll auch ein Museum über die antike Kultur der Stadt entstehen. Viele Tibeter kritisieren am Wiederaufbau allerdings, dass er nicht mit den traditionellen Baumaterialien erfolgt ist, sondern mit modernen Mitteln, sprich Beton.

Die zwischen 1360 und 1363 erbaute Festung gilt als das älteste Bauwerk in Shigatse. Die Originalstruktur der Festung ähnelt einer kleinen Version des Potala-Palastes, und obwohl sie 330 Jahre älter als ihre berühmte Nachbildung in Lhasa ist, wird die Festung oft „kleiner Potala-Palast" genannt.

Die Burg hatte vier Hauptgebäude, und im Zick-Zack angelegte Korridore verbanden die einzelnen Gebäude, Paläste und Hallen miteinander. In den beiden unteren Stockwerken der Burg lagen Räume der Dzong-Behörden, Gefängnisse und Vorratslager. 2008 wurde der Wiederaufbau des Dzong vollendet. Allerdings war er zur Zeit der Recherche noch nicht für Besucher geöffnet.

8 HIGHLIGHT

Tashilhunpo

Die Klostergründung des „Bergs des Glücks" erfolgte 1447 unter Gendün Dub (1391–1474), einem Neffen und Schüler Tsongkhapas. Gendün Dub und sein Nachfolger Gendün Gyatsho (1475 bis 1542) wurden posthum zum 1. und 2. Dalai Lama ernannt, während die ihnen folgenden Äbte rückwirkend zum 1.–3. Panchen Lama erklärt wurden. Deshalb zählt Chökyi Gyeltsen (1569–1637), der den Titel im Jahr 1636 von seinem Schüler, dem 5. Dalai Lama, aus Dankbarkeit erhalten hatte, als 4. Panchen Lama, obwohl er de facto der erste amtierende Panchen Lama war, der diesen Titel trug. Der Panchen Lama hatte weniger Einfluss in der Zentralregierung als der Dalai Lama, der nominell die volle geistige und weltliche Macht über das Land innehatte. Da der Panchen Lama aber als Inkarnation des hierarchisch viel höher stehenden Amitabha (Buddha des Unendlichen Lichts) angesehen wird, der Dalai Lama hingegen „nur" als Inkarnation des Bodhisattvas Avalokiteshvara, lag in seiner Ernennung schon der Keim für künftige Kompetenzstreitigkeiten. Die Provinz Tsang regierte der Panchen Lama nahezu autonom. In der Politik spielten die Chinesen die beiden Häupter nicht selten gegeneinander aus, und noch heute spaltet sich Tibet in die Anhänger des Dalai Lama, die die Unabhängigkeit oder wenigstens eine weit reichende Autonomie ihres Landes fordern, und die eher dem Panchen Lama zugeneigten Tibeter, die eine Annäherung an China befürworten. Der 10. Panchen Lama

Hickhack um den Panchen Lama

Am 28.1.1989 starb der 10. Panchen Lama im Alter von nur 51 Jahren in Shigatse an Herzversagen. Die Ironie des Schicksals wollte es, dass er gerade erst einen Stupa mit sterblichen Überresten der 5. bis 9. Panchen Lama eingeweiht hatte. Dabei weilte er in Tashilhunpo, seinem eigentlichen Amtssitz, den er seit der Besetzung Tibets durch China nur selten hatte besuchen dürfen, und so verbreitete sich in Windeseile das Gerücht, dass dem Tod mit Gift nachgeholfen worden sei. Tibet stand damit wieder inmitten einer Tradition politischen Ränkespiels, in dem alle beteiligten Parteien bis zum Äußersten gehen.

Beijing bedient sich dabei der seit mehr als 2000 Jahren bewährten Praxis, „einen Barbaren durch einen anderen auszuspielen", in diesem Fall die Anhänger des Panchen Lama gegen die Anhänger des Dalai Lama. China weiß wohl, dass die Tibeter politisch nicht so harmonisch an einem Strang ziehen, wie es im Westen oft erscheint. So hatte der Panchen Lama, der vor allem von exiltibetischer Seite als „Lakai der Chinesen" verschrien war, durchaus zahlreiche Anhänger in Tibet, besonders in der Region von Shigatse, aber auch bei nichttibetischen Anhängern des Lamaismus wie den Mongolen, Xibe, Naxi und vielen anderen, deren Interessen er nicht ohne Erfolg gegenüber der Zentralregierung in Beijing vertrat.

Nach dem Tod des 10. Panchen Lama war die Frage nach seiner Nachfolge für die kommunistische Führung von zentraler Bedeutung. Deshalb mischte sie sich aktiv in die Wahl ein. Dabei ging es aber erst in zweiter Linie um den Panchen Lama, der lange nicht das Ansehen genießt wie der Dalai Lama. Im Visier hatte sie vielmehr das Procedere um die Nachfolge des Dalai Lama, der inzwischen über 60 Jahre alt ist. Denn so wie dem Dalai Lama offiziell die Aufgabe zukommt, die Suche nach der Reinkarnation des Panchen Lama zu leiten, ist es umgekehrt der Panchen Lama, der für die Suche nach der Reinkarnation des Dalai Lama zuständig ist. Also kann es nur im Interesse Beijings liegen, einen „folgsamen" Panchen Lama zu haben, um Tibet ein für allemal an China zu binden.

Wohl deshalb verschwand der vom Dalai Lama bestätigte und ausgewählte Panchen Lama, ein kleiner Junge von noch nicht einmal zehn Jahren, während alle Bildnisse des Dalai Lama aus Tibets Tempeln entfernt und durch Bildnisse des „offiziellen", inzwischen von Beijing ausgesuchten und neu gekürten Panchen Lama ersetzt werden mussten.

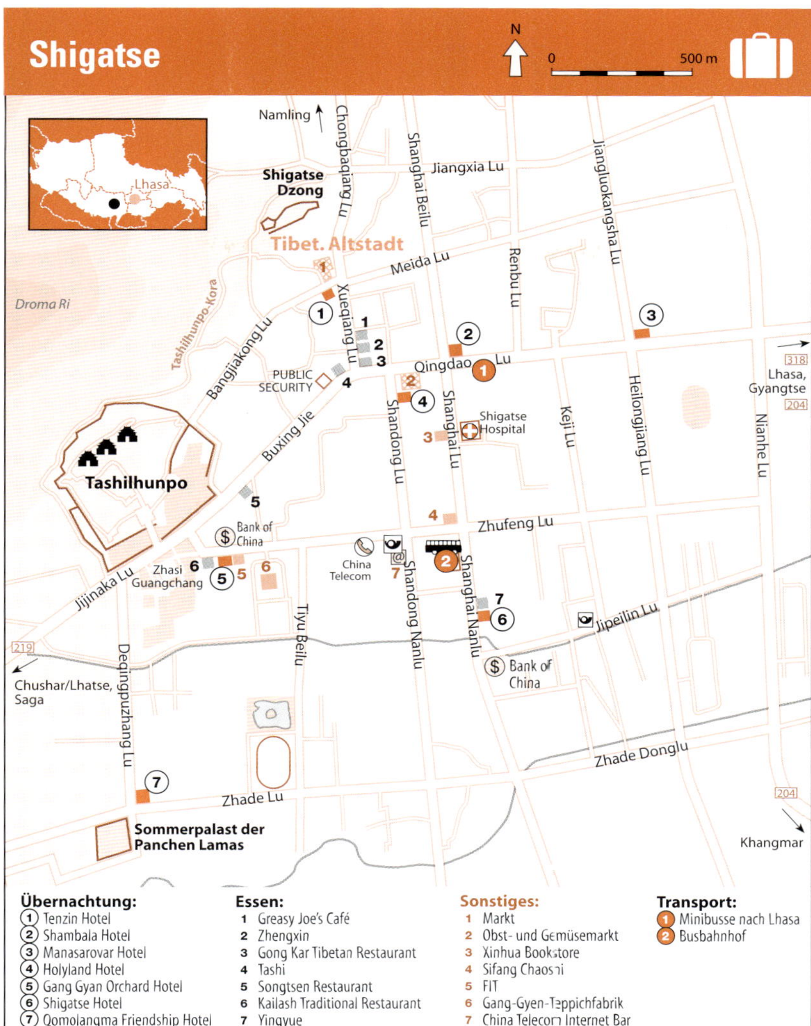

stand nach Gefängnisaufenthalten bis 1978 in Beijing unter Hausarrest. Danach ernannte man ihn zum Stellvertretenden Vorsitzenden des Ständigen Ausschusses des Nationalen Volkskongresses. Am 28. Januar 1989 starb er bei der Einweihungszeremonie eines großen Chörten (s. Kasten) an einem Herzinfarkt, was nicht von allen als wahre Todesursache akzeptiert wird. Die chinesische Regierung ist bestrebt, einen Panchen Lama zu haben, der prochinesisch eingestellt ist. Aus diesem Grund ist die unter Mitwirkung des Dalai Lama gefundene Reinkarnation des Panchen Lama wohl auch spurlos verschwunden oder soll nach Aussage der chi-

Lammfleischverkäufer in Shigatse

nesischen Regierung in einem Ort etwa 100 km von Lhasa bei seiner Familie wohnen bzw. vermutlich unter Hausarrest stehen, während China eine eigene Reinkarnation auserkoren hat. Ob die Tibeter diesen Panchen Lama akzeptieren werden, hängt sicherlich stark von der Entwicklung seiner Persönlichkeit ab und ob er sich von den Chinesen instrumentalisieren lässt.

In der weitläufigen, gut 300 000 m² großen Klosteranlage am Fuße des Droma Ri, dessen Form die Arme und Brust einer schützenden Tara darstellen soll, leben heute rund 800 Mönche, darunter etwa 100 Novizen. In der Blütezeit studierten und lebten hier 5000 Mönche und zur Zeit der Besetzung Tibets 1959 immerhin noch etwa 3700. Mit der beginnenden innenpolitischen Liberalisierung konnte der 10. Panchen Lama seine Residenz ab 1980 wieder in ein religiöses Zentrum verwandeln, und schon im selben Jahr lebten hier über die Hälfte der gesamten Mönche Tibets, damals allerdings nur ein paar Hundert. Heute ist Tashilhunpo das größte aktive Kloster Tibets.

🕒 Sommer 9–12 und 14–18 Uhr, Winter: 10–12 und 14–17 Uhr, Eintritt ¥55. Fotografieren ¥75 je Halle; wer filmen möchte, zahlt ¥1500.

Maitreya-Kapelle

Nimmt man den Weg der Pilger, läuft man von der Kasse zunächst gut 200 m nach Norden und biegt dann nach links in den Westteil der Anlage ab. Ganz am Ende stößt man hier auf die Maitreya-Halle (Chamkhang Chenmo), gleichzeitig auch der erste Höhepunkt der Besichtigung. In der Halle erhebt sich ein gigantischer, 26,20 m hoher **Zukunftsbuddha**. Er wurde zwischen 1906 und 1916 im Auftrag des 9. Panchen Lama von gut 900 Handwerkern erschaffen. Insgesamt wurden 11 000 kg Bronze und 229 kg Gold verbaut. Die rechte Hand Maitreyas zeigt die „Geste der Lehrdarlegung" (Vitarka-Mudra). Diese Geste wird auch als „Mudra der Diskussion" bezeichnet. Daumen und Zeigefinger formen dabei das Rad der Lehre, alle anderen Finger sind nach oben gerichtet. Dies ist die mystische Geste der Taras und Bodhisattvas. Die linke Hand befindet sich in der Meditationsgeste (Dhyani-Mudra) und hält eine Vase mit dem Unsterblichkeitsnektar. Das von außen wie ein Fort anmutende Gebäude wurde zwischen 1914 und 1918 um die Skulptur herum erbaut. Die Innenwand ist mit 1000 Maitreyas geschmückt, die mit Goldlinien auf rotem Grund gemalt wurden. Man kann die Skulptur umrunden und sieht dann die mächtigen Bronzeplatten, die die Statue zusammenhalten.

Namgyel Lhakhang

Vorbei an zwei kleineren Lhakhang, dem Lama Lhakhang und Jamyang Lhakhang, kann man als Nächstes den Namgyel Lhakhang, das Institut für Philosophie, besuchen. Erbaut wurde es unter dem 9. Panchen Lama. Innen befindet sich eine große Statue von Tsongkhapa, der von Maitreya und Manjushri begleitet wird. Diese drei Hallen sind aber nicht immer geöffnet.

Grab des 10. Panchen Lama

Gleich neben dem philosophischen Institut erhebt sich das neueste Gebäude Tashilhunpos, das Grabmal des 1989 verstorbenen 10. Panchen Lama, den man vor dem Grabstupa aufgestellt sieht. Die Grabanlage wurde 1993 endgültig fertiggestellt und ist ähnlich wie das Grab des 9. Panchen Lama gestaltet. Die chinesische Regierung soll 500 kg Gold für die Vergoldung des Stupa beigesteuert haben. Daher vielleicht auch das im chinesischen Stil konstruierte Dach des Gebäudes. Über Treppen kann man auf der linken Seite ins Dach steigen, wo sich ein gigantisches 3-D-Kalachakra-Mandala befindet.

Residenz des Panchen Lama

In den Gebäuden, die dem Grabmal des 10. und dem etwas weiter nach Osten stehenden Grabmal des 4. Panchen Lama vorgelagert sind, befindet sich übrigens die Residenz des Panchen Lama, der **Labrang**. Es handelt sich um ein dreistöckiges weißes Bauwerk, an dessen Vorderfront sich sieben miteinander verbundene, rot getünchte Kapellen befinden. Sollten die Räume geöffnet sein, erfolgt der Zugang über den Hof rechts vom Grabmal des 10. Panchen Lama. Zu sehen gibt es neben den sieben Kapellen einen Empfangsraum für die chinesischen Ambane (s. S. 116) mit zwei gleich hohen Thronen, die den gleichrangigen Status der Ambane gegenüber dem Panchen Lama demonstrieren sollten. Die eigentlichen Wohnräume können nicht besichtigt werden.

Grab des 4. Panchen Lama

Im Zentrum der sich nach Westen und Osten ziehenden Residenzgebäude befindet sich das Grabmal des 4. Panchen Lama, der **Kundun Lhakhang**. Man kann vom Grabgebäude des

Tashilhunpo

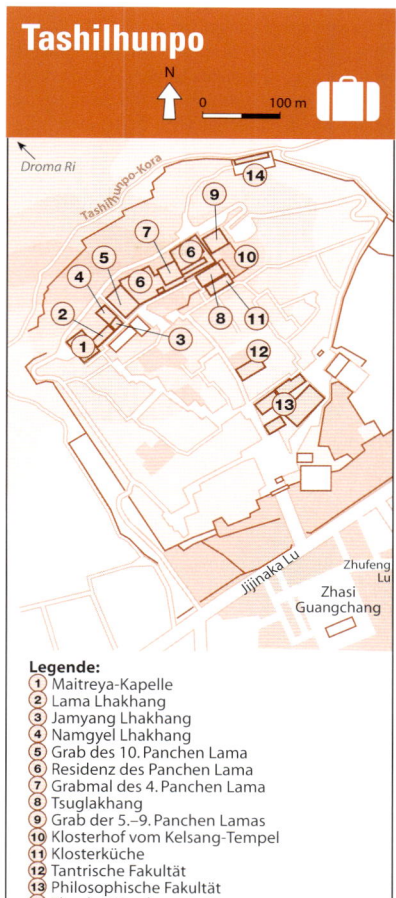

N
0 100 m
Droma Ri
Tashilhunpo-Kora
Jijinaka Lu
Zhufeng Lu
Zhasi Guangchang

Legende:
1 Maitreya-Kapelle
2 Lama Lhakhang
3 Jamyang Lhakhang
4 Namgyel Lhakhang
5 Grab des 10. Panchen Lama
6 Residenz des Panchen Lama
7 Grabmal des 4. Panchen Lama
8 Tsuglakhang
9 Grab der 5.–9. Panchen Lamas
10 Klosterhof vom Kelsang-Tempel
11 Klosterküche
12 Tantrische Fakultät
13 Philosophische Fakultät
14 Thanka-Wand

10. Panchen Lama hingelangen, aber der Weg ist nicht ganz einfach zu finden. Auf der Südwestseite des Grab-Gebäudes beginnt in der zweiten Etage ein düster erleuchteter Korridor, der an kleinen Kapellen vorbei nach Osten in den Kudung Lhakhang führt. Folgt man dem Weg draußen, gelangt man über einen kleinen Vorhof zum Grab. Der 1662 fertiggestellte 11 m hohe, versilberte Grabstupa birgt die sterblichen Überreste von Chöki Gyeltshen. Seine Bedeutung lässt sich schon daran ermessen, dass dies der einzige Grabstupa war, den die Rotgardisten in der Kulturrevolution nicht zerstören durften.

Kelsang-Tempel

Durch einen engen düsteren Tunnel wird man als Nächstes in den verwinkelten Komplex des Kelsang-Tempels geführt. Dies ist der älteste Teil der Klosteranlage. Über einige Treppen geht es in den eindrucksvollen **Klosterhof**, um den herum Galerien zu den einzelnen Lhakhang und Gebäuden führen. Die Westseite des Hofes grenzt an die **Große Versammlungshalle** (Tsuglakhang), die von 48 Säulen getragen wird. Hier finden zu Füßen des Throns vom Panchen Lama 2000 Mönche Platz. An der Nordseite der Halle befinden sich drei Kapellen, die von links nach rechts Maitreya, der hier als 9 m hohe Skulptur zu sehen ist, Shakyamuni sowie der Göttin Tara in ihrer Weißen und Grünen Form geweiht sind. Entlang der Galerien kann man zahlreiche Kapellen betreten, die überschwänglich mit großen und kleinen wertvollen Plastiken bestückt sind. Nördlich vom Klosterhof schließt sich ein Vorplatz an, der zum **Grab der 5.–9. Panchen Lamas** führt. Ihre Grabmäler waren während der Kulturrevolution zerstört worden. An ihrer Stelle steht heute ein 10 m hoher Stupa, für dessen Fertigstellung 1500 kg Silber und 108 kg Gold verbaut worden sein sollen. Er wurde 1989 vom 10. Panchen Lama eingeweiht (siehe Kasten S. 240).

Tantrische und Philosophische Fakultäten

Auf dem Weg zurück zum Ausgang kann man noch die kleine Tantrische Fakultät und die südlich von ihr liegende Philosophische Fakultät besuchen. Wer gegen 10 Uhr morgens herkommt, kann im Dukhang der Philosophischen Fakultät bei den Ritualen zur Kontrolle des Bewusstseins Verstorbener im Bardo, dem Bereich zwischen Tod und Wiedergeburt, zusehen. Dazu versammeln sich alle Mönche, um gemeinsam Sutren zu rezitieren. Der ganze Saal vibriert dann vom sonoren Gemurmel, das von einzelnen Glockenschlägen begleitet wird. Mit ein wenig Glück bekommt man auch die Debatten der Studenten im Debattierhof der Institute mit.

Kora

Der gesamte Klosterkomplex mit seinen in der Sonne funkelnden goldenen Dächern, die schon von Weitem sichtbar sind, wird von einer Ringmauer eingefasst und von Pilgern in frommer Verehrung auf dem Lingkor umwandelt. Für die Kora benötigt man rund eine Stunde. Der Weg beginnt links des Klosterkomplexes und führt über eine Gasse an der Außenseite der Klostermauer entlang bergauf. Entlang des Weges bieten sich grandiose Ausblicke auf Tashilhunpo. Ein Stück hinter dem großen Thanka-Turm gabelt sich der Weg. Der eine führt bergab und beendet die Kora in der Stadt, der andere führt in etwa 20 Minuten weiter zum Dzong.

Sommerpalast der Panchen Lamas

Wer noch Zeit totschlagen muss, kann den Sommerpalast der Panchen Lamas etwa 1 km südwestlich von Tashilhunpo besuchen. Zu sehen sind einige seiner Wohnräume und die eine oder andere Kapelle. Die Anlage wurde in den 1950er-Jahren eigens für den 10. Panchen Lama erbaut und liegt inmitten großzügig angelegter Gärten. Bis 1989 diente der Palast als Residenz des Panchen Lama, wenn er aus Peking zu Besuch kam. ⌚ 9.30–12 und 15–17 Uhr, Eintritt ¥30.

Übernachtung

Es gibt zahlreiche Hotels in der Stadt, darunter allerdings nicht allzu viele in der unteren Preisklasse. Je nach Belegung kann man die ausgewiesenen Preise aber oft um bis zu 50 % herunterhandeln, vor allem in der Nebensaison.

Qomolangma Friendship Hotel (Zhufeng Youyi Binguan), Puzhang Lu, ✆ 0892/8821929 📠 8822984. Lieblos geführtes Hotel mit einfachen, aber ordentlichen Zimmern mit Bad und rund um die Uhr Warmwasser. Wer auf

Service keinen Wert legt, bekommt billige DZ in der Nähe des Sommerpalasts des Panchen Lama. ❷

Shambala Hotel (Xiangbala Fandian), Qindgao Lu, ☏ 0892/8827666, 📠 8823681. Gute und preiswerte Alternative, wenn das Tenzin voll sein sollte. Für die Zimmer ohne Bad gibt es Duschen, die man für ¥5 benutzen kann. Dorm-Bett im Dreibettzimmer ab ¥40, DZ ohne Bad ❶, mit Bad ❷

Tenzin Hotel (Tianxin Lüguan), 8 Bangjiakong Lu, gegenüber vom Markt, ☏ 0892/8822018, 📠 8838080. Alteingesessener Traveller-Favorit. Die Zimmer sind allerdings recht laut, aber dafür ist es ein lebhafter Treffpunkt mit Teehaus und Restaurant. Die Gemeinschaftsbäder sind tipptopp, und es gibt 24 Stunden warmes Wasser in den Duschen. Je nach Belegung kann man die Preise für das DZ um bis zu 30 % herunterhandeln. Bett im 4er-Dorm ¥40. DZ ohne Bad ❸, mit Bad ❹

Gang Gyan Orchard Hotel (Rikaze Gangjian Binguan), 77 Zhufeng Lu, ☏ 0892/8820777, 📠 8830171. Großer funktionaler Hotelklotz, dessen Name an den Gang-Gyen-Obstgarten hinter dem Hotel angelehnt ist. Die Zimmer sind o.k., die Betten bequem und die Lage gleich gegenüber vom Kloster Tashilhunpo ist nicht zu toppen. DZ ohne Bad ❸, DZ mit Bad ❹

Holyland Hotel (Shengdi Fandian), 5 Shandong Lu, ☏ 0892/8822922, 📠 8821990. Im Stadtzentrum gelegenes Hotel ohne viel Flair. Die Zimmer sind o.k., es gibt 24 Std. warmes Wasser und ein Restaurant. ❹

Manasarovar Hotel (Shenhu Binguan), 20 Qingdao Donglu (Qingdao East Rd.), ☏ 0892/8839999, 📠 8828111. Das Hotel versucht, sich zumindest nach außen ein wenig tibetisch zu geben. Die Lobby ist groß, es gibt eine schicke Coffee Lounge und viel kitschigen Schnickschnack, aber die Zimmer sind gut, und es gibt eine Reihe von Restaurants. ❹

Shigatse Hotel (Rikaze Fandian), 12 Shanghai Zhonglu, ☏ 0892/8822525, 📠 8821900. Am oberen Ende der Preisskala angesiedeltes, großes und vornehmlich auf Reisegruppen ausgerichtetes Hotel. Man kann zwischen überladen dekorierten „Tibetan-Style"-Zimmern und „Western-Style"-Zimmern wählen. ❺

Essen

Shigatse bietet eine große Auswahl an Restaurants, darunter auch einige, die sich auf den westlichen Gaumen eingeschossen haben. Feste Öffnungszeiten gibt es nicht, aber zwischen 10 und 21 Uhr haben die meisten Lokale geöffnet.

An der Zhufeng Lu, Ecke Shanghai Lu, finden sich einige kleine **Geschäfte**, in denen man scharfe Kebabs, Snacks und Getränke bekommt. Obst kann man auf einem kleinen **Markt** an der Qingdao Lu kaufen, nicht weit von der Kreuzung mit der Shandong Lu.

Gong Kar Tibetan Restaurant, Xueqiang Lu. Bunt bemalte Säulen außen und bequeme Sofas innen. Experimentierfreudige Fleischliebhaber können sich an Yakherzensalat oder Schweinsfüße und -ohren wagen, aber es gibt auch tibetische Standardgerichte wie Momos. Gerichte ¥10–20.

Greasy Joe's Café, Xueqiang Lu. Eines von vielen Lokalen in der Xueqiang Lu. Das Essen hier ist nicht so fettig, wie der Name des Restaurants vermuten lässt, aber man kommt ohnehin eher wegen des Frühstücks. Es gibt frischen Joghurt, den man mit Früchten verfeinern kann. Gerichte ¥10–20.

Kailash Traditional Restaurant, Zhufeng Lu, beim Orchard Hotel. Urgemütliches Restaurant im Stil eines tibetischen Teehauses. Zentral gelegen und dennoch abseits der touristischen Fußgängerzone, ist es nicht ganz so von Tourgruppen überlaufen. Es gibt nepalesisches und tibetisches Essen und eine entspannte Atmosphäre. Gerichte ab ¥20.

Songtsen Restaurant, Qingdao Xilu, in der Fußgängerzone (Buxing Jie). Gemütliches Lokal mit nepalesischer, indischer und tibetischer Küche. Wenn es voll ist, kann es ziemlich lange dauern, bis man sein Essen bekommt, aber die bequemen Sitzgelegenheiten machen dieses Manko wett. Gerichte ab ¥25.

Tashi, Qingdao Xilu, in der Fußgängerzone (Buxing Jie) ein Stück östlich vom Songtsen. Von Nepali betriebenes Lokal, das schon seit vielen Jahren besteht, mit leckeren westlichen, chinesischen, nepalesischen und tibetischen Gerichten. Beliebt bei Individual- und Gruppenreisenden. Gerichte ab ¥10.

Yingyue, Shanghai Zhonglu, nördlich des Shigatse-Hotels. Wer mal wieder richtig gut essen gehen möchte, bekommt hier gehobene chinesische Küche in edler Umgebung. Die Qualität hat aber ihren Preis. Gerichte ab ¥25.
Zhengxin, Xueqiang Lu. Chinesisches Restaurant mit der obligaten Sichuan-Küche. Die Qualität des Essens ist nicht überragend, aber es gibt eine englische Speisekarte und ordentlich zubereitete Standardgerichte. Gerichte ¥10–20.

Einkaufen

Souvenirs

Zahlreiche Souvenirgeschäfte reihen sich in der Fußgängerzone der Qingdao Xilu auf. Sie sind allerdings alle in chinesischer Hand und daher auch stark auf chinesische Touristen ausgerichtet. Der gegenüber dem Tenzin-Hotel gelegene **Markt** bietet eine Auswahl an tibetischen Souvenirs (z. B. Schmuck, „Antiquitäten" oder religiöse Gegenstände).

Supermärkte

Sifang Chaoshi, Zhufeng Lu, Ecke Shanghai Zhonglu. Relativ gut sortierter Supermarkt der Sifang-Gruppe, in dem man sich mit Snacks und Knabbereien für die langen Fahrten Richtung Mt. Everest eindecken kann. ◷ tgl. 9–22 Uhr.

Teppiche

Gang-Gyen-Teppichfabrik, 9 Zhufeng Lu, nahe Kloster Tashilhunpo. Der gesamte Produktionsprozess eines Teppichs kann hier beobachtet werden – vom Aufwickeln der Wolle über das Weben bis zur Fertigstellung. Gute Auswahl an traditionellen und modernen Designs. Die Fabrik gehört zu Teilen dem Kloster Tashilhunpo und wurde 1987 vom 10. Panchen Lama ins Leben gerufen. Die Preise variieren natürlich; inklusive Versand nach Übersee zahlt man ab US$100. Ein Teil der Einnahmen geht an das Kloster. ◷ Mo–Fr 9–13 und 15–19 Uhr.

Sonstiges

Geld

Bank of China, Shanghai Zhonglu, neben dem Shigatse-Hotel. Es gibt einen Geldautomaten, man kann Reiseschecks tauschen, Bargeld auf Kreditkarten bekommen, wenn man die Geheimzahl vergessen hat, und vor allem ist es auf dem Weg nach Nepal die letzte unkomplizierte Möglichkeit vor Zhangmu, an chinesisches Geld zu kommen. ◷ Sommer Mo–Fr 9–18.30 Uhr, Winter Mo–Fr 9.30–18 Uhr. Ein weiterer Geldautomat befindet sich in der Fußgängerzone.

Internet

China Telecom Internet Bar, Shandong Lu. Großes Cybercafé, das von der China Post nebenan betrieben wird. Die Kosten betragen ¥4/Std. Weitere Internetcafés findet man rund um den Xinhua Bookstore in der Shanghai Lu.

Medizinische Hilfe

Shigatse Hospital (Rikaze Renmin Yiyuan), Shanghai Zhonglu. Dieses Krankenhaus ist wirklich nur für den Notfall geeignet. Chinesisch-Dolmetscher erforderlich.

Polizei

Die Dienststelle der **Public Security** befindet sich in der Fußgängerzone (Buxing Jie) der Qingdao Xilu nicht weit vom Tashi. Eine der freundlicheren Dienststellen, die mit etwas Überredungskunst auch Visa verlängern. ◷ Mo–Fr 9–13 und 16– 19 Uhr. Für die Ausstellung eines Permits muss man allerdings zu **FIT** in der Zhufeng Lu.

Post

Post, Shandong Lu, Ecke Zhufeng Lu. Internationaler Brief- und Faxverkehr, aber kein Verkauf von Postkarten (die gibt es im Shigatse-Hotel), keine Paketannahme und kein Poste Restante-Service. ◷ tgl. 9–19 Uhr.

Reisebüros

FIT, Zhufeng Lu, neben dem Gang Gyan Orchard Hotel, ✆ 0892/8838068. Hier kann man versuchen, Permits für die Tour zum Mt. Everest Base Camp und zu allen Orten entlang der Strecke nach Nepal zu bekommen. Wer von Zhangmu wieder zurück nach Lhasa fahren möchte, muss das extra beantragen, sonst bekommt man nur die Genehmigung für eine Richtung. Das Permit kostet ¥50 und ist 7 Tage gültig. 2008 durfte das Büro allerdings keine Permits ausstellen und schickte die Antragsteller nach Lhasa zurück. ⌚ tgl. 9.30–17.30 Uhr.

Telefon

China Telecom, Zhufeng Lu, neben der Post. Von hier kann man preiswerte internationale Telefonate führen. ⌚ Mo–Do 9–18.30, Fr–Sa 9.30–18.30 Uhr.

Nahverkehr

Taxis kosten ¥10 zu Zielen innerhalb der Stadt. Allerdings ist Shigatse nicht groß und man kann fast überall zu Fuß hin laufen. Für eine **Rikscha** oder ein **Motorradtaxi** zahlt man etwa ¥5 pro Strecke, je nach Verhandlungsgeschick aber auch mehr.

Transport

Minibusse nach LHASA (¥50) fahren bis nachmittags ab der Haltestelle in der Qingdao Lu. Hier kurven auch **Taxis** herum, die nach Gästen für die Fahrt (¥50–70) nach Lhasa suchen.
Der **Busbahnhof** von Shigatse befindet sich in der Shanghai Zhonglu. Allerdings wurden hier 2008 an Ausländer keine Tickets verkauft. Sollte sich das wieder ändern, gibt es Busse nach
LHASA (Abfahrten 8–9 Uhr, je nach Bustyp ¥38–45, 4 Std.),
DINGRI (Abfahrt gegen 8 Uhr, ¥75, 10 Std.),
LHATSE (morgens gegen 8 Uhr, ¥40, 4 Std.),
SAGA (morgens, ¥130–150, 16 Std.),
SAKYA (Abfahrten 8–9 Uhr und gegen 15.30 Uhr, je nach Bustyp ¥40–50, 4 Std.),
SHEKAR (Abfahrten 8–9 Uhr, ¥52–65, 7 Std.),
und ZHANGMU (morgens, ¥185, 16 Std.).
Nach GYANTSE (1 1/2 Std., ¥20–30) fahren bis ca. 19 Uhr Minibusse. Taxis nehmen etwa ¥25 pro Person.
Wer in Shigatse ein Flugticket für den Flug von GONGKAR nach Chengdu kauft, kann gleichzeitig ein Busticket (¥50) für die Busfahrt zum Flughafen erwerben. Der Bus fährt gegen Mittag los, und man muss eine Nacht in Gongkar verbringen. Die Infos zum Abfahrtsort erhält man dort, wo man das Ticket kauft (z. B. in den Hotels oder bei FIT).

Wann fahren die Busse?

In Shigatse hat man Zeit, und so sind alle Angaben zu den Abfahrten nur ungefähre Richtwerte. Die Fahrpläne variieren nach persönlichem Zeitplan der Fahrer, Zustand der Busse und Anzahl der Fahrgäste. Hat man also tatsächlich ein Busticket am Vortag ergattert, heißt es am Folgetag früh genug da sein, um die Abfahrt nicht zu verpassen. Andersherum kann es aber auch stundenlang dauern, bis die Busse tatsächlich losfahren. Auch die Preise variieren, je nachdem, ob kleine, mittlere oder große Busse eingesetzt werden.

Sakya

Nach Überwindung des 4520 m hohen Tsuo-Passes (Tsuo La) passiert man 127 km westlich von Shigatse den Abzweig zum Kloster Sakya („Grauer Boden"), das man nach 27 weiteren Kilometern auf einer gut ausgebauten Straße erreicht. Das Kloster mit seinen charakteristischen mächtigen Wehrtürmen ist sicher eine der kunsthistorisch wertvollsten Sehenswürdigkeiten Tibets. Die Sakyapa-Schule, eine der vier großen buddhistischen Lehrrichtungen des Schneelandes, wurde hier 1073 von Könchog Gyalpo (1034–1103), einem Angehörigen der lokalen Herrscherdynastie der Khön und Schüler des Dogmi, gegründet und entwickelte sich schon früh zum Zentrum eines Klosterstaats. Für nahezu hundert Jahre übte Sakya auch in weltlichen Dingen die Vorherrschaft über weite Teile Tibets aus. Die Thronfolge im Kloster Sakya war traditionell erblich, und der Abt galt als Inkarnation des Manjushri; dies war in gewissem Sinn bereits die Vorwegnahme der Theokratie unter den Dalai Lamas in Tibet.

Zwischen 1260 und 1959 regierten die Sakya-Äbte ein gut 3500 km² großes Gebiet. Legitimiert wurde ihre Position durch den mongolischen Kaiser und Enkel Dschinghis Khans: Göden, der 1244 den berühmten **Sakya Pandita** (1182–1251), den Gelehrten von Sakya, an den Kaiserhof nach Liangzhou (heute Wuwei in der Provinz Gansu)

Die Herrschaft der Sakyapa

Die mehr als ein Jahrhundert währende Herrschaft der Sakyapa über Tibet war das Werk Kublai Khans, dem der Großkhan Möngke die Verwaltung der in Nordchina eroberten Gebiete anvertraut hatte. 1253 bat er Göden Khan, den mongolischen Herrscher über Tibet, ihm die beiden Neffen des Sakya Pandita, Phagpa und Chagna Dorje, nach Osttibet in sein Heerlager zu schicken. Phagpa wurde ab 1255 der bevorzugte Geistliche Kublai Khans. Als Kublai 1264 die Nachfolge Möngkes als Großkhan antrat, wurde Phagpa zum „Nationalen Lehrer" und damit zum Oberhaupt des buddhistischen Klerus im ganzen mongolischen Reich ernannt. Im selben Jahr kehrte er nach Tibet zurück und übernahm das Amt des Abtes von Sakya, während er den bisherigen Verwalter Sakya Sangpo zum Pönchen („großen Beamten") beförderte. Dieser war für die säkulare Verwaltung des Distrikts Sakya zuständig, während in den anderen drei Regionen Tibets ebenfalls Sakyapa-Verwaltungsbeamte eingesetzt wurden. Dem Pönchen stand Phagpas Bruder Chagna Dorje, der eine Tochter des Khans geheiratet hatte, zur Seite. Seine Stellung in Tibet blieb jedoch nicht genau definiert. Er war allerdings mächtig genug, um nach seinem frühen Tod Aufstände gegen die Herrschaft Sakyas auszulösen, da die neue, von den Mongolen gestützte Macht nicht allen Tibetern gefiel. Insbesondere die Drigungpa (s. S. 128) probten den Aufstand, wurden aber von mongolischen Truppen bezwungen. 1268 begann im Auftrag Kublais schließlich die De-facto-Herrschaft der Sakyapa als Statthalter der Mongolen in Zentraltibet.

holte und ihn zum offiziellen Repräsentanten Tibets ernannte. Sein Nachfolger Phagpa Lama (1235–80) konnte diese Stellung noch weiter ausbauen. Ihre Vormachtstellung verloren die Sakyapa durch interne Nachfolgestreitigkeiten jedoch bereits um 1350 wieder. Erkennbar ist der Einflussbereich Sakyas noch heute an der Farbgebung der Gebäude. Die blauen (grauen), roten und weißen Streifen symbolisieren Vajrapani, Manjushri und Avalokiteshvara, die drei meistverehrten Bodhisattvas in Tibet, als deren Emanationen die Sakya-Hierarchen galten.

Ehemaliges Nordkloster

Ursprünglich gab es in Sakya zwei Klosterkomplexe: das im mongolischen Stil erbaute imposante Südkloster und das Nordkloster, ein typisch monastischer Komplex, der aus 108 Gebäuden bestanden haben soll. Vom Nordkloster am Hang jenseits des Flusses nördlich der Stadt sind fast nur noch Ruinen übrig. Teilweise wurde das tibetische Viertel zwischen den Ruinen erbaut, aber über dem Dorf sieht man am Berg noch überall die Ruinenstümpfe aus dem Hang ragen. Einige der festungsähnlichen Gebäude am Nordosthang sind neu aufgebaut worden, konnten aber zum Zeitpunkt der Recherche noch nicht besichtigt werden. Man kann dafür hinter der Brücke zu einer Gruppe von restaurierten Chörten über dem tibetischen Viertel aufsteigen. Rechts der Chörten kann man ein kleines Kloster besuchen und am Hang in der Ferne zum Nonnenkloster **Rinchen Gang** laufen. 🕓 keine festen Zeiten, Eintritt frei.

Südkloster

Der Eingang zum Südkloster befindet sich in der Ostmauer der gewaltigen Klosterfestung. Es wurde 1268 als massives Fort im Auftrag von Sakya Panditas Neffen Phagpa errichtet und besitzt fünf Haupttempel, die von einer großen, an allen Ecken mit Türmen besetzten Mauer umgeben sind. Die Mauer ist an jeder Seite 100 m lang und man kann das Kloster auf ihr umrunden. Treppen hinauf gibt es in der Nord- und Südostecke. Dabei hat man nicht nur einen schönen Blick über die Stadt, sondern auch über die Mönchsquartiere, die sich wie kleine Reihenhäuser an der östlichen Mauerfront aufreihen.

Gleich gegenüber vom Eingang gelangt man über einen weiten Vorhof zum Haupttempel, dem 5775 m² großen **Dukhang**. Seine mächtigen, nahezu fensterlosen Mauern haben eine Höhe von 16 m und eine Dicke von 3,50 m und vermitteln den Eindruck eines Forts innerhalb der Burg. In der Torhalle begrüßen zwei große Statuen von Hayagriva und Mewa Tsegpa, der Zerstörer von Düsternis und Negativem, sowie vier Welten-

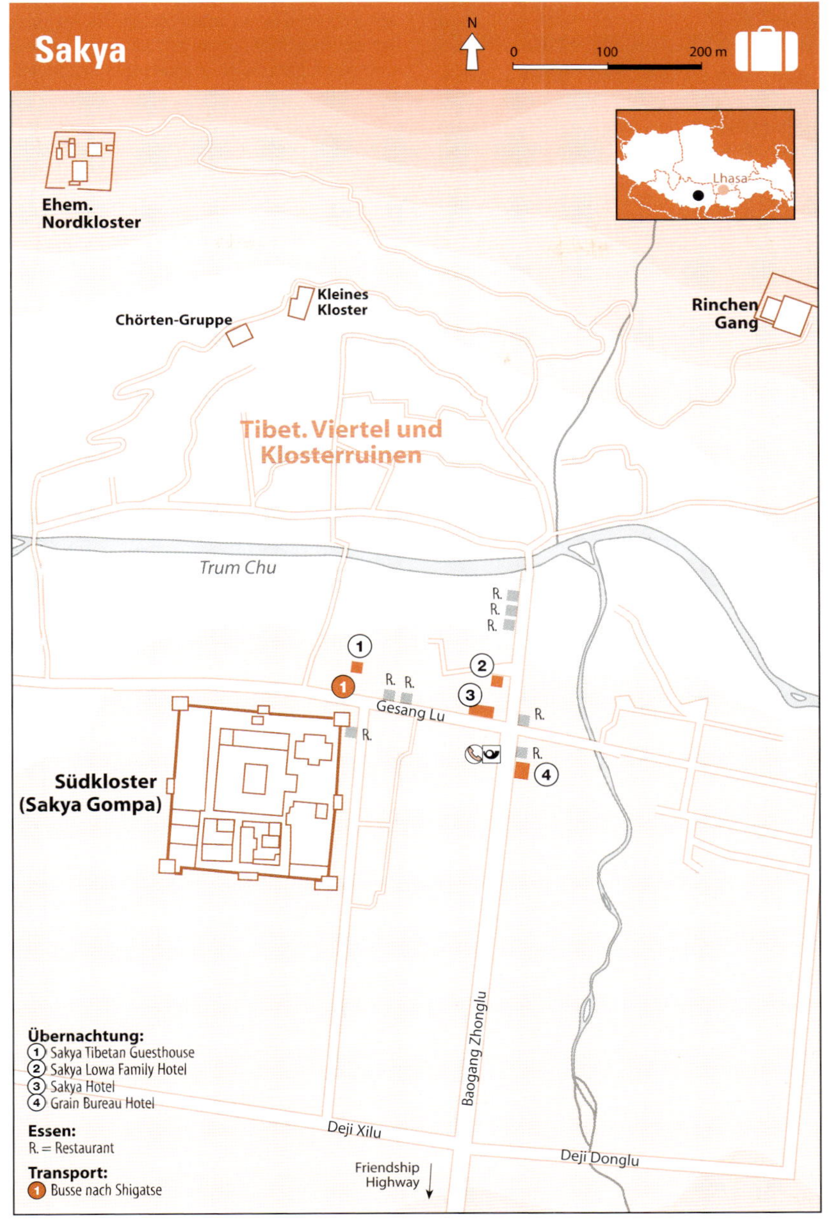
Sakya
N
0
100
200 m
Lhasa
Ehem.
Nordkloster
Kleines
Kloster
Chörten-Gruppe
Rinchen
Gang
Tibet. Viertel und
Klosterruinen
Trum Chu
R.
R.
R.
R.
R.
R.
R.
R.
Gesang Lu
Südkloster
(Sakya Gompa)
Baogang Zhonglu
Deji Xilu
Deji Donglu
Friendship
Highway
Übernachtung:
1 Sakya Tibetan Guesthouse
2 Sakya Lowa Family Hotel
3 Sakya Hotel
4 Grain Bureau Hotel
Essen:
R. = Restaurant
Transport:
1 Busse nach Shigatse

Shigatse

Die Köpfe des Avalokiteshvara

Avalokiteshvara wird oft mit unzähligen Armen und bis zu dreizehn Köpfen dargestellt. Hierzu gibt es zahlreiche Legenden. Einer Legende nach stieg Avalokiteshvara einst in die Hölle, bekehrte die Sünder, befreite sie und führte sie in das Reine Land, das Paradies seines „göttlichen" Vaters Amitabha. Zu seinem Entsetzen musste er jedoch feststellen, dass für jeden Sünder, den er erlöst hatte, sofort ein anderer dessen Platz einnahm. Vor Verzweiflung über die Ausdehnung der Schuld und die Hoffnungslosigkeit, alle retten zu können, zersprang sein Kopf in 11 (bzw. 13) Teile. Amitabha ließ aus jedem Teil einen neuen Kopf entstehen. Auf diese Weise erhielt Avalokiteshvara 11 Köpfe und 22 Augen, die heilige Zahl des Kosmos, bzw. nach einer anderen Version 13 Köpfe, die für die 12 Erdzweige plus deren Einheit im Zentrum stehen. Auf diese Weise wurde Avalokiteshvara befähigt, das Leiden ringsum im Kosmos zu sehen und mit allen Häuptern gleichzeitig über die besten Mittel zur Rettung aller Lebewesen nachzudenken.

wächter die Besucher. Dahinter betritt man einen geschlossenen Innenhof, von dem aus man zunächst in den unter Sakya Sangpo errichteten **Lhakhang Chenmo** („Großer Lhakhang") an der Westseite gelangt. Haben sich die Augen an die Dunkelheit gewöhnt, versetzen einen die gigantischen Buddha-Skulpturen in Staunen. Große Buddha-Figuren findet man auch in anderen Tempeln, aber nirgends sonst treten sie so geballt auf. Eine Besonderheit ist auch, dass die Skulpturen als Reliquienschreine hoher Lamas und Herrscher von Sakya dienen. Der erste Buddha an der linken Seitenwand ganz links enthält die Überreste von Sakya Zangpo, einem Pönchen (Sakya-Herrscher), der von 1264–1270 regierte. Neben ihm stehen Avalokiteshvara mit elf Gesichtern und eine Skulptur Padmasambhavas.

An der Hauptwand reihen sich 17 weitere Skulpturen und Chörten auf. Der Buddha ganz links enthält die Reliquien des Sakya Pandita, gefolgt von einem Stupa mit den Überresten des Vaters des jetzigen Sakya-Oberhaupts. Der zentrale Shakyamuni enthält Reliquien des Klostergründers Sakya Pandita und wurde von Phagpa gespendet. Daneben folgen Skulpturen von Manjushri, Maitreya und Vajradhara. Letzterer hat eine zentrale Bedeutung für die Sakyapa: Er gilt ihnen als Urbuddha und verkörpert die diamantene, unerschaffene und unzerstörbare Natur des Dharma. Damit ist er der Urgrund der Lehre Buddhas. Hinter der Längsseite des Lhakhang Chenmo befindet sich die – für Besucher in der Regel nicht zugängliche – **Bibliothek** mit 20 000 Bänden. Sie gilt als umfangreichste Bibliothek alter Schriften in Tibet. Die Bücherregale haben eine Länge von 60 m, eine Höhe von 10 m und eine Tiefe von 1 m. Die kostbaren Schriften konnten während der Kulturrevolution versteckt werden und bilden heute eine der größten literarischen Schätze Tibets.

Nach Verlassen der Haupthalle kann man auf der Südseite des Innenhofs den **Purkhang** besuchen. Er enthält die vermutlich von Sakya Pandita geschaffenen Skulpturen des Jobo-Shakyamuni und des Manjushri sowie einige interessante Wandmalereien und Glaskästen, in denen zahllose Figuren aus dem zerstörten Nordkloster zu sehen sind.

Auf der Nordseite des Innenhofs betritt man den **Nguldung Lhakhang** oder Lhakhang der elf Silberstupas. Diese eindrucksvollen Stupas enthalten die Reliquien von elf weiteren Oberhäuptern der Sakyapa aus dem 13. und 14. Jh. Eine Tür in der Rückwand führt in den **Lhakhang Janagmo**, wo noch einmal sechs Stupas stehen.

Auch außerhalb des Dukhang gibt es noch das eine oder andere Gebäude zu sehen. Gleich rechts vom Hauptzugang im Osten steht der **Tsechen Lhakhang**, das offizielle Empfangsgebäude des Klosters, das momentan allerdings als Lagerraum und Werkstatt genutzt wird, da große Teile des Komplexes zur Zeit der Recherche renoviert wurden. Früher diente er als Versammlungsraum der Sakya-Regierung. Das große Gebäude auf der linken Hofseite (an der Südostecke des Dukhang) ist der **Labrang**, die Residenz der Sakya-Hierarchen, zu der mehrere kleinere Gebäude gehören. 🕓 Mo–Sa 9–17 Uhr, Eintritt ¥45, Fotografieren in den Kapellen ¥80.

Sakya Gompa

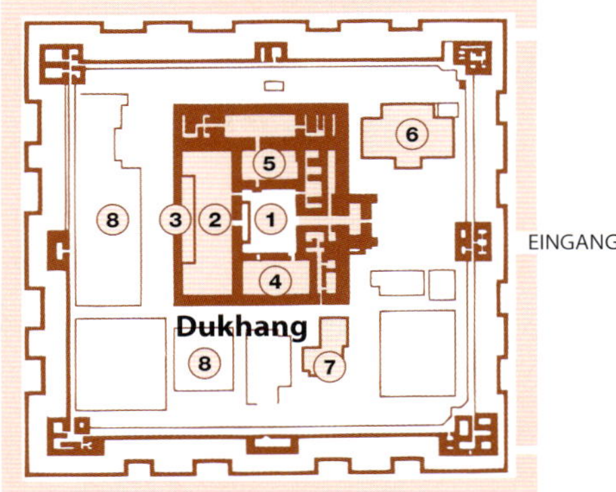

Übernachtung

Sakya Tibetan Guesthouse, Gesang Xilu, kein Tel. Spartanische Truckstop-Unterkunft. Die Betten, falls man sie überhaupt so nennen kann, reichen zum Hinlegen, man benötigt aber einen eigenen Schlafsack. Dorm-Bett ¥20. ❷

Grain Bureau Hotel (Liangshiju Zhaodaisuo), ein Stück südlich der Gesang Xilu, ✆ 0892/8242673. Auch kein Brüller, meist kein Wasser, aber die Betten sind billig. Dorm-Bett ¥20. ❷

Sakya Lowa Family Hotel, Gesang Xilu neben dem Sakya Hotel, ✆ 0892/8242156. Neues, einfaches Hotel mit sauberen, zweckmäßigen Zimmern. Duschen gibt es nicht, aber man darf die Pumpe im Hof benutzen. ❷

Sakya Hotel (Sajia Binguan), Gesang Xilu, ✆ 0898/8242222. Vorzeigehotel Sakyas mit funkelnder Eingangshalle und einem guten Restaurant. Die Zimmer sind sauber und fast gemütlich, aber mit fließendem Wasser und erst recht warmem Wasser hapert es meistens. Die Schlafsäle sind sauber und hell, und die Betten werden mit frischer Bettwäsche bezogen. Dorm-Bett ¥50. ❸–❹

Essen

Gut und abwechslungsreich ist das Restaurant des Sakya Hotels. Es gibt sogar eine englische Speisekarte und halbwegs genießbares Frühstück, wenn die Spiegeleier nicht gerade eiskalt serviert werden. Entlang der Gesang Xilu und in der Straße zum Kloster sind einige chinesische Restaurants mit der obligaten Sichuan-Küche angesiedelt.

Transport

Es gibt zwei **Busse** am Tag nach SHIGATSE. Einer fährt gegen 11 Uhr (je nach Bustyp ¥40–50, 4 Std.), der andere irgendwann am Nachmittag (Uhrzeit am besten im Hotel erfragen), sobald er voll ist.

Wer von Sakya nach LHATSE weiterreisen will, kann sich an der Abzweigung vom Friendship Highway absetzen lassen. Hier muss man versuchen, einen der wenigen vorbeifahrenden Busse anzuhalten oder zu trampen. Da man diese Region allerdings nur mit Permit und Guide bereisen darf,

Klosterfestung Sakya

kann es passieren, dass man nicht mitgenommen wird. Diese Variante ist also eher etwas für abenteuerlustige Reisende mit viel Zeit.

Lhatse

Zurück auf dem Friendship Highway nach Nepal, erreicht man als Nächstes die Ortschaft Lhatse, eine von mehreren Orten entlang der Strecke, die mit ihren von Geschäften, Truckstops und Werkstätten gesäumten, staubigen Hauptstraßen eher an den Wilden Westen als an Tibet erinnern. Zahlreiche Restaurants werben ebenfalls um Kunden. Wer mittags durchfährt, sollte hier rasten, denn hinter Lhatse wird das Restaurantnetz sehr weitmaschig. Außer für eine Essenspause lohnt sich der Aufenthalt nicht, aber wer auf dem Weg von Sakya Richtung Nepal hier strandet, kann auch in einfachen Hotels absteigen. Wer mit einer Tourgruppe in Richtung Kailash unterwegs ist, wird wahrscheinlich ebenfalls in Lhatse übernachten. Die Straße nach Westtibet Richtung Kailash zweigt kurz hinter Lhatse ab.

Übernachtung und Essen

Lhatse Shanghai Grand Hotel, im Zentrum von Lhatse, ☎ 0892/8323678 📠 8323786. Lhatse hat tatsächlich ein richtiges Mittelklassehotel, das schon von Weitem groß angekündigt wird. Wer nicht in einem der einfachen Truckstops übernachten möchte, sondern auf saubere Zimmer mit echten Bädern Wert legt, ist hier richtig. Gleich nebenan gibt es ein gutes Restaurant, das **Lhatse Kitchen**, mit nepalesischer, indischer und westlicher Küche. ❹

Transport

Morgens fahren **Minibusse** nach SHIGATSE (¥40, 4 Std.).
Seit dem Bau der Umgehungsstraße um Lhatse passieren nur noch die wenigsten Busse das Stadtgebiet. Mit ein wenig Glück erwischt man einen der **Busse**, die von Shigatse nach

SHEKAR unterwegs sind. Richtung Kailash fahren keine Busse. Wer dorthin will, kann versuchen, einen der durchkommenden Busse nach SAGA an der Straße zum Kailash zu erwischen.

Von Lhatse nach Horchu

Lang Tso

Von Lhatse nach Saga sind es 306 km auf einer Piste, die Stück für Stück asphaltiert wird. Auf der langen Tagesfahrt gibt es das eine oder andere zu sehen, so zum Beispiel 14 km hinter Lhatse die Ruinen des Forts **Karu Dzong**, einst der Herrschaftssitz der Region. 24 km hinter Lhatse passiert man ab der Ortschaft Lelung den malerischen See **Lang Tso** auf der linken Straßenseite. Einer Legende nach soll der See ursprünglich eine Quelle gewesen sein. Nach jeder Wasserentnahme wurde die Quelle mit einem Deckel verschlossen. Eines Tages vergaß aber eine Frau, den Deckel zu schließen, und so entstand der See, der heute zum Ärger vieler Tibeter von den Chinesen zum Sportfischen genutzt wird. Einen interessanten Umweg zum Riwoche Stupa kann man hinter der Passhöhe des 4500 m hohen **Ngamring La** machen.

Riwoche Stupa

Bei Kilometer 53 hinter Lhatse führt von der Ortschaft Gakha am Ngamring Tso, einem wegen der Wasserspiegelungen meist braun wirkenden See, eine Piste zunächst 39 km Richtung Matho, wo man den Tsangpo überquert, und dann weiter 14 km nach Westen über die Ortschaft Dope zum Riwoche Stupa (Cung Riwoche). Dieser 1456 fertiggestellte Stupa ist ein interessantes Beispiel für einen begehbaren Stupa, der aber leider in der Kulturrevolution stark zerstört wurde. Zu sehen gibt es noch einige gut erhaltene Wandmalereien vom zweiten bis zum fünften Stockwerk. Der monumentale, neungeschossige Stupa ähnelt dem von Gyantse. Bauherr des Stupa war 1449 das berühmte Universalgenie Tangtong Gyelpo (s. S. 253). Oberhalb des Stupa kann man ein weiteres seiner Bauwerke bewundern, und zwar eine 1436 von ihm konstruierte, 70 m lange eiserne Brücke. Sie wurde erst 1988 „wiederentdeckt" und ist ein herausragendes Beispiel für das organisatorische und technische Genie ihres Bauherrn. Für den Abstecher benötigte man bislang fast einen ganzen Tag, und so wird man zurück auf der Fernstraße G219 wahrscheinlich in der schäbigen Ortschaft Sangsang (4610 m), 122 km westlich von Lhatse, übernachten. Hier steht das Sangsang Hotel (Bett ¥25, ❶), das genauso schäbig wie die Ortschaft selbst ist – aber immerhin hat es ein passables Restaurant.

Saga

Von Sangsang führt eine mittlerweile asphaltierte Straße ins 120 km entfernte **Raga** (Raka). Längst hat man die letzten Bäume und grünen Felder hinter sich gelassen und fährt nun durch den Wilden Westen Tibets. Etwa 6 km hinter Raga passiert man die Kreuzung, wo die S206, die Nordroute nach Ali, abzweigt. Von hier nach Saga sind es noch einmal 60 km. In **Saga** breiten sich auf einer Höhe von über 4700 m die höchstgelegenen Anbaufelder für Sommergerste aus. Die Vegetationszeit beträgt hier 120 Tage. Saga ist der letzte etwas größere Ort an der Südroute Richtung Westen und auch der letzte Ort mit regulären Busverbindungen nach Shigatse. Zumindest im Sommer gibt es jeden Tag ein bis zwei Busse (¥150, 16 Std.). Wer übernachten muss, kann das Saga Hotel (Saga Binguan) ❸–❹ an der großen T-Kreuzung im Nordosten der Stadt für etwas mehr Komfort probieren. Wer weniger ausgeben möchte, kann das etwa 500 m nördlich des Saga Hotels gelegene spartanische Yajiang Yajie Hotel (Yajiang Binguan), Bett ¥25, ausprobieren. Wer in einem der billigen Gästehäuser absteigt, kann zwischen 10–23 Uhr die öffentlichen Duschen gleich westlich vom Saga Hotel aufsuchen. Sie kosten ¥10 pro Duschgang.

Von Drongpa nach Horchu

Die nächste Etappe führt an Sanddünen vorbei durch **Drongpa** (Zhongba) gut 145 km hinter Saga. Der traditionelle Name dieser 4560 m hoch gelegenen Ortschaft lautet Tradün („Sieben Haare"). Tradün gehörte zu jenen Orten, an denen Songtsen Gampo einen seiner berühmten Tempel errichten ließ, um die sich über Tibet ausbreitende Dämonin (s. S. 160) zu fixieren. Später war es die Lage des Ortes an der Verbindungsroute zwischen West- und Zentraltibet, die zur Errichtung von staatlichen Raststationen führte. Tradün lag zudem an der Nord-Süd-Handelsroute, über die ein Großteil des Salzhandels zwischen Tibet und Nepal bzw. des damals bestehenden Königreichs Mustang abgewickelt wurde. 25 km hinter Drongpa passiert man den neuen chinesischen Ort gleichen Namens. Zu sehen gibt es im neuen Zhongba nichts, aber es gibt ein paar einfache Gästehäuser, ein paar Geschäfte und Restaurants.

Weiter geht es durch ein Meer aus Sand, über einen kleineren Pass (Soge La, 4725 m) bis nach **Paryang**, einer uninteressanten Siedlung, die eher an ein Lager erinnert. Die Strecke hinter Paryang gehörte früher zu den neuralgischen Punkten auf dem Weg nach Westen und war vor allem in den Sommermonaten oft wochenlang nicht passierbar. Dank neuer Brücken ist man nur noch vier Stunden bis **Horchu** am Mapham Yutso unterwegs. Auf dem Weg passiert man den 5216 m hohen Mayum La, der auch die Grenze der Präfektur Shigatse mit Ngari markiert.

Shekar

Shekar („Weißer Kristall") ist ein Ort, der sich in erster Linie durch seine vielen Schreibweisen auszeichnet: Shegar, Xegar, Xin Tingri, New Tingri und für den Ortsteil am Friendship Highway Baber und Baiba. Der Baber genannte Ortsteil dient als Sprungbrett für die Fahrt zum Mt. Everest Base Camp. Der eigentliche Ort Shekar befindet sich etwa 7 km abseits der Straße. Vom Ortskern Shekars führt ein rund 2 km langer Weg hinauf zum Dzong, vorbei an einem kleinen, aktiven Kloster namens **Shekar Chöde**, das 1269 von einem Sakya-Lama gegründet und später in ein Gelugpa-Kloster umgewandelt wurde. In seiner Blütezeit lebten hier 300 Mönche, heute sind es nur noch eine Hand voll. Oben auf den Felsen thronen in einer Höhe von fast 5000 m die Ruinen des einstmals mächtigen **Shekar Dzong**. Er gehörte zu den stärksten Befestigungsanlagen Tibets und war das Verwaltungszentrum des Distrikts Dingri. Die Beamten waren zu beneiden, denn sie genossen eine fantastische Rundumsicht über die Täler.

1924 war Shekar der Startpunkt der zweiten britischen Mt.-Everest-Expedition, die die Erstbesteigung des Mt. Everest zum Ziel hatte. Bei dem Versuch kamen die beiden Bergsteiger George Mallory und Andrew Irvine ums Leben. Bis heute gibt es Mutmaßungen, dass Mallory und Irvine es vielleicht bis auf den Gipfel des Mount Everest geschafft haben könnten und sie somit die Erstbesteiger des Berges wären. Mallorys Leiche wurde erst 1999 vom amerikanischen Bergsteiger Conrad Anker in 8200 m Höhe weitab südwestlich von den Gipfelgraten auf einem Schneehang gefunden.

Übernachtung und Essen

Als Sprungbrett für den Everest-Trip bietet Shekar viele einfache, sich im Standard kaum unterscheidende Unterkünfte. Fast alle reihen sich in Baber entlang des Friendship Highway auf. Kommt man abends an, sind die Unterkünfte oft voll, weshalb es vorkommen kann, dass man mehrere abklappern muss, bis man ein freies Bett findet. Die meisten Unterkünfte verfügen über eigene Restaurants. Diese sind in der Regel gemütlich und bieten Sitzgelegenheiten, die sich um einen warmen Ofen gruppieren, aber eher mäßiges Essen.

Shekar Tibetan Guesthouse, von Lhatse kommend am Beginn der Ortschaft auf der rechten Seite, ✆ 0892/8262880. Hier gibt es einfache Vier-Bett-Zimmer, Plumpsklos und heißes Wasser aus der Thermoskanne, das man auch zum Waschen in eine Plastikschüssel umfüllen kann. Bett ¥25.

Snowman Guesthouse, ein Stückchen vor dem Tibetan Guesthouse, ✆ 0892/8905555. Einfaches und spartanisches Gästehaus ohne jeden Komfort. Bett ¥25.

Everest Service Centre Hotel, mitten in der Pampa und auf einer Straße gegenüber vom Qomolangma Hotel zu erreichen, ✆ 0892/8262833. Das Hotel sollte ursprünglich ein Empfangs- und Ausstellungszentrum für den Qomolangma-Nationalpark werden. Stattdessen ist ein deplatziert wirkendes Hotel daraus geworden. Zwar sieht es von außen gut aus, aber die Zimmer sind einfach und auf das Wasser aus den Leitungen wartet man vergebens. Dorm-Bett ¥50. ❶

Qomolangma Hotel (Dingri Zhufeng Binguan), etwa 600 m vom Friendship Highway auf dem Weg nach Shekar, ✆ 0892/8262775, ℻ 8262818. Großes chinesisches Hotel, das vor allem von betuchteren Tourgruppen frequentiert wird. Entsprechend hoch sind die Preise. Es gibt ein Restaurant, eine Bar, die meist geschlossen ist, und einen Souvenirshop, in dem man Mt.-Everest-T-Shirts bekommt. Es sind aber auch Schlafsäle mit Betten ab ¥40 vorhanden. ❹

Permits

Wer am nächsten Tag möglichst früh aufbrechen will, muss bereits am Vorabend zum **Qomolangma Service Centre**, ✆ 0892/8262835, und dort das Permit für den Qomolangma-Nationalpark kaufen. 🕒 24 Std. Es gilt für das Kloster Rongbuk und das Mt. Everest Base Camp. Das Permit kostet ¥180 pro Person. Dazu kommen noch einmal ¥400, damit man mit dem Fahrzeug in den Nationalpark fahren kann. Diesen Betrag kann man durch die Anzahl der Mitfahrer teilen. Das Permit und die Fahrzeugkosten müssen übrigens immer vor Ort extra bezahlt werden und sind in den Kosten für den gecharterten Jeep nicht enthalten. Das Permit für den Nationalpark benötigt man zusätzlich zum Tibet Travel Permit und Alien Travel Permit, die man beide nur in Lhasa in Verbindung mit einer gebuchten Tour bekommt.

Rund 6 km südwestlich von Lhatse befindet sich ein **Kontrollpunkt**. Hier werden Pässe, Tibet Travel Permit und Alien Travel Permit geprüft. Am Kilometerstein 5145 zweigt die Straße zum Base Camp ab. Nach 3 km kommt bei der Ortschaft Chay ein weiterer Checkpoint, wo die Pässe und das Permit für den Nationalpark geprüft werden. Wer ohne Permits unterwegs ist, muss diese Checkpoints möglichst umgehen. Die hiesigen Beamten halten sich strikt an ihre Vorschriften.

Transport

Meist gibt es zwei **Busse** am Tag nach SHIGATSE (¥52–65, 7 Std.).

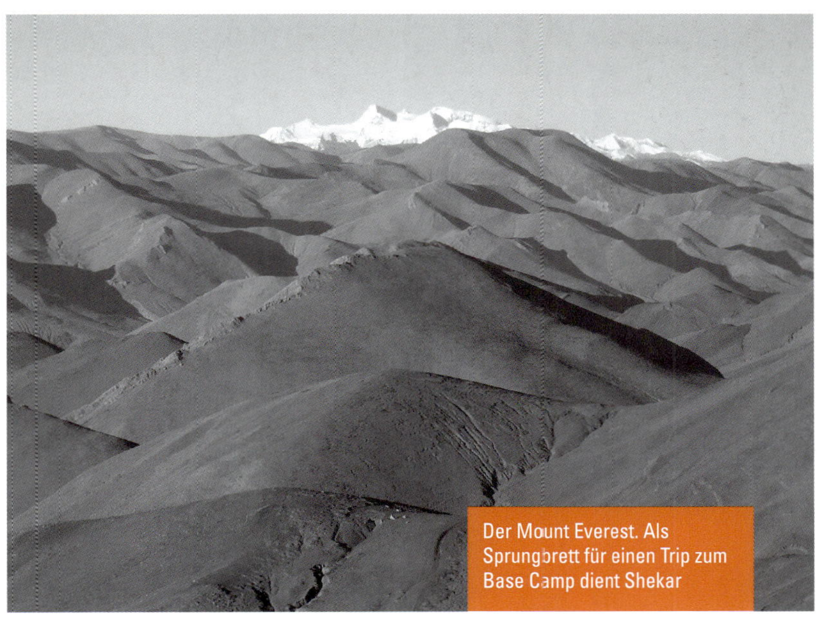

Der Mount Everest. Als Sprungbrett für einen Trip zum Base Camp dient Shekar

MT. EVEREST

Nyalam,
Kathmandu
318
Nelung
Phung Chu
Tsakor
Chay
Heiße Quelle
Gangkar
Dingri
Ra Chu
Langkor
Gondephug
Cholung
Naylung
Tingri
Lamaa La
4891
Gara
5150
Lungchang
Ding La
Tashidzom
(Peruche)
Pasum
5511
5150
Zommug
Lamna La
Chophug
Nam La
5250
Chosang
7282
Lapchi Gang
Kyetrag
QOMOLANGMA
NATIONALPARK
Puse La
Cho Oyu Base Camp
Kloster
Rongbuk
Kharta
Changri
6510
Chobo
Rabtsang
6666
5802
Einsiedelei
Everest Base Camp
Nangpa
La
5710
Cho Oyu
8188
Gyachun
Kang
7952
Rongbuk Gl.
Camp 1
East
Rongbuk Gl.
Camp 2
Camp 3
Everest East
Base Camp
Lho La
Base Camp
5554
Mt. Everest
8848
Kangchung
6710
8516
Lhotse
Petangtse
7146
Chomolseringma
Gokyo
Gorak Shep
Khumbu Gl.
6501
Ama Dablam
6828
NEPAL
Tso Rolpa
Namche Bazar

9 HIGHLIGHT

Mt. Everest Base Camp

Von Shekar aus fährt man rund 100 km bis zum Kloster Rongbuk. Von dort sind es noch 8 km zum Base Camp des höchsten Bergs der Welt, eine Strecke, die man problemlos befahren kann. Je nach Fahrzeug und Zustand der Straße braucht man für den Abschnitt von Shekar zum Kloster Rongbuk zwischen zwei und vier Stunden und von hier zum Base Camp knapp 15 Minuten. 2008 ist ein Großteil der Straße mit Leitplanken bestückt und planiert worden. Allerdings wirbeln die Fahrzeuge viel Staub auf, deshalb lohnt es sich eventuell, einen Atemschutz mitzunehmen.

Oben auf dem **Pang La** blickt man, sofern die Gipfel nicht gerade von Wolken verhüllt werden, auf die gigantische Kulisse des Himalaya mit seinen majestätischen, schneebedeckten Sieben- und Achttausendern. Am Gipfel des Mt. Everest hängt übrigens immer ein weißer Wolkenstreifen, der mit dem Westwind wie eine Flagge nach Osten weht. Diese Erscheinung nennt man die „Flaggenwolke am Qomolangma". Mal glaubt man, aufwallende Wellen zu sehen, mal aufsteigenden Herdrauch, mal galoppierende Pferde, mitunter aber auch den geheimnisvollen Schleier einer Göttin, denn eine tibetische Legende erzählt, dass sich hinter der Erscheinung des höchsten Bergs der Welt eine Fee verberge, die vor langer Zeit auf die Erde gekommen sei und nun als Qomolangma, „Herrin über dem Land", wie die Tibeter den Berg nennen, im Himalaya residiert.

Hinter dem Pass geht es wieder in Serpentinen bergab, bis man schließlich in das lang gezogene weite Tal am Fuß des Mt. Everest einfährt. Erster Halt ist das **Kloster Rongbuk** auf einer Höhe von 4980 m. Damit ist es das höchstgelegene Kloster der Welt. Mönche und Nonnen der Nyingmapa meditierten schon im 18. Jh. in dieser Gegend. Das Kloster selbst wurde aber erst 1899–1902 als Nyingma-Kloster errichtet.

Vom Kloster sind es noch einmal 8 km bis zum eigentlichen **Base Camp** auf einer Höhe von 5150 m. Bis hierher darf man laufen oder fahren. Wer läuft, kann entlang des Weges eine kleine

Trekking zum Base Camp

Man kann die ganze Strecke vom Beginn der Expeditionspiste in Chay oder natürlich auch von Lhatse an wandern, was aber nur bei sehr guter Kondition und Ausrüstung sinnvoll ist. In diesem Falle braucht man Verpflegung für acht oder neun Tage.

Startpunkt des Treks ist der Beginn der Piste am Checkpoint in Chay. Man kann der Piste folgen oder aber querfeldein mehr oder weniger parallel zur Piste wandern. Man braucht gut drei bis vier Tage bis zum Base Camp und überquert dabei den **Pang La** mit einer Höhe von 5150 m. Das Gepäck kann man von Yaks oder Pferden tragen lassen. **Yaks** und ihre Treiber (ca. ¥100 pro Yak und Treiber) findet man in Chay, dem Ort, wo auch die Permits geprüft werden. Wer hier kein Glück hat, bekommt in Tashidzom (Peruche, Phadruchi), dem Dorf hinter dem Pang La, oft noch welche. In der Saison kann es allerdings schwierig werden, ohne eine in Lhasa gebuchte Trekkingtour noch Tragtiere zu finden.

Entlang der Piste gibt es mehrere Orte, in denen man in einfachen **Herbergen** übernachten kann. Damit ist diese Route die erste in Tibet, die ein wenig mit den Teehaus-Trekkingrouten in Nepal vergleichbar ist. Übernachten kann man in Tashidzom, Pasum und Chosang in einfachen Unterkünften, die auch über Restaurants verfügen. Wer ohne Führer unterwegs ist, sollte in den Unterkünften und unterwegs gut auf seine Ausrüstung aufpassen. Die Menschen der Region hier sind ausgesprochen arm, weshalb es häufig zu Diebstählen kommt.

Man muss nicht den gleichen Weg zurück trekken, sondern kann eine Alternativroute bis zur Ortschaft Dingri wandern. Für diese Strecke benötigt man mindestens drei Tage. Der Weg führt über den 5120 m hohen **Lamna La**. Man sollte nicht ohne einen ortskundigen Führer loslaufen, den man schon in Shekar oder in den Dörfern entlang der Piste zum Base Camp anheuern kann. Für diese Strecke benötigt man auf alle Fälle ein Zelt.

So spektakulär und reizvoll der Ausflug zum Mt. Everest auch ist, man sollte ihn nur bei ausreichender **Höhenanpassung** durchführen, also nicht auf der Fahrt von Nepal nach Lhasa, da man auf über 5000 m Höhe übernachten muss – für den nicht akklimatisierten Körper eine Tortur und eine große Gefahr, die oft unterschätzt wird. Auch das Klima hier ist extrem: Es kann mittags fürchterlich heiß sein, während wenige Minuten später Hagelstürme die Temperaturen plötzlich auf eisige Temperaturen fallen lassen.

Einsiedelei besuchen. Dieses Base Camp ist nur für Touristen aufgebaut worden. Wer unerlaubt weiterläuft, zahlt eine Strafe von US$200. Man kann aber vor Ort für US$100 ein viertägiges Trekking buchen und wird dann zum echten „Advanced Base Camp" der Bergsteiger auf 5760 m geführt. Die Ausrüstung muss man allerdings selber mitbringen. Aber egal ob man weiterlaufen will oder nicht, der Ausblick auf den Mt. Everest ist auch vom Touristen Base Camp spektakulär, und dank einer Antenne kann man sogar mit dem Handy telefonieren.

Übernachtung und Essen

Wer nicht im Rahmen eines Tagesausflugs herkommt, kann im schlichten **Gästehaus des Klosters** übernachten, wo man pro Bett ¥40 zahlt. Hier gibt es auch ein einfaches **Restaurant**, das Nudel-, Reis- und Fleischgerichte zubereitet. Pro Gericht zahlt man etwa ¥10. Wer ein eigenes Zelt dabei hat, kann es auf den ebenen **Zeltplätzen** am Kloster aufbauen. An der Piste zum Base Camp haben Nomaden ihre Zelte aufgebaut und beginnen, an den Touristenströmen zu verdienen. Sie nehmen ¥40 für eine Schlafstätte in einem sechs Personen fassenden Zelt und bereiten auch einfaches Essen zu. Es gibt sogar ein charakter- und komfortloses Hotel, das pinkfarbene **Drufung Binguan**, mit 12 Zimmern und lächerlich überzogenen Preisen. ❹

Transport

Öffentliche Verkehrsmittel fahren nicht zum Base Camp. Entweder kommt man mit einem gecharterten Jeep, oder man muss wandern.

Dingri

Von der Abzweigung nach Rongbuk und zum Basislager sind es knapp 50 km auf dem Friendship Highway gen Westen bis Dingri (Tingri, 4340 m), das manchmal auch unter dem Namen Old Tingri zu finden ist. Dingri ist hauptsächlich als Trekkingziel vom Mt. Everest Base Camp interessant, der Ort bietet sich aber auch als Zwischenstopp vor der letzten Etappe nach Zhangmu an und gewährt immer wieder herrliche Ausblicke auf den Mount Everest im Süden. Am besten lassen sie sich nach einem Aufstieg zu den Ruinen der alten Festung genießen, die über Dingri wacht. Der **Dzong** von Dingri wurde 1792 beim Einfall einer nepalesischen Armee zerstört. Der Ort selbst war früher ein wichtiger Handelsposten, wo Sherpas aus Nepal Reis, Getreide und Eisen gegen tibetische Wolle und Salz tauschten. Heute ist es hauptsächlich ein Armeestützpunkt, der als Dorf getarnt ist.

Übernachtung und Essen

Die Unterkünfte und Restaurants reihen sich alle entlang des Friendship Highway auf. Die meisten dienen als Unterkünfte für LKW-Fahrer und sind überaus spartanisch. Fast alle Gästehäuser haben auch kleine Restaurants oder Teehäuser. Dazwischen gibt es einige chinesische Restaurants, in denen Sichuan-Küche zubereitet wird.

Amdo Hotel, ✆ 0892/8262701. Einfaches Hotel, das aber immerhin gegen Gebühr (¥10/Gäste, ¥15/Nicht-Gäste) heißes Wasser zum Duschen bietet. Es gibt ein gemütliches tibetisches Teehaus, dessen niedrige Sitzgelegenheiten mit Teppichen ausgelegt sind. Serviert werden tibetische Gerichte. Bett im DZ ¥25. ❶

Himalaya Hotel, ✆ 0892/8262655, aus Shekar kommend, liegt das Hotel noch ein Stück vor dem Amdo. Die Zimmer sind halbwegs manierlich, und im Preis ist die Dusche eingeschlossen. Bett ¥40.

Everest Snow Leopard Hotel, ✆ 0892/8262711. Das Hotelareal befindet sich aus Shekar kommend etwa 1 km vor Dingri. Das Hotel wird hauptsächlich von Tourgruppen frequentiert. Die Zimmer sind zwar einfach, aber immerhin sehr sauber. Abends sorgt ein Stromgenerator einige Stunden lang für Licht, sodass man sogar die Fernseher auf den Zimmern nutzen kann. Es gibt ein Restaurant mit einer umfangreichen Speisekarte. Dorm-Bett ¥60, DZ mit Bad ❹, ohne Bad ❸

Namtso Restaurant, am westlichen Ende von Dingri. Das Restaurant hat sich ganz auf westliche Reisende eingeschossen und serviert neben einigen nepalesischen Gerichten sogar Pizza und Burger. Gerichte ab ¥15.

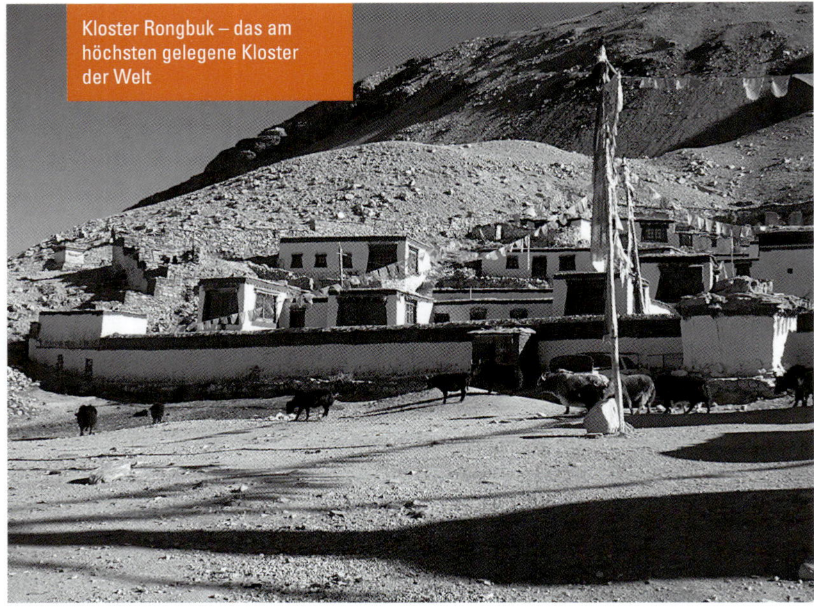
Kloster Rongbuk – das am höchsten gelegene Kloster der Welt

Transport

Es gibt nur eine Verbindung nach SHIGATSE (tgl. ein Bus, Abfahrt am Vortag im Hotel erfragen, ¥75, 10 Std.). Wer in Richtung LHASA unterwegs ist, kann aber meist einen der von der nepalesischen Grenze leer zurückfahrenden Jeeps chartern. Die Fahrer freuen sich über dieses leicht verdiente Zubrot. Den Preis muss man allerdings aushandeln.

Nyalam

Die Straße von Dingri Richtung Nyalam steigt über 85 km langsam an und erklimmt schließlich den Doppelgipfel des **Lalung La** (5050 m), der einen herrlichen Blick über den Himalaya eröffnet, ganz besonders Richtung Westen auf den mächtigen Shisha Pangma (8013 m). Sehr steil geht es auf der anderen Seite wieder hinunter, wo die Straße vom Rand der Tibetischen Hochebene bis in die Schlucht des Flusses Po Chu abfällt und dann nach Nyalam führt. Das kleine **Nyalam** schmiegt sich auf 3750 m an den Rand der Schlucht, durch die der Matsang Tsangpo fließt, und wartet mit mehreren chinesischen Restaurants sowie einer Vielzahl einfacher Unterkünfte auf. Ansonsten gibt es in der Ortschaft nichts zu sehen.

Lohnend ist aber ein Besuch der nahe beim Kilometerstein 5333, 10 km nördlich von Nyalam gelegenen **Höhle des Milarepa**, zu erkennen an einem weißen Chörten links der Straße am Rand der Schlucht. Milarepa (1040–1123) war ein verehrter tibetischer Mystiker, der ein asketisches Wanderleben führte, in Höhlen nächtigte und vor allem wegen seiner religiösen Lieder geliebt wurde. Die Kagyü-Schule des tibetischen Buddhismus wurde von Milarepas Anhängern gegründet. Die Abdrücke an den Wänden und der Decke der Höhle sollen von Milarepa persönlich stammen. Um die Grotte herum wurde ein Tempel errichtet, der zur Zeit der Recherche noch im Bau war.

Übernachtung und Essen

Eigentlich gibt es keinen Grund, in Nyalam zu übernachten. Sollten allerdings Erdrutsche die Strecke nach Zhangmu versperren, kann es gut sein, dass man hier ein oder zwei Tage verbringen muss, bis die Straße wieder passierbar ist. Entlang der Hauptstraße reihen sich zahlreiche Unterkünfte auf, die sich vom Standard her ähneln.

Nyalam Hotel, ✆ 0892/2507. Das Hotel befindet sich ziemlich am Ende von Nyalam, kurz vor der Abfahrt zum tibetischen Wohnviertel. Die Zimmer sind zwar spartanisch, aber gepflegt. Leider ist es oft von Tourgruppen belegt. Betten ab ¥30. ❶

Amdo Tashi Restaurant, unter den vielen Restaurants, die die Hauptstraße säumen, gehört dieses zu den besten. Man kann zwischen den niedrigen, mit Teppich belegten tibetischen Sitzgelegenheiten oder normalen Tischen wählen. Zum Frühstück werden Müsli mit Äpfeln und Schokopfannkuchen aufgetischt.

Transport

Wer in Richtung ZHANGMU oder von dort nach Nyalam unterwegs ist, sollte sich über einige Gefahren im Klaren sein: Bei Erdrutschen muss man große Teile der Strecke zwischen Zhangmu und Nyalam oft laufen. Die Fahrzeuge fahren dann von Nyalam aus nur bis zum Erdrutsch, während man von Zhangmu aus in jedem Falle bis zum Erdrutsch laufen muss. Ab dann heißt es Augen zu und durch! Oft muss man sich auf abenteuerliche Weise am Erdrutsch vorbeihangeln. Schwindelfreiheit ist da von Vorteil. Manchmal warten die Fahrzeuge dann vor dem Erdrutsch, sodass man von Nyalam zum Erdrutsch oder umgekehrt nach Nyalam trampen (Preis aushandeln) kann. Im Falle von Erdrutschen warten viele Jeeps in Nyalam auf zahlende Passagiere für die Rückfahrt nach Shigatse oder Lhasa. Ist die Strecke frei, muss man meist bis Zhangmu fahren und dort versuchen, einen Jeep für die Rückfahrt zu chartern. Da die meisten Fahrer auf dem schnellsten Weg zurückfahren wollen, sind in der Regel keine Zwischenstopps möglich. Den Preis muss man aushandeln. Bis SHIGATSE sollte die Fahrt pro Person eigentlich nicht mehr als ¥200 kosten, bis LHASA muss man etwa ¥400 berappen.

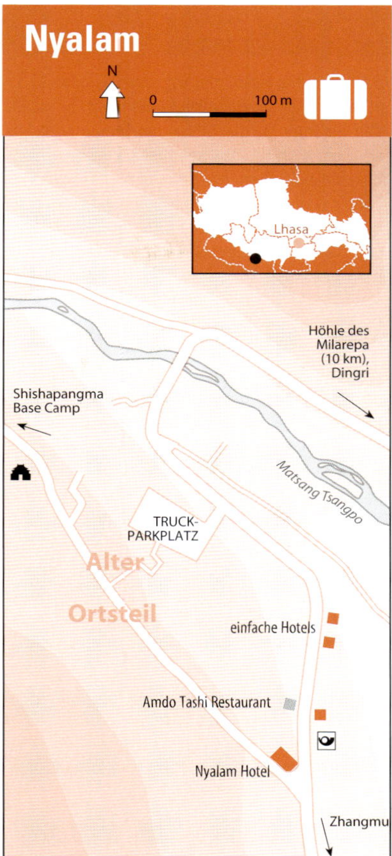

Zhangmu/Dram

Was für ein Gegensatz! Gerade noch über 5000 m hoch, windet sich die Straße nun immer weiter bergab. Ab Nyalam, rund 150 km hinter Dingri, beginnt der abenteuerlichste und landschaftlich beeindruckendste Abschnitt der Strecke nach Nepal. Dicht bewaldete Schluchten, reißende Gebirgsbäche und romantische

Der Mystiker Milarepa

Der berühmte tibetische Yogi und Mystiker Milarepa hatte eine unglückliche Kindheit. Er fasste den Entschluss, die Schwarze Magie zu erlernen, um sich für das seiner Familie zugefügte Unrecht zu rächen. Nach dem frühen Tod seines Vaters war die wohlhabende Familie Milarepas in Armut und Abhängigkeit geraten. Sein Onkel und seine Tante hatten sich geweigert, das Erbe, das sie für ihn verwalteten und das ihm bei seiner Volljährigkeit zustand, herauszurücken. Um dem Elend ein Ende zu machen, hatte die Mutter Milarepa überredet, fortzuziehen und bei einem dafür geeigneten Lehrer Zauberkräfte zu erlernen.

Auf seiner **Wanderschaft** ging er bei verschiedenen Lehrern in die Schule und versuchte die erworbenen Fähigkeiten gegen seinen Onkel und seine Tante einzusetzen. Unter anderem sorgte er dafür, dass die Gesellschaft bei der Hochzeit des Sohnes seines Onkels von den einstürzenden Trümmern eines Daches getötet wurde. Allerdings überlebten sein Onkel und seine Tante jedes der von Milarepa herbeigeführten Unglücke.

Milarepa erkannte schließlich, dass er durch seine Racheakte viel Schuld auf sich geladen hatte, und versuchte, diese abzutragen, indem er das Lebens eines Heiligen führte. Zu seinem Meister erkor er **Marpa**. Dieser bürdete Milarepa allerdings zahlreiche Lasten auf, um ihn für seine Sünden büßen zu lassen, aber auch um seine geistige Reife zu prüfen. Unter anderem ließ er ihn je einen kreisförmigen, einen halbkreisförmigen, einen dreieckigen und einen quadratischen Turm bauen und jedes Mal wieder abreißen. Nach vielen Irrungen und Wirrungen, die beinahe zum Selbstmord Milarepas führten, war seine Arroganz so weit zurückgedrängt, dass er bereit war, Marpas Lehren aufzunehmen und zu verstehen.

Nachdem Milarepa von Marpa in die Tantren eingeweiht worden war, verbrachte er neun Jahre eingemauert in einer **Felsenhöhle**, um ungestört meditieren zu können (damals eine übliche Meditationsform in Tibet: Nur ein Stein bleibt beweglich, der zum Durchreichen von Essen herausgenommen werden kann). Milarepa beherrschte die Kunst, seine Körpertemperatur zu regulieren und konnte daher selbst die harten Winter in seiner Höhle überstehen. Gekleidet war er nur in ein Baumwolltuch, daher sein Name „der in ein Baumwolltuch gekleidete Mila".

Milarepa hat nie ein Kloster oder eine Lehrrichtung begründet. Er ist vor allem durch seine *Hunderttausend Lieder*, **Gurbum**, bekannt geworden, in denen er seine Erlebnisse, inneren Erfahrungen und sein Erleuchtungswissen dichterisch darlegt.

Almen bilden die kontrastreiche Kulisse. In geradezu waghalsigen Serpentinen ist die Piste in die Südhänge des Himalaya gehauen, und in der Monsunzeit spült der Regen ganze Pistenabschnitte in den Abgrund. Wenn es stark regnet, sollte man auf eine Befahrung der Strecke ganz verzichten, da sie dann lebensgefährlich ist. Auch sonst wird der Bus oder Jeep meist schon weit vor Zhangmu durch Erdrutsche gestoppt, sodass man fast immer auch weite Strecken, manchmal mehr als 25 km, laufen muss. Wer gut zu Fuß ist und keine Angst hat, diese Abschnitte zu überqueren – oft ein abenteuerliches Unterfangen –, wird dafür von einer ganz neuen, landschaftlich unvergleichlichen Seite Tibets belohnt.

Zhangmu (tib. Dram, nep. Khasa) ist der 2350 m hoch gelegene Grenzort nach Nepal und der wohl unattraktivste Ort Tibets. In diesem aus verrotteten Beton-Backstein- und Holz-Blech-Konstruktionen zusammengezimmerten Nest, das sich schier endlos entlang einer verdreckten, von Lkw verstopften Piste den Berghang hinaufzieht, landet man, wenn man aus Kathmandu kommt oder dorthin will. In der Monsunzeit zwischen Juni und September ist Zhangmu regelmäßig wegen oft gigantischer Erdrutsche auf tibetischer wie nepalesischer Seite buchstäblich von der Außenwelt abgeschnitten. Der erste und auch der zweite Eindruck ist stets: „Schnell weg hier", aber die etwa 9 km bis Kodari, dem nepalesischen Grenzposten, muss man in dieser Zeit fast immer zu Fuß laufen. Meist bieten allerdings Träger ihre Dienste an, und so kann man den Weg wenigstens ohne Gepäck zurücklegen.

Übernachtung und Essen

Übernachten muss man in Zhangmu nur, wenn man zu spät ankommt, um noch über die Grenze zu gelangen. Es gibt zahlreiche sehr einfache Unterkünfte; man sollte zusehen, eines der Hotels im unteren Teil Zhangmus in der Nähe der Grenze zu nehmen. Auch verhungern muss man nicht. Alle Gebäude, die nicht als Hotel oder Geschäft fungieren, dienen als Restaurants.

Zhangmu Hotel, im unteren Teil des Ortes, ✆ 08074/882272. Die Zimmer sind nichts, woran man sich erinnern möchte. Sie haben zwar ein eigenes Bad, aber kein Warmwasser. Größter Vorteil ist die Nähe zum Grenzposten. Betten ab ¥50. ❹

Sonstiges

Geld

Bank of China, im oberen Teil Zhangmus. Gegen Vorlage von Umtauschquittungen kann man hier chinesisches Geld in Euro oder Dollar zurücktauschen. Wer nepalesische Rupien benötigt, muss sein Geld allerdings auf dem Schwarzmarkt vor dem Zhangmu Hotel oder rund um die Bank wechseln, da die Bank of China nicht mit Rupien handelt. ⏲ Mo–Fr 9.30–13.30 und 15.30–18.30, Sa 11–14 Uhr.

Post

Eine Filiale der **China Post** befindet sich ein Stück oberhalb der Bank auf der anderen Straßenseite. Hier gibt es auch einen **Geldautomaten**.

Transport

Zweimal in der Woche fährt ein Bus von Zhangmu nach LHASA. Allerdings ist es unmöglich, einen Fahrschein für den Bus zu bekommen. Wer es als Individualreisender tatsächlich geschafft haben sollte, von Nepal nach Tibet einzureisen, der wird sofort von einem Vertreter von CITS (China International Travel Service) abgefangen. CITS wird einen nötigen, eine Tour nach Lhasa zu buchen, und es führt

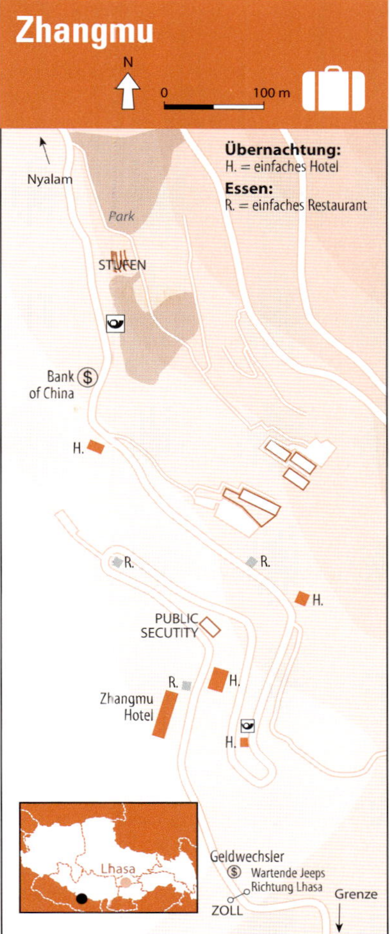

kein Weg daran vorbei: Nördlich von Zhangmu gibt es einen Checkpoint, und spätestens hier wird man ohne Tourbuchung nach Zhangmu zurückgeschickt. Wer sich bereits in Tibet aufhält und nach Zhangmu gereist ist, kann versuchen, hier einen Jeep für die Fahrt nach Shigatse oder Lhasa zu chartern. Zu den Einzelheiten s. Nyalam. Man sollte allerdings im Besitz aller Permits sein, damit einem nicht eine Tour aufgenötigt wird, die ja nur für Reisende aus Nepal verpflichtend ist.

Einreise nach Nepal

Die Formalitäten bei der Ausreise von Tibet nach Nepal sind meist sehr oberflächlich. Zwischen den beiden **Grenzübergängen** (🕓 jeweils tgl. 9.30–17.30 Uhr chinesischer Zeit) auf chinesischer und nepalesischer Seite, bei **Kodari** (1770 m), liegen 9 km und 530 Höhenmeter. Wer die 90 Gehminuten scheut, kann meist auch mit einem Pickup (¥300 für 4 Personen) mitfahren oder einen Lastenträger engagieren (etwa ¥10 pro Gepäckstück).

Wer von Nepal aus kommt, muss den Zeitunterschied von 2 1/4 Std. bedenken. Für die Einreise nach Tibet, muss man bis spätestens 15.30 Uhr nepalesischer Zeit am chinesischen Grenzübergang aufkreuzen, um noch einreisen zu können. Wer später kommt, muss in einem der einfachen Hotels auf nepalesischer Seite übernachten.

Im Zickzack-Kurs führt die Straße den Berg hinab durch Zhangmu bis zur **Freundschaftsbrücke**, wo auf chinesischer Seite noch ein Kontrollposten zu passieren ist. Der nepalesische Grenzposten befindet sich 200 m hinter der Brücke auf der linken Seite. Dort werden nur Visa für die einmalige Einreise (US$30) ausgestellt; sie sind unter Vorlage eines Passfotos in bar zu bezahlen (in Lhasa erhältliche Visa für Nepal s. S. 89). Nach der Ankunft in Nepal muss die Uhr um 2 1/4 Std. zurück gestellt werden.

Wenn man Glück hat, erwischt man einen Expressbus nach **Kathmandu**. Ansonsten fährt alle Stunde ein Bus nach Barabise (3 Std.), wo man in einen Bus nach Kathmandu (3–4 Std.) umsteigt. Als Alternative bieten sich Taxis oder Touristenbusse an, die ihre Gruppen an der Grenze abgesetzt haben. Die vier- bis fünfstündige Fahrt nach Kathmandu kostet etwa 400–600 nepalesische Rupien pro Person, je nach Verhandlungsgeschick.

Von Zhangmu nach Saga

Die Route von Zhangmu via Saga (280 km) zum Kailash wird man meist dann fahren, wenn man die Tour bei einer der Agenturen in Kathmandu gebucht hat. Öffentliche Verkehrsmittel gibt es entlang der Strecke am Palku Tso vorbei nicht. 113 km von Zhangmu, 25 km hinter dem Pass **Lalung La** (5050 m) erreicht man den Abzweig zur X214. Nach etwa 30 km Fahrt passiert man das Dorf **Seling** (Senglung, Seylong), wo man ¥65 Eintritt pro Person und ¥40 pro Fahrzeug für den westlichen Teil des **Qomolangma-Nationalparks** zahlen muss. 16 km weiter bieten sich Ausblicke auf den **Shisha Pangma**. Hier zweigt auch ein Weg zum Shisha Pangma Base Camp ab, der einzige Achttausender übrigens, der komplett in Tibet steht. Hinter dem Abzweig und etwa eine Stunde Fahrt von Seling passiert man den pittoresken, 4560 m hoch gelegenen **Palku Tso** mit seinem türkisblauen Wasser. Von hier genießt man atemberaubende Aussichten auf den Shisha Pangma und das Langtang-Gebirge in Nepal. Die Straße führt westlich des Sees schließlich zwischen felsigen Berghängen nach Norden und über zwei Pässe nach Saga (s. S. 253), das man nach Überquerung der Brücke über den Tsangpo erreicht.

Westtibet – Ngari

Stefan Loose Traveltipps

10 **Kailash** Eine Wanderung um den Kailash führt ins heilige Herz Tibets. S. 273

Mapham Yutso Eine malerische Landschaft, absolute Stille und kleine Klöster sind die Belohnung auf einer Wanderung um Tibets heiligsten See. S. 279

Tholing Inmitten einer faszinierenden Mondlandschaft an den Ufern des Sutlej begann im 11. Jh. die Renaissance des tibetischen Buddhismus. S. 283

11 **Tsaparang** Die Ruinen der alten Hauptstadt des Guge-Königreichs gehören zu den eindrucksvollsten Kulturdenkmälern Tibets. S. 284

Westtibet besteht aus der Präfektur Ngari (chin. Ali). Die gesamte Region hat eine Fläche von 304.683 km² und nur ca. 80 000 Einwohner. Damit ist Ngari eines der am dünnsten besiedelten Gebiete Chinas. Die Präfektur liegt durchschnittlich 4500 m über dem Meeresspiegel und wird daher auch als „höchste Stelle auf dem Dach der Welt" bezeichnet. Der gesamte Norden wird vom **Changtang-Nationalpark** eingenommen, einer Region, die derart abgeschieden und lebensfeindlich ist, dass der Besuch bis heute ein einzigartiges Abenteuer bleibt. Nicht, dass die Straßen schlecht wären: Es gibt gar keine, und Pisten muss man lange suchen. Changtang, das ist die grenzenlose Weite des Hochlands, deren Stille nur vom rauschenden Wind durchstreift wird; eine großartige landschaftliche Vielfalt von Grassteppen und Sümpfen, farbenprächtigen und tiefblauen Seen; Changtang kann aber auch heißen, Schneesturm und Sonnenbrand, Regenschauer und Dürre an einem einzigen Tag zu erleben; und es bedeutet, tagelang kaum einem anderen Menschen zu begegnen, geschweige denn Fahrzeugen. Wer ein wenig vom Zauber des Changtang erleben möchte, kann entlang der S206/301 von Raga nach Ali, die den südlichen Rand des Changtang streift, reisen und so einen Eindruck von den unglaublichen Weiten bekommen.

Die bestimmenden Faktoren der westtibetischen Hochebene sind Trockenheit, Kälte und extreme Höhe. Von Ende Oktober bis Anfang April können die Temperaturen auf -20° C fallen. Die Besiedelungsdichte liegt bei einem Einwohner auf 10 km². Das Verwaltungszentrum von Ngari ist die Stadt **Ali**, die dank verbesserter Straßenverbindungen, einem entstehenden bescheidenen Busnetz, dem Ausbau der Telekommunikation und dem Bau eines neuen, mit über 4300 m höchstgelegenen Flughafens der Welt zum Drehkreuz für Reisen durch Westtibet ausgebaut wird.

Wer in Westtibet reist, beginnt zu verstehen, warum die Tibeter so völlig in ihrer Religion aufgehen, weshalb der Buddhismus von hier aus eine Renaissance in Tibet erleben konnte. Die Landschaft bildet die natürliche Kulisse für den Lamaismus, seine Riten und seine Dämonen. Alles ist gigantisch und geheimnisvoll, unendlich und traurig. Wer hier reist, wird gewissermaßen selbst zum Pilger, und ihren Höhepunkt findet diese Wallfahrt am heiligsten aller Berge, dem **Kailash**, der im Zusammenspiel mit den beiden Seen **Mapham Yutso** (Manasarovar) und **La-nga Tso** (Rakshas Tal) eine gewaltige natürliche Tempelstätte formt. Doch auch die weltliche Geschichte kommt nicht zu kurz, und so sollte man nach der Kora um den Kailash die Ruinen des alten Guge-Königreichs in der Umgebung von **Tsada** besuchen.

Geschichte

Alten Legenden nach vereinigte König Nyatri Tsenpo im Jahr 127 v. Chr. verschiedene tibetische Stämme und kleinere Königreiche zu einer Nation und begründete damit die Yarlung-Dynastie. Eines der zu jener Zeit bestehenden Königreiche war **Zhang Zhung**. Über dieses frühe Königreich im Westen Tibets ist kaum etwas bekannt. Einig ist sich die Forschung nur darin, dass Zhang Zhung schon sehr früh, noch vor dem Auftreten der Yarlung-Dynastie, eine hochentwickelte Gesellschaft mit eigener Sprache (Tibetoburmesisch) und Schrift war und neben dem Yarlung-Tal als die kulturelle Wiege der tibetischen Zivilisation bezeichnet werden kann. Die einzigen existierenden Quellen stammen aus der Zeit nach der Eingliederung Zhang Zhungs in das tibetische Großreich durch Songtsen Gampo. Sie umschreiben das Reich allerdings nur sehr vage. Gemäß dieser Texte soll sich das Königreich im Jahr 7 oder 8 n. Chr. im westtibetischen Hochland um den heiligen Berg Kailash befunden haben. Die Hauptstadt hieß Khyunglung Nulkhar (Khyun lun), „Silberpalast des Garuda-Tals". Archäologische Funde, die die Existenz dieser Stadt belegen, wurden 2004 im Sutlej-Tal, südwestlich des Kailash, gefunden. Hier soll sich auch das geheimnisvolle Land Shambala („Quelle des Glücks") befunden haben, jenes sagenumwobene Land, in dem Krieg und Gier überwunden sind und die Bewohner in Frieden und Glück leben.

Anders als das nordöstlich gelegene zentraltibetische Reich war Zhang Zhung vermutlich nie von seinen Nachbarn isoliert, es gab einen regen Austausch mit anderen Kulturen. So gilt der Handel mit Indien, Kashmir und Persien sowie Zentral-Tibet als gesichert. Der Niedergang des Reiches begann im Jahre 644 mit der Besetzung Zhang Zhungs durch die Tibeter unter König **Songtsen Gampo**. Neben militärischen Aktionen konsolidierte der König das Reich auch durch Heiratsallianzen. So verheiratete er seine Schwester mit dem Herrscher von Zhang Zhung und bereitete dem Königreich so sein frühes Ende. Seine Schwester lockte ihren arglosen Ehemann in einen Hinterhalt, der ihn das Leben kostete und seiner Armee eine vernichtende Niederlage einbrachte. Die Macht Zhang Zhungs war damit gebrochen, und die Yarlung-Dynastie etablierte sich als die alleinige Macht in Zentral- und Westtibet. Die Region wurde nun Ngari genannt, was so viel wie „Bereich der Herrschaft" bedeutet.

Unter den neuen Machthabern verlor Zhang Zhung seine kulturelle Identität und ging schließlich im tibetischen Großreich auf. Erhalten blieb aber die **Bön-Religion**. Bön-Quellen berichten, dass die Bön-Religion aus Zhang Zhung nach Tibet eingeführt wurde. Die Bönpo glauben, dass ihre heiligen Texte aus der Sprache von Zhang Zhung übersetzt worden sind. Eine Rekonstruktion der Sprache ist bisher nicht gelungen, aber die vielen in Bön-Texten überlieferten Wörter und Begriffe, die nur entfernt mit dem Tibetischen, aber Ähnlichkeit mit anderen im westlichen Himalaya gesprochenen Sprachen aufweisen, deuten darauf hin, dass diese Sprache wirklich existierte. Nach Bönpo-Glauben ist ihre Religion in einem noch weiter westlich von Zhang Zhung gelegenen Land entstanden. Die genaue geografische Lage dieses Gebiets ist nicht bekannt. In späteren Jahrhunderten ist das Herkunftsland der Bönpo mythisch zum Land Ölmo Lungring verklärt worden, in dem der Begründer der Bön-Religion, Shenrab Mibo, gelebt und gelehrt haben soll. Da der Kailash den Hindus als Wohnsitz Shivas heilig war, besuchten jährlich Pilger aus Indien den Berg, sodass in den Bön-Glauben indisch-hinduistische Elemente und natürlich auch buddhistische und alttibetische Glaubensvorstellungen einflossen. Entstanden ist aus dieser Mixtur der sogenannte Yungdrung-Bön oder Svastika-Bön, und so kann man Zhang Zhung zumindest als Geburtsstätte des Yungdrung-Bön bezeichnen (s. auch S. 129).

Erst im 10. Jh. konnte sich mit **Guge** erneut eine regionale Macht in Westtibet etablieren. Nach der Ermordung von König Langdarma war Tibet in einzelne Fürstentümer und Königreiche zerfallen. Ösung (Namde Wosung 842–905), ein Sohn Langdarmas, soll nach der Ermordung seines Vaters den Grundstein für das Guge-Königreich gelegt haben. Als erster König, der nach der Zeit des großtibetischen Königtums Herrschaft über Westtibet erlangte, gilt Nimamgon (auch Gyide Nyimagun), der das Reich noch vor seinem Tod für seine drei Söhne in Guge, Purang (im Südwesten Ngaris an der Grenze zu Nepal) und Rutok (Ladakh) aufteilte. Diese drei Königreiche sollten bis Mitte des 17. Jhs. unabhängig bleiben. Unter Guges König Tsenpo Khorey, einem Urenkel Langdarmas und gläubigen Buddhisten, begann die Renaissance des Buddhismus in Tibet. Tsenpo Khorey dankte schließlich zugunsten seines Bruders Songne ab, um unter dem Namen Yeshe Ö buddhistischer Mönch zu werden. Tsenpo Khorey war es auch, der Rinchen Sangpo (958–1055) zum Studium des Buddhismus nach Indien schickte; nach seiner Rückkehr 987 begann dieser herausragende Übersetzer eine rastlose Missionstätigkeit. Der berühmte Gelehrte Atisha (982–1054) reiste auf Wunsch Yeshe Ös 1024 nach Guge und trug ebenfalls dazu bei, dass Ngari sich erneut zu einem buddhistischen Zentrum entwickelte, von dem aus der Buddhismus sich schließlich wieder über ganz Tibet ausbreiten konnte. Allerdings blieb auch der Bön-Glauben im Ursprungsland des Bön in dieser Zeit noch sehr lebendig.

Über die Geschichte von **Purang** ist nur sehr wenig bekannt. Vermutlich wurde das Königreich, das Teile Südwesttibets und des heutigen Nordwest-Nepal umfasste, seit Mitte des 12. Jhs. von fremden, nicht-tibetischen Herrschern im Bereich des Manasarovar-Sees regiert, die hier das Königreich Purang (auch „Yatse" oder nepalesisch „Khasa" genannt) mit Sitz im heutigen Taklakot gegründet hatten.

Den Untergang der beiden Königreiche Guge und Purang brachten missionierungswütige Jesuiten. Der Jesuitenmissionar Antonio de Andrade hatte 1624 als erster Europäer tibetischen Boden betreten. Er war Gerüchten gefolgt, nach denen sich jenseits des Himalaya ein sagenhaf-

WESTTIBET PRÄFEKTUR ALI

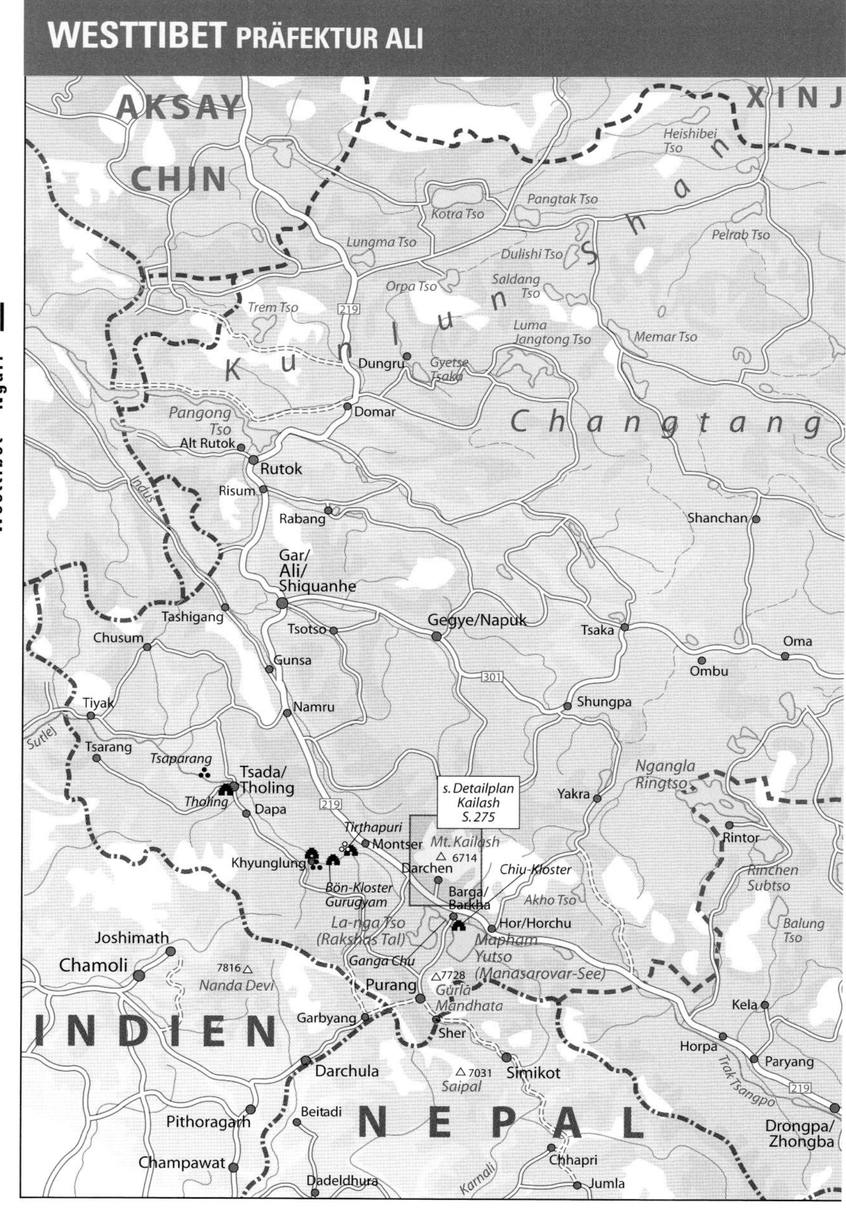

tes christliches Land befinden solle. Er wurde enttäuscht, traf er doch auf keine Christen, sondern nur auf eine Religion, die er für eine Entartung des christlichen Glaubens hielt. 1626 durfte er in Tsaparang eine kleine Kirche bauen, von der aus de Andrade hoffte, die fehlgeleiteten Christen wieder auf den rechten Weg zu bringen. Womit der tolerante König von Guge nicht gerechnet hatte, war die Intoleranz der Jesuiten. Sie betrachteten ihren Glauben als einzige Wahrheit und versuchten, den Buddhismus durch den Katholizismus zu ersetzen. Die buddhistische Geistlichkeit sah durch die Missionierung der Jesuiten ihren Einfluss und ihr Einkommen gefährdet. Sie wandte sich mit einem Hilfeersuchen an das benachbarte **Königreich Ladakh**. 1630 eroberten die Ladhaki gemeinsam mit einer muslimischen Armee die Königreiche Purang und Guge. Der König von Guge wurde gefangen genommen und starb, die Jesuiten wurden ausgewiesen. Die beiden seit fast 700 Jahre bestehenden Königreiche Guge und Purang hatten aufgehört zu existieren. Dem ehemaligen Königreich Guge war auch sonst kein Glück mehr beschieden. Der sinkende Wasserspiegel um Guges Hauptstadt Tsaparang hatte die ganze Region ausgetrocknet und unbewohnbar gemacht. Als der Jesuitenpater Desideri Mitte des 18. Jhs. nach Tsaparang reiste, um die Missionstätigkeit wieder aufzunehmen, war die ganze Region eine Wüste und die Tempel lagen in Trümmern.

Den Grundstein für den endgültigen Untergang der westtibetischen Königreiche legte der 5. Dalai Lama. 1679 war es zum Krieg Zentraltibets gegen Ladakh, das die westtibetischen Königreiche annektiert hatte, gekommen. Im Friedensvertrag von 1684 wurden die beiden ehemaligen Königreiche Guge und Purang, also das Gebiet Ngari, Zentraltibet einverleibt. Damit umfasste Tibet unter der Herrschaft des 5. Dalai Lama erstmals seit der Zeit der Yarlung-Könige wieder Amdo, Kham (beide seit 1641), Ü, Tsang und Ngari.

Wege nach Westen

Zwei große Straßen führen durch Westtibet. Die sogenannte südliche Route führt am Nordrand des Himalayas entlang von Shigatse nach

Auf der Suche nach Utopia

Seit nahezu 400 Jahren ist Tibet das Ziel einer westlichen Pilgerschar, die anfangs vor allem aus Missionaren bestand. Im Laufe der Zeit gesellten sich Forscher, politische Beamte, Spione, Reiseschriftsteller, Esoteriker, Abenteurer und in der Neuzeit zivilisationsmüde Reisende dazu. Die Forscher unter ihnen versuchten, ein möglichst objektives Bild zu zeichnen, andere konstruierten ein Tibet, das auf persönlichen Sehnsüchten, Hoffnungen und Träumen beruhte – viele von ihnen reisten gar nicht wirklich hin, sondern „erfanden" ihr eigenes Tibet: Tibet als Ort des Friedens, der Harmonie, des langen Lebens, der Wahrheit und Weisheit, der Spiritualität. Das Vorbild dieser utopischen Vision war das tibetische Paradies **Shambala**, das seit dem millionenfach verkauften Roman „Lost Horizon" (Deutsch: „Der verlorene Horizont") des Engländers James Hilton (1933) im Westen unter dem Namen „Shangri-La" bekannt ist. In der heutigen kommerzialisierten Welt suggeriert der Begriff „Shangri-La" ein kleines irdisches Paradies. Die geschäftstüchtigen Chinesen haben dieses Paradies nach Zhongdian, eine kleine Stadt im Nordwesten der Provinz Yunnan, verlagert und Zhongdian kurzerhand in Shangri-La umgetauft. So hofft man, die Reisenden aus Tibet herauszuhalten und ihnen dennoch ein „Paradies" zu bieten.

Die frühesten Trugbilder reichen ins 17. Jh. zurück, als die ersten **Missionare** nach Tibet reisten und nach versprengten Christen suchten. Die einen glaubten, dass die tibetischen Mönche Abkömmlinge des sagenumwobenen Priesterkönigs Johannes wären, der im 12. Jh. irgendwo in Zentralasien gelebt haben soll. Andere hielten sie für Nachfahren der Nestorianer, jener Christen im frühen Mittelalter, die in Vorder- und Mittelasien sowie in China die Botschaft Jesu verbreiteten. Wieder andere hielten sie für Menschen, die der letzten Sintflut entronnen waren und auf dem „Dach der Welt" Zuflucht gefunden hatten.

Als Erstes kam 1624 der Jesuitenpater **Antonio de Andrade** (1580–1634). In seinen in mehrere europäische Sprachen übersetzten Berichten beschreibt er die Tibeter wohlwollend mit den Worten: „Das Landvolk ist größtenteils liebenswürdig, mutig und fromm, und es liebt den Kampf, den es immerzu übt. Daneben sind diese Menschen barmherzig und dem Gottesdienst zugeneigt (...). Es scheint ein ganz friedliches Volk zu sein." Obwohl de Andrade miterlebte, wie die Männer an einem Kriegszug teilnahmen

Ali, während die nördliche Route den Südrand des Changtang streift, bis sie im Westen in der Hauptstadt von Ngari endet. Von Ali aus führt nur noch eine einsame, wilde Route Richtung Kunlun-Gebirge und weiter nach Xinjiang. Zur Anreise von Kashgar s. S. 46.

Entlang der Südroute nach Ali

Die südliche Route durch Westtibet ist unglaublich malerisch und führt parallel zum Himalaya durch Saga (s. S. 253), Drongpa (s. S.253) und Horchu (s. S. 281) zum Kailash und weiter nach Ali. Die Gesamtstrecke von Lhasa zum Kailash beträgt 1287 km.

Nach starken Regenfällen können die Flussfurten allerdings unpassierbar werden. Das Gleiche trifft bei starkem Schneefall auf die Pässe zu. Einige Streckenabschnitte sind zwar mittlerweile asphaltiert und viele Brücken gebaut worden, aber Behinderungen kann es dennoch immer wieder geben. Am sichersten befahrbar ist diese Strecke zwischen Mai und Anfang Juli sowie im Oktober und November. Geht alles glatt, kann man mit dem Jeep in vier Tagen am Kailash sein (sofern man keine Besichtigungen entlang der Strecke einplant). Es gibt aber auch Fahrer, die in zwei Tagen durchfahren, allerdings in der Regel nur auf der Rückfahrt nach Lhasa. (Details zu dieser Strecke s. S. 282.)

Entlang der Nordroute nach Ali

Sehr viel länger ist die nördliche Route über Tsochen, Gertse und Gegye. Von Lhasa nach Ali (Shiquanhe) legt man auf dieser Straße gut 1700 km zurück. Dazu kommen noch einmal 300 km Fahrt Richtung Südosten zum Kailash. Die Nordroute ist landschaftlich zwar weniger und, kaum nach Hause zurückgekehrt, sich im Bogenschießen und im Gebrauch der Waffen übten, blieb er bei seinem Bild der friedliebenden Tibeter. De Andrade folgten im 17. und 18. Jh. weitere Jesuiten und später auch Kapuziner, deren Tibetbilder im Gegensatz zu dem der Jesuiten negativ geprägt waren. Sie hielten den Buddhismus für ein Werk Satans. Nur er könne in so perfider Art eine Religion schaffen, die dem Katholizismus äußerlich wegen seiner Heiligenverehrung so ähnlich sei. Ihre unverhohlene Ablehnung galt auch der Reinkarnationsidee, der religiösen Praxis der Niederwerfung und der Verehrung zornerfüllter Gottheiten.

Einer der vielleicht interessantesten Missionare war **Ippolito Desideri** (1684–1733), der fünf Jahre in Tibet verbrachte. Er setzte sich intensiv mit der tibetischen Kultur und Religion auseinander, weshalb er als Begründer der Tibetologie gelten kann. Er war der Einzige, der nach westlichen Vorurteilen und Fehleinschätzungen suchte, aber auch er kam zum stereotypen Schluss, dass Tibet ein friedliches Land sei.

Spätere Autoren beriefen sich vor allem auf die *China Illustrata*, deren Autor **Athanasius Kircher** selbst nie in Tibet war. Sein berühmtes Nachschlagewerk barg manche Fehlerquellen, die sich im Laufe der folgenden 300 Jahre durch Abschreiben immer weiter verbreiteten. Die Philosophen Rousseau, Kant, Herder, Hegel und Nietzsche stützten sich in ihren Abhandlungen ebenfalls auf die Berichte der Missionare und sparten nicht mit herben Worten über den tibetischen Buddhismus, der mal als eine „ziemlich bizarre Art von Religion" (Rousseau), mal als „die ungeheuerste und widrigste dieser Welt" (Herder) beschrieben wird.

Seit diesen ersten Begegnungen und Aufzeichnungen zieht sich ein roter Faden durch alle folgenden Epochen: Der Westen schenkt nur dem Sakralen, nur Mönchen, Lamas und Tulkus (keinen Nonnen), und nur dem religiösen, nicht dem alltäglichen Leben Beachtung. Im indischen Exil übernahmen die Tibeter dieses **westliche Tibetbild** und machten daraus ein „Markenzeichen" für Spiritualität, Friedfertigkeit und ein Leben im Einklang mit der Natur. Damit dient Tibet in der Vorstellung vieler Menschen bis heute als ein mystisches Shangri La und spiritueller Zufluchtsort in einer korrupten, materialistischen Welt, von dem zivilisationsmüde Westler träumen und die sie in Tibet zu finden hoffen.

abwechslungsreich, aber dafür sicherer und stärker befahren.

Wer genügend Zeit oder Geld mitbringt, kann eine der beiden Routen für die Hinfahrt und die andere für die Rückfahrt einplanen, wobei jeweils mit einer Fahrtzeit von mindestens einer Woche zu rechnen ist. Die Gesamtstrecke beträgt über 3000 km auf schlechten Straßen. Deshalb benötigt man neben viel Sitzfleisch auch eine gute Konstitution.

Die Nordroute wird vor allem von den Lkw-Fahrern und Militärkonvois auf ihrem Weg ins ferne Ali benutzt. Die Orte entlang der Strecke sind im Prinzip nichts anderes als Versorgungsstützpunkte, an denen man tanken, essen und übernachten kann. Für die Nomaden sind es allerdings auch Anlaufpunkte, um ihre Erzeugnisse zu verkaufen und sich mit Waren für den Alltag einzudecken.

Tsochen

Von Raga nach Tsochen (Coqen), eine Kleinstadt mit rund 10 000 Einwohnern, sind es rund 275 km. Je nach Fahrzeug und Pausen benötigt man für die Strecke zwischen fünf und sieben Stunden. Etwa 21 km hinter dem Abzweig nach Norden passiert man den **Tag-Gyab-Geysir**, ein Thermal-Wunderland von dampfenden Löchern und Geysiren. Das ganze Gebiet dampft und brodelt. Auf den nächsten 100 km geht es über ein Hochplateau von gut 5000 m Höhe, über den Pass des **Tsangmo Bertik-la** von über 5400 m und vorbei am herrlichen, 5170 m hoch gelegenen **Tagyel Tso**.

Nach weiteren gut 150 km erreicht man schließlich Tsochen.

Der Name Tsochen bedeutet so viel wie „Großer See", ein Hinweis auf den riesigen **Tashi Namtso** 50 km östlich der Stadt. Der Besuch des Sees erfordert ein Permit, das man bereits in Lhasa beantragt haben muss.

Übernachten kann man unter anderem im Friendship Feria Hotel ❸ an der Ortseinfahrt. Auch einen Tempel, den Mendong Gompa, kann man sehen und sich bei der Besichtigung die Füße vertreten.

Gertse

Von Tsochen nach Gertse sind es rund 250 km. Die Fahrt dauert 7–9 Stunden und führt durch eine Landschaft, in der Wildesel, Pferde, Antilopen, Schafe und Ziegen leben. Kurz hinter der Kreuzung mit der aus Amdo kommenden S301, deren Verlauf man von nun an bis Ali folgt, passiert man den **Tong Tso**, einen See, der zu versalzen beginnt. Gertse ist nicht schön, aber ein wichtiges Handelszentrum. Im Sommer kommen viele Nomaden hierher, um Wolle zu kaufen und sich auf dem Markt mit den nötigen Gebrauchsgütern zu versorgen. Früher bestand Gertse fast nur aus Zelten. Heute steht immerhin ein goldener Yak im Zentrum, und es gibt ein paar hässliche Häuser. Südlich von Gertse kann man am Stadtrand eine Reihe von interessanten Chörten und Manisteinen besichtigen.

Gegye

Nach Gegye sind es von Gertse aus rund 390 km, Fahrzeit 10–12 Stunden. Am Horizont sieht man schroffe Felsformationen und Eisberge. Nach Norden hin erstreckt sich der raue Changtang in der endlosen Weite und gelegentlich sieht man Nomadenzelte. Entlang der Strecke passiert man nach 90 km die kleine Ortschaft **Oma**, nach weiteren 85 km **Tsaka** und nach 96 km schließlich **Shungpa**, wo man übernachten kann, falls es zu spät geworden ist. In Gegye kann man unter anderem im Gegye Binguan ❸ unterkommen. Nach weiteren ca. 4 Stunden und 110 km erreicht man dann endlich Ali (s. S. 287), wo man sich zumindest ein wenig wieder in der Zivilisation fühlen kann.

Von Nepal zum Kailash

Die Anreise von Nepal zum Kailash ist nur für organisierte Gruppen möglich. Die Veranstalter bieten meist zwei Varianten an. Einmal die Einreise über Zhangmu mit Weiterfahrt über die X214, eine Nebenstrecke, die am Palku Tso vorbei nach Saga in der Präfektur Shigatse und von dort nach Westen zum Kailash führt. Bei der anderen Variante fliegt man nach Simikot in Westnepal und trekkt von dort in vier oder fünf Tagen zum nepalesischen Grenzort Hilsa. In Sher auf tibetischer Seite beginnt die mit Jeeps befahrbare Straße, die über Khorchak und Purang, der alten Hauptstadt des gleichnamigen Königreichs, zum Kailash führt.

Verkehrsmittel

Aktuell ist es Ausländern nicht erlaubt, mit öffentlichen Verkehrsmitteln nach Westtibet zu fahren. Damit ist die einzig mögliche Busverbindung von Lhasa nach Ali für ausländische Reisende leider tabu. Aber fragen kostet nichts, und die Dinge können sich ändern, da Ali spätestens mit der Fertigstellung des Flughafens im Jahr 2010 touristisch zugänglicher werden soll. Ab und zu wird man einsamen Radfahrern begegnen, die die tibetische Hochebene von West nach Ost durchqueren. Wer nicht vorhat, Rad zu fahren, kann versuchen zu **trampen**. Allerdings werden die meisten Fahrer Reisende, wenn überhaupt, nur mit gültigen Permits und gegen entsprechende Bezahlung mitnehmen. Da diese Variante wegen der geringen Verkehrsdichte sehr viel Zeit, Geduld und eine gute Ausrüstung erfordert – in den letzten Jahren sind immer wieder schlecht ausgerüstete Reisende auf den Ladeflächen von Lkw erfroren –, geben die meisten Tramper irgendwann entlang der Strecke auf.

Damit gibt es zurzeit kaum eine realistische Alternative zu einer **organisierten Tour**. Diese will frühzeitig geplant sein, da die Besorgung aller Permits in Lhasa bis zu einer Woche dauern kann. Auch muss man bedenken, dass die meisten Fahrer nicht allein, sondern aus Sicherheitsgründen wenigstens in Begleitung eines weiteren Fahrzeugs losfahren wollen. Bleiben die Jeeps aus irgendeinem Grunde liegen, hängt man oft tagelang fest, weil niemand vorbeikommt. Dieses Risiko will man nicht eingehen. Wer nur einen Jeep voll bekommt (maximal vier Reisende, besser sind drei pro Fahrzeug), wird also entweder einen weiteren Jeep benötigen

Anfahrt zum Kailash

Wer nur den Kailash zum Ziel hat, kann zwischen mehreren Optionen wählen. Die kürzeste ist der direkte Weg von Lhasa nach **Darchen**, dem Ausgangsort für die Kora um den Kailash. Die reine Fahrtzeit beträgt 4 Tage. Wer noch Shigatse und/oder Gyantse entlang der Strecke besuchen will, sollte wenigstens 6 Tage für die Anfahrt einplanen. Für die Kora benötigt man 3 bis 4 Tage, und einen weiteren Tag sollte man für den Mapham Yutso (Manasarovar-See) einrechnen. Die Rückfahrt nach Lhasa lässt sich schnellstens in zwei, besser aber drei oder vier Tagen bewältigen. Als absolutes Minimum benötigt man also 10 Tage Zeit, dann gibt es allerdings keinerlei Puffer bei Problemen. Am günstigsten sind 15 Tage, da man so genügend Zeit für Pausen und Besichtigungen einplanen kann. Wer via Ali entlang der Nordroute nach Lhasa zurückfahren möchte, benötigt mindestens 21 Tage.

oder kann einen Truck dazu chartern, in dem das Gepäck, Benzin für die Fahrt und die Ausrüstung sowie Verpflegung transportiert werden.

Die Reisebüros in Lhasa verlangen rund ¥18 000 pro Jeep für eine 12–15-tägige Tour. In der Nebensaison kann man den Preis aber auf bis zu ¥14 000 herunterhandeln. Wer 16–20 Tage unterwegs sein möchte, zahlt bis zu ¥25 000. Je mehr Leute (z. B. 11 oder 12) man zusammenbekommt und je mehr Jeeps man dadurch für die Tour benötigt, desto besser kann man handeln. Eine gute Alternative zur reinen Jeepcharter ist es, wenn man beispielsweise genügend Passagiere zusammenbekommt, um zwei Jeeps und einen Truck zu mieten. Im Truck können dann zwei Leute mitfahren, in den Jeeps zusammen bis zu acht, und man kann die Kosten für den Lkw teilen.

Ausrüstung

Grundsätzlich benötigt man sehr warme Kleidung, einen Schlafsack und – wenn man am Kailash trekken möchte – auch ein Zelt. Verpflegung muss man für die Reise, zumindest, wenn man mit Jeeps unterwegs ist, nicht mitnehmen. In den meisten Orten, die man passiert, gibt es kleine Geschäfte und Restaurants. Allerdings lohnt es sich, für die langen Fahrten etwas Proviant dabeizuhaben. Wer vorhat, bis Xinjiang zu trampen, benötigt einen guten und sehr warmen Schlafsack und warme Winterkleidung. Wer in Ngari unterwegs ist, muss genügend Bargeld bei sich haben. Zuverlässig tauschen oder Geld abheben kann man nur in Ali. Die Ortschaften entlang beider Straßen nach Ali bestehen meist aus einer Straße, die von einfachsten Gästehäusern, Truckstops und Restaurants gesäumt werden. Zwischen den Orten herrscht einsame Wildnis.

Permits

Die Vorschriften bezüglich der Reisen in den Westen Tibets ändern sich ständig, und der Zeitaufwand für die Vorbereitung eines solchen Trips sollte nicht unterschätzt werden. Eigentlich benötigt man zum Reisen nur ein Alien Travel Permit, aber leider werden die Regelungen von Ort zu Ort unterschiedlich gehandhabt. Meist war es in den letzten Jahren so, dass man mit einer Geldstrafe von ¥100–350 davonkam, wenn man an einem Checkpoint ohne die gerade geforderten Papiere erwischt wurde. Checkpoints gibt es hauptsächlich auf der Südroute. Wie die Situation jeweils aussieht, erfährt man allerdings nur über Reisende, die aus der Region zurückkehren, oder über die Reisebüros in Lhasa.

10 HIGHLIGHT

Der Kailash

Auf dem windgepeitschten, kargen Hochland im Westen Tibets erhebt sich ein Heiligtum ganz besonderer Art. Es wurde nicht von Menschenhand erbaut, kein Künstler hat es in jahrelanger Arbeit geformt, es wird nicht von Ehrfurcht gebietenden Mauern umschlossen und auch nicht von goldenen Dächern behütet: Der Kailash ist

Pilgerschaft zum Kailash

Nach der buddhistischen Überlieferung befand sich unser Universum einst unter der Macht der hinduistischen Gottheit **Ioevara**. Man brachte ihr unzählige Gaben, auch Tieropfer, dar, was dieser Gottheit gefiel, und sie übertrug auf viele ihrer Anhänger im Gegenzug besondere Kräfte, Wohlstand, Erfolg und Ansehen. Denjenigen jedoch, die wirkliche spirituelle Fortschritte erzielen und den leidhaften Daseinskreislauf vollständig hinter sich lassen wollten, war Ioevara nicht wohlgesinnt, im Gegenteil, er versperrte ihnen den Weg zur Befreiung.

Dieser Umstand bewog schließlich Buddha Vajradhara dazu, aus Mitgefühl für diese ernsthaft nach Befreiung Strebenden seine gewaltigen Segenskräfte in der Gestalt von **Cakrasamvara** zu nutzen, um die Macht Ioevaras zu brechen. Und so wandelte der Buddha alle Orte, an denen Ioevara zuvor gewirkt hatte, in göttliche Aufenthaltsorte von Cakrasamvara um. Unter diesen Orten war der Kailash einer der markantesten und segensreichsten. Hinzu kommt, dass die spirituelle Kraft und der Segen, die von Cakrasamvara und seinen Aufenthaltsorten ausgehen, besonders in einer Zeit der Degeneration weiter wachsen.

Der gläubige Buddhist, der sich auf die Pilgerschaft zum heiligen Berg Kailash in Westtibet aufmacht, ist überzeugt, in Cakrasamvaras Wirkungsbereich einzutauchen und damit besonders viel gutes Karma anzusammeln und negatives Karma bereinigen zu können. Er erhält damit auf seine Weise eine Art Initiation in die Kräfte und Qualitäten Cakrasamvaras, auch wenn sich die tieferen Geheimnisse nur intensiv Meditierenden und vollständig Eingeweihten erschließen werden.

ein Heiligtum, das auch ohne priesterliche Weihe, ohne Altäre und Gaben spirituelle Würde ausstrahlt – ein Naturschauspiel, das Gläubige in seinen Bann zieht und für religiöse Dinge unempfänglichen Menschen zumindest Respekt und Ehrfurcht einflößt.

Der Saum dieses erhabenen, an eine Tempelanlage gigantischen Ausmaßes erinnernden Heiligtums liegt auf einer Höhe von ca. 5000 m. Der Kailash selbst erhebt sich inmitten eines eher flach wirkenden Gebirgszuges in der Zone des ewigen Eises bis auf 6714 m, weshalb er von den Tibetern auch als „Gang Rinpoche" (Kangriboqe) oder „Schneejuwel" bzw. als Gangdise, „Schnee-Meru", bezeichnet wird.

Faszinierend ist die **Lage** des Berges, der Hindus, Buddhisten und Bönpos als „selbst entstandener Tempel" gilt, an der Schnittstelle zahlreicher geografischer Achsen und Eigentümlichkeiten. Der Kailash stellt nicht nur in der Kosmologie Indiens und Tibets den Weltenberg Sumeru dar – oder anders ausgedrückt den Nabel der Welt –, sondern ist auch der Mittelpunkt des Quellgebietes von vier großen Strömen (s. Karte rechts), die das Siedlungsgebiet rund eines Fünftels der Menschheit mit lebenswichtigem Wasser versorgen.

Dieses natürliche Heiligtum wird von den tibetischen Buddhisten als ein **Mandala**, ein göttlicher Bereich von Cakrasamvara (Demchok), einer tantrischen Verkörperung des Buddha, verehrt. Cakrasamvara ist eine „göttliche" Manifestation der Weisheit und des Mitgefühls aller Erleuchteten, und noch spezieller: der Vereinigung von Glückseligkeit und der Erkenntnis der letztgültigen Realität, der Leerheit.

Für **Hindus** ist der Kailash der Aufenthaltsort der Gottheit Shiva; sie meinen, dessen Gesichtszüge in den Felsformationen des Berges wiedererkennen zu können. Auf dem Umwandlungsweg sehen sie in bestimmten Felsformationen auch den Affengott Hanuman und Nandi, den Ochsen, der das Reittier von Shiva darstellt.

Auch den Anhängern der **Bön-Religion** ist der Kailash heilig, denn er vereinte die himmlischen und irdischen Kräfte miteinander und ist der Ort, an dem ihr Religionsstifter, Shenrab Mibo, in seinem Emanationskörper herabstieg. Der Berg bildete den Mittelpunkt des im 7. Jh. untergegangenen Bön-Reiches Zhang Zhung, dessen Hauptstadt die „Silberne Burg" von Kyunglung war. Deren Überreste wurden erst kürzlich unweit des Kailash wiederentdeckt (s. S. 129).

Dem Kailash kommt auch im **Jainismus**, der zur gleichen Zeit wie der Buddhismus im 6. Jh. v. Chr. in Indien entstand, eine besondere spirituelle Bedeutung zu. Nach der Überlieferung des

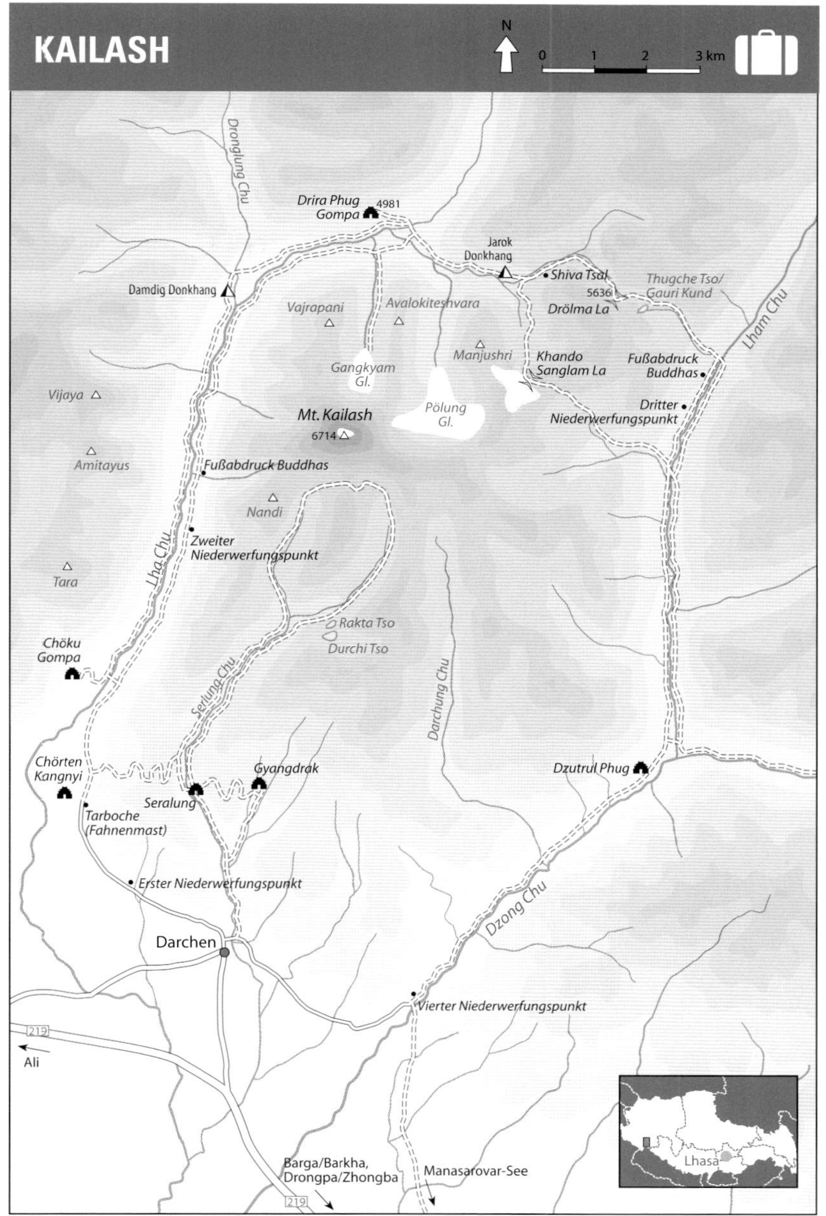
KAILASH
N
0
1
2
3 km
Dronglung Chu
Drira Phug
Gompa
4981
Jarok
Donkhang
Shiva Tsal
Thugche Tso/
Gauri Kund
5636
Drölma La
Damdig Donkhang
Vajrapani
Avalokiteshvara
Lham Chu
Manjushri
Khando
Sanglam La
Fußabdruck
Buddhas
Gangkyam
Gl.
Vijaya
Pölung
Gl.
Dritter
Niederwerfungspunkt
Mt. Kailash
6714
Amitayus
Fußabdruck Buddhas
Nandi
Zweiter
Niederwerfungspunkt
Lha Chu
Tara
Rakta Tso
Durchi Tso
Chöku
Gompa
Serlung Chu
Darchung Chu
Chörten
Kangnyi
Gyangdrak
Dzutrul Phug
Seralung
Tarboche
(Fahnenmast)
Erster Niederwerfungspunkt
Dzong Chu
Darchen
Vierter Niederwerfungspunkt
219
Ali
Lhasa
Barga/Barkha,
Drongpa/Zhongba
Manasarovar-See
219

Jainismus erlangte der Erste in der Linie ihrer Glaubensstifter, Tirthankara mit Namen, an diesem heiligen Berg, den sie Astapada nennen, die Befreiung.

Darchen

Ausgangspunkt für die Kora um den Kailash ist die Ortschaft Darchen (4560 m) etwa 22 km von Barga (Barkha). Der Ort ist eine Mischung aus tibetischem Zeltlager und chinesischem Truckstop. Überall wird gebaut, und leider wird das Umfeld Darchens mit jedem Jahr scheußlicher. Mittendrin befindet sich das Areal der **Public Security**, wo man sein Travel Permit abgestempelt bekommt und einen „Eintritt" von ¥50 für die Kora bezahlt.

Übernachtung und Essen

Es gibt ein paar sehr einfache Unterkünfte wie das **Gangdishi Guesthouse** (Bett ¥60), das **Tibet Manasarovar Travels Guesthouse** (Bett ¥60) und das **Pectopath** (Bett ¥30) hinter der China Post. Wer ein Zelt dabei hat, kann aber auch außerhalb von Darchen **campen**. Alternativ kann man am Manasarovar-See beim Chiu-Kloster, 33 km südlich von Darchen, übernachten. Das **Tibet Manasarovar Travels Guesthouse** hat ein einfaches Restaurant, wo man Frühstück, Mittag- und Abendessen bekommt. Gemütlicher ist das **Teehaus des Pectopath**, ein guter Ort, um andere Reisende zu treffen. Während der Hauptpilgerzeit von Juni bis September bauen viele Händler ihre **Zelte** in Darchen auf, wo sie Snacks, Nudeln und Getränke verkaufen.

Transport

Vom Kailash nach ALI sind es rund 330 km. Alle zwei Tage fährt ein Bus (¥320, 5 Std., Abfahrt meist 11.30 Uhr) von Darchen. Wer von Ali hergekommen ist und nach LHASA weitermöchte, muss versuchen, mit einer der Jeep-Gruppen mitzukommen. Es gibt aber auch so eine Art öffentlicher Jeep-Verbindung. An der Einfahrt nach Darchen auf der linken Seite, dort wo die Busse bei einer Werkstatt nachts abgestellt werden, steht ein Schild mit dem Hinweis auf Verbindungen nach Ali, Purang und Lhasa. Gleich daneben gibt es ein kleines Restaurant. Die Besitzerin vermittelt Sitzplätze für die Fahrt nach Lhasa (ca. ¥1000, 48 Std., Abfahrt am Vormittag).

Kailash Kora

Die Kora um den Kailash kann auf einem inneren und einem äußeren Umrundungsweg vollzogen werden, wobei der innere Weg nur denjenigen vorbehalten ist, die den äußeren Umrundungsweg mindestens dreizehn Mal bewältigt haben (notwendig zur Reinigung und Läuterung von Körper, Geist und Seele). Wer 108 Umrundungen schafft, dem winkt der unmittelbare Eintritt ins Nirvana und die Reinigung von sämtlichen begangenen Sünden. Viele Tibeter bewältigen die 52 km lange äußere Kora in einem 15–24-stündigen „Gewaltmarsch". Westliche Pilger sollten es eher wie die Hindus halten und für ihre Parikrama, wie die Kora auf Sanskrit genannt wird, drei Tage einplanen.

Als besonders verdienstvoll gilt die Umrundung des Kailash durch Niederwerfen. Die Hände werden dazu erhoben, gefaltet, zu Stirn, Mund und Herz geführt, dann folgt das Niederknien und das sich in voller Länge auf den Boden strecken, bis Knie, Bauch, Brust, Mund, Stirn und die Hände den Boden berühren, danach aufstehen und den Vorgang, eine Körperlänge weiter, wiederholen, alles in tiefster Hingabe und Demut. Bei dieser Form der Kora wird der Körper mit einer Lederschürze geschützt, die Hände tragen Handschuhe oder sind mit Plastiktüten umwickelt oder werden mit kleinen Holzbrettchen oder Hausschuhen geschützt. Durch Hingebung, Mitleid, Niederwerfung, Opfern, Almosen usw. erhofft sich der Pilger möglichst viel religiöses Verdienst zu erwerben, um so ein glücklicheres Los in seinem derzeitigen Leben oder eine bessere Inkarnation im nächsten Leben zu bewirken. Besonders fromme Tibeter bewältigen den Weg, der immerhin über den 5636 m hohen Drölma-Pass (Drölma-La) führt, auf diese Weise in zwei bis vier Wochen.

Manchmal wird man entlang der Strecke auch Pilger gegen den Uhrzeigersinn wandern sehen. Dabei handelt es sich um Anhänger der Bön-Religion auf ihrer Pilgerreise.

Die Sinnbildlichkeit der Kora ist augenfällig: Alles kreist um einen Fixpunkt. Hier liegt der kosmische Punkt, an dem alles beginnt und endet. Der Mensch ist damit Teil der Kreisbewegung, die sich um den Mittelpunkt des Universums bewegt. So wie Meru der Fixpunkt des Universums ist, ist der Kailash sein Gegenstück auf der irdischen Ebene. Indem der Pilger diese Ordnung durch sein Wandern nachvollzieht, wird er damit eins und vom herausgelösten Bruchstück zu einem Teil des Ganzen. Eine Pilgerschaft zum Kailash bedeutet deshalb auch immer eine Reise ins eigene Ich, zu sich selbst.

Alle 12 Jahre im Jahr des Pferdes kommen besonders viele Pilger zum Kailash. Das nächste Mal wird das 2014 sein. Wer die Kora in diesem Jahr macht, kann besonders viel Verdienst ansammeln.

Vorbereitungen

Wer nicht so fit ist, sein eigenes Gepäck zu tragen, kann in Darchen Träger, Yaks oder auch Pferde mieten. Das ist zumindest dann sinnvoll, wenn man Zelt und Verpflegung dabei hat und nicht so viel tragen kann. Wer allein unterwegs ist, findet meist auch ein Bett in einem der beiden Klöster an der Strecke. Allerdings kann man sich in der Hauptpilgerzeit nicht darauf verlassen. Yaks und Träger kosten abhängig von der Nachfrage jeweils ¥60–80 pro Tag, eine Ausgabe, die den Tibetern hier Einnahmen verschafft und den Genuss der Kora sicher erhöht, weil man unbelastet vom Gewicht des Gepäcks wandern kann. Allerdings gehen die Träger nie allein, man muss also mindestens zwei anheuern. Unterwegs kann man immer wieder Instantnudeln und Wasser in Flaschen kaufen; wer mehr braucht, muss sich seine Verpflegung mitbringen.

Erster Tag

■ Aufstieg 450 m, Abstieg 100 m, Gehzeit 6 Std.

Startpunkt für die Kora ist der **Mani Lhakhang** in Darchen mit einem großen Gebetszylinder. Man wandert nach Westen entlang der Hügel, von denen man einen guten Blick auf den 7694 m hohen Gurla Mandata hat, der südlich des Manasarovar-Sees in den Himmel ragt. Nach etwa einer Stunde führt der Weg bei einer 4730 m hoch gelegenen Anhäufung von Manisteinen und Gebetsfahnen, die den ersten von vier sogenannten Niederwerfungspunkten (Chaktsal Gang) entlang der Kora markieren, in ein Tal, das vom Lha Chu, dem „Götterfluss", geformt wurde. Bald öffnet sich das Tal zur weiten Grasfläche **Tarboche**. Man läuft nun immer auf den Großen Fahnenmast Tarboche zu, den man nach etwa zwei Stunden Wanderung von Darchen erreicht. Oberhalb des Tarboche befindet sich die Verbrennungsstätte der 84 Mahasiddhas, ein Ort, an dem früher die verstorbenen Lamas verbrannt wurden. Pilger legen sich auf einen flachen Felsen, der übersät ist mit alten Kleidern, Knochen, Tsampa-Schüsseln und persönlichen Gegenständen, um ihren Tod zu visualisieren. Gleich westlich vom Tarboche steht der „zweibeinige" **Chörten Kangnyi**. Er markiert den Zugang zum schmaler werdenden Lha-Chu-Tal. Das Durchschreiten des Chörten reinigt von Sünden – und man genießt dabei auch noch einen schönen Blick auf den Kailash. Anschließend läuft man in das immer enger werdende Tal hinein.

Hoch über dem Tal steht etwa eine Stunde Fußweg nördlich von Tarboche das **Chöku Gompa** (4820 m), ein Kloster, das ursprünglich im 13. Jh. als Schrein errichtet wurde. Heute residieren hier Mönche der Drukpa-Kagyü-Schule. Das Chöku Gompa gehörte zu den insgesamt fünf Drukpa-Kagyü-Klöstern entlang der Ko-

Ein Trek zum Akklimatisieren

Um zu testen, ob man die Kora körperlich bewältigen kann, ist eine Tageswanderung von Darchen zu den beiden Klöstern **Gyangdrak Gompa** und **Seralung Gompa** hilfreich. Die Klöster liegen nördlich von Darchen auf einer Höhe von 5000 m. Wer beide Klöster ansteuert, benötigt etwa 6 oder 7 Stunden, also ungefähr die Zeit, die eine Tagesetappe bei der Kora ausmacht. Für das Gyangdrak-Kloster, einst das größte der fünf Klöster am Kailash, benötigt man zwar offiziell ein Permit, aber wer sich nicht allzu lange hier aufhält, sollte auch ohne dieses Papier keine Probleme haben.

ra. Nach ihrer Zerstörung in der Kulturrevolution sind drei der Klöster in den letzten Jahren wiederaufgebaut worden. Im Gönkhang des Klosters, das man nach einem Aufstieg von etwa 20 Minuten erreicht, wird neben anderen Schutzgottheiten Khangri Lhatsen, die Schutzgottheit des Kailash, verehrt. Zum Kloster auf der anderen Seite des Flusses führt eine Brücke. Man kann hier einen Weg westlich des Flusses laufen, bei dem allerdings mehrere Flussläufe durchquert werden müssen, oder dem regulären Pilgerpfad auf der Ostseite folgen. Auf beiden Wegen benötigt man etwa drei Stunden bis zum Tagesziel Drira Phug Gompa. Die Gipfel, die man weiter oben im Tal am westlichen Ufer des Flusses sieht, tragen die Namen der Gottheiten des langen Lebens: Tara, Amitayus und Vijaya. Nach etwa einer Stunde Wanderung vom Chöku Gompa am Ostufer des Lha Chu passiert man den zweiten Niederwerfungspunkt, und eine halbe Stunde später sieht man einen **Fußabdruck Buddhas**. Hier steht auch ein riesiger, mit Gebetsfahnen behängter Felsblock mit einem „selbst entstandenen" Relief von Hyagriva. Von hier läuft man noch etwa 1 1/2 Stunden zum **Drira Phug Gompa** (4981 m) an der Nordseite des Kailash. Drira Phug bedeutet „Höhle der Dri" (Dris sind die weiblichen Yaks). Die Manifestation einer Dakini (s. S. 135) in Gestalt einer Dri soll dem Klostergründer Götsang Repa den Weg zu diesem Standort gezeigt haben. Ein Abdruck von ihr ist an der Decke der Höhle erhalten geblieben. Vor dem Gipfel des Kailash sieht man noch drei weitere Berge aufragen, die sogenannten „Beschützer der Drei Familien", und zwar von West nach Ost Vajrapani (Vajra-Familie), Avalokiteshvara (Lotos-Familie) und Manjushri (Tathagata-Famile).

Bis zum Kloster benötigt man inklusive Pausen ca. 8–9 Stunden, die reine Gehzeit beträgt ab Darchen etwa 6 Stunden. Man kann entweder im Gästehaus des Klosters (Bett ¥40), das aber oft von indischen Pilgern belegt ist, übernachten oder zelten. Wer etwas mehr Zeit erübrigen kann, sollte vom Kloster einen Halbtagestrip zum **Gangkyam-Gletscher** (5720 m) unternehmen, der von der eindrucksvollen Nordwand des Kailash hinabfließt. Wer hier, ganz nah am Kailash, steht, erahnt vielleicht, weshalb es heißt, dass Wünsche, die man an der Nordseite des Kailash äußert, eines Tages in Erfüllung gehen.

Zweiter Tag

- Aufstieg 720 m, Abstieg 880 m, Gehzeit 8–9 Stunden

Nach Verlassen des Klosters und der Überquerung des Lha Chu beginnt der stetige, Kräfte raubende Aufstieg Richtung Südosten zum Drölma La („Pass der Tara", 5636 m). Auf halbem Weg dorthin sind zahllose kleine Steinhügel zu sehen. An dieser Stelle werfen sich die Pilger zu Boden und verharren wie tot. Der Ort wird **Shiva Tsal**, „Leichenacker", genannt. Um wiedergeboren zu werden, müssen sich die Gläubigen ihre Sünden bewusst machen und symbolisch sterben. Als Zeichen dafür lassen sie ein Stück Stoff, Schuhe, eine Satteltasche oder einfach eine Haarsträhne zurück. Noch ein letzter Hang, dann ist eine halbe Stunde hinter Shiva Tsal der **Drölma La**, der höchste Punkt der Kora, erreicht. Steintürme, Gebetsfahnen, Yakhörner und Schafschulterblätter zieren die Passhöhe. Pilger schmieren Butter auf den mächtigen Felsblock, in dem die Göttin Drölma verschwunden sein soll, umwandern ihn, stecken ausgefallene Zähne oder Haarsträhnen in seine Spalten, rezitieren heilige Texte und Mantras. Wieder opfern sie etwas von ihrer Habe oder ihrer Person. Mit Hilfe der Göttin Drölma sind nun Fehler gebüßt und überwunden – vor den Gläubigen liegt ein neues Leben. Kurz hinter dem Pass befindet sich der **Thugche Tso**, den die Inder Gauri Kund, „See des Mitleids", nennen, ein ovaler, smaragdgrüner See. Trotz Kälte und Eisschollen nehmen indische Pilger hier ein reinigendes Bad. Nun folgt ein steiler Abstieg, der ziemlich in die Knie geht und für den man etwa eine Stunde braucht.

Im Tal gibt es wieder zwei Wege entlang des Flusses. Wenn es geregnet hat, sollte man sich für die Westseite entscheiden, da man auf der Ostseite zum Schluss durch den Fluss waten muss, was bei reißendem Wasser nicht zu empfehlen ist. Kurz hinter dem Abzweig zur Alternativroute passiert man am westlichen Ufer wieder einen Fußabdruck Buddhas und bald darauf den dritten Niederwerfungspunkt. Kurz dahinter, dort, wo rechts ein Bach das Tal runter fließt, erhascht man den einzigen Blick auf die Ostseite des Kailash.

Nach rund vier Stunden erreicht man schließlich im Tal des Dzong Chu das Kloster **Dzutrul Phug** („Höhle der magischen Wundertaten") auf einer Höhe von 4790 m. Hier soll der zweite Teil des Wettkampfs zwischen Milarepa und Naro Böntschung ausgetragen worden sein (s. Kasten S. 280). Bei der Beendigung seiner Aufgabe hinterließ Milarepa einen Fußabdruck außen am Dach und die Abdrücke seines Rückens und seiner Hände an der Decke der Höhle. Die Höhle, in der Milarepa einst meditierte, bildet das religiöse Zentrum des Klosters.

Dritter Tag

- Aufstieg 80 m, Abstieg 260 m, Gehzeit 3–4 Stunden

Der letzte Tag ist einfach zu gehen. Man passiert den vierten Niederwerfungspunkt dort, wo der Weg auf die weite **Barkha-Ebene** trifft, und erblickt wieder den Gurla Mandata. Ansonsten ist der Weg nicht sehr aufregend, aber ideal, um die letzten beiden Tage Revue passieren zu lassen und einfach nur entspannt zu laufen.

Saga Dawa am Kailash

Jedes Jahr am Saga Dawa, dem Tag von Buddhas Geburt, Erleuchtung und Tod zum Vollmond im vierten Monat des tibetischen Kalenders (meist im Mai oder Juni), versammeln sich auf der weiten Grasfläche **Tarboche** tausende Pilger (und hunderte von ausländischen Reisenden). Am Morgen des Saga Dawa wird um 9 Uhr der Flaggenmast, dessen alte Gebetsfahnen durch neue ersetzt worden sind, mit vielen Pujas (Rituale) aufgerichtet. Aus der Stellung des Mastes wird von den Tibetern die Zukunft gelesen. Am günstigsten ist es, wenn er völlig gerade steht, neigt sich der Mast in Richtung Kailash, bedeutet das Krankheiten und Hunger, eine Neigung vom Berg weg bringt großes Unglück. Das Fest eröffnet alljährlich die Pilgersaison. Nach dem Aufrichten des Mastes machen sich die Pilger auf, um den ersten Abschnitt der Kora bis Drira Phug zu laufen.

Mapham Yutso und La-nga Tso

Sowohl in der buddhistischen als auch in der hinduistischen Kosmologie kommt dem **Mapham Yutso** (Manasarovar-See) eine zentrale Stellung zu, und fast immer wird seine Umrundung in die Kailash-Kora integriert. Buddhistische Gläubige trinken etwas Seewasser, das von den Sünden aus hundert Wiedergeburten reinigen soll.

Die Tibeter nennen den See Tso Rinpoche, „Der kostbare See", oder Mapham Yutso, „Der unbesiegte See" (s. S. 281). Für die tibetischen Buddhisten wie für Hindus symbolisiert er die Sonne, das Männliche, das Bewusstsein und die Kräfte des Lichts. Die Hindus nennen ihn dementsprechend Manasarovar („Manas" bedeutet „Geist" bzw. „Bewusstsein"). Für sie ist dieser See aus dem Geist Brahmas geboren und einer der ältesten und heiligsten ihrer Pilgerorte. Viele Hindus nehmen daher ein rituelles Bad im eisigen Wasser des Sees. Ein alter Mythos aus vorvedischer Zeit berichtet von zwölf Rishis (von Brahma erschaffene Wesen, die als Weltschöpfer und -ordner fungierten), die sich in dieses abgelegene Land begaben, um zu meditieren, und mit einer wunderbaren Vision Shivas und Parvatis belohnt wurden. Den Rishis fehlte jedoch eine Möglichkeit, die den Hindus vorgeschriebenen Waschungen vorzunehmen. Sie beteten zu Brahma, und der Gott erschuf den Manasarovar-See.

Dem Mapham Yutso gegenüber liegt der halbmondförmige **La-nga Tso**, der von den Indern Rakshas Tal genannt wird. Er symbolisiert das Gegenstück zum Mapham Yutso: den Mond, das Weibliche, das Unbewusste und die Kräfte der Finsternis. Alte hinduistische Schriften bemerken, der Pilger solle nur einen Blick in seine Richtung werfen, denn die ihm innewohnenden schädlichen Kräfte seien zu stark. So ist auch der indische Name dieses Sees kein Zufall, denn „Rakshas" bedeutet „Dämon". Selbst das Wetter scheint diese Aspekte immer wieder zu unterstreichen: Am „solaren" Manasarovar-See ist es oft heiter, während es am „lunaren" Rakshas Tal windig und bewölkt und die Atmosphäre unheimlich sein kann. Beide Seen bildeten einst eine Einheit und sind heute durch einen Kanal, den **Ganga Chu**, miteinander verbunden. Er führt nur in feuchten Jahren Wasser, was für die Tibeter

Wettstreit der Meister

Der berühmte buddhistische Dichter-Heilige und „König der Yogis", **Milarepa**, befand sich auf dem Weg zum Kailash, als er an den Ufern des Mapham Yutso dem Bön-Meister **NaroBöntschung** begegnete, der wegen seiner Erkenntnis und magischen Kräfte für den bekannten Heiligen wenig übrig hatte. Der Bön-Meister gab ihm daher zu verstehen, dass sich das Schneejuwel, der Kailash, im Besitz der Bönpo befinde und Milarepa seinen Glauben wechseln müsse, wenn er in dieser Region zu verweilen und zu meditieren gedenke. Milarepa, wenig geneigt, dieser Forderung nachzukommen, entgegnete, dass der Buddha selbst prophezeit hätte, der heilige Berg würde in die Einflusssphäre der Buddhisten gelangen.

Nach einigen weiteren Wortwechseln forderte der Bön-Priester den buddhistischen Yogi zum **Wettkampf** auf dem Gebiet der magischen Kräfte heraus. Der Verlierer sollte nach altindischer Tradition seinem eigenen Glauben entsagen und den des Siegers annehmen, während der Gewinner den heiligen Berg zugesprochen bekäme. Zum Auftakt stellte sich Naro Böntschung breitbeinig über den **Mapham Yutso** und sang ein Loblied auf seine eigenen Wunderkräfte, während er Milarepa herabwürdigte. Als Entgegnung deckte dieser den immerhin 330 Quadratkilometer großen See mit seinem Körper zu, ohne diesen auszudehnen, und anschließend ließ er den See sogar auf seiner Fingerspitze tanzen. Von diesem Sieg Milarepas über Naro Böntschung leitet sich der tibetische Name für den See, Mapham Yutso, ab, was so viel wie „der unüberwindliche See" bedeutet.

Der Bön-Priester war beeindruckt, gab sich jedoch nicht geschlagen und drängte darauf, den Wettstreit fortzusetzen. Dieser ging also weiter, wobei immer wieder Milarepa siegte, und wurde schließlich in die nähere Umgebung des **Kailash** verlegt, an einen Ort, der heute ein kleines Drukpa-Kagyü-Kloster beherbergt und **Dzutrul Pugh**, die „Höhle der magischen Wunderkräfte", genannt wird. Hier schlug Milarepa seinem Opponenten vor, einen Schutz gegen den aufgekommenen, heranpeitschenden Regen zu bauen, woraufhin er einen riesigen Fels spaltete, den Naro Böntschung hochheben und als Dach verwenden sollte. Da aber die Kräfte des Bön-Priesters nicht ausreichten, musste Milarepa selbst zur Tat schreiten und hinterließ dabei noch heute sichtbare Abdrücke seines Hauptes und seiner Hände im Fels.

Da der Bön-Meister sich aber immer noch nicht geschlagen gab, forderte er Milarepa zum **Finale** heraus, aus dem derjenige siegreich hervorgehen sollte, der am Tage des Vollmonds als Erster die Spitze des heiligen Kailash erreichte. Während Naro Böntschung keine Mühen scheute, sich auf den entscheidenden Tag vorzubereiten, verbrachte Milarepa seine Tage mit entspanntem Nichtstun. Als dann der Morgen der endgültigen Entscheidung anbrach, schwang der Bön-Priester sich auf seine magische Trommel und flog auf ihr der Spitze des Schneejuwels entgegen. Als er sich seines Sieges schon fast sicher war – denn Milarepa schien sich weiterhin dem Müßiggang hinzugeben –, tauchte plötzlich der erste Sonnenstrahl über dem Gipfel auf, und ehe sich Naro Böntschung versah, glitt Milarepa im Bruchteil einer Sekunde völlig gelassen an ihm vorüber und erreichte sein Ziel ohne die geringste Mühe. Der Bön-Meister war davon so erschüttert, dass er mitsamt seiner Trommel den Kailash hinunterfiel, wobei die Trommel die tiefen, stufenförmigen Furchen an der Südwand des Berges hinterlassen haben soll.

Nun endlich musste sich der Bön-Priester geschlagen geben, erhielt aber vom gütigen Milarepa die Erlaubnis, dass er und seine Anhänger auch weiterhin den Kailash gegen den Uhrzeigersinn umrunden dürften. Zudem übertrug er auf Bitten von Naro Böntschung den Bön-Anhängern die Rechte auf den in südöstlicher Richtung gelegenen Berg, von dem aus man das „Schneejuwel" betrachten kann, und der dementsprechend als **Bön Ri** oder „Berg der Bönpos" bekannt wurde.

als gutes Omen gilt. Seit Mitte der achtziger Jahre, nach der schlimmsten Zeit der Kulturrevolution, ist er wieder wasserreich – was auf bessere Zeiten hoffen lässt.

Mapham-Yutso-Kora

Der Mapham Yutso liegt auf einer Höhe von 4575 m und kann in vier bis fünf Tagen umrundet werden. Einen Tag kann man einsparen, wenn man die Wanderung am Chiu-Kloster beginnt und um die Südspitze des Sees nach Horchu (Hor) läuft (bzw. umgekehrt), also den Weg zwischen diesen beiden Orten über das Kloster Langbona auslässt. Man benötigt ein Zelt, einen Schlafsack, Verpflegung und einen Kocher. Die beste Zeit für eine Umrundung des Sees ist Mai, Juni und September. Im Juli und August kann man zwar ebenfalls wandern, aber in diesen beiden Monaten regnet es viel, der Weg wird matschig, und am Ufer lauern riesige Mückenschwärme. Der Weg ist einfach zu gehen, einzig die Höhe kann einem zu schaffen machen. Wer sein Gepäck tragen lassen möchte, kann in Horchu einen Führer mit Pferd (je ¥100/Tag) engagieren. Die Gesamtstrecke beträgt etwas über 100 km und führt an insgesamt fünf Klöstern vorbei.

Die für tibetische Buddhisten so typische Umrundung von heiligen Orten, die Kora, findet speziell am Mapham Yutso eine besondere Sinngebung. Bis zur Zeit ihrer Zerstörung durch die chinesischen Machthaber befanden sich um den See acht Tempel (fünf sind teilweise wieder aufgebaut worden), die die acht Speichen des „Rades der Lehre" symbolisieren sollten. Wer diese acht Speichen, die wiederum den Edlen Achtfachen Pfad repräsentieren, in Gang setzt, wird auch das gesamte „Rad der Lehre" in Bewegung setzen und somit die von den zwölf Taten des Buddha als die wichtigste angesehene, nämlich das Darlegen des Befreiungspfades, nachvollziehen.

Wer am **Chiu-Kloster**, rund 11 km südlich von Barga bzw. 33 km südöstlich von Darchen, beginnt, erreicht nach vier Stunden Gehzeit das **Kloster Langbona** und nach weiteren vier Stunden **Horchu**, wo man übernachten kann. Von Horchu bis zum **Kloster Seralung** am Ostufer sind es rund drei Stunden. Von hier bis zum **Kloster Trugo** an der Südspitze des Sees läuft man zwischen fünf und sechs Stunden. Im Südwesten des Mapham Yutso brüten im Sommer viele Wildgänse und Himalayaschwäne. Auf dem Weg wieder nach Norden Richtung Tseti passiert man nach etwa drei bis vier Stunden das **Gosul Gompa** und noch einmal drei bis vier Stunden weiter kommt man zur Siedlung **Tseti**. Hier gibt es ein kleines Guesthouse.

Tseti ist übrigens der Ort, an dem 1948 die Asche Gandhis in den See gestreut wurde. Bis zum Chiu-Kloster oberhalb des Ganga Chu benötigt man noch etwa eineinhalb bis zwei Stunden. In diesem Kloster soll Padmasambhava die letzten sieben Tage seines Lebens verbracht haben, und es gilt deshalb als besonders ehrenvoll für einen Verstorbenen, wenn seine Asche hier verstreut wird.

Übernachtung und Essen

Chiu-Kloster

Wer beim Chiu-Kloster übernachten will, muss sich vorher in Darchen bei der Public Security anmelden. Ist man mit einem Jeep und Guide unterwegs, wird der Guide die Anmeldung vornehmen. Im Dorf Chiu beim Chiu-Kloster gibt es einige einfache und preiswerte Unterkünfte, in denen man ¥40 für ein Bett bezahlt. Die meisten Gästehäuser bieten auch einfaches Essen an.

Horchu

Die Übernachtung in Horchu lohnt nur, wenn man hier die Umwanderung des Mapham Yutso beginnt oder beendet. Es gibt eine Handvoll Unterkünfte, darunter das **Pu Lang Guesthouse** (Bett ¥40), die alle sehr einfach sind und auch einfache Gerichte servieren können.

Transport

Es gibt keine öffentlichen Verkehrsmittel zum Chiu-Kloster oder nach Horchu. Zwischen den beiden Orten verkehren aber gelegentlich Traktoren oder Pick-ups, mit denen man mitfahren kann. Vom Kloster nach Darchen fahren so gut wie keine Fahrzeuge. Man muss also laufen oder hoffen, dass man in einem der Jeeps einer Gruppe mitfahren darf.

Vom Kailash nach Ali

Tirthapuri und Khyunglung

Tirthapuri

Etwa 10 km südlich der Ortschaft Montser und 75 km westlich von Darchen kann man auf dem Weg nach Ali einen Abstecher nach Tirthapuri am Sutlej machen. Der Name Tirthapuri stammt vermutlich von dem Sanskritwort Pretapuri, was „Stadt des Todes" heißt. Hier sollen laut alten Sagen die Toten und Geister hausen. Tirthapuri gehört zu den großen Pilgerstätten Tibets und wird von den meisten Kailash-Pilgern in ihre Pilgerreise einbezogen. Seine Heiligkeit verdankt der Ort Padmasambhava und dessen Gefährtin Yeshe Tsogyel, die hier meditiert haben sollen. Wer Zeit hat, kann von den heißen Quellen aus die etwa eine Stunde in Anspruch nehmende Kora laufen. Der Weg führt nach rund 30 Minuten am Drukpa-Kagyü-Kloster **Tirthapuri Gompa** vorbei. Das Kloster wurde auf einem Vorsprung erbaut, der aus weißen und rotgelben Felsen besteht. Ihre unverwechselbare Färbung erhielten diese Felsen von den Schwefelansammlungen in diesem Gestein – die heißen Quellen am Startpunkt zeugen von ihrem Ursprung. Unterhalb des Klosters befinden sich Chörten und eine über 100 m lange Manimauer.

Khyunglung

Hinter Tirthapuri macht die Piste einen Bogen nach Westen. Nach etwa 10 km Fahrt passiert man das Bön-Kloster **Gurugyam**, das ein wichtiges Pilgerziel der Anhänger der Bön-Religion ist. Das Kloster wurde 1936 erbaut und ist somit relativ neu. In den Sandsteinwänden hinter dem Kloster sind noch viele Wohnhöhlen zu sehen, in denen früher Bön-Mönche ihr karges Leben fristeten.

Nach weiteren 10 km erreicht man das Dorf **Khyunglung**. 3 km vom Dorf gelangt man über eine Fußgängerbrücke zu den Ruinen dessen, was nach Ansicht einiger Archäologen vermutlich Khyunglung, die Hauptstadt von Zhang Zhung, gewesen ist. Das **Khyunglung-Kloster** (4259 m) wurde in der äußerst spektakulären Landschaft der Sutlej-Schluchten gebaut. Oberhalb des rechten Flussufers stehend, überblickt es eine unwirkliche, aus erodiertem Sandstein geformte Landschaft; die Klippen weisen erstaunliche Einfärbungen auf: Grün, Weiß, Gelb und Rot sind die dominierenden Farben. Hier waren früher Vulkane tätig; die Farben entstammen Kalziumdepots. Unzählige heiße Quellen entströmen der Erde.

Das Kloster wurde in zwei Ebenen erbaut; die festungsähnlichen Ruinen weisen einen Höhenunterschied von knapp 200 m auf. Zur Flussseite hin sieht man zahlreiche künstlich geschaffene Höhlenbauten. Darunter stehen lange Reihen von Manimauern und roten Chörten. Oben auf den Spitzen der Felsen sind seltsame Ruinen von Rundbauten zu sehen, vermutlich antike Klausen der Bönpos. Hier wurden sehr alte, in Sanskrit verfasste Schriftrollen (Tsa-Tsas) gefunden. Die antiken Bön-Tempel werden Serkhang genannt, während die neueren buddhistischen Tempel Lhakhang heißen, Letztere stammen überwiegend aus dem 16. Jh. Teilweise erhalten sind noch hölzerne, fein geschnitzte Stützpfeiler und Kapitelle.

2 km östlich des Klosters finden sich festungsähnliche Ruinen die, für Tibet sehr ungewöhnlich, nicht aus luftgetrockneten Lehmziegeln, sondern aus Stein erbaut wurden.

Übernachtung und Essen

Wer übernachten will, findet oberhalb der Quellen von Tirthapuri eine einfache Klosterunterkunft (Bett ¥30), oder man zeltet etwas weiter unten am Fluss.

Tsada und Umgebung

Die Berge auf der anstrengenden, aber landschaftlich unglaublich spektakulären Fahrt von Ali oder vom Kailash nach Tsada sind rot, orange, gelb und braun gefärbt, und in den Tälern hinterlassen Flüsse und kleine Seen am Ufer eine dicke Salzkruste.

Auf der Fahrt passiert man ein 5000 m hoch gelegenes Plateau, von dem aus man einen überwältigenden Blick auf eine Schluchtenlandschaft und in den indischen Himalaya genießt. Der Sutlej-Fluss hat hier bizarre Formationen und Canyons in den weichen Sandstein gegraben.

Tsada selbst zeichnet sich, wie so viele andere tibetische Orte auch, durch seine Namensvielfalt und ein Wirrwarr an Schreibweisen aus. Im Umlauf sind Zanda, Tsamda, Thöling, Tholing, Zhada u. a. Tsada ist eine uninteressante, hässliche Ortschaft mit den typischen chinesischen Plattenbauten und dient hauptsächlich als Armeestützpunkt, aber seine Lage ist einzigartig, und die Ruinen der beiden alten Hauptstädte von Guge, Tholing und Tsaparang, in der näheren und weiteren Umgebung gehören zum kultur- und kunstgeschichtlichen Höhepunkt einer Reise nach Westtibet.

Tholing

Das Kloster Tholing ist die älteste erhaltene Anlage des Königreichs Guge und war einst das bedeutendste religiöse Heiligtum Westtibets, um das sich eine große Stadt ausbreitete. Gegründet wurde es im Jahr 996 vom Mönchskönig Yeshe Ö. Der Übersetzer Rinchen Sangpo ließ den Komplex zwischen 1014 und 1025 ausbauen. 1040–1042 diente Tholing als Aufenthaltsort für den bengalischen Gelehrten Atisha, der hier sein berühmtestes Werk *Der Pfad zur Erleuchtung* schrieb. Diesem Trio war die Wiederbelebung des Buddhismus in Tibet zu verdanken. Ihr Wirken in Tholing führte schließlich zur Gründung dreier bedeutender tibetischer Schulen des Buddhismus, die dank Atisha unmittelbar an die indische Tradition anknüpften. Atishas Schüler Domtön (1005–1064) begründete die Kadam-Schule, die im 14. Jh. in der Gelug-Schule aufging. In der Folge wurden dann die Sakya-Schule von dem Gelehrten und Übersetzer Dogmi (992–1072) und die Kagyü-Schule von Marpa (1012–1097), einem Schüler Dogmis, gegründet.

Tholing bestand aus insgesamt sechs Tempelkomplexen, von denen drei mehr oder weniger erhalten geblieben sind. Bis 1966 war dieses altehrwürdige Kloster aktiv, dann zwangen die Rotgardisten die verbliebenen Mönche, ihr Heiligtum zu zerstören. Das Zentrum der Anlage bildet der teilweise restaurierte **Rote Tempel** (Lhakhang Marpo), ein Name, der sich von der Farbe seiner Außenmauern herleitet. Er stellte früher die Hauptversammlungshalle dar, den Dukhang, in dem schon Atisha und Rinchen Sangpo lehrten. Sehenswert sind die teilweise gut erhaltenen Wandmalereien, die einen starken künstlerischen Einfluss aus Kashmir und Nepal aufweisen. Allerdings sind sich Kunsthistoriker nicht darüber einig, aus welcher Zeit sie genau stammen. Zu sehen gibt es außerdem einen Fußabdruck Rinchen Sangpos, während die drei Skulpturen der Buddhas der Vergangenheit, Gegenwart und Zukunft aus den 1990er-Jahren stammen.

Der **Weiße Tempel** (Lhakhang Karpo) steht versetzt hinter dem Roten Tempel und ist vor allem wegen seines alten, aus Zedernholz geschnitzten und bemalten hölzernen Eingangs interessant. Die Decke wird von 42 Holzpfeilern getragen, und die Wände zieren gut erhaltene Wandmalereien aus dem 15. und 16. Jh.

Im Westteil der Anlage kann man schließlich noch den **Mandala-Lhakhang** (Kyilkhor Lhakhang) besuchen. Dieser Teil, der als Hauptheiligtum von Tholing diente, ist noch unter Yeshe Ö erbaut worden und wurde wegen seiner prachtvollen Gestaltung auch Goldener Tempel genannt. Die Anlage war als dreidimensionales Mandala mit Kapellen an jeder Seite und Statuen an den Wänden angelegt. Die zentrale Halle symbolisierte den Weltenberg Sumeru, die vier von ihr abgehenden Kapellen die vier Kontinente, während die Chörten Symbole für die vier Weltenwächter, die die Sutren beschützen, waren. Einzig die Außenmauern, die vom Grundriss her wie ein Kumbum-Chörten gestaltet sind und früher 18 Lhakhang und als Eingangsbereich die Halle der Weltenwächter bargen, sowie die vier Chörten sind erhalten geblieben.

Am Flussufer hinter dem Kloster sieht man alte Stupas und Manimauern, in der Flussebene selbst ragt der riesige Grabchörten Yeshe Ös auf.

Südwestlich von Tsada an der Piste nach Tsaparang sieht man auf dem steilen Hügel die Ruinen einer kleineren und größeren alten **Burg**.

🕓 keine festen Öffnungszeiten, Eintritt ¥80.

11 HIGHLIGHT

Tsaparang

Die unglaublich majestätisch wirkenden Ruinen der Hauptstadt des Königreichs Guge gehören zu den großen Kulturzeugnissen Tibets. Sie befinden sich auf einem 300 m hohen Hügel aus gelber Erde rund 20 km von der Kreisstadt Tsada entfernt. Die karge Mondlandschaft hier strahlt einen ganz eigenartigen Reiz aus, und die Ruinen verstärken diesen Eindruck zusätzlich.

Noch bis ins 15. Jh. residierten die Könige von Guge in Tholing. Erst König Tri Namkha Wangpo verlegte den Sitz um 1420 nach Tsaparang, wo bereits seit 1024 ein Kloster stand. Fast genau 200 Jahre später sorgte das Wirken des Jesuitenpaters Antonio de Andrade in Tsaparang für den Untergang des Königreichs Guge (s. S. 98). Die endgültige Katastrophe kam im Jahr 1841, als die Armee des Maharadschas Gulab Singh von Jammu einrückte. Plünderungen und Zerstörungen, von denen die Ruinen von Tsaparang bis heute gezeichnet sind, waren die Folge. Das allmähliche Versiegen der Wasserquellen besorgte den Rest. Heute ist es nur noch schwer vorstellbar, dass die Menschen hier früher in Dörfern, die aus komfortablen Wohnhöhlen und Gehöften

Tipps für die Besichtigung

Feste Öffnungszeiten gibt es nicht. Vor dem Eingangstor beim Tickethäuschen lebt der „Hüter" der Anlage, der das Tor bei Bedarf aufschließt. Sollte er nicht da sein, hält er sich in dem kleinen, von Tsaparang aus nicht zu sehenden Dorf ganz in der Nähe auf, wo man ihn abholen kann. In den Gebäuden herrscht absolutes Fotografierverbot. Die Genehmigung erhält man nur beim Ministerium für Denkmalschutz in Beijing. Für die Besichtigung der Räumlichkeiten benötigt man eine gute Taschenlampe, da man sonst die Wandmalereien nicht sehen kann. Es kann glühend heiß werden, und man muss genügend Wasser mitnehmen, will man nicht zwischen den Ruinen verdursten. Der Eintritt beträgt ¥105, und in der Hauptreisezeit muss man ¥10 für einen Führer zahlen.

bestanden, lebten. Sie bestellten ihre Felder, trieben Handel und füllten die Tempel und Klöster mit Leben. Der im Tal vorbeiströmende Fluss und das Schmelzwasser der Gletscher lieferten ihnen ausreichend Wasser für eine erfolgreiche Landwirtschaft, und Händler zogen mit ihren Karawanen aus China und Indien bis hierher.

Als wollten sie die Erinnerung auf ewig wach halten, klammern sich die Ruinen an den Abhängen des 300 m hohen Hügels fest. Wer den steilen Aufstieg in Angriff nimmt, sieht auf den umliegenden Hügeln die Überreste großer, einst schützender Befestigungsanlagen. Sie dienten zwar hauptsächlich der Verteidigung, doch sind auch viele Zeugnisse künstlerischen Schaffens zu entdecken. In der **Stadtmauer** sind mehr als 4500 Figuren zu sehen; auch sind Verwünschungen und andere Sprüche auf Tibetisch und Sanskrit eingeritzt. Die meisten sind allerdings im Laufe der Jahrhunderte verwittert. Außerhalb der Mauer sind ebenfalls sehenswerte Verzierungen zu finden, vor allem die in große Kieselsteine geritzten Figuren sind oft Meisterwerke. Der Weg führt vorbei an den eingestürzten Resten von zahlreichen, teilweise aus Lehm gestampften **Wohnhäusern** und in den Berg gegrabenen **Höhlen**. Sie dienten einst als Behausungen für Mönche und Beamte oder als Lagerstätten für Vorräte und Waffen. Auf der Hügelkuppe hatte der König seinen Palast. Von den noch einigermaßen intakten Räumen bietet sich ein grandioser Ausblick in die Umgebung.

Die Ruinen Tsaparangs erstrecken sich auf einer Gesamtfläche von 720 000 m²; sie bestehen aus 445 Häusern, 879 Höhlen, 58 Festungen, vier geheimen unterirdischen Gängen, fünf Tempeln und 28 Stupas. Der Palastkomplex umfasst eine Sommer- und eine Winterresidenz. Die christliche Kapelle, die sich direkt unterhalb der Palastanlage befand, ist vollständig verschwunden.

Lhakhang des Präfekten

Gleich links vom Eingang kann man als Erstes dem kleinen Lhakhang des Herrschers einen Besuch abstatten. Der kleine Tempel wurde im 16. Jh. vermutlich als Privatkapelle des Herrschers erbaut. Vom Stil her orientiert er sich am Dorje Jigje Lhakhang, dem Tempel der Schutzgötter.

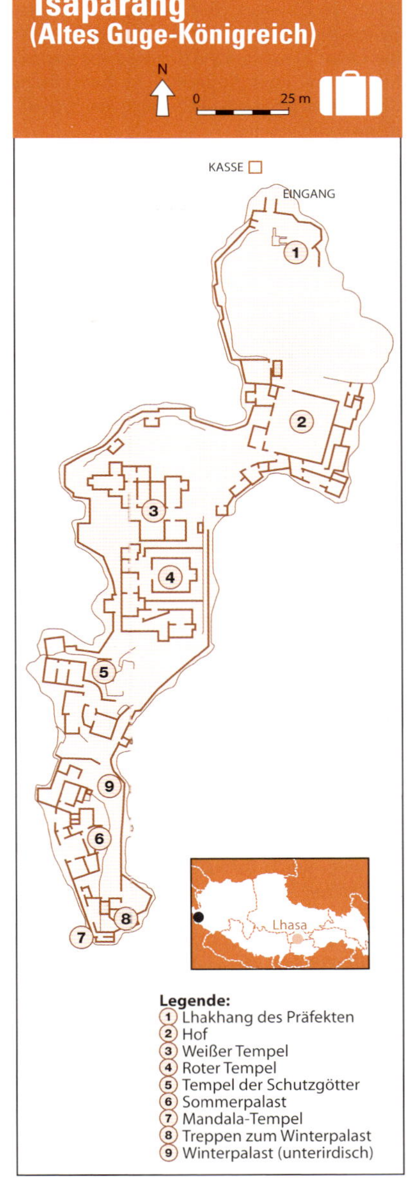

Westtibet – Ngari

Innen gibt es einige sehenswerte Wandmalereien, die Elefanten, Garuda-ähnliche Wesen, Schneelöwen und andere Motive zeigen. An der Rückwand sieht man die Gemälde von Buddha Shakyamuni, rechts von ihm der bengalische Gelehrte Atisha und links Tsongkhapa, der Begründer der Gelugpa.

Weißer Tempel

Ein Stück hinter dem Eingang, jenseits eines Hofes, liegt auf der rechten Seite der um 1500 erbaute Weiße Tempel (Lhakhang Karpo). Er diente ursprünglich als Versammlungsraum und war einer der bedeutendsten Lhakhangs der Stadt. Er wurde zwar stark zerstört, aber viele der exquisiten Wandmalereien sind erhalten geblieben. Rechts vom Eingang steht ein dunkelblauer, nahezu 3 m hoher Vajrapani als Hüter der Geheimlehren und links ein roter Hayagriva als Hüter der heiligen Schriften. Beide Skulpturen sind stark beschädigt. Sehenswert ist auch die reich dekorierte Holzdecke, während man an den Wänden noch zahlreiche faszinierende und gut erhaltene Malereien sehen kann. Diese Malereien sind herausragende Beispiele für den ganz außergewöhnlichen Kunststil von Guge. Durch das trockene Klima und die lange Abgeschiedenheit haben sich einige der Fresken so gut erhalten, dass die Farben noch immer eine eindrucksvolle Kraft und Intensität besitzen. Die Figuren sind detailliert und prächtig gemalt und von einer unnachahmlichen Eleganz. Nur spärlich dringt das Licht in die dämmrigen Hallen. Im Lichtkegel der Taschenlampe entfaltet sich immer wieder eine erstaunliche und fantasievolle Welt mit den verschiedensten Gottheiten, Fabelwesen und kleinen Szenen aus dem Leben der Gläubigen. So eindrucksvoll erhalten ein Teil der Malereien ist, so schwer zerstört sind die Figuren, die einst entlang der Wände von Sockeln auf die Gläubigen hinunter schauten. Der Innenraum wurde früher von 22 Statuen geziert, von denen jene der fünf Dhyani-Buddhas restauriert wurden. Sechs Statuen sind ganz verschwunden, von den restlichen sieht man nur noch die Aureolen und Wandbefestigungen. Oft sind die Köpfe zerschlagen, Arme ragen wie Stümpfe aus den malträtierten Körpern.

Roter Tempel

Der Rote Tempel (Lhakhang Marpo), der etwas höher am Berg liegt, ist ähnlich groß wie der Weiße Tempel und wurde vermutlich um 1470 errichtet. Er besitzt einen schön geschnitzten Eingang, bei dem man noch deutlich sehen kann, dass hier Künstler aus Kashmir am Werk waren. Auf den Türblättern sieht man die Silben „Om mani pad me hum" eingraviert. Die ursprünglich lebensgroßen Skulpturen aus Lehm und Stroh sind zerstört worden. Wie auch schon im Weißen Palast sind dafür die Wandmalereien erhalten. Die meisten wurden vermutlich von Künstlern aus dem Kloster Alchi (Ladakh) und Tabo (Spiti) geschaffen. Ihre Malerei wurde als westtibetischer oder Guge-Stil bekannt und zeichnet sich durch eine große Klarheit und herrliche Farbgebung aus. Rechts von der Tür sieht man unter anderem Szenen vom Bau des Tempels, von Festivitäten und vom königlichen Hof, die den einstigen Glanz dieser Stadt bezeugen.

Tempel der Schutzgötter

Noch ein Stück weiter hoch passiert man den Lhakhang der tantrischen Gottheit Vajrabhairava (Yamantaka oder Dorje Jigje Lhakhang). Er wurde erst nach dem Weißen und Roten Tempel erbaut; seine Malereien wurden von Künstlern aus Zentraltibet geschaffen. Zu dieser Zeit war das goldene Zeitalter Tsaparangs vermutlich schon vorbei. Der Tempel ist den Yidams, den Initiationsgottheiten der Tantrasysteme, geweiht und war früher nur wenigen Auserwählten zugänglich. An den Wänden sieht man vornehmlich Darstellungen aus dem Gelugpa-Pantheon, darunter Cakrasamvara, Hevajra, Guyhasamaja (Herr der Geheimnisse, die tantrische Form des Aksobhya) und Vaishravana.

Sommerpalast

Hinter dem Tempel der Schutzgötter windet sich der Pfad über tönerne Stufen durch einen faszinierenden, gewundenen Tunnel hinauf zur alten Palastanlage der Herrscher von Guge. Als Erstes erreicht man den leerstehenden **Sommerpalast**. Er hatte eine eigene Zisterne für die Wasserversorgung, die es dem Herrscher ermöglichte, auch längere Belagerungen zu überstehen, und sicherheitshalber gab es sogar einen Tunnel, über den er notfalls unbemerkt aus der Stadt fliehen konnte. Auf der Spitze des Berges befindet sich der kleine **Mandala-Tempel** (Demchok Lhakhang), der früher ein dreidimensionales Mandala Cakrasamvaras enthielt. In diesen Tempel begaben sich der König und die hohen Lamas in Krisenzeiten, um Riten zum Schutz der Stadt abzuhalten oder um Rat zu erbitten.

Winterpalast

Über steile und verwitterte Treppen zwischen dem Sommerpalast und dem Mandala-Tempel kann man zu guter Letzt noch zum Winterpalast hinabklettern. Er besteht aus einem Gewirr von sieben, durch Gänge verbundenen Kammern, die in den Fels gegraben sind, um im Winter die Wärme besser konservieren zu können.

Übernachtung

In Tsada gibt es einige einfache Unterkünfte, die sich an der Hauptstraße aufreihen und sich nicht groß voneinander unterscheiden.

Chongqing Binguan, kein Tel. Irgendwie hat dieses Hotel tatsächlich zwei Sterne bekommen. Die Zimmer sind einfach und sauber, aber der größte Vorteil ist, dass es gleich nebenan Duschen mit Warmwasser, Internet und eine Wäscherei gibt. Die Zimmerpreise kann man meist herunterhandeln. ❸

Guge Hotel (Guge Zhaodaisuo), ✆ 0897/2622121. Gästehaus mit geräumigen Zimmern, TV und einfachen, aber erträglichen sanitären Anlagen. Betten im DZ oder Dreibettzimmer ¥30.

Telecom Hotel, gegenüber vom Guge Hotel, bietet große Zimmer und in einigen gegen einen Aufschlag von ¥10 sogar Fernseher. Dorm-Bett im Vierbettzimmer ¥50.

Wuzhuangbu Zhaodaisuo (Gästehaus der Streitkräfte), das Gästehaus ist meist dann eine Option, wenn die anderen Unterkünfte voll sind. Die Betreiber sind nett und die Betten zumindest preiswert. Auf dem Compound gibt es auch eine Kantine. Dorm-Bett ¥30.

Essen

Entlang der Straße mit den Hotels gibt es eine Reihe von Restaurants. Die meisten bereiten chinesische Gerichte zu, die keiner besonderen Stilrichtung angehören, dazwischen gibt es das eine oder andere tibetische Lokal.

Permits

Um Tholing und die Ruinen von Tsaparang zu besuchen, benötigt man ein Permit, das in der Regel vom **Cultural Affairs Bureau** südlich vom Wuzhuangbu Zhaodaisuo ausgestellt wird. Man bekommt es aber nur, wenn man die Genehmigung für den Besuch Ngaris aus Ali oder Lhasa hat. Wer vorher in Ali weilt, kann die entsprechenden Permits auch schon dort beantragen.

Transport

Der aus ALI eintreffende Bus fährt am Folgetag wieder zurück (¥200–300, 8–10 Std.). In den Zeiten, wenn der Bus nur einmal pro Woche fährt, muss man versuchen, nach Ali zurück zu trampen.

Ali

Der Verwaltungssitz der Präfektur Ngari hat erstaunlich viele Namen, darunter die chinesischen Namen Ali und Shiquanhe und die tibetischen Bezeichnungen Gar, Senge Khabab („Löwenstadt") und Senge Tsangpo („Fluss, der aus dem Löwenmaul entspringt"). Das ist aber auch schon alles, was Ali auszeichnet, denn die auf einer Höhe von 4220 m gelegene Stadt ist ansonsten bar jeglicher Sehenswürdigkeiten. Tatsächlich ist es eine chinesische Retortenstadt aus Beton inmitten einer der abgelegensten Regionen der Welt.

Zusammengesetzt ist der Ort aus fantasielosen Betonwürfeln und hölzernen Kiosken. Wer nicht gerade auf postmaoistische proletarische monolithische Architektur steht, wird nach den Tagen in den Weiten der Natur einen mittleren Kulturschock erleben. Immerhin, das im Nordwesten Alis gelegene Zentrum wird von der Statue eines Löwen geziert und nicht von Mao. Erfreulich für den Aufenthalt sind die Duschen, die es hier nach langen Entbehrungen mal wieder gibt, die leichte Organisation der Weiterreise, die Einkaufsmöglichkeiten und Restaurants.

Seit 2005 gibt es sogar ein Bowlingzentrum. Außerdem bekam man hier bisher stets das Alien Travel Permit, nachdem man die Strafe für unerlaubtes Reisen gezahlt hat.

Übernachtung

Ali verfügt über mehrere Hotels, in denen Ausländer unterkommen können, darunter drei sogenannte Mittelklasse-Hotels, d. h. hier bekommt man Zimmer mit Bad. In allen Hotels lassen sich die Preise mit etwas Geduld um 10–20 % herunterhandeln.

Heng Yuan Binguan, am großen Kreisverkehr im Zentrum, ✆ 0897/2828996. Die Ausstattung ist wie überall, einfach, aber es gibt eine große Auswahl an Zimmern unterschiedlicher Preisklassen vom Dorm-Bett bis zum DZ. Dorm-Bett ¥50, ❸–❹

Post Hotel (Youzheng Binguan), Beijing Zhonglu, ✆ 0897/2828888. Das beste Hotel vor Ort mit freundlichem Personal und passablen, leider überteuerten Zimmern. Gute Lage. Dreibettzimmer ¥350. ❺

Shaanxi Binguan (Ali Hotel), Shaanxi Lu, ✆ 0897/2824977. Einfaches Hotel mit etwas besseren Zimmern, die ein eigenes Bad haben, und spartanischen Zimmern ohne Bad. Betten ab ¥30. ❶–❹

Telekom Hotel (Dianxin Binguan), 1 Shaanxi Lu, ✆ 0897/2890100. Ziemlich heruntergekommene Absteige. Angeblich gibt es 24 Stunden heißes Wasser, aber man muss froh sein, wenn überhaupt ein Tropfen aus den Hähnen kommt. Für eine Übernachtung ist es aber o.k. ❷–❸

Essen

Kulinarische Highlights darf man in Ali nicht erwarten, aber wer der Instant-Nudelsuppen überdrüssig geworden ist, findet hier endlich wieder Abwechslung. Rund um den Kreisverkehr mit der Löwenstatue und entlang der in die vier Himmelsrichtungen abgehenden Straßen reihen sich einige **chinesische Restaurants** auf, in denen einfache Sichuan-Küche zubereitet wird. Außerdem gibt es hier zwei **Bäckereien** und mehrere kleine **Lebensmittelgeschäfte**.

Sonstiges

Geld

Wer kein oder nicht mehr genügend Bargeld hat, sollte wissen, dass Ali die letzte Stadt bis Kashgar oder Shigatse ist, in der man sich mit Geld versorgen kann. Die **Agricultural Bank of China**, westlich des Kreisverkehrs kurz vor dem Militärcamp, tauscht nur Bargeld (Euro und US-Dollar). ◷ Mo–Fr 10–19 Uhr. Draußen gibt es einen Geldautomaten, der Kreditkarten und EC-Karten mit Cirrus-Symbol akzeptiert.

Internet

China Telecom Internet Bar, südlich des Kreisverkehrs auf der Ostseite der Straße. Hinter dem Eingangstor auf der linken Seite die Treppen hinauf in der 2. Etage gibt es Internet für ¥4/Std. ◷ tgl. ca. 8–24 Uhr.

Polizei

Das Büro der **Public Security** befindet sich im Südosten der Stadt im Neubaugebiet am Indus. Wer mit einer Gruppe reist, muss sich hier registrieren lassen, und wer allein und ohne Permit unterwegs ist, wird hier mit hoher Wahrscheinlichkeit eine Strafe in Höhe von ¥350 zahlen müssen. Im Bußgeld war zuletzt auch die Gebühr für das Alien Travel Permit für die Fahrt nach Lhasa oder Kashgar in Höhe von ¥50 enthalten. Wer Guge und Paryang besuchen möchte, benötigt noch ein Extra-Permit, das ebenfalls ¥50 kostet. Unbedingt darauf achten, dass wirklich alle Orte, die man besuchen möchte, auch auf dem Permit stehen. Die Permits gibt es für Rutok, Gertse, Tsochen, Montser, Purang, Kailash, Mapham Yutso, Tsada und die Ruinen von Guge. Die Gebühr für das Permit ist unabhängig von der Anzahl der Orte, es lohnt also, lieber das eine oder andere Ziel mehr zu beantragen. Die Beamten sind in der Regel freundlich, und man sollte nicht versuchen, sie durch übertriebenes Feilschen zu verärgern.

Post

Das **Hauptpostamt** steht an der Südwestecke des Kreisverkehrs.

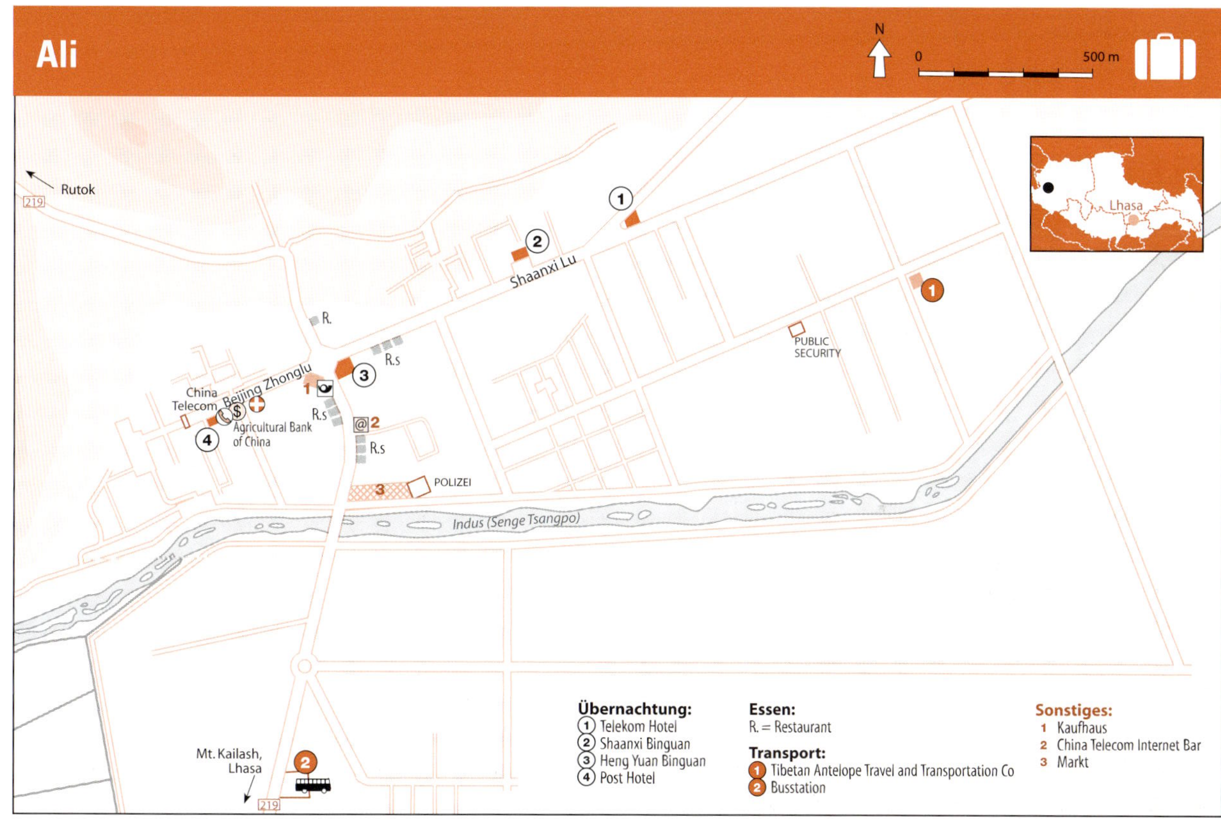
Ali
N
0
500 m
Lhasa
Rutok
219
Shaanxi Lu
Beijing Zhonglu
China Telecom
Agricultural Bank of China
PUBLIC SECURITY
POLIZEI
Indus (Senge Tsangpo)
Mt. Kailash, Lhasa
219
R.
R.s
R.s
R.s
Übernachtung:
1 Telekom Hotel
2 Shaanxi Binguan
3 Heng Yuan Binguan
4 Post Hotel
Essen:
R. = Restaurant
Transport:
1 Tibetan Antelope Travel and Transportation Co
2 Busstation
Sonstiges:
1 Kaufhaus
2 China Telecom Internet Bar
3 Markt

Telefon

Gleich westlich neben der Bank befindet sich ein Büro der **China Telecom** (Zhongguo Dianxin Ju), von dem aus man Ferngespräche führen kann.

Transport

In Ali kann man alle Strecken leicht zu Fuß zurücklegen. Es fahren aber auch viele **Taxis** umher, die für Ziele innerhalb der Stadt ¥5 nehmen. Meist werden die Fahrer aber versuchen, Ausländern mehr Geld abzuknöpfen. Für Ziele außerhalb Alis muss der Preis vorher ausgehandelt werden.

Von Ali fahren Busse der **Tibetan Antelope Travel and Transportation Co.** im Osten der Stadt nach YECHENG in Xinjiang (meist jeden zweiten Tag, ¥400, teils mussten Ausländer aber auch schon bis zu ¥800 zahlen). Die reine Fahrtzeit beträgt 30 Std., aber es gibt drei Checkpoints, an denen man unter Umständen bis zu 6 Std. auf die Weiterfahrt warten muss. Der Bus macht regelmäßig Essensstopps.

Nach TSADA (¥200–300, 8–10 Std.) fährt mindestens einmal die Woche, zuletzt jeden Dienstag um 12.30 Uhr, ein Bus ab dem **Busbahnhof** im Süden Alis, in der Hauptreisezeit im Sommer auch alle zwei oder drei Tage, je nach Nachfrage.

Nach DARCHEN fährt etwa jeden zweiten Tag ein Bus (¥320, 5 Std., Abfahrt meist gegen 11.30 Uhr vom Busbahnhof.

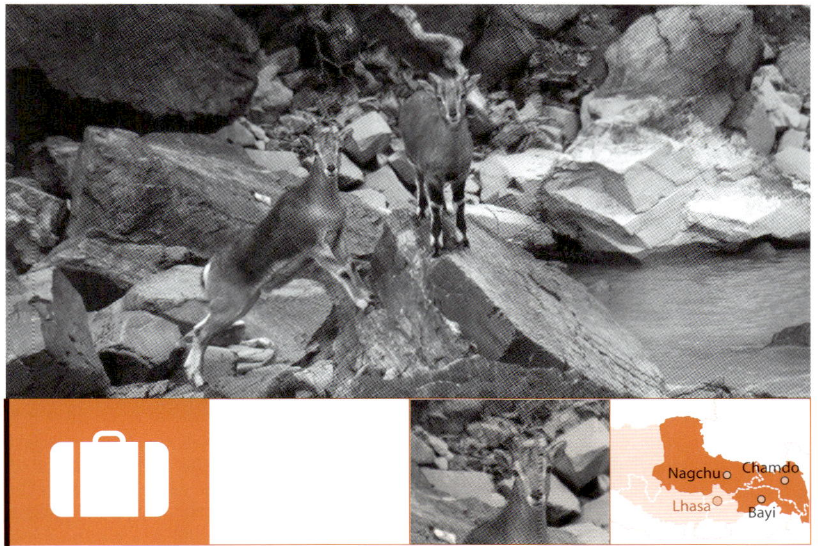

Osttibet – Kham

Stefan Loose Traveltipps

12 **Basum Tso** Der malerisch gelegene heilige See ist der landschaftliche Höhepunkt des alpinen Kongpo-Tals. S. 298

Yarlung-Tsangpo-Schlucht Die tiefste Schlucht der Welt ist bis heute noch nicht vollständig erforscht. S. 302

13 **Riwoche Tsuglakhang** Einer uneinnehmbaren Festung gleich erhebt sich der mächtige Tempel nahe der Ortschaft Riwoche. S. 310

Noch bis weit in die 1980er-Jahre war über Osttibet kaum etwas bekannt. Die wilde, zerklüftete Landschaft passte so gar nicht in das tibetische Klischee karger, von majestätischen Schneeriesen eingerahmter Hochtäler, und die Bevölkerung galt als Räuberbande. Bis Mitte des 20. Jhs. waren überhaupt nur wenige Reisende in dieser Region mit ihren schwindelerregenden Schluchten und halsabschneiderischen Kriegsherren vorgedrungen. Die Wenigen, die sich hergewagt hatten, bekamen meist ernsthafte Schwierigkeiten, einige überlebten ihre Abenteuerlust nicht, sodass eine Erforschung des Landes noch bis vor 50 Jahren unmöglich war. Jeder einzelne Pass in Kham scheint unüberwindbar, und die sogenannten Ebenen würden wohl überall sonst auf der Welt als Bergketten bezeichnet werden. Den Chinesen galten die Einwohner als Wilde. In ihren Augen waren die Einzigen, die mit diesen Wilden zurechtkamen, sie sogar unterjochen konnten, ebenfalls Barbaren – und zwar die Mongolen, die China und Tibet die Yuan-Dynastie aufzwangen, und die Mandschuren, die China und Tibet unter dem Dynastienamen Qing beherrschten.

Einer der wenigen europäischen Reisenden, der französische Missionar Abbé Regis-Evariste Huc, dem es zwischen 1810 und 1901 als einzigem Europäer überhaupt gelungen war, Lhasa zu erreichen, und der über Kham nach China weiterreiste, erkannte den wahren Charakter der Khampa und schrieb: „Ihre sogenannte Wildheit ist nichts als glühender Patriotismus und berechtigter Hass gegen fremde Unterdrückung." Das galt sowohl für chinesische als auch zentraltibetische Herrschaftsansprüche. Viele der Fürstentümer akzeptierten keine Zentralgewalt, andere bildeten sogenannte staatenlose Gesellschaften ohne eine gemeinsame politische Autorität. Entsprechend weist Kham in hohem Maße eigene Kulturmerkmale, eine andere Bevölkerungsstruktur und eine eigenständige, wenn auch mit Zentraltibet eng verknüpfte Geschichte auf. Die Einwohner Khams nennen sich auch nicht Böpa, wie der tibetische Begriff für Tibeter lautet, sondern Khampa.

Kham wird traditionell auch „Chushi Gangdruk" („Vier Flüsse, Sechs Gebirge") genannt, ein Begriff, mit dem sich in den 1950er-Jahren die von Kham ausgehende tibetische Widerstandsbewegung bezeichnete. Ethnologen sprechen in Bezug auf Kham dagegen gerne vom „ethnischen Korridor Südwest-Chinas", da das riesige, dünn besiedelte Gebiet wie ein langer Korridor zwischen Zentraltibet und Amdo liegt und von über 14 kulturell und sprachlich unterschiedlichen Volksgruppen besiedelt wird. Heute ist das alte Kham in die Präfekturen Nyingchi, Chamdo und Nagchu gegliedert.

Die Brückenfunktion Osttibets zu China wird unter anderem in der Kulturgeschichte der Region deutlich. Der Einfluss Chinas auf Architektur und religiöse Malerei ist bis heute unübersehbar, so wie es umgekehrt einen erheblichen Einfluss tibetischer Kultur und Religion auf die chinesischen Dynastien gegeben hat. Auch auf religiösem Gebiet hatte Osttibet eine Sonderstellung, insofern als in Zentraltibet verfolgte oder unter Druck geratene Schulen wie die Bönpo, die Jonangpa, aber auch die Nyingmapa hier Zuflucht fanden und in einen fruchtbaren Austausch traten – fern jeder zentralen Autorität. Die Region wurde dadurch zu einem nicht versiegenden Reservoir spiritueller Begabungen. Im 19. und 20. Jh. kamen die meisten großen Lamas aus Kham, wo in der zweiten Hälfte des 19. Jhs. nicht zufällig auch die sogenannte Rime-Bewegung (s. Kasten) entstand.

Die erst 1959 gegründete, etwa 117 000 km^2 große und rund 160 000 Einwohner zählende Präfektur **Nyingchi** („Thron der Sonne") im ehemaligen Kham liegt im Südosten Tibets, am Mittel- und Unterlauf des Yarlung Tsangpo. Im Osten grenzt sie an Chamdo, im Norden an Nagchu, im Westen an die Stadt Lhasa, im Südwesten an Lhoka und im Süden an Indien und Myanmar. Die herausragende Sehenswürdigkeit Nyingchis ist der malerische **Basum Tso**, ein heiliger See inmitten grüner Wälder und einer alpinen Landschaft. Von dieser Region rührt auch der Beiname Nyingchis her: „Schweiz Tibets". Dummerweise liegt nur wenig südlich das umstrittene Gebiet von Arunachal Pradesh, das zwar auf dem chinesischen Papier und auf chinesischen Landkarten zu Nyingchi gezählt, de facto aber von Indien verwaltet wird. Das führt leider immer wieder zu Schwierigkeiten, an ein Permit zu kommen. Eine weitere herausragende Sehens-

Buddhistische „Ökumene" – die Rime-Bewegung

Osttibet bildete den geografischen Mittelpunkt einer religiösen Bewegung, die den tibetischen Buddhismus bis heute wesentlich prägt. Hier hatten Lamas mit Blick auf die sektiererischen Auseinandersetzungen in Tibets Geschichte und auf sozialreformerische Gedanken, die sich in China und Osttibet ausbreiteten, seit dem 19. Jh. begonnen, die bestehende monastische Ordnung, ihre Disziplin und Inhalte einer Prüfung zu unterziehen. Diese sogenannte Rime-Bewegung, die unter anderem von den Sakyapa-Lamas Jamyang Khyentse Wangpo (1820–1892) und Jamgön Kongtrül Lodrö Thaye (1813–1899) initiiert worden war, stellte einen Höhepunkt in der intellektuellen Auseinandersetzung zwischen den einzelnen buddhistischen Lehrtraditionen sowie der Bön-Religion dar. **Rime** bedeutet „unparteiisch". Dahinter stand die Absicht, gruppenübergreifend Lehren aus allen Gegenden Tibets und von Meistern aller tibetischen Traditionen zu sammeln und ihnen nicht nur unvoreingenommen gegenüberzustehen, sondern andere Schulen auch als gleichrangig und eigenständig zu betrachten. Ziel war es, die große Zahl an seltenen Übertragungslinien als Kulturerbe zu erhalten, um sie vor dem Untergang zu bewahren, und die „Konkurrenz" zwischen den großen Schulen in Tibet zu überwinden. Im Laufe der Rime-Bewegung gelang es beispielsweise, die im Kloster Tashilhunpo unter Verschluss gehaltenen Druckstöcke des unter dem 5. Dalai Lama verbotenen Jonang-Ordens von den Gelugpa zurückzubekommen und diese, von den Gelbmützen unter anderem wegen ihrer Nähe zum Chan- (Zen-) Buddhismus als häretisch verbotene Lehrrichtung wiederzubeleben. Der Begriff Rime wurde damit zum Synonym für eine unvoreingenommene Einstellung gegenüber allen Lehren aller Schulen des Buddhismus. Diese von Offenheit geprägte „Rime-Einstellung" hat schließlich Eingang in viele tibetische Schulen gefunden.

würdigkeit ist die tiefste Schlucht der Erde, der **Yarlung-Tsangpo-Canyon**, aber es gibt auch eine Reihe interessanter Tempel und über 2500 Jahre alte Primärwälder, die diese Region deutlich vom Rest Tibets unterscheiden.

Die Präfektur **Chamdo** im Osten Tibets bildet mit einer Fläche von 130 000 km² und rund 570 000 Einwohnern das alte Kernland Khams. Chamdo bedeutet „Mündung zweier Flüsse", ein Name, der sich auf die beiden Zuflüsse zum Lancang Jiang (Mekong) bezieht: Dza Chu und Ngom Chu. Der Besuch vieler Gebiete Chamdos, darunter die gleichnamige, ausgesprochen angenehme Hauptstadt des Verwaltungsgebiets und der **Riwoche Tsuglakhang**, ein mächtiger, in dieser Form in Tibet einzigartiger Tempel, ist leider mit viel Papierkram verbunden.

Nagchu ist mit einer Bevölkerung von rund 370 000 Einwohnern und einer Fläche von annähernd 450 000 km² nicht nur die größte Präfektur Osttibets, sondern auch der ganzen Autonomen Region Tibet. Die Hauptstadt ist das gleichnamige Nagchu, eine frostige, windgepeitschte, auf 4700 m Höhe gelegene Stadt am Rande des Changtang. Ebenso unwirtlich ist das gesamte Verwaltungsgebiet, und die meisten Reisenden werden es wohl nur aus dem Zugfenster heraus erleben, da die Bahnlinie nach Lhasa das Gebiet von Süd nach Nord durchquert.

Geschichte

Archäologische Funde in Kham (s. Chamdo S. 306) haben ergeben, dass Osttibet schon seit mindestens 5000 Jahren besiedelt ist. Die Region wurde nie von einem einzelnen König oder Herrscher regiert, sondern bestand stets aus einem Flickenteppich Dutzender Königreiche, Fürstentümer, Theokratien oder Stammesgebiete, die regelmäßig gegeneinander Krieg führten. Eines dieser Königreiche, das als das kulturelle Herz von Kham bezeichnet wird, war Dege (s. Kasten S. 296). Zusätzlich zu den kriegerischen Auseinandersetzungen kam die permanente Bedrohung entweder durch die Tibeter im Westen, die Mongolen im Norden oder die Chinesen im Osten.

Nur einmal, zwischen dem 7. und 9. Jh., wurde Osttibet zentral von Lhasa aus regiert.

CHAMDO/NYINGCHI

Osttibet – Kham

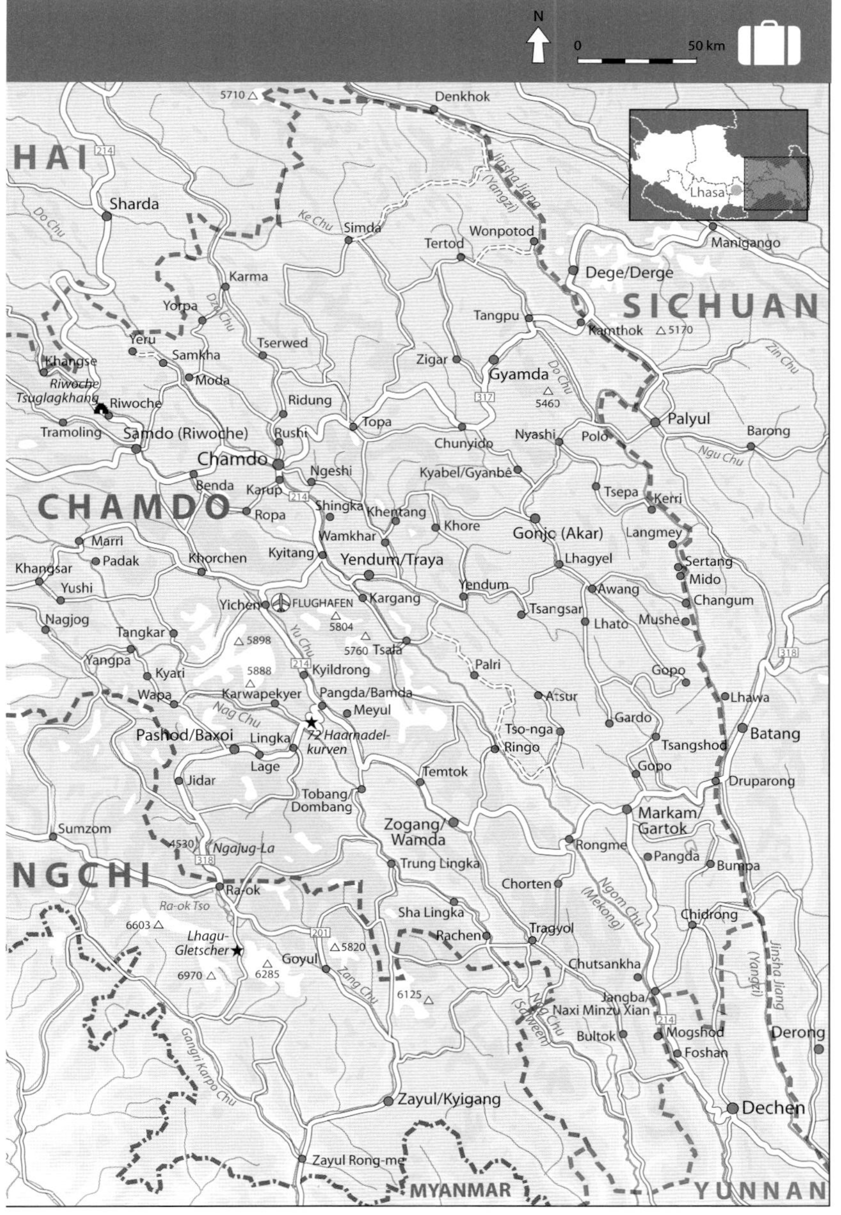
N
0
50 km
HAI
SICHUAN
CHAMDO
NGCHI
MYANMAR
YUNNAN
Lhasa
Denkhok
Sharda
Simda
Tertod
Wonpotod
Manigango
Dege/Derge
Karma
Yorpa
Tangpu
Kamthok
Yeru
Samkha
Tserwed
Zigar
Gyamda
Khangse
Moda
Riwoche Tsuglagkhang
Riwoche
Ridung
Palyul
Tramoling
Samdo (Riwoche)
Rushi
Topa
Chunyido
Nyashi
Polo
Barong
Chamdo
Ngeshi
Kyabel/Gyanbê
Benda
Karup
Tsepa
Kerri
Ropa
Shingka
Khentang
Khore
Gonjo (Akar)
Langmey
Marri
Padak
Khorchen
Kyitang
Wamkhar
Yendum/Traya
Lhagyel
Sertang
Mido
Khangsar
Yushi
Yendum
Awang
Changum
Yichen
FLUGHAFEN
Kargang
Tsangsar
Lhato
Mushe
Nagjog
Tangkar
Tsala
Yangpa
Kyari
Kyildrong
Palri
Gopo
Wapa
Karwapekyer
Pangda/Bamda
Atsur
Lhawa
Meyul
Gardo
Pashod/Baxoi
Lingka
72 Haarnadel-kurven
Tso-nga
Ringo
Batang
Lage
Tsangshod
Jidar
Temtok
Gopo
Druparong
Tobang/Dombang
Markam/Gartok
Zogang/Wamda
Sumzom
Rongme
Ngajug-La
Trung Lingka
Pangda
Bumpa
Ra-ok
Chorten
Ra-ok Tso
Sha Lingka
Chidrong
Lhagu-Gletscher
Rachen
Tragyol
Goyul
Chutsankha
Jangba/Naxi Minzu Xian
Bultok
Mogshod
Derong
Foshan
Zayul/Kyigang
Dechen
Zayul Rong-me
Do Chu
Ke Chu
Dza Chu
Do Chu
Zin Chu
Ngu Chu
Jinsha Jiang (Yangzi)
Yu Chu
Nag Chu
Ngom Chu (Mekong)
Nag Chu (Salween)
Zang Chu
Gangri Karpo Chu
214
317
318
201
5710
5170
5460
5804
5898
5760
5888
4530
6603
5820
6970
6285
6125

Mit dem Zusammenbruch des tibetischen Großreichs nach 842 zerfiel Osttibet wieder in einzelne Reiche, die fortan von Lhasa unabhängig waren. Die meisten Regionalfürsten hatten von den chinesischen Kaisern vererbbare Titel, die ihnen die Herrschaft über ihr Territorium sicherten, verliehen bekommen. Sie zahlten Tribut an den Kaiserhof; im Gegenzug mischten sich die Chinesen nicht in die Politik Khams ein.

Kham ließ sich im Laufe seiner Geschichte so gut wie nie in die politischen Ränkespiele Zentraltibets hineinziehen. Doch während sich die Khampa erfolgreich einer Vereinnahmung durch Zentraltibet widersetzen konnten, mussten sie sich ab 1226 den übermächtigen **Mongolen** unterwerfen. Bereits 1240 gehörte ganz Osttibet zum mongolischen Reich. Allerdings schienen sich die lokalen Herrscher nur wenig darum zu scheren. Erst Kublai Khan entsandte 1281, der ständigen Aufstände überdrüssig geworden, schließlich eine stationäre Armee nach Tibet, die die mongolische Oberherrschaft durchsetzen sollte. Er teilte Tibet außerdem in drei große administrative Regionen ein: Dom, das heutige Amdo und Teile des nördlichen Kham, Do Kham, das heutige Kham, und Ü-Tsang. Die mongolische Herrschaft währte rund 100 Jahre, danach wurde Kham fast 300 Jahre wieder sich selbst überlassen.

1639/1640 wurde Kham von dem im nördlichen Amdo herrschenden Koshot-Mongolenfürsten **Gushri Khan** (1582–1655) erobert, der 1641 schließlich auch den Rest Tibets einnahm, sich zum Titularkönig über Tibet ernannte und

Das alte Königreich Dege

Dege oder Derge ist seit alters das kulturelle Zentrum von Kham, Geburtsort der Khampa-Kultur und angeblich auch von **Gesar**, dem König aus dem berühmtesten tibetischen Heldenepos namens „König Gesar". Zusammen mit Lhasa und Xiahe gilt es als eines von drei antiken Zentren der tibetischen Kultur. Früher war es das größte und einflussreichste der fünf unabhängigen Königreiche von Kham. Seine Grenzen erstreckten sich bis Jomda im Westen, das heute in der Autonomen Region Tibet liegt und Sershul/Sershu im Norden. Ein Mitglied des während der Yarlung-Dynastie im 7. Jh. überaus mächtigen Gar-Clans namens **Dege Amnye Champa** war im 8. Jh. nach Kham ausgewandert, wo er ein starkes und unabhängiges Königreich gründete. Anfangs hingen die Dege-Könige noch der Bön-Religion an. Ab dem 13. Jh. wurden die Könige (Gyelpo) Anhänger der Nyingmapa-Schule und förderten den Bau von Klöstern dieser Schule. Später wandten sie sich mehr und mehr der Sakyapa-Tradition zu. In Dege findet man bis heute mit dem Gonchen-Kloster und dem Dzongsar-Kloster zwei bedeutende Klöster der Sakyapa und Nyingmapa. Das Amt des Gyelpo wurde in Personalunion mit dem Oberhaupt der Nyingmapa und später der Sakyapa ausgeführt und jeweils vom Onkel auf den Neffen vererbt. Ab 1448 erfolgte eine Trennung der beiden Ämter, wobei der älteste Sohn des Gar-Clans Abt und der zweitälteste jeweils König wurde. Seinen Höhepunkt erlangte das Königreich unter König **Tenpa Tsering** (1678-1738), der die berühmte **Druckerei Parkhang** gründete. Sie wurde und ist eine der wichtigsten traditionellen Druckereien Tibets. Ihre wertvollen Ausgaben des Kanjur ("Worte Buddhas") und Tanjur ("Kommentar zu den Worten Buddhas") sind in ganz Tibet als die genauesten bekannt. Die Druckerei beherbergt zudem die umfangreichste Sammlung geschnitzter Druckstöcke, nämlich 227 000.

Ab dem 18. Jh. kam es immer wieder zu Bruderzwisten. 1908 eskalierten die Streitigkeiten und der geistliche Führer **Nawang Champe** beging den Fehler, den chinesischen General und Kriegsherren Zhao Erfeng (s. Kasten S. 308) aus Chengdu zur Hilfe zu holen. Der ließ sich nicht zweimal bitten, marschierte mit seinen Truppen in Dege ein, setzte den König gefangen und blieb. Damit endeten 1200 Jahre Unabhängigkeit. 1918 kam es zwar noch einmal zu einer kurzzeitigen Befreiung durch Truppen aus Lhasa, aber schon 1931 eroberten die Chinesen das Königreich zurück und gliederten es in der Folge in die Provinz Xikang ein. Heute gehört dieser Teil Osttibets zur Provinz Sichuan.

den 5. Dalai Lama als weltlichen und geistlichen Herrscher über ganz Tibet einsetzte. Damit unterstand der gesamte tibetische Siedlungsraum wieder einer einheitlichen, wenn auch mongolischen Oberherrschaft. Diese Machtverhältnisse dauerten bis ins frühe 18. Jh. an, dann wurde Tibet unter dem Fürsten Lhazang Khan (reg. 1697–1717) in mongolische Hegemonialkämpfe hineingezogen. Mit der Ermordung des Fürsten 1717 endete die nominelle Oberhoheit der Koshot-Mongolen über Tibet. Das hatte nicht nur den Zerfall der in Lhasa zentrierten Macht zur Folge, sondern auch das vorübergehende Wiedererstarken der Regionalfürsten. Diese konnten sich allerdings im Osten Khams der wachsenden Macht der in Tibet eingreifenden Qing-Dynastie, die bereits 1718 eine erste große Armee in Tibet einmarschieren ließ, nicht mehr entziehen.

Während der **Qing-Dynastie** wurden Amdo 1724 und das östliche Kham 1728 in die benachbarten chinesischen Provinzen eingegliedert. Der Rest Tibets sollte seine endgültige Unabhängigkeit 1792 verlieren, als erneut Qing-Truppen in Tibet einmarschierten, um die Gurkha zu vertreiben. In dieses Jahr fällt übrigens auch das vom chinesischen Kaiser erlassene, für alle nicht-chinesischen Ausländer geltende Verbot des Besuchs Tibets, womit Lhasa auf einmal zum begehrten Ziel von Forschern und Abenteurern in aller Welt wurde. Die verschiedenen Reiche Khams blieben dennoch weitgehend unbehelligt, solange die Tributbeziehungen zu China intakt waren.

Nach dem Sturz des Kaiserreichs 1911 wurden große Teile Khams zur **Sonderverwaltungszone Xikang** (= West-Kham) zusammengefasst. Dort waren aber weder Beamte der chinesischen Bürokratie noch Truppen vertreten. Immer wieder, u. a. 1918, 1928 und 1932, kam es zu Aufständen der Khampa gegen die Machtgelüste Chinas oder auch Lhasas. Im Jahr 1932 wurden tibetische Truppen, die in Xikang einmarschiert waren, geschlagen. Zwischen dem chinesischen Kriegsherrn Liu Wenhui und Tibet wurde ein Abkommen unterzeichnet, das die Teilung Khams in zwei Regionen vorsah: Ost-Kham, das von chinesischen Beamten verwaltet wurde, und West-Kham, das unter tibetische Kontrolle gestellt wurde. Als Grenze zwischen Ost- und West-Kham galt der Yangzi. Ost-Kham wurde 1939 mit Liu Wenhui als Gouverneur zur chinesischen Provinz Xikang.

Nach dem Sieg der Kommunisten im chinesischen Bürgerkrieg fiel Xikang kampflos an das kommunistische China. Im Jahr 1950 überschritt die Volksbefreiungsarmee den Yangzi, drang in West-Kham ein und besetzte nach der Kapitulation des tibetischen Gouverneurs von Chamdo die Stadt und das umliegende Gebiet, das zum **Verwaltungsgebiet Chamdo** umgewandelt wurde. Die Provinz Xikang wurde 1955 aufgelöst und in weiten Teilen in die Provinz Sichuan eingegliedert. Als die Chinesen auch noch versuchten, die Khampa zu entwaffnen und Nomaden zur Sesshaftigkeit zu zwingen, brach 1955 der Aufstand los. Vielleicht erstmals in ihrer Geschichte wurden die Khampa zu den rigorosesten und auch tapfersten Verteidigern Lhasas und der tibetischen Unabhängigkeit. Verhindern konnten sie die endgültige Annektierung Tibets aber nicht. Chamdo, die letzte Region, die zumindest vom Namen her an das alte unabhängige Kham erinnerte, ging 1965 in der Autonomen Region Tibet auf.

Transport

Aktuell ist es Ausländern nicht erlaubt, Busse nach oder in Osttibet zu benutzen. Das ist schade, denn es gibt eine Reihe guter Verbindungen z. B. von Lhasa nach Bayi, Chamdo oder Markam. Selbst wenn man einem unaufmerksamen Schaffner mal ein Busticket abluchsen kann, wird man spätestens an einem der Checkpoints aus dem Bus geholt. Trampern geht es ähnlich. Auch wenn einen die ¥200–500 Strafe, die man bei illegalem Reisen aufgebrummt bekommt, nicht wirklich jucken, den Fahrern, die erwischt werden, drohen weit höhere Strafen. Besonders streng sind die Kontrollen in Bayi, Chamdo, Markam und Riwoche, deshalb sollte man diese Orte ohne gültiges Permit nach Möglichkeit meiden. Damit bleibt als einziges Fortbewegungsmittel ein gecharterter Jeep samt Fahrer und Führer. Eine komplette Rundfahrt ab Lhasa über das Kongpo-Tal, Bayi, Pasho, Chamdo, Riwoche und Sok kostet um die ¥16 000 und sollte mit wenigstens 14 Tagen veranschlagt werden.

Permits

Wer eine organisierte Rundreise mit Jeep, Fahrer und Führer plant, bekommt in der Regel die Genehmigung, das auch zu tun. Am unproblematischsten war bisher die Überlandfahrt nach Chengdu in Sichuan (s. S. 44/91) oder Zhongdian (Shangri-La) in Yunnan (s. S. 46). Allerdings gibt es bei Reisen durch Osttibet noch mehr Wenn und Aber als bei einer Reise nach Westtibet. Selbst wenn man in Lhasa alle Permits bekommen hat, heißt das leider noch lange nicht, dass die lokalen Beamten der Public Security diese immer akzeptieren. Das Reisen im Osten hängt also stark von der Tagesform lokaler Beamter ab.

Kongpo-Tal und Basum Tso

Wer länger im kargen Hochland Zentraltibets unterwegs war, wird sich im Kongpo-Tal, das rund 250 km östlich von Lhasa beginnt, fühlen, als wäre er nach Mittelerde in Tolkiens *Herr der Ringe* versetzt worden. Die mächtigen Berghänge werden von riesigen Koniferenwäldern bedeckt, in denen Bären, Leoparden, Blauschafe und Moschustiere leben.

12 HIGHLIGHT

Basum Tso

Rund 90 km östlich der Kreisstadt Kongpo Gyamda bzw. 128 km westlich von Bayi erstreckt sich der türkisblaue heilige Basum Tso (Draksum Tso) mit seiner magischen Ausstrahlung. Der rund 3500 m hoch gelegene See ruht inmitten des malerischen Kongpo-Tals.

Nahe dem südwestlichen Ufer ragt eine kleine Insel aus dem See, auf der es einen Tempel der Nyingma-Schule, den **Tsodzong Gompa**, gibt. Dieser kleine Tempel wurde im 14. Jh. erbaut. Nach der Zerstörung der Anlage in der Kulturrevolution setzte sich Dudjom Rinpoche, der höchste Nyingma-Lama der Kongpo-Region, für den Wiederaufbau ein, da dem Ort nachgesagt wird, dass er mit dem Epos *König Gesar* und auch mit dem Leben Padmasambhavas, der hier am See meditiert haben soll, verknüpft ist. So gibt es im Tempel den „versteinerten" Hufabdruck von König Gesars Pferd zu sehen, und auf der kleinen Kora um den Tempel passiert man unter anderem einen „versteinerten" Abdruck von König Gesars Körper, aber auch diverse Phallus-Skulpturen, die Fruchtbarkeitssymbole darstellen.

See und Tempel gelten den Nyingmapa als heilig, und so kommen am 15. Tag des vierten Monats nach dem tibetischen Kalender viele Pilger zum Basum Tso, um das traditionelle Fest der Seeumrundung zu begehen. Für die Kora um den See benötigt man zwei Tage und als Ausrüstung Schlafsack, Zelt und Verpflegung. Es gibt auch Rundfahrten mit Booten (¥25), die einige der Sehenswürdigkeiten rund um den See ansteuern. Eintritt: ¥50 (1. Nov.–30. März), ¥100 (1. April–31. Okt.).

Geheimnisvolle Türme

Auf dem Weg von der Fernstraße zum Basum Tso sieht man nach etwa 12 km Fahrt die Spitzen von drei antiken Türmen zwischen den Baumkronen herausragen. Eine weitere Gruppe von fünf Türmen passiert man auf der Weiterfahrt 7 km von der Brücke in Bahel nach Osten Richtung Bayi. Die ursprüngliche Bedeutung der Türme ist nicht bekannt, aber es handelte sich nicht um Wachtürme. Hier im Kongpo-Tal sollten diese Türme vermutlich Stolz und Reichtum symbolisieren. So heißt es in lokalen Erzählungen, dass die Türme von Händlern gebaut wurden, die durch den Handel mit den im 13. Jh. über China herrschenden Mongolen reich geworden waren. Andere Legenden wollen wissen, dass die Türme bei Geburt eines Sohnes errichtet wurden und mit der Geburt weiterer Söhne jeweils ein weiteres Stockwerk hinzugefügt wurde. Damit konnte man dann vor den Nachbarn angeben. Der Zugang zu der Dreiergruppe ist (noch) kostenlos, für die Fünfergruppe zahlt man ¥10.

Übernachtung und Essen

Draksum Lake Tourism Holiday Village, kein Tel., hinter dem langen Namen verbirgt sich ein einfaches Resort mit ordentlichen Zimmern in Wohncontainern. Das Hotel verfügt auch über ein Restaurant. ❷–❸

Transport

Busse fahren nicht zum See. Wer es geschafft hat, in einen Bus nach Bayi zu steigen, muss an der **Bahel-Brücke**, 48 km hinter Kongpo Gyamda, aussteigen. Oder man nimmt einen Bus von Lhasa nach Kongpo Gyamda (¥60, 4 Std.), steigt dort in einen Minibus Richtung Bayi (¥30) um und fährt damit bis zur Brücke. Von der Brücke sind es noch 40 km bis zum See. Am Abzweig gibt es Restaurants und einfache Unterkünfte, und meist stehen hier auch **Taxis** herum, die einen für ¥20 zum See fahren. Oder man versucht mit einem Lkw (ebenfalls ¥20) mitzukommen. Wer ein Permit hat, kann in Lhasa ein Taxi chartern (¥250 für eine Strecke, 4 Std.). Wer in Bayi einen Jeep chartert, muss für den Tagestrip mit ¥400 rechnen. Wenn man übernachten möchte, zahlt man einen Aufschlag von ¥100 plus die Übernachtungskosten für den Fahrer.

Bayi und Umgebung

Bayi ist eine schnell expandierende, rein chinesische Stadt mit rund 60 000 Einwohnern, die schön „tief" auf 2990 m Höhe liegt. Der Name heißt übersetzt „8.1." und bezieht sich auf das Gründungsdatum der Volksbefreiungsarmee am 1. August 1927. Die Tibeter ulken, dass der Name wohl eher daher rühre, dass hier acht Chinesen auf einen Tibeter kommen. Bayi selbst bietet keine Sehenswürdigkeiten, dafür aber unzählige Bordelle entlang der Hauptstraßen und paranoide Beamte der Public Security, weshalb man sich hier ohne gültiges Permit nicht groß aufhalten sollte. In der Umgebung gibt es aber einige interessante Klöster und Landschaften zu bewundern. Bayi ist der Ausgangspunkt der Expeditionen in den Metok-Nationalpark an der Grenze zu Indien. Er ist einer der am schwersten zugänglichen Nationalparks Tibets und entsprechend schwierig ist es, für den Besuch Permits zu bekommen.

Methusalem-Bäume

Auf dem Weg von Bayi ins 18 km östlich gelegene Nyangtri (Nyingchi), das noch bis 2005 die Hauptstadt der Präfektur war, kann man zwei Wälder besuchen, in denen einige bis zu 2500 Jahre alte Wacholderbäume und Zypressen wachsen. Bezaubernd ist der Wald 1 km südwestlich von Nyiangtri, der aus unter Naturschutz stehenden, 2000 Jahre alten **Wacholderbäumen** besteht. In der Nähe befindet sich, geschützt durch ein Gebäude, der über 2000 Jahre alte Wacholderbaum **Kushuk Drong**, „der Baum des ewigen Lebens". Er wurde Tönpa Shenrab Miwo, dem Begründer des Bön, der Legende nach von einer von ihm besiegten Dämonin geschenkt – dreizehn linksläufige Umrundungen des Baumes sollen den gleichen karmischen Stellenwert haben wie eine Kora. Eintritt ¥5.

Nördlich der Straße von Bayi nach Nyiangtri wächst bei der Ortschaft Pagyi ein **Zypressenwald** mit bis zu 2500 Jahre alten Bäumen. Diese uralten Zypressen werden noch heute von den Anhängern des Bön-Glaubens als Naturheiligtümer verehrt. Eintritt ¥20.

Buchu Lhakhang

Das goldene Dach dieses Gelugpa-Klosters, das rund 28 km südlich von Bayi steht, ist schon von Weitem sichtbar. Das Buchu-Kloster erhebt sich in der Nähe der Mündung des Nyang Chu in den Tsangpo. Buchu ist das älteste Kloster im Kongpo-Tal und wurde im 7. Jh. unter Songtsen Gampo als einer der 12 Tempel erbaut, die die auf Tibet liegende Dämonin festsetzen sollten. Der Buchu Lhakhang fixierte den rechten Ellbogen der Dämonin. Ursprünglich handelte es sich um ein Nyingma-Kloster, aber im späten 19. Jh. wurde es formell in ein Kloster der Gelugpa umgewandelt. Eintritt frei.

Lamaling

Hinter dem Buchu Lhakhang steht auf dem Rücken eines kleineren Berges der Lamaling. Dieses herrlich gelegene Kloster ist nicht zuletzt wegen seiner ungewöhnlichen Architektur interessant. Das Gebäude ist vier Stockwerke hoch, wobei die beiden oberen Etagen ein Achteck bilden. Das Kloster war einer der Sitze des zu seinen Lebzeiten rastlos umherreisenden Tulkus Dudjom Rinpoche (1904–1987), dem seit 1959 höchsten Repräsentanten der Nyingma-Tradition. Er galt als eine Emanation von Samantabhadra, der die Natur des voll erleuchteten Geis-

Zwölf Tempel, darunter der Buchu Lhakhang, fixieren die auf Tibet liegende Dämonin

tes repräsentiert und den die Nyingmapa als den „ursprünglichen" Buddha ansehen. Für Dudjom Rinpoche waren Rang und Status zeit seines Lebens absolut unwichtig. Obwohl er als einer der ganz wenigen Lamas alle existierenden Nyingma-Lehren übertragen bekam, hatte er bis 1959 keinen besonders hohen Rang in der religiösen Hierarchie. Bis dahin gab es, anders als in den anderen Schulen des tibetischen Buddhismus, keinen Thronhalter der Gesamttradition, und im Gegensatz zu den großen Lamas der Kagyüpa waren die Nyingmapa auch niemals nach China an den Kaiserhof gegangen und besaßen folglich weder Titel noch politische Gewalt. Erst im Exil kamen die Lamas aller sechs Nyingma-Schulen zusammen und wählten Dudjom Rinpoche zu ihrem ersten Oberhaupt und Thronhalter.

Zum Buchu- und Lamaling-Kloster kann man ab Nyangtri ein Taxi nehmen. Hin- und Rückfahrt kosten ¥80–100. 🕓 Lamaling, tgl. 9–17 Uhr, Eintritt ¥10.

Bön Ri

Der Bön Ri (4671 m) ist der heiligste Berg der Bönpa und ihr wichtigstes Kraftfeld. Vom Bön Ri heißt es, dass der andächtig Betende auf dem Gipfel sein zukünftiges Schicksal sehen könne. Ermöglicht wird dies durch die Kraft von vier Göttern: im Osten der Pferdekönig, im Westen der heilige Elefant, im Norden der Pfau und im Süden die heilige Schildkröte; sie halten den Bön Ri in der Luft, genau in der Mitte zwischen Himmel und Erde. Im Gegensatz zum Kailash und Takpa Shelri, deren Mittelpunkt ein Mandala ist, konzentriert sich der Pilger beim Bön Ri im Wesentlichen auf die mythischen Ereignisse um Shenrab Miwoche, dessen Bewusstsein er repräsentiert. So soll er den Berg im Kampf mit dem Dämonen Khyapa Laring (Khyabpa Lagring) aus seinem Bewusstsein geschaffen haben. Im Gestein des Bön Ri versteckte Shenrab Miwoche auch Termas („Schätze"), geheime Lehrschriften, die später von Kuchok Ripa Druske entdeckt wurden. Kuchok war auch derjenige, der den Berg im 14. Jh. für Pilgerfahrten öffnete. Drei Gipfel haben innerhalb der Bön-Ri-Kette mythologische Bedeutung: der Bön Ri oder Shen Ri am östlichen Ende, der Mu Ri in der Mitte und insbesondere der Lhari Gyangtho, der „göttliche Gipfel", im Südwesten, der auch die höchste Erhebung ist. Zusammen repräsentieren sie die dreifache Wirklichkeit Shenrab Miwoches: seinen Buddha-Körper, seine Buddha-Sprache und sein Buddha-Bewusstsein. Entgegen der religiösen Tradition Tibets, keine Berge zu besteigen, führen hier Wege hinauf zu einem von Ripa Druske gegründeten Kloster.

Die 60 km lange **Bön-Ri-Kora** wird von den Bönpo gegen den Uhrzeigersinn beschritten. Viele Örtlichkeiten des Pilgerpfades sind mit dem Kampf zwischen Tönpa Shenrab und Khyapa Laring verbunden Der Pilger beginnt die we-

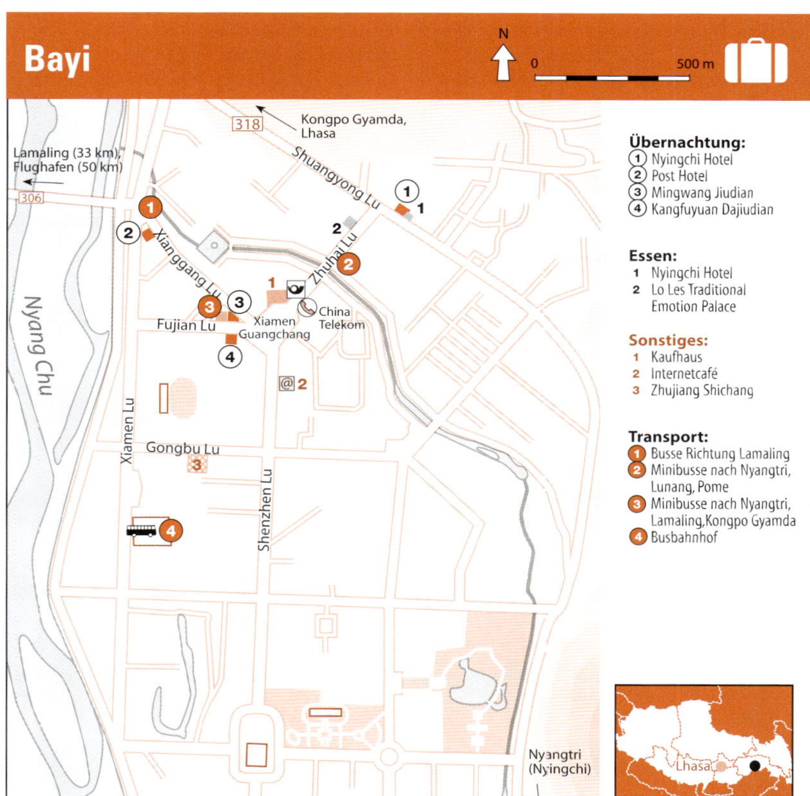

nigstens zwei Tage in Anspruch nehmende Kora in der Regel in der Stadt Nyiangtri. Wer nur ein Kloster besuchen möchte, kann zum Bön-Kloster **Taktse Gompa** fahren, das etwa 9 km südlich von Nyiangtri gleich oberhalb der Ortschaft Taktse steht, und bekommt hier einen eindrucksvollen Einblick ins Pantheon des Bön.

Wer nicht mit einem gecharterten Jeep unterwegs ist, kann ein Taxi zum Berg chartern. Die Kosten für die Hin- und Rückfahrt liegen bei ¥100.

Übernachtung

Nyingchi Hotel (Linzhi Binguan), 25 Shuangyong Lu, ✆ 0894/5821300. Das einzige echte Drei-Sterne-Hotel der Präfektur wartet mit Klimaanlagen, heißem Wasser in der Dusche, der Möglichkeit, internationale Telefongespräche zu führen, und sogar Internet auf. Der zumindest für diese Region hohe Komfort hat seinen Preis. ❹

Mingwang Jiudian, 2 Fujian Lu, ✆ 0894/5888899, ℻ 5829969. Einfaches, unspektakuläres Hotel mit 50 Zimmern und ohne Flair. Es gibt ein Restaurant und Räume, in denen Mah-Jongg gespielt werden kann. ❷

Kangfuyuan Dajiudian, 3 Fujian Lu, ✆ 0894/5821181. Gegenüber vom Mingwang Hotel gelegen, aber mit besseren Zimmern und vor allem Bädern. ❷–❹

Post Hotel (Youzheng Dajiudian), Xianggang Lu, Ecke Xiamen Lu, ✆ 0894/ 5889666. Das Hotel wäre kaum erwähnenswert, gäbe es hier nicht auch ein paar preiswerte Zimmer, die zwar kein eigenes Bad haben, dafür aber auch nur ¥50 kosten. Ansonsten sollte man hier nur absteigen, wenn alle anderen Unterkünfte voll sind. ❸–❹

Essen

Entlang der Fujian Lu gibt es ein paar gute chinesische Restaurants.

Nyingchi Hotel, das Hotel rühmt sich seiner sechs Restaurants, aber das Essen hier ist nicht gerade preiswert. Es gibt dafür eine große Auswahl an Gerichten aus Sichuan und anderen Provinzen sowie tibetische Küche.

Lo Les Traditional Emotion Palace (Laliesi Minzu Fengqing Gong), Zhuhai Lu. Gemütliches, tibetisch eingerichtetes Restaurant mit relativ teuren Hauptgerichten ab ¥25, aber auch preiswerten Snacks ab ¥10.

Sonstiges

Einkaufen

Bayis Haupteinkaufsstraße ist die **Xianggang Lu** (Hongkong Road). Richtung Xiamen Guangchang, Bayis zentralem Hauptplatz, gibt es ein großes **Kaufhaus**.

Zhujiang Shichang, der große Lebensmittelmarkt, befindet sich im Süden Bayis in der Gongbu Lu.

Post und Telefon

Postamt, ⏲ Mo–Sa 9.30–19 Uhr, und **China Telekom**, ⏲ Mo–Sa 9.30–19.30 Uhr, stehen einander am südlichen Ende der Zhuhai Lu gegenüber.

Transport

Busse

Vom **Busbahnhof** südlich der Gongbu Lu fahren ab 9 Uhr bis zum frühen Nachmittag stündlich Busse nach LHASA (¥60–80, ca. 7 Std.). Alternativ kann man oft für ¥100–120 auch mit einem Sammeltaxi mitfahren. Viele chinesische Gruppen verlassen Tibet vom Flughafen in Nyingchi. Die Jeepfahrer wollen aber oft nicht leer nach Lhasa zurückfahren und stehen dann am **Xiamen Guangchang** in Bayi, wo sie Fahrgäste nach Lhasa suchen. Vormittags gibt es einige Busse nach POME (¥90–120, 6 Std.). Vom Parkplatz vor dem Hotel Kangfuyuan Dajiudian fahren **Minibusse** nach NYANGTRI (¥7), LAMALING (¥10) und Richtung KONGPO GYAMDA (¥30). Vom Parkplatz in der Nähe des New Century Hotel (Xin Shiji Dajiudian) in der Zhuhai Lu fahren Minibusse nach NYANGTRI (¥7) und LUNANG (¥30) sowie Jeeps nach POME (¥100, 5 Std.).

Flüge

Der 2006 eingeweihte Flughafen von Nyingchi liegt etwa 50 km südlich von Bayi und gehört zu den Flughäfen, die wegen der umliegenden überaus hohen Berge außerordentlich schwer anzufliegen sind. Es gibt Flüge nach CHENGDU (¥1510); weitere Verbindungen sollen folgen.

Von Bayi nach Markam

Auf der Weiterfahrt von Bayi Richtung Osten geht es durch dichte Fichtenwälder hinauf auf den **Serkyim La** (4656 m), hinter dem man ins Tal des Parlung Tsangpo, einem Zufluss zum Yarlung Tsangpo, hinabfährt. Vom Pass hat man bei klarer Sicht einen Blick bis zum Namche Barwa (7756 m) und Gyala Pelri (7294 m). Diese mächtigen Berge stellen sich hier dem Yarlung Tsangpo in den Weg und zwingen den großen Fluss in seinem langen Lauf von West nach Ost, nach Süden abzubiegen und über gewaltige Steilstufen ins indische Tiefland hinabzudonnern, wo er als Brahmaputra in Assam ankommt.

Bei der folgenden Abfahrt durchquert man mehrere Vegetationsstufen, angefangen bei Nadelwäldern bis zu Laubwäldern, und gelangt schließlich ins **Rong-Chu-Tal**, dessen tiefster Punkt am Zusammenfluss von Parlung Tsangpo und Rong Chu nur 2100 m hoch ist.

Lunang und die Yarlung-Tsangpo-Schlucht

56 km hinter der kleinen chinesischen Ortschaft Lunang (Lulang) und kurz hinter der kleinen Siedlung Pelung der Monba-Minderheit führt eine Hängebrücke zu einem Trekkingpfad, der

Die Erforschung des Yarlung Tsangpo

Die Yarlung-Tsangpo-Schlucht hat eine durchschnittliche Tiefe von 5000 m und misst an ihrer tiefsten Stelle 5382 m. Flankiert wird sie von den beiden Bergriesen **Namche Barwa** (7756 m) und **Gyala Pelri** (7294 m), die gerade einmal 20 km weit auseinanderstehen und in ihrer Mitte die Schlucht bilden. Noch bis Ende des 19. Jhs. konnten die Geografen nicht genau sagen, ob der Yarlung Tsangpo und der Brahmaputra ein und derselbe Fluss waren. Der Grund lag in dem dramatischen **Verlauf** des Stroms, der zunächst strikt nach Westen führt und dann urplötzlich nach Osten abknickt. Auf einem etwa 240 km langen Stück müsste der Fluss über eine Höhe von 2700 m hinabstürzen – und das überstieg selbst die Fantasie der kühnsten Forscher.

Erst 1880 gelang es dem indischen Pundit (Pundits sind Inder, die zur Erforschung der Himalaya-Regionen eingesetzt wurden) **Kinthup** 500 Holzblöcke den Yarlung Tsangpo hinuntertreiben zu lassen. Seine Nachricht nach Indien, dass die Blöcke unterwegs waren, kam allerdings nicht an, und so konnte niemand beobachten, ob sie tatsächlich in Indien landeten. Erst 1924 gelang es dem britischen Botaniker **Frank Kingdon Ward**, aus der Ferne einen Wasserfall, den er auf eine Höhe von 12 m schätzte, zu sichten: die Rainbow Falls an der Oberen Schlucht. Er vermutete, dass der Yarlung Tsangpo nicht mehrere gewaltige Wasserfälle hinabstürzte, sondern die 2700 Höhenmeter in einer steten Folge gewaltiger Stromschnellen überwinden musste. Seitdem galt die Schlucht als nicht durchquerbar.

1993 versuchte der Japaner **Yoshitaka Takai** die Schlucht mit dem Kajak zu durchqueren und verschwand für immer.

Erst 1998 gelang einer Expedition eine teilweise Erforschung der insgesamt 240 km langen Schlucht, die wegen der tiefhängenden Vegetation auch nicht über Satellit erkundet werden kann. Die beiden amerikanischen Forscher **Ian Baker und Ken Storm** konnten bis zu den Rainbow Falls vordringen und stellten fest, dass dieser Wasserfall nicht 12, sondern 22 m hoch war. Sie drangen noch tiefer in die Schlucht vor und entdeckten einen weiteren, 32 m hohen Wasserfall. Im Anschluss versuchte der Amerikaner **Doug Gordon** eine Durchquerung der Schlucht mit dem Kajak und verschwand ebenfalls spurlos.

Im Februar 2002 machte sich schließlich ein internationales Team der besten Kajakfahrer aus sieben Ländern unter Leitung des Kaliforniers **Scott Lindgren** an die Erforschung der Oberen Schlucht. Und ihnen gelang das Unmögliche: Sie durchquerten zu Fuß und mit ihren Kajaks 90 % der rund 70 km langen Oberen Schlucht und einen der gefährlichsten Flussläufe weltweit. Dann gaben sie auf, weil ein weiteres Vordringen in Richtung des 170 km langen Abschnitts der Unteren Schlucht schlichtweg Selbstmord gewesen wäre. So bleiben die restlichen Kilometer wohl bis auf Weiteres unerforscht. Ein Bericht über diese außergewöhnliche Expedition findet sich unter 💻 http://outside.away.com/tsangpo/index.html.

nach 40 km an der „Großen Biegung des Yarlung Tsangpo" endet. Für den Trek zur Schlucht sollte man drei bis vier Tage einplanen. Der Eintritt in das Gebiet kostet ¥80, dazu kommen ¥400 Pfand (wofür auch immer), und man muss einen Monba-Führer für ¥100 am Tag engagieren. Nach 30 km gelangt man zu einer einfachen Unterkunft, in der man je nach Saison ¥20–30 für ein Bett zahlt. In Lunang gibt es eine Handvoll einfacher Unterkünfte, darunter das Lulang Hotel (Lulang Binguan) am Nordende der Hauptstraße mit Betten ab ¥20, DZ ❷, in denen vor allem die schnell wachsende Zahl chinesischer Backpacker absteigt, die von hier aus den Trek zur Schlucht vorbereiten.

Yi'ong Tso und Gu

Kurz vor der Ortschaft Tangmey führt ein Abzweig nach Norden und weiter entlang dem Yi'ong Tsangpo 23 km aufwärts bis zum See **Yi'ong Tso**, der 1900 durch einen gewaltigen Erdrutsch entstand. Bei gutem Wetter hat man von hier einen herrlichen Ausblick auf das gewaltige Gebirgsmassiv des Namche Barwa.

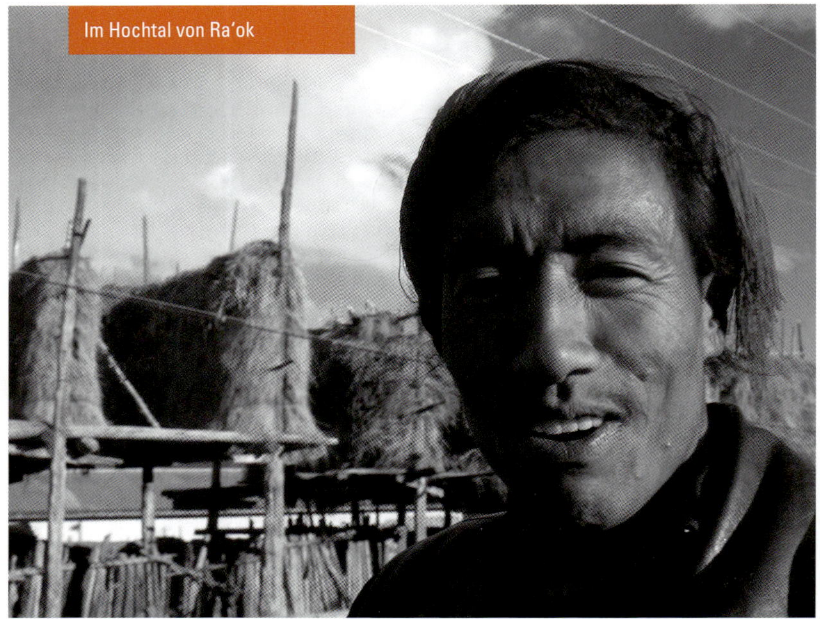
Im Hochtal von Ra'ok

73 km hinter Tangmey fährt man durch **Kanam**, den einstigen Regierungssitz der Könige von Poyül. Dieses Kleinkönigreich sollte erst um 1928 endgültig seine Unabhängigkeit verlieren, als es von Truppen des Dalai Lama eingenommen wurde. Der König von Poyül führte seine Ahnenlinie bis auf Nyatri Tsenpo, den ersten mythischen Herrscher der Yarlung-Dynastie, zurück. Vermutlich im 9. Jh. erhielt Poyül den Status eines feudalen Lehnsgebietes. Von da an konnte die Region sich fast immer entweder völlige oder wie unter der Herrschaft der Mongolen im 13. und 17. Jh. weitreichende Unabhängigkeit bewahren. Heute heißt das einstige Kanam Gu; die Stadt birgt einige verfallene Reste des Palasts.

Pome

Auf nur 2750 m Höhe gelegen, ist Pome (tib. „Ahnen"), das früher auch Tramog hieß, in eine für Tibet einzigartige Landschaft eingebettet: Der Parlung-Fluss, der sich in den letzten Jahren zu einem Eldorado für Wildwasserkanuten entwickelt hat, wird von hohen Bergen überragt, die von dichten Wäldern bedeckt sind. Hier liegt das moderne Zentrum des ehemaligen Königreichs Poyül. Zu sehen gibt es das kleine Kloster **Dudul Dorje**, das auf einem Hügel über dem Tal steht. Um hinzukommen, passiert man die Brücke über den Parlung Tsangpo und nimmt dahinter den rechten Weg, der den Hügel hinauf zum Tempel führt.

In der kleinen Hauptstadt des gleichnamigen Landkreises gibt es eine Reihe von Hotels und Restaurants und zahlreiche Geschäfte, in denen man sich für die Weiterreise mit Lebensmitteln eindecken kann. Gut sind das Zhongxing Binguan in der Zhamucun Lu, ❸–❹, und das Jiaotong Dajiudian am westlichen Ende der Stadt, nahe der Brücke zum Kloster, Dorm-Betten ab ¥60, ❹. Am Hauptplatz im Zentrum Pomes stehen Jeeps, die nach Yi'ong (¥100, Abfahrt wenn sie voll sind) am gleichnamigen See und nach Bayi (¥100, Abfahrt wenn sie voll sind) fahren.

Ra'ok Tso und Lhagu-Gletscher

Die Fahrt von Pome Richtung Osten führt in steilen Serpentinen über die Ortschaft Sumzom ins Hochtal von Ra'ok (Rawok), in dem sich, eingerahmt von einer herrlichen Hochgebirgsszenerie, der gleichnamige See ausbreitet. Die schönste, aber wegen des Flughafens von Nyingchi leider oft überlaufene Sehenswürdigkeit ist der **Lhagu-Gletscher** (Eintritt ¥20), etwa 30 km südlich der Ortschaft Ra'ok. Auf dem Weg zum Gletscher passiert man das kleine Kloster **Shugden Gompa** in wunderbarer Lage am **Ra'ok-See**.

Es gibt einige Unterkünfte und mehrere Restaurants in der Hauptstraße der unattraktiven Ortschaft **Ra'ok** selbst.

Die beste Unterkunft ist das Ping'an Lüshe, ✆ 0895/4562606, am Ostende der Siedlung, das, seitdem der Tourismus hier boomt, sogar 24 Std. warmes Wasser zum Duschen bietet. Dorm-Betten kosten ¥30, DZ ❷. Wer ein Zelt dabei hat, kann aber am Seeufer auch wunderbar campen.

Pashod (Baxoi)

Von Ra'ok bis zur nächsten größeren Ortschaft Pashod sind es etwa 90 km. Diese Region ist dafür bekannt, dass hier zwischen dem 14. und 17. Jh. viele Terma-Texte gefunden wurden. In einigen der gefundenen Texte ist die Rede von den Bä-Yül („Verborgenen Ländern"), den geheimen Tälern Padmasambhavas. Pemako (Metok) südlich von Pome ist ein solches Bä-Yül. Padmasambhava soll auf diese Täler einen besonderen Segen gelegt und verkündet haben, dass die Menschen dort in schwierigen Zeiten Zuflucht finden können. Alles, was im Kraftfeld eines solchen Bä-Yül geschieht, hat einen tieferen Sinn. Wünsche haben eine stärkere Kraft als an gewöhnlichen Orten, die buddhistische Praxis ist eingängiger, und so ist es hier auch einfacher, den Weg der Erleuchtung zu beschreiten.

Auf dem Weg von Ra'ok nach Pashod geht es anfangs richtig steil bergauf, und schließlich überquert man den 4530 m hohen **Ngajug-La**, hinter dem man ins Tal des Ling Chu einfährt. Hier verlässt man auf einmal die „Schweizer Landschaft": Es wird trocken und das Ambiente erinnert wieder mehr an das typische karge tibetische Hochland mit seinem nackten Fels und Lehm. Der Pass markiert die Wasserscheide zwischen dem nach Indien abfließenden Bhramaputra und dem nach Südostasien fließenden Salween. Hinter dem Pass geht es wieder bergab bis zum Kreisort **Pashod**, wo es einige Geschäfte, Restaurants und einfache Hotels gibt. Wer hier übernachten muss, kann im Jiaotong Binguan, Dorm-Bett ¥20, DZ ❷, an der Busstation im Westen des Ortes unterkommen.

Die Monba

Die Monba (auch Moinba oder Menba) gehören zu den 55 offiziell anerkannten Minderheiten Chinas. In der Autonomen Region Tibet leben etwa 9000 Angehörige dieser Ethnie, die meisten von ihnen in Tsona, Metok und Nyingchi. Weitere 50 000 Monba siedeln im von Indien kontrollierten Arunachal Pradesh und 140 000 in Bhutan. Interessanterweise sprechen die Monba zwei recht unterschiedliche **Sprachen**, und zwar das Tshangla, das hauptsächlich in Bhutan, und das Tsona-Monba, das in Südtibet und Arunachal Pradesh gesprochen wird. Beide Sprachen sind allerdings Untereinheiten des Tibeto-Birmanischen. Von den Tibetern kann man die Monba hauptsächlich über ihre traditionelle **Kleidung** unterscheiden. Sie besteht aus einem roten Kaftan aus Pulu, einem Stoff aus Schafswolle. Während die Männer fast immer einen Dolch tragen, binden die Frauen eine Schürze aus Schafs- oder Rinderleder um. Die **Feste** entsprechen denen der Tibeter, allerdings hängt die Mehrzahl der Monba autochthonen Glaubensrichtungen an, die jedoch zunehmend vom tibetischen Buddhismus beeinflusst werden.

Pangda (Bamda)

Hinter Pashod folgt die Straße weiter dem Ling Chu, dessen Schlucht immer schmaler wird, bevor sie in bedrohlicher Enge in die Hauptschlucht des großen Salween (Nak Chu) einmündet. Nach kurzer Strecke entlang dem Ufer dieses Stroms, der von Tibet nach Myanmar fließt, überquert man den Salween. Danach geht die Fahrt über die atemberaubende sogenannte „72-Haarnadelkurven"-Straße hinauf zum 4618 m hohen **Gama La** auf das Hochland von Pangda, wo die Straßen von Lhasa, Chamdo und Yunnan zusammenlaufen. Etwa 97 km hinter Pashod erreicht man schließlich **Pangda**, einen heruntergekommenen Ort, der aus baufälligen Hütten und Häusern, einigen Truckstops und Gästehäusern besteht.

Zogang (Wamda)

Die Straße von Pangda nach Markam folgt zunächst dem Verlauf des Yu Chu, der Hauptverkehrsachse durch Kham nach Süden, anfangs immer an den Ufern dieses bedeutenden Salween-Zuflusses entlang. Auf der sehr abwechslungsreichen Strecke passiert man nach 110 km die Ortschaft Zogang (Wamda), wo man das imposante Kloster **Dzogang Sangakling** besuchen kann, das malerisch auf einem Bergsporn oberhalb der Siedlung Tsawo thront. Wer übernachten muss, kann im einfachen Liangshiju Binguan, Dorm-Bett ¥30, DZ mit Bad ❷, absteigen.

Markam (Gartok)

Bald nach dem Kreisort Zogang führt die Straße aus dem Tal hinauf auf den 5220 m hohen Pass **Dungda La**, der die Wasserscheide zwischen Salween und Mekong bildet. Hier hat man den Landkreis Markam erreicht. Nach kurvenreicher Berg- und Talfahrt passiert man den Mekong (Ngom Chu), den zweiten der großen Ströme. Durch weitläufiges Weideland gelangt man schließlich in die auf 3600 m Höhe gelegene Distrikt-Hauptstadt Markam, die traditionell eigentlich Gartok heißt und das Herz der hochgelegenen Landschaft bildet. Als das Verwaltungszentrum der Region ist es der Einfachheit halber ebenfalls Markam genannt worden.

Die Landschaft um Markam gehört zu den dichter besiedelten Regionen des südöstlichen Tibets und erstreckt sich über die Hochtäler und -flächen zwischen den Schluchten der Flüsse Salween, Mekong und Yangzi. Hier im südlichen Kham sind die in tiefe Schluchten eingegrabenen Ströme einander bis auf je etwa 40 km Entfernung (Luftlinie) nahe gerückt. In **Gartok** beeindrucken vor allem die schönen und großen tibetischen Bauernhäuser, von denen man einige in der Umgebung des großen, gerade im Wiederaufbau befindlichen Gelugpa-Klosters Öser Gompa bewundern kann.

Markam ist für Individualreisende ein schwieriges Pflaster. Fast alle, die versuchen, ohne gültige Permits über Markam nach Tibet einzureisen, werden hier aufgegriffen, bestraft und zurückgeschickt. Kommt man aus Lhasa, ist es natürlich nicht schlimm, wenn man auf kürzestem Wege nach Batang (s. S. 45), dem letzten Ort in Sichuan vor der Grenze zur Autonomen Region Tibet, geschickt wird. Umgekehrt ist es schon ärgerlicher.

Wer aus irgendeinem Grunde übernachten muss, kann das Markam Binguan, Dorm-Bett ¥30, DZ ❷, ein sehr einfaches Hotel, probieren, sollte aber möglichst spät einchecken und früh wieder verschwinden. Auch wer mit einer regulär gebuchten Jeeptour unterwegs ist, übernachtet meist in diesem Gästehaus.

Chamdo

Die auf einer Höhe von 3240 m gelegene und von Bergen eingerahmte Stadt Chamdo steht am Kreuzungspunkt der Fernstraßen nach Lhasa, Qinghai, Sichuan und Yunnan. Chamdo bedeutet „Vereinigung zweier Flüsse", ein Name, der sich auf die beiden Flüsse Dza Chu und Ngom Chu (die sich zum Lancang Jiang, Mekong, vereinen) bezieht. Die beiden Flüsse teilen die überraschend ansprechende Stadt in die drei Stadtteile Yunnanba, Sichuanba und Macaoba, die durch Brücken miteinander verbunden sind. Chamdo hat rund 80 000 Einwohner und ist damit nicht nur eine der größten Städte Tibets, sondern auch die einzige größere Stadt Osttibets.

Kloster Champa Ling

Das Chamdo dominierende Champa Ling (Jampaling) wurde zwischen 1437 und 1444 von Sherab Zangpo, einem Schüler Tsongkhapas, gegründet und ist bis heute eines der bedeutendsten Gelugpa-Klöster Osttibets. Das Kloster, das auf einem Berg über der Stadt thront, war früher in die fünf Fakultäten Lingtod, Lingme, Nupling, Kuchuk und Chagra-khapa aufgegliedert. In seiner Blütezeit lebten hier 2500 Mönche, heute sind es immerhin wieder 1000. Das Champa Ling blickt auf eine recht bewegte neuere Geschichte zurück. Da der Berg, auf dem das Kloster steht, strategisch wichtig war, wurde das Kloster 1912 von chinesischen Truppen zerstört. Nach der Rückerobe-

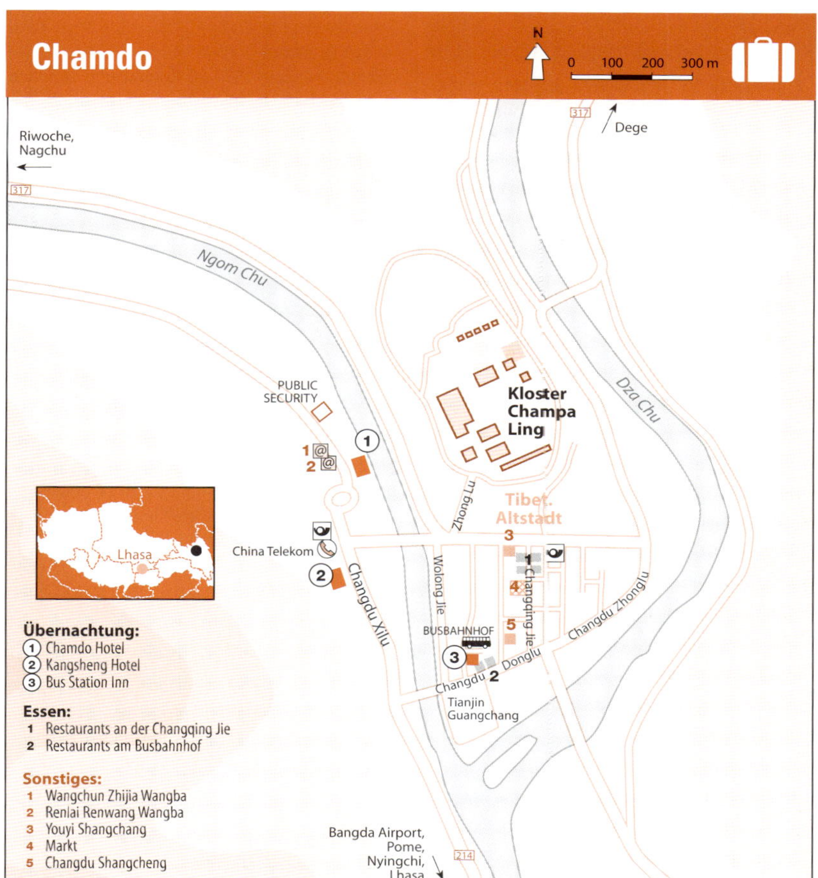

rung Chamdos bauten die Tibeter es wieder auf. Ab 1966 wurden erneut zahlreiche Gebäude zerstört und ab 1980 wieder aufgebaut.

Wenn man das Klostergelände betritt, sieht man gleich rechts die Fakultät für Dialektik (Tsenyi Lhakhang) und daneben den Debattierhof. Die **Haupthalle** ist der dreistöckige Dukhang. Die roten Säulen und kostbaren Stoffbordüren leiten direkt zum zentralen Thron, der dem Dalai Lama vorbehalten ist. Dahinter sieht man eine schöne Shakyamuni-Statue, die von Tsongkhapa und Atisha flankiert wird. Wer zu den Gebetszeiten herkommt, wird die wahrscheinlich größte Ansammlung von Mönchen in Tibet außerhalb von Festzeiten zu sehen bekommen. Links der Haupthalle kann man einen Blick in den **Gönkhang** werfen, in dem man viele Schutzgottheiten, tolle Fresken und viele alte Waffen (ein Hinweis auf die gewalttätige Vergangenheit) sieht.

Das Kloster kann man über die Altstadt in etwa 20 Minuten zu Fuß erreichen. Oder man nimmt für ¥5 ein Taxi. 🕓 tgl. 9–18 Uhr, Eintritt frei.

Der Schlächter von Kham

Anfang des 20. Jhs. wütete der berüchtigte Warlord **Zhao Erfeng** (1845–1911) in Kham. Bereits kurze Zeit nach der Flucht des Dalai Lama ins mongolische Exil im Jahre 1904 und nach dem Ende des britischen Tibet-Feldzugs hatte China neuen Spielraum gewonnen, um seine Macht in den Randgebieten des Reiches, mithin auch in Tibet, wieder zu festigen. 1905 hatte ein Amban versucht, in die Autonomie der Klöster Osttibets einzugreifen. Er ließ die Mönche aus dem **Kloster Batang** vertreiben, was in der Folge zu blutigen Unruhen führte. General Zhao Erfeng wurde mit der Niederschlagung des Aufstands beauftragt. Im Jahr 1906 ließ er seine Truppen gegen weitere Klöster marschieren, plünderte sie, schlachtete Mönche teilweise regelrecht ab und wurde so zum meistgehassten Mann in Tibet, bis heute nur der „Schlächter von Kham" genannt. Zhao errichtete in Osttibet eine Gewaltherrschaft und schuf die Basis für die militärische Besetzung von ganz Tibet im Jahr 1910. 1907 besetzte er das südliche Kham militärisch und requirierte von der dortigen Bevölkerung entschädigungslos den Großteil der Getreidevorräte. 1908 verstärkte er seine Truppen und schickte sich zum Einmarsch in Zentraltibet an. Ein Protest der tibetischen Regierung gegen dieses militärische Vorgehen scheiterte an der Weigerung des Ambans, diesen Einspruch an die kaiserliche Regierung weiterzuleiten. Ein Protest des 13. Dalai Lama gegen das herrschende Verbot, sich unmittelbar an den kaiserlichen Hof zu wenden, wurde noch im Jahr 1909 vom Amban zurückgewiesen, zwei Jahre bevor die Chinesische Revolution das Kaiserreich zusammenbrechen ließ. Vielmehr wurden die Truppen weiter verstärkt und rückten, allerdings unter dem Kommando eines anderen Generals, Richtung Lhasa vor. Zhao Erfeng wurde wegen seines Vorgehens 1911 von der chinesischen Revolutionsregierung zum Tode verurteilt und hingerichtet. 1917 konnte eine tibetische Armee Chamdo zurückerobern, 1950 musste die Stadt allerdings erneut vor chinesischen Truppen kapitulieren.

Ruinen von Karup

In der Ortschaft Karup 12 km südöstlich von Chamdo wurden 1977 26 Ruinen und zahllose neolithische Artefakte wie Steinwerkzeuge, Küchengeräte, Schmuck usw. gefunden. Das antike Dorf hat ein Alter zwischen 4000 und 5000 Jahren und zeigt, dass die frühen Bewohner Tibets bereits eine hoch entwickelte Kultur gehabt haben müssen. Karup heißt übersetzt „Festung", ein Name der noch aus der Zeit der mongolischen Herrschaft über Tibet während der Yuan-Dynastie herrührt. In dieser Zeit bauten Tibeter in der Region Festungen, um sich gegen den berüchtigten mongolischen General Dorda, einen Bruder Kublai Khans, zu schützen. Ihre Festungen wurden dennoch zerstört, aber der Name blieb in diesem Dorf erhalten. Wirklich viel zu sehen gibt es für Laien nicht, dafür ist die Gegend landschaftlich sehr schön, und die Ausgrabungsstätte bietet Abwechslung von den vielen Tempeln. Ein Taxi nach Karup kostet ¥15–25. Wer mit dem Jeep aus Pangda oder vom Flughafen kommt, kann die Ruinen auch auf dem Weg nach Chamdo besuchen. ⌚ tgl. 9–18 Uhr, Eintritt ¥25.

Übernachtung

Bus Station Inn (Keyunzhan Zhaodaisuo), 2 Changdu Donglu, ✆ 0895/4823294. Sehr einfache Unterkunft, aber die Zimmer sind sauber und preiswert. Größter Vorteil ist die Nähe zum Busbahnhof, und gleich in der Nachbarschaft gibt es zahlreiche Restaurants. ❶

Kangsheng Hotel (Kangsheng Binguan), 10 Changdu Xilu, ✆ 0895/4823168. Einfaches Hotel mit 55 recht ordentlichen Zimmern. Heißes Wasser zum Duschen ist nur morgens zwischen 8–10 Uhr und abends von 20.30–24 Uhr verfügbar. Das Hotel liegt nur 5 Minuten Fahrt vom Busbahnhof auf der Westseite des Ngom Chu kurz hinter der Brücke. Nachtschwärmer finden hier eine Disco, die aber zur Schlafenszeit ganz schön laut sein kann. ❷

Chamdo Hotel (Changdu Fandian), 22 Changdu Xilu, ✆ 0895/4825998. Das weitläufige, herrlich ruhige Hotel steht am Westufer des Ngom Chu gegenüber vom Kloster Champa Ling. Wer schon eine Weile in Tibet unterwegs ist, wird den plötzlichen Luxus sicher genießen – aber der hat seinen Preis. Heißes Wasser zum Duschen gibt es ab 19 Uhr bis jeweils 12 Uhr am Folgetag. DZ ohne Bad ❸, mit Bad ❹

Essen

In der Gegend um den Busbahnhof finden sich zahlreiche einfache Restaurants. Eine Reihe von Lokalen ist außerdem rund um den Platz angesiedelt, der sich am Ende der Changqing Jie befindet (dort, wo man zum Kloster hoch läuft). Die hiesige Spezialität ist **Shaguo**, ein Gericht, bei dem Nudeln oder andere Zutaten in einer heißen Brühe serviert werden.

Sonstiges

Einkaufen

Auf dem **Markt** (Cai Shichang) im Zentrum kann man Wassermelonen, Birnen, Äpfel und anderes Obst erstehen. Etwas gruselig sind die Fleischstände, vor denen die Metzger die Yak-Köpfe ausstellen, um die Echtheit des Fleischs zu bezeugen. Rund um den Markt gibt es auch einige Kaufhäuser und Supermärkte wie das **Youyi Shangchang** und **Changdu Shangcheng**.

Die Ortschaft Karma, 120 km nördlich von Chamdo, und das auf dem Weg dorthin liegende Dorf Tserwed sind für ihre 800 Jahre alte Kunsthandwerkstradition bekannt. Aus Karma kommen vor allem **Thankas**, während Tserwed für die Herstellung von **Buddhafiguren** bekannt ist. Zur Zeit der Recherche bekam man für beide Orte kein Permit, aber viele der Kunstwerke werden auch von Geschäften in Chamdo verkauft.

Internet

Es gibt eine ganze Reihe von Internetcafés in der Stadt. Gut gelegen sind die beiden Cafés in der Marktstraße im Zentrum. Wer im Chamdo Hotel wohnt, findet zwei Internetcafés ein Stück nördlich vom Hotel auf der linken Straßenseite. Das eine heißt **Renlai Renwang Wangba**, das andere gleich daneben **Wangchun Zhijia Wangba**.

Post

China Post (Zhongguo Youzheng): Es gibt zwei Postämter. Eins befindet sich am oberen Ende der Changqing Jie gegenüber vom Platz vor dem tibetischen Viertel und eines in der Changdu Xilu. 🕒 beide 9–19.30 Uhr.

Telefon

China Telekom, Changdu Xilu, nördlich der Post. 🕒 10–21 Uhr.

Nahverkehr

Chamdo ist nicht groß, und die meisten Wege kann man zu Fuß zurücklegen. Ansonsten fahren aber auch **Taxis** herum, die für alle Ziele innerhalb des Stadtgebiets ¥10 kosten. Billiger sind die **Fahrradrikschas**, die innerhalb der Stadt nicht mehr als ¥4 kosten sollten.

Transport

Busse

Wer im Besitz der erforderlichen Permits ist, kann eine ganze Reihe von Busverbindungen ab Chamdo nutzen. Die Straßenzustände in der Region sind wegen vieler Erdrutsche und der extremen Witterungsbedingungen oft schlecht, aber vor allem die Fernstraßen werden zurzeit massiv ausgebaut.

Busse fahren nach

BAYI (jeden zweiten Tag ein Bus zwischen 8 und 9 Uhr, ¥220, 2 Tage mit einem Übernachtungsstopp),

CHENGDU (je nach Wetterbedingungen entweder tgl. oder wenn die Straßenverhältnisse es wieder zulassen, ¥450, 60 Std. nonstop im Sleeperbus),

KANGDING (1x tgl., ¥200),

MARKAM (tgl. ein Bus am Morgen, ¥130),

LHASA (1x tgl. zwischen 8 und 9 Uhr, ¥320, 3 Tage mit zwei Übernachtungsstopps),

PASHOD (1x tgl. zwischen 8 und 9 Uhr, ¥120, 1 Tag),

RIWOCHE (tgl. ein Bus am Morgen, ¥60, ca. 5 Std.; manchmal fahren auch Jeeps, die pro Passagier ebenfalls ¥60 nehmen),

TENGCHEN (tgl. ein Bus am Morgen, ¥200, 9 Std.).

Flüge

Der **Flughafen Pangda** von Chamdo befindet sich 130 km südlich der Stadt und ist auf einer Höhe von 4300 m der höchste Flughafen der

Welt. Es gibt ausschließlich Flüge nach LHASA (1x wöchentl., ¥930) und CHENGDU (4x wöchentl., ¥930). Zum Flughafen fährt am Vortag des Abflugs (die Flüge starten nur am Vormittag) ein Flughafenbus (¥50) vom Büro der **CAAC** (China Aviation Administration Company) ab, 500 m südlich des Dza Chu im Süden Chamdos, ✆ 0895/4821004. Hier kann man auch Flugtickets kaufen. Am Flughafen übernachtet man im spartanischen Bangda Jichang Binguan, ❶–❷, das man möglichst schnell wieder vergessen sollte. Alternativ kann man für ¥200 am selben Tag mit einem Taxi in die Stadt fahren.

Von Chamdo nach Nagchu

Die Nordroute von Chamdo via Nagchu nach Lhasa ist landschaftlich nicht ganz so spektakulär wie die Südroute. Wegen des vielen Regens und der Schneeschmelze im Juli und August ist die Südroute aber vor allem im Sommer immer wieder nicht passierbar, sodass man dann auf die Nordroute entlang der G317 ausweichen muss. Dennoch gibt es auch an dieser Route einige interessante Sehenswürdigkeiten, die einen Halt rechtfertigen, darunter insbesondere der Riwoche Tsuglakhang und das Kloster Sok. Für die Strecke sind bis zu vier Permits nötig, weshalb es nicht möglich ist, mit öffentlichen Verkehrsmitteln hierher zu reisen. Die zurzeit einzige Option ist also eine organisierte Tour im Jeep mit Fahrer und Guide. Insbesondere Riwoche ist für Ausländer ohne gültige Papiere off limits. Die Public Security dieses Kreises ist für ihre Unfreundlichkeit gegenüber Ausländern, die sich hier illegal aufhalten, berüchtigt.

13 HIGHLIGHT

Riwoche

Von Chamdo nach Riwoche (Ratsaka) sind es rund 110 km bzw. fünf Stunden Fahrt. Ein Großteil der Region besteht aus Weide- und Ackerland. Im Sommer sieht man Weizenfelder so weit das Auge reicht, nur unterbrochen von einzelnen

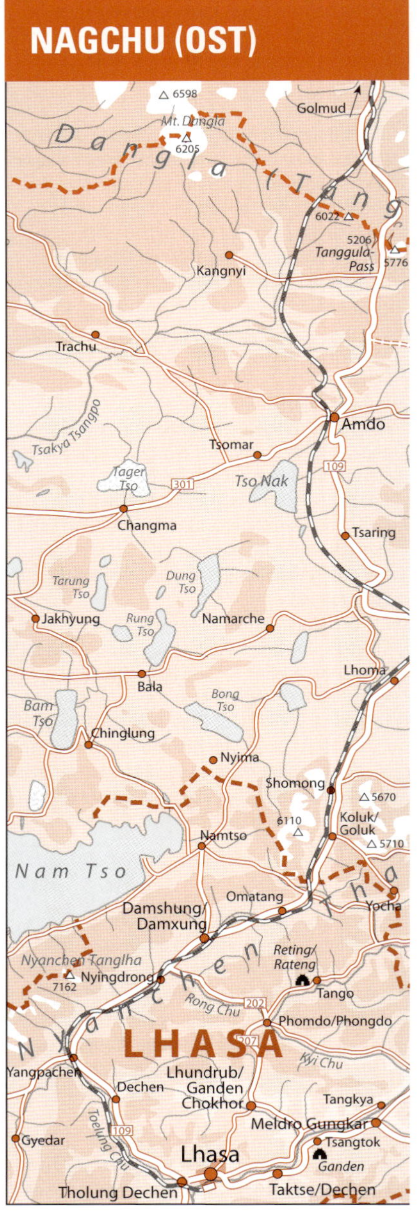

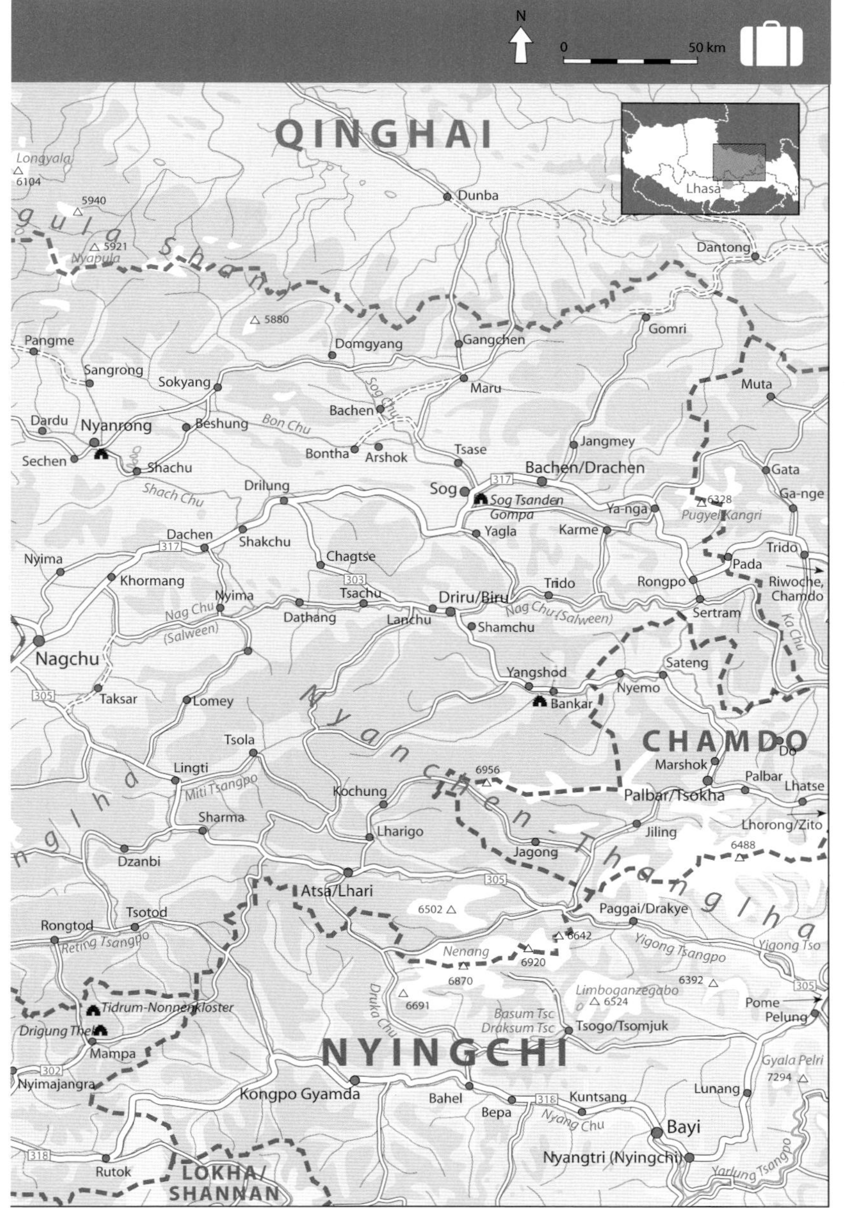
N
0
50 km
QINGHAI
Lhasa
Longyala
6104
5940
5921
Nyapula
5880
Dunba
Dantong
Gomri
Pangme
Domgyang
Gangchen
Sangrong
Sokyang
Maru
Muta
Dardu
Nyanrong
Beshung
Bon Chu
Bachen
Sog Chu
Sechen
Bontha
Arshok
Tsase
Jangmey
Shachu
Shach Chu
Bachen/Drachen
Gata
Drilung
Sog
317
Sog Tsanden Gompa
Ya-nga
6328
Pugyel Kangri
Ga-nge
Yagla
Karme
Dachen
Shakchu
Trido
Nyima
Chagtse
Pada
Khormang
303
Rongpo
Riwoche, Chamdo
Nyima
Tsachu
Driru/Biru
Trido
Sertram
Nag Chu (Salween)
Dathang
Lanchu
Nag Chu (Salween)
Shamchu
Ka Chu
Nagchu
Sateng
Yangshod
Nyemo
305
Taksar
Lomey
Bankar
Nyanchen Thangiha
CHAMDO
Do
Tsola
Marshok
Lingti
6956
Palbar
Lhatse
Miti Tsangpo
Kochung
Palbar/Tsokha
Sharma
Lhorong/Zito
Lharigo
Jiling
Dzanbi
Jagong
6488
Atsa/Lhari
6502
Paggai/Drakye
Tsotod
Rongtod
Reting Tsangpo
6642
Yigong Tsangpo
Yigong Tso
Nenang
6920
6870
6392
6691
Druka Chu
Limboganzegabo
6524
Pome
Pelung
Tidrum-Nonnenkloster
Basum Tso
Draksum Tso
Tsogo/Tsomjuk
Drigung Thel
Mampa
NYINGCHI
Gyala Pelri
7294
302
Nyimajangra
Kongpo Gyamda
Bahel
318
Kuntsang
Lunang
Bepa
Nyang Chu
Bayi
318
Rutok
LOKHA/ SHANNAN
Nyangtri (Nyingchi)
Yarlung Tsangpo

Wäldern, und natürlich überall grasende Yaks. Das Wetter hier ist überraschend mild mit Sommertemperaturen zwischen 22° und 24° C und Wintertemperaturen um 10° C. Die 3800 m hoch gelegene Kreishauptstadt selbst bietet keine Sehenswürdigkeiten, ist aber Ausgangspunkt für den Ausflug in das gleichnamige Riwoche 29 km weiter nördlich, in dessen Nähe der außergewöhnliche **Riwoche Tsuglakhang** steht.

Das Riwoche-Kloster, das zum Orden der Taklung-Kagyüpa gehört, wurde 1276 von Sangye On, einem Schüler Sangye Yarjons, dem Abt von Taklung, als Tochterkloster Taklungs (s. S. 198) in Zentraltibet gegründet. Es ist ein gewaltiger dreistöckiger Bau, der eher einer Festung als einem religiösen Gebäude gleicht, ähnlich wie das Kloster Samye am Tsangpo (s. S. 208) oder das wuchtige Südkloster von Sakya (s. S. 114). Die fensterlosen Steinmauern, im Erdgeschoss anderthalb Meter dick, erstrecken sich über drei Stockwerke bis zu einer Höhe von 14 m.

Einst lebten in Riwoche 2500 Mönche; 40 000 große und kleine buddhistische Statuen schmückten das Kloster, das außerdem Tausende Bände buddhistischer Schriften besaß, 20 000 Bände in Goldtinte und 30 000 in Silbertinte geschrieben. Alle diese Schätze sind bei der chinesischen Klosterzerstörung geraubt oder vernichtet worden. Aber auch hier hat seit 1982 das religiöse Leben wieder eingesetzt. Die Tempelhallen sind restauriert und neue Statuen geschaffen worden, und etwa 400 Mönche leben inzwischen wieder in Riwoche.

Die große **Haupthalle** im Erdgeschoss imponiert durch gewaltige Skulpturen und Bilder entlang der vier Wände. Beginnt man auf der linken Seite, passiert man Maitreya, Akshobya, einen elfgesichtigen Avalokiteshvara und acht Stupas, die die acht Taten Buddhas symbolisieren. An der Südwand passiert man Shakyamuni, Vajrapani, Amitayus, Padmasambhava, die acht Manifestationen Padmasambhavas und einen weiteren Shakyamuni. Die westliche Wand bildet das innere Sanktuarium. Hier sieht man acht kleinere Stupas und Skulpturen sowie Darstellungen der Buddhas der drei Zeiten sowie zwei

Bildnisse Sangye Yarjons, des Abts von Taklung. Die Nordwand wird von Skulpturen des Shakyamuni, Sangye Yarjon, Sangye On, Vairocana, Dipamkara, noch mal Shakyamuni und Bhaisajyaguru geziert.

Die erste Etage wurde erst kürzlich erneuert und ist besonders wegen ihrer Wandmalereien, die die Linie der Taklung zeigen, sehenswert. Neben den bedeutenden Lamas werden 100 friedliche und zornvolle Götter sowie 1000 Aspekte des Amitayus dargestellt. Die fast immer verschlossene oberste Halle in der zweiten Etage ist die **Schatzkammer**. Neben zahlreichen antiken Skulpturen gibt es hier einen Sattel zu sehen, der König Gesar gehört haben soll.

Normalerweise wird man das Kloster auf der Durchreise besuchen, aber es gibt auch einige Übernachtungsmöglichkeiten wie das Dashan Binguan, mit großen Zimmern und heißen Duschen, ❸. Das Kloster hat keine festen Öffnungszeiten. Für die Besichtigung besorgt der Guide die Genehmigung und sucht dann die verantwortlichen Mönche, die die Schlüssel für die Hallen, die man besichtigen möchte, haben.

Tengchen

143 km westlich von Riwoche erreicht man nach etwa vier Stunden Fahrt die Ortschaft Tengchen, eines der Zentren des Bön. Der in einem weiten Tal inmitten von Hügeln aus rotem Sandstein gelegene Ort ist eher uninteressant, aber 4 km westlich von Tengchen kann man die beiden auf einem Hügel gelegenen Klöster **Tengchen** und **Ritro Lhakhang** besuchen. Beide stehen nebeneinander auf demselben Areal. Das Kloster Tengchen wurde bereits 1110 von Shenrab Gyeltsen und Monlam Gyeltsen gegründet. Der Ritro Lhakhang wurde 1180 als Einsiedelei errichtet. Interessant sind die vielen Bön-Gottheiten, die man hier einmal zu Gesicht bekommt, darunter eine Skulptur des mythischen Religionsstifters Shenrab Mibo, des vielarmigen Palpa Phurbu, dessen untere Hälfte aus einem Ritualdolch besteht, und des Khung Mar, eines roten Garuda, der eine zornvolle Manifestation der absoluten Bewusstheit ist. Früher lebten in beiden Klöstern je 300 Mönche, heute sind es im Kloster Tengchen 85 und in Ritro 25. Übernachten kann man im Tengchen Government Guesthouse, ❷.

Sog

Von Tengchen nach Sog, das auf einer Höhe von 4000 m liegt, sind es rund 270 km. Sehenswert in Sog (Sok) ist das **Sog Tsanden Gompa**, das vom mongolischen Herrscher über Amdo, Gushri Khan, gegründet wurde. Das Kloster erinnert an einen Mini-Potala und ist über einen felsigen Hügel am Fluss über der Stadt Sog erbaut worden. Zur Zeit der Recherche durfte das Kloster leider nicht besichtigt werden, sodass man es nur von außen bewundern kann. Eine Übernachtungsmöglichkeit bietet das Telecom-Hotel (Dianxin Binguan), wo auch die meisten Jeep-Gruppen unterkommen (Dorm-Bett ¥30, ❷).

Nagchu

Rund 240 km hinter Sog liegt die Hauptstadt des größten Verwaltungsgebietes in Tibet, Nagchu („Schwarzer Fluss"), am Kreuzungspunkt mit der Qinghai-Tibet-Straße und -Bahn. Seit langem schon ist der Marktflecken ein wichtiger Verkehrsknotenpunkt und das bedeutendste Handelszentrum Nordtibets. Lebten hier 1953 gerade einmal 354 Familien, zählt Nagchu heute über 70 000 Einwohner. Reiseberichten zufolge gab es schon Mitte des 18. Jhs. Wohnsiedlungen an diesem Ort, in dem sich tibetische Geschäftsleute, mongolische und Hui-Mediziner, Schmiede, Zimmerleute, Steinmetze und Silberschmiede niedergelassen hatten. Bekannt wurde Nagchu allerdings vor allem durch die Schlacht von 1718, in der die mandschurische Armee den tibetisch-dsungarischen Truppen unterlag. Heute ist Nagchu eine moderne Stadt mit breiten Straßen, neuen Wohnhäusern und ohne jegliches Flair. Zugleich ist es das politische, wirtschaftliche, kulturelle und verkehrstechnische Zentrum Nordtibets.

Die einzige Sehenswürdigkeit ist das **Shabden-Kloster**, das größte Kloster der Gelug-Schule in Nordtibet. Zeit seines Bestehens war es das größte dem Sera-Kloster unterstehende Kloster in Nordtibet und bis heute ist es das einflussreichste in der Region geblieben. Der Bau begann im Jahr 1774 mit einem Zelt. Das heutige Kloster wurde 1904 ausgebaut. Ansonsten ist der kalte, windgepeitschte Ort für sein jährliches,

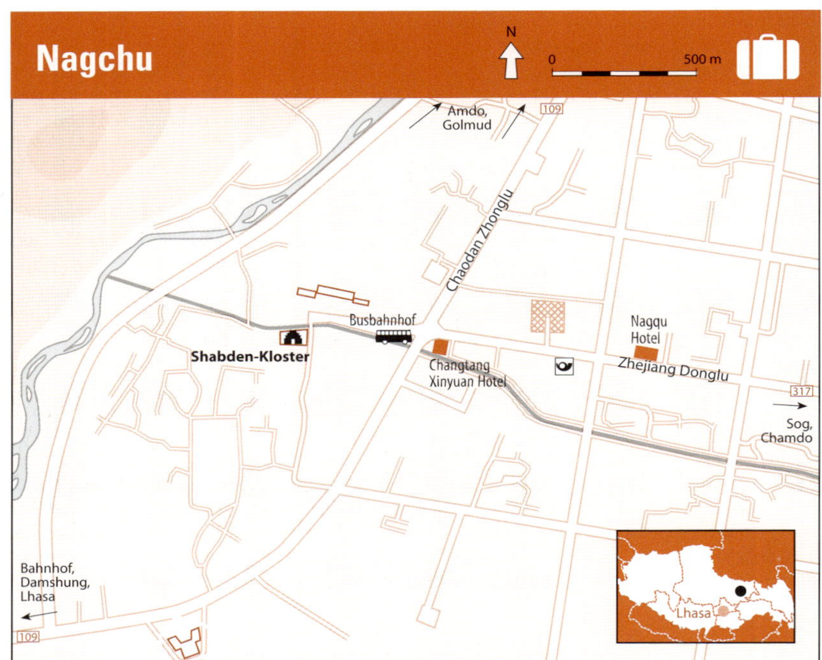

vom 10.–16. August stattfindendes Reiterfest bekannt, das über mehrere Tage geht (s. S. 60).

Übernachtung und Essen

Nagqu Hotel (Nagqu Fandian), 262 Zhejiang Donglu, ✆ 0896/3822424, 📠 3821898. Dieses Hotel wirbt damit, dass es auf einer Höhe von 4500 m an der Kreuzung der beiden Nationalstraßen 109 und 317 steht. Ansonsten bietet es immerhin 24 Std. heißes Wasser und ein internationales Telefon, aber die Zimmer sind schäbig. ❸

Changtang Xinyuan Hotel, 1 Chaodan Zhonglu, Ecke Zhejiang Zhonglu, an der Nationalstraße G109, ✆ 0896/3826812. Wie die meisten anderen Hotels in Nagchu beansprucht dieses der Telekom gehörende Hotel, das höchstgelegene der Welt zu sein. Zumindest ist es das zurzeit beste in der Stadt, mit Klimaanlage, 24 Std. Warmwasser und diversen anderen Annehmlichkeiten wie einem guten Restaurant. ❹

Essen kann man in den Hotelrestaurants, ansonsten gibt es eine Reihe von einfachen chinesischen Restaurants entlang der Hauptstraßen Zhejiang Donglu und Chaodan Zhonglu.

Transport

Busse

Der Busbahnhof befindet sich im Westen der Stadt und ist am schnellsten mit dem Taxi für ¥10 zu erreichen. Den ganzen Vormittag über fahren Busse nach LHASA (326 km, ¥60–100, 4–6 Std.).

Eisenbahn

Der Bahnhof liegt 8 km südlich der Stadt. Ein Taxi bis hierher kostet etwa ¥20. Alle Züge nach LHASA halten hier (¥51, 4 1/2 Std.). Ansonsten gibt es noch Verbindungen nach Golmud, Xining usw. Allerdings ist es fast unmöglich, hier kurzfristig Liegewagentickets für Fernverbindungen zu bekommen.

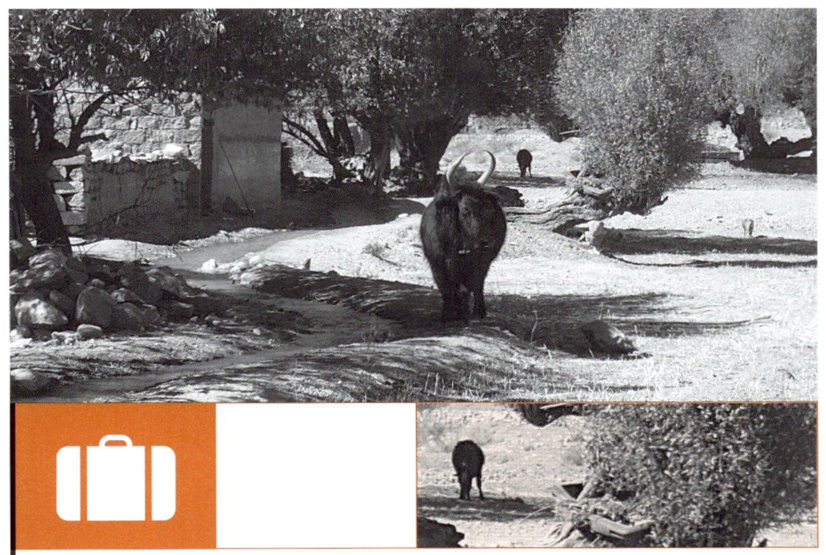

Anhang

Bücher

Es gibt es eine Fülle von Büchern über Tibet. Ein Großteil davon befasst sich mit dem tibetischen Buddhismus, daneben gibt es zahlreiche Bücher der Sorte „Ich war auch schon da“ und viele Bildbände. Schwierig wird es aber, wenn man Literatur zu besonderen Themen sucht, beispielsweise zu den alten Königreichen Osttibets oder zu Geschichte, Religion, Sprache, Kultur und Gesellschaft. Eine ganze Reihe von zum Teil sehr speziellen Titeln zu diesen Bereichen hat das Tibet Institut Rikon in der Schweiz herausgegeben. Sie sind unter www.tibet-institut.ch/content/tir/de/publications.html zu finden.

Belletristik

Alai: *Roter Mohn.* 2. Aufl. Zürich 2005. Der zweite Sohn des Fürsten Maichi ist ein Idiot. Als Thronfolger wird er nie zum Zug kommen. Umso unvoreingenommener beobachtet er seine Umgebung – die Festung des Fürsten im äußersten Osten Tibets, die rücksichtslose und grausame Feudalherrschaft, die in kleinliche Streitereien verwickelten Lamas, die Intrigen um schöne Frauen und die Fehden mit benachbarten Herrschern. Viele chinesische Verlage trauten sich wegen der heiklen politischen Thematik nicht, das Werk zu veröffentlichen. 1998 wurde *Roter Mohn* dann doch ein Bestseller und erhielt im Jahr 2000 den wichtigsten chinesischen Literaturpreis, den Mao-Dun-Preis.

de Cesco, Frederica: *Die Tibeterin.* München 2000. Immer wieder erscheint Chodonla ihrer Zwillingsschwester Tara, die bei der Flucht der beiden in chinesische Hände gefallen war, im Traum. Als sie erfährt, dass Chodonla im tibetischen Untergrund gegen die Chinesen kämpft und in Lebensgefahr ist, handelt Tara. Sie kündigt in der Schweiz ihren Job als Ärztin und tritt eine gefährliche Odyssee in ihre einstige Heimat an. Damit beginnt ein rasant und spannend erzähltes Abenteuer, bei dem man ganz nebenbei viel über die tibetische Geschichte erfährt.

Pattison, Eliot: *Der fremde Tibeter.* Berlin 2008. Schauplatz der Handlung ist das Arbeitslager 404 hoch in den Bergen des Himalaya, das mit dem Bau einer Straße durch das Hochgebirge beauftragt ist. Dabei finden die Häftlinge eine Leiche ohne Kopf. Shan, ehemals hoher politischer Funktionär und Ermittler in Korruptionsfällen, aber nun selbst ein Häftling, soll ermitteln. Ein gemächlich erzähltes Buch für lange, kalte Nächte vor Ort.

Rinjing Dorje, Addison G. Smith: *Die tolldreisten Geschichten von Onkel Tompa, dem schlimmen Schalk aus Tibet.* Basel 1983. Jeder Tibeter kennt die Geschichten von Onkel Tompa, aber im Westen ist die Figur wegen ihrer teilweise derben, nicht ins übliche Tibet-Klischee passenden Inhalte unbekannt. So versucht Onkel Tompa meist mit Frauen aus den verschiedensten Gesellschaftsschichten (Königstochter, Nachbarin, Nonnen) zu schlafen und muss dabei gesellschaftliche Regeln umgehen. Im Vordergrund steht dabei seine stets listige Vorgehensweise.

Bildbände

Engelhardt, Isrun (Hrsg.): *Tibet in 1938–1939 – Photographs from the Ernst Schäfer Expedition to Tibet.* USA, Serindia Publ. 2007. Schäfer beabsichtigte mit einer vollständigen Dokumentation von Geologie, Botanik, Zoologie und Ethnologie Tibets, erstmals ein wissenschaftliches Gesamtbild dieses hinter so vielen westlichen Mythen verborgenen Landes zu geben. Eine Auswahl von 150 dieser eindringlichen Aufnahmen ist in diesem faszinierenden Band zusammengestellt worden.

Ricard, Matthieu: *Tibet – Mit den Augen der Liebe.* München 2006. Ein gelungener Bildband über die tibetische Kultur. Ricards Bilder und Texte leben von der traditionellen tibetischen Kultur sowie dem tibetischen Buddhismus. Beeindruckende Landschaftsfotos stehen neben Bildern von Mönchen, Klöstern, Nomaden, traditionellen Reiterfestspielen und vielem mehr, die alle zum Betrachten und Verweilen einladen. Die Einnahmen aus diesem Buch fließen ausschließlich humanitären Projekten, wie Kliniken, Schulen, Waisenhäusern, Altersheimen, Brücken usw., in Tibet, Nepal und Indien zu.

Geschichte

Kollmar-Paulenz, Karénina: *Kleine Geschichte Tibets*. München 2006. Anschaulich geschriebene Geschichte Tibets vom tibetischen Großreich und der Einführung des Buddhismus über die Epoche der Dalai Lamas und die chinesische Besetzung bis zur Gegenwart. Ein „Muss" für alle, die sich jenseits verklärender Mythen für das faszinierende Land auf dem Dach der Welt interessieren.

Laird, Thomas: *Tibet – Die Geschichte eines Landes – Der Dalai Lama im Gespräch mit Thomas Laird*. Frankfurt 2006. Aus der Perspektive des Dalai Lama, teilweise in Gesprächsform, und in historischen Berichten wird die wechselhafte Geschichte Tibets und seiner Menschen erzählt. Gelungene, leicht zu lesende, spannende und umfassende Darstellung, die auch Leser in den Bann zieht, die sich sonst nicht für Geschichte interessieren.

Namgyal Lhamo Taklha: *Die Frauen von Tibet*. München 2007. Die Autorin ist die Schwägerin des Dalai Lama und hat die Lebensgeschichte von neun Tibeterinnen aufgezeichnet, die alle aus unterschiedlichen gesellschaftlichen Schichten stammen. Zu Wort kommen unter anderem eine Nomadin, eine Bäuerin, eine Nonne, eine Adlige und auch die Mutter des Dalai Lama. Die Frauen beschreiben ihren Alltag in Tibet vor der Invasion durch die Chinesen, sodass der Leser hier viel Authentisches über das traditionelle Leben in Tibet erfährt, das es heute wegen der chinesischen Besatzung so nicht mehr gibt.

Karten

Himalaya-Tibet-Bhutan-Ladakh-Nepal-Sikkim 1:1 600 000. Gecko Maps 2005. GPS-tauglich. Sehr detaillierte Karte mit Klöstern, Koras, Heiligen Orten, Festorten und allem, was für Tibet noch so von Bedeutung ist.

Tibet 1:1 500 000. Reise Know-How Verlag, 3. Auflage 2007. Kartenbild 2-seitig, klassifiziertes Straßennetz, Ortsindex, GPS-tauglich, wasserfest imprägniert (Landkarte). Praktische und gute Karte, in der auch unzählige Tempel eingetragen sind.

Kunst und Kultur

Beer, Robert: *Die Symbole des tibetischen Buddhismus*. München 2003. Das Spektrum der tibetischen Bilderwelt reicht von sehr komplexen mythologischen Szenen bis hin zu kleinen, einfachen Ornamenten. In seinem Lexikon erläutert Beer Ursprung, Geschichte, unterschiedliche Ausprägungen und Bedeutung der Symbole im tibetischen Buddhismus.

Franz, Uli: *Gebrauchsanweisung für Tibet*. München 2007. Der kleine, flott geschriebene Band informiert knapp und zuverlässig über Land und Leute, Geschichte und Gesellschaft, Ernährung und Reinkarnationsglauben, die Musik und den Kailash. Er unterschlägt die Strapazen einer Tibet-Begegnung nicht. Erfreulich ist außerdem, dass der Autor sich nicht der kritiklosen Tibetophilie anschließt, die weder die Komplexität der tibetisch-chinesischen Geschichte noch die problematischen Aspekte der tibetischen Theokratie zur Kenntnis nehmen will.

Lindhorst, Raimund: *Klöster, Buddhas, Rituale – Eine Einführung in die tibetisch-buddhistische Geisteswelt mit ihrer Bildersprache und Ritualen*. Berlin 2006. Gutes Buch, um sich auf einen Tempelbesuch vorzubereiten. Vom Chörten über Manimauern und buddhistische Symbole bis zu den Kultgegenständen und Skulpturen wird die Ausstattung eines Tempels anschaulich erklärt.

Schick, Jürgen: *Bilder aus einer anderen Welt – Die Götterwelt des tibetischen Buddhismus*. Reute 2006. Eine sachlich fundierte und gut verständliche Einführung in die farbenprächtige und geheimnisvolle Götterwelt des tibetischen Buddhismus. Dank der klaren Gliederung bringt das Werk Übersicht und Struktur ins scheinbar undurchdringliche tibetische Pantheon.

Umwelt, Medizin

Vogel, Sibylle: *Tibetische Medizin – Das praktische Handbuch mit ausführlicher Anleitung zur Ernährung, Diagnose, Therapie und Selbstheilung*. Zürich 2007. Umfassendes Handbuch zum Thema tibetische Medizin, das praxisbezogen und leicht verständlich geschrieben ist. Damit ist dieses Buch auch als Einführung für Laien geeignet.

Farrington, John D., u. a.: Competition and Coexistence – *Human-Wildlife Conflict in the Chang Tang Region of Tibet.* WWF China-Tibet Program, Lhasa 2007. Hochinteressante Studie des WWF über das Zusammentreffen von Nomaden und Bauern mit Tibets Tierwelt und die daraus entstehenden Probleme. Man erfährt viel über das Leben der Nomaden und die Folgen der immer stärker werdenden Besiedelung des Changtang.

Biografien

Asshauer, Egbert: *Tulkus – Die Großen Meister Tibets.* Grafing 2003. Der lange Untertitel lautet „Wahre Begebenheiten aus dem äußeren, inneren und geheimen Leben der bedeutendsten tibetischen Lamas und wie ihre Wiedergeburten entdeckt wurden". Die acht faszinierend zu lesenden Biografien geben einen tiefen Einblick in das religiöse Leben eines Lamas, und ganz nebenbei erfährt man auch eine Menge über den gelebten tibetischen Buddhismus.

Follath, Erich: *Das Vermächtnis des Dalai Lama – Ein Gott zum Anfassen.* München 2007. Der *Spiegel*-Autor Erich Follath beleuchtet die Persönlichkeit des Dalai Lama in gekonnter Weise ohne Verklärungen oder Beschönigungen. Parallel dazu beschreibt er die unterschiedlichen Aspekte tibetischer Geschichte und Gegenwart. Leider verliert er sich dabei schließlich in der typischen sensationslüsternen *Spiegel*-Schreibe und vergisst die Beantwortung der Fragen, für die dieses Buch Anlass war. Dennoch ein Buch für Einsteiger in die komplizierte Thematik.

Gruber, Elmar: *Aus dem Herzen Tibets – Das faszinierende Leben des Drikung Chetsang Rinpoche.* Frankfurt 2007. Wie ist es den in Tibet gebliebenen Lamas, die vielleicht auch noch zu den verfolgten Rinpoches und Aristokraten gehörten, ergangen? Der Autor erzählt in dieser Biografie des Oberhaupts der Drigungpa von einem solchen Rinpoche und Aristokratensohn, der mit dreizehn Jahren „umerzogen" und dann nach einer Odyssee durch Asien, Amerika und Europa zu einem der angesehensten religiösen Führer des tibetischen Buddhismus wird.

Ludwig, Klemens: *Dalai Lama – Botschafter des Mitgefühls.* München 2008. Der 14. Dalai Lama ist nicht nur der bekannteste Buddhist der Welt, sondern auch der mit den meisten Biografien. Diese hier gehört zu den besonders lesenswerten, das Buch strotzt von Informationen auch zu den privaten Dingen des Dalai Lama. Allerdings fehlt ein wenig die kritische Distanz.

Manshardt, Jürgen: *Die Dakini aus der geheimen Höhle – Das Leben der tibetischen Yogini Drikung Khandro.* Aachen 2008. Es ist selten, dass ein junges Mädchen sich in die Einsamkeit zurückzieht – und das nicht im fernen Mittelalter, sondern in der heutigen Zeit. Drikung Khandro, eine tibetische Yogini, meditierte bereits als junges Mädchen in Berghöhlen und gelangte zu hoher Verwirklichung (des eigenen Buddha-Wesens). Sie studierte bei großen Meistern und in Klosterkollegien, was für eine Frau auch in Tibet äußerst ungewöhnlich war. Als geachtete buddhistische Lehrerin und Meditationsmeisterin zählte sie selbst höchste Lamas zu ihren Schülern.

Reiseberichte und Reportagen

Baumann, Bruno: *Der Silberpalast des Garuda – Die Entdeckung von Tibets letztem Geheimnis.* München 2006. Bruno Baumann machte sich in einer abenteuerlichen Erstbefahrung des Sutlej-Flusses im Westen Tibets auf, um das Geheimnis des Königreichs Zhang Zhung zu lüften. Seine Entdeckungen halten sich zwar in bescheidenen Grenzen, aber immerhin hat er ein spannend zu lesendes Abenteuer geschrieben, bei dem man auch einige neue Aspekte zur Geschichte Tibets und zum tibetischen Buddhismus erfährt.

David-Neel, Alexandra: *Mein Weg durch Himmel und Höllen.* Frankfurt 2004. Die berühmte Französin schildert in diesem Buch die Verwirklichung ihres Lebenstraums: das Land zu erforschen, in das kaum ein Ausländer je seinen Fuß gesetzt hatte. Sie durchquerte kurz nach dem Ersten Weltkrieg dieses Land per pedes und erkundete das geheimnisvolle Lhasa, die für alle Fremden bei Todesstrafe verbotene Hauptstadt Tibets. Siehe auch S. 237, Kasten.

Glogowski, Dieter & Binder, Franz: *Tibet – Flucht vom Dach der Welt.* München 2007. Dieter Glogowski begleitete zwei Kinder auf ihrer Flucht aus Tibet. Seine atemberaubende Fotoreportage führt Betrachter und Leser hautnah an die dramatischen Geschehnisse im Grenzgebiet zwischen Tibet und Nepal heran. Franz Binder erzählt dazu die wechselvolle Geschichte Tibets von den Anfängen bis zur Gegenwart, die Geschichte des Buddhismus in Tibet sowie die Umbrüche, mit denen sich die Tibeter in ihrem Heimatland und im Exil konfrontiert sehen.

Harrer, Heinrich: *Sieben Jahre in Tibet: Mein Leben am Hofe des Dalai Lama*. Berlin, 28. Aufl. 2006. Zeitloser, erstmals 1952 veröffentlichter Klassiker aus dem Tibet der 1940er-Jahre, der sich nicht nur unglaublich spannend liest, sondern auch die immensen Schwierigkeiten, mit denen frühe Reisende auf dem Weg nach Lhasa konfrontiert wurden, lebendig werden lässt.

Tenberken, Sabrye: *Mein Weg führt nach Tibet: Die blinden Kinder von Lhasa*. München 2008. In Tibet leben blinde Kinder am Rande der Gesellschaft. Dieses Buch erzählt die abenteuerliche Geschichte der damals 26-jährigen Sabriye Tenberken, die in Lhasa gegen viele Widerstände die erste Blindenschule Tibets gründete. Gleichzeitig ist es ein sehr authentischer Bericht, wie es ist, sich als Blinde in der Welt zurechtzufinden.

Religion

Luetjohann, Sylvia: *Tantrische Weisheitsgeschichten – Heilige Narren, meisterliche Yogis, inspirierende Dakinis, Gottheiten* und *Dämonen*. Aitrang 2006. Das tibetische Volk hat sie stets besonders geliebt: heilige Narren, erquickende Mahasiddhas und meisterliche Yogis wie Milarepa und Drugpa Künleg mit ihrer „verrückten Weisheit" sowie inspirierende Dakinis. Dieser Band enthält Erzählungen aus dieser Tradition.

Revel, Jean-François und Ricard, Matthieu: *Der Mönch und der Philosoph: Buddhismus und Abendland. Ein Dialog zwischen Vater und Sohn*. Köln 2003. Der Dialog zwischen dem französischen Philosophen Jean-François Revel und seinem Sohn Matthieu Ricard, einem buddhistischen Mönch und ehemaligen Molekularbiologen, entführt den Leser in die Tiefe östlicher Lebensweisheit und abendländischer Philosophie zugleich. Dieses Buch ist ein Genuss zu lesen, und gleichzeitig erfährt man mehr über das Wesen und die Inhalte des Buddhismus als in den meisten Fachbüchern.

Trungpa, Chögyam: *Lichtvolle Klarheit – Unermessliche Weisheit – Über Zen und Tantra*. Stuttgart 2008. Einst wurde im Konzil von Samye die Entscheidung zwischen Zen und Tantra gefällt. Beide nehmen für sich in Anspruch, den vollständigen Weg zur Erleuchtung zu bieten. Das eine streng und reduziert auf einfachste meditative Formen, das andere farbenfroh und mit einer Fülle von Ausdruck und meditativen wie kontemplativen Methoden. In den in diesem Buch gesammelten Vorträgen umkreist der Tantra-Meister auf höchst amüsante und lehrreiche Weise die äußeren Verschiedenheiten und inneren Verbindungen dieser beiden Systeme.

Reisemedizin zum Nachschlagen

Hier eine alphabetische Aufstellung der wichtigsten Krankheitsgefahren, die für Tibet relevant sein können. Aber bitte keine Panik – die meisten Risiken sind durch normales, umsichtiges Verhalten minimierbar.

Durchfallerkrankungen

Die meisten Tibet-Reisenden werden irgendwann einmal von Durchfällen (Diarrhoe) geplagt, die durch Infektionen hervorgerufen werden. Verdorbene Lebensmittel, ungeschältes Obst, Salate, kalte Getränke oder Speiseeis sind häufig die Verursacher. Da auch Mikroorganismen im Wasser durchschlagende Wirkung zeigen können, sollte man unbedingt nur abgefülltes Wasser trinken.

Eine Elektrolyt-Lösung *(Elotrans* bzw. für Kinder *Oralpädon)*, die verlorene Flüssigkeit und Salze ergänzt, reicht bei den meist harmlosen Durchfällen völlig aus. Man kann sich selbst eine Lösung herstellen aus 4 gehäuften Teelöffeln Zucker oder Honig, 1/2 Teelöffel Salz und 1 l Orangensaft oder abgekochtem Wasser. Zur Not, z. B. vor langen Fahrten, kann auf *Imodium,* das die Darmtätigkeit ruhig legt, zurückgegriffen werden (bei der Dosierung auf den Beipackzettel achten, da die Ausscheidung von Krankheitserregern verzögert wird!). Wer Durchfälle mit Fenchel, Kamille und anderen uns bekannten Kräutertees lindern möchte, sollte sich einen Vorrat mitnehmen. Zudem hilft eine Bananen- oder Reis-und-Tee-Diät und Cola in Maßen, denn es enthält Zucker, Spurenelemente, Elektrolyte und ersetzt das verloren gegangene Wasser. Generell sollte man viel trinken und die Zufuhr von Salz nicht vergessen. Bei länger anhaltenden Erkrankungen empfiehlt es sich, einen Arzt aufzusuchen – es könnte auch eine bakterielle oder eine Amöben-**Ruhr** (Dysenterie) sein. Bei Durchfällen gilt zu bedenken, dass die Wirksamkeit anderer Medikamente, darunter die Anti-Baby-Pille, beeinträchtigt werden kann.

Erkältungen

Erkältungen sind in Tibet an der Tagesordnung. Aufgrund des wüstenähnlichen Klimas mit extremer Lufttrockenheit und starken Temperaturschwankungen läuft dauernd die Nase, die Haut wird trocken und platzt, und oft plagen einen Schnupfen und Husten, wobei die Kehle zu einem Reibeisen wird. Ein weiteres Problem ist auch Zugluft in den immer unbeheizten Verkehrsmitteln und den oft eisig kalten Unterkünften. Die chinesischen Medikamente sind in der Regel sehr wirksam und gut. Nasentropfen sind sinnvoll, damit man wegen der ohnehin schon dünnen Luft bei einer Erkältung nicht das Gefühl bekommt, zu ersticken. Wichtig sind auch Halstabletten, da man von der extrem trockenen und staubigen Luft oft eine raue Kehle und Schluckbeschwerden bekommt.

Giardiasis/Lambliasis

Giardiasis ist eine Infektion des Verdauungstraktes, ausgelöst von dem Parasiten *Giardia lamblia,* der über fäkal verunreinigtes Wasser oder Lebensmittel aufgenommen wird. Die Symptome treten ein bis zwei Wochen nach der Infektion auf: Durchfälle, Bauchkrämpfe, Blähungen, Müdigkeit, Gewichtsverlust und Erbrechen. Bei ausbleibender Behandlung (Antibiotika) verschlimmert sich das Krankheitsbild, daher sollte unverzüglich ein Arzt aufgesucht werden. Reisende nach Tibet sollten wissen, dass diese Krankheit im Hochland weit verbreitet ist. Da jedoch die entsprechenden Antibiotika in den tibetischen Städten und Ortschaften meist nicht zur Verfügung stehen, sollte die eigene Reiseapotheke entsprechend ausgerüstet sein (die nötigen Medikamente sind teils nur über ärztliche Rezepte erhältlich).

Hauterkrankungen

Die hygienischen Verhältnisse in Tibet sind insbesondere außerhalb der wenigen größeren Orte miserabel. Kopf-, Kleider-, Filzläuse, Flöhe, Milben oder Wanzen sind vor allem in Pilgerunterkünften keine Seltenheit. Die beste Vorbeugung ist eine ausreichende Hygiene und ein eigener Schlafsack.

Gegen **Kopfläuse** hilft *Organoderm*, oder, falls man wieder in Deutschland ist, *Goldgeist forte* oder Nyda L. **Flöhe** und **Wanzen**, deren Bisse fürchterlich jucken können, verstecken sich bevorzugt in schmutzigem Bettzeug – in vielen Unterkünften auf dem Land wird es jahrelang nicht gewechselt. Wanzenbisse bilden gewöhnlich eine säuberliche Linie. Nicht kratzen, sondern ein Antihistaminikum (Salbe) gegen Entzündungen auftragen.

An Stellen, an denen die Kleidung eng aufliegt, treten mitunter **Hitzepickel** auf, die man mit *Prickly Heat Powder*, Zinkoxyd oder Titanoxyd behandeln kann.

Hepatitis

Die schwere Lebererkrankung **Hepatitis B** wird vor allem durch sexuellen Körperkontakt und durch Blut (ungenügend sterilisierte Injektionsnadeln, Bluttransfusionen, Tätowierung, Piercen, Akupunktur) übertragen. Eine rechtzeitige vorbeugende Impfung, z. B. mit *Gen H-B-Vax* oder *Engerix,* ist sehr zu empfehlen. Die **Hepatitis A** wird durch infiziertes Wasser und Lebensmittel oral übertragen. Vor einer Ansteckung schützt der Impfstoff *Havrix* oder *Vaqta* (auch als Kombi-Impfung *Twinrix* für Hepatitis A und B erhältlich). Nur ein Drittel aller Europäer sind gegen Hepatitis A immun, ob die Impfung notwendig ist, zeigt ein Antikörpertest (empfehlenswert nur bei Reisenden über 50 Jahren). Hepatitis C und D werden auf demselben Weg übertragen wie Hepatitis B und können ebenfalls zu gefährlichen Langzeitschäden führen.

HIV/AIDS

Die Übertragungswege von HIV (*Human Immunodeficiency Virus*) dürften mittlerweile jedem bekannt sein: ungeschützter Geschlechtsverkehr, verschmutzte Injektionsnadeln bei Drogenmissbrauch oder Bluttransfusionen, kurz gesagt alle Wege, auf denen infiziertes Blut oder andere Körperflüssigkeiten in den eigenen Blutkreislauf gelangen können. Prävention wird, nachdem sich China ein AIDS-Problem eingestehen musste, ernst genommen. In vielen Hotels stehen auf dem Nachttisch oder im Bad Kondome, die man für wenig Geld kaufen kann.

Höhenkrankheit

In Tibet bewegt man sich ausschließlich in Höhen von über 3000 m. Bedingt durch den verminderten Druck und geringeren Sauerstoffgehalt der Luft besteht die Gefahr, höhenkrank zu werden. Das gilt auch für Lhasa!

Warnzeichen für Höhenkrankheit sind: Schlaf- und Appetitlosigkeit, Übelkeit, Kopfschmerzen, Antriebsarmut, Atemnot bei Anstrengung, Schwindel- und Kältegefühle. Alarmzeichen sind: Atemnot auch bei Nichtbewegung, rasselnder Husten, brodelndes Atemgeräusch, bleierne Müdigkeit, schwere Kopfschmerzen, Denkstörungen, allgemeine Teilnahmslosigkeit, graue Hautfarbe, blaue Lippen. Dann besteht unmittelbare Lebensgefahr! Zu den lebensbedrohlichen Situationen gehören die Entwicklung von Lungenödemen (begleitet von schweren Atemstörungen, Husten und schaumig-weißem oder lilafarbenem Sputum) oder Hirnödemen (heftige Kopfschmerzen, Gleichgewichtsstörungen, andere neurologische Symptome und eventuell Koma). Die einzige Gegenmaßnahme ist der sofortige Abstieg in Höhenlagen, in denen sich der Patient zuletzt wohl fühlte. In Tibet bedeutet dies: Ohne Verzögerung nach Kathmandu oder Chengdu fliegen. Im Falle schlimmster Symptome oder etwaiger Nachwirkungen unbedingt einen Arzt aufsuchen.

Bereits die ersten Anzeichen einer Höhenkrankheit sind unbedingt ernst zu nehmen! Die einzige wirkungsvolle Maßnahme ist der Abstieg in tiefere Regionen oder künstliche Beatmung mit Sauerstoff. In den Drogerien von Lhasa gibt es Sauerstoff aus der Spraydose, was kurze Linderung schafft. Die Sauerstoffbeatmung ist jedoch kein Ersatz für den Abstieg. Schmerzstillende Mittel können die Symptome lindern, aber gefährlicherweise auch Symptome überdecken.

Diamox und Kräutertees

Unter Trekkern und Höhenbergsteigern kursiert die Ansicht, dass **Diamox** eines der geeignetsten Medikamente zur Vermeidung der Höhenkrankheit sei. Der Wirkstoff des Diamox, das Acetazolamid, ist in der Medizin als Diuretikum (harntreibendes Mittel) bekannt. Es entwässert und vermindert die Hirnschwellung während der Anpassungsvorgänge in der Höhe. Ferner erhöht Acetazolamid die Bikarbonat-Ausscheidung über die Niere und verringert so den pH-Wert des Blutes. Dadurch wird der Atemantrieb angeregt und die Sauerstoffsättigung im Blut wieder erhöht, was sich positiv auf Kopfschmerzen und Schlaf auswirkt. Insofern unterstützt Diamox tatsächlich den Prozess der Höhenanpassung.

Bei amerikanischen Trekkinggruppen und Bergsteigern ist die prophylaktische Einnahme von Diamox zur Vorbeugung einer Höhenkrankheit durchaus üblich. Die europäische Medizin ist hier konservativer eingestellt und lehnt überwiegend eine medizinisch nicht notwendige Einnahme ab. Unter professionellen Bergsteigern gilt Diamox als unerlaubtes Dopingmittel. Wer also vorhat, Diamox zu verwenden, sollte in jedem Falle vorher einen Arzt um Rat fragen. In China (z. B. in Chengdu am Flughafen) und Tibet gibt es die deutlich harmloseren und ungiftigen chinesischen **Tees** Hongjingtian und Gaoyuanan zu kaufen, die in den ersten Tagen ebenfalls die Anpassungsprobleme lindern können. Gaoyuanan-Tee wird zum Beispiel im Dunya-Restaurant von Lhasa als „altitude relax tea" verkauft. Ebenfalls hilfreich ist die **Rosenwurzel** (Radix Rhodiola), die in Chengdu und Lhasa in Form von Kapseln, Ampullen und Tees verkauft wird. Die Rosenwurzel wächst in Tibet auf Höhen zwischen 3500 und 5000 m und soll, so steht's auf einer chinesischen Internetseite, sogar gegen „Abhängigkeit vom Internet" helfen.

In den meisten Fällen verschwinden die Symptome nach kurzer Zeit, aber selbst nach einer Akklimatisierungsphase darf man nur langsam in größere Höhen aufsteigen (pro Tag am besten nicht mehr als 300 Höhenmeter) – ansonsten können die Beschwerden erneut auftreten.

Zur Vermeidung der Höhenkrankheit empfiehlt sich die langsamere Anfahrt über Land nach Lhasa. Wer fliegt, aber auch wer mit dem Bus oder Zug ankommt, sollte mindestens drei oder vier Tage kürzer treten, sich an die Höhe gewöhnen und die Aktivitäten nur langsam steigern. Die Höhenanpassung geschieht im Wesentlichen in den ersten 10 Tagen. In dieser Zeit sollte man Tabak und Alkohol vermeiden und viel trinken.

SARS/Vogelgrippe

2002 gab es einen Aufsehen erregenden Ausbruch von **SARS** (Severe Acute Respiratory Syndrome), eine grippeähnliche Viruserkrankung, der einige tausend Menschen weltweit zum Opfer fielen. 2003 war der Ausbruch unter Kontrolle. Ebenso kommt es immer wieder zu Ausbrüchen der **Vogelgrippe**, die ihren Ursprung vermutlich in der Provinz Qinghai hat. Beide Epidemien sind von den Medien aufgebauscht worden; für Reisende ist es eher unwahrscheinlich, mit diesen Krankheitserregern in Kontakt zu kommen.

Sonnenbrand und Hitzschlag

Selbst bei bedecktem Himmel ist die Sonneneinstrahlung unglaublich intensiv, und aufgrund der hohen Konzentration der UV-Strahlung wird man förmlich geröstet. In den Sommermonaten wird es auch in großen Höhen manchmal sehr heiß. Viele Reisende treffen dennoch nur ungenügende Vorkehrungen gegen Sonnenbrand und Hitzschlag, obwohl dies nicht nur bei Bergwanderungen, sondern generell unter Tibets Himmel unbedingt notwendig ist. Als wichtigste Schutzmaßnahmen empfiehlt es sich, regelmäßig Mittel mit hohem Sonnenschutzfaktor, mindestens LF30 oder am besten Sunblocker, auf die Haut aufzutragen, dünne Handschuhe, Hut und Sonnenbrille zu tragen und tagsüber viel zu trinken.

Erschöpfungszustände bei Hitze äußern sich durch Kopfschmerzen, Übelkeit, Benommenheit und erhöhte Temperatur. Um die Symptome zu lindern, sollte man unbedingt Schatten aufsuchen und genügend Flüssigkeit zu sich nehmen. Erbrechen und Orientierungslosigkeit können auf einen Hitzschlag hinweisen, der potenziell lebensbedrohlich ist – deshalb muss man sich sofort in medizinische Behandlung begeben.

Thrombose

Aufgrund des Bewegungsmangels verringert sich bei langen Flugreisen der Blutfluss im Körper, vor allem in den Beinen. Dadurch kann es zur Bildung von Blutgerinnseln kommen, die, wenn sie sich von der Gefäßwand lösen und durch den Körper wandern, eine akute Gefahr darstellen (z. B. Lungenembolie). Gefährdet sind v. a. Personen mit Venenerkrankungen oder Übergewicht, aber auch Schwangere, Raucher oder Frauen, die die Pille nehmen. Das Risiko verhindern Bewegung, viel trinken (aber keinen Alkohol) und notfalls Kompressionsstrümpfe der Klasse 1–2.

Tollwut

Tibeter lieben Hunde – sie gelten als Reinkarnationen von Mönchen, die vom Weg der Erlösung abgekommen sind. Daher findet man oft große Hunderudel in und um die Klöster. Einige sehen gepflegt aus, die meisten sind erbärmlich und flohverseucht. Die Rudel liegen meist träge in der Sonne, können aber urplötzlich auch extrem gefährlich werden. Dort, wo streunende Hunde ein Problem sind (in der Nähe von Dörfern und Klöstern), sollte man immer einen Stock oder Stein parat haben. Auch Pfeffersprays sind nützlich. Besonders gefährdet sind Radfahrer und Wanderer, die allein unterwegs sind. Wer von einem Hund gebissen wird, muss sich sofort impfen lassen, da eine Tollwutinfektion sonst tödlich endet. Eine vorbeugende Impfung ist sehr teuer und nur bei längerem Aufenthalt oder besonderer Exposition (intensiver Kontakt mit Tieren etc.) ratsam. In Tibet kann man sich zurzeit nur im Peoples Hospital in Lhasa (s. S. 170) impfen lassen.

Typhus/Paratyphus

Typhus ist eine Salmonellenerkrankung, die durch die Einnahme infizierter Lebensmittel oder Wasser verursacht wird. Typische Symptome:

über 7 Tage hohes Fieber einhergehend mit einem eher langsamen Puls und Benommenheit. Empfehlenswert ist die gut verträgliche Schluckimpfung mit *Typhoral L* für alle Reisenden. Drei Jahre lang schützt eine Injektion des neuen Typhus-Impfstoffs *Typhim VI* oder *Typherix,* ehe er wieder aufgefrischt werden muss.

Unterkühlung

Tibet erlebt nicht nur im Winter äußerst tiefe Temperaturen, auch in den Sommermonaten kann es empfindlich kalt werden. Eine Gefahr stellt eine etwaige Unterkühlung dar, welche die Körpertemperatur in lebensbedrohlicher Weise sinken lassen kann. Zu den Symptomen gehören schwacher Puls, Orientierungslosigkeit, Betäubungsanzeichen, Sprachstörungen und Erschöpfungszustände. Zum Schutz sollte man mehrschichtige Kleidung und eine Mütze (die meiste Körperwärme entweicht durch den Kopf) tragen, genügend Kohlenhydrate zu sich nehmen und sich vor Nässe und Wind schützen.

Unterkühlte Personen müssen gegen Wind und Nässe geschützt untergebracht werden und heiße (nicht-alkoholische) Getränke sowie leicht verdauliches Essen zu sich nehmen. Wichtig ist eine wärmende Lagerung. In ernsten Fällen ist eine unverzügliche Krankenhausbehandlung erforderlich. In den letzten Jahren haben vor allem Tramper die tiefen Temperaturen immer wieder völlig unterschätzt und sind auf den Ladeflächen von Lkw erfroren.

Wundinfektionen

Unter unhygienischen Bedingungen können sich schon aufgekratzte Mückenstiche zu beträchtlichen Infektionen auswachsen, wenn sie unbehandelt bleiben. Wichtig ist es, dass jede noch so kleine Wunde sauber gehalten, desinfiziert und evtl. mit Pflaster geschützt wird. In jeder Apotheke gibt es Antibiotika-Salben, die den Heilprozess unterstützen.

Wundstarrkrampf

Wundstarrkrampf-Erreger findet man überall auf der Erde. Verletzungen kann man nie ausschließen, und wer noch keine Tetanusimpfung hatte, sollte sich unbedingt zwei Impfungen im 4-Wochen-Abstand geben lassen, die nach einem Jahr aufgefrischt werden müssen. Danach genügt eine Impfung alle 10 Jahre. Am besten ist die Kombi-Impfung mit dem Polio-Tetanus-Diphtherie-(Td-)Impfstoff für Personen über 5 Jahre, mit der gleichzeitig ein Schutz vor Diphtherie und Polio einhergeht.

Sprachführer Tibetisch

Nur wenige Tibeter, hauptsächlich jene, die im Tourismus beschäftigt sind, sprechen irgendeine Fremdsprache. Wenn sie überhaupt eine andere Sprache sprechen, dann meist etwas Hochchinesisch. Sich ohne einen Sprachkurs auf Tibetisch verständigen zu wollen ist ein relativ aussichtsloses Unterfangen. Allerdings freuen sich die meisten Tibeter, wenn man es wenigstens versucht, und werden mit Begeisterung darauf eingehen. Wer sich allein und abseits der ausgetretenen Pfade bewegt oder sich auf eine selbst organisierte Trekkingtour begibt, sollte sich die Mühe machen, schon im Vorfeld etwas Tibetisch zu lernen, da Sprachkenntnisse bei solchen Unternehmungen unerlässlich sind. Hilfreich ist der kleine Band *Kauderwelsch, Tibetisch Wort für Wort* von Florian Reissinger (Bielefeld, 5. Aufl. 2007), der dem Reisenden die zentraltibetische Umgangssprache Lhasas nahe bringen will. Wer versucht, seine Sprachkenntnisse nach der Lektüre anzuwenden, wird viel Spaß haben.

Die tibetische Sprache

Die tibetische Sprache gehört zur kleinen tibetobirmanischen Sprachfamilie, einer Untergruppe der sinotibetischen Sprachen. Sie weist weder Ähnlichkeiten mit dem Hochchinesischen noch mit dem Hindi auf. Das Tibetische ist eine nichtflektierende Sprache, d. h. die Wörter sind immer unverändert, und eine monosyllabische Tonsprache, d. h. eine einzelne Silbe ist Laut- und Bedeutungsträger und deren Tonhöhe signifikant für die Bedeutung. Nur bei den Verben gibt es verschiedene Stammformen, für Präsens, Perfekt, Futur und Imperativ. Den Verbstammformen sieht man allerdings nicht an, welche Person bzw. Personen (1., 2. oder 3. Sing./Plural) spricht bzw. sprechen. Es gibt keinen Passiv, keinen Konjunktiv und keinen echten Komparativ.

Komplikationen ergeben sich durch die zahlreichen regionalen Dialekte (dem folgenden kleinen Sprachführer liegt der in Lhasa verbreitete Dialekt zugrunde). Bei der Wortstellung ist zu beachten, dass das Verb stets am Ende des Satzes steht: So wird beispielsweise der Satz „Die Nudelsuppe ist köstlich" zu *tukpa de shimbo do* – wörtlich übersetzt „Nudelsuppe die köstlich ist". Bei der Aussprache bereitet eigentlich nur das *ng* am Wortanfang Probleme, das wie in „sang" ausgesprochen wird.

Tibetische Schrift

Die tibetische Schrift, deren Alphabet aus 30 Grundbuchstaben und fünf Vokalzeichen besteht, entstand im 7. Jh. Die Vokale, mit Ausnahme des allein stehenden A, zählen nicht als Buchstaben, sondern werden den Konsonanten durch die Vokalzeichen in Form kleiner Häkchen zugefügt und beim Schreiben entweder neben, über oder unter die anderen Buchstaben gesetzt, was bei der Übertragung ins römische Alphabet unweigerlich zu Ungenauigkeiten führt. Die tibetische Schrift, die zur grafischen Darstellung einer Silbe benutzt wird, ist eine rechtsläufige Buchstabenschrift, die dreierlei leisten muss, nämlich die Lautung der Silbe angeben, eventuelle Veränderungen der Lautung (der Tonhöhe z. B.) und semantische Unterschiede bei homophonen Silben angeben.

Konsonanten

Zeichen/Wert		Zeichen/Wert		Zeichen/Wert		Zeichen/Wert	
ཀ	ka	ཁ	kha	ག	ga	ང	nga
ཅ	ca	ཆ	cha	ཇ	ja	ཉ	nya
ཏ	ta	ཐ	tha	ད	da	ན	na
པ	pa	ཕ	pha	བ	ba	མ	ma
ཙ	tsa	ཚ	tsha	ཛ	dza		
ཝ	wa	ཞ	zha	ཟ	za	འ	'
ཡ	ya	ར	ra	ལ	la		
ཤ	sha	ས	sa	ཧ	ha		

Vokale

ཨ a ཨི a ཨུ u ཨེ e ཨོ o

Umschriftsysteme

Die Transkription tibetischer Begriffe und Eigennamen in die lateinische Schrift ist insofern problematisch, als es kein System gibt, das sich in nicht-wissenschaftlichen Publikationen in deutscher Sprache durchgesetzt hat. (Das in den USA weit verbreitete Wylie-System ist für Laien nur schwer zu lesen,) Das hat dazu geführt, dass so ziemlich jede Veröffentlichung ihr eigenes System benutzt. Wer einmal versucht hat, einen tibetischen Begriff per Suchmaschine im Internet zu finden, wird schnell feststellen, dass man viele verschiedene Schreibvarianten eingeben muss, um zur gewünschten Information zu gelangen. Von der Uno empfohlen ist ein chinesisches System, das sich am Pinyin, dem für die Transkription des Chinesischen in lateinische Buchstaben benutzten Umschriftsystems, orientiert. Der Nachteil ist, dass es außerhalb Chinas kaum benutzt wird und die Aussprache ebenfalls erst erlernt werden muss. Der Vorteil ist jedoch, dass es, wenn man es einmal beherrscht, die tibetische Aussprache in der Regel recht genau trifft.

Für die Ortsnamen in diesem Buch gilt: In Tibet nimmt man es mit der Namensgebung und -schreibung in Publikationen und auf Straßenschildern nicht sehr genau. Weil das so ist und daher oft verschiedene Namen für ein und denselben Ort kursieren, sind, soweit sinnvoll, alle gängigen Namen aufgeführt, auf die man vor Ort treffen kann. Auch in westlichen Publikationen unterscheiden sich die Schreibweisen von Ortsnamen oft erheblich. Für die Umschrift aller geografischen Namen in diesem Buch wurde das *Dictionary of Common Tibetan Personal and Place Names*, Foreign Language Press, Beijing 2004, zugrunde gelegt. Die Namen der buddhistischen Gottheiten sind überwiegend in ihrer Sanskritform wiedergegeben, da sie unter diesem Namen bei uns meist bekannter und in anderen Quellen einfacher zu finden sind.

Tibetisch für alle Fälle

Die meisten tibetischen Konsonanten gleichen in der Aussprache den unsrigen. Ein den Konsonanten nachgestelltes „h" deutet ihre Aspiration an, also ph als aspiriertes p und nicht etwa f. Ng ist ein selbstständiges Phonem – so wie im Wort „Gesang" – und kann auch am Anfang eines Wortes stehen. Für diesen kleinen Sprachführer genügt die Darstellung der Konsonanten, ohne Angabe der Tonhöhe (der Lhasa-Dialekt hat vier Töne: hoch eben, hoch fallend, tief eben und tief fallend).

Die 30 Grundbuchstaben

k	wie in Kanne
kh	aspiriertes k
g	wie g in Gang
ng	wie ng in Zeitung
c	wie tsch in Tschüss
ch	wie c in ciao (etwas stärker aspiriert als in Tschüss)
j	wie j im englischen Jack
ny	wie ny im englischen Canyon
t	wie in Tat
th	aspiriertes t
d	wie deutsches d
n	wie deutsches n
p	wie p in Papa
ph	aspiriertes p
b	aspiriertes b
m	wie deutsches m
ts	wie zz in Pizza
tsh	behauchtes ts, kein tsch
dz	wie ds in Dsungaren
w	Reibelaut wie v im spanischen Valencia (also eher wie ein b gesprochen)
z	wie stimmhaftes s in Sonne
zh	wie j im französischen journal
y	wie y in Yak
ḥ	Vokalträger für den vokalischen An- oder Auslaut einer Silbe
r	tiefes, amerikanisch gesprochenes r wie in right
l	mit deutlichem h gesprochenes l wie in Lhasa
s	stimmlos wie in Tasse
sh	wie sch in schließen
h	wie deutsches h
a	wie deutsches a

Allgemeines

danke	*tujeche*
ja	re
nein	*mare (mindu)*
Entschuldigung	*ghonda*
o.k.	*digi re*

Hallo (allgemeine Grußformel)
tashi delek

Auf Wiedersehen
kaleshu (wenn man selbst geht)
kalepay (wenn der Besuch geht)

Schön, Sie zu sehen.
*Kerang tukpa gapo*chung.

Wie geht es Ihnen?
Kerang debo yinbe?

Mir geht es gut.
Nga debo yin.

Mir geht es nicht gut.
Nga debo min.

Wie heißen Sie?
Kerangi mingla karey re?

Ich heiße …
Nge mingla … min.

Ich verstehe nicht.
Nga hako masong.

Kein Problem.
Kay chegi mare.

Das ist nicht o.k.
Yapo mindu.

Das ist genug.
Dik song.

Das mag/will ich nicht.
Mo gerh.

Ich weiß nicht.
Nga shingi meh.

Darf ich ein Foto machen?
Nga pargyapna digi rebay?
Wie heißt das auf Tibetisch?
Perke nangla di kandres lab gire?
Was bedeutet das?
Di terntak karey re?
Wo/Wo ist …?
Kaba/… kaba du?

Post	*drakhang*
Bank	*ngukhang*
Was?	*Karey?*
Wann?	*Kadu?*
Wie viel?	*Katsey?*
Wie weit?	*Ta ringpo rebay?*

Kennenlernen

Woher kommen Sie?
Kerang lungpa kane yin?
Wie alt sind Sie?
Kerang lo katsay yin?

Nomade	*drokpa*
Bauer	*shingpa*
Mönch	*trapa*
Pilger	*nekorpa*
verheiratet	*changsa*
Single	*migyang*
Ehemann	*kyoka*
Ehefrau	*gyemen*
Mutter	*ama*
Vater	*apa*
Kinder	*puku*
Sohn	*pu*
Tochter	*pumo*

Nettigkeiten

gut	*yapo du*
sehr gut	*yapo shedra re*
schön	*nying jepo du*

Das Essen ist lecker!
Kala shimpo du!
Der Ort ist herrlich!
Nga sacha dila gapo yur!
sehr interessant
nangwa dropo shedra re
Es hat uns gefallen!
Ngantso gyipo chung!
Viel Glück!
Lamdro yongbar shok

Notfall, Polizei, Arzt

Pass	*chi tern lakteb*
Permit	*lakyer (chokchen)*
Public Security	*gonganju (Chinesisch)* *sangwe nyen tokbe ekung (Tibetisch)*
Polizei	*gonganju*
Tourist	*takorwa*
krank/sehr krank	*nagi du/shedra nagi du*
Höhenkrankheit	*zatuki natsa*
Kopfweh	*gonagi du*
Fieber	*tsawa pargi du*
Sauerstoff	*kabu*
Notfall	*zatrak netsul du*
Krankenhaus	*menkhang*

Ich wurde vom Hund gebissen.
Khi chik sogyab song.
Ich brauche sofort einen Arzt.
Nga gyokpo amchi laten gerh gi du.

Transport

Fahrer	*siji/kalowa*
Fahrschein	*pasey*
Flughafen	*namtang*
motorisiertes Fahrzeug	*mota/noomkor*
Fahrrad	*gangkor*
Pferd	*ta*

Ich möchte einen Landcruiser mieten.
Nga landkrusa chik lander yur.
Vermieten Sie Fahrräder?
Gangkor laya yurbe?
Was kostet eine Stunde?
Chutsu chik la katsey re?
Was kostet es für einen Tag?
Nyima chik la katsey re?
Wann fährt der Bus?
Jijger lun korte chutsu katser la drogi re?
Bitte langsamer fahren!
Kale kale drorok nang.
Bitte halten Sie hier!
Tuk rok nang.
Ich will nach/zum … gehen.
… la dronder yur.

Trekking

Zelt	*kur*
Schlafsack	*nyeche*
Kocher	*tapga*
Träger	*jalak kyerken*
Führer	*lamtriken*

Ich möchte ein Yak mieten.
Nga yak chik lander yur.
Ist das der Pfad nach ...?
Di ... droya ki lamka rebay?
Wie viele Stunden sind es noch bis ...?
... pardu chutsu katsey gorgi re?

Übernachtung

Hotel	*drukhang*
Gästehaus	*drongkhang*
Zimmer	*khangpa*
Bett	*nyetri*
Telefon	*kapa*
Schlüssel	*deymi*
Decke	*nyejay*
Kerze	*yangla*
Toilette/Klopapier	*sangcher/sangcher shuku*
Dusche	*trukhang*
heiße Dusche	*trukhang tsapo*
Handtuch	*ajo*

Kann ich das Zimmer sehen?
Khangpa la migtrana digi rebay?
Haben Sie ein Zimmer mit WC?
Khang panang lola sangcher yur rebay?
Thermoskanne mit heißem Wasser
chadam chu tsapo

Essen

hungrig	*trokok toki du*
durstig	*kha komgi du*
Restaurant	*sakhang*
Teehaus/-raum	*jakhang*
Schüssel mit Nudeln	*thukpa*
Teigtaschen	*momo*
gebratenes Gemüse	*tsema ngowa*
Fleisch	*sha*
Jogurt	*sho*
Wasser	*chu*
abgekochtes Wasser	*chu kolma*
indischer Tee	*cha ohma*
Buttertee	*cha suma*
tibetisches Bier	*chang*
Salz	*tsa*
Zucker	*che makara*

Können Sie mir ... bringen?
... chikyer yong roknang?

Einkaufen

groß	*chenpo*
klein	*chung chung*
alt	*nyingpa*
neu	*saba*
zu teuer	*di gong chenpo shedra du*
Rabatt	*gong jakya yurbe*

Wie teuer ist das?
Gong katsey re?
Können Sie es billiger machen?
Gong jak tupki rebe?

Zeit

heute	*tering*
jetzt	*tanda*
heute Abend	*tagong*
gestern	*kesa*
morgen	*sangyin*
Morgen	*shoke*
Nachmittag	*chitro*
Abend	*gongtak*
Jahr	*lo*
Monat	*dawa*
Woche	*zankor*
Tag	*nyima*
Stunde	*chutsu*
Montag	*sa dawa*
Dienstag	*sa migma*
Mittwoch	*sa lhakba*
Donnerstag	*sa pubu*
Freitag	*sa pasang*
Samstag	*sa pemba*
Sonntag	*sa nyima*

Zahlen

0	*lekor*
1	*chik*
2	*nyi*
3	*sum*
4	*shi*
5	*nga*

6	*druk*
7	*dun*
8	*gye*
9	*gu*
10	*ju*
11	*ju chik*
12	*ju nyi*
13	*jok sum*
14	*jub shi*
15	*jo nga*
16	*ju druk*
17	*ju dun*
18	*job gye*
19	*ju gu*
20	*nyi shu*
21	*nyi shu tsa chik*
30	*sum ju*
40	*shib ju*
50	*ngab ju*
60	*druk chu*
70	*dun ju*
80	*gyeb ju*
90	*gub ju*
100	*gya tamba*
200	*nyi gya*
300	*sum gya*
1000	*chik tong*

Geografische Begriffe

Fluss	*gyuk chu/tsangpo*
Quelle	*chumi*
heiße Quelle	*chukerl*
Dorf	*trongsep*
Stadt	*trongte*
Festung	*dzong*
Kloster	*gompa*
Tempel	*lhakhang*
Markt	*trom*
Eis	*kyakpa*
Schnee	*kang*
Regen	*charpa*
Pass	*la*
Hügel, Berg	*ri*
Ebene	*tang*
See	*tso*
Norden	*chang*
Süden	*lho*
Osten	*shar*
Westen	*nub*

Sprachführer Chinesisch

Aussprache und Umschrift

c	**ts**-Zischlaut wie in zaubern
e	kurzes, fast stummes **e** wie am Wortende in Leute
h	**ch** wie in ach
j	**dsch** wie in Dschungel
q	**tsch** wie in deutsch
r	wie ein englisches **r**
s	stimmloses **s** wie in Nuss
u	nach j, q, x, y wie **ü**
x	**ch**, ähnlich wie in ich
y	**j** wie in ja
z	**ds** wie in Landsmann
ch	**tsch** wie in deutsch
sh	**sch** wie in schön
zh	**dsch** wie in Dschungel
ian	zwischen **iän** und **ien**
ong	wie **ung**
eng	wie **e/ö** mit **ng**, nasal

Tonhöhen

Vier bzw. fünf Tonhöhen erhöhen die Varianten der vielen gleichlautenden Silben:

ˉ	konstanter Ton (1. Ton)
ˊ	ansteigender Ton (2. Ton)
ˇ	erst fallender, dann steigender Ton (3. Ton)
ˋ	fallender Ton (4. Ton)

Zahlen

1	*yī*	一
2	*èr*	二
3	*sān*	三
4	*sì*	四
5	*wǔ*	五
6	*liù*	六
7	*qī*	七
8	*bā*	八
9	*jiǔ*	九
10	*shíyī*	十
11	*shíy*	十一
20	*èrshí*	二十
100	*yī bāi*	一百
200	*liǎng bāi*	两百
1000	*yī qiān*	一千
10 000	*yī wàn*	一万

Allgemeines

Guten Tag	*nǐ hǎo*	你好
Guten Abend	*wǎnshàng hǎo*	晚上好
Gute Nacht	*wǎn'ǎn*	晚安
Auf Wiedersehen	*zàijiàn*	再见
Entschuldigung	*duìbùqǐ*	对不起
Bitte	*qǐng*	请
Danke	*xiè xie*	谢谢
Wie heißen Sie?	*nǐ guì xìng?*	你贵姓
Mein Name ist …	*wǒxìng □ …*	我姓…

Unterwegs

Flughafen	*fēijīchǎng*	飞机场
Zug	*huǒchē*	火车
Bahnhof	*huǒchēzhàn*	火车站
Bus	*gōnggòng qìchē*	公共汽车
Haltestelle	*zhàn*	站
Taxi	*chūzūchē*	出租车
rechts	*yòubiàn*	右边
links	*zuǒbiàn*	左边
geradeaus	*yìzhī zǒu*	一直走
Telefon	*diànhuà*	电话
Postamt	*yóujú*	邮局
Stadtplan	*dìtú*	地图
Eingang	*rùkǒu*	入口
Ausgang	*chūkǒu*	出口
geöffnet	*yíngyè zhōng*	营业中
geschlossen	*guānmén*	关门
Tempel	*sìmiào*	寺庙
Pagode	*tǎ*	塔
Museum	*bówùguǎn*	博物馆

Zeit

Stunde	*xiǎoshí*	小时
Tag	*tīan*	天
Woche	*xīngqī*	星期
Monat	*yuè*	月
Jahr	*nián*	年
heute	*jīntīan*	今天
morgen	*míngtīan*	明天
Montag	*xīngqīyīī*	星期一
Dienstag	*xīngqīèr*	星期二
Mittwoch	*xīngqīsān*	星期三
Donnerstag	*xīngqīsì*	星期四
Freitag	*xīngqīwǔ*	星期五
Samstag	*xīngqīliù*	星期六
Sonntag	*xīngqītīan*	星期天

Einkaufen

Kaufhaus	*bǎihùo shāngdiàn*	百货商店
Markt	*shìchǎng*	市场
Geld	*qián*	钱
Kreditkarte	*xìnyòngkǎ*	信用卡

Essen und Trinken

Restaurant	*cāntīng/fàndiàn*	餐厅 / 饭店
Frühstück	*zǎofàn*	早饭
Mittagessen	*wǔfàn*	午饭
Abendessen	*wǎnfàn*	晚饭
Flasche	*píngzi*	瓶子
Glas/Tasse	*bēizi*	杯子

Übernachten

Hotel	*bīnguǎn/fàndiàn*	宾馆 / 饭店
Einzelzimmer	*dānrén fángjiān*	单人房间
Doppelzimmer	*shuāngrén fángjiān*	双人房间
Dusche	*línyù*	淋浴
Toilette	*cèsuǒ*	厕所
Gepäck	*xínglǐ*	行李
Rechnung	*zhàngdān*	帐单

Notfall

Hilfe!	*jiùmìng!*	救命
Unfall	*shìgù*	事故
Polizei	*jǐngchá*	警察
Arzt	*yīshēng*	医生
Apotheke	*yàofáng*	药房
Krankenhaus	*yīyuàn*	医院
Zahnarzt	*yákē yīshēng*	牙科医生

Im Restaurant

Ich möchte einen Tisch für … Personen reservieren.	*wǒyào yùdìng yī ge … rén de zhūozi*	我要预订一个 … 人的桌子
Ist hier frei?	*zhège wèizi kòng ma?*	这个位子空吗?
Bitte die Speisekarte!	*qǐng nǐ gěi wǒcáidàn!*	请你给我菜单!
Ich hätte gern …	*wǒxiǎng yào …*	我想要 …
Ich bin Vegetarier	*wǒchī sù*	我吃素
Spezialität des Hauses	*náshǒucài*	拿手菜
Snacks/Vorspeisen	*qǐng bú yào làjiāo*	请不要辣椒
Messer	*dàozi*	刀子
Gabel	*chāzi*	叉子
Löffel	*tiáogēng*	调羹
Essstäbchen	*kuàizi*	筷子
Salz	*yán*	盐
Pfeffer	*hújiāo*	胡椒
Prost!	*gānbēi!*	干杯
Die Rechnung bitte!	*qǐng jiézhàng!*	请结账

Vorspeisen

泡菜	*pào cài*	**eingelegtes Gemüse**
春卷	*chūnjuǎn*	**Frühlingsrolle**
锅贴	*gūotīe*	**gebratene Fleisch und Gemüsetaschen**
麻辣牛肉	*málà níuròu*	**Rindfleisch in Chilisoße**
辣白菜	*là báicài*	**scharfer Weißkohlsalat**
拌青椒	*bàn qīngjiāo*	**Paprikasalat**
糖醋拌黄瓜	*tángcù bán huánggūa*	**süß-saurer Gurkensalat**

Gemüse

蔬菜	*shúcaì*	**Gemüse**
茄子	*qiézi*	**Aubergine**
竹笋	*zhúsǔn*	**Bambussprossen**
腰果	*yāoguǒ*	**Cashewnüsse**
花生米	*huāshēngmǐ*	**Erdnüsse**
黄瓜	*huángguā*	**Gurke**
土豆	*tǔdòu*	**Kartoffel**
大蒜	*dàsuàn*	**Knoblauch**
青椒	*qīngjiāo*	**grüne Paprika**
蘑菇	*mógu*	**Pilze**
豆腐	*dòufu*	**Sojabohnenquark**
豆芽	*dòuyá*	**Sojasprossen**
菠菜	*bōcài*	**Spinat**
西红柿	*xīhóngshì*	**Tomate**

Ei, Fleisch, Fisch und Meeresfrüchte

鸡蛋	*jīdàn*	**Ei**
鱼	*yú*	**Fisch**
鸡肉	*jīròu*	**Hühnerfleisch**
鸭子	*yāzi*	**Ente**
虾仁	*xiārén*	**Garnelen**
螃蟹	*pángxiè*	**Krebs**
羊肉	*yángròu*	**Lammfleisch**
牛肉	*niúròu*	**Rindfleisch**
猪肉	*zhūròu*	**Schweinefleisch**

Obst

菠萝	*bōluó*	**Ananas**
苹果	*píngguǒ*	**Apfel**
桔子	*júzi*	**Apfelsine**
香蕉	*xiāngjiǎo*	**Banane**
荔枝	*lìzhī*	**Litschi**
桃子	*táozi*	**Pfirsich**
葡萄	*pútáo*	**Traube**
西瓜	*xīguā*	**Wassermelone**

Getränke

矿泉水	*kuàngqúanshǔi*	**Mineralwasser**
开水	*kāishǔi*	**abgekochtes Wasser**

汽水	*qìshŭi*	Limonade
桔子汁	*júzizhī*	Orangensaft
啤酒	*píjiŭ*	Bier
白酒	*báijiŭ*	Schnaps
干红葡萄酒	*gānhóng pútáojiŭ*	trockener Rotwein
干白葡萄酒	*gānbái pútáojiŭ*	trockener Weißwein
绿茶	*lǜchá*	grüner Tee
红茶	*hóngchá*	schwarzer Tee
咖啡/白糖	*kāfeī/báitáng*	Kaffee/Zucker
牛奶	*niúnăi*	Milch

Zubereitung

干煎	*gānjiān*	frittiert
烤	*kăo*	gebacken
蒸	*zhēng*	gedämpft
炖	*dùn*	gedünstet
烧烤	*shāokăo*	gegrillt
煮	*zhŭ*	gekocht
焙	*bèi*	geröstet
煨	*wēi*	geschmort

Beilagen

汤	*tāng*	Suppe
面条/炒面	*miàntiăo/chăomiàn*	Nudeln/gebratene Nudeln
米饭/炒饭	*mĭfàn/chăofàn*	Reis/gebratener Reis

Huaiyang-Küche (Shanghai etc.)

叫花子鸡	*Jiàohuāzi Jī*	Bettlerhuhn
东坡焖肉	*Dōngpō Mènròu*	Geschmorter Schweinebauch nach Su Dongpo
红棉虾团	*Hóngmián Xiātuán*	Krabbenbällchen
西湖醋鱼	*Xīhú Cùyú*	Süßsaurer Fisch aus dem Westsee
龙井虾仁	*Lóngjíng Xiārén*	Drachenbrunnen-Krabbenfleisch

Typische Gerichte/Guangdong-Küche

纸包虾	*Zhĭbāo Xiā*	Garnelen in Teighülle
柠檬鸡	*Níngméng Jī*	Huhn in Zitronensauce
叉烧	*Chāshāo*	Schweinefleisch in Honig gebraten
蚝油白菜	*Háoyóu Báicài*	Chinakohl in Austernsoße
清蒸鱼	*Qīngzhēng Yú*	gedämpfter Fisch mit Ingwer

Shandong-Küche (Beijing etc.)

红烧牛肉	*Hóngsháo Niúròu*	in Sojasoße geschmortes Rindfleisch
涮羊肉	*Shuàn Yángròu*	Mongolischer Feuertopf
香酥羊肉	*Xiāngsū Yángròu*	knusprig frittiertes Lammfleisch
北京烤鸭	*Běijīng Kăoyāā*	Pekingente

Sichuan-Küche

公保鸡丁	*Gōngbǎo Jīdīng*	**gebratene Hühnerfleischschwürfel mit Chili und Erdnüssen**
水煮牛肉	*Shuǐzhǔ Niúròu*	**gekochte, scharfe Rindfleischstreifen**
爆米肉片		**knusprig gebratener Reis mit Schweinefleisch**
麻婆豆腐	*Mápó Dòufu*	**scharf gewürzter Tofu**

Nachspeisen

八宝饭	*bābǎo fàn*	**Acht-Schätze-Reis**
荷叶饼	*héyè bīng*	**Lotus-Küchlein**
杏仁酥	*héyè bīng*	**knusprige Mandelküchlein**
拔丝苹果	*básī píngguǒ*	**warm kandierte Äpfel**

Anhang

Mudras

Buddhas, Bodisattvas und viele andere Gottheiten werden in der Ikonographie in der Regel mit verschiedenen Gesten (Mudras) und Posen (Asanas) dargestellt. Dabei können sie zusätzlich Ritualobjekte in den Händen halten. An dieser Stelle werden die wichtigsten Mudras, die man in Tibet zu sehen bekommt, vorgestellt. Rechte und linke Hand können dabei parallel unterschiedliche Mudras zeigen.

Ermutigungsgeste (Abhaya-Mudra)

Dieses Mudra wird auch Geste der Schutzgewährung oder Geste der Furchtlosigkeit genannt. Die nach oben weisende und zum Betrachter hin geöffnete Hand soll den Gläubigen ermutigen, dem Buddha oder Bodhisattva näher zu treten. Meist wird diese Geste mit der rechten Hand ausgeführt, sie kann aber auch linkshändig vorkommen. Das Abhaya-Mudra sieht man meist bei Buddha Shakyamuni und dem Dhyani-Buddha Amoghasiddhi.

Geste der Lehrdarlegung (Vitarka-Mudra)

Diese Geste wird manchmal auch Mudra der Diskussion genannt. Daumen und Zeigefinger

der rechten Hand formen einen Kreis, der das Rad der Lehre symbolisiert. Alle anderen Finger sind nach oben gerichtet. Das Vitarka-Mudra sieht man meist bei den Taras und Bodhisattvas.

Erdberührungsgeste (Bhumisparsha-Mudra)

Der sitzende Buddha berührt mit den Fingerspitzen die Erde, um sie als Zeugin für die Wahrheit seiner Worte anzurufen. Der Arm hängt über dem Knie. Die Handflächen zeigen nach innen, alle Finger sind nach unten gerichtet, die linke Hand liegt mit der Handfläche nach oben auf dem Schoß. Diese Geste ist ein Zeichen dafür, dass Buddha, als er Erleuchtung erlangt hatte, die Erde als Zeugin für seine Standhaftigkeit gegen Mara, die Verkörperung der Leidenschaften und des Begehrens, anrief. Das Bhumisparsha-Mudra ist ein Erkennungsmerkmal des Dhyani-Buddha Akshobhya.

Geste der Gunstgewährung (Varada-Mudra)

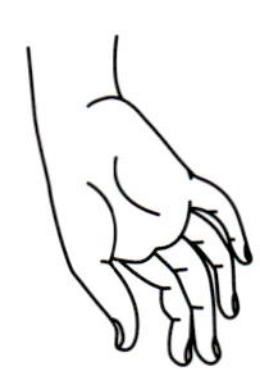

Die geöffnete, abwärts weisende rechte Hand deutet die Bereitschaft an, das Gewünschte zu gewähren. Der Arm hängt mit nach außen gerichteten Handflächen herab. Das Mudra kann auch mit der linken Hand vollzogen werden. Die Geste ist meist beim Dhyani-Buddha Ratnasambhava, beim Bodhisattva Avalokiteshvara, der Weißen Tara und gelegentlich beim stehenden Buddha Shakyamuni zu sehen.

Asketengeste (Shramana-Mudra)

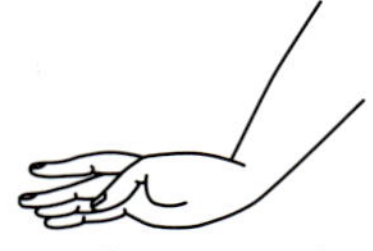

Bei der Geste der Entsagung und des Verzichts ist die rechte Hand vom Körper nach unten weggestreckt, um anzudeuten, dass alle weltlichen Genüsse aufgegeben werden.

Geste des Begreifens (Cincihna-Mudra)

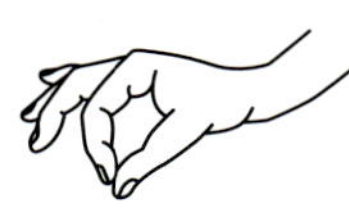

Daumen und Zeigefinger begreifen einen feinen Gegenstand, ein „Körnchen" der Wahrheit. Diese Geste ist ein Symbol des geistigen Begreifens.

Drohgeste (Tarjana-Mudra)

Der erhobene Zeigefinger ist auf Dämonen oder Gegner des Buddhismus gerichtet, die anderen Finger sind zu einer Faust geballt. Das Mudra kommt auch linkshändig vor. Man sieht dieses Mudra bei zornvollen Gottheiten wie Hayagriva, aber auch bei Usnisavijaya (Vijaya), die zusammen mit Amitayus und der Weißen Tara eine der drei Gottheiten der Langlebigkeit ist.

Bannungsgeste (Karana-Mudra)

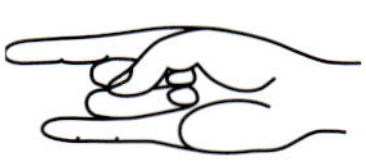

Wie mit den Hörnern eines wilden Yak geht der Adept gegen den Dämon vor. Die Hand wird waage- oder senkrecht mit der Handfläche nach vorne gehalten. Der Daumen hält die beiden mittleren Finger, während der kleine und der Zeigefinger nach vorne zeigen. Die Mudra kann auch mit der linken Hand vollzogen werden und ist vor allem bei Ekajati und Yama zu sehen.

Mußegeste (Avakasha-Mudra)

Die sitzende Person hält die linke Hand, Innenfläche nach oben auf dem Schoß. Dieses Mudra sieht man meist, wenn die rechte Hand eines Buddhas, Bodhisattvas oder Heiligen die Erdberührungsgeste oder die Geste der Lehrdarlegung zeigt. In diesem Falle ist das Mudra ein Symbol für die Stabilität ihres meditativen Gleichgewichts.

Meditationsgeste (Dhyana-Mudra)

Die sitzende Figur hält die Hände im Schoß übereinander gelegt, die rechte Hand ist immer oben, die Handflächen zeigen nach oben, die Finger sind ausgestreckt. Dies ist die Geste von Buddha Shakyamuni, Dhyani-Buddha Amitabha und den Medizin-Buddhas.

Geste des Andrehens der Lehre (Dharmachakrapravartana-Mudra)

Bei der Lehrgeste werden beide Hände vor der Brust gehalten. Daumen und Zeigefinger der rechten Hand formen das Rad der Lehre, der Mittelfinger der linken Hand versetzt es symbolisch in Rotation. Damit wird an Buddhas erste Predigt erinnert, mit der er das Rad der Lehre in Gang setzte. Diese Geste ist typisch für den Dhyani-Buddha Vairocana, für Shakyamuni, Dipamkara und Maitreya.

Geste des „Hum" (Vajrahumkara-Mudra)

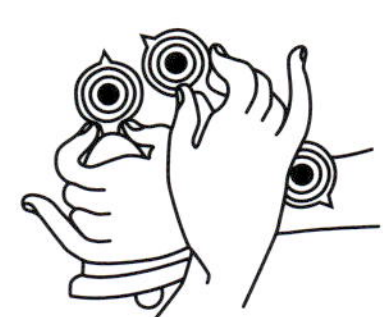

Die mit dieser Geste dargestellten Gottheiten halten in der rechten Hand einen Vajra (Donnerkeil) und in der linken Hand eine Glocke. Die Handflächen zeigen nach innen zur Brust und zum Herzen. Dieses auch Umarmungsgeste genannte Mudra versinnbildlicht das höchste Ziel aller tantrischen Meditationswege: durch zielgerichtete Übung und fortschreitende Erkenntnis, schließlich durch die Vereinigung von Mitleid und Weisheit, Buddhaschaft zu erlangen. Dies ist unter anderem die Geste von Adibuddha Vajradara, Guyasamaja und Cakrasamvara.

Gruß- oder Verehrungsgeste (Namaskara-Mudra)

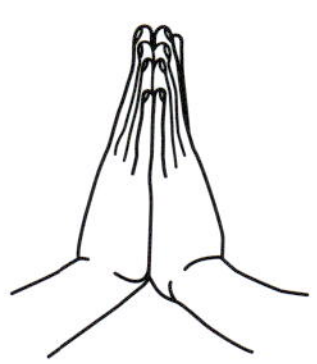

Die vor der Brust erhobenen Hände liegen mit den Handflächen fest zusammen. Dies ist die Geste des Avalokiteshvara in Manifestationen mit mehr als zwei Armen.

Geste höchster Erleuchtung (Bodhyagri-Mudra)

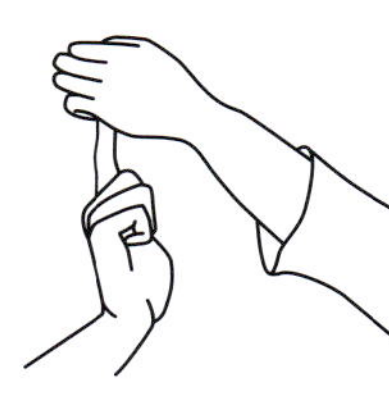

Das durch den rechten (männlichen) Zeigefinger symbolisierte Absolute ist von der Vielheit der Finger der linken (weiblichen) Hand, d. h. der Welt der Phänomene, umschlossen. Diese höchst komplexe Geste zeigt zum einen an, dass es sich bei der Gottheit um eine Emanation der fünf Tathagatas aus dem Adibuddha Vajradhara handelt, im metaphysischen Sinne deutet sie zum anderen auf das Kreisen der Welt um das unsichtbare Absolute, und im spirituellen Sinne ist die Geste die Verbindung von Mitleid und Weisheit, worin sich die höchste Erkenntnis spiegelt. Dieses Mudra sieht man z. B. beim Dhyani-Buddha Vairocana.

Glossar

35 Buddhas der Beichte Um Shakyamuni herum platzierte Gruppe von Buddhas, die von den Mönchen am 15. Tag jedes Monats angerufen wird, um moralische Verfehlungen zu beichten und ein Gelöbnis zur Besserung abzulegen.

84 Mahasiddhas Klassisches Werk aus dem 11. Jh., Die Legenden der 84 Mahasiddhas, das kurze Biografien von 84 Mahasiddhas (Großsiddhas) enthält. Die oft auf Wandbildern oder Thankas um den Adibuddha, ihren spirituellen Lehrer, herum dargestellte Gruppe fasst die bedeutendsten indischen Siddhas zusammen.

A

Acala (Miyowa) der „Standhafte". Acala ist eine Emanation des Dhyani-Buddhas Aksobhya und gehört zur Gruppe der zehn „großen Zorneskönige". Er wird als zornvolle, Zähne fletschende Gestalt dargestellt und ist mit einem Schwert und einer Schlinge bewaffnet. Acala wird als Beseitiger der vier Grundübel Unwissenheit, Begierde, Hass und Ich-Sucht sowie als Beschützer all derer verehrt, die den Tantra-Pfad beschreiten.

Adibuddha (Dorje Chang) – „Halter des Diamantzepters". Er verkörpert die diamantene, unerschaffene und unzerstörbare Natur des Dharma. Er wird als Urbuddha, Verkörperung des Buddha-Prinzips, des Ursprungs und Urgrunds allen Seins verehrt. Je nach Schulrichtung wird der Rang des Adibuddha dem Vajradhara (Vajrasattva), Vairocana oder Aksobhya zuerkannt.

Acht Große Bodhisattvas s. Acht Mahabodhisattvas

Acht Mahabodhisattvas Gruppe von acht Bodhisattvas, die als geistige Söhne des historischen Buddhas angesehen werden. Die Mahabodhisattvas erfüllen im Bardo, dem Zwischenzustand nach dem Tode, die Aufgabe der Wandlung des Bewusstseins und helfen so den Menschen auf dem Wege zur Erleuchtung.

Acht Manifestationen Padmasambhavas (Guru Tsengye) Diese Gruppe stellt verschiedene Erscheinungsformen Padmasambhavas dar, die er in acht Ländern annahm, um die Lehre jeweils in angemessener Form darlegen zu können. Ursprünglich beziehen sich die acht Erscheinungsformen auf die Stationen seiner Lehrtätigkeit und seine verschiedenen Initiations-Namen.

Acht Medizinbuddhas (Menla Chedje) meist im Kreis um Bhaisajyaguru sitzend dargestellt. Die Anordnung symbolisiert, dass ihre heilende Kraft gleichsam in alle Himmelsrichtungen ausstrahlt.

Aksobhya (Mikyöpa) „der Unerschütterliche", einer der fünf Dhyani-Buddhas. Aksobhya verkörpert die Zuverlässigkeit. Seine kluge Einsicht wirkt dem Hass, dem Zorn und dem Ärger entgegen und neutralisiert sie durch ein klares, die Dinge durchschauendes Verständnis. In einigen Schulrichtungen wird er als Adibuddha verehrt.

Amban seit 1728 vom chinesischen Kaiser eingesetzter Kommissar, der die tibetische Regierung kontrollieren sollte. Anfangs hatten die Ambane lediglich eine Beobachterfunktion. Ab 1751 erhielten sie ein erweitertes Mitspracherecht in allen politischen Angelegenheiten und wurden Oberbefehlshaber der in Lhasa stationierten Truppen.

Amitayus (Tsepame) Buddha des unermesslichen Lebens. Amitayus ist eine Nebenform des Dhyani-Buddhas Amitabha. In seinen in der Meditationsgeste zusammengelegten Händen hält er eine Vase mit dem Nektar der Unsterblichkeit. Amitayus wird als Gewährer eines langen Lebens verehrt.

Amithaba (Öpagme) das „unermessliche Licht". Er ist der Buddha des westlichen Paradieses Sukhavati, in das diejenigen, die Befreiung erlangt haben, eintreten, um dort ihrer Lichtnatur gewahr und mit ihr eins zu werden. Für den nach Erleuchtung Strebenden ist der Dhyani-Buddha zugleich Sinnbild für die Überwindung von Leidenschaft und für die Weisheit der essenziellen Gleichheit der Gegensätze.

Amoghasiddhi (Donyöd Duppa) „Unerschütterliche Kraft", hat die Farbe Grün und steht für den Norden. Er verkörpert die Furchtlosigkeit und vollkommenes Tun. Seine Energie wandelt Neid und Eifersucht in alles vollendende Weisheit.

Arhat erleuchteter Heiliger und Schüler Buddhas. In Tibet meist in einer Gruppe von 16 Arhats dargestellt, die als 16 Schüler des Buddha gelten. Bei Buddhas Abschied in Kusinagara versprachen sie, den Dharma in allen Enden der Welt zu verkünden und bis ans Ende der Tage in seinem Dienst auszuharren.

Asana „der Sitz", bezeichnet die verschiedenen Stellungen im Yoga, von denen viele auch für die buddhistische Meditation verwendet werden.

Atisha (980–1054) aus Bengalen stammender Lehrer, der auf Einladung der westtibetischen Könige 1042 nach Tibet kam und die Kadampa-Schule begründete.

Avalokiteshvara (Chenresig) der Wichtigste aller Bodhisattvas in Tibet. Er wird der Linie des Dhyani-Buddhas Amithaba zugeordnet. Avalokiteshvara gilt als „Herr der sechs Silben": *om ma ni pad me hum*, des wichtigsten tibetischen Mantras. Er tritt in vielen Formen auf, meistens zweiarmig, aber auch vier-, sechs- oder sogar tausendarmig. Seine wichtigsten Attribute sind Gebetskette und Lotos, oft auch der Mond. In seiner Krone trägt er das Bild Amitabhas. Wenn er mit elf Gesichtern dargestellt wird, deutet dies auf seine Bereitschaft hin, überall zu sein, um zu helfen. Der Dalai Lama gilt als Inkarnation des Avalokiteshvara.

B

Bardo „Zwischenzustand" nach dem Tod, wo die folgende Existenz Form annimmt.

Barkhang Druckerei

Begtse „kupfernes Panzerhemd". Ursprünglich ein zentralasiatischer Kriegsgott. Er wird zu den niederen Schutzgottheiten tibetischer Herkunft gezählt, zu denen man keine Zuflucht nehmen kann, weil sie selbst noch keine volle Befreiung erlangt haben.

Bhaisajyaguru (Menla) der Buddha der Medizin, der Arzt für menschliche Leidenschaften, der unfehlbare Heiler von den Leiden des Samsara.

Bhrikuti nepalesische Gattin des Königs Songtsen Gampo. Sie gilt als Emanation der Grünen Tara.

Bodhicitta Erleuchtungsgeist, d. h. die selbstlose Entschlossenheit, das Ziel der Erleuchtung nicht aus Eigennutz, sondern zum Wohle aller Wesen zu erlangen.

Bodhisattva „Erleuchtetes Wesen". Im Mahayana-Buddhismus ein Wesen, das die Buddhaschaft anstrebt, jedoch so lange auf das Eingehen in das Nirvana verzichtet, bis alle Wesen erlöst sind.

Bönpo Anhänger der Bön-Religion

Buddha „der Erwachte". Bezeichnet bestimmte historische (z. B. Buddha Shakyamuni) und mythische (z. B. Buddha Amitabha) Personen und Wesen, die die aus dem Kreislauf der Existenzen führende Vollkommene Erleuchtung verwirklicht haben. Zugleich Bezeichnung für die erleuchtete Wirklichkeit der Erscheinungen und die Möglichkeit der Erleuchtung, die allen Wesen eigen ist.

Buddhas der Drei Zeiten Eine Dreiergruppe, die als Symbol für die Allgegenwart der Buddhaschaft dient, bestehend aus Buddha Dipamkara (Vergangenheit), Shakyamuni (Gegenwart) und Maitreya (Zukunft).

Buddhas der Zehn Richtungen Formel in buddhistischen Texten für „überall"; die acht Himmelsrichtungen sowie Zenit und Nadir. In der Ikonographie als Buddhas der Zehn Richtungen dargestellt.

Bumpa kuppelförmige Rundung des Stupas, die zur Einlagerung der Reliquien dient.

C

Cakrasamvara (Demchok, Khorlo Dechog) „Rad der Glückseligkeit". Initiationsgottheit, die einen tantrischen Meditationspfad verkörpert, dem zu folgen nur wenigen Eingeweihten gestattet ist. Dargestellt wird sie mit vier Gesichtern und zwölf Armen. Cakrasamvara trägt eine heilige Schnur und eine Krone aus fünf Schädeln. Sein Name besagt, dass er derjenige ist, der das Rad (*cakra*) der Wiedergeburt (*samvara*) anhält. Das Ende aller durch das Dasein bedingten Spannungen symbolisiert seine Vereinigung mit seiner Weisheitspartnerin Vajravahari (Dorje Phagmo).

Champa s. Maitreya

Chenresig s. Avalokiteshvara

Chögyal s. Yama

Chörten tibetisch für Stupa

Chu tibetisch für Fluss

Chuba Fellmantel mit Stehkragen

Crocodiles Spitzname der Tibeter für die chinesische Polizei

D

Dakini „Luftwandlerinnen", feenhafte Wesen, die vielfältige Gestalt annehmen können und als spirituelle Helferinnen wirken. Die Dakinis wecken die weiblichen Weisheitskräfte im Menschen, deren Entfaltung für die vollkommene Selbstverwirklichung unerlässlich ist.

Dalai Lama ein mongolischer Titel, der so viel wie „Lama, (dessen Mitgefühl so groß ist wie) der Ozean" bedeutet. Seit dem 5. Dalai Lama das religiöse und politische Oberhaupt der Tibeter.

Demchok s. Cakrasamvara

Dharchen Masten zum Aufhängen von Gebetsfahnen. „Dhar" bedeutet „farbiger Schal" oder „farbige Fahne".

Dharma (Chö) „tragen, halten". Zentraler Begriff des Buddhismus, der vor allem in zwei Bedeutungen verwendet wird: 1.) das kosmische Gesetz, alle Manifestationen der Wirklichkeit, 2.) die Darlegung der Lehre Buddhas.

Dharmacakra „Rad der Lehre". Das Rad der Lehre erinnert den Gläubigen nicht nur an Buddhas erste Lehrrede im Gazellenhain Isipatana, wodurch er das Rad der Lehre erstmalig in Bewegung setzte; es ist darüber hinaus zum Symbol der Lehre Buddhas wie des Buddhismus überhaupt geworden.

Dharmakaya der allen Buddhas gemeinsame „Dharmaleib". Er wird ikonographisch als Adibuddha dargestellt. Es ist der Zustand absoluten, wahren Seins. Das Wesen des Dharmakaya ist die Leerheit.

Dharmapala von Padmasambhava unterworfene Dämonen und Götter, die er dann in Schutzgottheiten der buddhistischen Lehre verwandelte. Zu der Dharmapalas zählen unter anderem Yamantaka, Begtse, Yama, Mahakala und Hayagriva.

Dhyani-Buddha Transzendente, auch Tathagata genannte Buddhas des Sambhogakaya, die nicht mit den Sinnesorganen wahrgenommen werden können, sondern nur spirituell erfahrbar sind. Aus diesem Grunde nennt man sie Dhyani-Buddhas (Meditationsbuddhas). Nur die fortgeschrittenen Bodhisattvas verfügen über die geistigen Kräfte, die transzendenten Buddhas zu erfahren.

Dipamkara (Marmedze) „Anzünder der Leuchte", legendärer Buddha, der vor unendlich langer Zeit gelebt haben soll. Dipamkara gilt als der erste der 24 Buddhas vor dem historischen Buddha Shakyamuni.

Dob Dob „Kraft-Kraft", Mönchspolizist (s. S. 179, Kloster Sera).

Dogmi (gest. 1074) Bedeutender Übersetzer indischer Literatur ins Tibetische. Er ist der geistige Ahnherr der Sakya-Schule. Sein Schüler Könchog Gyalpo gründete 1073 das Kloster Sakya. Außerdem war Dogmi Lehrer von Marpa, dem Begründer der Kagyü-Schule.

Domtön s. Dromtön

Donyöd Duppa s. Amoghasiddhi

Dorje s. Vajra

Dorje Chang s. Adibuddha, Vairocana

Dorje Jigjed s. Yamantaka

Dorje Phagmo s. Vajravahari

Dorje Sempa s. Vajrasattva

Dorje Yudronma lokale Schutzgottheit und „Spiegelorakel". In der rechten Hand hält sie die fünf Farben und in der linken Hand einen Spiegel, mit dem sie in die Vergangenheit und in die Zukunft sehen kann.

Dri Yak-Kuh

Drigung Zweig der Kagyüpa-Schule, der 1179 von Jigten Gönpo gegründet wurde. Im 13. Jh. wurden die Drigungpa neben den Phagmodrupa zu den wichtigsten Rivalen der Sakyapa im Kampf um die politische Vorherrschaft in Zentraltibet.

Drölma s. Tara

Drölma Djangu s. Grüne Tara

Dromtön (1003–1064) einer der bedeutendsten Schüler Atishas; er ließ im Jahre 1056 das Kloster Reting errichten und begründete die Kadampa-Schule.

Dromtöpa s. Dromtön

Drubkhang Meditationsraum

Dubchen s. Mahasiddha

Dukhang Hauptversammlungshalle eines Klosters

Durtrö Platz für Himmelsbestattungen (s. S. 192)

Durtrö Lhamo „Herrin der Leichenäcker", Beschützerin der Termas

Dzogchen „Die Große Vollkommenheit", bezeichnet Lehren, die traditionell in der Nyingma-Schule als Essenz der Lehren Buddhas übertragen werden.

Dzong befestigter Platz, Festung, Verwaltungssitze der Distriktgouverneure

Dzongpön Regierungsbeamter im alten Tibet, der einem Kreis vorstand.

E

Ekajati (Tsechigma) Göttin des schreckenerregenden Aspektes im Buddhismus. Meistens wird sie in blauer Farbe mit zornverzerrtem Gesicht und einem Tigerfell um die Hüften dargestellt. Ist sie zweiarmig, dann sind Sägemesser und Schädel ihre Attribute; ist sie vierarmig, dann hält sie rechts Pfeil und Schwert, links Bogen und Schädel. Die Göttin wird auch als Ugra-Tara („schreckliche Tara") bezeichnet. Ihren Verehrern verleiht sie Glück.

Emanation „Ausstrahlung". Es gibt sowohl Bodhisattvas, die von Buddhas ausgestrahlt werden (= Maha-Bodhisattvas), als auch Menschen, die von Buddhas oder Bodhisattvas ausgestrahlt werden (= Tulkus).

G

Ganden Tripa spirituelles Oberhaupt der Gelugpa

Garuda (Khyun) mythischer Göttervogel und Naturgottheit, die im Lamaismus als Bezwinger von Nagas bekannt ist. Im Tantrismus gilt Garuda als machtvolle Kraft, die unheilvolle Einflüsse abwenden kann.

Gedün Gyatso rückwirkend ernannter 2. Dalai Lama

Gelug-Schule Die „Schule der Tugendhaften" wird wegen der gelben Kopfbedeckung ihrer Mönche auch Gelbmützen-Schule genannt und ist eine der vier buddhistischen Hauptrichtungen in Tibet. Die Anhänger werden Gelugpa,

„die Tugendhaften", genannt, ein Hinweis darauf, dass sich die Mönche besonders strengen Mönchsregeln unterwarfen, wozu auch die Verpflichtung zum Zölibat gehörte. Die bekanntesten Repräsentanten der Gelugpa sind der Dalai Lama und der Panchen Lama.

Gesar von Ling sagenumwobener Held des tibetischen Nationalepos *König Gesar*. Im buddhistischen Pantheon hat er die Funktion eines Dharmapalas.

Geshe „Heilsfreund", bei den Gelugpa eine Art Doktortitel der Philosophie.

Gompa „Einsiedelei", wurde später auch als Bezeichnung für große Klöster verwendet. Bei den Drigungpa früher Titel des säkularen Oberhaupts.

Gönkhang Tempel mit Schutzgottheiten

Gönpo s. Mahakala

Götter im tibetischen Buddhismus Verkörperungen der verschiedenen Qualitäten des Buddha-Prinzips und symbolischer Ausdruck für das allumfassende Wirken Buddhas in dieser Welt und in allen anderen Welten.

Grüne Tara (Syamatara, Drölma Djangu) Die Grüne Tara wird aufgerufen, um Hindernisse zu überwinden, aus Gefahr zu retten oder das Böse zu bewältigen. Ihre grüne Körperfarbe weist auf die Verwandtschaft mit der Dhyani-Familie des Amoghasiddhi hin, der „Tat"-Familie. Sie wird als wunderbare Retterin verehrt.

Guru ehrwürdiger Meister, Lehrer. In Tibet entspricht der Guru dem Lama.

Guru Rinpoche s. Padmasambhava

Guru Tsengye s. Acht Manifestationen Padmasambhavas

Guhyasamaja (Sangdü) „Verborgene Vereinigung". Eine Initiationsgottheit und zugleich die Verbildlichung des Guhyasamaja-Tantras, eines der ältesten buddhistischen Tantras. Guhyasamaja ist die älteste nachweisbare Gottheit des Tantrismus und tritt in der Form des Aksobhya-, Manjuvajra- und Avalokita-Guhyasamaja auf.

Gushri Khan (1582–1655) Fürst der westmongolischen Koshoten und Herrscher über Amdo und das Tsaidam-Becken. Er verhalf dem 5. Dalai Lama zur politischen Macht über Zentraltibet.

Gyalpo König, Regent bis zur Volljährigkeit eines Dalai Lama.

Gyalwa Karmapa Oberhaupt der Karma-Kagyü-Schule. Durch den Gyalwa Karmapa ist das System der Tulkus, der bewussten Wiedergeburten, in Tibet eingeführt worden. Der Karmapa gilt als Emanation Avalokiteshvaras.

Gzi gebänderter oder geätzter Karneol, Chalzedon oder Achat, der idealerweise zylindrisch oder walzenförmig ist. Je mehr Augen ein Gzi aufweist, desto wertvoller ist er. Die Steine gelten als abgelegter Schmuck und damit als Gabe von Göttern.

H

Hayagriva (Tamdin) „der mit dem Pferdenacken", eine zornig-heldenhafte Meditationsgottheit, die zu den bedeutendsten Yidams des tibetischen Buddhismus zählt. Besonders innerhalb der Nyingma-Schule wurde ihm von Anfang an ein wichtiger Platz eingeräumt. Er gilt als die zornvolle Erscheinungsform des Buddha Amithabha oder Avalokiteshvara, der als Heruka oder „Bluttrinker" der Ich-Anhaftung das erleuchtete männliche Prinzip verkörpert. Dieses erfüllt jede Situation mit Schöpferkraft und Macht.

Hevajra (Kye Dorje) Initiationsgottheit von zentraler Bedeutung innerhalb der gesamten tantrischen Überlieferung und zugleich ein Symbol des Absoluten. Der Name Hevajra ist eine Anrufung des Absoluten in Gestalt des Vajra durch die Keimsilbe „He". Der Yidam versinnbildlicht eine unvergängliche, kosmische Kraft, aus der alles hervorgeht und von der alles getragen wird, und zugleich die Aufhebung aller Gegensätze.

Hinayana „Kleines Fahrzeug". Sammelbegriff für die vor der Entwicklung des Mahayana bestehenden buddhistischen Schulen, von denen nur noch eine existiert, der Theravada. Wird nur aus der Perspektive des Großen Fahrzeugs (Mahayana) als klein bezeichnet, da der Schwerpunkt der Praxis hier auf die Befreiung des Einzelnen vom Kreislauf der Existenz ausgerichtet ist. Auch unter der Bezeichnung „Südlicher Buddhismus" bekannt.

I/J

Inkarnation (Tulku) körperliche Wiedergeburt verstorbener Heiliger

Jampalyang s. Manjushri

Jobo (Jowo) Sambhogakaya-Form von Shakyamuni

K

Kadam-Schule Die Kadam-Schule war die erste der tibetisch-buddhistischen Schulen der Neuen Übersetzungen (im Gegensatz zu den Alten Übersetzungen der Nyingmapa) buddhistischer Schriften ins Tibetische. Der Name Kadam bedeutet so viel wie „Unterweisung im Wort Buddhas". Begründer war der bengalische Gelehrte Atisha. Die Kadam-Schule ging schließlich in der Gelug-Schule auf.

Kagyü-Schule Lehrrichtung, die auf den Übersetzer Marpa zurückgeht. Der Name Kagyü bedeutet „Ununterbrochene, fortlaufende Unterweisung". Dadurch wird zum Ausdruck gebracht, dass diese esoterische Überlieferung jeweils von einem Meister an seine Hauptschüler mündlich weitergegeben wird und bis zu Buddha zurückreicht, der sie als Adibuddha Vajradhara offenbarte. Die Kagyü-Schule verzweigte sich im Laufe der Zeit in zahlreiche Unter-Schulen.

Kalachakra Im buddhistischen Pantheon der Name einer tantrischen Gottheit und des der Praxis dieser Gottheit zugrundeliegenden Wurzeltantras. Jeder höheren tantrischen Gottheit liegt ein Text zugrunde, der als „Wurzeltantra" bezeichnet wird. Dieser Text enthält alles, was zur Geschichte, Symbolik, Praxis und vielen anderen Aspekten der Gottheit zu sagen ist.

Kalachakra-System „Rad der Zeit", spezielles Praxissystem aus der Gruppe der Annuttarayoga-Tantras.

Kanjur „Übersetzung des (Buddha-) Wortes", kanonisches Schrifttum des Lamaismus. Der Kanjur enthält die Unterweisungen Buddhas und umfasst rund 100, in manchen Druckversionen 108 Bände. Der zweite Teil des Kanons ist der Tanjur.

Karma Kausalzusammenhang zwischen Tat und Wirkung. Danach hat jede Handlung physisch wie geistig unweigerlich eine Folge. Diese muss nicht unbedingt im aktuellen Leben wirksam werden, sondern kann sich möglicherweise erst in einem der nächsten Leben manifestieren.

Karmapa s. Gyalwa Karmapa

Kasaya die rote Robe der Mönche

Kata Zeremonialschleife, Begrüßungsschärpe

Keimsilbe s. Mantra

Khangtsen Wohngebäude einer Klosteranlage

Khenpo/Khanpo „Lehrer", Abt oder gelehrter Lama

Khorlo Dechog s. Cakrasamvara

Khyun s. Garuda

Kora Ritualweg um ein Kloster oder eine heilige Stätte

Kublai Khan (1215–1294) Enkel von Dschinghis Khan und Begründer der mongolischen Yuan-Dynastie in China. Von 1271 bis 1294 war er Kaiser von China.

Kumbum „100 000 Abbildungen". Bezeichnet Stupas, die wie der Kumbum-Chörten in Gyantse zahllose Bilder und Skulpturen enthalten.

Kye Dorje s. Hevajra

L

La tibetisch für Pass

Labrang Residenz des Abtes

Lama die tibetische Entsprechung des indischen Gurus. Der Lama, „der Obere", ist ein Mönch höheren Ranges und der unentbehrliche Führer auf dem Heilsweg.

Lamaismus Die eminente Bedeutung der Lamas für den tibetischen Buddhismus und ihre wichtige Funktion sowohl in der Gesellschaft als auch in der Politik brachten dem Vajrayana im Westen den Namen Lamaismus ein.

Lamrim „Stufenweg zur Erleuchtung", besondere Zusammenstellung von Anleitungen, die alle wesentlichen Unterweisungen Buddhas enthält. Man spricht von „Stufenweg", weil hier die Mittel gelehrt werden, mit denen man den Geist schrittweise entwickelt, um das angestrebte Resultat, die Erleuchtung, zu erreichen.

Langdarma (reg. 836–842) tibetischer König und Nachfolger des ermordeten Rälpachen. Unter ihm begannen die großen Buddhistenverfolgungen und wurden die meisten religiösen Stätten geschlossen oder zerstört.

Leerheit s. Shunyata

Lhakhang „Haus der Gottheiten", Halle, Nebenhalle oder Kapelle eines Tempels

Lhamo Göttin

Lhatse eine große Steinanhäufung, von der man glaubt, dass in ihr lokale Götter wohnen.

Lhazang Khan (reg. 1697–1717) Khoshot-Mongole und Nachfolger Gushri Khans als Herrscher in Amdo. 1705 eroberte er Zentraltibet und gliederte es in sein Reich ein.

Ling „königlich", bezeichnet manchmal weniger wichtige Tempel am Stadtrand. In einer anderen Bedeutung auch „Kontinent".

Locana Buddhistische Göttin, die als Partnerin (Prajnya) dem Aksobhya oder Vairocana zugeordnet ist; häufig wird sie auf dem Schoß Aksobhyas dargestellt, ihn mit Armen und Beinen umschlingend. In ihrer weißen Farbe drückt sie die Stimmung des Friedens aus.

M

Mahabodhisattva s. Acht Mahabodhisattvas

Mahakala (Gönpo) „Großer Schwarzer". Der Name bedeutet im übertragenen Sinne „Großer zornvoller Beschützer". Als grimmige Gottheit soll er die Feinde der buddhistischen Lehre vernichten, außerdem ist er ein Gott des Reichtums. In den meisten Klöstern unterstehen ihm die Gönkhangs. Seine besondere Aufgabe ist es, die Tantras und den sie praktizierenden Sadhaka (jemand der spirituelle Übungen, z. B. Tantra, praktiziert) vor Störungen und inneren Ablenkungen bei der Meditation zu beschützen. Es gibt zahlreiche Formen wie Maning-, Bing-, Panjara- oder Humkara-Mahakala, die aber alle als Emanationen des Dhyani-Buddha Aksobhya gelten.

Mahasiddha (Dubchen) „großer Beherrscher vollkommener Fähigkeiten", großer Gelehrter, Weiser

Mahayana „Großes Fahrzeug, umfassender Weg", der Nördliche Buddhismus. Das Mahayana legt im Gegensatz zur Lehre des ursprünglichen Buddhismus (Hinayana, Theravada) Wert darauf, dass jeder Mensch den Weg zur inneren Befreiung verwirklichen kann.

Maitreya (Champa) der Buddha des zukünftigen Weltzeitalters

Mala Gebetskette mit 108 meist nussbraunen Sandelholzperlen

Mandala (Kyilkhor) Im tantrischen Buddhismus wichtigstes Sinnbild für den Zusammenhang von Mensch und Kosmos.

Mani Gebet

Mani Lhakhang einzelne Kapelle mit einer großen Gebetsmühle im Inneren

Mani-Stein meist mit dem Mantra „om mani padme hum" behauener Stein, der gerne zu ganzen Mauern (Manimauern) aufgeschichtet wird.

Manjushri (Jampalyang) Bodhisattva der Weisheit. Seinen Anhängern verleiht er Wissen und Beredsamkeit. Manjushri gilt auch als himmlischer Architekt, nach dessen Eingebung die irdischen Baumeister ihre Tempel errichten, und als Emanation des Dhyani-Buddhas Ratnasambhava.

Mantra „Sprüche", hinter denen die Idee steckt, dass jedes Wesen zuinnerst eine individuelle Natur besitzt, die in einem Mantra (Keimsilbe) ausdrückbar ist. Wer die Keimformel eines transzendenten Buddha oder Bodhisattva kennt, kann diesen durch konzentriertes Aussprechen spirituell ins Dasein setzen und sich auf diese Weise einen geistigen Lehrer schaffen.

Marmedze s. Dipamkara

Marpa (1012–1097) Begründer des Kagyü-Ordens. Er übersetzte zahlreiche buddhistische Schriften aus dem Sanskrit ins Tibetische und gehörte zu den Begründern der sogenannten „Neuen Übersetzungen", die eine Renaissance des Buddhismus in Tibet einleiteten. Sein bekanntester Schüler war Milarepa. Marpa selbst blieb allerdings zeit seines Lebens ein Laie.

Menla s. Bhaisajyaguru

Menla Chedje s. Acht Medizinbuddhas

Meru s. Sumeru

Mewa Tsegpa Dharmapala, der als Zerstörer von Düsternis und Negativem gilt.

Milarepa (1040–1123) Sein Name bedeutet etwa: „Mila, der das Baumwollgewand der Asketen trägt". Nach schwersten Prüfungen wurde er von Marpa als Schüler anerkannt und in der Folge zum berühmtesten Heiligen Tibets (s. S. ###). Die im 15. Jh. verfasste Biografie des Milarepa mitsamt den darin enthaltenen spirituellen Liedern ist heute noch eine

Anhang

der großen Inspirationsquellen des tibetischen Buddhismus.

Momo kleine gekochte oder gebratene Teigtäschchen, die mit Hackfleisch und Zwiebeln gefüllt sind.

Mudra „Siegel, Zeichen", Körperhaltungen oder Gesten, die bestimmte Aspekte der buddhistischen Lehre verkörpern (s. S. 333).

Miyowa s. Acala

Mikyöpa s. Aksobhya

N

Naga Schlangenwesen oder eine Schlangengottheit

Nagarjuna (ca. 2. Jh.) einer der großen Pioniere der Mahayana-Tradition. Nagarjuna ging davon aus, dass alles, was wir in dieser Welt wahrnehmen, unbeständig ist und nichts unabhängig voneinander existiert. Einmal, als er unterrichtete, kamen sechs Nagas und bildeten einen Schirm über seinem Kopf, um ihn vor der Sonne zu schützen. Darum sieht man in ikonographischen Darstellungen von Nagarjuna sechs Nagas über seinem Kopf.

Nampar Nangdza s. Vairocana

Nangma tibetische Disco, Mischung aus Varieté, Tanz und Musik

Ngawang Lobzang Gyatso (1617–1682) der 5. Dalai Lama, der als der „Große Fünfte" in die Annalen einging. Durch seine geschickte Verbindung von geistlicher und weltlicher Macht begründete er die buddhistische Theokratie in Tibet. Als Bauherr schuf er unter anderem den Potala.

Nirmanakaya „Leib der Erscheinung". Nach dem Dharmakaya und Sambhogakaya der dritte der sogenannten „Drei Leiber" (der drei Seinsebenen eines Buddhas), gewissermaßen die irdische Ebene der Erscheinung eines Buddha. Zum Nirmanakaya gehören die Buddhas, die in menschlich-physischer Gestalt in der Welt auftreten, also auch der historische Buddha. Die Buddhas des Nirmanakaya sind Lehrer und Wegweiser zur Erlösung ohne die Macht, dem Heilssucher den Weg dorthin zu verkürzen.

Nirvana die letzte Erkenntnis des Wesens der Dinge

Nyatri Tsenpo mythologischer erster König von Tibet

Nyingma-Schule „die Schule der Alten", eine der vier großen Schulrichtungen im tibetischen Buddhismus; führt ihre Lehrüberlieferung direkt auf den legendären Padmasambhava aus der Zeit der frühen Verbreitung des Buddhismus zurück. Die Nyingma-Tradition kennt vor allem zwei Arten der Übertragung: Die sogenannte „lange" Übertragungslinie vom Meister auf den Schüler in einer ununterbrochenen Linie und die „kurze" Übertragungslinie der „verborgenen Schätze" (Termas).

O

Om mani padme hum „Juwelen-Lotos", Mantra des Avalokiteshvara. Im tibetischen Buddhismus sind die sechs Silben „om mani padme hum" Ausdruck der grundlegenden Haltung des Mitgefühls. In ihrem Rezitieren formuliert sich der Wunsch nach Befreiung aller Lebewesen aus dem Kreislauf der Wiedergeburten.

Öpagme s. Amithaba

P

Padmapani (Chagna Padmo) der „Lotosträger", einer der Acht Mahabodhisattvas

Padma Lotos

Padmasambhava (Guru Rinpoche) „Der aus dem Lotos Geborene" ist der Begründer des tibetischen Buddhismus, der in Tibet meist nur Guru Rinpoche genannt wird. Es gelang ihm, die bodenständigen Kulte mit ihren magischen Praktiken, ihrem Geister- und Zauberglauben auf die hohe Philosophie des Buddhas und die von ihm erstrebte Bewusstseinsschulung abzustimmen. Seine Existenz ist in großem Umfang von Legenden umwoben.

Palden Lhamo (Shri Devi) eine der bedeutendsten Schutzgottheiten im tibetischen Buddhismus und die einzige weibliche Gottheit in der mächtigen Gruppe der acht Dharma-Beschützer (Dharmapala). Sie wird besonders von den Gelugpa verehrt, für die sie eine besondere Schutzgottheit Lhasas und des Dalai Lama ist. Ihr Geist soll am heiligen See Lhamo Latso residieren, wo sie auch als Orakel angerufen wird. Beim Totengericht verzeichnet sie die Sünden der Menschen auf einem Kerbholz.

Panchen Lama „Priesterjuwel", ein Linientitel des höchsten Lama des Klosters Tashilhunpo, den der 5. Dalai Lama seinem Lehrer Chökyi Gyeltsen (1569–1637) 1636 aus Dankbarkeit verlieh. Er gilt als Emanation des Amitabha. Mit der Ernennung des Panchen Lama wurde allerdings auch der Grundstein für später immer wieder aufflammende Kompetenzstreitigkeiten gelegt, die sich vor allem China zunutze machte und macht.

Pandita „Gelehrter", ein aus dem Hindi stammender Begriff, mit dem hohe buddhistische Gelehrte wie der „Sakya Pandita", der eigentliche Begründer der Sakya-Tradition, bezeichnet werden.

Pehar die durch das Staatsorakel in Nechung heraufbeschworene Gottheit. Oft beschwören die Mönche jedoch nur deren Adjutanten, Dorje Drakden. Ein direkter Auftritt Pehars soll so gewalttätig sein, dass er das Leben seines Mediums (den Nechung-Lama) in Gefahr bringt. Pehar steht einer Gruppe von fünf zornigen Göttern vor, die zusammen das „Schutzrad" genannt werden.

Phagmodrupa (1110–1170) Begründer der gleichnamigen Lehrtradition, die eine Nebentradition der Kagyü-Schule darstellt. Ab dem 14. Jh. übernahmen die Phagmodrupa die politische Macht über Zentraltibet von den Sakyapa.

Phagpa Lama (1235–1280) Neffe Sakya Panditas, der die Sakyapa zum Zenit ihrer Macht führte und während der Mongolenherrschaft zum Vizekönig Tibets ernannt wurde.

Phodrang tibetisch für Palast

Phug tibetisch für Höhle

Pönchen in der Zeit der Sakya-Herrschaft oberster Verwaltungsbeamter von Sakya und außerhalb Sakyas oberster kaiserlicher Beamter von Zentraltibet.

Prajnya Weisheitspartnerin, weibliche Entsprechung männlicher Gottheiten, die in Yab-yum-Stellung dargestellt werden. In einer anderen Bedeutung „Weisheit".

Prajnyaparamita die „Mutter aller Buddhas aller Zeiten" und die Inkarnation der Worte des Buddhas sowie Sinnbild der Vollendung höchster Weisheit und Erkenntnis. Sie ist die „Weisheit" (*prajnya*), die „hinüber (*param*) gegangen ist". Ihren Verehrern verleiht sie Weisheit und Gelehrsamkeit.

Puja Rituelle Opfer- und Verehrungshandlung

Pundit Indische Gelehrte, die von den Briten zur Erforschung der Himalaya-Region eingesetzt wurden.

R

Rälpachen (reg. 815–836) gilt als dritter Religionskönig nach Songtsen Gampo und Trisong Detsen. Seine Reformen, die die Macht des tibetischen Landadels beschnitten und den buddhistischen Klöstern auf Dauer bestimmenden Einfluss brachten, führten zu seiner Ermordung.

Raksha-Dämon Das Wort Raksha wird für einen kannibalischen Dämon verwendet und bedeutet Rohheit und ungezähmte Wildheit. Fortgeschrittene Praktizierende vertrauen sich dem „wild metzelnden Dämon" an, um ihr dualistisches Denken zu vernichten.

Rangchung „selbst geschaffen", Dinge (meist Reliefs) die aus sich selbst heraus entstanden sind.

Ratnasambhava (Rinchen Djungden) der „als Juwel Geborene" Dhyani-Buddha ist der Herr der Freigebigkeit und des Gleichmuts. Seine Energie wandelt Habsucht und Stolz in Freigiebigkeit und verbreitet Wohltaten. Sein Attribut ist das Juwel, das die Befriedigung aller Wünsche garantiert.

Rinpoche „Juwel", Anrede für einen Tulku oder hohen Lama

S

Sakya Pandita (1181–1251) Der „Sakya-Gelehrte" war eine herausragende religiöse und politische Persönlichkeit, die die politische Vormachtstellung Sakyas in Tibet begründete. Es gelang ihm, Dschinghis Khan von einer Plünderung Tibets abzuhalten; er entwickelte eine mongolische Schrift, mit der es möglich wurde, die buddhistischen Schriften ins Mongolische zu übersetzen und die Mongolen zum Buddhismus zu bekehren.

Samantabhadra „Der Allumfassend Gute" oder „Der Ringsum Segensreiche" ist einer der bedeutendsten Bodhisattvas. Er wird als Schützer all jener, die die Lehre darlegen, verehrt und verkörpert die „Weisheit der Wesensgleichheit", d. h. das Begreifen der Einheit von Gleichheit und Verschiedenheit. Er verkörpert gleichzeitig die Güte und gilt als Emanation des Adibuddha Vairocana.

Sambhogakaya „Leib des Genusses", der Zustand des reinen Seins, den die Erleuchteten, fortgeschrittenen Bodhisattvas und diejenigen, die in einem der transzendenten Buddha-Länder wiedergeboren werden, wahrnehmen. Die Buddhas des Sambhogakaya werden Tathagatas oder Dhyani-Buddhas genannt.

Samsara „Wanderung durch die Wiedergeburten", Lehre in Hinduismus, Buddhismus und Jainismus, nach der alle Wesen dem Kreislauf von Geburt, Tod und Wiedergeburt unterworfen sind. In allen drei Religionen wird als Heilsziel (Erlösung) die Befreiung aus dem Samsara angestrebt.

Sangdü s. Guhyasamaja

Sangha Bezeichnung für die buddhistische Ordensgemeinschaft und in einigen Schulrichtungen auch die Gemeinschaft der Praktizierenden des Buddhismus im Allgemeinen

Shakyamuni (Sangye Sakya Thubpa) „Weiser aus dem Hause Shakya", Name, der für gewöhnlich für Gautama Siddharta aus dem Fürstengeschlecht der Shakya, den historischen Buddha, benutzt wird.

Shambala „Quelle des Glücks"; für tibetische Meister, die das Kalachakra-Tantra praktizieren, ein „Reines Land", in das fortgeschrittene Yogi und Yogini gelangen können, um dort den tantrischen Pfad zu vollenden.

Shinjeshe s. Yamantaka

Shri Devi s. Palden Lhamo

Shunyata „Leere", „Leerheit", zentraler Begriff des Mahayana. Bezeichnet die Ansicht, dass alle Erscheinungen über keine dauerhafte Substanz verfügen, sondern nur relativ zueinander, in wechselseitiger Abhängigkeit, existieren und dem Gesetz der Vergänglichkeit unterworfen sind. Wenn die Dinge nicht aus sich selbst existieren, sind sie bloßer Schein, ohne eigenes Wesen und damit leer.

Siddha „einer, der sich verwirklicht hat" und dadurch „übernatürliche Kräfte" (*siddhi*) erlangt hat, die er jedoch nicht zum eigenen Nutzen verwendet, sondern zum Segen für andere, indem er die geistige Überlegenheit des tantrischen Pfades demonstriert. Besonders bedeutende Siddhas nennt man Mahasiddhas.

Sitatara s. Weiße Tara

Songtsen Gampo (reg. ca. 618–649) erster historisch fassbarer König von Tibet, der das Land zu einem Großreich zusammenschloss und seine Hauptstadt nach Lhasa verlegte. Er gilt als erster Religionskönig, da unter ihm der Buddhismus in Tibet eingeführt wurde.

Stupa ein auf die indische Hügelgrabform zurückgehender Reliquienbau, der im Buddhismus ein Monument mit einer überaus vielschichtigen Symbolik geworden ist, s. S. 137.

Sumeru erweiterte Form von Meru, die so viel wie „wundervoller Meru" bedeutet. Der Weltenberg Sumeru bildet das Zentrum des buddhistischen Kosmos und der meisten Mandalas.

Sutra „Leitfaden". Lehrreden Buddhas oder seiner Nachfolger

Svastika Das rechtsläufige Hakenkreuz steht im tibetischen Buddhismus für Festigkeit, Ausdauer und Beständigkeit. Bei den Bönpa ist die Svastika linksläufig und symbolisiert den Urwirbel, der den Kosmos aufrechterhält.

Syamatara s. Grüne Tara

T

Tamdin s. Hayagriva

Tanjur Der Tanjur umfasst 225 Bände und besteht aus Übersetzungen, Kommentaren und anderen herausragenden Werken großer indischer buddhistischer Weiser und Philosophen, wie z. B. Nagarjuna und Dharmakishi. Zusammen mit dem Kanjur bildet er das kanonische Schrifttum des tibetischen Buddhismus.

Tantra „Ursprung", „Entstehung von Wissen". In einer Symbolsprache abgefasste Schriften und Lehrsysteme, die mit Absicht vielseitig auslegbar sind.

Tara weiblicher Bodhisattva. Wichtigste buddhistische Göttin; der Name bedeutet sowohl „Retterin" als auch „Stern". Die Rote, Gelbe und Blaue Tara wird jeweils dem schrecklichen Aspekt des Buddhismus zugeordnet, während die Weiße und Grüne Tara milde Göttinnen darstellen.

Tathagata s. Dhyani-Buddha

Terma Schätze, apokryphes Schrifttum

Tertön Entdecker der Terma

Thanka „was man aufrollt", Rollbild

Theravada s. Hinayana

Thönmi Sambhota Minister von Songtsen Gampo, dem die Erschaffung der tibetischen Schrift zugeschrieben wird.

Torma „Speiseopfer", ritueller Opferkuchen aus Tsampa, oft mit kunstvollen Butterverzierungen

Tratsang Klosteruniversität, Fakultät

Tripön lokale Fürsten eines Verwaltungsdistrikts (Trikor), die vom mongolischen Kaiser der Yuan-Dynastie in China ernannt wurden.

Trisong Detsen (reg. 755–797) zweiter Religionskönig von Tibet. Unter seiner Herrschaft wurde 779 der indische Buddhismus zur Staatsreligion Tibets.

Tsha Tsha kleine Lehmfiguren oder Tontäfelchen mit Reliefs von Heiligen, die an heiligen Stätten abgelegt werden.

Tsaka Salzsee

Tsampa geröstetes Gerstenmehl

Tsechigma s. Ekajati

Tsemar der „rote Beschützer", der einmal im Jahr über die Seelen der Menschen zu Gericht sitzt und die Bösen bestraft.

Tsepame s. Amitayus

Tsongkhapa (1357–1419) der Begründer der Gelug-Schule. Tsongkhapa gilt als eine Emanation Manjushris. Laut einer Legende soll Buddha prophezeit haben, dass er im 14. Jh. in Tibet als Mönch erscheinen werde als Halter der reinen Sicht und reinen Überlieferung.

Tsuglaghang „großer Tempel", der Begriff wird meist für den Jokhang in Lhasa verwendet, aber auch andere bedeutende Tempel werden so genannt.

Tulku Erscheinungskörper. Bezeichnung für erleuchtete Lamas, die sich nicht ins Nirvana zurückziehen, sondern in neuen Körpern wiederkehren, um der suchenden Menschheit zu helfen. Viele Tulkus gelten als Emanationen von Buddhas und Bodhisattvas.

U

Übertragungslinie In der tibetischen buddhistischen Kunst findet man als häufiges Thema die sogenannte Übertragungs- oder Überlieferungslinie, eine Versammlung von Meistern, häufig hinter bzw. oberhalb der zentralen Figur. Die Überlieferungslinien der mündlichen Übertragung der meisten Lehrreden des Buddha und ihrer Kommentierungen haben sich teilweise ohne Unterbrechung bis zum heutigen Tag fortgesetzt. Sie spielen im tibetischen Buddhismus eine zentrale Rolle. Tatsächlich definieren sich die vier tibetischen Traditionen und ihre Untergruppen über ihre spezifischen Übertragungslinien.

V

Vairocana 1.) Nampar Nangdza der „Ringsum Leuchtende". Er ist die Manifestation der Form bzw. der Schöpfer aller Erscheinungen und verkörpert die Gesamtheit der Wirklichkeit. Er ist Herr der Familie des Rades und sitzt auf einem mit Löwen oder Drachen geschmückten Thron im Zentrum des Mandala der fünf Dhyani-Buddhas. Seine Geste symbolisiert das Drehen des Rads der Lehre. In anderen Darstellungen hält er die drei Juwelen als Symbol von Buddha, Dharma und Sangha. Er verkörpert die Reinigung des dualistischen Bewusstseins. In einigen Schulrichtungen wird Vairocana als Adibuddha verehrt. 2.) bedeutender Übersetzer buddhistischer Lehren zur Zeit der ersten Übersetzungsphase buddhistischer Schriften aus dem Sanskrit ins Tibetische (8. Jh.).

Vajra Der Vajra (Dorje) ist das Symbol des unzerstörbaren Pfades des Diamantfahrzeugs (Vajrayana). Das Sanskrit-Wort Vajra bedeutet „hart" oder „mächtig". Die tibetische Entsprechung „Dorje" bedeutet „Herr der Steine" mit seinen unzerstörbaren Eigenschaften, die dem Diamant eigen sind. Damit symbolisiert der Vajra das unergründliche, unerschütterliche, unvergängliche, unveränderliche, unteilbare und unzerstörbare Sein der absoluten Wahrheit, die Verwirklichung der Vollkommenen Erleuchtung der Buddhaschaft.

Vajra Bhairava s. Yamantaka

Vajradhara (Dorje Chang) „Halter des Diamantzepters". Er gilt bei den Gelugpa, Kagyüpa und Sakyapa als Adibuddha und wird mit Glocke und Vajra dargestellt, seine Arme sind über der Brust gekreuzt, seine Hautfarbe ist blau. Er symbolisiert die Vereinigung der Gegensätze. Auf Wandbildern sieht man ihn oft zusammen mit den 84 Mahasiddhas dargestellt.

Vajrapani (Chagna Dorje) In früher buddhistischer Zeit zunächst eine Art Schutzgeist, der im Gefolge des historischen Buddha zu finden war, später wurde er zu einem der acht Bodhisattvas. Beim einfachen Volk wird er als Wettergott angesehen. Nach tibetischer Anschauung war Vajrapani der Empfänger der esoterischen Vajrayana-Tradition, die er von Buddha selbst erhalten hat. Daher gilt er auch als Hüter der Geheimnisse, die er an seine Schüler weitergibt.

Vajrasattva (Dorje Sempa) Er gilt als mystischer Buddha vieler tantrischer Rituale und ist die erste Initiationsgottheit, die zu Beginn aller tantrischen Meditationsübungen angerufen wird. Darstellungen zeigen ihn, wie er in der rechten Hand vor der Brust einen Vajra hält, während er in der linken Hand eine Glocke im Schoß trägt. Beide Symbole vereinigen den Geist und die Welt der Vergänglichkeit. Er gilt genauso wie Vajradhara als einer der Urbuddhas oder aber als die Sambhogakaya-Verkörperung des Adibuddha.

Vajravahari (Dorje Phagmo) „Diamantsau". Die Weisheitspartnerin von Cakrasamvara. Eine weibliche Erscheinung mit übernatürlichen Fähigkeiten, die meist nackt abgebildet ist, deren Hautfarbe rot ist und die Vajra, Keule und blutgefüllte Schädelschale in den Händen hält.

Vier Weltenwächter (Gyalchen Deshi) die Beschützer der vier Haupthimmelsrichtungen, die auch die vier Deva-Könige genannt werden. Ihr Wohnort ist der Weltenberg Sumeru, von wo aus sie die ihnen jeweils anvertrauten Bereiche beobachten, um die Lehre Buddhas vor Schaden zu bewahren. Die vier heißen Virudhaka (Phagkyepo), Dhritarashtra (Yülkhor Sung), Vaishravana (Namthöse) und Virupaksha (Chenmizang).

W

Weiße Tara (Sitatara) weiblicher Bodhisattva des Mitgefühls mit der Fähigkeit, ihre Verehrer zu schützen und sie aus Leid, Gefahr und Angst zu retten. Sie gilt als Verkörperung der mütterlichen Liebe. Ihre Augen, zu denen neben den menschlichen Augen noch je eins auf der Stirn, auf den Füßen und auf den Händen kommt, symbolisieren ihre Fähigkeit, Leiden in allen Regionen der Welt wahrzunehmen. Sie ist eine der am häufigsten verehrten Schutzgottheiten.

Weltenberg s. Sumeru

Wencheng chinesische Gattin von Songtsen Gampo, die als Emanation der Weißen Tara gilt.

Y

Yab-yum „Vater-Mutter". Darstellungsform tantrischer Gottheiten im Aspekt sexueller Vereinigung. Diese Haltung ist symbolischer Ausdruck von höchstem Mitleid und höchster Weisheit.

Yama (Chögyal) Yama gehört zu den Dharmapalas und wird mit Stierkopf, einer Kette aus Menschenköpfen, flammendem Haar und einer Keule dargestellt. Im Buddhismus kennt man ihn als Richter der Toten; hier hat er häufig ein Rad auf der Brust als Symbol der buddhistischen Lehre.

Yamantaka (Shinjeshe) der „Erschreckende". Schutzgottheit, in der der Bodhisattva Manjushri Gestalt annahm, um dem Sterben Einhalt zu gebieten. Meistens ist der Gott von schwarzblauer Farbe. Er steht auf einem Stier über Sonne und Lotos. Oft zeigt er wie der von ihm unterworfene Yama ein Büffelgesicht und trägt eine Kette mit Menschenköpfen. In seinem Mandala ist er dreigesichtig, sechsarmig und tritt auf Yama, was bedeutet, dass er den Tod überwindet.

Yidam Schutz- und Initiationsgottheit, s. S.136

Index

Anhang

Bewegende Momente, Entdeckungen, Begegnungen. Gesichter und Geschichten der Welt erleben. Natur und Kultur. Aktivitäten und Genuss. In der Gruppe Freunde gewinnen. Wandern und Trekken durch einzigartige Landschaften. Wikinger-Reiseleiter begeistern Sie.
Infos und Kataloge:
www.wikinger.de
mail@wikinger.de
0 23 31 - 90 46
Unser umfangreiches Tibet-Programm finden Sie in unseren Katalogen „Erlebnis Fernreisen" und „Trekking weltweit".
WIKINGER REISEN
Urlaub, der bewegt.

J

K

T

U

V

W

Y

Z

Notizen

Notizen

Notizen

Notizen

Bildnachweis

Umschlag

Titel: **Mauritius Images / Photononstop**
Klappe vorn: **Renate Loose**
Klappe hinten: **Renate Loose**

Farbteil

Corbis / Michele Falzone: S. 7
Corbis / Michael Freeman: S. 8 (unten)
Corbis / Jeremy Horner: S. 6 (oben)
Corbis / David Samuel Robbins: S. 3 (unten rechts)
Corbis / Sygma / Flavio Pagani: S. 3 (oben rechts)
Corbis / Alison Wright: S. 6 (unten)
Oliver Fülling: S. 2-3, 8 (oben), 9
Getty Images / Manpreet Romana: S. 16
laif / Glogowski : S. 13 (oben)
laif / Michael Martin : S. 13 (unten)
Look-foto / Joachim Chwaszcza : S. 12
Mauritius Images / Image Broker / Stefan Auth: S. 10
Mauritius Images / Image Broker / Manfred Bail: S. 11 (unten)
Mauritius Images / Image Broker / Olaf Schubert: S. 14-15 (unten), 15 (oben)
Mauritius Images / Image Broker : S. 10 (unten)
Picture Alliance / Dr. Rolf Phillips : S.14 (oben)
Picture Alliance / Martin Ruetschi: S. 4-5

schwarz-weiß

Alle Oliver Fülling
außer : S. 23, 33, 101, **Renate Loose**

Impressum

Tibet
Stefan Loose Travel Handbücher
1. Auflage **2009**

Die in diesem Buch enthaltenen Angaben wurden von den Autoren nach bestem Wissen erstellt und vom Lektorat im Verlag mit großer Sorgfalt auf ihre Richtigkeit überprüft. Trotzdem sind, wie der Verlag nach dem Produkthaftungsrecht betonen muss, inhaltliche und sachliche Fehler nicht vollständig auszuschließen.
Deshalb erfolgen alle Angaben ohne Garantie des Verlags oder der Autoren. Der Verlag und die Autoren übernehmen keinerlei Verantwortung und Haftung für inhaltliche und sachliche Fehler. Alle Landkarten und Stadtpläne in diesem Buch sind von den Autoren erstellt worden und werden ständig überarbeitet.

Gesamtredaktion und -herstellung
Bintang Buchservice GmbH
Zossener Str. 55/2, 10961Berlin
www.bintang-berlin.de
Redaktion: Jessika Zollickhofer
Karten: Klaus Schindler, Katharina Grimm
Grafisches Konzept: Groschwitz, Hamburg
Layout und Herstellung: Gritta Deutschmann
Farbseitengestaltung: Anja Krapat
Umschlaggestaltung: Anja Krapat

Printed in Hongkong

Kartenverzeichnis